Unternehmens- und Gesellschaftsrecht

Band I: Unternehmensrecht

von

DDr. Thomas Ratka, LL.M.
Assoziierter Professor am Institut für Unternehmens- und Wirtschaftsrecht der Universität Wien

Dr. Roman Alexander Rauter
Habilitand am Institut für Unternehmens- und Wirtschaftsrecht der Universität Wien

Dr. Clemens Völkl
Rechtsanwalt in Wien

2. Auflage

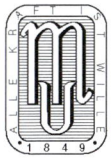

Wien 2013
Manzsche Verlags- und Universitätsbuchhandlung

Zitiervorschlag: *Ratka/Rauter/Völkl,* Unternehmens- und Gesellschaftsrecht I² (2013) …

Alle Rechte, insbesondere das Recht der Vervielfältigung und Verbreitung sowie der Übersetzung, vorbehalten. Kein Teil des Werkes darf in irgendeiner Form (durch Fotokopie, Mikrofilm oder ein anderes Verfahren) ohne schriftliche Genehmigung des Verlages reproduziert oder unter Verwendung elektronischer Systeme gespeichert, verarbeitet, vervielfältigt oder verbreitet werden.

Sämtliche Angaben in diesem Werk erfolgen trotz sorgfältiger Bearbeitung
ohne Gewähr; eine Haftung der Autoren sowie des Verlages ist ausgeschlossen.

Kopierverbot/Vervielfältigungsverbot
Die für Schulen und Hochschulen vorgesehene freie Werknutzung „Vervielfältigung zum eigenen Schulgebrauch" gilt für dieses Werk nicht, weil es seiner Beschaffenheit und Bezeichnung nach zum Unterrichtsgebrauch bestimmt ist (§ 42 Abs 6 UrhG).

ISBN 978-3-214-11353-7
ISBN 978-3-214-11355-1 (Band I und II im Paket)

© 2013 MANZ'sche Verlags- und Universitätsbuchhandlung GmbH, Wien
Telefon: (01) 531 61-0
E-Mail: verlag@MANZ.at
www.MANZ.at
Satz: Zehetner Ges. m. b. H., A-2105 Oberrohrbach
Druck: Finidr, s.r.o., Český Těšín

Vorwort zur 2. Auflage

Warum eine Neuauflage? Seit dem ersten Erscheinen der beiden LÜW-Lehrbücher „Unternehmensrecht" und „Gesellschaftsrecht" sind nunmehr zwei Jahre vergangen. Nicht nur der Gesetzgeber hat – zB mit der jüngst beschlossenen GmbH-Reform und anderen punktuellen Änderungen – eine Neuauflage erforderlich gemacht, sondern auch Sie, die Leser: Die beiden Lehrbehelfe wurden von Ihnen erfreulich gut aufgenommen, sodass die Erstauflage im Sommer 2013 nahezu vergriffen war.

Neuerungen Die Autoren haben nach Kräften versucht, die häufigste Begleiterscheinung von Neuauflagen – das stete Anschwellen des Umfanges – zu vermeiden und stattdessen die Darstellung zu präzisieren und nicht zuletzt auf Grundlage vieler Anregungen der LeserInnen zu verbessern. Ganz gelungen ist eine Beschränkung des Umfanges in Band I freilich nicht, sollte doch die vielfach geäußerte Anregung, auch Grundbegriffe des Wertpapierrechts in den ersten Band zu integrieren, umgesetzt werden.

Ansonsten verweisen wir für eine „Gebrauchsanleitung" auf das Vorwort zur Erstauflage und wüschen weiterhin viel Erfolg mit dem LÜW „Unternehmens- und Gesellschaftsrecht"!

Wien, im September 2013

Thomas Ratka
Roman Alexander Rauter
Clemens Völkl

Vorwort der 1. Auflage

Warum dieses Lehrbuch?

Sie halten ein neuartiges Lehrbuch des Unternehmensrechts (zum Gesellschaftsrecht siehe Band 2) in Händen, dessen Konzept Ihnen womöglich gar nicht neu vorkommt: Wahrscheinlich haben Sie soeben das Fach „Bürgerliches Recht" nach der Lektüre des Werkes von *Perner/Spitzer/Kodek* erfolgreich absolviert und fanden das Konzept „Lernen – Üben – Wissen" so verständlich und praxisnah, dass Sie es auch für Ihre Unternehmensrechtsprüfung nicht missen wollen. Dieses Bedürfnis war uns Motivation, die vorliegenden beiden Lernbehelfe („Band 1 Unternehmensrecht" und „Band 2 Gesellschaftsrecht") für Sie zu verfassen.

Ziel

Die Autoren halten seit vielen Jahren Vorlesungen, Übungen und Seminare, insbesondere als Mitarbeiter und Lehrbeauftragte der Rechtswissenschaftlichen Fakultät der Universität Wien. Es gibt mittlerweile einige Lehrbücher und Skripten sowohl zum Unternehmens- als auch zum Gesellschaftsrecht. Viele davon sind empfehlenswert und als Einstieg oder zur Vertiefung sehr geeignet. Unser Ziel war es, Dogmatik und Praxisnähe zu verbinden und einen „lebendigen" Text zu verfassen (der unsere eigene Begeisterung für das Fach auf möglichst viele LeserInnen überträgt). Auf diese Weise soll ein praktisches Verständnis dieser umfangreichen und schwierigen Materie von Beginn an gefördert werden. Langjährig tätige JuristInnen werden Ihnen bestätigen: Auf viele „Clous" des im Jusstudium auf theoretischer Ebene Gelernten kommt man erst nach vielen Jahren praktischer Tätigkeit – im Regelfall aber nicht bei erstmaliger Lektüre eines Skriptums. Unser Bemühen war es, Ihnen demgegenüber möglichst viele solche (frühzeitigen) „Aha-Erlebnisse" zu ermöglichen. Wer den Stoff *versteht* (und ihn nicht bloß gelernt hat), der hat bei Prüfungen und der praktischen Anwendung die besten Karten.

Zielgruppe

Wir wenden uns mit den beiden Lehrbüchern nicht nur an die Studierenden der Rechtswissenschaften, sondern auch an StudentInnen der Betriebswirtschaftslehre an Universitäten und Fachhochschulen sowie postgradualen Studiengängen, die sich in diesem zentralen Rechtsbereich vertiefen möchten. Aber auch PraktikerInnen – insbesondere RechtsanwaltsanwärterInnen – soll das vorliegende Werk bei der Auffrischung ihrer Kenntnisse unterstützen.

Gesetzestext

Da ein juristisches Lehrbuch im Grunde eine verständliche Erläuterung und didaktische Aufbereitung der Gesetze ist, sollten Sie die gesetzlichen Bestimmungen (auf die im Buch verwiesen wird) daher stets parallel lesen.

Lernplattform

Wie für den „*Perner/Spitzer/Kodek*" können Sie auch für dieses Werk Ihr erworbenes Wissen auf der Lernplattform http://studium.manz.at/ testen. Dort warten über 400 Fragen auf ihre Beantwortung. Sie können somit Ihr Wissen nach der Lektüre des Buches oder auch kurz vor der Prüfung nochmals einem Test unterziehen.

Power Point Präsentation

Erstmals steht den Vortragenden unter http://studium.manz.at eine auf dieses Buch abgestimmte Power-Point Präsentation zum kostenlosen Download zur Verfügung. Diese können Sie – abgestimmt auf die Bedürfnisse und Schwerpunktsetzung Ihrer Lehrveranstaltung – selbständig erweitern, einschränken oder ändern.

Dank

Wir danken RAA Mag. *Alexander Göd*, RAA Dr. *Mara-Sophie Häusler*, Univ.-Ass. Dr. *Sixtus Ferdinand Kraus* und Dr. *Florian Müller* für ihre Mitarbeit an und Textbeiträge zu einzelnen Kapiteln dieses Werkes. Wer woran in welcher Form beteiligt war, ist auf Seite V nachzulesen. Weiters danken wir Univ.-Ass. Mag. *Stephan Kallab,* LL.M. für die Zusammenstellung eines Teils der auf der Lernplattform abrufbaren Fragen.

Besonderer Dank gebührt dem Verlag Manz, insbesondere dem stv. Verlagsleiter Mag. *Heinz Korntner* für die große Ehre, uns mit diesem herausfordernden Projekt zu beauftragen, sowie der Programmbereichsleiterin für Studium und Ausbildung Frau Mag. *Christine Kunz.* Frau Mag. *Doris Pummer* danken wir für zahlreiche Hilfestellungen in der Anfangsphase, Mag. *Katharina Irschik* für das Lektorat und die Betreuung in der Schlussphase des Projektes.

Wir hoffen, dass Ihnen die Lektüre des Buches soviel Spaß bereiten wird, wie uns das Verfassen.

Wien, im September 2011

Thomas Ratka
Roman Alexander Rauter
Clemens Völkl

Bearbeiterverzeichnis (der 1. Auflage)

RAA Mag. *Alexander Göd*
RAA Dr. *Mara-Sophie Häusler*
Univ.-Ass. Dr. *Sixtus Ferdinand Kraus*
Dr. *Florian Müller*
Ass.-Prof. DDr. *Thomas Ratka*, LL.M.
Dr. *Roman Alexander Rauter*
RA Dr. *Clemens Völkl*

1 Allgemeines Unternehmensrecht
   1.1 Einführung in das Unternehmensrecht *(Rauter)*
   1.2 Der Unternehmer
      Kap 1 *(Rauter)*
      Kap 2 *(Ratka/Rauter)*
      Kap 3 *(Ratka)*
      Kap 4, 5 *(Völkl)*
   1.3 Das Firmenbuch *(Ratka)*
   1.4 Die Firma *(Ratka)*
   1.5 Unternehmensübergang (Textbeitrag: *Kraus;* Redaktion: *Rauter)*
   1.6 Unternehmerisches Stellvertretungsrecht *(Rauter)*
2 Unternehmensbezogene Geschäfte
   2.1 Das Recht der unternehmensbezogenen Geschäfte (Textbeitrag: *Göd/Häusler;* Redaktion: *Rauter;* einzelne Texte: *Rauter)*
   2.2 Schuldrechtliche Sonderregelungen (Textbeitrag: *Göd/Häusler;* Redaktion: *Rauter;* einzelne Texte: *Rauter)*
   2.3 Absatzmittlergeschäfte
      Kap 1–5 *(Ratka/Müller)*
      Kap 6 (Textbeitrag: *Göd/Häusler;* Redaktion: *Ratka)*
   2.4 Transportgeschäfte *(Ratka)*
3 Rechnungslegung *(Völkl)*

Das Buch wurde für die **2. Auflage** von *Ratka*, *Rauter* und *Völkl* überarbeitet und aktualisiert.

Das Wertpapierrecht wurde von *Rauter* verfasst.

Inhalt

Vorwort zur 2. Auflage III
Vorwort der 1. Auflage V
Bearbeiterverzeichnis (der 1. Auflage) VII
Abkürzungsverzeichnis XI

1 Allgemeines Unternehmensrecht 1
  1.1 Einführung in das Unternehmensrecht
      Kapitel 1: Unternehmensrecht – Begriffe, Abgrenzungen, Schwerpunkte   3
      Kapitel 2: Aufbau des UGB und Nebengesetze 7
      Kapitel 3: Unternehmensgewohnheitsrecht 9
  1.2 Der Unternehmer
      Kapitel 1: Einführung 11
      Kapitel 2: Unternehmer kraft Betreibens eines Unternehmens (§ 1 UGB) . 15
      Kapitel 3: Formunternehmer (§ 2 UGB) 27
      Kapitel 4: Unternehmer kraft Eintragung (§ 3 UGB) 29
      Kapitel 5: „Scheinunternehmer" kraft unternehmerischen Auftretens ... 32
  1.3 Das Firmenbuch
      Kapitel 1: Allgemeines zum Firmenbuch 36
      Kapitel 2: Firmenbucheintragungen 42
      Kapitel 3: Führung des Firmenbuchs 50
      Kapitel 4: Öffentlichkeit des Firmenbuchs 53
      Kapitel 5: Publizitätsprinzip (§ 15 UGB) 56
      Kapitel 6: Eintragungsverfahren 61
      Kapitel 7: Pflichtangaben auf Geschäftspapieren, Bestellscheinen
              und Webseiten 70
  1.4 Die Firma
      Kapitel 1: Allgemeines zur Firma 72
      Kapitel 2: Grundlegende Anforderungen an die Firma 78
      Kapitel 3: Firmengrundsätze 84
      Kapitel 4: Rechtsformspezifische Firmenbildungsvorschriften 91
      Kapitel 5: Firmenschutz 94
  1.5 Unternehmensübergang
      Kapitel 1: Einleitung 97
      Kapitel 2: Übergang unternehmensbezogener Rechtsverhältnisse 101
      Kapitel 3: Haftung des Veräußerers und des Erwerbers 108
      Kapitel 4: Vererbung eines Unternehmens 112
  1.6 Unternehmerisches Stellvertretungsrecht
      Kapitel 1: Prokura 114
      Kapitel 2: Handlungsvollmacht 121
      Kapitel 3: Ladenvollmacht 126

2 Unternehmensbezogene Geschäfte 129
  2.1 Das Recht der unternehmensbezogenen Geschäfte
      Kapitel 1: Die Anwendung des 4. Buchs des UGB 131
      Kapitel 2: Abschluss unternehmensbezogener Geschäfte und
              Vertragsauslegung 139
  2.2 Schuldrechtliche Sonderregelungen
      Kapitel 1: Schadenersatz 154
      Kapitel 2: Zinsen und sonstige Regelungen gegen Zahlungsverzug 158
      Kapitel 3: Kontokorrent 163
      Kapitel 4: Zurückbehaltungsrecht 173

  Kapitel 5: Warenkauf 178
  Kapitel 6: Sicherstellung bei Bauverträgen (§ 1170b ABGB) 192
 2.3 Absatzmittlergeschäfte
  Kapitel 1: Kommissionsgeschäft 195
  Kapitel 2: Handelsvertretergeschäft 204
  Kapitel 3: Maklergeschäft 212
  Kapitel 4: Vertragshändlergeschäft 225
  Kapitel 5: Franchisegeschäft 226
  Kapitel 6: Investitionsersatz 228
 2.4 Transportgeschäfte
  Kapitel 1: Frachtgeschäft 233
  Kapitel 2: Speditionsgeschäft 239
  Kapitel 3: Lagergeschäft 243

3 Rechnungslegung 247
 3.1 Grundlagen
  Kapitel 1: Allgemeines 249
  Kapitel 2: Bücher und Buchführung 253
  Kapitel 3: Buchführungsmethoden 258
 3.2 Bilanzierung
  Kapitel 1: Grundbegriffe der Bilanzierung 261
  Kapitel 2: Bilanzierungsgrundsätze (GoB) 268
  Kapitel 3: Bewertungsvorschriften 273

4 Wertpapierrecht 277
 4.1 Allgemeiner Teil
  Kapitel 1: Übersicht und Wertpapierbegriff(e) 279
  Kapitel 2: Weitere Wertpapierkategorien 286
  Kapitel 3: Wertpapierrechtstheorien 290
 4.2 Wechsel- und Scheckrecht
  Kapitel 1: Wechselrecht – Grundlagen 293
  Kapitel 2: Übertragung des Wechsels 303
  Kapitel 3: Haftung aus dem Wechsel 308
  Kapitel 4: Einwendungen 316
  Kapitel 5: Scheckrecht 320
 4.3 Kapitalmarktpapiere (Effekten)
  Kapitel 1: Einführung 323
  Kapitel 2: Schuldverschreibungen 329
  Kapitel 3: Anteilsscheine und Genussscheine 333
 4.4 Weitere Wertpapiere
  Kapitel 1: Unternehmerische Wertpapiere 338
  Kapitel 2: Sparbuch 341

Sachregister 345

Abkürzungsverzeichnis

aA	=	anderer Ansicht
ABGB	=	Allgemeines bürgerliches Gesetzbuch
Abs	=	Absatz/Absätze
AfA	=	Abschreibung für Abnutzung
AG	=	Aktiengesellschaft
AGB	=	Allgemeine Geschäftsbedingungen
AIF	=	Alternative Investmentfonds
AktG	=	Aktiengesetz
AngG	=	Angestelltengesetz
AÖSp	=	Allgemeine Österreichische Spediteurbedingungen
ARGE	=	Arbeitsgemeinschaft
Art	=	Artikel
ÄrzteG	=	Ärztegesetz
ASVG	=	Allgemeines Sozialversicherungsgesetz
ATL	=	Allgemeine Transportbedingungen für das Lastfuhrwerksgewerbe
AußStrG	=	Außerstreitgesetz
AVRAG	=	Arbeitsvertragsrechts-Anpassungsgesetz
BAO	=	Bundesabgabenordnung
Bd	=	Band
BeteilFG	=	Beteiligungsfondsgesetz
BGB	=	(deutsches) Bürgerliches Gesetzbuch
BinnSchiffG	=	Binnenschifffahrtsgesetz
BörseG	=	Börsegesetz
Bsp	=	Beispiel/e
BSpG	=	Bausparkassengesetz
BStFG	=	Bundes-Stiftungs- und Fondsgesetz
BVergG	=	Bundesvergabegesetz
B-VG	=	Bundes-Verfassungsgesetz
BWG	=	Bankwesengesetz
bzw	=	beziehungsweise
ca	=	circa
CIM	=	Internationales Übereinkommen über den Eisenbahnfrachtverkehr
CISG	=	United Nations Convention on Contracts for the International Sale of Goods
CMR	=	Übereinkommen über den Beförderungsvertrag im internationalen Straßengüterverkehr
d	=	deutsch/er/e/es
DepotG	=	Depotgesetz
dh	=	das heißt
dt	=	deutsch/er/e/es
E	=	Entscheidung(en)
EBG	=	Eisenbahngesetz
EBR	=	European Business Register
EG	=	Europäische Gemeinschaft
EGG	=	Erwerbsgesellschaftengesetz
EKEG	=	Eigenkapitalersatzgesetz
EO	=	Exekutionsordnung
ERV	=	Verordnung über den elektronischen Rechtsverkehr
EStG	=	Einkommensteuergesetz

etc	=	et cetera
EU	=	Europäische Union
EuGH	=	Europäischer Gerichtshof
EUR	=	Euro
EURO-JuBeG	=	Euro-Justizbegleitgesetz
EU-VerschG	=	EU-Verschmelzungsgesetz
EVHGB	=	(Vierte) Einführungsverordnung zum Handelsgesetzbuch
EWG	=	Europäische Wirtschaftsgemeinschaft
EWIV	=	Europäische wirtschaftliche Interessenvereinigung
EWIV-VO	=	EWIV-Verordnung
EWIVG	=	EWIV-Gesetz
EWR	=	Europäischer Wirtschaftsraum
EZB	=	Europäische Zentralbank
f	=	der/die folgende
FBG	=	Firmenbuchgesetz
ff	=	die folgenden
FMA	=	Finanzmarktaufsicht
FMABG	=	Finanzmarktaufsichtsbehördengesetz
FN	=	Firmenbuchnummer
G	=	Gesetz
gem	=	gemäß
Gen	=	Genossenschaft(en)
GenG	=	Genossenschaftsgesetz
GesAusG	=	Gesellschafterausschlussgesetz
GesbR	=	Gesellschaft bürgerlichen Rechts
GewO	=	Gewerbeordnung
ggf	=	gegebenenfalls
GGG	=	Gerichtsgebührengesetz
GmbH	=	Gesellschaft(en) mit beschränkter Haftung
GmbHG	=	Gesetz über Gesellschaften mit beschränkter Haftung
GMG	=	Gebrauchsmustergesetz
GoB	=	Grundsätze ordnungsgemäßer Buchführung
GOG	=	Gerichtsorganisationsgesetz
grds	=	grundsätzlich
GuV	=	Gewinn- und Verlustrechnung
hA	=	herrschende Ansicht
HaRÄG	=	Handelsrechts-Änderungsgesetz
HG	=	Handelsgericht
HGB	=	Handelsgesetzbuch (nunmehr: UGB)
hL	=	herrschende Lehre
HlSchG	=	Halbleiterschutzgesetz
hM	=	herrschende Meinung
HVertrG	=	Handelsvertretergesetz
HypBG	=	Hypothekenbankgesetz
ICC	=	International Chamber of Commerce
idF	=	in der Fassung
idR	=	in der Regel
idZ	=	in diesem Zusammenhang
ieS	=	im engeren Sinn
iHv	=	in Höhe von
IKS	=	internes Kontrollsystem
iL	=	in Liquidation
ImmoInvFG	=	Immobilien-Investmentfondsgesetz

insb	=	insbesondere
InvFG	=	Investmentfondsgesetz
IO	=	Insolvenzordnung
iS	=	im Sinne
iSd	=	im Sinne des
iSv	=	im Sinne von
IV	=	ideeller Verein
iVm	=	in Verbindung mit
iW	=	im Wesentlichen
iwS	=	im weiteren Sinn
iZm	=	im Zusammenhang mit
iZw	=	im Zweifel
Jhdt	=	Jahrhundert
JN	=	Jurisdiktionsnorm
KapBG	=	Kapitalberichtigungsgesetz
KartG	=	Kartellgesetz
KEG	=	1. Kommanditerwerbsgesellschaft; 2. Kraftloserklärungsgesetz
Kfz	=	Kraftfahrzeug
kg	=	Kilogramm
KG	=	Kommanditgesellschaft
KHVG	=	Kraftfahrzeug-Haftpflichtgesetz
KMG	=	Kapitalmarktgesetz
KöSt	=	Körperschaftssteuer
KSchG	=	Konsumentenschutzgesetz
KStG	=	Körperschaftssteuergesetz
l	=	Liter
lit	=	litera (Buchstabe)
Lkw	=	Lastkraftwagen
Ltd	=	Limited (kurz für: Private Limited Company)
MaklerG	=	Maklergesetz
MarkSchG	=	Markenschutzgesetz
maW	=	mit anderen Worten
Mio	=	Million(en)
MRG	=	Mietrechtsgesetz
NO	=	Notariatsordnung
ö	=	österreichisch/-er/-e/-es (nur vor einer anderen Abkürzung)
OeKB	=	Oesterreichische Kontrollbank
OG	=	offene Gesellschaft
OGAW	=	Organismen zur gemeinsamen Veranlagung in Wertpapieren
OGH	=	Oberster Gerichtshof
OGH-E	=	OGH-Entscheidung
ÖH	=	Österreichische HochschülerInnenschaft
OHG	=	offene Handelsgesellschaft
ORF-G	=	ORF-Gesetz
österr	=	österreichisch/-er/-e/-es
pa	=	per annum (pro Jahr)
PfandbriefG	=	Pfandbriefgesetz
PHG	=	Produkthaftungsgesetz
PKG	=	Pensionskassengesetz
PrAG	=	Preisauszeichnungsgesetz
PS	=	Privatstiftung

PSG	=	Privatstiftungsgesetz
PSK-G	=	Postsparkassengesetz
RAO	=	Rechtsanwaltsordnung
RL	=	Richtlinie
RpflG	=	Rechtspflegergesetz
Rs	=	Rechtssache
Rsp	=	Rechtsprechung
s	=	siehe
S	=	Seite
SCE	=	Societas Cooperativa Europaea (Europäische Genossenschaft)
SCE-VO	=	SCE-Verordnung
ScheckG	=	Scheckgesetz
SE	=	Societas Europaea (Europäische Aktiengesellschaft)
SE-RL	=	SE-Richtlinie
SE-VO	=	SE-Verordnung
SEG	=	SE-Gesetz
sog	=	sogenannt/er/e/es
Sp	=	Sparkasse(n)
SpaltG	=	Spaltungsgesetz
SPE	=	Societas Privata Europaea
SpG	=	Sparkassengesetz
SpV	=	Sparkassenverein
stG	=	stille Gesellschaft
StGB	=	Strafgesetzbuch
str	=	strittig
TP	=	Tarifposten
tw	=	teilweise
ua	=	unter anderem, und andere
ÜbG	=	Übernahmegesetz
UGB	=	Unternehmensgesetzbuch
UmwG	=	Umwandlungsgesetz
UNK	=	UN-Kaufrecht
URÄG	=	Unternehmensrechts-Änderungsgesetz
URG	=	Unternehmensreorganisationsgesetz
UStG	=	Umsatzsteuergesetz
uU	=	unter Umständen
UWG	=	Bundesgesetz gegen den unlauteren Wettbewerb
va	=	vor allem
VAG	=	Versicherungsaufsichtsgesetz
VBVG	=	Verbandsverantwortlichkeitsgesetz
VerG	=	Vereinsgesetz
VersVG	=	Versicherungsvertragsgesetz
vgl	=	vergleiche
VO	=	Verordnung
VVaG	=	Versicherungsverein auf Gegenseitigkeit
WA	=	Warschauer Abkommen zur Vereinheitlichung von Regeln über die Beförderung im internationalen Luftverkehr
WAG	=	Wertpapieraufsichtsgesetz
WBAG	=	Wiener Börse AG
WechselG	=	Wechselgesetz
WGG	=	Wohnungsgemeinnützigkeitsgesetz
WKO	=	Wirtschaftskammer Österreich

WTBG	=	Wirtschaftstreuhandberufsgesetz
Z	=	Ziffer
zB	=	zum Beispiel
ZPO	=	Zivilprozessordnung
ZTG	=	Ziviltechnikergesetz
ZVG	=	Zahlungsverzugsgesetz

1 Allgemeines Unternehmensrecht

Der Einstieg in das Unternehmensrecht erfolgt über das 1. Buch des UGB, welches eine Vielzahl grundlegender Bestimmungen zu unterschiedlichen Fragestellungen enthält. Es geht insb darum festzustellen, wer die Normadressaten des Unternehmensrechts sind. Primär sind dies die „Unternehmer". Weiters stellt das Gesetz unterschiedliche Instrumente zur Verfügung, welche die Tätigkeit von Unternehmern (uU auch Nichtunternehmern) erleichtern oder reglementieren sollen, zB:
- Eintragung von Rechtsträgern mit einer Firma im Firmenbuch,
- Erleichterung der Übertragung von Unternehmen,
- Erleichterung des geschäftlichen Verkehrs durch Sonderregelungen im Stellvertretungsrecht.

Dieser Teil umfasst folgende Abschnitte:

1.1 Einführung in das Unternehmensrecht
    Kapitel 1: Unternehmensrecht –
              Begriffe, Abgrenzungen, Schwerpunkte 3
    Kapitel 2: Aufbau des UGB und Nebengesetze 7
    Kapitel 3: Unternehmensgewohnheitsrecht 9

1.2 Der Unternehmer
    Kapitel 1: Einführung 11
    Kapitel 2: Unternehmer kraft Betreibens eines Unternehmens
              (§ 1 UGB) 15
    Kapitel 3: Formunternehmer (§ 2 UGB) 27
    Kapitel 4: Unternehmer kraft Eintragung (§ 3 UGB) 29
    Kapitel 5: „Scheinunternehmer" kraft unternehmerischen Auftretens .. 32

1.3 Das Firmenbuch
    Kapitel 1: Allgemeines zum Firmenbuch 36
    Kapitel 2: Firmenbucheintragungen 42
    Kapitel 3: Führung des Firmenbuchs 50
    Kapitel 4: Öffentlichkeit des Firmenbuchs 53
    Kapitel 5: Publizitätsprinzip (§ 15 UGB) 56
    Kapitel 6: Eintragungsverfahren 61
    Kapitel 7: Pflichtangaben auf Geschäftspapieren, Bestellscheinen
              und Webseiten 70

1.4 Die Firma
    Kapitel 1: Allgemeines zur Firma 72
    Kapitel 2: Grundlegende Anforderungen an die Firma 78
    Kapitel 3: Firmengrundsätze 84
    Kapitel 4: Rechtsformspezifische Firmenbildungsvorschriften ... 91
    Kapitel 5: Firmenschutz 94

1.5 Unternehmensübergang
　Kapitel 1: Einleitung 97
　Kapitel 2: Übergang unternehmensbezogener Rechtsverhältnisse 101
　Kapitel 3: Haftung des Veräußerers und des Erwerbers 108
　Kapitel 4: Vererbung eines Unternehmens 112

1.6 Unternehmerisches Stellvertretungsrecht
　Kapitel 1: Prokura 114
　Kapitel 2: Handlungsvollmacht 121
　Kapitel 3: Ladenvollmacht 126

1.1 Einführung in das Unternehmensrecht

Kapitel 1: Unternehmensrecht – Begriffe, Abgrenzungen, Schwerpunkte

Lernen

Privatrecht und Unternehmensrecht

Das Unternehmensrecht ist **Teil des Privatrechts.** Da es sich nicht an alle Privatrechtssubjekte richtet, sondern an Personen mit bestimmten Eigenschaften (im Wesentlichen an „Unternehmer" und ggf an deren Geschäftspartner), handelt es sich um ein sog **Sonderprivatrecht.** Das bedeutet zugleich, dass das Unternehmensrecht keine eigenständige Privatrechtsordnung ist. **Es bedarf des allgemeinen bürgerlichen Rechts als Fundament.** Trotz der grundsätzlichen Einordnung ins Privatrecht ist zu beachten, dass einzelne Bestimmungen des Unternehmensrechts dem öffentlichen Recht zuzuordnen sind (zB firmenbuchrechtliche Regelungen).

Der Unternehmer Ulrich verkauft Waren an die Unternehmerin Ulrike und an den Konsumenten Konrad. Zahlreiche mit diesen Verkäufen verbundene Fragen sind nach Zivilrecht zu beurteilen (zB Geschäftsfähigkeit der handelnden Personen, Auslegung der Willenserklärungen). Auch das Recht des Kaufvertrags findet sich insb im ABGB. Für einzelne Fragen kann jedoch auch das Unternehmensrecht relevant sein, so zB für die Frage, ob Ulrike zur Bewahrung ihrer Gewährleistungsansprüche eine Mängelrüge zu erheben hat (s §§ 377 f UGB). Im Verhältnis zwischen Ulrich und Konrad ist das Konsumentenschutzrecht zu beachten.

1.1 Einführung in das Unternehmensrecht

Entwicklung vom „Handelsrecht" zum „Unternehmensrecht"

Die zentrale gesetzliche Grundlage des Unternehmensrechts, das **Unternehmensgesetzbuch (UGB),** ist eine durch das Handelsrechts-Änderungsgesetz 2005 (HaRÄG) in einigen Bereichen wesentlich novellierte Fassung des Handelsgesetzbuchs (HGB). Das HGB geht auf das dt HGB aus dem Jahr 1900 zurück, das 1939 in Österreich (mit bestimmten Anpassungen durch Regelungen der „4. Einführungsverordnung zum Handelsgesetzbuch" [kurz EVHGB]) eingeführt wurde. Das HGB knüpfte seinen Anwendungsbereich noch an den kompliziert ausgestalteten Begriff des „Kaufmanns", der durch das HaRÄG zugunsten des einfacheren Unternehmerbegriffs aufgegeben wurde. Das HaRÄG ist mit 1. 1. 2007 in Kraft getreten.

Begriff des Unternehmensrechts

Das Unternehmensrecht lässt sich begrifflich als **Sonderprivatrecht der Unternehmer** definieren, wobei man diese Begriffsbildung auch als **„Unternehmensrecht im engeren Sinn"** bezeichnen kann. Zu beachten ist, dass nicht alle Rechtsnormen, die traditionell bzw aufgrund ihrer sachlichen Nähe zum Unternehmensrecht gezählt werden, an einen Unternehmerbegriff anknüpfen. So ist etwa das **Gesellschaftsrecht** als bedeutender Teil des Unternehmensrechts nicht vom Unternehmerbegriff dominiert (die meisten Gesellschaftsformen stehen auch für nicht-unternehmerische Zwecke zur Verfügung), doch ergibt sich eine „Brücke" aus dem Umstand, dass eine ganze Reihe von Gesellschaften (etwa GmbH, AG, SE) als Unternehmer behandelt werden (zu diesen „Formunternehmern" s S 27 f) und Gesellschaften praktisch die größte Bedeutung im Zusammenhang mit der Führung von Unternehmen besitzen. Auch das **Wertpapierrecht** (s S 277 ff) entfaltet seine Bedeutung im unternehmerischen Bereich, obwohl nicht jedes Wertpapier von einem Unternehmer bzw zu einem unternehmensbezogenen Zweck ausgegeben werden muss.

> Während zB Aktien die Mitgliedschaft an Aktiengesellschaften (die Formunternehmer sind) verbriefen und die Wertpapiere des § 363 UGB an unternehmerische Tätigkeit anknüpfen, kann zB ein Wechsel auch von einem Nichtunternehmer begeben werden.

Jene für Wirtschaftstreibende relevanten – überwiegend privatrechtlichen – Normen, die nicht den Unternehmerbegriff als gemeinsamen Anknüpfungspunkt haben, können dem **Unternehmensrecht im weiteren Sinn** zugerechnet werden.

Regelungsschwerpunkte und Grundsätze des Unternehmensrechts

Das Unternehmensrecht ergänzt das bürgerliche Recht dort, wo spezielle Erfordernisse der unternehmerischen Organisation und des unternehmerischen Geschäftsverkehrs bestehen. ZB erfordert ein im Rahmen einer Gesellschaft geführtes Unternehmen ein **Organisationsrecht.** Zwar stellt das ABGB eine Gesellschaftsform zur Verfügung (die „Gesellschaft bürgerlichen Rechts", kurz GesbR), doch benötigt der unternehmerische Geschäftsverkehr darüber hinaus ein stärker differenziertes Gesellschaftsrecht (zB AG, GmbH, Genossenschaften, OG, KG). Notwendig für einen erfolgreichen Unternehmensbetrieb ist auch ein **geordnetes Rechnungswesen.** Dieses ermöglicht eine Übersicht über die Vermögens-, Finanz- und Ertragslage. Das Unternehmensrecht erfüllt aber auch **Schutzfunktionen.** Es dient dem Schutz der **Gläubiger** und der **Gesellschafter**

Kapitel 1: Unternehmensrecht – Begriffe, Abgrenzungen, Schwerpunkte

wie auch dem Schutz von **Minderheiten** gegen nachteilige Handlungen zB der (Mehrheits-)Gesellschafter oder auch der Geschäftsführer. Tw werden auch **öffentliche Interessen** geschützt. Sofern die Mittel des Zivilrechts für den **Schutz der unternehmerischen Tätigkeit** nicht ausreichen, bieten auch das Wettbewerbsrecht (zB das Gesetz gegen den unlauteren Wettbewerb [UWG] oder das Kartellgesetz [KartG]) sowie das Immaterialgüterrecht (zB das Marken-, Patent- und Gebrauchsmusterrecht) erweiterten Schutz.

Grundsätze des unternehmerischen Geschäftsverkehrs

Das Unternehmensrecht wurzelt somit im Anliegen, den unternehmerischen Geschäftsverkehr interessengerecht und professionell abzuwickeln. Es lassen sich demgemäß sog **„Grundsätze des unternehmerischen Geschäftsverkehrs"** individualisieren, welchen das Unternehmensrecht Geltung verschaffen möchte, insb:

- **Rasche und einfache Abwicklung** (im Interesse der Steigerung des Warenumsatzes bzw der unternehmerischen Tätigkeit an sich), zB durch das Recht der unternehmerischen Stellvertretung, die Regelungen zum Kontokorrent (§§ 355–357 UGB), die Fristverkürzung bei der Pfandverwertung (§ 368 UGB) oder auch die Mängelrügeobliegenheit (§§ 377 f UGB).

> Der Unternehmer Ulrich führt Kaufvertragsverhandlungen mit dem Prokuristen der Unternehmerin Ulrike. Ulrich muss sich keine Sorgen machen, dass der Geschäftsabschluss nicht von der Vollmacht seines Verhandlungspartners gedeckt ist (zum gesetzlich geregelten Umfang der Prokura s S 116 ff).

- **Entgeltlichkeit** (Leistungen eines Unternehmers sollen im Zweifel entgeltlich sein), vgl zB § 354 UGB (Entgeltlichkeit auch ohne Bestimmung eines Entgelts), § 396 Abs 1 UGB (Provision des Kommissionärs), § 409 UGB (Provision des Spediteurs), § 420 UGB (Lagergeld), §§ 8, 10 HVertrG (Provisionspflicht), §§ 6, 8 MaklerG (Maklerlohn).

> Der Unternehmer Ulrich bittet die – von ihm häufig beschäftigte – Unternehmerin Ulla, eine kleine Reparaturarbeit in seinem Geschäftslokal durchzuführen. Sie willigt ein und schickt nach Beendigung der Reparaturarbeit eine Rechnung. Ulrich hatte gehofft, dass er nichts zahlen müsse, da über einen Werklohn nicht gesprochen wurde. Er ist dennoch zur Bezahlung eines „angemessenen Entgelts" verpflichtet (§ 354 UGB; s auch § 1152 ABGB). Unentgeltlichkeit hätte freilich (in zweifelsfreier Weise) vereinbart werden können.

- **Erweiterte Selbsthilfe**, zB § 373 UGB (Möglichkeit des Selbsthilfeverkaufs bei Annahmeverzug des Käufers), §§ 369 f UGB (Retentionsrecht).
- **Erweiterter Vertrauens- und Verkehrsschutz** (dieser ist notwendig, da Rechtsgeschäfte in großer Zahl und rasch abgewickelt werden sollen), zB durch die Regelungen zum Unternehmer kraft Eintragung (§ 3 UGB), zur Publizitätswirkung des Firmenbuchs (§ 15 UGB), zur Unbeschränkbarkeit der Prokura (§ 50 Abs 1 UGB) sowie der Organvertretungsmacht (zB § 125 UGB, § 74 AktG, § 20 GmbHG), zum Umfang der Handlungsvollmacht (§ 54 UGB) und zur Ladenvollmacht (§ 56 UGB).

> Ulrich kontrahiert mit Friedolin, der im Firmenbuch eingetragen ist und unter seiner Firma handelt. Ulrich muss sich nicht die Frage stellen, ob Friedolin tatsächlich ein Unternehmen betreibt. Das Unternehmensrecht kommt auf das geschlossene Geschäft zur Anwendung, selbst wenn Friedolin sein Unternehmen bereits eingestellt hätte (s S 29 ff).

- **Strenge Haftung** (insb greift das Unternehmensrecht den Gedanken der Sachverständigenhaftung des § 1299 ABGB auf, der sich in zahlreichen Bestimmungen wiederfindet), zB § 347 UGB (objektiver Sorgfaltsmaßstab eines Unternehmers), §§ 384,

390 UGB (Kommissionär), § 408 UGB (Spediteur), § 429 UGB (Frachtführer), § 5 HVertrG (Handelsvertreter), §§ 25, 33 GmbHG (Organe einer GmbH), §§ 84, 99 AktG (Organe einer AG), § 348 UGB (gesamtschuldnerische Haftung), § 349 UGB (Ersatz des entgangenen Gewinns auch bei leichtem Verschulden).

Sebastian Sorglos ist Geschäftsführer einer GmbH und tätigt ein auffallend sorgloses Geschäft. Die GmbH-Gesellschafter verlangen Schadenersatz (s § 25 GmbHG). Sorglos beruft sich – vergeblich – darauf, dass er in seinen privaten Angelegenheiten auch ohne großes Nachdenken zu handeln pflegt.

- Warum kann man das Unternehmensrecht als „Sonderprivatrecht" bezeichnen?
- Seit wann knüpft das HGB/UGB an den Unternehmerbegriff an?
- Was versteht man unter dem „Unternehmensrecht" ieS?
- Welche Anliegen verfolgt das Unternehmensrecht?
- Was besagt der Grundsatz der Entgeltlichkeit im Unternehmensrecht? Gibt es unternehmensbezogene Geschäfte, die unentgeltlich sind?
- Inwiefern ist der Vertrauens- und Verkehrsschutz im Unternehmensrecht „erweitert"?
- Welche unternehmensrechtlichen Regelungen zur Haftung kennen Sie?

Grundsätze des Unternehmensrechts

Grundsätze des Unternehmensrechts (Grundsätze des unternehmerischen Geschäftsverkehrs) sind jene Prinzipien, auf denen das Unternehmensrecht als Sonderrecht des unternehmerischen Geschäftsverkehrs beruht und die eine interessengerechte Abwicklung des Geschäftsverkehrs gewährleisten sollen. Man unterscheidet insb folgende Grundsätze: Grundsatz der einfachen und raschen Abwicklung, Grundsatz des erweiterten Vertrauens- und Verkehrsschutzes, Grundsatz der Entgeltlichkeit, Grundsatz der erweiterten Selbsthilfe. Auch die im Unternehmensrecht idR strenge Haftung kann idZ genannt werden.

Unternehmensrecht

Das Unternehmensrecht ieS kann als Sonderprivatrecht der Unternehmer bezeichnet werden (dh privatrechtliche Normen, die an Unternehmer anknüpfen). Jene – überwiegend privatrechtlichen – Normen, die für Wirtschaftstreibende relevant sind, aber nicht den Unternehmerbegriff als Anknüpfungspunkt haben, können dem Unternehmensrecht im weiteren Sinn zugerechnet werden.

Kapitel 2: Aufbau des UGB und Nebengesetze

 **Lernen**

Aufbau des UGB

„Bücher" des UGB

Das Unternehmensrecht ist (wie das bürgerliche Recht) nicht in einem Gesetz kodifiziert, sondern gründet sich auf mehrere Gesetze. Das **Unternehmensgesetzbuch (UGB)** selbst enthält Regelungen zu unterschiedlichen Themenbereichen und gliedert sich entsprechend in **mehrere „Bücher":**

- Das **1. Buch** (§§ 1–58; früher bis § 104) trägt zwar den Titel „Allgemeine Bestimmungen", es enthält jedoch neben den grundlegenden Unternehmerbegriffen bereits eine Reihe spezieller Bestimmungen. Untergliedert ist es in **Abschnitte** zu den Themen: **Begriffe und Anwendungsbereich** (1. Abschnitt), **Registrierung des Unter**nehmens (2. Abschnitt), **Firma** (3. Abschnitt), **Unternehmensübergang** (4. Abschnitt) und **Prokura und Handlungsvollmacht** (5. Abschnitt). Nicht mehr enthalten sind die besonderen Regelungen über Handelsmakler. Jene über Handlungsgehilfen und Handlungsagenten, die Teil der dt Stammfassung des HGB waren, wurden in Österreich nicht in Kraft gesetzt.

- Das **2. Buch** (§§ 105–188) enthält Bestimmungen zur **offenen Gesellschaft (OG)**, zur **Kommanditgesellschaft (KG)** und zur **stillen Gesellschaft (stG)** sowie einen Paragraphen zur unternehmerisch tätigen Gesellschaft bürgerlichen Rechts (GesbR).

- Im **3. Buch** (§§ 189–283; früher bis § 342) geht es um Fragen der **Rechnungslegung.** Besondere Bestimmungen enthalten aber etwa auch das BWG und das VAG.

- Das **4. Buch** (§§ 343–460; früher bis § 473) behandelt die **unternehmensbezogenen Geschäfte.** Es untergliedert sich in die Abschnitte: Allgemeine Vorschriften, Warenkauf, Kommissionsgeschäft, Speditionsgeschäft, Lagergeschäft, Frachtgeschäft, Investitionsersatz, Zahlungsverzug.

- Das **5. Buch** (§§ 474–905) über den **Seehandel** hat in Österreich keine große Relevanz. Entsprechend wird es in österr Gesetzesausgaben idR nicht abgedruckt und auch in den Kommentaren nicht behandelt. Die Praxis greift bisweilen auf ältere dt Kommentare zurück (da die deutschen Novellierungen in Österreich mangels praktischer Bedeutung nicht nachvollzogen wurden).

- Die abschließenden **§§ 906–908** beschäftigen sich mit dem Inkrafttreten, Übergangsregelungen und der Vollziehung.

Regelungen in Einzelgesetzen

„Nebengesetze"

Neben dem UGB sind zahlreiche Ordnungsfragen in Einzelgesetzen geregelt, die tw auch als „Nebengesetze" bezeichnet werden:

- So ist zB das **Firmenbuchrecht** weitgehend im **FBG** (und nur zu einem kleineren Teil im UGB) geregelt.

- Regelungen zu „Hilfspersonen" des Unternehmers finden sich etwa im **Handelsvertretergesetz** (HVertrG) und im **Maklergesetz**.

- Das **Gesellschaftsrecht** ist zu weiten Teilen nicht im UGB geregelt, so etwa das Recht der GmbH im **GmbHG**, das der AG im **AktG** und jenes der Europäischen Aktiengesellschaft (SE) in der **SE-VO** und im **SEG**. Aber auch in diesem „kapitalgesellschaftsrechtlichen" Bereich geht die Zersplitterung der gesetzlichen Grundlagen noch weiter: Zu nennen sind zB Einzelgesetze zu Umgründungsmaßnahmen (Spaltungsgesetz [SpaltG], Umwandlungsgesetz [UmwG], EU-Verschmelzungsgesetz [EU-VerschG]), weiters das Gesellschafterausschlussgesetz (GesAusG) und für die börsenotierte AG auch das Übernahmegesetz (ÜbG). Weitere Rechtsgrundlagen für gesellschaftsrechtliche Fragen sind zB das Genossenschaftsgesetz (GenG), die SCE-VO, das SCE-G, das EWIVG, das Kapitalberichtigungsgesetz (KapBG) und das Eigenkapitalersatzgesetz (EKEG). Im **UGB** enthalten ist das Recht der **eingetragenen Personengesellschaften** OG und KG sowie das Recht der **stillen Gesellschaft**. Die **GesbR** ist – abgesehen von der ergänzenden Regelung in § 178 UGB – im ABGB (§§ 1175 ff) geregelt. Das EGG (über die eingetragenen Erwerbsgesellschaften OEG und KEG) ist durch das HaRÄG 2005 beseitigt worden: Die eingetragenen Erwerbsgesellschaften wurden zum 1. 1. 2007 in OG bzw KG „zwangsumgewandelt" (dh von Amts wegen im Firmenbuch als OG oder KG in der Spalte „Rechtsform" umgeschrieben). Ideelle Vereine sind im Vereinsgesetz geregelt. Im Zusammenhang mit dem Gesellschaftsrecht werden auch Privatstiftungen behandelt, deren Rechtsgrundlage das **PSG** ist.

- Auch das **Transportrecht** des UGB wurde zB durch das CMR, das EBG bzw das BinnSchiffG ergänzt. Internationale Abkommen spielen im Bereich des Transportrechts eine wichtige Rolle.

- Keine besonderen Regelungen finden sich im UGB zu **Versicherungs-, Bank- und Börsegeschäften**. IdZ ist auf das Versicherungsvertragsgesetz (VersVG), das Kraftfahrzeug-Haftpflichtversicherungsgesetz (KHVG), das Versicherungsaufsichtsgesetz (VAG), das Bankwesengesetz (BWG), das Sparkassengesetz (SpG), das Depotgesetz, das Börsegesetz, das Kapitalmarktgesetz (KMG), das Kraftloserklärungsgesetz (KEG) und das Wertpapieraufsichtsgesetz (WAG) hinzuweisen. Bei den zuletzt genannten Rechtsbereichen (und auch beim Transportrecht) handelt es sich um große Rechtsgebiete, die sich allein dadurch bereits in gewisser Weise verselbständigt haben (und daher auch als eigene Sonderprivatrechte betrachtet werden können).

- Das **Wertpapierrecht** findet sich nur zu einem kleinen Teil im UGB („unternehmerische Wertpapiere"; §§ 363–365). Das übrige Wertpapierrecht ist auf mehrere Gesetze verteilt, von denen zB das Wechselgesetz (WechselG), das Scheckgesetz (ScheckG), das AktG, das KMG, das BWG, das Investmentfondsgesetz 2011 (InvFG), das Immobilien-Investmentfondsgesetz (ImmoInvFG) oder das Kraftloserklärungsgesetz (KEG) zu nennen sind.

- Weitere Einzelgesetze bilden das sog **Immaterialgüterrecht** (zB Markenschutzgesetz, Musterschutzgesetz, Gebrauchsmustergesetz [GMG], Patentgesetz [PatG], Urheberrechtsgesetz [UrhG], Halbleiterschutzgesetz [HlSchG]) und das **Wettbewerbsrecht** (zB BG gegen den unlauteren Wettbewerb [UWG], Kartellgesetz [KartG], Nahversorgungsgesetz, Preisauszeichnungsgesetz [PrAG], Öffnungszeitengesetz). Diese Rechtsbereiche werden zusammen auch als Recht des „gewerblichen Rechtsschutzes" bezeichnet.

 Üben

- Nennen Sie die unterschiedlichen Regelungsmaterien des UGB!
- Findet sich auch im UGB Gesellschaftsrecht (ggf zu welchen Gesellschaftsformen)?
- In welchen Gesetzen sind gesellschaftsrechtliche Regelungen enthalten? (Beispiele)
- In welchen Gesetzen finden sich Regelungen zum Firmenbuch?
- Wo finden sich Regelungen zum Transportrecht? Handelt es sich dabei um eine geschlossene Kodifikation?
- Welche Bedeutung besitzt das „Seerecht" in Österreich?
- Ist das Bankrecht im UGB geregelt?
- Gibt es Bestimmungen über Wertpapiere im UGB?
- Was versteht man unter dem „Recht des gewerblichen Rechtsschutzes"?

 Wissen

Bücher des UGB

Das UGB ist in mehrere „Bücher" unterteilt, die mehr oder weniger thematisch zusammenhängende Regelungen enthalten: 1. Buch – „Allgemeine Bestimmungen", 2. Buch – Personengesellschaften, 3. Buch – Rechnungslegung, 4. Buch – unternehmensbezogene Geschäfte, 5. Buch – Seerecht.

Kapitel 3: Unternehmensgewohnheitsrecht

 Lernen

Allgemeines zum Gewohnheitsrecht

Bei Gewohnheitsrecht handelt es sich um eine **nicht gesatzte, lang andauernde, gleichförmige, österreichweite, allgemeine Übung,** die mit der Überzeugung verbunden ist, dass sie Recht darstellt **(Rechtsüberzeugung).** Fehlt die Rechtsüberzeugung, dann liegt bloß ein unternehmerischer Gebrauch oder eine Verkehrssitte vor. Ob Gewohnheitsrecht vorliegt, ist eine **Rechtsfrage** und keine Tatfrage. Gewohnheitsrecht muss daher vor Gericht nicht bewiesen werden.

Die Frage, ob Gewohnheitsrecht in der österr Rechtsordnung „existiert" oder nicht, ist strittig. Sie wird von der überwiegenden Meinung in der Zivilrechtslehre bejaht, von manchen Stimmen aus der verfassungsrechtlichen Lehre (Rechtspositivismus) verneint.

„Unternehmensrechtliches Gewohnheitsrecht"

Das Gewohnheitsrecht spielt heutzutage im Unternehmensrecht keine große Rolle, da das Unternehmensrecht weitestgehend durch den Gesetzgeber geschaffen ist. **Beispiele** für Gewohnheitsrecht sind bzw waren nach verbreiteter Meinung etwa (wobei einiges strittig ist):

- die **actio pro socio** („Mitgesellschafterklage" im Bereich der Personengesellschaften s Bd II S 97),
- die Rechtsfolgen des Schweigens auf kaufmännische/unternehmerische Bestätigungsschreiben (strittig),
- die **Gestaltung der Geschäftsbücher** (gewohnheitsrechtlich entwickelt).

In einigen Fällen, in denen Gewohnheitsrecht angenommen wird/wurde, ist jedoch eine solche Annahme erlässlich, da sich die gewonnenen Ergebnisse auch mit herkömmlichen Mitteln der **Interpretation und Analogie** erzielen lassen (zB bei der GmbH & Co KG).

Vorrang des gesatzten Rechts?

Strittig ist weiters, ob seit der Handelsrechtsreform Unternehmensgewohnheitsrecht auf derselben Stufe steht wie gesatztes Recht. Nach alter Rechtslage ergab sich eine Gleichstellung explizit aus Art 4 EVHGB; diese Bestimmung wurde im Rahmen der Reform – wie alle Regelungen der EVHGB (die tw jedoch in andere Normen aufgenommen wurden) – beseitigt.

- Was versteht man unter „Gewohnheitsrecht"?
- Besteht ein Unterschied zwischen Gewohnheitsrecht und „unternehmerischen Gebräuchen"?
- Ist Gewohnheitsrecht in der österr Rechtsordnung anerkannt?
- Finden sich gewohnheitsrechtliche Regelungen auch im Unternehmensrecht?
- Gibt es eine einheitliche Meinung zu der Frage, ob Unternehmensgewohnheitsrecht denselben Rang hat wie gesatztes Recht?

Unternehmensgewohnheitsrecht

Unter Gewohnheitsrecht versteht man eine nicht gesatzte, lang andauernde, gleichförmige, redliche, das gesamte Bundesgebiet betreffende allgemeine Übung (Gewohnheit, „usus"), von der man überzeugt ist, dass sie verbindliches Recht darstellt (Rechtsüberzeugung, „opinio iuris"). Unternehmensgewohnheitsrecht bezieht sich auf Fragen des Unternehmensrechts, dh insb auf den unternehmerischen Geschäftsverkehr. Fehlt die Rechtsüberzeugung, so liegt ein unternehmerischer Gebrauch („Unternehmensbrauch") vor.

1.2 Der Unternehmer[*]

Kapitel 1: Einführung

Lernen

Überblick und Entwicklung

Die Regelungen des UGB sind nicht auf jede Person anwendbar, sondern bloß auf einen bestimmten Personenkreis. Angeknüpft wird dabei in erster Linie an Personen, die „Unternehmer" sind. Diese sind die (primären) „Normadressaten" des UGB.

Anton betreibt einen Elektrowarenhandel. Er ist damit – wie noch zu zeigen sein wird – Unternehmer. Schließt er mit seinem Lieferanten einen Kaufvertrag ab, so sind die Regelungen des UGB (ua spezielle Bestimmungen zum Kaufvertrag) anwendbar.

Es darf jedoch nicht übersehen werden, dass das UGB nicht alle Regelungen einheitlich an das Vorliegen einer Unternehmereigenschaft als Tatbestandsvoraussetzung knüpft. Gewisse Regelungen sind unabhängig von dieser anwendbar.

Berta und Cornelius gründen eine „offene Gesellschaft" (OG). Das können sie selbst dann, wenn kein Unternehmen betrieben werden soll.

Funktion der §§ 1–3 UGB

Die §§ 1–3 UGB enthalten Tatbestände, bei deren alternativer Erfüllung eine Person als „Unternehmer" iSd UGB behandelt wird: **§ 1 UGB** legt den **zentralen Anknüpfungspunkt des UGB** fest. Personen, die eine **unternehmerische Tätigkeit** entfalten (ein Unternehmen iSd Abs 2 „betreiben"), sollen Adressaten der Regelungen des UGB sein. Neben dieser grundlegenden Anknüpfung („Grundtatbestand") enthält das UGB in den

---

[*] Einzelne Textbausteine mit freundlicher Genehmigung von em. Univ.-Prof. Dr. *Manfred Straube*.

1.2 Der Unternehmer

§§ 2 und 3 – zum Zweck der Erleichterung bzw des Schutzes des Geschäftsverkehrs – **weitere Tatbestände,** bei deren (alternativer) Erfüllung der betreffende Rechtsträger „Unternehmer" iSd jeweiligen Tatbestandes ist. **Auf diese Regelungen greift das Gesetz bei der näheren Bestimmung der Anwendbarkeit der einzelnen Normen des UGB zurück** (dazu sogleich).

Entwicklung

Der Unternehmerbegriff wurde (erst) durch das Handelsrechts-Änderungsgesetz 2005 eingeführt (in Kraft seit 1. 1. 2007) und ersetzt die ursprüngliche Anknüpfung des HGB an den „Kaufmann". Der Umstand, dass der „neue" Unternehmerbegriff weiter als der ehemalige Kaufmannsbegriff ist, hat im Gesetzgebungsverfahren dazu geführt, dass Modifikationen im Anwendungsbereich der einzelnen Bücher des UGB durch Interessenvertreter „hineinreklamiert" wurden (s dazu insb bei der Darstellung der Freiberufler und der Land- bzw Forstwirte).

Mehrstufige Bestimmung des Anwendungsbereichs einzelner Regelungen

Das UGB klärt die Frage, welche Bestimmungen auf welche Personen anwendbar sein sollen, in mehreren „Stufen".

- Die **Grundlage** für die nähere Abgrenzung bilden die **§§ 1–3 UGB,** welche die Unternehmer definieren.

- Für die **einzelnen „Bücher" des UGB** finden sich wiederum Grobanknüpfungen in einigen Bestimmungen: **§ 4** umschreibt den Anwendungsbereich des 1. Buchs. **§ 5** regelt den Anwendungsbereich des 5. Buchs über den Seehandel (durch Verweis auf die §§ 1–3) und verweist für den Anwendungsbereich der anderen Bücher auf bestimmte Normen („Wegweiserfunktion" des § 5): **§§ 105, 161, 179, 189, 343, 455.** Die Anknüpfungen in diesen Bestimmungen sind **uneinheitlich** und verwenden bloß tw die Unternehmertatbestände der §§ 1–3. In den §§ 105 und 161 (zur OG und KG) fehlt eine Verknüpfung mit den Unternehmertatbeständen: OG und KG stehen nämlich auch für nichtunternehmerische Zwecke zur Verfügung. Manchmal wird der „Unternehmer" zur Abgrenzung herangezogen, aber bestimmte Unternehmer von der Anwendung ausgenommen (s § 4 Abs 2 und 3, § 189). Sehr **weitgehend** ist die Anknüpfung des **4. Buchs:** Neben „Unternehmern" iSd §§ 1–3 sind auch juristische Personen des öffentlichen Rechts erfasst. Weiters können auch Nichtunternehmer erfasst sein (s § 345). Für den 8. Abschnitt des 4. Buchs ist der Anwendungsbereich in § 455 speziell geregelt.

- Schlussendlich kann sich aus den einzelnen Gesetzesbestimmungen in den verschiedenen Büchern eine weitere Einschränkung bzw Präzisierung des Anwendungsbereichs ergeben, etwa wenn ein Tatbestand bestimmte Eigenschaften des Unternehmers verlangt.

> Die Erteilung einer Prokura ist im 1. Buch geregelt. Dieses ist gem § 4 zB nicht auf Freiberufler (als Einzelunternehmer) anwendbar, sofern sich diese nicht freiwillig der Anwendung des 1. Buchs unterwerfen (durch Firmenbucheintragung). Aber auch nicht freiberuflich tätige Unternehmer („Gewerbetreibende") können nicht in jedem Fall Prokura erteilen, da § 48 Abs 1 die Eintragung des Unternehmers im Firmenbuch voraussetzt. Die Frage der Firmenbucheintragung von Einzelunternehmern ist in § 8 geregelt.
>
> Wilhelm ist Rechtsanwalt. Er erfüllt mit seiner Tätigkeit zwar den Tatbestand des § 1, er wird aber aufgrund der freiberuflichen Tätigkeit vom 1. und vom 3. Buch ausgenommen (s § 4 Abs 2 Satz 1, § 189 Abs 4). Die Möglichkeit, sich dem 1. Buch zu unterwer-

Kapitel 1: Einführung

fen oder zB eine OG zu gründen, steht Wilhelm offen. Das 4. Buch ist anwendbar, sodass Wilhelm etwa bei Kauf eines Laptops für sein Unternehmen eine Mängelrügeobliegenheit trifft (§ 377).

Parallele zum KSchG

Der Unternehmerbegriff des § 1 UGB wurde vom Gesetzgeber bewusst dem KSchG (§ 1 Abs 2 KSchG) entnommen, um einen diesbezüglichen „Gleichklang" (vornehmlich für den Bereich des 4. Buchs) herzustellen. Unternehmerbegriffe finden sich auch in anderen Gesetzen (s etwa § 933b ABGB, § 1 KartG, § 2 UStG, § 1 HVertrG, § 1 PHG, § 1 URG, § 2 BVergG etc), doch decken sich diese Begriffe nicht zwingend mit jenem des UGB/KSchG. Die jeweilige gesetzliche Zielsetzung spielt für die inhaltliche Abgrenzung des Unternehmens eine wesentliche Rolle. Die Übernahme der Unternehmensdefinition des KSchG ermöglicht eine Orientierung an der Rsp zum KSchG.

Rechtsfähigkeit als Voraussetzung

Zurechnungssubjekt Unternehmer

§ 1 Abs 1 UGB bezieht sich auf den Unternehmer als **Zuordnungssubjekt.** Dieser – und nicht das Unternehmen selbst (das als solches eine Tatsache, aber kein Rechtsträger ist) – ist Träger der Rechte und Adressat der Pflichten. Der Unternehmer ist der **„Rechtsträger seines Unternehmens".** Voraussetzung für eine Unternehmereigenschaft ist somit **Rechtsfähigkeit.** Es kommen **natürliche Personen** und **juristische Personen** (bzw „rechtsfähige Gebilde") des Privatrechts (zB GmbH, AG, Gen, OG, KG, IV etc) bzw des öffentlichen Rechts (s unten) in Betracht. Das Erfordernis der Rechtsfähigkeit gilt auch im Bereich der §§ 2, 3.

Filibert Fassl betreibt einen Weinhandel. Er ist – als natürliche Person – rechtsfähig und kann daher Träger der mit dem Unternehmen verbundenen Rechte und Pflichten sein. Unternehmensbezogene Verträge kommen zwischen ihm und seinen Lieferanten, Kunden etc zustande. Der als Unternehmen qualifizierte Weinhandel besitzt keine Rechtsfähigkeit.

Die AM Alles Meins GmbH betreibt ein Anlageberatungsunternehmen. Sie ist Trägerin des Unternehmens iSd § 1 Abs 2. Sie ist jedoch zudem bereits aufgrund ihrer Rechtsform (GmbH) Unternehmerin gem § 2 (Formunternehmerin).

Der Windsurf-Verein Podersdorf veranstaltet regelmäßig öffentlich zugängliche Feste. Diesbezüglich kann ihm Unternehmereigenschaft zukommen.

Keine Rechtsträger sind zB „die GesbR" (Träger eines Unternehmens sind ihre Gesellschafter), eine stG, ein Konzern, ein Betrieb.

Hinz und Kunz betreiben gemeinsam ein Beratungsunternehmen im Rahmen einer GesbR. Unternehmer sind Hinz und Kunz, nicht aber die GesbR (s Bd II S 88).

Eine **juristische Person des öffentlichen Rechts** (zB Bund, Länder, Gemeinden, Sozialversicherungsträger, gesetzlich anerkannte Religionsgemeinschaften, die Österreichische HochschülerInnenschaft etc) ist nicht per se Unternehmerin. Sie fällt nur dann unter § 1, wenn sie ein Unternehmen betreibt. Sie ist auch nicht Formunternehmerin gem § 2. Das 4. Buch kommt jedoch unabhängig vom Betrieb eines Unternehmens zur Anwendung (s § 343; „Gleichklang" mit dem KSchG).

 **1.2 Der Unternehmer**

Das Landwirtschaftsministerium betreibt eine Kantine; die Stadt Wien bestellt für ein Bürgermeisterfest 100 Doppler Wein; die katholische Kirche betreibt eine Klosterschule; die ÖH organisiert laufend Studentenfeste. Rechtsträgerinnen sind die jeweiligen Körperschaften öffentlichen Rechts (Bund, Land, Kirche, ÖH), auf die das 4. Buch anwendbar ist.

Organe juristischer Personen können als solche nicht Unternehmer sein, da Organe nach hM keine Rechtsfähigkeit besitzen. Die Organwalter betreiben das Unternehmen nicht im eigenen Namen, sie handeln bloß für die juristische Person. Unternehmerin ist daher die juristische Person.

Gregor Greedy ist Geschäftsführer der AM Alles Meins GmbH. Er selbst ist nicht Träger des Anlageberatungsunternehmens. Beachte jedoch: Aus Sicht des KSchG könnte bestimmten Gesellschafter-Geschäftsführern, die sich zB persönlich für eine Verbindlichkeit der GmbH verbürgen, die Eigenschaft als Konsument fehlen (s S 16).

Geschäftsfähigkeit nicht erforderlich

Eigenberechtigung und Handlungsfähigkeit sind für die Unternehmereigenschaft **nicht erforderlich,** ebenso wenig ein bestimmtes Mindestalter natürlicher Personen. Freilich bedarf es für den Erwerb eines Unternehmens oder die Ausübung der unternehmerischen Tätigkeit der Geschäftsfähigkeit der für den Unternehmer handelnden Personen.

Der dreijährige Benjamin beerbt seinen Vater, der ein Unternehmen betrieben hat. Benjamin kommt – wird das Unternehmen weiter betrieben – Unternehmereigenschaft zu. Handeln wird für den Unternehmer Benjamin freilich sein gesetzlicher Vertreter (etwa der andere Elternteil oder ggf sein Vormund). UU kann auch eine Zustimmung des Vormundschaftsgerichts notwendig sein (vgl § 154 Abs 3 ABGB).

 **Üben**

- Wofür benötigt man den Unternehmerbegriff des UGB?
- Warum können OG/KG, nicht aber GesbR und stG „Unternehmer" sein?
- Kann ein Minderjähriger Unternehmer sein?
- Warum ist Geschäftsfähigkeit keine Voraussetzung für die Unternehmereigenschaft?

 **Wissen**

Unternehmer-tatbestände

In den ersten drei Paragraphen des UGB finden sich drei Tatbestände, bei deren alternativer Erfüllung eine Person Unternehmer ist bzw als Unternehmer behandelt wird: Grundtatbestand ist § 1 UGB (Unternehmer kraft Betreibens eines Unternehmens), der im Sinn des Schutzes des Geschäftsverkehrs durch § 2 UGB (Formunternehmer) und § 3 UGB (Unternehmer kraft Firmenbucheintragung) ergänzt wird.

Kapitel 2: Unternehmer kraft Betreibens eines Unternehmens (§ 1 UGB)

Lernen

„Betreiber" eines Unternehmens

§ 1 Abs 1 UGB lautet: „Unternehmer ist, wer ein Unternehmen betreibt." Damit wird der rechtliche Zusammenhang zwischen dem Unternehmen und dessen Inhaber (als Rechtsträger) hergestellt.

Handeln im eigenen Namen

Das Unternehmen „betreibt" grundsätzlich derjenige, **in dessen Namen** die unternehmensbezogenen Geschäfte abgeschlossen werden, **nicht** hingegen, wer **in fremdem Namen** oder als Verwalter fremden Vermögens auftritt. Eine „persönliche Mitarbeit" ist nicht erforderlich; eine solche scheidet bei juristischen Personen als Unternehmer ohnehin aus.

> Fritz pachtet einen Würstelstand von Franz; Fritz ist der Unternehmer, denn er kauft zB die Würstel im eigenen Namen; ihn trifft das Unternehmerrisiko, auch wenn die Betriebsmittel (wie bei der Pacht) großteils nicht ihm selbst gehören.
>
> Hinz und Kunz betreiben gemeinsam einen Minigolfplatz; da sie hierfür keine andere Gesellschaft gegründet haben, bilden sie damit eine GesbR (s Bd II S 87); da diese keine Rechtsträgerin ist, betreibt nicht „sie" das Unternehmen, sondern Hinz und Kunz. Gründen sie etwa eine OG (s Bd II S 111 ff) oder eine GmbH (s Bd II S 205 ff), kommt dieser Rechtspersönlichkeit und damit auch die Unternehmensträgereigenschaft zu.
>
> Der Geschäftsführer einer GmbH betreibt das Unternehmen nicht im eigenen Namen. Er schließt Verträge als Vertreter der GmbH ab, die dementsprechend als „Betreiberin" des Unternehmens zu qualifizieren ist.
>
> Herr Geier ist Masseverwalter der Habnix AG. Auch er ist bloß Verwalter und Vertreter; demgemäß schließt er die unternehmensbezogenen Geschäfte nicht im eigenen Namen ab. Unternehmerin ist die Gemeinschuldnerin (hier: die AG – dies jedoch bereits aufgrund von § 2 UGB).

Mitunter fungieren Personen als Vertreter von Unternehmern und verfolgen damit zugleich eine eigene unternehmerische Tätigkeit.

> Der selbständige Handelsvertreter Bert schließt Verträge für seinen Auftraggeber Horst ab. Diese Tätigkeit macht auch Bert zum Unternehmer. Er erbringt seine Leistungen gegenüber den Auftraggebern, die seine Vertragspartner sind.

Unschädlich für die Qualifikation als Unternehmer ist daher auch, dass eine Person in ein fremdes Vertriebssystem eingebunden ist, sofern sie nur im eigenen Namen unternehmerisch tätig wird zB Vertragshändler, Franchisenehmer.

Treuhänder

Nicht erforderlich ist (entgegen häufiger Hinweise in der Literatur), **dass das Unternehmen auf Rechnung des Betreibenden geführt wird.** Dies mag zwar den typischen Fall darstellen, doch möchte das UGB auch einen Treuhänder erfassen, der das Unternehmen auf fremde Rechnung führt: Für Dritte kann es bloß darauf ankommen, mit wem sie Verträge abschließen, nicht jedoch darauf, wer letztlich den wirtschaftlichen Nutzen aus der Tätigkeit zieht.

> Der reiche Ernst möchte mit einem Fitnesscenter „nebenher" Geld verdienen, aber nicht selbst als Betreiber in Erscheinung treten. Er vereinbart daher mit Johann, dass dieser (gegen Honorar) das Fitnesscenter im eigenen Namen betreiben solle. Gewinne werden an Ernst weitergeleitet, Verluste von Ernst abgedeckt. Unternehmer ist jedoch Johann, auf den die Regelungen des UGB zur Anwendung gelangen.

Auch Eigentum an Betriebsmitteln ist für die Qualifikation als Betreiber des Unternehmens nicht erforderlich.

> Adam pachtet das Unternehmen der Eva. Da Adam aus den Geschäften berechtigt und verpflichtet ist, ist er und nicht Eva Unternehmer.

Gesellschafter und Organwalter

Gesellschafter einer rechtsfähigen Gesellschaft „betreiben" – wie bereits erwähnt – grundsätzlich nicht selbst das Unternehmen der Gesellschaft. Organwalter vertreten zwar die Gesellschaft (und schließen für diese Verträge ab), betreiben deren Unternehmen aber nicht im eigenen Namen (s S 15); sie sind daher im Normalfall nicht selbst Unternehmer.

Konsumenteneigenschaft

In der Rsp zum KSchG wird aber für GmbH-Gesellschafter, die zugleich Geschäftsführer sind, die Eigenschaft als Konsument unter bestimmten Voraussetzungen (insb bei Mehrheitsbeteiligung) verneint, wenn sie zB im eigenen Namen einem Vertrag der GmbH beitreten. Dabei geht es jedoch um **Anwendungsfragen des KSchG** (nämlich des Interzessionsschutzes für Verbraucher).

> Der Mehrheitsgesellschafter-Geschäftsführer Blauaug schließt für die GmbH einen Kreditvertrag ab und bürgt selbst für diesen; er kann sich nicht auf den konsumentenschutzrechtlichen Interzessionsschutz berufen, weil ein maßgebendes wirtschaftliches Eigeninteresse des Gesellschafters besteht. Bejaht wurde von der Rsp demgegenüber die Konsumenteneigenschaft eines Minderheitsgesellschafters ohne Einfluss auf die Geschäftsführung, dessen Beteiligung an der Gesellschaft eine reine Finanzinvestition war.

Kapitel 2: Unternehmer kraft Betreibens eines Unternehmens (§ 1 UGB)

Überblick über die Elemente des Unternehmensbegriffs (§ 1 Abs 2 UGB)

§ 1 Abs 2 UGB definiert das Unternehmen: „Ein Unternehmen ist jede auf Dauer angelegte Organisation selbständiger wirtschaftlicher Tätigkeit, mag sie auch nicht auf Gewinn gerichtet sein."

Die – zur Interpretation heranziehbaren – **Erläuterungen zur Regierungsvorlage** führen dazu aus, dass ein Unternehmen im Sinn der gesetzlichen Definition dann vorliege, „wenn planmäßig unter zweckdienlichem Einsatz materieller und immaterieller Mittel, in der Regel unter Mitwirkung einer arbeitsteilig kooperierenden Personengruppe, auf einem Markt laufend wirtschaftlich werthafte Leistungen gegen Entgelt angeboten und erbracht werden."

Als Elemente des Unternehmensbegriffs sind daher zu nennen:
- wirtschaftliche Tätigkeit
- selbständige Tätigkeit
- Dauer
- Organisation
- Entgeltlichkeit

Zu beachten bleibt, dass die einzelnen Elemente des Unternehmensbegriffs tw nicht streng abgegrenzt werden können. Insb das zeitliche Element („Dauer") ist bei anderen Elementen mitzudenken (zB sind die „Marktorientierung" als Voraussetzung einer wirtschaftlichen Tätigkeit und das Kriterium der „Organisation" nicht ohne eine gewisse Dauer denkbar).

Wirtschaftliche Tätigkeit

wirtschaftlich werthafte Leistungen

Bei einer „unternehmerischen" Tätigkeit iSd § 1 UGB muss es sich um eine wirtschaftliche Tätigkeit handeln. Dies ist der Fall, wenn **wirtschaftlich werthafte Leistungen** (Waren oder Dienstleistungen) **auf einem Markt gegen Entgelt** angeboten werden (tw wird in der Lehre die Umschreibung als „erwerbswirtschaftliche Tätigkeit" für geeigneter erachtet).

Auf bestimmte Waren oder Dienstleistungen stellt das Gesetz nicht ab. „Jede" wirtschaftliche Tätigkeit kann daher Unternehmereigenschaft bewirken. Eine Aufzählung ist aufgrund der Vielzahl an Sachverhalten nicht möglich.

> Punktuelle Beispiele: juristische Beratung, Druckereigewerbe, Partnervermittlung, Gastwirtschaft, Erzeugung von Holzwaren, Tätigkeit als Hausverwalter etc.

Erlaubtheit?

Ob die Tätigkeit erlaubt sein muss, wird in der Lehre diskutiert. Zu beachten ist jedenfalls, dass **§ 6 UGB** die Qualifikation als Unternehmen **unabhängig von einer öffentlich-rechtlichen Erlaubnis** vornimmt.

> Auch ohne Gewerbeberechtigung wäre der Gastwirt Markus Unternehmer iSd UGB.

Eine etwas andere Frage ist, ob Regelungen des UGB auch auf Tätigkeiten, die als solche verboten sind, zur Anwendung gelangen sollen. Bei **strafrechtlich verbotenen Tätigkeiten** wird man wohl nicht von einem Unternehmen iSd § 1 Abs 2 UGB ausgehen können. Die Firmenbucheintragung einer Person, die solchen Tätigkeiten nachgeht, kommt nicht in Betracht, sofern sie nicht durch Vortäuschung der Legalität (durch Verwendung

1.2 Der Unternehmer

eines Deckmantels) die Firmenbucheintragung faktisch erschleicht. Soll ein Erwerb bloß durch gesetzwidrige oder sittenwidrige Geschäfte erfolgen, macht auch eine Anwendung des 4. Buchs keinen Sinn, da derartige Geschäfte ohnedies nach bürgerlichem Recht nichtig sind.

> Heinrich möchte – angeregt von seiner Jugendliteratur – seinen Lebensunterhalt als Pirat verdienen. Er erwirbt ein schnelles Boot und meldet ein Unternehmen zur Eintragung in das Firmenbuch an. Als Unternehmensgegenstand gibt er „entgeltliche Veranstaltung von Bootsfahrten" sowie „Handel mit Waren aller Art" an. Würde er „Raubzüge und Menschenhandel" angeben, wäre eine Verweigerung der Eintragung die logische Konsequenz.

Erkennbarkeit bzw Marktorientierung

Erforderlich ist eine **„Marktorientierung"** der Tätigkeit (tw wird von einem Anbieten von Leistungen auf einem **„offenen" Markt** gesprochen). Jedenfalls muss die Tätigkeit für die betreffenden Verkehrskreise **erkennbar** sein, dh die Verkehrsanschauung spielt bei der Bewertung eine Rolle.

Für eine Marktorientierung sprechen etwa deutlich: Firmenbucheintragung, Geschäftslokal, Gewerbeanmeldung, Wirtschaftskammermitgliedschaft, gewerbliche Adress- und Telefonbucheintragung.

Die bloße Verwaltung eigenen Vermögens ist keine unternehmerische Tätigkeit (zB privater Börsenspekulant).

> Leopold sammelt Kunstwerke. Hin und wieder trennt er sich von einem Gemälde, das ihm nicht mehr gefällt. Er betreibt damit noch keinen Kunsthandel.
>
> Hinz und Kunz gründen eine OG, damit diese die Anteile an einer Gesellschaft hält. Die OG fungiert diesfalls bloß als Holding und betreibt kein eigenes Unternehmen.

Erbringen Organisationen (zB ideelle Vereine) Leistungen gegenüber ihren Mitgliedern (dh auf einem sog **„inneren Markt"**), so kann auch dies uU Unternehmereigenschaft begründen. Hierbei wird – im Anschluss an den Justizausschussbericht zum HaRÄG 2005, der sich des Themas angenommen hat – unterschieden, wobei Abgrenzungen schwierig sein können: Kleinere Organisationen mit größerer persönlicher Verbundenheit der Mitglieder (bei denen die Deckung des gemeinsamen Bedarfs im Vordergrund steht) üben keine „wirtschaftliche Tätigkeit" iSd § 1 Abs 2 UGB aus. Die Tätigkeit großer Organisationen, die im größeren Umfang Leistungen vertreiben, wird eher als „wirtschaftliche Tätigkeit" zu qualifizieren sein (zB Autofahrerclubs). Erbringen Vereine (auch) an Außenstehende Leistungen, so sind sie als Unternehmer zu qualifizieren, wenn die anderen Tatbestandselemente ebenso vorliegen (s zur Entgeltlichkeit unten).

Bloßes Nachfragen von Leistungen

Das bloße Nachfragen von Leistungen (Waren oder Dienstleistungen) erfüllt die Voraussetzung einer wirtschaftlichen Tätigkeit iSd § 1 Abs 2 UGB nicht.

> Eine Wohnungseigentümergemeinschaft, die nur Leistungen am Markt nachfragt (Reinigungsdienste, Reparaturen etc), jedoch nicht anbietet, ist nicht Unternehmerin.
>
> Karl und Heinz trinken täglich gemeinsam eine Flasche Champagner um € 900,–. Da sie dadurch keine wirtschaftlich werthafte Leistung *erbringen*, sind sie trotz des hohen „Umsatzes" nicht Unternehmer.

Vertriebsart

Gleichgültig für das „Anbieten auf einem Markt" ist die Vertriebsart.

Kapitel 2: Unternehmer kraft Betreibens eines Unternehmens (§ 1 UGB)

Auch einem „eBay"-Verkäufer kann Unternehmereigenschaft zukommen, insb wenn er mehrfach gleichartige Leistungen kauft oder verkauft. Die Rsp hat zB in einem Fall den Verkauf von sieben Motorrädern und zwölf Motorradteilen innerhalb von zwei Monaten ausreichen lassen.

Selbständige Tätigkeit

Das Erfordernis der **Selbständigkeit**, das die unternehmerische Tätigkeit von Dienstverhältnissen abgrenzt, ergibt sich nicht nur aus der Unternehmensdefinition des § 1 Abs 2 UGB, sondern auch aus Abs 1, der vom „Betreiben" eines Unternehmens spricht. Siehe daher zum Kriterium der Selbständigkeit auch die Ausführungen zum „Betreiben" des Unternehmens (s S 15 f).

Dauer

Die Tätigkeit muss sich von vornherein auf eine **Vielzahl von Geschäften** richten, dh es ist die **Absicht** des Betreibers erforderlich, sich eine „dauernde" Erwerbsquelle zu schaffen. Wesentlich ist für unternehmerisches Handeln somit die Planmäßigkeit (im Gegensatz zu einer bloß gelegentlichen Wahrnehmung geschäftlicher Möglichkeiten). Bloße Gelegenheitsgeschäfte erfüllen dieses Kriterium daher noch nicht. Bei häufigerer Durchführung von „Gelegenheitsgeschäften" kann freilich ein Übergang zu einer kontinuierlichen Erwerbstätigkeit stattfinden (möglicherweise schwierige Abgrenzung im Einzelfall!).

Veranstaltungen im „sozialen Bereich" werden als Gelegenheitsgeschäfte oft auszunehmen sein, zB ein Schulball oder saisonale Sportveranstaltungen eines Vereins.

Annemarie löst ihren Haushalt auf und verkauft die Gegenstände auf einem Flohmarkt (keine Unternehmereigenschaft). Bernhard kauft regelmäßig Waren auf Flohmärkten in den Bundesländern, um sie sodann auf Flohmärkten in Wien zu höheren Preisen zu veräußern (Unternehmereigenschaft zu bejahen).

einmaliges Projekt | Die Abwicklung eines einmaligen Projekts stellt keine fortgesetzt anbietende Tätigkeit dar. Dieses Kriterium spielt etwa bei der Beurteilung von Arbeitsgemeinschaften eine Rolle, wenn diese – wie häufig der Fall – bloß zur Abwicklung eines Auftrags geschaffen werden.

Die Bau-Arbeitsgemeinschaft „Wolkenheim" wurde von den Bauunternehmern Bernhard und Harald gegründet, um gemeinsam ein Stadtprojekt als Auftragnehmer zu realisieren. Es handelt sich dabei um eine GesbR, in deren Rahmen bloß ein Auftrag (mag er auch lange dauern) abgewickelt wird. Das begründet noch kein Unternehmen. Die GesbR müsste somit auch nicht bei Überschreiten bestimmter Schwellenwerte als OG oder KG gem § 8 Abs 3 UGB in das Firmenbuch eingetragen werden (dies nur dann, wenn sie zugleich der fortgesetzten Kooperation der GesbR-Gesellschafter dient). Beachte jedoch: Bernhard und Harald sind jeweils Einzelunternehmer, da sie wiederholt Bauleistungen auf einem Markt anbieten. Das im Rahmen der GesbR gemeinsam abgewickelte Projekt ist nur eines unter (möglicherweise) vielen, die sie (ggf getrennt) als Unternehmer übernehmen. Da die GesbR nicht rechtsfähig ist, sind Bernhard und Harald als Auftragnehmer Vertragspartner des Bauwerkvertrags – es kommen die Regelungen des 4. Buchs zur Anwendung.

1.2 Der Unternehmer

Der Plan, nicht der Erfolg entscheidet

Ob die Tätigkeit im Ergebnis tatsächlich von Dauer ist oder ob sie nach kurzer Zeit wirtschaftlich scheitert, ist für die Beurteilung unerheblich. Es kommt bloß auf die **Ausrichtung** der Tätigkeit an, weshalb die Unternehmereigenschaft bereits mit Aufnahme der Tätigkeit und sogar mit Aufnahme von Vorbereitungsgeschäften eingreift (zu Vorbereitungsgeschäften s S 135 f).

Die „auf Dauer angelegte" Tätigkeit muss auch nicht zwingend als unbefristet gewollt sein. Kurzfristige oder unterbrochene Tätigkeiten können ebenfalls ausreichen.

> Messegeschäfte und Saisongeschäfte (zB Eisverkäufer, Skihütten)
>
> Olga betreibt einen Fanartikelstand während der Fußball-Europameisterschaft. Sie ist Unternehmerin.

Organisation

Hinsichtlich des Aspekts der **Organisation** sprechen die Gesetzesmaterialien von einer **planmäßigen Tätigkeit** unter **zweckdienlichem Einsatz materieller und immaterieller Mittel,** idR unter Mitwirkung einer arbeitsteilig kooperierenden Personengruppe.

Eine Personenmehrheit ist keine zwingende Voraussetzung. Auch eine einzelne Person kann eine Organisation errichten.

Typusbegriff

Der Begriff der Organisation beruht auf mehreren Elementen (objektiven, subjektiven, funktionalen), die im Einzelfall unterschiedlich gewichtet sein können (**„Typusbegriff"** im Sinn eines beweglichen Systems). Eine bestimmte **Mindestgröße** ist zwar **nicht vorauszusetzen,** doch kann der Umfang der Tätigkeit bei einer Abgrenzung helfen.

> Ein Größenkriterium zieht der OGH in der konsumentenschutzrechtlichen Judikatur etwa hilfsweise bei Bestandgebern heran. Als Unternehmer werden Vermieter in Fällen angesehen, in denen eine Beschäftigung Dritter (etwa Hausbesorger) erforderlich ist und eine Mehrzahl dauernder Vertragspartner besteht. Ein „Privatgeschäft" wurde noch bejaht, wenn der Vermieter nicht mehr als fünf Bestandsobjekte in seinem Haus vermietet.

Entgeltlichkeit

§ 1 Abs 2 UGB enthält ergänzend den Hinweis, dass eine **Gewinnerzielungsabsicht** für das Betreiben eines Unternehmens **nicht erforderlich** ist. Stattdessen ist bloß auf **Entgeltlichkeit** der Tätigkeit abzustellen. Dieses Erfordernis wird zwar im Gesetz nicht genannt, ist jedoch mit den Gesetzesmaterialien und der Lehre zu bejahen.

Ob das Entgelt für eine Kostendeckung ausreicht, ist nicht maßgeblich, doch muss es sich um ein **„ernstzunehmendes"** und nicht bloß um ein „symbolisches" **Entgelt** handeln. Auch eine defizitäre Organisation, die zusätzlich durch Subventionen erhalten wird, kann daher ein Unternehmen sein. Eine Tätigkeit, die ausschließlich durch Spenden, Beihilfen bzw Subventionen Dritter (ohne Abstellen auf einen konkreten Leistungsaustausch) finanziert wird, erfüllt das Erfordernis der Entgeltlichkeit nicht.

ZB sind Vereine, die unentgeltlich (nicht in einer kommerziellen Marktsituation) Leistungen erbringen – mögen sie auch freiwillige Spenden annehmen – nicht als Unternehmer zu qualifizieren. Freilich kommt es auch vor, dass Vereine eine entgeltliche wirtschaftliche Tätigkeit gegenüber Außenstehenden entwickeln, was sie zu Unternehmern macht, oder dass mitgliederstarke Vereine gegenüber ihren Mitgliedern in erheblichem Umfang und mit entsprechender Vertriebsorganisation Leistungen erbringen, wodurch auch jene als Unternehmer zu qualifizieren sein können (etwa die „Autofahrerklubs"). Vgl idS auch § 1 Abs 5 KSchG.

Beginn und Ende der Unternehmereigenschaft

Beginn

Die Unternehmereigenschaft nach § 1 UGB **beginnt** mit der **Aufnahme** des Betriebs eines Unternehmens, wobei sog „Vorbereitungsgeschäfte" bereits ausreichen. Eine Firmenbucheintragung ist für die Begründung der § 1-Unternehmerschaft nicht Voraussetzung.

Vorbereitungsgeschäfte

Werden Geschäfte von einer natürlichen Person vor Aufnahme des Betriebs **zur Schaffung der Voraussetzungen eines Unternehmens („Vorbereitungsgeschäfte")** getätigt, qualifiziert § 343 Abs 3 UGB diese noch als nicht unternehmensbezogen iSd 4. Buches. Durch Umkehrschluss ergibt sich aus dieser Bestimmung, dass **Vorbereitungsgeschäfte bereits Unternehmereigenschaft bewirken.** Andernfalls wäre die Ausnahme natürlicher Personen aus einem Teil des UGB sinnlos. Ein Unternehmer, der erst Vorbereitungsgeschäfte schließt, kann sich daher zB bereits im Firmenbuch eintragen lassen.

Max will einen Würstelstand eröffnen. Dafür kauft er im Vorfeld einen Kochtopf. Wenn Max den Würstelstand noch nicht betreibt (noch keine Würstel verkauft), gilt der Kauf des Topfes nicht als unternehmensbezogenes Geschäft iSd 4. Buches.

David möchte einen Handel mit Designer-T-Shirts betreiben und mietet daher am 2. 2. ein Geschäftslokal, das jedoch einer tiefgreifenden Renovierung bedarf. Die Eröffnung soll am 2. 5. stattfinden. David möchte sich jedoch bereits davor im Firmenbuch eintragen lassen. Das ist zulässig, da bereits Vorbereitungsgeschäfte vorgenommen werden.

Ende

Die Unternehmereigenschaft **erlischt** mit der **endgültigen Einstellung** des Unternehmensbetriebs. Eine vorübergehende Einstellung des Betriebs lässt die Unternehmereigenschaft unberührt, wenn die Grundlagen des Unternehmens noch vorhanden sind. Auch die laufende Liquidation oder (nach hM) die Insolvenzeröffnung beendet nicht die Unternehmereigenschaft.

David verpachtet sein Unternehmen an Filibert. Die Unternehmereigenschaft des David wird dadurch beendet (sofern er nicht noch ein anderes Unternehmen betreibt).

Die **Löschung** des (ehemaligen) Unternehmers **aus dem Firmenbuch** ist für die Beendigung der Unternehmereigenschaft iSd § 1 nicht ausschlaggebend. Die Firmenbucheintragung wirkt bloß **deklarativ** (s S 43). Unterbleibt eine Löschung im Firmenbuch und tritt der ehemalige § 1-Unternehmer weiter unter seiner Firma auf, so ist § 3 UGB (Unternehmer kraft Eintragung) maßgeblich (s S 29 ff).

Erfassung der „freien Berufe"

Allgemeines

Eine Auseinandersetzung mit dem Begriff der „freien Berufe" ist deshalb erforderlich, da **§ 4 Abs 2 UGB** (s auch § 189 Abs 4 UGB) für diese Sonderregelungen enthält. Grundsätzlich unterfallen die freien Berufe dem Unternehmensbegriff **(Freiberufler sind Unternehmer),** doch schränkt das UGB den Anwendungsbereich für sie tw ein. Die **„Privilegierung"** der freien Berufe ist historisch zu erklären (von der Anwendung des HGB waren sie ausgenommen) und wurde auch im Rahmen der Handelsrechtsreform nicht gänzlich beseitigt.

Privilegierungen

Freiberufler werden – zumindest als „Einzelunternehmer" – **vom Anwendungsbereich des 1. Buchs ausgenommen** (§ 4 Abs 2 UGB). Das bewirkt etwa, dass sich Freiberufler unabhängig vom Umfang ihrer unternehmerischen Tätigkeit nicht in das Firmenbuch eintragen lassen müssen (§ 8 ist als Bestimmung des 1. Buchs ja nicht anwendbar!). Ein Freiberufler kann sich jedoch **freiwillig** (sofern berufsrechtlich erlaubt) eintragen lassen und sich auf diese Weise der Anwendung des 1. Buchs **„unterwerfen"** (manchmal auch als „Opting-In" bezeichnet).

Wird für die freiberufliche Tätigkeit jedoch eine **OG** oder **KG** gegründet, so muss ohnedies eine Firmenbucheintragung der Gesellschaft erfolgen.

> Die Rechtsanwälte Justus und Julius gründen die Justus & Julius Rechtsanwälte OG; die OG (2. Buch) wird unter dieser Firma in das Firmenbuch eingetragen (1. Buch).

Wird eine **Kapitalgesellschaft** gegründet, so ist diese Formunternehmerin (§ 2 UGB); eine Einschränkung der Anwendbarkeit des UGB besteht insofern nicht.

Freiberufler unterliegen bloß **in Ausnahmefällen** dem **Rechnungslegungsrecht** des UGB (s § 189 UGB), nämlich wenn es sich um eine Kapitalgesellschaft handelt oder um eine eingetragene Personengesellschaft, bei der kein unbeschränkt haftender Gesellschafter eine natürliche Person ist (sog „verdeckte Kapitalgesellschaft"). Bei Freiberuflern steht tendenziell die (idR höchstpersönliche) Dienstleistung im Vordergrund, es kommt dem Verkehr vergleichsweise weniger auf deren Anlage- und Umlaufvermögen an.

> Die Justus & Julius Rechtsanwälte OG unterliegt nicht dem Rechnungslegungsrecht des UGB (3. Buch), da natürliche Personen unbeschränkt haftende Gesellschafter sind.

Keine Privilegierungen bestehen hinsichtlich des 4. Buchs.

> Die Justus & Julius Rechtsanwälte OG unterliegt jedenfalls dem 4. Buch. Bei Anschaffung einer neuen Kanzleieinrichtung wäre daher etwa die Mängelrügeobliegenheit (§ 377 UGB) zu beachten.

„Begriff"

Die **Abgrenzung** der freien Berufe von anderen Unternehmern (die traditionell als „Gewerbetreibende" bezeichnet werden) ist mit **Schwierigkeiten** verbunden. Das UGB definiert die freien Berufe nicht und enthält auch keine Aufzählung. Es setzt ein diesbezügliches Verständnis voraus. Maßgeblich ist daher die **Verkehrsanschauung.** Für eine annäherungsweise sprachliche Abgrenzung wird oft gesagt, dass es um auf Erwerb gerichtete Tätigkeiten geht, die überwiegend **„wissenschaftlichen, künstlerischen, religiösen, sozialen, lehrenden, heilenden oder rechtswahrenden Charakter"** haben und idR eine höhere Ausbildung voraussetzen. Bei „Gewerben" sollen demgegenüber eher „kaufmännisch-technische" Kenntnisse und Fertigkeiten überwiegen. Bisweilen trügt der allgemeine Sprachgebrauch (so ist zB ein Privatdetektiv als Gewerbetreibender zu qualifizieren, nicht als Freiberufler). In einzelnen Fällen geben Gesetze darüber Auskunft, dass eine bestimmte Tätigkeit kein Gewerbe ist (zB RAO, NO, ZTG). Ein spezielles Berufs-/Standesrecht ist für eine Qualifikation als freier Beruf jedoch nicht erforderlich. Bei neuen Berufsbildern könnte ein Vergleich mit bereits als freiberuflich oder gewerblich qualifizierten Tätigkeiten eine Orientierung bieten. Tw möchte die Lehre in Zweifelsfällen auf die „Höchstpersönlichkeit" der Tätigkeit abstellen. Besondere Abgrenzungsprobleme können bei „künstlerischen" und „kunstgewerblichen" Tätigkeiten bestehen.

Freiberuflich tätig sind zB Rechtsanwälte, Steuerberater, Wirtschaftstreuhänder, Ärzte, Architekten, Marktforscher, Schriftsteller, Erfinder.

Nicht als freiberuflich, sondern als gewerblich tätig gelten zB Apotheker, Zahntechniker, Vermögensberater, Gerichtsdolmetsch, Innenarchitekt, Konzertagentur.

Der Innenarchitekt Igor Irrsinn fühlt sich als Künstler, seine Leistungen sind jedoch durchschnittlich. Seine Tätigkeit als Innenarchitekt wird nicht als künstlerisch, sondern als gewerblich qualifiziert.

Der Zahntechniker Heinz-Christian ist kein Freiberufler, obwohl für die Ausübung dieser Tätigkeit eine Ausbildung erforderlich ist. Es überwiegen die technischen Fähigkeiten, auf die es bei der Leistungserbringung ankommt.

Land- und Forstwirte

Privilegierungen

Auch **Land- bzw Forstwirte** sind **Unternehmer.** Es gelten jedoch auch für sie dieselben **Privilegierungen** (§ 4 Abs 3 UGB), wie sie für Freiberufler existieren: Land- und Forstwirte sind vom Anwendungsbereich des 1. Buchs ausgenommen, sie können sich aber freiwillig mit ihrem gesamten Betrieb oder bloß mit einem land- bzw forstwirtschaftlichen Nebengewerbe dem 1. Buch unterstellen **(„Opting-In").** Weiters sind sie in § 189 Abs 4 UGB vom Rechnungslegungsrecht des UGB ausgenommen. Die Privilegierungen lassen sich historisch erklären und auf die vormalige Ausnahme der Land- bzw Forstwirte aus dem Anwendungsbereich des HGB zurückführen. Auf eine vollständige Unterstellung unter das UGB wurde im Gesetzgebungsverfahren des HaRÄG (tw mangels politischer Durchsetzbarkeit) verzichtet.

Landwirtschaft – Begriff

Landwirtschaft ist die wirtschaftliche **Nutzung** des eigenen, gepachteten oder sonst zur Nutzung überlassenen **Bodens** zur Gewinnung **organischer Erzeugnisse.** Die Gewinnung anorganischer Produkte ist nicht „landwirtschaftlicher" Natur, sie kann jedoch den Gegenstand eines „Nebengewerbes" (s unten) bilden.

ZB Ackerbau, Gemüseanbau, Obstbau, Weinbau.

Gerald arbeitet als Gärtner bei mehreren Auftraggebern und betreut deren Gärten. Seine Tätigkeit ist nicht „landwirtschaftlich".

Gärtnereien, die überwiegend dem Anbau bzw der Züchtung von Nutzpflanzen (nicht: Zierpflanzen) dienen, diese aus Samen ziehen und in den Verkehr bringen, können als landwirtschaftliche Betriebe angesehen werden (strittig).

Tanja verkauft Topfpflanzen, die sie bei Gärtnereien bezieht. Ihre Tätigkeit ist nicht „landwirtschaftlich".

Maria besitzt ein Grundstück, auf dem sie – zum Zweck des Verkaufs – Schotter abbaut. Sie betreibt kein „landwirtschaftliches" Unternehmen (anorganische Substanz!).

1.2 Der Unternehmer

Viehzucht wird zur Landwirtschaft gezählt, sofern sie auf eigenem, gepachtetem oder sonst zur Nutzung überlassenem Boden unter überwiegender Verwendung selbst gewonnener Futtermittel betrieben wird und der **Zucht** und **Pflege** landwirtschaftlicher **Nutztiere** und/oder der Erzeugung tierischer Produkte (zB Fleisch, Milch, Eier) in eigener Bodennutzung dient.

Bloßer Handel mit fremdem Vieh ist keine Viehzucht.

Landwirtschaftliche Nutztiere sind zB Rinder, Schweine, Geflügel, Pferde, Schafe, Bienen.

Züchtung sonstiger Tiere ist keine Viehzucht, zB Hunde, Vögel, Pelztiere.

Sebastian züchtet Falken, um sie an kaufkräftige Kunden aus dem arabischen Raum zu verkaufen. Sein Zuchtbetrieb ist nicht landwirtschaftlich.

Bianca betreibt eine Hühnerfarm. Das Futter bezieht sie ausschließlich von Lieferanten. Ihr Unternehmen ist nicht landwirtschaftlich.

Forstwirtschaft – Begriff

Forstwirtschaft ist die gewerbsmäßige **Gewinnung von Waldprodukten** sowie die planmäßige **Walderhaltung**.

ZB Holzgewinnung, Aufforstung des Waldes.

Nebengewerbe

Der **Begriff des „Nebengewerbes"** wird in § 4 Abs 3 UGB verwendet. Ein Land- bzw Forstwirt ist nicht bloß mit seinem land- bzw forstwirtschaftlichen Betrieb vom 1. Buch ausgenommen, sondern auch mit einem allfälligen „Nebengewerbe" (gleichsam eine Privilegierung einer an sich nicht land- oder forstwirtschaftlichen Tätigkeit). Er kann sich aber freiwillig mit dem Nebengewerbe und/oder mit dem land- bzw forstwirtschaftlichen Betrieb in das Firmenbuch eintragen lassen. Da die Eintragung somit „betriebsbezogen" sein kann, ist der Betrieb bei der Eintragung gem § 3 Abs 1 Z 5 FBG zu bezeichnen; trägt sich der Land- bzw Forstwirt undifferenziert ein, so unterstellt er dadurch seine gesamte unternehmerische Tätigkeit dem 1. Buch.

Das Nebengewerbe wird vom UGB nicht näher definiert (ebenso wie vormals in § 3 Abs 2 HGB). Es kann das **zum HGB entwickelte Verständnis zugrunde gelegt** werden. Voraussetzung für die Existenz eines „Nebengewerbes" ist das **Bestehen eines land- bzw forstwirtschaftlichen „Hauptgewerbes"**. Das Nebengewerbe ist dem land- bzw forstwirtschaftlichen Betrieb **untergeordnet**, es muss somit im Hinblick auf seinen Umfang und seine Bedeutung gegenüber dem Hauptgewerbe zurücktreten. Zugleich hat es sich aufgrund seiner Tätigkeit vom Hauptgewerbe abzuheben. Die Abgrenzung ist relevant, da sich der Land-/Forstwirt mit dem Nebengewerbe und/oder seinem land-/forstwirtschaftlichen Betrieb eintragen lassen kann.

Bloße Geschäfte des Hauptgewerbes können nicht ein eigenes Nebengewerbe bilden (zB An- und Verkauf von Saatgut).

Hauptgewerbe und Nebengewerbe müssen **„sachlich" verbunden** sein, dh eine gemeinsame wirtschaftliche Basis besitzen (Verwertung oder Weiterverarbeitung von organischen oder anorganischen Produkten, die überwiegend aus dem Hauptbetrieb stammen). Zugleich ist aber auch eine gewisse „Eigenständigkeit" Voraussetzung für das Nebengewerbe (die sich etwa durch Zukauf fremder Produkte ergeben kann).

Kapitel 2: Unternehmer kraft Betreibens eines Unternehmens (§ 1 UGB)

Ein bloßer „Hilfsbetrieb", der ausschließlich Produkte des Hauptbetriebs verwertet, wird nicht als Nebengewerbe qualifiziert. Ein Nebengewerbe-Betrieb müsste auch fremde Produkte verarbeiten, wenngleich der Anteil fremder Produkte nicht überwiegen darf. Bei überwiegender Verarbeitung fremder Produkte wäre von einem selbständigen Unternehmen auszugehen.

ZB Brauereien, Brennereien, Molkereien, Mühlenbetriebe, Gastwirtschaften (sofern mit der Land- bzw Forstwirtschaft verbunden), Sägewerke.

Ein ausreichender Zusammenhang wurde in der Rsp zB bei einem Fuhrwerksbetrieb und bei einer Kleidererzeugung aus selbst hergestellten Stoffen angenommen.

Haupt- und Nebengewerbe müssen zudem **„persönlich"** (dh durch Inhaberidentität) **verbunden** sein.

Der Getreidebauer Karl verpachtet seine Mühle an den „Nichtlandwirt" Albrecht. Dadurch verselbständigt sich das ehemalige Nebengewerbe. Albrecht ist Unternehmer (§ 4 Abs 3 UGB ist auf ihn nicht anwendbar).

Üben

- Wer „betreibt" ein Unternehmen iSd § 1 UGB (was bedeutet „Betreiben" idZ)?
- Welche Elemente des Unternehmensbegriffes können unterschieden werden?
- Wann beginnt die Unternehmereigenschaft iSd § 1 UGB?
- Ein Sportverein veranstaltet jedes Wochenende ein Turnier und bietet dabei kleine Speisen und Getränke gegen eine freiwillige Spende an. Wird der Verein dadurch zum Unternehmer?
- Ist der ÖAMTC Unternehmer?
- Was versteht man unter „freien Berufen"? Sind Freiberufler Unternehmer iSd UGB?
- In welcher Hinsicht sind Freiberufler sowie Land- und Forstwirte „privilegiert"?
- Ist auf eine freiberuflich tätige GmbH das 3. Buch des UGB anwendbar?
- Arnold bezeichnet sich auf eBay als „Powerseller", tätigt jährlich aber nur zwei bis drei geringwertige Umsätze. Warum könnte man ihn dennoch als Unternehmer qualifizieren?
- Was versteht man unter einem landwirtschaftlichen „Nebengewerbe"? Warum ist der Begriff aus rechtlicher Sicht relevant?
- Bill Bauer bewirtschaftet einige Hektar Land, verarbeitet das dort gewonnene Getreide in seiner Mühle und vertreibt es unter der Bezeichnung „Bio-Bill". Zur Auslastung seines Mühlenbetriebs kauft er kleine Mengen fremden Getreides zu. Muss sich Bauer aufgrund seiner Landwirtschaft bzw seiner Mühle in das Firmenbuch eintragen lassen? Variante: Bauer verkauft das Land und betreibt bloß noch die Mühle.

Wissen

Einzelunternehmer
„Einzelunternehmer" ist eine Bezeichnung, die insb für eine natürliche Person mit Unternehmereigenschaft Verwendung findet. Verwendet wird der Begriff auch für juristische Personen des öffentlichen Rechts und ideelle Vereine, sofern diese Unternehmereigenschaft besitzen. Der erfasste Kreis von Rechtsträgern ist durch Auslegung der jeweiligen Norm, die sich auf „Einzelunternehmer" bezieht, zu bestimmen. § 8 Abs 1 UGB sieht für natürliche Personen, die gem § 189 UGB zur Rechnungslegung verpflichtet sind, eine Pflicht zur Eintragung im Firmenbuch vor, andere „Einzelunternehmer" sind zur Eintragung berechtigt.

freie Berufe
Die freien Berufe sind – mangels gesetzlicher Definition – nach der Verkehrsanschauung abzugrenzen. Im Wesentlichen gelten „Tätigkeiten überwiegend wissenschaftlichen, künstlerischen, religiösen, sozialen, lehrenden, heilenden oder rechtswahrenden Charakters" als freiberuflich. Freiberufler sind Unternehmer iSd § 1 UGB. Sie sind jedoch vom Anwendungsbereich des 1. Buchs des UGB grundsätzlich ausgenommen und haben (sofern berufsrechtlich nicht ausgeschlossen) die Möglichkeit, sich diesem freiwillig durch Firmenbucheintragung zu unterstellen („Opting-In"; § 4 Abs 2 UGB). Das 4. Buch ist anwendbar (§ 343 UGB), ebenso ggf das 2. Buch, da OG und KG auch für freiberufliche Tätigkeiten gegründet werden können (§ 105 UGB). Von der Anwendung des 3. Buchs sind Freiberufler ausgenommen, sofern sie als Einzelunternehmer bzw in Form von Personengesellschaften, bei denen zumindest ein unbeschränkt haftender Gesellschafter eine natürliche Person ist, tätig sind. Rechnungslegungspflichtig sind jedoch Kapitalgesellschaften und „verdeckte Kapitalgesellschaften" (eingetragene Personengesellschaften ohne eine natürliche Person als Vollhafter).

Land- und Forstwirtschaft
Land- und Forstwirte sind vom Unternehmerbegriff des UGB erfasst, jedoch grundsätzlich vom Anwendungsbereich des 1. Buchs ausgenommen. Sie haben die Möglichkeit, sich dem 1. Buch freiwillig durch Firmenbucheintragung zu unterstellen („Opting-In"; § 4 Abs 3 UGB), wobei sich die Eintragung auf den land- bzw forstwirtschaftlichen Betrieb und/oder ein Nebengewerbe beziehen kann. Das 4. Buch ist anwendbar (§ 343 UGB), ebenso ggf das 2. Buch, da OG und KG auch für eine land- bzw forstwirtschaftliche Tätigkeit gegründet werden können (§ 105 UGB). Von der Anwendung des 3. Buchs sind Land- und Forstwirte ausgenommen, sofern sie als Einzelunternehmer bzw in Form von Personengesellschaften, bei denen zumindest ein unbeschränkt haftender Gesellschafter eine natürliche Person ist, tätig sind. Rechnungslegungspflichtig sind jedoch Kapitalgesellschaften und „verdeckte Kapitalgesellschaften" (eingetragene Personengesellschaften ohne eine natürliche Person als Vollhafter).

Unternehmen
Der Unternehmensbegriff des UGB folgt jenem des § 1 Abs 2 KSchG, dh ein Unternehmen ist gem § 1 Abs 2 UGB „jede auf Dauer angelegte Organisation selbständiger wirtschaftlicher Tätigkeit, mag sie auch nicht auf Gewinn gerichtet sein". Das Betreiben eines Unternehmens macht den Betreiber zum Unternehmer (§ 1 Abs 1 UGB). Vom Begriff des Unternehmens sind auch die freien Berufe sowie die Land- und Forstwirtschaft erfasst.

Unternehmer
Der Unternehmerbegriff des UGB, der für die Anwendung der Regelungen des UGB der zentrale Anknüpfungspunkt ist, ist nicht einheitlich definiert. Das UGB enthält in § 1 Abs 1 eine Definition, nach der Unternehmer ist, „wer ein Unternehmen betreibt". Daneben sind auch die Tatbestände des § 2 (Formunternehmer) und des § 3 (Unternehmer kraft Eintragung) zu beachten. Der Unternehmerbegriff des UGB ersetzt den Begriff des Kaufmanns des HGB.

Kapitel 3: Formunternehmer (§ 2 UGB)

 **Lernen**

Unternehmer kraft Rechtsform

Unternehmer kraft Rechtsform sind Rechtsträger, denen die Rechtsordnung die Eigenschaft als Unternehmer **unabhängig vom Vorliegen eines Unternehmens** (iSd § 1 Abs 2 UGB) allein **aufgrund der gewählten Rechtsform** verleiht. Dies schafft **Rechtssicherheit im Geschäftsverkehr:** Die Verkehrsteilnehmer sind von der Prüfung, ob ein Unternehmen tatsächlich betrieben wird, befreit.

Auch wenn eine GmbH kein Unternehmen betreibt, etwa weil sie „bloß" gemeinnützig tätig ist, ist sie Unternehmerin und unterliegt stets dem 1., 3. und 4. Buch des UGB. Geschäftspartner der GmbH müssen sich folglich nicht fragen, ob die Tätigkeit der GmbH als unternehmerische Tätigkeit iSd UGB zu qualifizieren ist oder nicht.

Aufzählung

§ 2 UGB enthält eine **Aufzählung von Rechtsformen,** welche die Unternehmereigenschaft bewirken:
- Aktiengesellschaft
- Gesellschaft mit beschränkter Haftung
- Erwerbs- und Wirtschaftsgenossenschaften
- Versicherungsvereine auf Gegenseitigkeit
- Sparkassen
- Europäische wirtschaftliche Interessenvereinigung
- Societas Europaea (SE)
- Europäische Genossenschaft (SCE)

Dabei fällt auf, dass das Gesetz etwa den Personengesellschaften **OG** und **KG** und den **Privatstiftungen** keine Formunternehmereigenschaft zubilligt. Eine allfällige Unternehmereigenschaft müsste sich aus einer unternehmerischen Tätigkeit (§ 1 UGB) ergeben. Das schafft für den Verkehr in Einzelfällen ein gewisses Publizitätsproblem.

Ist eine OG ausschließlich vermögensverwaltend tätig (betreibt sie daher kein Unternehmen), ist sie zwar in das Firmenbuch eingetragen, fällt aber etwa nicht unter das 4. Buch des UGB.

Unternehmer kraft sondergesetzlicher Anordnung (dies wird – vereinzelt – pointiert als „Normunternehmerschaft" bezeichnet) ist der **Österreichische Rundfunk** (§ 1 Abs 4 ORF-G).

Auslandsgesellschaften

Ausländischen Rechtsträgern (dazu auch S 45 f) kann im Inland in Analogie zu § 2 UGB dann Formunternehmerschaft zukommen, wenn ein Vergleich ergibt, dass ihre Ausgestaltung in etwa einer österr Rechtsform iSd § 2 UGB entspricht.

Vorgesellschaften

Einer rechtsfähigen **Vorgesellschaft** (s Bd II S 40 f) kann jedenfalls dann Unternehmereigenschaft (iSd § 1 UGB) zukommen, wenn sie ein Unternehmen betreibt (was auch bei Vorbereitungsgeschäften zu bejahen ist). Ob der Vorgesellschaft eines Formunternehmers bereits Formunternehmereigenschaft zukommen kann, ist strittig.

Üben

- Welchen Zweck hat das Institut des „Formunternehmers"?
- Welche Formunternehmer gibt es?
- Ist eine OG Formunternehmerin?
- Wann ist eine Privatstiftung Unternehmerin?

Wissen

Unternehmer kraft Rechtsform

Ein Unternehmer, dessen Unternehmereigenschaft unabhängig vom Betrieb eines Unternehmens iSd § 1 Abs 2 UGB gesetzliche Folge der gewählten Rechtsform ist, wird als „Formunternehmer" bezeichnet. § 2 UGB zählt solche Unternehmer kraft Rechtsform auf (wobei sondergesetzliche Regelungen unberührt bleiben): Aktiengesellschaften, Gesellschaften mit beschränkter Haftung, Erwerbs- und Wirtschaftsgenossenschaften, Versicherungsvereine auf Gegenseitigkeit, Sparkassen, Europäische wirtschaftliche Interessenvereinigungen, Europäische Aktiengesellschaften (SE), Europäische Genossenschaften.

Kapitel 4: Unternehmer kraft Eintragung (§ 3 UGB)

Lernen

Inhalt der Regelung – Überblick

§ 3 UGB betrifft **zu Unrecht im Firmenbuch eingetragene Personen, die unter ihrer Firma auftreten**, jedoch tatsächlich kein Unternehmen (mehr) betreiben. Diese Personen gelten dennoch als Unternehmer. Die Bestimmung begründet nach hM die **unwiderlegliche Vermutung,** dass solche Personen **Unternehmereigenschaft** besitzen.

Zweck der Regelung

§ 3 UGB ist eine **Verkehrsschutzbestimmung** und entfaltet „allseitige" Wirkung: Nicht nur Dritte können sich auf die Unternehmereigenschaft kraft Eintragung berufen, sondern auch der zu Unrecht Eingetragene selbst. Normzweck des § 3 UGB ist der abstrakte Verkehrsschutz und die Erhöhung der Rechtssicherheit. Es sollen Unsicherheiten darüber vermieden werden, ob tatsächlich alle Merkmale bzw Tatbestandsvoraussetzungen eines Unternehmers iSd § 1 UGB erfüllt sind.

Reichweite

Die Unternehmerfiktion kann nicht dadurch widerlegt werden, dass der Eingetragene (oder ein Dritter) nachweist, dass gar kein Unternehmen betrieben wird. Unberührt bleiben sonstige Einwendungen, zB mangelnde Geschäftsfähigkeit des Eingetragenen.

> Nina Zwinger hat bis zur Schließung am 31. 1. ein kleines Zoofachgeschäft betrieben. Am 5. 2. bestellt sie unter ihrer (nach wie vor eingetragenen) Firma bei ihrem bisherigen Lieferanten drei Paletten Tierfutter, da sie noch einmal günstig für ihre zahlreichen Haustiere einkaufen möchte. Das 4. Buch des UGB kommt auf diesen Kauf (grundsätzlich) zur Anwendung.

Tatbestandselemente

Überblick

Der Tatbestand des § 3 UGB setzt voraus:
- zu Unrecht bestehende Firmenbucheintragung
- Handeln unter der eingetragenen Firma

1.2 Der Unternehmer

unrichtige Firmenbucheintragung

Es geht um vermeintliche Fälle des § 1 UGB, dh um Personen, die wegen einer angeblichen unternehmerischen Tätigkeit im Firmenbuch eingetragen sind. Werdende Unternehmer, die sich schon in der Gründungsphase ihres Unternehmens protokollieren lassen, sind nicht zu Unrecht eingetragen, da auch das Gründungsstadium eines Unternehmers schon zur unternehmerischen Tätigkeit zählt (s S 21). Gesellschaften, die unabhängig von einer unternehmerischen Tätigkeit eingetragen sind, fallen nicht unter § 3 UGB.

> Karl und Heinz gründen, ohne unternehmerisch tätig zu sein, eine OG, über die sie (ohne sonstige Tätigkeiten) eine Villa kaufen und Champagner ausschließlich zum Eigenverbrauch bestellen. § 3 UGB ist nicht anwendbar, da die – zweckoffene – OG nicht „zu Unrecht" eingetragen ist.

Der Grund für die unrichtige Eintragung ist nicht ausschlaggebend.

> Die mangels unternehmerischer Tätigkeit erschlichene Eintragung besteht zu Unrecht.
>
> Der Betrieb des Unternehmens wird eingestellt, die Firmenbucheintragung jedoch nicht gelöscht.

Handeln unter der Firma

„Unter einer Firma" handelt, wer diese iSd § 17 UGB „führt", also im geschäftlichen Verkehr unter der Firma auftritt. Das „private" Auftreten einer protokollierten Person wird – wie auch bei zu Recht eingetragenen § 1-Unternehmern – nicht in den Anwendungsbereich der Bestimmung einbezogen.

Aus dem Erfordernis, unter der Firma zu handeln, lässt sich auch ableiten, dass die zu Unrecht eingetragene und die verwendete Firma identisch sein müssen.

> § 3 UGB ist nicht anzuwenden, wenn Alex als „Obsthändler Alex K. e.U." in das Firmenbuch eingetragen ist, jedoch tatsächlich unter der Firma „Autohändler Alex K. e.U." handelt. Möglich bleibt eine Qualifikation als Scheinunternehmer kraft Auftretens (s unten).

§ 3 UGB gilt für Handlungen während des Bestehens der Eintragung. Sollte die Eintragung nachträglich gelöscht werden, berührt dies Fälle, die sich bereits ereignet haben, nicht (da sonst der bezweckte Verkehrsschutz hinfällig wäre).

> Hannelore war von 2007 bis 2008 zu Recht in das Firmenbuch eingetragen, weil sie ein Unternehmen betrieb. Anfang 2009 stellte sie dieses ein, die Löschung aus dem Firmenbuch erfolgte aber erst 2010. Hannelore handelte aus alter Gewohnheit weiterhin unter ihrer Firma. § 3 UGB begründet die Unternehmerfiktion hier für den Zeitraum 2009 bis 2010 unabhängig davon, wann eine Klage gegen Hannelore eingebracht wird und ob Hannelore auch nach 2010 noch unter „ihrer" Firma gehandelt hat.

Gutgläubigkeit nicht erforderlich

Die Rechtsfolge des § 3 UGB gilt (für und gegen) sämtliche am rechtsgeschäftlichen Verkehr Beteiligte. **Gutgläubigkeit** ist nach hM wegen des „absoluten Verkehrsschutzcharakters" der Norm **nicht erforderlich.** Auf § 3 können sich daher sowohl der gutgläubige als auch der schlechtgläubige Dritte sowie der Eingetragene selbst berufen und zwar sogar dann, wenn er die Unrichtigkeit der Eintragung kannte. Dritte haben **kein Wahlrecht,** ob sie den Eingetragenen als Unternehmer behandeln wollen oder nicht.

Kapitel 4: Unternehmer kraft Eintragung (§ 3 UGB)

Anwendung des UGB

§ 3 UGB **dient als Anknüpfung für Regelungen des UGB** (zur analogen Anwendung im Konsumentenschutzrecht s S 138). Relevant ist die Norm somit für den privatrechtlichen Bereich.

> Der zu Unrecht Eingetragene hat sich zB die mangelnde Einhaltung der unternehmerischen Sorgfaltspflicht (§ 347 UGB) entgegenhalten zu lassen, kommt andererseits aber etwa auch in den Genuss unternehmerischer Zurückbehaltungs- und Befriedigungsrechte (§§ 369 ff UGB).

Nicht alle Regelungen des UGB sind für § 3-Unternehmer passend. Wesentlich sind in erster Linie die schuld- und sachenrechtlichen Bestimmungen des 4. Buchs. Das 2. Buch bezieht sich schon nach seinem Gegenstand (Personengesellschaften) nicht auf „zu Unrecht" eingetragene Personen; das Rechnungslegungsrecht des 3. Buchs erfordert Umsatzerlöse aus tatsächlicher Geschäftstätigkeit.

Für den hoheitlichen Bereich gilt § 3 UGB nicht. Auch kann aus § 3 nicht abgeleitet werden, dass die Löschung einer unter ihrer Firma handelnden Person nicht erfolgen dürfe, da es nicht Zweck des § 3 ist, das Verhalten des gerade „zu Unrecht" Eingetragenen zu perpetuieren. **Die Wirkung ist bloß punktuell:** Wann immer eine (zu Unrecht) eingetragene Person unter ihrer Firma handelt, können auf durch dieses Handeln begründete Rechtsverhältnisse Regelungen des UGB zur Anwendung gelangen.

Üben

- Welchen Zweck verfolgt § 3 UGB? In welchem Verhältnis steht die Bestimmung zu § 1 UGB?
- Kann die Unternehmerfiktion widerlegt werden?
- Welchen Anwendungsbereich hat § 3 UGB im Wesentlichen?
- Erläutern Sie die Voraussetzungen, bei deren Vorliegen § 3 UGB anzuwenden ist!
- Wer kann sich auf die Unternehmerfiktion berufen?

Wissen

Unternehmerfiktion	§ 3 UGB trifft die Anordnung, dass zu Unrecht im Firmenbuch eingetragene Personen, die unter ihrer Firma auftreten, tatsächlich jedoch kein Unternehmen betreiben, als Unternehmer zu behandeln sind. An diese Regelung wird angeknüpft, um den Anwendungsbereich des UGB festzulegen. Nicht jede Bestimmung des UGB passt jedoch auf § 3-Unternehmer.
Verkehrsschutz-bestimmung	Eine „Verkehrsschutzbestimmung" ist eine Norm, die nicht primär auf den Individualschutz abzielt, sondern den Schutz der Allgemeinheit und den sicheren und reibungslosen Ablauf des Rechtsverkehrs insgesamt oder bestimmter Einrichtungen (zB des Fir-

menbuchs) bezweckt. Der Schutz einzelner Rechtsgeschäfte bzw Rechtsunterworfener ist daher, wenn überhaupt, nur Ausfluss solcher Normen aber nicht deren eigentlicher Schutzzweck. Auf eine besondere Schutzwürdigkeit des Geschäftspartners kommt es daher auch nicht an.

Kapitel 5: „Scheinunternehmer" kraft unternehmerischen Auftretens

Lernen

Problem

Die **§§ 3 und 15 UGB** (dazu S 29, 56) sollen Vertragspartner davor schützen, dass sich Personen bzw „Rechtsträger", die von Firmenbucheintragungen betroffen sind, darauf berufen können, diese Eintragungen seien nicht zutreffend, zB weil sie eigentlich gar keine Unternehmer sind. Diese Bestimmungen lassen jedoch eine **Lücke** offen, da sich Personen, die gar nicht im Firmenbuch eingetragen sind, aber trotzdem als Unternehmer gegenüber anderen Verkehrsteilnehmern auftreten, im Streitfall nach wie vor auf die mangelnde Unternehmereigenschaft berufen könnten.

Rechtsscheinhaftung – Scheinunternehmerschaft

Lehre und Rsp gehen daher über die in § 3 und § 15 UGB geregelten Fälle hinaus und haben auf Grundlage des Prinzips von Treu und Glauben die **„Rechtsscheinhaftung"** entwickelt: Personen, die sich im Rechtsverkehr als Unternehmer zu erkennen geben, sind „Unternehmer kraft Rechtsscheins" bzw „Scheinunternehmer".

Scheinunternehmer sind keine Unternehmer iSd § 1 UGB. Wer sich jedoch im allgemeinen Rechtsverkehr oder gegenüber einer bestimmten Person wahrheitswidrig als Unternehmer ausgegeben hat (oder wer durch sein Auftreten im Geschäftsverkehr den Anschein erweckt, er sei unbeschränkt haftender Gesellschafter einer Personengesellschaft), wird zugunsten des Vertragspartners als Unternehmer (bzw unbeschränkt haftender Gesellschafter) behandelt.

Kapitel 5: „Scheinunternehmer" kraft unternehmerischen Auftretens

Voraussetzungen

Voraussetzungen der Rechtsscheinhaftung sind:

- Hervorrufen des Anscheins der Unternehmereigenschaft als **„Rechtsscheinsgrundlage"** durch Wissenserklärungen oder schlüssiges Verhalten gegenüber einem Dritten oder der Allgemeinheit. Problematisch ist die Beurteilung, wann ein ausreichender Rechtsschein vorliegt.

> Maxi Mustermann möchte sich von einigen seiner alten Autos trennen und schaltet daher eine Verkaufsanzeige im Bezirksblatt: „Maxi Mustermann – Gebrauchtwägen wie neu! Zu besichtigen im neuen Geschäftslokal! …".

- **Zurechenbarkeit** des Rechtsscheins zu demjenigen, der als Unternehmer behandelt werden soll. Ob Verschulden erforderlich ist, ist strittig.

> Maxis Freund Peter schaltet die Anzeige zum Spaß und ohne Auftrag von Maxi. Als ein Interessent (Igor) bei Maxi anruft, ist dieser über das Interesse überrascht, bringt den Wagen aber sogleich zu Igor, der den Wagen besichtigt und sodann kauft. Über eine Unternehmereigenschaft des Maxi wird nicht gesprochen (Igor hat bloß auf die Anzeige vertraut, von der Maxi nicht einmal Kenntnis hat). Maxi ist nicht Scheinunternehmer, da eine Zurechnungsvoraussetzung fehlt, andernfalls würde Maxi ja für das Verhalten eines Dritten (Peter) verantwortlich gemacht, das er nicht kontrollieren kann.

- **Schutzwürdigkeit** des gutgläubigen Dritten: Bereits leichte Fahrlässigkeit schließt den guten Glauben aus, soweit bei begründeten Zweifeln dem Dritten eine Nachprüfung der wahren Rechtslage zumutbar ist.

> ZB ist die Einschau im Firmenbuch im Rahmen einer ständigen Geschäftsbeziehung nicht bei jedem Geschäft zumutbar, wohl aber bei neuen Geschäftsbeziehungen.

- Der **Rechtsschein** muss für das Verhalten des Vertrauenden **kausal** gewesen sein (die Rsp geht jedoch davon aus, dass idR nach den Erfahrungen des täglichen Lebens die Annahme nahe liegend ist, dass ein Geschäft gerade im Vertrauen auf den Rechtsschein zustande gekommen ist).

> Igor kauft das Auto Maxis gerade, weil er an der „Händlergewährleistung" interessiert ist und nicht von „privat" kaufen möchte.

Rechtsfolge: Wahlrecht

Der Scheinunternehmer muss sich als Unternehmer behandeln lassen. Er kann aber keine Behandlung als Unternehmer verlangen. Der Rechtsschein wirkt somit **nur für und nicht gegen** den gutgläubigen Vertrauenden. Die Rechtsscheinhaftung hat ein **Wahlrecht** zur Folge: Der gutgläubige Dritte kann sich entscheiden, den Rechtsschein für die Wirklichkeit zu nehmen oder sich nicht auf den Rechtsschein, sondern auf den wahren Sachverhalt zu berufen. Hat sich der gutgläubige Dritte für eine der beiden Möglichkeiten entschieden, muss er diese jedoch mit allen Konsequenzen akzeptieren. Die Wahl bloß einzelner Rechtsfolgen des Unternehmensrechts ist ihm nicht gestattet (keine **„Rosinentheorie"**).

Freilich sind die Rechtsfolgen des Rechtsscheins insofern begrenzt, als daraus keine weitergehenden Rechtsfolgen abgeleitet werden können, als im Fall, dass der „Rechtsschein" den tatsächlichen Gegebenheiten entspricht.

1.2 Der Unternehmer

Abgrenzung zum Unternehmer kraft Eintragung

Unterschiede zwischen § 3-Unternehmern und „Scheinunternehmern kraft unternehmerischen Auftretens":

- § 3 (ebenso wie § 15 Abs 3) setzt eine **Firmenbucheintragung** voraus, der „Scheinunternehmer" ieS nicht.
- § 3 erfordert das Handeln unter der Firma, die „Scheinunternehmereigenschaft" demgegenüber nicht: Der Rechtsschein kann auch durch andere Umstände verursacht sein.
- § 3 knüpft nicht an die **Gutgläubigkeit** an (§ 3-Unternehmer und Dritter können sich auf eine Behandlung als Unternehmer berufen), auf die „Scheinunternehmereigenschaft" ieS kann sich demgegenüber nur der gutgläubige Dritte berufen.
- Die „Rechtsscheinsgrundlage" iSd Rechtsscheinhaftung bedarf des **Beweises durch den Vertrauenden.** Die Schutzwirkung des § 3 beruht demgegenüber auf der Firmenbucheintragung.

- Welchen Zweck verfolgt die Annahme einer „Scheinunternehmereigenschaft kraft unternehmerischen Auftretens"? Wer wird dadurch geschützt?
- Welche Voraussetzungen müssen erfüllt sein, um eine Person als „Scheinunternehmer" behandeln zu können?
- Wie ist der Scheinunternehmer ieS vom § 3-Unternehmer und von § 15 Abs 3 UGB abzugrenzen?
- Was ist die „Rosinentheorie"?

Rechtsscheinhaftung	Als „Rechtsscheinhaftung" bezeichnet man das Einstehenmüssen einer Person für jene Fehlvorstellungen, die sie bei anderen Personen erweckt. Die Ursache der Fehlvorstellung über bestimmte Umstände (zB Unternehmereigenschaft) muss der Person zurechenbar sein.
Rosinentheorie	Der „Rosinentheorie" zu folgen, würde bedeuten, dass man einem gutgläubigen Geschäftspartner eines Scheinunternehmers gestattet, dass er sich auch bloß für einzelne Rechtsfolgen auf die Unternehmereigenschaft berufen darf, während er für andere Rechtsfolgen das Fehlen der Unternehmereigenschaft geltend machen darf. Eine unterschiedliche Rechtswahl für verschiedene Aspekte des betreffenden Geschäfts ist nach überwiegender Meinung jedoch nicht möglich.
Scheinunternehmer kraft Auftretens	Als „Scheinunternehmer kraft Auftretens" bezeichnet man eine Person, die in zurechenbarer Weise den Anschein der Unternehmereigenschaft („äußerer Tatbestand") er-

weckt und deshalb von gutgläubigen Dritten wie ein Unternehmer (dh nach UGB) behandelt werden kann. Das von einem Scheinunternehmer geschlossene Geschäft kann somit als unternehmensbezogenes Geschäft qualifiziert werden. Der Scheinunternehmer wurde von Lehre und Rsp auf Grundlage der Rechtsscheinhaftung entwickelt.

1.3 Das Firmenbuch

Kapitel 1: Allgemeines zum Firmenbuch

 **Lernen**

Definition

Das Firmenbuch ist ein **öffentliches Verzeichnis** von Rechtstatsachen **bestimmter Rechtsträger,** die nach dem FBG oder sonstigen Rechtsvorschriften einzutragen sind („eintragungspflichtige Tatsachen") oder freiwillig eingetragen werden können („eintragungsfähige Tatsachen"). Es ist **nicht auf Unternehmer beschränkt.**

Einzutragen sind zB auch nicht-unternehmerisch tätige OG/KG und Privatstiftungen.

Funktionen

Das Firmenbuch erfüllt unterschiedliche Aufgaben, insb:

- Die im Firmenbuch eingetragenen Daten sind grundsätzlich öffentlich zugänglich (§ 9 Abs 1 UGB; „Offenlegungsfunktion").
- Unter bestimmten Voraussetzungen können sich sowohl der „Verkehr" (dh Dritte) als auch die Eintragungspflichtigen selbst auf den Firmenbuchstand berufen (insb gem § 15 UGB; „Publizitätsfunktion").

Darüber hinausgehend bietet das Firmenbuch eine – wenn auch **eingeschränkte** – **Richtigkeitsgewähr:** Das Gericht prüft Anmeldungen im Regelfall zwar nur **formell,** doch kann es bei Zweifeln an der Richtigkeit der Anmeldung auch eine **inhaltliche (materielle) Prüfung** vornehmen. Das Zwangsstrafen- und (im äußersten Fall) das Amtslö-

Kapitel 1: Allgemeines zum Firmenbuch

schungsverfahren bzw amtswegige Eintragungen können uU eingesetzt werden, um einen den Tatsachen entsprechenden Stand herzustellen. Andere Gerichte, Verwaltungsbehörden, Staatsanwälte, gesetzliche Interessenvertretungen und Notare (als Gerichtskommissäre in Verlassenschaftssachen) müssen dem Firmenbuchgericht die zu ihrer Kenntnis gelangenden Fälle unrichtiger, unvollständiger oder unterlassener Eintragungen unverzüglich mitteilen (vgl § 13 Abs 1 FBG). Weiters besteht eine Verknüpfung des Firmenbuchs mit den Daten des zentralen Gewerberegisters (§ 13 Abs 2 letzter Satz FBG). Diese Informationen unterstützen das Firmenbuchgericht beim Einsatz der genannten Druckmittel, den Firmenbuchstand richtig und aktuell zu halten.

> Gegen Marcel, den Vorstand der B-AG, ermittelt der Staatsanwalt wegen Betrugs und stellt dabei fest, dass sich dieser ins Ausland abgesetzt hat. Da der Firmenbuchstand unrichtig ist – die Adresse des Vorstandsmitglieds stimmt mit seinem tatsächlichen ständigen Aufenthalt nicht mehr überein –, hat der Staatsanwalt diesen Umstand dem Firmenbuchgericht mitzuteilen.

Rechtsgrundlagen

nationales Recht

Die wesentlichen nationalen Rechtsgrundlagen für die Führung des Firmenbuchs sind:
- **Firmenbuchgesetz** (FBG)
- **Außerstreitgesetz** (AußStrG)
- **UGB** (§§ 8–16)

Weiters finden sich für das Firmenbuch(verfahren) relevante Bestimmungen in den folgenden Gesetzen:
- **Rechtspflegergesetz** (insb für das Verhältnis Richter/Rechtspfleger)
- **Jurisdiktionsnorm** (für die sachliche und örtliche Zuständigkeit)
- gesellschaftsrechtlichen Materiengesetzen (zB GmbHG, AktG)

Maßgeblich sind – auf „technischer" Ebene – auch:
- Firmenbuchdatenbank-VO
- VO über den elektronischen Rechtsverkehr
- Zweite Urkundensammlung-VO
- Firmenbuch-Rückerfassungs-VO

EU-Richtlinien

Gerade auf dem Gebiet des Publizitätsrechts hat die EU einige **Harmonisierungsschritte** gesetzt. Das nicht von ungefähr: Unterschiedliche Standards und Rechtswirkungen der Registerführung in den einzelnen Mitgliedstaaten behindern das Funktionieren des Binnenmarktes, weil sie für den grenzüberschreitenden Verkehr Rechtsunsicherheit, Informationsdefizite und erhöhte Transaktionskosten bedeuten.

Zu beachten ist, dass die **Richtlinien** (idR) **nicht unmittelbar wirken.** Sie wurden bzw werden durch nationales Recht umgesetzt – die EU-rechtlich erforderlichen **Regelungen** finden sich daher **in den einzelnen nationalen Gesetzen.**

Publizitätsrichtlinie

Die **Publizitätsrichtlinie** harmonisiert Fragen des Inhalts und des Umfangs von Registereintragungen. Regelungsschwerpunkte sind die „Publizitätsgegenstände" (zB Satzung, Kapital, Vertretungs- und Kontrollorgane, Rechnungslegungsaspekte etc), die „Publizitätsmittel" (Registrierung), die „Publizitätswirkung" (das „Publizitätsprinzip" – vgl § 15 UGB – ist ein unionsweiter Grundsatz), die Nichtigkeitsgründe (taxativ: Rechtswidrigkeit des Unternehmensgegenstandes, Fehlen des Errichtungsaktes, wesentliche Mängel der Satzung, Nichtbeachtung nationaler Rechtsvorschriften betreffend die Mindesteinzahlung auf das Gesellschaftskapital). **Änderungsrichtlinien** der Publizitäts-

richtlinie aus den Jahren 2003 und 2009 betreffen vor allem die **elektronische Führung** des Firmenbuchs (s unten).

Zweigniederlassungsrichtlinie

Die **Zweigniederlassungsrichtlinie** regelt die Offenlegung von Angaben zu inländischen Zweigniederlassungen ausländischer Rechtsträger: Im Registerstaat der Zweigniederlassung sind insb der ausländische Rechtsträger und dessen Registernummer, Anschrift, Unternehmensgegenstand, Rechtsform, Satzung, Rechnungslegungsunterlagen (in beglaubigter Übersetzung) etc zu veröffentlichen. Eine „Zweigniederlassung" ist nicht schon jedwede wirtschaftliche Tätigkeit in einem anderen Mitgliedstaat. Erforderlich ist eine gewisse wirtschaftliche Selbständigkeit der Niederlassung.

> Hat die Mailänder Oper in Wien eine Ticketverkaufsstelle, so ist das noch keine Zweigniederlassung. Betreibt sie hier aber eine (bespielte) Nebenbühne, so wird dies die Voraussetzung einer Zweigniederlassung erfüllen.

Historische Entwicklung

„Gilderollen"

In den Handelsstädten des Mittelalters wurden Angehörige des Kaufmannsstandes in sog **„Gilderollen"** aufgelistet. Darin kann eine Art „Vorläufer" des Firmenbuchs gesehen werden. Daraus ist etwa historisch zu erklären, warum sich Freiberufler (s S 22 f) nicht dem „Kaufmannsstand" zugehörig fühlen.

Handelsregister

Seit dem 18. Jhdt wurden verschiedentlich Protokollierungspflichten bestimmter Kaufleute bei den Wechselgerichten vorgesehen. Im **19. Jhdt** begann man von staatlicher Seite, die regionalen Aufzeichnungen über handelsrechtliche Daten zu einem **öffentlichen Register** zusammenzufassen **(„Handelsregister")**. Bis 1990 wurde das damals entwickelte System der händischen Protokollierung beibehalten: In Folianten (= Handelsregister in Buchform) wurden die Daten eingetragen und im Fall einer „Löschung" durchgestrichen, sodass die Historie der Änderungen nachvollziehbar war.

> Noch heute werden im elektronisch geführten Hauptbuch die historischen (dh gelöschten) Daten durchgestrichen dargestellt.

Alle dazugehörigen Anträge und Urkunden wurden in den **Handelsregisterakten** abgelegt („HRB-Akten" für Kapitalgesellschaften, „HRA-Akten" für Personengesellschaften, „Gen-Akten" für Genossenschaften).

Reform: Firmenbuchgesetz 1991

Ab Ende der 80er Jahre gab es Reformbestrebungen. Vorbild war das ADV-Grundbuch, das schon seit längerer Zeit elektronisch geführt wurde. Dadurch sollten der Informationswert des Handelsregisters gesteigert, mehr Rechtssicherheit durch einen besseren (elektronischen) Zugang und schnellere Eintragungen/Änderungen erreicht werden. Seit **1. 1. 1991** ist das **Firmenbuchgesetz** (FBG) in Kraft. Der „Echtbetrieb" wurde nach Übertragung aller Daten (in das Hauptbuch) im April 1993 aufgenommen.

„Poststraße" (1997) und Abfragbarkeit im Internet (1999)

Eine weitere Beschleunigung erfolgte durch Einführung der **„Poststraße"** im Jahr 1997: Erledigungen im Firmenbuchverfahren werden seither nicht mehr über die Geschäftsabteilung, sondern auf automatischem Weg über das **Bundesrechenzentrum** Wien versendet/zugestellt. Seit Mitte 1999 ist das Firmenbuch auch über das **Internet** abfragbar; seit 2001 können auch Jahresabschlüsse elektronisch übermittelt werden.

vollelektronisches Firmenbuch seit 2005

Durch das **„Publizitätsrichtlinie-Gesetz" (PuG)**, das die Vorgaben einer Änderungsrichtlinie zur Publizitätsrichtlinie umgesetzt hat, wurde **ab 2005** im Wesentlichen eine **„Vollelektronisierung"** erreicht (s § 29 FBG). Somit ist nicht nur (wie schon bisher) das

Kapitel 1: Allgemeines zum Firmenbuch

Hauptbuch, sondern auch die Urkundensammlung **elektronisch abzufragen.** Die Antragsübermittlung und die Einreichung von Urkunden erfolgt nunmehr fast ausschließlich auf elektronischem Weg. MaW: Das Firmenbuch ist ein Buch nahezu ohne Papier geworden.

EU-Handelsregister?

Auf EU-Ebene wird seit längerer Zeit über die Schaffung eines (zusätzlichen) **„Europäischen Handelsregisters"** nachgedacht. Derzeit steht eine Realisierung dieses Projektes aber (noch) nicht unmittelbar bevor. Schwierigkeiten bestehen nicht nur auf technischer Ebene, sondern auch darin, dass das Handelsregister nicht in allen Staaten von Gerichten (sondern etwa von Verwaltungsbehörden oder Interessenvertretungen) geführt wird. Ein vollkommenes „Einheitsregister" ist aber gar nicht notwendig: Vielmehr geht es um den Abbau von Barrieren des Zugangs zu den nationalen Registern. Die Elektronisierung des Firmenbuchs hat dafür die notwendigen Voraussetzungen geschaffen.

„European Business Register"

Dem letztgenannten Ziel dient das „European Business Register" (EBR), das die Gesellschaft **„EBR EWIV"** mit Sitz in Brüssel zur Verfügung stellt: Es ist eine **„Online-Plattform"** (www.ebr.org), über die ein Abfragen der meisten nationalen Register (zum Teil auch über die EU hinausgehend) möglich ist.

> Hans möchte das tschechische Handelsregister abfragen. Hierfür muss er sich nicht – was sonst erforderlich wäre – beim nationalen Betreiber des tschechischen Registers einloggen (und die Abfrage über diesen verrechnen), sondern kann die Daten über das EBR-System (das in Österreich über die Telekom Austria zugänglich ist) beziehen.

Das EBR ist somit kein „überregionales Register", sondern nur eine **erleichterte Zugangsmöglichkeit** zu nationalen Registern.

„BRITE"-Vorschlag

Im Juni 2012 hat die Kommission mit der **BRITE-Initiative** („Business Register Interoperability Throughout Europe") einen Vorschlag zum **Ausbau des EBR** unterbreitet: Danach soll ein Datenaustausch zwischen nationalen Registern für die Mitgliedstaaten künftig weitgehend verpflichtend sein und der Einfluss der EU auf die (bislang in Form der EBR EWIV auf privatrechtlicher Basis erfolgte) Registerverknüpfung erweitert werden. Weiters sollen bestimmte Daten in sog „Standardized Reports" verpflichtend auch in englischer Sprache zur Verfügung gestellt werden.

Exkurs: Sonstige Publizitätsformen

Die Firmenbuchpublizität ist nicht die einzige Publizität, die in der Wirtschaft von Bedeutung ist.

Kapitalmarktpublizität

Die **Kapitalmarktpublizität** dient durch mannigfaltige Informationspflichten, welche insb börsenotierte Gesellschaften und Wertpapierdienstleistungsunternehmer treffen, vor allem dem Anlegerschutz. So sind zB bestimmte **Prospektinformationen** an das Publikum (deren Verletzung zu einer „Prospekthaftung" führen kann; s dazu insb § 11 KMG), aber auch Aufklärungspflichten bei der individuellen **Anlageberatung** normiert. Es besteht idZ etwa eine **„Markteintrittspublizität"**, dh wenn eine Gesellschaft an der Börse notieren möchte („Börsenzulassungspublizität" durch den Börsenprospekt) oder wenn ein sonstiges Wertpapier emittiert wird („**Emissionspublizität**" durch den Emissionsprospekt).

1.3 Das Firmenbuch

Ist eine Gesellschaft börsenotiert, treffen sie zahlreiche **laufende und/oder anlassbezogene Publizitätspflichten,** zB:

- **„Ad-hoc-Publizität"** (in deren Rahmen die Allgemeinheit über Tatsachen zu informieren ist, die den Börsenkurs erheblich beeinflussen können, oder über Tatsachen, welche die Fähigkeit eines Emittenten, seinen Verpflichtungen nachzukommen, beeinträchtigen können)

> Die an der Börse Wien notierte Julio Invest AG plant den Kauf eigener Aktien, um eine feindliche Übernahme abzuwehren; darüber hat der Vorstand in einer „Ad-hoc"-Meldung zu informieren.

- **Beteiligungspublizität** nach § 91 BörseG (die Überschreitung gewisser Stimmrechtsschwellen ist zu melden, wodurch die Besitzer größerer Aktienpakete auch von börsenotierten Unternehmen – zum Schutz von Anlegern und potenziellen Übernehmern – „entanonymisiert" werden sollen)
- **Meldepflichten** über den Kauf und Verkauf eigener Aktien oder sog **„Director's Dealings"** (An- und Verkauf von Aktien durch Organmitglieder einer börsennotierten Gesellschaft; vgl § 48d Abs 4 BörseG).

Zu **speziellen Rechnungslegungspflichten** (va im Bereich der Konzernrechnungslegung) s S 264 f.

Grundbuch — Eine wichtige Funktion erfüllt auch in der Wirtschaft das Grundbuch (va durch die Intabulierung grundbücherlicher Sicherheiten).

Aufbau des Firmenbuchs

Das **Firmenbuch** wird durch Speicherung auf einer Datenbank **elektronisch** geführt (§ 29 FBG). Die Datenspeicherung erfolgt zentral beim **Bundesrechenzentrum Wien,** es existieren somit keine „Regionaldatenbanken" bei den einzelnen Landesgerichten (wenngleich diese das Firmenbuch führen; s S 50).

Es besteht gem § 1 Abs 1 FBG aus:
- Hauptbuch
- Urkundensammlung

Eintragungen im Hauptbuch — **Firmenbucheintragungen** werden ausnahmslos **im Hauptbuch** vorgenommen. Die Publizitätswirkungen des § 15 UGB (s S 53 ff) beziehen sich somit bloß auf dieses.

Urkundensammlung — In die (elektronisch geführte) **Urkundensammlung** werden jene Urkunden aufgenommen, welche die Grundlage(n) der jeweiligen Firmenbucheintragung bilden oder deren Aufbewahrung bei Gericht ausdrücklich angeordnet ist (§ 12 Abs 1 FBG). Den Urkunden in deutscher Sprache können beglaubigte Übersetzungen in einer Amtssprache der EU beigefügt werden. Für alte Urkundenbestände in Papierform, die Kapitalgesellschaften betreffen, ist auf Antrag eine Speicherung in elektronischer Form möglich („Rückerfassung").

> Die Adam-GmbH reicht ihren Jahresabschluss ein. Die Tatsache der Einreichung wird in das Hauptbuch eingetragen, der Jahresabschluss selbst kommt in die Urkundensammlung.

Die Bertram-AG wird in das Firmenbuch eingetragen. Ihre Satzung kommt in die Urkundensammlung. Sodann hält sie eine Hauptversammlung ab; das diesbezügliche Protokoll kommt ebenso in die Urkundensammlung.

Es gibt derzeit zwei Möglichkeiten für die **elektronische Speicherung** von Urkunden (§ 3 Abs 2 der 2. Urkundensammlung-VO):
- **Scannen** der vorgelegten Urkunden in Papierform;
- Zugriffsberechtigung für die Firmenbuchgerichte auf bestimmte Urkunden aus den **Urkundenarchiven** einer Körperschaft öffentlichen Rechts (für Notare: „cyberDOC"; für Rechtsanwälte: „Archivium").

Auch bei Jahresabschlüssen hat grundsätzlich statt einer Einreichung in Papierform eine solche in **elektronischer Form** zu erfolgen (§ 277 Abs 6 UGB). Der Gesetzgeber hat davon jedoch eine wesentliche Ausnahme gemacht: Unternehmen mit Umsatzerlösen von nicht mehr als € 70.000,– in den zwölf Monaten vor dem Abschlussstichtag können Jahresabschlüsse auch in Papierform einreichen, wobei diese sodann bei Gericht eingescannt in die Urkundensammlung aufgenommen werden.

Üben

- Was ist das Firmenbuch? Mit welchem anderen (öffentlichen) Register lässt es sich am ehesten vergleichen?
- Welche Funktionen erfüllt das Firmenbuch?
- Aus welchen Teilen besteht das Firmenbuch?
- Auf welchen Teil des Firmenbuchs beziehen sich die „Publizitätswirkungen"?
- In welchem Teil des Firmenbuchs werden Eintragungen vorgenommen?
- Wie erfolgt die Speicherung der Urkunden in der ADV-Datenbank?
- Welche EU-Richtlinien betreffen insb die Firmenbuchführung?
- Was ist die Zielrichtung der Zweigniederlassungsrichtlinie?
- Skizzieren Sie die historische Entwicklung des Firmenbuchs!
- Inwiefern besteht heute ein „elektronisches Firmenbuch"?
- Worin bestehen die Vorteile des „European Business Register"?
- Welche Pläne bestehen seitens der EU hinsichtlich einer grenzüberschreitenden Registerverknüpfung?
- Kennen Sie sonstige Formen von Publizität, die in der Wirtschaft von Bedeutung sein können?

Wissen

Firmenbuch — Das Firmenbuch ist ein aus dem Hauptbuch und der Urkundensammlung bestehendes (§ 1 Abs 1 FBG) öffentliches Verzeichnis aller gem § 2 FBG einzutragenden Rechtsträger, zu denen es für den geschäftlichen Verkehr bedeutsame Rechtsverhältnisse und Tatsachen wiedergibt (§ 1 Abs 2, §§ 3 ff FBG; „Eintragungstatbestände"). Publizitätswirkungen entfaltet nur das Hauptbuch.

1.3 Das Firmenbuch

Handelsregister — „Handelsregister" ist die Bezeichnung für das Firmenbuch vor 1991. Das Handelsregister wurde nach dem System der händischen Protokollierung in sog „Folianten" (in Buchform) geführt. In Deutschland wird die Bezeichnung „Handelsregister" noch heute verwendet.

Hauptbuch — Das „Hauptbuch" ist ein durch Speicherung von Eintragungen in der ADV-Datenbank des Firmenbuchs geführtes Register (§ 29 Abs 1 FBG), das der Eintragung der in § 2 FBG bzw § 12 UGB genannten Rechtsträger dient, bei welchen „allgemeine" (gem § 3 FBG) und rechtsformspezifische „besondere" Eintragungen (gem §§ 4–9 FBG) verzeichnet werden.

Poststraße — Die „Poststraße" ist ein beschleunigtes Zustellsystem für Erledigungen im Firmenbuchverfahren, die seit 1997 nicht mehr über die Geschäftsabteilungen des Firmenbuchgerichts, sondern auf automatischem Weg über das Bundesrechenzentrum Wien übermittelt werden.

Urkundensammlung — Die „Urkundensammlung" ist gem § 1 Abs 1 FBG neben dem Hauptbuch Bestandteil des Firmenbuchs. Sie enthält diejenigen Urkunden, aufgrund derer eine Eintragung im Hauptbuch vorgenommen wurde oder für die die Aufbewahrung bei Gericht angeordnet ist (§ 12 FBG). Ihre Aufgabe ist es somit ua, das Hauptbuch zu „erläutern" und zu dokumentieren. Die Urkundensammlung ist öffentlich einsehbar (§ 33 Abs 2 FBG), entfaltet selbst aber, im Gegensatz zum Hauptbuch, keine Publizitätswirkungen iSd § 15 UGB.

Kapitel 2: Firmenbucheintragungen

Arten von Eintragungen

Unterschieden werden konstitutive und deklarative Eintragungen:

- **Konstitutive Eintragungen** lassen ein Rechtsverhältnis oder ein Recht entstehen. Die Eintragung wirkt daher „rechtsbegründend". Dies trifft zunächst auf die meisten Gesellschafts- bzw Rechtsformen zu (OG/KG: § 123 UGB; EWIV: Art 1 Abs 2 EWIV-VO; GmbH: § 2 Abs 1 GmbHG; AG : § 34 Abs 1 AktG; SE: § 2 Abs 1 SEG; Gen: § 8 GenG; SCE: Art 18 Abs 1 SCE-VO); SpK (§ 13 Abs 5 SpG); Privatstiftung (§ 7 PSG), VVaG (§ 39 VAG).

Kapitel 2: Firmenbucheintragungen

Die Gründung einer GmbH ist erst mit ihrer Eintragung in das Firmenbuch abgeschlossen (vgl § 2 Abs 1 GmbHG: Entstehen der GmbH).

Beispielsweise haben weiters die Eintragung von Ehepakten von Unternehmern (§ 36 UGB), des Haftungsausschlusses des Erwerbers eines Unternehmens (§ 39 Abs 4 UGB) oder die Eintragung von Satzungsänderungen (§ 49 Abs 2 GmbHG, § 148 Abs 3 AktG) konstitutive Wirkung. Die Eintragung eines Unternehmers (§ 8 Abs 1 UGB) gibt diesem konstitutiv das Recht, Prokura zu erteilen (§ 48); die Eintragung eines bestellten Prokuristen wirkt allerdings bloß deklarativ (dazu sogleich).

- **Deklarative Eintragungen** wirken nur „rechtsbekundend" und dienen der Bekräftigung einer bestehenden Tatsache, eines Rechts oder Rechtsverhältnisses (diese bestehen aber auch ohne die Eintragung). Rechtswirkungen können aber auch deklarative Eintragungen – insb durch das Publizitätsprinzip (s S 56 ff) – entfalten.

Eintragungen der Geschäftsführer einer GmbH, der Prokura, des Gesellschafterwechsels bei Personengesellschaften wirken deklarativ. Bestellt die X-GmbH Heribert zum Geschäftsführer, so ist er dadurch zu deren Organwalter geworden – unabhängig davon, ob er in das Firmenbuch eingetragen ist oder nicht.

Einzutragende Rechtsträger

Welche Rechtsträger in das Firmenbuch einzutragen sind, ergibt sich aus unterschiedlichen gesetzlichen Bestimmungen. Eine allgemeine „Übersicht" enthält § 2 FBG. Danach sind **folgende Rechtsträger einzutragen:**
- Einzelunternehmer
- offene Gesellschaften
- Kommanditgesellschaften
- Aktiengesellschaften
- Gesellschaften mit beschränkter Haftung
- Erwerbs- und Wirtschaftsgenossenschaften
- Versicherungsvereine auf Gegenseitigkeit
- Sparkassen
- Privatstiftungen
- Europäische wirtschaftliche Interessenvereinigungen
- Europäische Gesellschaften (SE)
- Europäische Genossenschaften (SCE)
- sonstige Rechtsträger, deren Eintragung gesetzlich vorgesehen ist.

Nicht einzutragen sind etwa stille Gesellschaften und Gesellschaften bürgerlichen Rechts, zumal diese nicht einmal rechtsfähig sind und daher auch im Verhältnis zu Dritten kein eminentes Offenlegungsbedürfnis besteht.

Eintragung von Einzelunternehmern

Die Eintragung von Einzelunternehmern ist in **§ 8 UGB** geregelt. Zur Eintragung verpflichtet sind **unternehmerisch tätige natürliche Personen,** wenn sie gem § 189 UGB der **Rechnungslegungspflicht** unterliegen (Abs 1). Diese knüpft an die Überschreitung von Umsatzschwellenwerten an (grob gesprochen: Umsatzerlöse von mehr als € 700.000,– in mehreren Geschäftsjahren oder von € 1 Mio in einem Geschäftsjahr).

Olaf gründete im Jahr 2008 ein Handelsunternehmen, das bereits seit Beginn jährlich € 800.000,– Umsatzerlös aufweist. Seine Rechnungslegungspflicht tritt mit dem Jahr 2011 ein (Umsatzerlöse in den zwei aufeinanderfolgenden Jahren 2008 und 2009, „Pufferjahr" 2010, Beginn der Rechnungslegungspflicht 2011).

Andere Einzelunternehmer sind zur Firmenbucheintragung **nicht verpflichtet**. Sie können sich freiwillig eintragen und sich auch jederzeit wieder löschen lassen.

Der (ideelle) Schützenverein Bad Goisern betreibt nebenbei eine Gastwirtschaft. Er kann sich mit diesem Unternehmen eintragen lassen.

Sondervorschrift für unternehmerisch tätige GesbR

Die Gesellschafter einer **unternehmerisch tätigen GesbR** müssen bei Überschreiten eines Schwellenwerts des § 189 UGB – statt der fortgesetzten Benutzung einer GesbR – eine OG oder KG in das Firmenbuch eintragen lassen (§ 8 Abs 3 UGB). Diese Regelung gilt nicht für Freiberufler und Land-/Forstwirte.

Berta und Hubert betreiben gemeinsam das „Berta und Hubert Heilmassage-Studio"; erst bei einem Überschreiten der Rechnungslegungsschwelle müssen sie sich als OG oder KG in das Firmenbuch eintragen lassen („Rechtsformzwang").

Variante: Mieten Berta und Hubert bloß gemeinsam ein Massagestudio und betreiben ihr Unternehmen jeweils unabhängig voneinander (sog Praxisgemeinschaft), so besteht – mangels Betreibens eines gemeinsamen Unternehmens – demgegenüber keine Eintragungspflicht. Eine GesbR besteht diesfalls nämlich lediglich im Verhältnis zum Vermieter.

Die Gesellschafter einer als GesbR zu qualifizierenden „Arbeitsgemeinschaft" (ARGE) unterliegen der Eintragungspflicht ebenfalls bloß dann, wenn sie unternehmerisch tätig sind. Dies ist aber selten der Fall, da ARGE-Partner häufig bloß ein Projekt abwickeln (zum Erfordernis der Marktorientierung s S 17 f).

Die Bohr AG und die Tunnelbau SE bauen gemeinsam seit drei Jahren an einem Autobahnteilstück (Jahresumsatz des Projekts: 250 Millionen Euro). Sie müssen hiefür – aus dem genannten Grund – keine OG oder KG in das Firmenbuch eintragen lassen.

Formunternehmer und sondergesetzliche Regelungen

Die Eintragung von Formunternehmern, OG, KG und weiteren Rechtsträgern wird in den für sie geltenden Vorschriften geregelt (§ 8 Abs 2 UGB). Ideelle Vereine werden in das lokale Vereinsregister eingetragen. Im Fall einer unternehmerischen Tätigkeit steht ihnen – wie erwähnt – die Eintragung als Einzelunternehmer offen (s oben). Bisweilen finden sich für bestimmte Rechtsträger öffentlichen Rechts sondergesetzlich angeordnete Eintragungspflichten.

Österreichischer Rundfunk (ORF-Gesetz), Bundesanstalt Statistik Österreich (Bundesstatistikgesetz), Österreichisches Museum für angewandte Kunst (Bundesmuseengesetz).

Exkurs: Zweigniederlassung

Begriff

Eine Zweigniederlassung bezeichnet eine räumlich von der Hauptniederlassung getrennte, auf längere Zeit eingerichtete, trotz selbständiger Leitung und eigener Vertretung intern den Weisungen der Hauptniederlassung **unterstellte**, wesentliche Geschäfte und nicht bloß Hilfsgeschäfte der Hauptniederlassung tätigende **organisatorische (Sub-)Einheit** des Gesamtunternehmens **ohne eigene Rechtspersönlichkeit**. Strittig ist, ob die Zweigniederlassung über eine eigene Buchführung und über ein gesondertes Vermögen verfügen muss. **Abzugrenzen** ist sie insb von der Tochtergesellschaft und der (bloßen) Betriebsstätte.

Kapitel 2: Firmenbucheintragungen

> Die Sportartikel Huber GmbH mit Sitz in Wien betreibt in Linz ein Sportgeschäft. Dieses hat einen eigenen „Filialleiter" und einen eigenständigen Ein- und Verkauf; es ist daher als Zweigniederlassung zu qualifizieren. Dagegen würde ein bloßes Warenlager oder eine Auslieferungsstelle nur eine sog „Betriebsstätte" begründen. Gründet die Sportartikel Huber GmbH in Linz für ihren dortigen Geschäftsbetrieb eine eigene (Tochter-)Gesellschaft, zB die Sportartikel Huber Linz GmbH, so handelt es sich dabei um einen eigenständigen Rechtsträger.

Die Zweigniederlassung ist ein **Faktum (ohne eigenständige Rechtspersönlichkeit)**, welches allerdings bestimmte Rechtsfolgen auslöst (dazu sogleich); eine Tochtergesellschaft ist demgegenüber ein eigenständiger Rechtsträger. In der Praxis verursacht eine Zweigniederlassung weniger Transaktionskosten (keine rechtlichen Gründungs- und Betriebskosten) und bietet höhere Flexibilität (wegen der stets direkten Zugriffsmöglichkeit des Eigentümers), dafür haftet der Unternehmensträger für „seine" Zweigniederlassung, zumal diese zu seinem Vermögen gehört. Eine Tochtergesellschaft benötigt als eigenständiger Rechtsträger entsprechend eigene Organe und muss selbst bilanzieren. Hingegen haftet die Muttergesellschaft im Konzernverband – von Ausnahmefällen abgesehen – grundsätzlich nicht für Verbindlichkeiten der Tochtergesellschaft.

> Das Geschäft in Linz läuft so schlecht, dass die Sportartikel Huber Linz GmbH Insolvenz anmelden muss. Dafür haftet die Wiener Muttergesellschaft nicht. Anders wäre die Situation bei Vorliegen einer bloßen Zweigniederlassung: Diesfalls ist die Gesellschaft selbst verpflichtet.

Rechtsfolgen

Die Zweigniederlassung ist mit bestimmten Angaben (s § 3 Z 8 FBG) in das **Firmenbuch** einzutragen und kann nicht nur unter der Firma der Hauptniederlassung, sondern auch unter **eigener Firma** (ihr Filialcharakter ist aber jedenfalls offenzulegen) geführt werden.

Wird für die Zweigniederlassung eine eigene Firma geführt, so kann gem § 50 Abs 3 UGB die Prokura auf diese Zweigniederlassung beschränkt werden (Filialprokura; s S 118 f).

Bezieht sich ein **Rechtsstreit** auf die Zweigniederlassung, so kann grundsätzlich bei dem Gericht am Ort der Zweigniederlassung geklagt werden (§ 87 Abs 2 JN).

Zweigniederlassung ausländischer Rechtsträger

§ 12 UGB regelt – gemeinsam mit Sonderbestimmungen (insb § 14 Abs 3, § 280a UGB, § 120 Abs 3 JN, § 107 GmbHG und § 254 AktG) – die fimenbuchrechtliche Behandlung von inländischen Zweigniederlassungen ausländischer Rechtsträger. Der ausländische Rechtsträger, der im Inland eine Zweigniederlassung unterhält, ist mit bestimmten Tatsachen in das österr Firmenbuch einzutragen: Das sind die bei **allen Rechtsträgern** vorzunehmenden **allgemeinen (§ 3 FBG)** sowie die für den jeweiligen Rechtsträger vorgesehenen **besonderen Eintragungstatbestände** des FBG (§§ 4 ff FBG). Neben der einzutragenden ausländischen Registerzahl erhält der ausländische Rechtsträger somit zusätzlich eine österr Firmenbuchnummer.

> Die nach englischem Recht gegründete Miller Cars Ltd (Sitz: London) verfügt in Wien über eine Zweigniederlassung (Autohaus mit eigenständigem Ein- und Verkauf). Die Miller Cars Ltd. ist in das österr Firmenbuch einzutragen. Zudem ist die britische Bilanz beglaubigt zu übersetzen und zum Firmenbuch einzureichen (§ 280a UGB).

Die **Firma** des ausländischen Rechtsträgers ist ggf zu transkribieren.

Eine chinesische Gesellschaft hat in Österreich eine Zweigniederlassung. Die chinesische Firma wird in das Firmenbuch nicht mit chinesischen Schriftzeichen, sondern in aussprechbarer lateinischer Transkription eingetragen.

Allgemeine Eintragungen

§ 3 FBG zählt Tatbestände auf, die – grundsätzlich unabhängig vom Rechtsträger – einzutragen sind:

- **Firmenbuchnummer** (= fortlaufende Nummer, die für jeden in das Firmenbuch eingetragenen Rechtsträger bundesweit zentral vergeben wird; sie bleibt auch nach Sitzverlegungen und Umgründungen gleich; die derzeit sechsstellige Zahl, die bloß einmal vergeben wird, wird durch ein Prüfzeichen [Buchstabe] ergänzt), zB FN 313236 t.
- **Firma** (s S 72 ff).
- **Rechtsform** (zu den einzutragenden Rechtsträgern s oben), zB Europäische Gesellschaft (SE).
- **Sitz** und für Zustellungen maßgebliche Geschäftsanschrift (falls die Bezeichnung des Sitzes nicht mit dem Namen der politischen Gemeinde übereinstimmt, ist außerdem die politische Gemeinde, in der der Sitz liegt, anzugeben; diese Vorschrift dient dem Verkehrsschutz, da in der Praxis der Satzungssitz der Gesellschaft nicht immer die Zustelladresse ist).
- Hinweis, dass eine für Zustellungen **maßgebliche Geschäftsanschrift** unbekannt ist (auch dies dient dem Verkehrsschutz).
- kurze **Bezeichnung des Geschäftszweigs** nach eigener Angabe, zB Waren- und Finanztermingeschäfte.
- **Zweigniederlassungen** mit ihrem Ort, der für Zustellungen maßgeblichen Geschäftsanschrift und ihrer Firma, wenn sie von der Firma der Hauptniederlassung abweicht (s oben).
- Tag der **Feststellung der Satzung bzw des Abschlusses** des Gesellschaftsvertrags.
- **Name und Geburtsdatum** des Einzelunternehmers, bei anderen Rechtsträgern ihrer vertretungsbefugten Personen sowie Beginn und die Art ihrer Vertretungsbefugnis (dabei handelt es sich um eine für den Geschäftsverkehr besonders relevante Eintragung, da sie die wirksame Vertretung gegenüber Dritten betrifft).

> ZB   Vorstand
>   – Mag. Theodor Treuherz, geb. 30. 04. 1974
>   – vertritt seit 12. 09. 1999 selbständig

- bei **Prokuristen** deren Name und Geburtsdatum sowie der Beginn und die Art ihrer Vertretungsbefugnis (zur Prokura s S 114 ff).
- Vereinbarungen nach **§ 38 Abs 4 UGB** (s S 108 f).
- **Dauer** des Unternehmens, wenn sie begrenzt ist.
- bei Abwicklung (Liquidation) Name und Geburtsdatum der **Abwickler** (Liquidatoren) sowie Beginn und Art ihrer Vertretungsbefugnis.
- im **Exekutions- und Insolvenzrecht** zur Eintragung vorgesehene Verfügungsbeschränkungen, deren Aufhebung und die Namen der gesetzlichen Vertreter.
- **Eintragungen im Insolvenzverfahren** (gem § 77a Abs 1 IO).

- Vorgänge, durch die ein Betrieb oder Teilbetrieb übertragen wird, sowie deren Rechtsgrund (sowohl beim Erwerber als auch beim Veräußerer).
- sonstige Eintragungen, die gesetzlich vorgesehen sind **(Auffangklausel)**.

Nach § 3 Abs 3 FBG können eingetragene Rechtsträger freiwillig ihre Internetseite eintragen lassen; börsenotierte AG sind dazu verpflichtet (§ 5 Z 4b FBG).

Besondere Eintragungen

Zusätzlich zu den allgemeinen Eintragungen finden sich in den §§ 4–9 FBG **rechtsformspezifisch** weitere Eintragungstatbestände.

Einzelunternehmer und eingetragene Personengesellschaften

So sind bei **Einzelunternehmern** und **eingetragenen Personengesellschaften** auch Ehepakte, Sachwalterbestellungen und das Verlassenschaftsprovisorium (§ 32 UGB) einzutragen, bei eingetragenen Personengesellschaften weiters Name und Geburtsdatum der nicht vertretungsbefugten unbeschränkt haftenden Gesellschafter (ggf ihre Firmenbuchnummer), Name und Geburtsdatum der Kommanditisten, die Höhe ihrer Haftsummen (ggf ihre Firmenbuchnummer sowie ein Nachfolgevermerk) sowie der Tag der Einreichung des Jahres- und Konzernabschlusses sowie deren Abschlussstichtag (falls die Einreichung gesetzlich erforderlich ist). Siehe § 4 FBG.

KOMMANDITIST	HAFTSUMME
Carlo Commenda, geb. 03.06.1974	EUR 100

AG und GmbH

Bei **Aktiengesellschaften** und **GmbHs** werden ua eingetragen (im Detail § 5 FBG): Namen und Geburtsdaten des Vorsitzenden, seiner Stellvertreter und der übrigen Mitglieder des Aufsichtsrats; die Höhe des Grund- oder Stammkapitals, dessen Erhöhung oder Herabsetzung und die darauf gerichteten Beschlüsse sowie (bei der AG) die Art der Aktien (Nennbetragsaktien oder Stückaktien) und bei Stückaktien deren Zahl; weiters der Tag der Einreichung des Jahres- und Konzernabschlusses sowie deren Abschlussstichtag; Umgründungen (Verschmelzungen, Spaltungen, Umwandlungen); Urteile, durch die eine AG, eine GmbH oder ein in das Firmenbuch eingetragener Beschluss der Haupt- oder Generalversammlung rechtskräftig für nichtig erklärt werden; bei der GmbH außerdem Namen und Geburtsdaten der Gesellschafter (ggf ihre Firmenbuchnummer) sowie ihre Stammeinlagen und die darauf geleisteten Einzahlungen; bei einer Einpersonen-AG muss dieser Umstand sowie der Name des Alleingesellschafters (ggf sein Geburtsdatum bzw seine Firmenbuchnummer) eingetragen werden.

KAPITAL
ATS 1.000.000
ATS 3.000.000
EUR 218.100
EUR 500.000

ART der AKTIEN
500.000 Stückaktien

JAHRESABSCHLUSS
zum 31. 12. 2009 eingereicht am 29. 07. 2010

Satzung vom 04. 12. 2000

Letztfassung der Satzung vom 18. 08. 2008

weitere Rechtsträger — Zusätzliche Eintragungstatbestände für SE, Genossenschaften, SCE, VVaG und Sparkassen finden sich in den §§ 5a–8 FBG.

Auflösung — Bei allen Rechtsträgern mit Ausnahme der Einzelunternehmer sind die **Auflösung** und die **Fortsetzung** einzutragen, bei eingetragenen Personengesellschaften die Auflösung auch dann, wenn gleichzeitig ein neuer Rechtsträger eingetragen wird (§ 9 FBG).

Eintragungspflichtige und eintragungsfähige Tatsachen

eintragungspflichtige Tatsachen — Eine Pflicht zur Eintragung von Tatsachen oder Rechtsverhältnissen besteht grundsätzlich nur bei **gesetzlicher Anordnung.** Man spricht idZ von „eintragungspflichtigen Tatsachen". Die Fälle einer Eintragungspflicht sind die zahlenmäßig häufigsten. Die Verpflichtung kann durch Zwangsstrafen (insb § 24 FBG) erzwungen werden.

> Alfred hat Berta zur Prokuristin bestellt. Die Prokura ist eine eintragungspflichtige Tatsache (§ 53 UGB).

eintragungsfähige Tatsachen — Besteht keine Verpflichtung zur Eintragung, gestattet das Gesetz jedoch eine Eintragung, so spricht man von „eintragungsfähigen Tatsachen", etwa: Eintragung eines Einzelunternehmers, sofern es sich nicht um eine rechnungslegungspflichtige natürliche Person handelt (§ 8 Abs 1 UGB); Eintragung freiberuflich oder land-/forstwirtschaftlich tätiger Unternehmer (§ 4 Abs 2 und 3 UGB); Haftungsausschlüsse nach § 38 Abs 4 UGB (dazu S 108 f).

zusätzliche Eintragungen? — Grundsätzlich sind nur solche Eintragungen zulässig, die das Gesetz **ausdrücklich** vorsieht. Das Firmenbuch soll von anderen (beliebigen) Eintragungen frei bleiben, da die Gefahr bestünde, dass es andernfalls unübersichtlich wird und das Prinzip der positiven Publizität (unten S 59 f) auch für Eintragungen gelten würde, mit denen der Verkehr gar nicht rechnet. Dennoch bejaht die Rsp aus „Zweckmäßigkeitsgründen" etwa die Eintragungsfähigkeit folgender – an sich nicht gesetzlich normierter – Eintragungen:

- allgemeine Angabe zur Vertretungsbefugnis (selbständig oder kollektiv), die nicht speziell bei den vertretungsbefugten Personen vorgenommen wird.

> Bsp für eine Eintragung der „allgemeinen Vertretungsbefugnis" bei einer SE: „Die Gesellschaft wird durch zwei Mitglieder des Verwaltungsrats gemeinsam oder durch ein Mitglied des Verwaltungsrats gemeinsam mit einem Prokuristen vertreten."

- Zustellanschriften der vertretungsbefugten Organe sowie Prokuristen, Kommanditisten und Gesellschafter einer GmbH.
- die einem Prokuristen gesondert erteilte Befugnis zur Belastung und Veräußerung von Liegenschaften.
- Entziehung der Geschäftsführungs- und Vertretungsbefugnis eines Gesellschafters durch einstweilige Verfügung.

nicht eintragungsfähige Tatsachen — Eine Reihe von Tatsachen, an deren Eintragung uU ein Interesse der Rechtsträger bestehen könnte, wird jedoch nicht in das Firmenbuch eingetragen.

> Ergebnisabführungsverträge (Rsp), Handlungsbevollmächtigte, Bestellung eines „Geschäftsführers" einer KG, Übertragungsbeschränkungen betreffend GmbH-Geschäftsanteile, noch nicht eingetretene Tatsachen (zB noch nicht bestellter Geschäftsführer).

Wird eine nicht einmal eintragungsfähige Tatsache dennoch eingetragen (was in der Praxis wegen elektronischer Eingabesperren kaum vorkommt), so entfaltet sie **keine Publizitätswirkungen** nach § 15 UGB (dazu S 56 ff).

 Üben

- Was versteht man unter einer konstitutiven Eintragung?
- Nennen Sie Beispiele für Tatsachen, die nicht in das Firmenbuch eingetragen werden müssen, die jedoch eingetragen werden können (sog eintragungsfähige Tatsachen)!
- Wann sind ausländische Rechtsträger in das österreichische Firmenbuch einzutragen?
- Was sind allgemeine, was besondere Eintragungstatbestände? Überlegen Sie dabei, warum der Gesetzgeber die betreffende Eintragung angeordnet hat!
- Was ist die sog „Firmenbuchnummer"?
- Worin besteht die Problematik, dass das Firmenbuchgericht zuweilen Tatsachen einträgt, für die kein gesetzlicher Eintragungstatbestand besteht?

 Wissen

Eintragungstatbestände

„Eintragungstatbestände" sind gesetzlich angeordnete, entweder allgemeine (für alle eingetragenen Rechtsträger) oder besondere (rechtsformspezifische) Eintragungen im Hauptbuch des Firmenbuchs.

einzutragende Rechtsträger

Einige Rechtsträger müssen in das Firmenbuch eingetragen werden. Ein Überblick findet sich in § 2 FBG.

Firmenbuchnummer

Für jeden im Hauptbuch des Firmenbuchs einzutragenden Rechtsträger wird eine eigene sechsstellige Nummer, der ein Buchstabe als Prüfzeichen folgt, vergeben (Firmenbuchnummer). Sie wird für das gesamte Bundesgebiet bei der Neuanmeldung zentral vergeben, ändert sich auch bei einer Sitzverlegung oder einem Rechtsformwechsel (Umwandlung) nicht und wird bis zur Löschung des Rechtsträgers beibehalten.

1.3 Das Firmenbuch

Kapitel 3: Führung des Firmenbuchs

 **Lernen**

Zuständigkeit

sachliche Zuständigkeit

Das Firmenbuch wird von den mit Handelssachen betrauten **Gerichtshöfen erster Instanz** geführt (§ 120 Abs 1 Z 1 JN): Dies sind die einzelnen **Landesgerichte** und (als Ausnahme) im Sprengel des LG Wien das **Handelsgericht Wien**. Es besteht Einzelrichterkompetenz (§ 7a Abs 3 JN). Die meisten Tätigkeiten fallen in die Kompetenz des Rechtspflegers (§ 22 RpflG).

Exkurs: Internationaler Vergleich

Im **internationalen Vergleich** zeigt sich, dass in manchen Ländern das Unternehmens- bzw Handelsregister nicht von Gerichten, sondern zB von eigens dafür eingerichteten Verwaltungsbehörden, der Regierung oder der Handelskammer geführt wird. Der Vorteil der Führung durch ein Gericht liegt darin, dass es – im Gegensatz zu anderen Behörden – als eine Art „One Stop Shop" fungieren kann: Hier werden die Rechtsträger nicht nur (außerstreitig) eingetragen, sondern das Gericht ist auch für deren „streitige Außerstreitsachen" zuständig.

Durchsetzung von Informationsansprüchen; die im Falle der Antragstellung festzusetzende „angemessene Abfindung" beim Gesellschafterausschluss oder bei bestimmten Umgründungen.

örtliche Zuständigkeit

Örtlich zuständig ist nach der JN grundsätzlich jenes Gericht, in dessen Sprengel sich die **Hauptniederlassung oder der Sitz** des Unternehmens befindet (§ 120 Abs 2 JN). Diese Regelung wird ggf durch speziellere Normen für einzelne Rechtsformen modifiziert, sodass bei Gesellschaften bzw juristischen Personen tw bloß an den Satzungssitz angeknüpft wird (s etwa § 102 GmbHG). § 120 JN enthält zudem für einzelne Umgründungsvorgänge besondere Regelungen, nämlich für Verschmelzungen (dafür ist das Gericht zuständig, in dessen Sprengel die übernehmende Gesellschaft ihren Sitz hat; s §§ 120 Abs 1 Z 3 iVm Abs 5a JN, § 120 Abs 7 JN), für Spaltungen (s §§ 120 Abs 1 Z 4 iVm Abs 5a JN, § 120 Abs 6, 7 JN) und für Umwandlungen (§ 120 Abs 1 Z 5 iVm Abs 5a JN, § 120 Abs 6 JN).

Für Rechtsträger mit Hauptniederlassung oder Sitz im **Ausland**, die nach **§ 12 UGB** in das österr Firmenbuch einzutragen sind (s S 45), richtet sich die örtliche Zuständigkeit nach dem **Ort der inländischen Zweigniederlassung**. Bestehen mehrere inländische Zweigniederlassungen, so ist der Ort der frühesten inländischen Zweigniederlassung maßgeblich (§ 120 Abs 3 JN).

Zuständigkeits-vereinbarungen unzulässig	Abweichende Zuständigkeitsvereinbarungen sind unzulässig (§ 120 Abs 5 JN).

> Die Gesellschafter einer GmbH mit Sitz in Innsbruck vereinbaren „die Zuständigkeit des Handelsgerichts Wien in allen Firmenbuchangelegenheiten", weil der Rechtsanwalt der GmbH seine Kanzlei in Wien hat und dies für ihn „einfacher" wäre. Eine solche Vereinbarung ist aber unzulässig und ändert die gesetzliche Zuständigkeit nicht.

amtswegige Überweisung	Beim unzuständigen Gericht eingebrachte Anträge sind an das zuständige Gericht zu überweisen (§ 44 JN).

Richter und Rechtspfleger

Richter	Über die Führung des Firmenbuchs und in gesellschaftsrechtlichen Angelegenheiten (§ 120 JN) entscheidet der **Einzelrichter** (§ 7a JN).
Rechtspfleger	Zu beachten ist, dass eine Reihe von Angelegenheiten **„Rechtspflegern"** (bestimmten Gerichtsbeamten des gehobenen Dienstes; seit 2011 ist die Funktionsbezeichnung „Diplomrechtspfleger" vorgesehen) zur Erledigung zugewiesen ist. Das RPflG ordnet an, dass die mit der Führung des Firmenbuchs zusammenhängenden Geschäfte grundsätzlich in den Wirkungsbereich des Rechtspflegers fallen (s § 2 Z 4, § 22 RpflG).
Zuständigkeits-verteilung	Die Verteilung von zwingend dem Richter vorbehaltenen Aufgaben und solchen, die von Rechtspflegern erledigt werden dürfen, wird im RPflG in der Weise geregelt, dass die Richterkompetenzen ausdrücklich genannt werden und die „Restkompetenzen" dem Rechtspfleger zukommen.

Aufgaben des Firmenbuchrichters sind ua (s im Detail § 22 Abs 2 RpflG; s weiters § 16 Abs 2 RpflG):

- Beschluss über die **erste Eintragung** von
  - **AG, Gen, VVaG, Sparkassen und PS,**
  - **GmbHs** mit einem **Stammkapital ab € 70.000,–,** (und jedenfalls bei Betriebseinbringungen; s § 22 Abs 2 Z 4 lit c RpflG),
  - Zweigniederlassungen ausländischer Gesellschaften mit beschränkter Haftung.
- Beschlüsse über die Eintragung
  - von **Änderungen einer Satzung,** eines Gesellschaftsvertrags, eines Genossenschaftsvertrags und einer Stiftungsurkunde, mit Ausnahme von Änderungen eines Gesellschaftsvertrags einer GmbH mit einem Stammkapital von weniger als € 70.000,–,
  - der **Auflösung** von Kapitalgesellschaften, Gen, VVaG und PS (ausgenommen Fälle, in denen die Auflösung schon aufgrund gesetzlicher Vorschriften erfolgt ist),
  - der **Nichtigkeit** von Hauptversammlungs-, Generalversammlungs- und Gesellschafterbeschlüssen sowie von Beschlüssen des obersten Organs eines VVaG.
- Entscheidung über die gerichtliche Bestellung und Abberufung von
  - gesetzlichen Vertretern, besonderen Vertretern und Aufsichtsratsmitgliedern,
  - Gründungs-, Stiftungs-, Sonder- oder Abschlussprüfern, Stiftungskuratoren, Revisoren und Abwicklern (Liquidatoren), wenn die Entscheidung nicht ausschließlich die Auswahl einer bestimmten Person betrifft.
- Maßnahmen aufgrund von Anmeldungen auf Eintragung in das Firmenbuch iZm
  - **Verschmelzungen** und Vermögensübertragungen,
  - **Umwandlungen,**
  - **Spaltungen.**

1.3 Das Firmenbuch

- Angelegenheiten nach dem **EWIVG**.
- Angelegenheiten nach dem **SEG** und dem **SCEG** (mit einzelnen Ausnahmen).
- Angelegenheiten nach dem **GesAusG**.

Die Zuständigkeitsverteilung Richter – Rechtspfleger ist bei sonstiger absoluter Nichtigkeit **zwingend** einzuhalten. Als „Faustregel" kann gelten: Der Richter ist für größere Kapitalgesellschaften, Umgründungen, ausländische und supranationale Gesellschaften zuständig.

Kontrolle des Rechtspflegers

Obwohl der Rechtspfleger seine Entscheidungen grundsätzlich in eigener Verantwortung fällt, besteht dennoch eine gewisse Kontrolle durch und eine Bindung an den Richter. Dies wird durch drei Instrumente gewährleistet:

- **Weisungsrecht** (§ 8 RPflG): Der Rechtspfleger ist an die (konkreten) Weisungen des nach der Geschäftsverteilung zuständigen Richters gebunden. Darüber hinaus kann der Richter eine allgemeine Weisung über die Behandlung von Rechtsfragen schriftlich erteilen. Der Rechtspfleger hat solche Weisungen in ein Verzeichnis einzutragen und diese aufzubewahren.
- **Erledigung durch den Richter** (§ 9 RPflG): Der Richter kann sich die Erledigung einzelner Geschäftsstücke vorbehalten oder die Erledigung an sich ziehen, wenn dies nach seiner Ansicht im Hinblick auf die tatsächliche oder rechtliche Schwierigkeit der Sache oder die Wichtigkeit und die Tragweite der Entscheidung zweckmäßig ist.
- **Vorlagepflicht** (§ 10 RPflG): Der Rechtspfleger hat ein Geschäftsstück, auch wenn es in seinen Wirkungskreis fällt, dem Richter vorzulegen, wenn der Richter die Erledigung des Geschäftsstücks sich vorbehalten oder an sich gezogen hat, wenn der Rechtspfleger von der ihm bekannten Rechtsansicht des Richters abweichen will oder wenn sich bei der Bearbeitung Schwierigkeiten rechtlicher oder tatsächlicher Art ergeben.

Üben

- Welches Gericht ist in Firmenbuchsachen sachlich zuständig?
- Wonach richtet sich grundsätzlich die örtliche Zuständigkeit des Firmenbuchgerichts?
- Sind im Firmenbuchverfahren Zuständigkeitsvereinbarungen zulässig?
- Welche Organe der Rechtspflege werden in Firmenbuchverfahren tätig?
- Welche wesentlichen Kompetenzen sind dem Firmenbuchrichter vorbehalten?
- Wie erfolgt die Kontrolle der Tätigkeit des Rechtspflegers durch den Richter?

Wissen

Firmenbuchgericht

Das „Firmenbuchgericht" ist das sachlich zur Führung des Firmenbuchs zuständige Gericht.

Kapitel 4: Öffentlichkeit des Firmenbuchs

Firmenbuchrichter — Der Firmenbuchrichter ist ein gem Art 86 Abs 1 B-VG zur Ausübung der Gerichtsbarkeit ernanntes unabhängiges (weisungsfreies) Organ, dessen Kompetenzbereich in Firmenbuchsachen in § 22 Abs 2 RpflG festgelegt ist (etwa Ersteintragungen von AG, Erwerbs- und Wirtschaftsgenossenschaften, VVaG, GmbHs mit einem Stammkapital von mindestens € 70.000,–, Beschlüsse über die Änderung eines Gesellschaftsvertrags solcher Gesellschaften, Verschmelzungen, Umwandlungen etc).

Rechtspfleger (im Firmenbuchverfahren) — „Rechtspfleger" sind Gerichtsbeamte des gehobenen Dienstes, denen als Organen des Bundes aufgrund der Bestimmungen des B-VG und des RpflG ua ein Teil der mit der Führung des Firmenbuchs zusammenhängenden Geschäfte übertragen ist (s § 2 Z 4, § 22 RpflG; das Gesetz listet dem Firmenbuchrichter vorbehaltene Tätigkeiten auf, die Restkompetenz verbleibt dem Rechtspfleger), bei deren Besorgung sie an die Weisungen des nach der Geschäftsabteilung zuständigen Firmenbuchrichters gebunden sind (§ 8 RpflG; § 10 RpflG normiert in bestimmten Fällen eine Vorlagepflicht an den Firmenbuchrichter).

Kapitel 4: Öffentlichkeit des Firmenbuchs

Lernen

Einsicht in das Firmenbuch

§ 9 Abs 1 UGB bestimmt, dass **jedermann** zur Einsicht in das **Hauptbuch** und in die zur **Urkundensammlung** eingereichten Schriftstücke berechtigt ist (ohne Angabe von Gründen). Dies ist erforderlich, da mit dem Firmenbuch gerade auch für den Geschäftsverkehr hilfreiche Informationen zur Verfügung gestellt werden sollen.

> Sieglinde Schluck, die ein Weingeschäft betreibt, erhält ein Angebot vom Weingroßhändler Filibert Fassl, das jedoch von Norbert Nüchtern als Prokurist unterschrieben wurde. Schluck möchte ganz sicher gehen und sieht im Firmenbuch nach, ob Nüchtern dort tatsächlich als Prokurist eingetragen wurde.
>
> Der Journalist Florian recherchiert für einen Wirtschaftsstrafrechtsfall die Verflechtung verschiedener Gesellschaften. Er möchte zu diesem Zweck in das Firmenbuch Einsicht nehmen. Außerdem interessiert er sich für die Jahresabschlüsse einzelner beteiligter GmbHs, die er in der Urkundensammlung findet.

Einzelne Urkunden, die im Firmenbuchverfahren benötigt werden, finden sich nicht in der öffentlich zugänglichen Urkundensammlung, sondern im **Firmenbuchakt;** dieser

1.3 Das Firmenbuch

enthält va solche Urkunden, die nicht gem § 12 FBG in die Urkundensammlung aufzunehmen sind (im Regelfall handelt es sich um solche Urkunden, die nicht Gegenstand einer Eintragung sind).

Firmenbuchanträge, Beschlüsse und Verfügungen des Gerichts, Gutachten von Interessenvertretungen, Auskünfte von Steuerbehörden, Gebührenrechnungen, Akten aus streitigen Firmenbuchangelegenheiten.

Eine Einsicht in den Akt ist dem eingetragenen Rechtsträger bzw seinem Vertreter möglich (§ 219 ZPO). Dritte können bei Glaubhaftmachung eines rechtlichen Interesses Einsicht nehmen (darüber entscheidet der Rechtspfleger im Außerstreitverfahren).

Der Aktionär Giacomo, Vater mehrerer unehelicher Kinder, tritt anlässlich einer Verschmelzung aus der AG aus und erhält dafür eine Barabfindung (s Bd II S 409 f). Der Rechtspfleger Walter wird dem Antrag der Kindsmütter auf Akteneinsicht stattgeben, da die Höhe der Abfindung Einfluss auf künftige Unterhaltszahlungen haben kann.

Firmenbuchauszüge

Einsicht durch „Firmenbuchauszüge"

Die Einsichtnahme in das Hauptbuch und in die Urkundensammlung, die elektronisch geführt werden, erfolgt durch die Erstellung von **Ausdrucken** (§ 33 Abs 1 Abs 2 FBG). Man spricht idZ von **„Firmenbuchauszügen"**. Die Erstellung von Auszügen (aus dem Hauptbuch wie auch aus der Urkundensammlung) ist kostenpflichtig. Kurze Mitteilungen über die in der Urkundensammlung aufscheinenden Urkunden hat das Firmenbuchgericht jedoch auf Verlangen mündlich zu erteilen. Alternativ dazu kann es eine Einsicht in die Urkundensammlung durch geeignete technische Voraussetzungen gewähren (§ 33 Abs 2a FBG). Eine Einsicht in die alten Bestände in Papierform ist beim zuständigen Firmenbuchgericht kostenlos möglich.

Auszüge können hergestellt werden von:
- Firmenbuchgerichten (§ 33 Abs 3 FBG)
- Bezirksgerichten (bei Vorhandensein der technischen Möglichkeiten; § 33 Abs 3 FBG)
- öffentlichen Notaren (§ 35 FBG)

Eine **„private" Einzelabfrage** mittels automationsunterstützter Datenübermittlung ist in § 34 FBG vorgesehen und (kostenpflichtig) über bestimmte – vom Justizministerium autorisierte – Anbieter **(„Verrechnungsstellen")** möglich. Die Abfragepreise der einzelnen Anbieter variieren.

Moritz hat sich bei einem Anbieter einen Zugang für die Firmenbuchabfrage verschafft. Er kann auf diesem Weg im Internet über die Webseite des Anbieters eine Firmensuche nach unterschiedlichen Kriterien durchführen und Auszüge aus dem Hauptbuch sowie aus der Urkundensammlung machen.

Arten von Auszügen

Firmenbuchauszüge werden nach dem Umfang der enthaltenen Informationen in der Praxis unterschieden:
- **„Aktueller" Firmenbuchauszug:** Auszug, der nur die zu einem bestimmten Stichtag aktuellen Daten enthält. Dieser Stichtag kann auch in der Vergangenheit liegen (dh das Wort „aktuell" bezieht sich bloß auf den Stichtag, nicht auf den Tag der Abfrage). Zusätzlich können Gewerberegister-Daten abgefragt werden.

Kapitel 4: Öffentlichkeit des Firmenbuchs

Wenzel will wissen, wer momentan (oder zu einem bestimmten Zeitpunkt in der Vergangenheit) Geschäftsführer einer bestimmten GmbH ist (war). Es ist daher nicht notwendig, dass er die historischen Daten zusätzlich abfragen lässt.

- **„Historischer" Firmenbuchauszug:** Auszug, der nicht bloß die aktuellen Daten zu einem bestimmten Stichtag enthält, sondern auch die zu diesem Zeitpunkt bereits gelöschten („historischen") Daten. Man kann auch von einem „aktuellen Firmenbuchauszug mit historischen Daten" sprechen.

Wanda will wissen, wer im Jahr 2011 (nicht bloß an einem bestimmten Stichtag) als Geschäftsführer einer bestimmten GmbH bestellt war. Es reicht daher ein aktueller Auszug nicht aus (sofern Wanda nicht über die zusätzliche Information verfügt, dass es in diesem Jahr bloß einen Geschäftsführer gegeben hat). Geschäftsführer, die am angegebenen Stichtag nicht mehr Geschäftsführer waren, sind als gelöscht markiert.

- **Teilauszug:** Firma, Rechtsform, Sitz und Geschäftsanschrift.

Wolfgang will nur wissen, welche Adresse die Gesellschaft hat. Ein Vollauszug mit allen Daten wäre überflüssig.

- **Teilauszug eingeschränkt auf maximal zwei Personen:** Das bedeutet, dass sich neben Firma, Rechtsform, Sitz und Geschäftsanschrift auch Informationen über die Funktionen bestimmter Personen im Auszug finden. Die Personen werden mit Personenkennungen (Buchstaben) gesucht, die aus der Personenliste erkennbar sind. Auch historische Daten können abgefragt werden.

Werner will wissen, welche Funktionen eine Person bei einem eingetragenen Rechtsträger ausübt bzw zu einem bestimmten Zeitpunkt ausgeübt hat.

- **Teilauszug** mit **alphabetischer Personenliste:** Neben Firma, Rechtsform, Sitz und Geschäftsanschrift enthält der Auszug eine Personenliste.

| Beglaubigung | Die erstellten Ausdrucke sind zu **beglaubigen,** sofern nicht darauf verzichtet wird (§ 34 Abs 1 FBG iVm § 9 Abs 1 UGB). Durch diesen Beglaubigungsvermerk (= elektronische Signatur der Justiz; § 89c Abs 3 GOG) bestätigt das Firmenbuchgericht, dass die betreffende Urkunde mit den in der Datenbank gespeicherten Daten übereinstimmt (§ 34 Abs 1a FBG). |

Üben

- Warum ordnet das Gesetz die Öffentlichkeit des Firmenbuchs an?
- Wer kann in den Firmenbuchakt Einsicht nehmen?
- Auf welche Art können Sie in das Firmenbuch Einsicht nehmen?
- Wer kann Firmenbuchauszüge anfertigen?
- Wie werden Firmenbuchauszüge beglaubigt?
- Welche Arten von Firmenbuchauszügen kommen in der Praxis vor?

Wissen

Firmenbuchauszug

Ein „Firmenbuchauszug" ist ein Auszug der Eintragungen im Hauptbuch des Firmenbuchs (vgl § 33 Abs 1 FBG) bzw von Urkunden aus der elektronisch geführten Urkundensammlung, der – gegen Gebühr – von jedem Firmenbuchgericht (§ 120 JN), nach Maßgabe der technischen Möglichkeiten auch von Bezirksgerichten herzustellen ist (§ 33 Abs 3 FBG). Notare haben in ihrer Kanzlei die technischen Voraussetzungen für eine elektronische Firmenbuchabfrage zu schaffen und jedermann (kostenpflichtig) Einsicht zu gewähren (§ 35 FBG). Eine „private" Einzelabfrage mittels automationsunterstützter Datenübermittlung (Internet) ist ebenso vorgesehen (§ 34 FBG) und über verschiedene Verrechnungsstellen möglich.

Kapitel 5: Publizitätsprinzip (§ 15 UGB)

Lernen

Vertrauensschutz und Publizitätsprinzip: Wirkung von Firmenbucheintragungen

Allgemeines

Das Firmenbuch ist ein öffentliches Register, in das jedermann Einsicht nehmen kann (s oben). Damit wird ein **Vertrauen** des Verkehrs auf den Firmenbuchstand – und zwar sowohl in die konstitutiven, als auch die deklarativen Eintragungen (s oben) – geschaffen. Der Gesetzgeber trägt dem mit Statuierung der insb in § 15 UGB geregelten Publizitätswirkungen, die dem Schutz des gutgläubigen Verkehrs dienen, Rechnung.

Geltung nur für den Geschäftsverkehr

§ 15 UGB gilt **nur für den Geschäftsverkehr** (einschließlich der gesetzlichen Schuldverhältnisse, die mit diesem zusammenhängen). Nicht anzuwenden ist die Bestimmung für die an der Eintragung Beteiligten im Insolvenzverfahren, im Sozialversicherungsrecht und sonst im öffentlichen Recht. Zu beachten ist zudem, dass das Publizitätsprinzip keine Rechte konstituiert, sondern – wie gesagt – den guten Glauben des Verkehrs an die Eintragung und Bekanntmachung schützt.

> Max ist als Vorstandsmitglied (ordnungsgemäß) zurückgetreten, steht aber weiterhin als solches im Firmenbuch. Er ist damit zwar kein Organ der Gesellschaft mehr (auch die nach wie vor bestehende Eintragung konstituiert eine Organstellung nicht), doch könnte er – aufgrund der negativen Publizität (s unten) – die Gesellschaft weiterhin im

Kapitel 5: Publizitätsprinzip (§ 15 UGB)

privatrechtlichen Verkehr wirksam vertreten. Allerdings treffen ihn trotz seiner weiter bestehenden Eintragung ab dem Zeitpunkt des Rücktritts keine Pflichten zur Stellung eines Insolvenzantrags (er hätte auch kein Recht hierzu) oder zur Abführung von Steuern und Sozialversicherungsabgaben der Gesellschaft.

... und nur für das Hauptbuch

Das Publizitätsprinzip gilt nur für Eintragungen im Hauptbuch, nicht für die in der Urkundensammlung enthaltenen Dokumente (andernfalls müsste im Geschäftsverkehr regelmäßig auch in die Urkundensammlung Einsicht genommen werden).

„Negative Publizität" (§ 15 Abs 1 UGB)

Schutzrichtung

Die negative Publizität bezweckt den **Schutz Dritter,** wenn eine Tatsache nicht im Firmenbuch eingetragen und bekannt gemacht ist. Wenn eine in das Firmenbuch einzutragende (dh eintragungspflichtige) Tatsache **nicht eingetragen** und bekannt gemacht ist, kann sie vom Eintragungspflichtigen einem **Dritten nicht entgegengehalten werden.** Es geht um „die **Wirkung des Schweigens** des Firmenbuches" *(Krejci)*. Der **Dritte** kann sich somit auf den Firmenbuchstand berufen.

> Die ordnungsgemäße Abberufung des Geschäftsführers Moritz (der Max Unternehmensberatung GmbH) wurde nicht in das Firmenbuch eingetragen. Moritz tätigt daraufhin ein für die GmbH äußerst ungünstiges Geschäft. Die GmbH muss das Geschäft grundsätzlich dennoch gegen sich gelten lassen.

Gutgläubigkeit

Kannte der Dritte allerdings die Tatsache, so wird er nicht geschützt: Wer bösgläubig ist, kann sich nicht auf den Firmenbuchstand berufen (eine „Ausnahme" besteht nach hM nur hinsichtlich des Unternehmers kraft Eintragung nach § 3 UGB; s S 29 ff). Die Beweislast hierfür trägt aber der zur Eintragung verpflichtete Rechtsträger.

> In einem Telefonat hat Friedolin, der neue Geschäftsführer der Max Unternehmensberatungs GmbH, dem Kunden Herbert den Geschäftsführerwechsel mitgeteilt. Beruft sich Herbert auf den anderslautenden Firmenbuchstand, hätte Friedolin den Inhalt des Telefonats zu beweisen.

Der Dritte ist aber nicht zu Nachforschungen verpflichtet; auch ein „Kennenmüssen", dh **fahrlässige Unkenntnis, schadet nicht.** Das Firmenbuch muss nicht eingesehen worden sein. Man spricht daher vom „abstrakten Vertrauensschutz" durch die negative Publizität.

> Die Max Unternehmensberatungs GmbH kann sich danach nicht darauf berufen, dass der Geschäftsführerwechsel ohnehin in allen Zeitungen stand.

Eine 15-tägige „Schonfrist" besteht – anders als für den Dritten bei der positiven Publizität (s S 58 f) – für den Eintragungspflichtigen im Rahmen der negativen Publizität nicht.

> Kristina scheidet aus der Orient OG aus, verreißt sich danach das Kreuz und wird ins Krankenhaus eingeliefert. Weder sie noch die übrigen Gesellschafter – die allesamt auf Urlaub sind – können für ihre Löschung aus dem Firmenbuch sorgen. Dritte können sich dennoch auf den Firmenbuchstand berufen.

1.3 Das Firmenbuch

Wahlrecht des Dritten

Ist der Tatbestand der negativen Publizität erfüllt, kann sich der Dritte auf den Anschein berufen, den die Nichteintragung einer Tatsache im Firmenbuch (maW: das „Schweigen" des Firmenbuches) hervorruft, oder wahlweise auf die wahre Rechtslage.

nichteingetragene Vortatsache

Strittig ist, was gilt, wenn schon eine **„Vortatsache"** nicht eingetragen war.

> Das Erlöschen einer Prokura wurde nicht eingetragen. Aber schon die Prokura selbst wurde nach ihrer seinerzeitigen Erteilung nicht eingetragen.

Auch in diesem Fall soll nach umstrittener Auffassung der Schutz der „negativen Publizität" greifen. Die Gegenmeinung führt an, dass es durch die Nichteintragung schon der Vortatsache am ausgelösten Rechtsschein fehle, sodass ein Publizitätsschutz unangebracht sei.

„Positive Publizität" zutreffender Eintragungen (§ 15 Abs 2 UGB)

Schutzrichtung

Die Regelung des § 15 Abs 2 UGB bezweckt den **Schutz des Eintragungspflichtigen,** wenn eine zutreffende (eintragungspflichtige oder eintragungsfähige) Tatsache eingetragen und bekannt gemacht ist. Die Eintragung soll einen allenfalls bestehenden **gegenteiligen** („außerbücherlichen") **Anschein entkräften** (dies betrifft in der Praxis etwa die Vortatsache einer Gesellschafter- oder Organstellung, die zwar bereits aus dem Firmenbuch gelöscht ist, für die aber noch – etwa durch anderslautende (überholte) Angaben auf der Homepage oder auf Geschäftspapieren – ein bestimmter Rechtsschein besteht; dazu sogleich unten). Ein **Dritter,** dh eine Person, die von der einzutragenden Tatsache weder selbst betroffen ist noch dem Rechtsträger, in dessen Angelegenheiten sie einzutragen war, als Gesellschafter oder zB als Mitglied der Geschäftsführung angehört, muss die eingetragene und bekannt gemachte Tatsache gegen sich gelten lassen (für Aktionäre str).

Voraussetzungen

Es muss sich um eine
- **eintragungspflichtige** (nur danach sucht der Verkehr im Firmenbuch!) und
- **richtige Tatsache** (wer eine unrichtige Tatsache eintragen lässt, soll nicht geschützt sein!) handeln,
- die eingetragen und bekannt gemacht worden ist.

Rechtsfolge

Der Dritte muss die **Tatsache gegen sich gelten** lassen.

> Dem Prokuristen Fritz der Max&Moritz Unternehmensberatungs OG wurde von Max am 1. 10. die Prokura entzogen, was kurz danach auch im Firmenbuch eingetragen wurde. Am 1. 11. schließt Fritz im Namen der OG mit Böck einen Werkvertrag. Böck glaubt zu diesem Zeitpunkt, dass Fritz noch Prokurist der OG ist. In der Folge wird der Werklohn von der OG nicht beglichen (und die Übernahme des Werks verweigert), sodass Böck die OG wie auch ihre Gesellschafter wegen der nicht bezahlten Rechnung in Anspruch nimmt. Da die Tatsache des Widerrufs der Prokura im Firmenbuch eingetragen und bekannt gemacht wurde (Bekanntmachungsfiktion des Art XXIII Abs 15 FBG), kann die OG Böck den Firmenbuchstand entgegenhalten.

„Schonfrist"

Das Gesetz gewährt dem Dritten immerhin eine Schonfrist: Rechtshandlungen, die innerhalb **von 15 Tagen** nach der Bekanntmachung vorgenommen werden, kann der Eintragungspflichtige dem Dritten dann nicht entgegenhalten, wenn dieser beweist,

Kapitel 5: Publizitätsprinzip (§ 15 UGB)

dass er die Tatsache weder kannte noch kennen musste. Der Dritte muss Tatsachen vorlegen, aus denen sich ergibt, dass seine Unkenntnis nicht auf Verschulden beruht, was jedoch ein in der Praxis schwer zu erbringender Beweis ist. Das bedeutet: 15 Tage nach Wirksamwerden der Eintragung und Bekanntmachung besteht kein Vertrauensschutz des Dritten mehr.

Einschränkung durch außerbücherliche Umstände?

Ergibt sich aus „außerbücherlichen Umständen" eine **andere Vertrauenslage** als durch den Firmenbuchstand, so zerstört die „positive Publizität" diese zwar grundsätzlich. Dies trifft den Geschäftspartner in der Praxis hart, weil es ja gerade der außerbücherliche Umstand war, der ihn davon abgehalten haben wird, „sicherheitshalber" das Firmenbuch einzusehen.

> Die Suff GmbH beruft ihren Geschäftsführer Alkoholix ab; dieser wird aber nach wie vor auf der Homepage der Gesellschaft als Geschäftsführer bezeichnet.

Eine Ausnahme macht die Rsp im Fall eines Rechtsmissbrauchs sowie in bestimmten Fällen bei Bestehen einer ständigen Geschäftsbeziehung (teleologische Reduktion des § 15 Abs 2 UGB).

> Der Prokurist Saulus der Paulus Theater GmbH hat im Rahmen der Geschäftsbeziehung mit der Kostümbildnerin Helga jahrelang Werkverträge abgeschlossen. In der Folge bestellt die GmbH einen weiteren Prokuristen und ändert die Vertretungsbefugnis des Saulus in eine Gesamtprokura. Dies wird im Firmenbuch eingetragen. Einige Zeit später schließt Saulus erneut einen Vertrag mit Helga. Dem Geschäftsführer der Paulus Theater GmbH gefallen die Kostüme diesmal jedoch nicht, weshalb die GmbH Annahme und Zahlung mit Hinweis auf die Gesamtprokura verweigert.

Zusätzlich könnte in den genannten Fällen (insb) Vertragspartnern eine **zivilrechtliche (Rechtsschein-)Haftung** zugute kommen: Über geänderte Tatsachen wird gerade innerhalb einer ständigen Geschäftsbeziehung schon aufgrund vertraglicher Schutz- und Aufklärungspflichten (über eine bloße Veröffentlichung im Firmenbuch hinausgehend) informiert werden müssen. Diesfalls ist § 15 Abs 2 UGB teleologisch zu reduzieren.

„Positive Publizität" für unrichtige Eintragungen (§ 15 Abs 3 UGB)

Die Regelung des § 15 Abs 3 UGB wurde erst durch das HaRÄG eingeführt. Davor wurden die von § 15 Abs 3 erfassten Fälle in Rsp und Lehre nach den Grundsätzen der Rechtsscheinhaftung gelöst.

Schutzrichtung

§ 15 Abs 3 schützt den gutgläubigen **Dritten,** der auf eine bereits ursprünglich unrichtige Eintragung im Firmenbuch vertraut. Derjenige, dem die unrichtige Eintragung zurechenbar ist, muss die unrichtige Tatsache gegen sich gelten lassen.

Zurechenbarkeit der Eintragung

Zurechenbar ist eine Eintragung demjenigen, der die Eintragung **aktiv** (verschuldet oder unverschuldet) **veranlasst** oder (passiv) die als unrichtig erkannte oder erkennbare Eintragung **nicht löschen lässt.** Nur im letzteren Fall der Unterlassung einer Löschung kommt es auf ein Verschulden an, um die Gleichwertigkeit der Unterlassung mit der stärkeren Zurechenbarkeit aktiven Handelns herzustellen. Auf eine Bekanntmachung der Eintragung kommt es nicht an (doch wird diese ohnedies regelmäßig erfolgen; dazu S 66).

1.3 Das Firmenbuch

> Albert meldet Berta und Christa als Prokuristinnen zur Eintragung ins Firmenbuch an. Der Rechtspfleger Walter trägt Berta und Christa irrtümlich – anders als beantragt – als einzelvertretungsbefugte Prokuristen ein. Albert kümmert sich nicht weiter um die Behebung des Eintragungsfehlers. Als Christa einen Vertrag mit Egon abschließt, meldet sich Albert bei Egon und bestreitet nachträglich die Wirksamkeit des Vertrags.

Rechtsfolge: Der Unternehmer muss **dem Dritten gegenüber** die unrichtige Tatsache im Geschäftsverkehr **gelten lassen,** sofern er nicht beweist, dass der Dritte nicht im Vertrauen auf die Eintragung gehandelt hat oder deren Unrichtigkeit kannte oder grob fahrlässig nicht kannte. Die Beweislast trifft daher den für die Eintragung Verantwortlichen.

> Albert behauptet, dass Egon gar nicht in das Firmenbuch Einsicht genommen hat.

Fehlen oder nachträglicher Wegfall der Eintragungsvoraussetzungen: Lagen die Eintragungsvoraussetzungen von Beginn an gar nicht vor oder fallen sie nachträglich weg, so ist die Eintragung vom Firmenbuchgericht zu löschen; eine „Heilung" wird durch die Eintragung nicht bewirkt.

> Franz wird als Geschäftsführer der Xaver-GmbH in das Firmenbuch eingetragen; eine Bestellung ist aber nie erfolgt. Franz war trotz seiner Eintragung zu keinem Zeitpunkt Geschäftsführer; die positive Publizität greift nicht, zumal es sich um keine wahre Tatsache handelt. § 15 Abs 3 UGB sorgt in diesem Fall aber dennoch für den Schutz des gutgläubigen Dritten.

Üben

- Warum bezieht sich das Publizitätsprinzip nur auf die Eintragungen im Hauptbuch und nicht auch auf den Inhalt der Urkundensammlung?
- Vergleichen Sie § 3 UGB mit § 15 UGB. Was sind die Unterschiede?
- Worin besteht die Funktion des „Publizitätsprinzips"?
- Warum ist die Wirkung des Publizitätsprinzips auf den Geschäftsverkehr beschränkt?
- Wen schützt die positive, wen die negative Publizität?

Wissen

negative Publizität: Solange eine in das Firmenbuch einzutragende Tatsache nicht eingetragen und bekannt gemacht ist, kann sie vom Eintragungspflichtigen einem Dritten nicht entgegen gehalten werden, es sei denn, dass sie diesem bekannt war (§ 15 Abs 1 UGB). MaW: Was nicht eingetragen ist, gilt nicht.

positive Publizität: Ein Dritter muss eine eintragungspflichtige und richtige Tatsache, die im Firmenbuch eingetragen und bekannt gemacht ist, gegen sich gelten lassen (§ 15 Abs 2 UGB). MaW: Was eingetragen ist, gilt. Selbst dann, wenn sich aus den außerbücherlichen Umständen für den Dritten eine andere Vertrauenslage ergibt, „zerstört" die positive Publizität nach

Abs 2 grundsätzlich dieses Vertrauen; anderes gilt insb bei rechtsmissbräuchlicher außerbücherlicher Verhaltensweise des Eintragungspflichtigen. § 15 Abs 3 UGB schützt demgegenüber den Dritten, der auf eine – wenngleich unrichtige – Eintragung vertraut; er kann sich auf diese gegenüber demjenigen berufen, der sie veranlasst hat oder schuldhaft nicht löschen ließ.

Kapitel 6: Eintragungsverfahren

 **Lernen**

Verfahrensart und Rechtsgrundlagen

Firmenbuchverfahren = Außerstreitverfahren

Das Firmenbuchverfahren ist ein **Außerstreitverfahren.** Es wird nach dessen – im Vergleich zu einem „klassischen" Zivil- oder Verwaltungsverfahren **„weicheren"** – **Grundsätzen** geführt (zB steht die Möglichkeit eines großzügig gehandhabten Verbesserungsverfahrens offen).

Rechtsgrundlagen

Auf das Verfahren in Firmenbuchsachen sind durch den Verweis des § 15 Abs 1 FBG, soweit nichts anderes bestimmt ist, die **allgemeinen Bestimmungen des AußStrG** (mit Ausnahme der §§ 72–77 über das Abänderungsverfahren) anzuwenden. Maßgeblich sind für das Firmenbuchverfahren ferner insb die **§§ 15 ff FBG** sowie die **§§ 7 a, 44 und 120 JN**.

Parteien

formeller Parteienbegriff

Der Parteibegriff ist in § 2 AußStrG zunächst **formell** definiert. Parteien sind
- der Antragsteller und
- der Antragsgegner (Abs 1 Z 1 und 2).

Eine bloße Anregung zur Verfahrenseinleitung begründet keine Parteistellung (Abs 2).

> Otto meint, der Firmenwortlaut seines Konkurrenten Maximilian verstößt gegen den Grundsatz der Firmenwahrheit. Er regt beim Rechtspfleger Walter an, dagegen vorzugehen. In einem allfälligen Verfahren hat Otto allerdings keine Parteistellung.

materieller Parteienbegriff

§ 2 Abs 1 Z 3 AußStrG erweitert den formellen um den **materiellen Parteibegriff**, nach welchem jede Person Partei ist, soweit ihre **rechtlich geschützte Stellung** durch

1.3 Das Firmenbuch

die begehrte oder vom Gericht in Aussicht genommene Entscheidung oder durch eine sonstige gerichtliche Tätigkeit **unmittelbar beeinflusst** würde („unmittelbare Betroffenheit").

Vom Verfahren betroffen ist idS auch derjenige, dessen **firmenbuchrechtliche Rechtssphäre durch die beabsichtigte Eintragung berührt** wird. Verlangt wird eine „unmittelbare Betroffenheit", eine bloße „Reflexwirkung" reicht nach hM nicht.

> Der GmbH-Gesellschafter Alfons soll aus dem Firmenbuch gelöscht werden.

Sonderbestimmungen — In bestimmten Verfahren sieht das Gesetz sog **„Amtsparteien"** vor (§ 1 Abs 1 Z 4 AußStrG), zB die Steuerbehörde im Amtslöschungsverfahren (§ 40 Abs 2, § 42 FBG). In einigen Fällen ergeben sich Antrags- und Beteiligungsrechte aus besonderen gesetzlichen Bestimmungen (s zB § 225c Abs 3 AktG, § 157 Abs 3, § 166 Abs 3, § 270 Abs 3, § 283 UGB, § 11 SpaltG, § 2 Abs 3 UmwG).

Antrag

Antragsprinzip — Grundsätzlich herrscht das **Antragsprinzip:** Eintragungen erfolgen **auf Antrag** (§ 8 Abs 1 AußStrG). Die Anmeldung hat die **begehrte Eintragung bestimmt zu bezeichnen** (§ 16 Abs 1 FBG).

> ZB hat die Anmeldung eines Geschäftsführers dessen Namen, Geburtsdatum sowie Art und Beginn der Vertretungsbefugnis zu enthalten. Die Anmeldung einer Firmenwortlautänderung hat die bisherige wie auch die neu angemeldete Firma zu enthalten. Vertretungsbefugnisse sind auch dann, wenn sie der gesetzlichen Regelung entsprechen, konkret anzugeben.

Antragsbindung — Das Gericht ist grundsätzlich **an den Antrag gebunden** und darf somit **nur das eintragen, was beantragt** wurde. **Bloße Schreibfehler** und **offenkundige Unrichtigkeiten** können jedoch auch von Amts wegen berichtigt werden (§ 26 FBG). Entspricht die begehrte Eintragung nicht den gesetzlichen Vorschriften – und wird dieser Mangel nicht nach § 17 FBG behoben (s S 65) – so ist die Anmeldung durch Beschluss abzuweisen. Der Eintragungsantrag ist auch dann zur Gänze abzuweisen, wenn ihm nur in einem (mit dem mangelhaften Eintragungsbegehren in Zusammenhang stehenden) Teilbereich stattgegeben werden könnte.

> So ist es etwa nicht zulässig, eine Gesellschaft einzutragen und die beanstandete Bestimmung des Gesellschaftsvertrags von der Eintragung auszunehmen. Das Gericht darf von Amts wegen auch keine Änderungen des Gesellschaftsvertrags vornehmen.

Antragsrückziehung — Die Zurückziehung eines Antrags ist grundsätzlich möglich (§ 11 AußStrG), wobei jedoch von der Rsp die Rücknahme der Anmeldung einer eintragungspflichtigen Tatsache als wirkungslos qualifiziert wird, da sonst unverzüglich ein Zwangsstrafenverfahren einzuleiten wäre.

Formen der Übermittlung — Anmeldungen zur Eintragung ins Firmenbuch können grundsätzlich in Form eines schriftlichen Antrags eingebracht werden (vgl § 10 Abs 1 AußStrG). Das FBG sieht zu diesem Zweck – **neben der Papierform** – die Möglichkeit einer **elektronischen Einbringung** vor (§ 35b FBG, §§ 89a ff GOG, § 1 ERV 2006). Die konkrete Vorgangsweise, wie Firmenbuchanmeldungen sowie Beilagen in elektronischer Form bei den Firmenbuchgerichten eingebracht werden können, ist in der Verordnung der BMJ über den

Kapitel 6: Eintragungsverfahren

elektronischen Rechtsverkehr (ERV 2006) geregelt. Rechtsanwälte und Notare müssen die technischen Voraussetzungen besitzen, um Firmenbuchanmeldungen in elektronischer Form beim Firmenbuchgericht einzubringen (§ 35a Abs 1 FBG iVm § 9 Abs 1a RAO). Eine Verpflichtung zur Übermittlung in elektronischer Form findet sich in § 89c Abs 5 GOG (nur in – zu begründenden – Einzelfällen kann die Einbringung in Papierform erfolgen; vgl § 11 Abs 1a ERV). Notare sind darüber hinaus gegenüber jedermann verpflichtet, schriftliche Firmenbuchanmeldungen entgegenzunehmen und in elektronischer Form an die Firmenbuchgerichte weiter zu leiten (§ 35a Abs 2 FBG). Die Anmeldungen sowie die Urkunden sind – vor Übermittlung – in die jeweils für Rechtsanwälte und Notare geschaffenen **Urkundenarchive** einzustellen (§ 91c GOG):
- Urkundenarchiv der österreichischen Notare – **cyber-DOC,**
- Urkundenarchiv der österreichischen Rechtsanwälte – **Archivium.**

Protokollarantrag?

Bei besonders berücksichtigungswürdigen Umständen (§ 16 Abs 1 FBG) kann eine Anmeldung beim Firmenbuchgericht auch **mündlich zu Protokoll** gegeben werden. Obwohl § 10 AußStrG die generelle Möglichkeit der mündlichen Einbringung vorsieht, wird im Firmenbuchverfahren ein Protokollarantrag sehr selten aufgenommen.

> Der Antragsteller Simplex ist Analphabet.

öffentliche Beglaubigung

Anmeldungen zum Firmenbuch sind – mit Ausnahme der vereinfachten Anmeldung nach § 11 FBG – schriftlich **in öffentlich beglaubigter Form einzureichen** (§ 11 UGB). Die einzelnen unternehmens- bzw gesellschaftsrechtlichen Regelungen sehen mitunter bestimmte Beilagen zur Anmeldung vor, die der Beglaubigung bedürfen.

> Der Anmeldung einer Satzungsänderung einer GmbH ist ua der notariell beurkundete Satzungsänderungsbeschluss beizufügen. Außerdem bedarf es der Vorlage des vollständigen (neuen) Wortlautes der Satzung, der mit einer notariellen Beurkundung versehen sein muss, dass die geänderten Satzungsbestimmungen mit dem Satzungsänderungsbeschluss übereinstimmen und die unveränderten Bestimmungen dem zuletzt zum Firmenbuch eingereichten vollständigen Wortlaut entsprechen.

vereinfachte Anmeldung

§ 11 FBG enthält **Ausnahmen** vom Erfordernis der öffentlich beglaubigten Anmeldung. Dies gilt für Firmenbuchanmeldungen
- der für die Zustellung maßgeblichen Geschäftsanschrift,
- des Geschäftszweiges,
- des Vorsitzenden, seiner Stellvertreter und der übrigen Mitglieder des Aufsichtsrats,
- der Gesellschafter einer GmbH, deren Stammeinlagen oder der darauf geleisteten Einlagen,
- der Börsenotierung einer AG,
- der Internetseite.

Es genügt die Unterfertigung namens des Rechtsträgers durch vertretungsbefugte Personen. Rechtsanwälte und Notare können sich bei der vereinfachten Anmeldung auf die ihnen erteilte Vollmacht berufen, ohne diese vorlegen zu müssen.

Fristen

Eintragungspflichtige Tatsachen (s S 48) sind grundsätzlich unverzüglich anzumelden. Wird der Firmenbuchstand durch eine Änderung von Tatsachen unrichtig, so müssen auch Änderungsanmeldungen gem § 10 Abs 1 FBG **unverzüglich** beim dafür zuständigen Firmenbuchgericht angemeldet werden.

amtswegige Eintragungen

Wegen des grundsätzlichen Antragsprinzips sind **amtswegige Eintragungen** (die nicht eine Löschung bereits eingetragener Tatsachen darstellen; s unten) die Ausnahme. Beispiele hierfür sind:

1.3 Das Firmenbuch

- die im **Exekutions- und Insolvenzrecht** zur Eintragung ins Firmenbuch vorgesehenen Verfügungsbeschränkungen, deren Aufhebung und die Namen der gesetzlichen Vertreter (s zB § 31 UGB, § 342 EO, §§ 77a IO).
- die **Abweisung eines Antrags auf Insolvenzeröffnung** mangels hinreichenden Vermögens (§ 39 Abs 2 FBG).
- die **Auflösung** nach § 88 Abs 2 GmbHG.
- die gerichtliche Bestellung und Abberufung von Liquidatoren (§ 148 Abs 2 UGB).
- die **Nichtigkeit** eines in das Firmenbuch eingetragenen Beschlusses der Gesellschaft nach § 44 GmbHG.

Amtslöschung

Firmenbucheintragungen, die schon bei ihrer Eintragung wegen eines Mangels wesentlicher Eintragungsvoraussetzungen unzulässig waren oder danach geworden sind, können **amtswegig** mit Wirkung ex nunc **gelöscht** werden **(§ 10 Abs 2 FBG)**. Der betroffene Rechtsträger ist gem § 18 FBG von der geplanten Löschung zu verständigen und unter angemessener Fristsetzung zur Äußerung aufzufordern.

Für die **Löschung erloschener Firmen** enthält **§ 30 Abs 2 UGB** eine gesonderte Regelung: Kann die Anmeldung des Erlöschens nicht innerhalb von zwei Monaten ab Verhängung einer Zwangsstrafe (§ 24 FBG) herbeigeführt werden, so hat das Gericht das Erlöschen von Amts wegen einzutragen.

Löschung vermögensloser Gesellschaften

Sonderbestimmungen über die (amtswegige) Löschung **vermögensloser Gesellschaften** enthalten die §§ 40 ff FBG:

- So kann eine **Kapitalgesellschaft** bei Vermögenslosigkeit auf Antrag der gesetzlichen Interessenvertretung oder der Steuerbehörde oder eben auch von Amts wegen gelöscht werden **(§ 40 FBG)**. Eine Kapitalgesellschaft gilt bis zum Beweis des Gegenteils als vermögenslos, wenn sie trotz Aufforderung durch das Gericht die Jahresabschlüsse und ggf die Lageberichte von zwei aufeinander folgenden Geschäftsjahren nicht vollständig vorlegt (es sei denn, das Vorhandensein von Vermögen ist amtsbekannt).
- Für **Genossenschaften** enthält § 42 FBG eine vergleichbare Regelung.

Firmenbucheintragung

Überblick

Firmenbucheintragungen werden auf Basis der **Anmeldung** in der Gerichtskanzlei vorbereitet. Das Entscheidungsorgan (Richter oder Rechtspfleger) überprüft die (vorläufig) eingegebenen Daten anhand der Anmeldung, des Akteninhalts und eines Firmenbuchauszugentwurfs, und nimmt ggf Änderungen der Daten vor. Die Bewilligung und der Vollzug der Eintragung erfolgen durch Eingabe eines Entscheidungscodes durch den Richter oder Rechtspfleger, wodurch – um null Uhr des Folgetages – der Datenbestand im Bundesrechenzentrum verändert wird und die Änderungen für Firmenbuchbenutzer sichtbar werden.

Prüfung durch das Gericht

Der Umfang der Prüfpflicht des Firmenbuchgerichts ist im Gesetz nicht im Einzelnen festgelegt. Grundsätzlich hat das Firmenbuchgericht dem in § 16 AußStrG formulierten **Untersuchungsgrundsatz** folgend die Anmeldung in **formeller und materieller Hinsicht** zu prüfen. Eine abschließende Prüfung wie in einem streitigen Verfahren hat aber im Regelfall nicht stattzufinden: Es erfolgt in erster Linie eine sog **„Plausibilitätsprüfung"**. Eine eingehende Prüfung setzt erst dann ein, wenn konkrete Anhaltspunkte für die Unrichtigkeit der Eintragung sprechen. Eine entsprechende Prüfpflicht besteht somit nur bei begründetem Verdacht, dass die Anmeldung nicht den Tatsachen oder der Wahrheit entspricht.

Kapitel 6: Eintragungsverfahren

> Anmeldung von 50 moldawischen Bauarbeitern als GmbH-Geschäftsführer, wobei der Verdacht besteht, die Anmeldung diene ausschließlich der Umgehung des Ausländerbeschäftigungsgesetzes.

Befassung der gesetzlichen Interessenvertretung

Gesetzliche Interessenvertretungen können in Zweifelsfällen zum Zweck der Informationsbeschaffung befasst werden.

> Ein Firmenwort weist auf bestimmte, nur durch die Interessenvertretung überprüfbare Betriebsverhältnisse hin; das Gericht möchte wissen, ob eine Zweigniederlassung tatsächlich errichtet wurde; im Amtslöschungsverfahren soll die Vermögenslosigkeit der Gesellschaft geprüft werden.

In der Praxis werden zuweilen Gutachten zur Prüfung des Firmenwortlautes bei der WKO eingeholt.

Verbesserungsverfahren

Das Verbesserungsverfahren ist in § 17 FBG geregelt: Ist die **Anmeldung unvollständig** oder steht der Eintragung ein **behebbares Hindernis** entgegen, ist der Antragsteller – allenfalls unter entsprechender Anleitung (§ 14 AußStrG) – zur Behebung innerhalb einer zu setzenden Frist aufzufordern. Wird der Mangel innerhalb der Frist behoben, so ist die Anmeldung als am ersten Tag ihres Einlangens überreicht anzusehen.

> Verbesserungsfähig: Die beantragte Firma eines Einzelunternehmers unterscheidet sich nicht ausreichend von einer anderen, bereits eingetragenen Firma.
>
> Nicht verbesserungsfähig: Für die angemeldete GmbH wurde ein – mangels Notariatsakts – ungültiger Gesellschaftsvertrag abgeschlossen.

Unterbrechung und Ruhen des Verfahrens

Die Unterbrechung des Verfahrens ist in § 19 FBG geregelt. Bei **Vorliegen präjudizieller Rechtsfragen,** die bereits Gegenstand eines anhängigen Gerichtsverfahrens oder eines Verfahrens vor Verwaltungsbehörden sind, kann das Eintragungsverfahren bis zur rechtskräftigen Erledigung des Rechtsstreits unterbrochen werden. Hierbei ist eine Interessenabwägung vorzunehmen. Das Gericht hat von einer Unterbrechung abzusehen, wenn das rechtliche oder wirtschaftliche Interesse an einer raschen Erledigung erheblich überwiegt.

> Cupidus begehrt die Eintragung als Gesellschafter. Es ist nicht klar, ob er den Gesellschaftsanteil geerbt hat oder ein anderer.

Beschluss

Die Entscheidung des Gerichts erfolgt durch **Beschluss** (§ 36 AußStrG). Dieser hat jedenfalls **den Wortlaut der Eintragung** zu enthalten (§ 20 Abs 1 Satz 1 FBG). Gem § 39 AußStrG müsste der Beschluss Spruch und Begründung enthalten, doch geht die spezielle Regelung des § 20 Abs 1 FBG vor: Eine Begründung kann auch dann unterbleiben, wenn keine der nach § 18 FBG zu verständigenden Personen der Eintragung Einwendungen entgegengesetzt hat. Für die übrigen – nicht nach dem FBG durchzuführenden – Verfahren (dh insb die „streitigen" Außerstreitverfahren) sind die §§ 36 ff AußStrG demgegenüber uneingeschränkt anwendbar.

> Der Beschluss über den Antrag auf Eintragung eines Prokuristen braucht nicht begründet zu werden, wohl aber der Beschluss, mit dem das Gericht die angemessene Barabfindung des nach dem GesAusG ausgeschlossenen Gesellschafters festsetzt.

1.3 Das Firmenbuch

sofortige Vollziehung	Nach § 43 Abs 1 AußStrG würde die Vollstreckbarkeit (bzw die Feststellungs- und Gestaltungswirkung) erst mit Rechtskraft des Beschlusses eintreten, was im Firmenbuchverfahren allerdings zu erheblichen Problemen führen müsste, da Eintragungen aus Gründen der Aktualität und der raschen Information des Verkehrs idR sofort vorgenommen werden. Deshalb sieht § 20 Abs 1 FBG vor, dass der **Eintragungsbeschluss** des Firmenbuchgerichts **sofort zu vollziehen** ist, es sei denn, es wird im Beschluss ausdrücklich der Vollzug erst nach Rechtskraft angeordnet.
Veröffentlichung	Gem § 10 UGB werden Firmenbucheintragungen • in der **Ediktsdatei** (§ 89j GOG) – die unter www.edikte.justiz.gv.at abrufbar ist – und • im **Amtsblatt zur Wiener Zeitung** bekannt gemacht. Die Bekanntmachung gilt mit dem in § 89j GOG angeführten Zeitpunkt (Aufnahme in die Ediktsdatei) als vorgenommen (§ 10 Abs 1 UGB). Eintragungen betreffend Einzelunternehmer und eingetragene Personengesellschaften, die in der Datenbank des Firmenbuchs vorgenommen wurden, gelten als bekannt gemacht und müssen nicht gesondert veröffentlicht werden (**Bekanntmachungsfiktion;** Art XXIII Abs 15 FBG).
Zustellung	Der Beschluss über die Eintragung ist • dem **Antragsteller,** • der zuständigen **gesetzlichen Interessenvertretung** (bei Eintragungen von Genossenschaften dem zuständigen Revisionsverband) und • dem **Betroffenen** zuzustellen (§ 21 Abs 1 FBG).
Benachrichtigungen	Das **Finanzamt** für Gebühren, Verkehrssteuern und Glücksspiel ist von allen Eintragungen zu verständigen. Die **Sozialversicherungsanstalt** der gewerblichen Wirtschaft ist von Eintragungen eines persönlich haftenden Gesellschafters einer eingetragenen Personengesellschaft sowie eines GmbH-Geschäftsführers bzw von der Löschung solcher Eintragungen zu benachrichtigen, weiters von Änderungen der Firma, der Rechtsform und des Sitzes einer eingetragenen Personengesellschaft oder GmbH (§ 22 FBG).
Gebühren und Kostenersatz	Für Eintragungen ins Firmenbuch ist gem TP 10 GGG eine **Pauschalgebühr** zu entrichten. Für durch eine Eintragung hervorgerufene Einschaltungskosten muss eine zusätzliche (für Eintragungen nach § 11 FBG ermäßigte) Pauschalgebühr entrichtet werden. Die Gebührenpflicht entsteht mit Vornahme der Eintragung ins Firmenbuch (§ 2 Z 4 GGG).

Registerzwang und Zwangsstrafen

Zweck des Registerzwanges	Neben möglichen zivilrechtlichen Folgen (dazu Bd II S 237) sorgt das Zwangsstrafenverfahren gem § 24 FBG (bzw auch § 283 UGB) für die **Erzwingung** bestimmter gesetzlich gebotener Verhaltensweisen (Registerzwang): • **Anmeldeverpflichtungen** (zB Stefan unterlässt die Anmeldung seines neuen Prokuristen Martin). • **Zeichnung** der Namensunterschrift (zB der OG-Gesellschafter Georg unterlässt die Abgabe einer Musterzeichnung; § 107 Abs 2 UGB). • **Einreichung** bestimmter Schriftstücke (zB der Unternehmer Hubert ist rechnungslegungspflichtig, reicht jedoch seinen Jahresabschluss nicht ein; Zwangsstrafe gem § 283 UGB). • Unterlassung des Gebrauchs einer nicht zustehenden **Firma** (zB Susanne benutzt eine bereits eingetragene, fremde Firma für ihr Unternehmen).

Die Zwangsstrafe ist grundsätzlich ein **Beugemittel** (§ 24 FBG; s weiters die sondergesetzlichen Bestimmungen § 125 GmbHG, § 258 AktG und § 283 UGB). Verhängt werden kann die Zwangsstrafe grundsätzlich nur gegen **physische Personen** bzw deren gesetzliche Vertreter (Ausnahme: § 283 Abs 7 UGB). Sie richtet sich somit gegen organschaftliche Vertreter, vertretungsbefugte Gesellschafter bzw Einzelunternehmer, die natürliche Personen sind. Eine Verhängung gegen rechtsgeschäftliche Vertreter (zB Prokuristen oder Handlungsbevollmächtigte) scheidet aus.

> Unterlässt die Lax GmbH eine Anmeldung, so ist das Zwangsstrafenverfahren gegen ihre Geschäftsführer (als organschaftliche Vertreter) durchzuführen.

Verfahren

Die Zwangsstrafe wird vom Gericht nicht sofort verhängt, sondern zunächst nur unter angemessener Fristsetzung **angedroht** (§ 24 Abs 3 FBG) und erst bei Erfolglosigkeit der Androhung mit Beschluss verhängt (uU kann jedoch auch eine Zwangsstrafverfügung nach § 24 Abs 3 FBG erlassen werden). Wenn der Betroffene innerhalb einer Frist von **zwei Monaten** nach Rechtskraft des Gerichtsbeschlusses über die Verhängung der Zwangsstrafe der gerichtlichen Anordnung nicht nachkommt, ist eine **weitere Zwangsstrafe** zu verhängen und auf Kosten des Betroffenen zu veröffentlichen (§ 24 Abs 2 FBG). Die Zwangsstrafe ist auch dann zu vollstrecken, wenn der gerichtlichen Anordnung (erst nach Verhängung der Zwangsstrafe) nachgekommen wurde oder deren Erfüllung unmöglich geworden ist (§ 24 Abs 5 FBG, § 283 Abs 6 UGB). Das Zwangsstrafenverfahren kann (auch mehrmals) wiederholt werden (§ 24 Abs 2 Satz 2 FBG). Grundsätzlich beträgt der Höchstbetrag einer einzelnen Zwangsstrafe € 3.600,– (für bestimmte Kapitalgesellschaften erhöht sich der Maximalbetrag bei mehrmaliger Verhängung; s § 24 Abs 5 FBG, § 283 Abs 5 UGB).

Sonderbestimmungen für Bilanzunterlagen

Strengere Sonderbestimmungen finden sich in **§ 283 UGB** für das Nichteinreichen der Bilanzunterlagen: Die Mindeststrafe beträgt € 700,– (Abs 1); zudem ist für alle Kapitalgesellschaften und diesen gleichgestellten Personengesellschaften (§ 221 Abs 5 UGB) grundsätzlich eine Zwangsstrafverfügung – ohne vorherige Androhung – von € 700,– zu erlassen, wenn die Offenlegung nicht zeitgerecht erfolgt ist (Abs 2). Eine Ausnahme besteht nach der Bestimmung jedoch, wenn das Organ offenkundig durch ein unvorhergesehenes oder unabwendbares Ereignis an der fristgerechten Offenlegung gehindert war. Die Rsp schränkt zudem ein, dass keine oder eine geringere Zwangsstrafe zu verhängen sei, wenn es technische Probleme bei der elektronischen Bilanzeinreichung gegeben hat.

> Der Unternehmer Fritz, eben erst nach Wien gezogen, schickt die Bilanzunterlagen irrtümlich an das LG Wels, weil er das von früher so gewohnt ist. Nach der Rsp hat das HG Wien diesfalls die Zwangsstrafe bloß anzudrohen und Fritz zur Einreichung an das örtlich zuständige Gericht (Wien) aufzufordern.

Die Zwangsstrafen sind überdies auch gegen die Gesellschaft zu verhängen (Abs 7). Die genannten Verschärfungen wurden im Jahr 2010 eingeführt, weil davor eine erhebliche Anzahl von rechnungslegungspflichtigen Rechtsträgern ihre Bilanzen (unbehelligt) nicht veröffentlicht hatten.

Verschuldensabhängigkeit

Zu beachten ist, dass Zwangsstrafen nur bei **Verschulden** zu verhängen sind.

Rechtsmittel (Rekurs)

Allgemeines

Gegen einen Beschluss des Firmenbuchgerichts steht das **Rechtsmittel des Rekurses** zur Verfügung. Das Rekursverfahren kann auch zweiseitig sein, sofern es mehr als eine Partei gibt (§ 48 AußStrG).

1.3 Das Firmenbuch

> ZB Rekurs eines GmbH-Gesellschafters gegen einen Beschluss, mit welchem er im Zuge eines angemeldeten Gesellschafterwechsels gelöscht wurde.

Der Rekurs ist beim **Erstgericht** binnen 14 Tagen einzubringen (§ 10 Abs 1, § 47 Abs 1 AußStrG). In der Rekurserhebung muss erkennbar sein, aus welchen Gründen sich die Partei als beschwert erachtet. Im Zweifel gilt der Beschluss als zur Gänze angefochten.

Rekursberechtigung

Nach stRsp steht ein Rekurs gegen Eintragungsbeschlüsse nur bei **Verletzung subjektiver Rechte** zu. Die Beeinträchtigung bloß wirtschaftlicher Interessen reicht nicht aus.

> Der Inhaber der bereits eingetragenen Firma kann gegen die Eintragung einer gleich lautenden Firma (§ 29 UGB) Rekurs erheben.
>
> GmbH-Gesellschafter können gegen die Eintragung eines Geschäftsführerwechsels grundsätzlich keinen Rekurs erheben.

Die **Beschwer** des Rechtsmittelwerbers als allgemeine Rechtsmittelvoraussetzung muss noch zur Zeit der Entscheidung über das Rechtsmittel fortbestehen.

> Wird die Abweisung eines Antrags auf Eintragung einer Firma bekämpft, so fällt die Beschwer weg, wenn der Antragsteller nunmehr selbst die Eintragung einer anderen Firma begehrt.

Vertretung im Rekursverfahren

Während im erstinstanzlichen Verfahren keine Anwaltspflicht besteht (§ 4 AußStrG), ist im Rekursverfahren eine **relative „Anwaltspflicht" zu beachten:** Wenn sich eine Partei vertreten lässt, so ist dies nur durch einen Rechtsanwalt oder Notar möglich. Zur Erhebung eines Revisionsrekurses besteht absolute Anwaltspflicht.

Revisionsrekurs

Ein Revisionsrekurs an den OGH ist nach Maßgabe der §§ 62 ff AußStrG möglich.

Üben

- Welche Rechtsgrundlagen hat das Firmenbuchverfahren?
- Was ist der formelle, was der materielle Parteibegriff?
- Was sind „Amtsparteien"?
- Inwiefern hat das Firmenbuchgericht Anmeldungen zu prüfen? Wann findet eine materielle Kontrolle des Eintragungsbegehrens statt?
- Wann wird ein Verbesserungsverfahren eingeleitet?
- Was versteht man unter „vereinfachter Anmeldung"? Wann kommt sie in Betracht?
- Nennen Sie Beispiele amtswegiger Eintragungen!
- Wann kommt eine „Amtslöschung" in Betracht?
- Warum richtet sich das Zwangsstrafenverfahren idR gegen physische Personen?
- Wie wird ein Beschluss des Firmenbuchgerichts „vollstreckt"?
- Skizzieren Sie das Rechtsmittelverfahren im Firmenbuchverfahren!

Kapitel 6: Eintragungsverfahren

 **Wissen**

Amtslöschung	Die Amtslöschung ist eine ex nunc wirkende Löschung von Firmenbucheintragungen, die schon bei ihrer Eintragung wegen eines Mangels wesentlicher Eintragungsvoraussetzungen unzulässig waren oder danach geworden sind (§ 10 Abs 2 FBG). Der betroffene Rechtsträger ist gem § 18 FBG von der Löschung zu verständigen und unter angemessener Fristsetzung zur Äußerung aufzufordern. Sonderbestimmungen über die amtswegige Löschung vermögensloser Gesellschaften enthalten die §§ 40 ff FBG.
Firmenbuchverfahren	Das Firmenbuchverfahren ist ein besonderes Außerstreitverfahren für die Führung des Firmenbuchs durch das Firmenbuchgericht (§ 120 JN).
Verbesserungsverfahren	Als „Verbesserungsverfahren" bezeichnet man das Verfahren gem § 17 FBG. Eingeleitet wird es durch einen Auftrag des Firmenbuchgerichts an den Antragsteller, dessen Anmeldung zur Eintragung in das Firmenbuch unvollständig oder mit einem sonstigen behebbaren Mangel behaftet ist, die Anmeldung innerhalb einer angemessenen Frist zu ergänzen bzw zu verbessern. Wird der Mangel innerhalb der vom Gericht gesetzten Frist behoben, so ist die Anmeldung als am Tag ihres ersten Einlangens überreicht anzusehen (§ 17 Abs 1 FBG). Ein gesondertes Rechtsmittel gegen den Verbesserungsauftrag ist nicht zulässig (§ 17 Abs 2 FBG). Das Gericht kann dem Antragsteller allenfalls die notwendigen Anleitungen zur Mängelbehebung geben. Wird dem Verbesserungsauftrag innerhalb der gesetzten Frist nicht entsprochen, so kann das Gericht seine Befolgung neuerlich urgieren oder den Antrag ab- bzw zurückweisen.
Zwangsstrafe	Die Zwangsstrafe ist ein in die Kompetenz des Rechtspflegers fallendes Beugemittel (s insb § 24 FBG), das zur Erzwingung bestimmter gesetzlicher Pflichten (insb Firmenbucheintragung, Zeichnung der Namensunterschrift, Einreichung von Schriftstücken) verwendet werden kann. Verhängt werden kann die Zwangsstrafe idR nur gegen physische Personen (zB gegen die Geschäftsführer einer GmbH), nicht aber gegen die juristische Person (eine Ausnahme macht § 283 Abs 7 UGB für das Nichteinreichen der Bilanzunterlagen).

1.3 Das Firmenbuch

Kapitel 7: Pflichtangaben auf Geschäftspapieren, Bestellscheinen und Webseiten

 **Lernen**

Keine spezifisch firmenbuchrechtliche Frage, jedoch eine mit dem Firmenbuch zusammenhängende Frage des Publizitätsrechts ist diejenige der sog **„Pflichtangaben".** Da es für den Verkehr in der Praxis beschwerlich wäre, bestimmte Grundangaben zu (im Firmenbuch eingetragenen) Unternehmern jedesmal aus dem Firmenbuch durch Einsichtnahme zu entnehmen, ordnet das Gesetz die Angabe bestimmter Mindestinformationen in gewissen Fällen an (s **§ 14 UGB**).

eingetragene Unternehmer

Die Pflichten des § 14 UGB treffen bloß im Firmenbuch **eingetragene Unternehmer.**

Medium

Erfasst sind:
- **Geschäftsbriefe** und **Bestellscheine,** die in Papierform oder in sonstiger Weise an einen bestimmten Empfänger gerichtet sind, und
- **Webseiten**.

Pflichtangaben

Anzugeben sind grundsätzlich:
- Firma,
- Rechtsform,
- Sitz,
- Firmenbuchnummer,
- Firmenbuchgericht,
- ggf der Hinweis, dass sich die Gesellschaft in Liquidation befindet.

Weitere Pflichtangaben stellen auf die Rechtsform des Unternehmers ab (s dazu im Detail § 14 UGB).

Offene Gesellschaften und Kommanditgesellschaften, bei denen kein persönlich haftender Gesellschafter eine natürliche Person ist, müssen auch Angaben über den persönlich haftenden Gesellschafter machen. Einzelunternehmer haben ihren Namen, wenn er sich von der Firma unterscheidet, anzugeben.

Bei einer GmbH & Co KG (die bloß die GmbH, jedoch keine natürliche Person als Vollhafter hat) sind auch die entsprechenden Angaben zur GmbH zu machen.

Kapitel 7: Pflichtangaben auf Geschäftspapieren

Erleichterungen finden sich für Mitteilungen und Berichte (nicht jedoch für Bestellscheine) im Rahmen einer bestehenden Geschäftsverbindung (§ 14 Abs 4 UGB).

- Wozu dienen Pflichtangaben auf Geschäftspapieren, Bestellscheinen und Webseiten?
- Wer hat Pflichtangaben iSd § 14 UGB zu machen?
- Nennen Sie Beispiele für Pflichtangaben!

Pflichtangaben — Als „Pflichtangaben" werden jene zwingenden Angaben bezeichnet, die gem § 14 UGB alle in das Firmenbuch eingetragenen Unternehmer auf Geschäftspapieren und Bestellscheinen, die auf Papier oder in sonstiger Weise an einen bestimmten Empfänger gerichtet sind, sowie auf ihren Webseiten zu machen haben.

1.4 Die Firma

Kapitel 1: Allgemeines zur Firma

 **Lernen**

Rechtsgrundlagen

Die zentralen Bestimmungen zur Firma finden sich im 3. Abschnitt des 1. Buchs des UGB **(§§ 17 bis 37 UGB):**
- § 17 definiert den **Begriff** der Firma;
- § 18 stellt allgemeine Anforderungen an die **Eigenschaften** der Firma;
- § 19 enthält das generelle Gebot der Führung eines **Rechtsformzusatzes** und eine Sonderbestimmung zu **verdeckten Kapitalgesellschaften** (somit insb zur GmbH & Co KG ieS);
- § 20 verbietet als *lex specialis* die **Verwendung fremder Namen** in der Firma eines Einzelunternehmers oder einer eingetragenen Personengesellschaft;
- § 21 erlaubt die Firmenfortführung bei Namensänderung;
- § 22 regelt die Firmenfortführung bei Unternehmenserwerb;
- § 23 verbietet die **„Leerübertragung"** einer Firma;
- § 24 gestattet die Fortführung der Firma bei Änderung im Gesellschafterbestand;
- § 28 enthält einige Regelungen zur **Anmeldung der Firma** zum Firmenbuch;
- § 29 stellt – für das Eintragungsverfahren relevante – zusätzliche Anforderungen an die Unterscheidbarkeit der Firma;
- §§ 30–36 enthalten großteils **firmenbuchrechtliche Bestimmungen**;
- § 37 regelt den unternehmensrechtlichen **Schutz gegen unbefugten Firmengebrauch.**

Darüber hinaus bestehen **rechtsform-** (§ 5 Abs 1 GmbHG, § 4 AktG, § 4 GenG, Art 11 SE-VO, § 2 PSG) **und tätigkeitsspezifische** (§ 28 VAG, § 94 BWG, § 130 InvFG, § 37 Abs 1 WGG, § 43 PKG, § 1b Abs 1 RAO, § 24 NO, § 73 WTBG, § 52a Abs 9 ÄrzteG) Bestimmungen. Für die Namensführung und Bezeichnung von Betriebsstätten sind die §§ 63–67 GewO zu beachten.

Begriff, Rechtsnatur und Funktion der Firma

Begriff der Firma

Die Firma ist **der in das Firmenbuch eingetragene Name eines Unternehmers, unter dem er seine Geschäfte betreibt und die Unterschrift abgibt** (§ 17 Abs 1 UGB). Die Firma bezeichnet im Rechtssinn somit nicht das Unternehmen, sondern dessen Rechtsträger. Von der „Firma" zu sprechen, wenn eigentlich das Unternehmen gemeint ist, ist daher aus unternehmensrechtlicher Sicht nicht korrekt.

> Es verschmelzen Gesellschaften, nicht Firmen. Man verkauft sein Unternehmen, nicht seine Firma (diese kann ggf mitverkauft werden; s S 86 f).

Zu beachten ist jedoch, dass § 17 Abs 1 UGB zwar die grundlegende Bedeutungsklärung enthält, jedoch nicht abschließend ist. Aus anderen gesetzlichen Bestimmungen ergibt sich tw, dass auch bestimmte Nichtunternehmer eine „Firma" führen können.

> Eine OG (bzw KG, EWIV) führt auch dann eine „Firma", wenn sie nicht unternehmerisch tätig ist (s § 105 UGB). ZB die „Karlheinz Sauber OG" betreibt kein Unternehmen, da ihre ausschließliche Tätigkeit in der Vermietung eines einzigen Objekts liegt. Dennoch hat sie eine Firma zu führen.

GesbR, stG, nicht eingetragene Einzelunternehmer

Die – mangels Rechtsfähigkeit – nicht einzutragenden Personengesellschaften (GesbR, stG) sowie nicht eingetragene Einzelunternehmer führen keine Firma ieS, sondern allenfalls eine bloße **„Geschäfts- oder Etablissementbezeichnung"**. Für diese sind die firmenrechtlichen Bestimmungen des UGB nach hL analog anzuwenden.

> Der nicht in das Firmenbuch eingetragene Sepp führt in Unterstinkenbrunn ein kleines Wirtshaus und möchte es „Veranstaltungszentrum Niederösterreich Nord" nennen. Obwohl es sich um keine Firma handelt, sind die Regeln zur Firmenbildung und die Firmengrundsätze im Wesentlichen analog anzuwenden; er wird den Namen daher am Grundsatz der „Firmenwahrheit" messen lassen müssen.

Rechtsnatur

Die Firma wird nicht nur als gegenüber jedermann bestehendes **absolutes Recht,** sondern auch als dem Schutz des § 43 ABGB unterliegendes Namensrecht und als Immaterialgüterrecht, das unter bestimmten Voraussetzungen auch übertragen werden kann (§ 23 UGB), qualifiziert. Da die Firma somit einerseits Elemente eines **Persönlichkeitsrechts,** andererseits eines **Immaterialgüterrechts** aufweist, wird von der „JanuskÖpfigkeit" der Firma gesprochen *(Krejci).*

Funktion

Die Firma dient primär der **Bezeichnung des Unternehmers im Geschäftsverkehr. Natürliche Personen** sollen nicht zwingend ihren bürgerlichen Namen verwenden müssen, da die Firma einerseits auch zu Wettbewerbszwecken eingesetzt wird und andererseits dadurch bei Unternehmensnachfolgen Kontinuität gesichert werden kann. **Rechtsfähige Personengesellschaften, Kapitalgesellschaften** und **Genossenschaften,** die als Rechtsträger ebenso einer individualisierenden Bezeichnung bedürfen, haben – anders als natürliche Personen – naturgemäß keinen „bürgerlichen Namen". Deshalb sieht das Gesetz für diese zwingend die Führung einer Firma vor, zumal sie ohnedies immer ins Firmenbuch eingetragen werden müssen.

1.4 Die Firma

Weiters „kann" ein Unternehmer im Verfahren vor Gerichten oder Verwaltungsbehörden auch seine **Firma als Parteibezeichnung** führen und mit seiner Firma als Partei bezeichnet werden. Für Einzelunternehmer gilt dies jedoch nicht in Strafverfahren (§ 17 Abs 2 UGB); zudem sind protokollierte Einzelunternehmer nicht mit ihrer Firma, sondern ihrem bürgerlichen Namen in das Grundbuch einzutragen (hA, Rsp).

Haben Rechtsträger keinen alternativen Namen als die Firma (s oben), so müssen sie freilich die Firma auch in einem Verwaltungsverfahren verwenden (man spricht idZ auch vom **„Benutzungszwang"** der Firma). Das Gleiche gilt für Verfahren nach dem Verbandsverantwortlichkeitsgesetz (VbVG).

> Partei ist nicht „die Firma", sondern der Rechtsträger, der mit der Firma bezeichnet wird.

§ 14 UGB ordnet ergänzend an, dass in das Firmenbuch eingetragene Unternehmer (ua) ihre Firma auf allen Geschäftsbriefen und Bestellscheinen einschließlich elektronischer Kommunikation durch E-Mails, die an einen bestimmten Empfänger gerichtet sind, sowie auf ihrer Webseite anzugeben haben (s S 70 f).

Abgrenzungen

Namen und Pseudonyme

Die Firma ist **auch ein Name,** der wie der (bloße) bürgerliche Name, das Pseudonym, ein Deckname oder – unter bestimmten Umständen – ein Domain-Name den Namensschutz des **§ 43 ABGB** genießt. Darüber hinaus verbindet sie jedoch den Unternehmer mit der Tätigkeit seines Unternehmens *(Krejci).* Sie allein – abgesehen von Analogien für Geschäfts- und Etablissementbezeichnungen – unterliegt den Firmenschutzbestimmungen des UGB. Sowohl (bloße) Namen und Pseudonyme, als auch die Firma können aber unter den Schutz des UWG fallen.

> Herbert ist Computerprogrammierer. Er hat daher die Idee, sich als „Bertl Microsoft e.U." in das Firmenbuch einzutragen, weil, wie er meint, „noch niemand in Gerasdorf diese Firma führt". Was vielleicht firmenrechtlich zulässig sein mag, kann gegen wettbewerbsrechtliche Bestimmungen verstoßen.

Die im Firmenbuch eingetragene **Privatstiftung** führt gem § 2 PSG einen „Namen". Dieser hat sich von allen im Firmenbuch eingetragenen Privatstiftungen deutlich zu unterscheiden. Er darf nicht irreführend sein und muss das Wort „Privatstiftung" ohne Abkürzung enthalten.

Bildzeichen

Eine Firma darf keine Bildzeichen enthalten. Der Schutzbereich des Firmenrechts umfasst lediglich Worte und Schriftzeichen. Daraus ergibt sich zum einen, dass **kein Anspruch auf eine besondere Schreibweise** der Firma besteht, zum anderen (iVm dem Erfordernis der „Kennzeichnungseignung"; dazu S 80 ff), dass die Firma von den angesprochenen Verkehrskreisen ausgesprochen werden können muss.

Geschäfts- bzw Etablissementbezeichnungen

Unternehmerisch tätige natürliche Personen, welche die Umsatzgrenzen des § 189 UGB nicht überschreiten (§ 8 Abs 1 UGB), und Angehörige der freien Berufe sowie Land- und Forstwirte (§ 4 Abs 2 und 3 UGB) führen, sofern sie sich nicht freiwillig eintragen lassen, keine Firma im Rechtssinn, sondern ggf eine (bloße) „Geschäftsbezeichnung", die freilich – abgesehen vom Rechtsformzusatz – einer Firma ähneln kann.

> „Gasthof zum letzten Cent", „Clubsauna Silver Time", „Pizzeria Da Luigi", „Bar Josephine".

Dasselbe gilt für nicht eingetragene Personengesellschaften.

> „Max und Moritz Unternehmensberater GesbR", „Bau-Arge A2".

Auch in das Firmenbuch eingetragene Unternehmer führen für ihre Teilbetriebe oftmals eigene Bezeichnungen.

> Die Betreibergesellschaft Müller Bar- und Restaurantbetriebs-GmbH führt ua die Bar „Schluckspecht".

Firmenabkürzung, Firmenschlagwort, Logo — Im Geschäftsverkehr wird der in das Firmenbuch eingetragene volle Firmenwortlaut oftmals nur **verkürzt** wiedergegeben, etwa in Form eines **Schlagworts** (zB „Bank Austria", „Siemens", „Porsche"), einer monogrammartigen Abkürzung (zB „BA") oder in Form eines Logos. Firmenabkürzungen und Firmenschlagworte dürfen im Geschäftsverkehr nur verwendet werden, wenn die Abkürzung als solche **erkennbar** ist. Entsteht der Eindruck einer anderen (zweiten) Firma, so widerspricht dies dem Grundsatz der Firmeneinheit (s S 87). Da mit Inkrafttreten des UGB die Firmenbildung liberalisiert wurde, können unter der Voraussetzung der Kennzeichnungseignung und Unterscheidungskraft (s S 82 f) auch Firmenabkürzungen und Firmenschlagworte, nicht jedoch Logos (dh eine bestimmte graphische Darstellung), als Firmenkern (jedoch unter Hinzufügung des korrekten Rechtsformzusatzes) verwendet werden.

Marke — Als Marke können alle Zeichen verwendet werden, die sich **graphisch** darstellen lassen, insb Wörter einschließlich Personennamen, Abbildungen, Buchstaben, Zahlen und die Form oder Aufmachung der Ware, soweit solche Zeichen geeignet sind, Waren oder Dienstleistungen eines Unternehmens von denjenigen anderer Unternehmen zu unterscheiden (§ 1 MarkSchG). Da das UGB (unter den Voraussetzungen des § 18 UGB) vom Prinzip der freien Firmenbildung ausgeht, ist es grundsätzlich zulässig, **Markennamen** (die häufig Phantasiebezeichnungen ohne Sach- und Personenzusammenhang sind) als Firma zu verwenden.

Ausstattung — § 9 Abs 3 UWG definiert als **Ausstattung** Geschäftsabzeichen und sonstige zur Unterscheidung des Unternehmens von anderen Unternehmern bestimmte Einrichtungen, insb auch Ausstattungen von Waren, ihrer Verpackung oder Umhüllung oder von Geschäftspapieren, die innerhalb beteiligter Verkehrskreise als Kennzeichen des Unternehmens gelten.

> Dazu zählen etwa eine charakteristische Färbung oder Gestaltung von Geschäftswagen oder der Kleidung von Angestellten, ein an solchen Gegenständen angebrachtes besonderes Zeichen oder die Ausstattung von Schaufenstern, etc.

Firmenarten

Traditionell werden in Abhängigkeit vom **Bedeutungsinhalt des Firmenwortlauts** verschiedene „Arten" von Firmen unterschieden. In Anbetracht der Liberalisierung des Firmenrechts seit 1. 1. 2007 (Beseitigung der Bindung an bestimmte Firmenarten) ist die Unterscheidung nunmehr von geringerer Bedeutung als früher. Möglich ist auch, die im Folgenden unterschiedenen Firmenarten zu mischen. Man spricht dann von einer **„gemischten Firma"**.

Personenfirma — Eine Personenfirma beinhaltet den **(bürgerlichen) Namen** (zumindest den Familiennamen) des Einzelunternehmers bzw eines oder mehrerer Gesellschafter. Sind juristische

1.4 Die Firma

Personen Gesellschafter der firmenführenden Gesellschaft, können deren Firmen im Rahmen einer Personenfirma geführt werden. Diese unterliegt jedoch dem allgemeinen Grundsatz der Firmenwahrheit. Wird eine Personenfirma gebildet, so ist hiefür ggf auch ein Doppelname zu verwenden.

> Wenn ein Gesellschafter „Huber" und der andere „Huber-Müller" heißt, wäre die Personenfirma „Huber & Müller OG" unzulässig: Wollen beide ihren Namen in der Firma führen, hätte diese etwa „Huber & Huber-Müller OG" zu lauten.

In einzelnen gesetzlichen Bestimmungen finden sich (für bestimmte Tätigkeiten) nähere Anforderungen an eine Personenfirma (s etwa § 1b RAO, der den Kreis der verwendbaren Personennamen abgrenzt).

Sachfirma

Eine Sachfirma ist dem **Unternehmensgegenstand** entlehnt. Die Rsp gestattet in Einzelfällen, dass die Sachfirma dem Unternehmensgegenstand nicht vollinhaltlich entspricht, solange in der Firma ein Hinweis enthalten ist, durch welchen der Unternehmensgegenstand im Wesentlichen erkennbar gemacht wird.

> Zulässig war „Sanitärtechnik Vertriebs-GmbH" für ein Handelsunternehmen, das auch andere Produkte vertrieb; „Compact Fensterproduktions- und Handelsgesellschaft" für ein Unternehmen, das Kunststofffenster herstellt; „Incentive Tours" für ein (bloß vermittelnd tätiges) Reisebüro.

Eine Sachfirma ohne jeden Bezug zum Unternehmensgegenstand ist allerdings unzulässig, da sie bereits gegen den Grundsatz der Firmenwahrheit (s S 84 ff) verstößt.

> „Silver Commodities" wäre unzulässig, wenn der Handel mit diesem Rohstoff im Unternehmensgegenstand überhaupt keine Deckung findet.

Bestimmten Berufen (vor allem Freiberuflern) ist die Aufnahme eines Hinweises auf die ausgeübte Tätigkeit zwingend vorgeschrieben (so etwa für Wirtschaftstreuhänder, dh Wirtschaftsprüfer und Steuerberater, § 73 WTBG; für Ziviltechnikergesellschaften § 25 ZTG).

Phantasiefirma

Die Phantasiefirma beinhaltet als „Restgröße" eine **nicht Personen oder dem Unternehmensgegenstand unmittelbar zuordenbare Wort- und/oder Buchstabenfolge** (uU Zahlenfolge). Auch **frei erfundene Namen** können als Phantasiefirma qualifiziert werden. Dabei ist bei Einzelunternehmern und eingetragenen Personengesellschaften aber im Lichte des § 20 UGB darauf zu achten, dass nicht der – unzulässige – Eindruck einer Personenfirma erweckt wird. Somit muss den angesprochenen Verkehrskreisen klar sein, dass das Phantasieelement im Vordergrund steht.

> Zulässig wäre somit „Geronimo Gelato OG" für ein Eisgeschäft, nicht aber „Max Müller OG", wenn keiner der Gesellschafter Max Müller heißt. Dasselbe gilt für die Verwendung historischer Namen. „Giacomo Casanova OG" ist als „Phantasiename" erkennbar und damit zulässig.

Als Phantasiebezeichnungen sind (bei Kennzeichnungseignung) grundsätzlich etwa auch **Werbeslogans** als Firma verwendbar.

> ZB „Nichts wie hin", „Zarteste Versuchung", „The Must", „Klick mich" etc.

Mit Phantasiefirmen können uU auch Titel „geführt" werden, die keiner der Gesellschafter trägt. Für die angesprochenen Verkehrskreise muss jedoch wiederum erkennbar sein, dass es sich nicht um eine tatsächliche Person handelt, die einen echten Titel führt.

„Professor Doppelmalz" oder „Dr. Antivirus" werden daher zulässig sein.

sonstige Unterscheidungen

Traditionell findet sich in der Lehre eine weitere Unterscheidung, die durch die Liberalisierung des Firmenrechts jedoch an Bedeutung verloren hat: Die **einfache Firma** besteht aus dem gesetzlichen Mindestinhalt, der sich idR bereits nach § 18 Abs 1 UGB bestimmen lässt **(„Firmenkern").** Wird diesem ein weiterer (nicht notwendiger) Bestandteil – etwa ein Nachfolgezusatz (§ 22 UGB), geographischer Zusatz, Zusatz über Größe, Alter und Art der Tätigkeit oder Verhältnisse des Unternehmens – angefügt, spricht man von einer **zusammengesetzten Firma.** Im Einzelfall können sich Überschneidungen mit dem Begriff der gemischten Firma ergeben.

Eine zusammengesetzte Firma wäre zB „Valentin Virag Blumenhandel Tulln e.U." („Valentin Virag Blumenhandel" ist eine gemischte Firma; „Tulln" ist ein geographischer Zusatz; „e.U." ist der notwendige Rechtsformzusatz).

Eine **originäre** (ursprüngliche) **Firma** liegt vor, wenn die Firma neu gebildet wird; eine **abgeleitete Firma,** wenn der derzeitige Inhaber nicht der „Firmengründer", sondern ein Nachfolger ist.

Gustav Gründer führte für sein Unternehmen die Firma Gustav Gründer Marketing eU. Das Unternehmen verkaufte er an Elsa Epigona, die die etablierte Firma beibehalten möchte. Sie fügt freiwillig einen „Nachfolgezusatz" (§ 22 UGB) hinzu und firmiert nun als Gustav Gründer Marketing Nachfolgerin Elsa Epigona eU.

Üben

- Warum ist es nicht ganz korrekt, wenn § 17 Abs 1 UGB davon spricht, die Firma sei der „Name eines Unternehmers"?
- Warum spricht man von der „Janusköpfigkeit" des Firmenrechts?
- Was versteht man unter dem „Benutzungszwang" der Firma?
- Igor ist ein nicht in das Firmenbuch eingetragener Einzelunternehmer und er meint daher, er könnte die Firma ungeachtet der Firmengrundsätze bilden. Stimmt seine Einschätzung?
- Grenzen Sie die Firma vom Namen ab!
- Was versteht man unter einem Firmenschlagwort?
- Warum können bloße Geschäfts- oder Etablissementbezeichnungen nur noch selten den fälschlichen Eindruck einer Firma erwecken?
- Kann der Markenname als Firma verwendet werden?
- Warum ist die Unterscheidung zwischen Personen-, Sach- und Phantasiefirma nur von untergeordneter Bedeutung?
- Welche Problematik stellt sich, wenn historische Personennamen als Firma verwendet werden?

Firma	Die Firma ist der in das Firmenbuch eingetragene Name eines Unternehmers, unter dem dieser seine Geschäfte betreibt und seine Unterschrift abgibt (§ 17 Abs 1 UGB). OG und KG führen auch bei nichtunternehmerischer Tätigkeit eine Firma, da dies gesetzlich angeordnet ist (§ 105 UGB). Für die im Firmenbuch eingetragene Privatstiftung fehlt eine solche Anordnung (das Gesetz spricht von einem „Namen"; s § 2 PSG).
Firmenarten	Unterschieden werden die Personen- (Name einer Person, insb Einzelunternehmer, Gesellschafter), die Sach- (dem Unternehmensgegenstand entlehnt) und die Phantasiefirma.
Firmenschlagwort	Das „Firmenschlagwort" ist eine im Geschäftsverkehr verwendete Abkürzung des vollen Firmenwortlauts. Bei Personenfirmen besteht es aus einem den Personennamen umfassenden Firmenteil, bei Sachfirmen hebt es einen wesentlichen Teil des Firmenkerns hervor (etwa in Form einer monogrammartigen Abkürzung). Das Firmenschlagwort genießt denselben Rechtsschutz wie die Geschäftsbezeichnung (zivilrechtlicher Namensschutz, ggf Schutz nach Wettbewerbs- und Immaterialgüterrecht); anders als die Firma fällt es nicht unter § 37 UGB.
originäre Firma	Die „originäre Firma" wird auch „ursprüngliche Firma" genannt. Sie liegt vor, wenn die Firma neu gebildet wird. Eine abgeleitete Firma besteht dann, wenn der derzeitige Inhaber nicht die Person, welche die Firma ursprünglich gebildet hat, sondern ein Nachfolger ist.

Kapitel 2: Grundlegende Anforderungen an die Firma

Grundsätze der Firmenbildung – Überblick

Das HaRÄG hat – in Orientierung an der dt Handelsrechtsreform 1998 – die Gestaltung des Firmenkerns für alle Rechtsformen **liberalisiert** und geht nunmehr vom Grundsatz der freien Firmenbildung aus. Die Firma muss gem **§ 18 UGB** im Wesentlichen
- zur Kennzeichnung eines Unternehmens geeignet sein **(„Kennzeichnungsfunktion")**,

- Unterscheidungskraft besitzen **("Unterscheidungsfunktion")** und
- darf keine Angaben enthalten, die zur Irreführung geeignet sind (**"Firmenwahrheit";** dazu S 84 ff).

Zudem sind weitere gesetzliche **Firmenbildungsgrundsätze** (zB Firmenbeständigkeit, Firmeneinheit) zu beachten (s S 86 ff). Unter der **"Bildung"** einer Firma ist auch jede Änderung einer eingetragenen Firma zu verstehen, und zwar auch dann, wenn Bestandteile, die schon in der alten Firma enthalten waren, weiterverwendet werden.

Wahrung der öffentlichen Ordnung

Als ungeschriebener Grundsatz gilt (in Analogie zum Markenrecht: § 4 Abs 1 Z 7 MarkSchG; aber auch eine Gesamtanalogie legt dies nahe), dass die Firma nicht sittenwidrig, grob anstößig oder gegen die öffentliche Ordnung verstoßen darf. Diesfalls hätte der Firmenbuchrichter bzw Rechtspfleger die Eintragung zu verweigern bzw allenfalls eingetragene Firmen von Amts wegen zu löschen.

> Etwa (grob) obszöne, (eindeutig) sexistische, rassistische, verhetzende Firmenwortlaute. Beispiele überlassen wir der Phantasie der LeserInnen.

Zwingender Rechtsformzusatz

Allgemeines

Zu beachten ist, dass bei jeder Firma zwingend die **korrekte „Rechtsform"** (ausgeschrieben oder in allgemein anerkannter Abkürzung) anzuführen ist. Einzelunternehmer (zum Begriff s S 26) werden jedoch nicht nach der jeweiligen „Rechtsform" aufgeschlüsselt – es reicht der Hinweis auf den Umstand, dass es sich um einen eingetragenen Unternehmer handelt.

> Zulässig ist für Einzelunternehmer „eingetragener Unternehmer", abgekürzt e.U. oder eU (nicht jedoch E.U. oder EU, da dies irreführend einen Bezug zur Europäischen Union herstellen würde); für offene Gesellschaften etwa OG, Off. Ges. oder o.Ges. (OHG – für die alte offene Handelsgesellschaft – darf von nunmehrigen offenen Gesellschaften weiterverwendet werden, wenn „OHG" bereits vor dem 1. 1. 2007 in Gebrauch war); für Kommanditgesellschaften KG oder Komm.Ges.; für Gesellschaften mit beschränkter Haftung GmbH, Gesellschaft m.b.H. oder Ges.m.b.H (die Rsp hält zutr „GsmbH" für unzulässig).

Der Rechtsformzusatz hat **auch bei Firmenfortführung** immer wahr zu sein, dh es scheidet eine Fortführung des Rechtsformzusatzes aus, wenn sich die Rechtsform ändert.

> Scheidet der vorletzte Gesellschafter einer OG gem § 142 UGB aus oder wird er zum Kommanditisten, kann nicht weiterhin „OG" als Zusatz verwendet werden.

Stellung

Ob der Rechtsformzusatz zwingend am Ende der Firma zu platzieren ist, ist strittig. Der Wortlaut des § 19 UGB scheint diese Frage zu verneinen, da dieser nur davon spricht, dass die Firma einen Rechtsformzusatz zu „enthalten" habe.

> Der OGH entschied, dass der Rechtsformzusatz dann nicht notwendig am Schluss platziert sein müsse, wenn die Firma dadurch nicht unklar oder täuschend werde; „Energie AG Oberösterreich" sei daher nicht zu beanstanden.

Vorschriften für Freiberufler

Soweit die berufsrechtlichen Bestimmungen nichts anderes vorsehen, hat die Firma bei Angehörigen eines freien Berufs (zum Begriff s S 22 f) einen **Hinweis auf den ausgeübten freien Beruf** zu enthalten (§ 19 Abs 1 Z 4 UGB). An die Stelle der Bezeichnung

1.4 Die Firma

„Offene Gesellschaft" kann bei Freiberuflern die Bezeichnung **„Partnerschaft"** oder – sofern die Firma nicht die Namen aller Gesellschafter enthält – der Zusatz **„und (&) Partner",** an die Stelle der Bezeichnung „Kommanditgesellschaft" die Bezeichnung **„Kommandit-Partnerschaft"** treten (§ 19 Abs 1 Z 4 UGB; s weiters etwa § 1b RAO für die Firma einer Rechtsanwälte-Gesellschaft). Das gilt aber nicht für die Geschäftsbezeichnung einer GesbR.

Zusatz bei Liquidation

In manchen Fällen ordnet das Gesetz ausdrücklich an, dass der Firma einer aufgelösten und daher zu liquidierenden Gesellschaft ein entsprechender Zusatz **(„in Liquidation", „i.L.", „iL" oder „in Abwicklung")** hinzuzufügen ist (s zu OG/KG § 153 UGB, zur GmbH § 90 GmbHG iVm § 153 UGB).

> Die Heinrich Holzwurm Sägewerke GmbH wird aufgelöst und liquidiert. Die Firma wird auf Heinrich Holzwurm Sägewerke GmbH i.L. geändert. Dafür bedarf es keiner Satzungsänderung.

Kennzeichnungseignung (Namensfunktion)

Allgemeines

§ 18 Abs 1 UGB stellt an die Firma zunächst die Anforderung, dass sie zur Kennzeichnung eines Unternehmens geeignet sein muss. Erforderlich ist daher abstrakte Namensfähigkeit. Die Firma muss **als „Name" des firmenführenden Rechtsträgers erkennbar** sein. Als sprachliche (nicht bloß optische) Kennzeichnung muss die Firma **ausgesprochen** werden können. Zur Kennzeichnung können grundsätzlich auch Domain-Namen oder E-Mail-Adressen geeignet sein.

> Logos, Bilder, Bildmarken oder Wappen sind mangels Aussprechbarkeit nicht firmenfähig.

Schreibweise

Ein Anspruch auf eine bestimmte Schreibweise besteht nicht. Das Firmenbuchgericht hat vielmehr nach pflichtgemäßem Ermessen zu entscheiden, in welcher Schreibweise die Eintragung zu erfolgen hat. Die neuere Rsp ist großzügig und trägt eine beantragte ausschließliche Klein- oder Großschreibung idR ein.

> Zulässig ist daher „grafikdesign huber gmbh".

fremdsprachige Firmen

Firmenwortlaute, die fremdsprachige Wörter enthalten, sind zulässig, müssen aber in **lateinischen Buchstaben** geschrieben werden.

> Somit scheiden zB Firmen in arabischer, griechischer, kyrillischer oder chinesischer Schrift aus (sie müssten transkribiert werden). Auch fremdsprachige Firmen müssen zur Kennzeichnung geeignet, unterscheidungskräftig und nicht irreführend sein.

einzelne Buchstaben

Problematisch ist im Hinblick auf die Namens- bzw Kennzeichnungsfunktion die Verwendung einzelner Buchstaben oder einer Aneinanderreihung gleicher Buchstaben, mag Letztere im Einzelfall auch werbetechnisch eingesetzt werden.

> In einem deutschen Fall wurde etwa folgende Firma beantragt: „AAA AAA AAA AB ins LiveSex-TV.de GmbH". Die Eintragung wurde verweigert.

Da derartigen Kombinationen (zB „A.A.A.A.A.") die **Namensfunktion fehlt,** können sie auch nicht als „Phantasiefirmen" verwendet werden. In der Praxis werden derartige „Firmenwortlaute" gewöhnlich wegen des Wunsches beantragt, in Unternehmens-

Kapitel 2: Grundlegende Anforderungen an die Firma

oder Branchenverzeichnissen an vorderster Stelle zu stehen. Nur in Einzelfällen können auch „sinnlose Buchstabenkombinationen" Kennzeichnungsfunktion aufweisen.

Zahlen — Zahlen können Bestandteil der Firma sein, doch ist die Bildung einer Firma bloß aus Zahlen problematisch und unzulässig, sofern eine bestimmte Zahlenkombination nicht bereits Verkehrsgeltung erlangt hat.

> Ein bekanntes Beispiel für eine Zahl mit Verkehrsgeltung ist „4711" für Kölnischwasser.
>
> Die Firma „111111111111111111111 eU" wäre unzulässig.

Wort-Zahlenkombinationen (zB „Energy007", „123Party") oder Buchstaben-Zahlenkombinationen werden dagegen – unter der Voraussetzung der „Aussprechbarkeit" – als zulässig erachtet.

> Nicht „wie ein Name aussprechbar" wäre etwa: XZRB78IO92000G.

Bildzeichen — Da die Firma (grundsätzlich) eine aussprechbare Buchstabenfolge zu sein hat, sind **„Bildzeichen"** (zB „*", „#", „_" oder „=") als Teil des Firmenwortlauts problematisch und unzulässig, zumal bei diesen nicht klar ist, ob und ggf wie sie auszusprechen sind.

> „#r eU" als Firma eines der Autoren ist unzulässig.
>
> Die Rsp hält die Eintragung des Zeichens „*" jedoch etwa dann für möglich, wenn das Zeichen in einer in einem anderen EU-Mitgliedsstaat eingetragenen Firma vorkommt, die wiederum Teil einer Namensfirma einer österr Gesellschaft sein soll (zB „mister * lady GmbH").

Satzzeichen und Wortbildzeichen — Die zusätzliche Verwendung von **Satzzeichen** (zB „!", „?", „:" etc), die nicht ausgesprochen werden, sowie der Wortbildzeichen „&" oder „+", die als „und" gesprochen werden können, ist anerkannt.

> Zulässig ist daher etwa „Müller & Müller GmbH"; unzulässig ist „+" aber dann, wenn nicht klar ist, wie es ausgesprochen wird (etwa am Beginn einer Firma, etwa „+ Elektrohandel GmbH").

Sonderfall „@" — Das **Sonderzeichen „@"** stellt einen Sonderfall dar, der umstritten ist: Nach der überwiegenden dt Rsp könne das @-Zeichen in einer Firma nicht verwendet werden, da es anders als das kaufmännische „&" nicht eindeutig aussprechbar sei. Diese Ansicht könnte in neuerer Zeit unzutreffend sein, wenn man davon ausgeht, dass die Verkehrskreise das Zeichen wohl überwiegend zutreffend aussprechen. Dabei ist jedoch **zu unterscheiden**: Zum einen **ersetzt** es in seiner modernen Verwendung **das englische Wort „at"** (für: „bei"), weshalb es auch ein „wortersetzendes Zeichen" und kein bloßes Bildzeichen ist. In der Lehre finden sich daher Befürworter der Eintragungsfähigkeit.

> „Shopping @ more" wäre wohl zulässig.

Zum anderen wird das Zeichen gerne als **graphischer Ersatz des Buchstabens „a"** (zB „PC-Pr@xis") verwendet. In diesem Fall ist die Lehre überwiegend ablehnend, da kein Anspruch auf Eintragung einer bestimmten Schreibweise bestehe. Sieht man jedoch das „@"-Zeichen nicht als besondere Ausgestaltung des Buchstabens „a" an, sondern als eigenständiges Zeichen, das in bestimmten Fällen als „a" gesprochen wird, so müsste man die Eintragungsfähigkeit auch in diesem Fall bejahen, zumindest wenn den Verkehrskreisen die korrekte Aussprache bekannt ist. In (für die Verkehrskreise) verwechslungsfreien Fällen sollte die Verwendung des Zeichens daher zugelassen werden.

Anders in einem Fall die dt Rsp: Die Bezeichnung „Met@box" war zu beurteilen. Das Gericht qualifizierte das @ als „Zeichen mit hohem kryptografischem Gehalt" und meinte, dass die Bezeichnung etwa auch als „Metatbox" ausgesprochen werden könnte.

Unterscheidungskraft

Allgemeines

Als zweite Voraussetzung nennt § 18 Abs 1 UGB die **Unterscheidungskraft;** dieses Erfordernis folgt auch aus der Namensfunktion der Firma. Die Firma muss etwas Besonderes, **Individuelles** an sich haben, das sich schon seiner Art nach eignet, den Unternehmer von anderen Personen zu unterscheiden. „Unterscheidungskraft" bedeutet für sich lediglich, dass die Firma bloß die abstrakte Fähigkeit haben muss, sich von anderen zu unterscheiden (der Grundsatz der Firmenausschließlichkeit ist davon abzugrenzen; s S 88 f).

Sach-, Branchen-, Ortsbezeichnungen

Reine Sach-, Branchen- und Ortsbezeichnungen sind allein nicht kennzeichnungsfähig: sie individualisieren den Unternehmer gegenüber den angesprochenen Verkehrskreisen nicht hinreichend. Zudem soll keine „Selbstberühmung" stattfinden, das einzige oder ein besonders bedeutendes Unternehmen zu sein. Vor allem besteht für solche Bezeichnungen ein **„Freihaltebedürfnis",** da im Fall ihrer Eintragung ohne unterscheidungskräftige Zusätze Unternehmen mit gleicher Tätigkeit die Verwendung einer Sach-, Branchen- oder Gattungsbezeichnung wegen des Grundsatzes der Firmenausschließlichkeit erschwert oder unmöglich gemacht würde. Gleiches gilt für ausschließlich geographische Firmen.

Unzulässig sind etwa „Tischlerei OG", „Baumarkt KG", „Österreich GmbH", wenn auf weitere Präzisierungen verzichtet wird.

Auch für fremdsprachige Bezeichnungen kann ein Freihaltebedürfnis bestehen, insb wenn es keine gleichwertige deutschsprachige Ersatzbezeichnung gibt.

Unzulässig sind etwa „Software OG", „Internet KG", „Shoppingcenter GmbH", „Fast Food AG". Es wäre daher ein unterscheidungskräftiger Zusatz (etwa ein Phantasiewort, ein Name, eine Buchstabenkombination etc) hinzuzufügen.

Auch durch „Abkürzungen" kann uU die erforderliche Individualität und damit Unterscheidungskraft hergestellt werden (zulässig „Computech OG" statt unzulässig „Computertechnik OG").

Ausnahmen macht die Rsp allerdings, wenn Branchen- oder Gattungsbezeichnungen von den angesprochenen Verkehrskreisen ganz überwiegend mit einem bestimmten Unternehmen assoziiert werden.

Die „Shopping City" im Wiener Raum.

„Allerweltsbegriffe" und „Allerweltsnamen"

Eine **kreative Verwendung von (Allerwelts-)Begriffen** kann in bestimmten Zusammenhängen die erforderliche Individualität vermitteln.

Kapitel 2: Grundlegende Anforderungen an die Firma

ZB „Softwear OG" für ein Bekleidungsgeschäft oder „Muskelkater KG" für ein Fitnessstudio.

Werden zwei nicht unterscheidungskräftige Begriffe (wie etwa „Management" und „Kompetenz") zu einem Wort („Managementkompetenz") zusammengefügt, so ergibt sich daraus nach der Rsp noch nicht zwangsläufig eine hinreichend individualisierte Firma.

Ob **„Allerweltsnamen"** natürlicher Personen wie „Berger", „Müller" oder „Huber" für sich allein ausreichend Unterscheidungskraft haben, ist tw strittig, wird aber angesichts der Tatsache, dass dies schon vom bisherigen (rigiden) Firmenrecht des HGB zugelassen wurde, tendenziell bejaht. Der dadurch entstehenden Verwechslungsgefahr wirkt das Prinzip der Firmenunterscheidbarkeit (§ 29 UGB) – allenfalls ist mit geeigneten Zusätzen für die notwendige Unterscheidungskraft zu sorgen – entgegen. Zum Teil wird in der Lehre für die Eintragung von „Allerweltsnamen" verlangt, dass sie zumindest mit dem abgekürzten Vornamen geführt werden.

- Welche generellen Anforderungen müssen bei der Firmenbildung beachtet werden?
- Warum ist der Rechtsformzusatz zwingend anzugeben?
- Inwiefern bestehen Sondervorschriften für die Firmenbildung freier Berufe?
- Was bedeutet „Kennzeichnungseignung" der Firma?
- Wann sind fremdsprachige Firmen zulässig?
- Was ist die Problematik, Bild- oder Sonderzeichen in der Firma zu verwenden?
- Lässt die derzeit überwiegende Meinung eine freie Verwendung des „@"-Zeichens im Firmenwortlaut zu?
- Ist eine Firma mit der Zeichenfolge „*****-GmbH" zulässig?
- Worin liegt die „Unterscheidungskraft" einer Firma?

Kennzeichnungseignung	Es besteht die Anforderung, dass die Firma zur Kennzeichnung eines Unternehmers geeignet sein muss und daher abstrakte Namensfähigkeit hat. Die Firma muss somit als Name individualisiert werden können und vom Verkehr als solcher verstanden werden. Als sprachliche Kennzeichnung muss die Firma aussprechbar sein.
Rechtsformzusatz	Ein „Rechtsformzusatz" ist die (gesetzlich zwingend gebotene) Angabe der korrekten „Rechtsform" in der Firma.
Unterscheidungskraft	Die „Unterscheidungskraft" ist die allgemeine Voraussetzung für eine Firma, wonach diese etwas Besonderes, Individuelles an sich haben muss, das sich schon der Art nach eignet, den Unternehmer von anderen Personen bzw Unternehmern zu unterscheiden.

1.4 Die Firma

Kapitel 3: Firmengrundsätze

Firmenwahrheit („Irreführungsverbot")

Allgemeines

Der „Grundsatz der Firmenwahrheit" wurde in § 18 Abs 2 UGB für alle Rechtsformen einheitlich formuliert. Er verbietet Angaben in der Firma, die geeignet sind, über geschäftliche Verhältnisse, die für die angesprochenen Verkehrskreise wesentlich sind, irrezuführen. Auf eine Irreführungsabsicht oder die tatsächliche Verwirklichung der Gefahr einer Irreführung kommt es nicht an. Das Irreführungsverbot bezieht sich sowohl auf den Firmenkern, als auch auf Firmenzusätze. Es ist umfassend zu verstehen und betrifft sowohl die Firmenbildung, als auch die spätere Firmenführung. Eine Firma kann demgemäß im Laufe der Zeit auch irreführend werden.

> Die „Computerservice worldwide GmbH" ist nach einem erheblichen Geschäftsrückgang und Schließung von ausländischen Zweigniederlassungen nunmehr ausschließlich im Raum Wien tätig. Die Firma ist daher den aktuellen Verhältnissen anzupassen.

geschäftliche Verhältnisse

Unter „Angaben über geschäftliche Verhältnisse" sind Hinweise zu verstehen, die sich auf den Inhaber bzw auf die Art, den Umfang oder die Branche der Tätigkeit beziehen.

Wesentlichkeit

Die in der Firma enthaltenen irreführenden Angaben müssen für die **angesprochenen Verkehrskreise** wesentlich sein. Die „angesprochenen Verkehrskreise" sind insb Marktteilnehmer, Kreditgeber, Lieferanten etc. Die Gesetzesmaterialien präzisieren, dass es (objektiv feststellbar) auf „die Sicht des durchschnittlichen Angehörigen des betreffenden Personenkreises bei entsprechender Würdigung" ankommen soll. Irreführende, jedoch nebensächliche Angaben, die wirtschaftliche Entscheidungen des Geschäftsverkehrs nicht beeinflussen, sind aus Sicht des § 18 Abs 2 UGB unproblematisch.

Prüfung durch das Firmenbuchgericht

Die Täuschungseignung ist vom Firmenbuchgericht nur zu berücksichtigen, wenn sie **„ersichtlich"** ist (§ 18 Abs 2 letzter Satz UGB), somit dem Firmenbuchgericht aufgrund eigener Sachkenntnis und verfügbarer Informationsquellen als irreführend erkennbar ist. Die gerichtliche Prüfung wird damit auf ein „Grobraster" beschränkt und von umfangreichen Beweisaufnahmen entlastet (im Zweifel kann das Gericht Gutachten der zuständigen Interessenvertretung einholen; vgl § 14 FBG). Das bedeutet jedoch nicht, dass aus der Eintragung einer Firma (mangels ersichtlicher Irreführung) automatisch deren Unbedenklichkeit folgt: In einer zivilrechtlichen Unterlassungsklage sind auch nicht (sofort) ersichtliche Irreführungen maßgeblich. Dem **Wettbewerbsrecht** kommt damit die Aufgabe einer „Feinsteuerung" zu.

Kapitel 3: Firmengrundsätze

geographische Angaben

Geographische Zusätze (etwa Kontinente, Staaten, Länder, Städte, Ortsnamen, Bezirks- und Straßennamen) dürfen den Geschäftsverkehr über die Bedeutung und den Umfang oder den Standort des Unternehmens nicht täuschen. Die (inzwischen überholte) ältere Rsp ging noch davon aus, dass geographische Zusätze stets als Hinweise auf den Sitz des Unternehmens zu verstehen sind. Nunmehr wird ein geographischer Zusatz nur dann als das Täuschungsverbot verletzend erachtet, wenn er eine **unrichtige Vorstellung über den tatsächlichen Standort** des Unternehmens erweckt oder unzutreffende Annahmen der angesprochenen Verkehrskreise über die **Art oder den Umfang des Geschäfts** oder die Verhältnisse der Gesellschaft hervorgerufen werden können. Unzulässig wäre auch eine Firma, die unzutreffend auf besondere Beziehungen des Unternehmens zu einer Gebietskörperschaft hinweist (etwa „Reisebüro Wien").

> Zusätze wie „Österreich" oder „Austria" setzen grundsätzlich voraus, dass das Unternehmen von größerem Umfang/größerer Wichtigkeit für Österreich ist oder Erzeugnisse typisch österr Gepräges herstellt. Das hat va die ältere Rsp strikt betont; in jüngerer Zeit wurde diese Judikaturlinie jedoch vereinzelt gelockert.
>
> Zusätze wie „Europe", „Europa", „Europäisch", „Euro", „EG", „EU" vermitteln die Vorstellung eines nach Größe und Marktstellung den Verhältnissen des europäischen Markts entsprechenden Unternehmens. Erforderlich ist daher eine internationale Bedeutung. Bloße Geschäftsbeziehungen mit ausländischen Partnern reichen für sich alleine nicht aus. „EG Wirtschaftstreuhand" wurde wegen der Erweckung irreführender Assoziationen zu den (damaligen) Europäischen Gemeinschaften von der Rsp abgelehnt.
>
> Die Firmenbestandteile „international" oder „inter" sind unzulässig, wenn kein auf internationalen Märkten tätiges Unternehmen mit großer Leistungsfähigkeit vorliegt.

Art der Tätigkeit/ Unternehmensgröße

Gewisse Begriffe erwecken bei den angesprochenen Verkehrskreisen bestimmte Assoziationen betreffend die Art der ausgeübten **Tätigkeit** oder deren **Umfang** (zB „Haus", „Werk", „Zentrale", „Union"). Diese Begriffe dürfen somit bloß dann in eine Firma aufgenommen werden, wenn der erweckte Eindruck nicht unzutreffend ist. Die Rsp ist tw streng.

> „KON-VER" wurde als Firmenbestandteil für unzulässig qualifiziert, da dieser Begriff auf einen (im konkreten Fall tatsächlich nicht stattfindenden Konkursverkauf) hindeutet.
>
> „Center" in Verbindung mit einem Ortsnamen kann den irreführenden Anschein erwecken, es handle sich hierbei um das einzige Unternehmen dieser Art im bezeichneten geographischen Bereich.
>
> „Fruchtriese" werde nach der Rsp von den beteiligten Verkehrskreisen dahingehend verstanden, dass die Gesellschaft eine gegenüber anderen auf dem Gebiet tätigen Betrieben dominierende Marktposition einnehme.
>
> Besonders zum Firmenbestandteil **„Markt"** bestand eine kontroversielle Rsp. So hat der OGH „Blumenmarkt" für ein Unternehmen, das Groß- und Einzelhandel mit Blumen betreibt, für unzulässig erklärt, weil unter „Markt" in diesem Fall eine Vielzahl von Verkäufern, nicht aber eine Vielfalt der angebotenen Waren verstanden werde. Ebenso unzulässig war „Minitextilmarkt" für ein Einzelunternehmen. Der OGH räumte in anderen Fällen aber ein, dass sich hinsichtlich der Verkehrsauffassung ein Bedeutungswandel (der sich durch demoskopische Gutachten nachweisen lasse) vollziehen könne.

Für „Supermarkt" oder „Abholgroßmarkt" bejahte der OGH – unter der Voraussetzung des Vorliegens eines Großbetriebs, der begrifflich einem Warenhaus zumindest nahe komme (Kriterien seien ein gewisses „Mindestmaß an Dienstnehmern und Warenumsatz"; Selbstbedienung allein reiche nicht) – einen solchen Bedeutungswandel und damit die Zulässigkeit.

Auch Begriffe wie **„Anstalt"** oder **„Institut"** können in bestimmten Zusammenhängen irreführend sein, wenn der fälschliche Eindruck einer öffentlich-rechtlichen Einrichtung entsteht.

Firmenkontinuität (Firmenbeständigkeit)

Firmenkontinuität bricht (tw) Firmenwahrheit

Der Grundsatz der Firmenwahrheit gilt nicht absolut. Er wird zuweilen (ausnahmsweise) vom Grundsatz der Firmenkontinuität „durchbrochen": Dieser besagt, dass die ursprüngliche Firma – zur Erhaltung des Firmenwerts **(„good will")** – unter bestimmten Voraussetzungen weitergeführt werden kann („abgeleitete Firma"). Die ursprüngliche Firma ist dabei – vom Rechtsformzusatz abgesehen – **grundsätzlich unverändert** fortzuführen. Änderungen dürfen nur dann vorgenommen werden, wenn sie nach der Verkehrsauffassung unwesentlich sind und keine Zweifel an der Identität der Firma aufkommen lassen.

Eine Berufung auf den Grundsatz der Firmenkontinuität scheitert auch dann, wenn schon die ursprüngliche (später fortgeführte) Firma nicht den Firmenbildungsvorschriften entsprochen hatte: Gegenüber den allgemeinen Anforderungen an eine Firma genießt der Grundsatz der Firmenkontinuität somit keinen Vorrang.

Fälle

Als Fälle der Firmenfortführung sieht das UGB vor:

- **Namensänderung (§ 21 UGB):** Wird der Name einer in der Firma genannten Person geändert (etwa durch Heirat, Scheidung oder Adoption), so kann die bisherige Firma fortgeführt werden. Strittig ist, ob § 21 UGB der Untersagung der Namensführung nach Scheidung oder Aufhebung der Adoption (§ 185 Abs 3 ABGB) vorgeht. Voraussetzung für eine Firmenfortführung nach § 21 UGB sind die Identität des Firmeninhabers und Kontinuität der Unternehmens- und Firmenführung.

- **Unternehmenserwerb (§ 22 UGB):** Wer ein bestehendes Unternehmen unter Lebenden oder von Todes wegen erwirbt, darf für das Unternehmen die bisherige Firma, auch wenn sie den Namen des bisherigen Unternehmers enthält, mit oder ohne Beifügung eines das Nachfolgeverhältnis andeutenden Zusatzes fortführen, wenn der bisherige Unternehmer oder dessen Erben in die Fortführung der Firma ausdrücklich einwilligen. Dasselbe gilt bei Unternehmensübergang durch Nießbrauch, Pacht oder ein ähnliches Verhältnis. Das Unternehmen muss hiefür „im Großen und Ganzen" (dh der „Unternehmenskern") übertragen werden. Ohne das Unternehmen, für das die Firma geführt wird, kann sie nicht übertragen werden (§ 23 UGB – **„Verbot der Leerübertragung"**).

Kathi Katz erwirbt von Richard Reich ein Einkaufszentrum mit angeschlossenem Kino, das unter der Firma „Richard Reich Gürtel-City e.U." geführt wird. Sie kann die Firma beibehalten, wenn sie auch das Unternehmen im Wesentlichen fortführt. Das wird auch dann der Fall sein, wenn sie das Kino in eine Diskothek umbaut, nicht jedoch, wenn sie das gesamte Gebäude in ein Fitness-Center umfunktioniert.

- Bei **Eintritt/Ausscheiden eines Gesellschafters** oder bei **Gesellschafterwechsel** kann die Firma grundsätzlich fortgeführt werden (§ 24 Abs 1 UGB). Bei Ausscheiden bedarf es zur Fortführung der ausdrücklichen Einwilligung des namensgebenden Gesellschafters oder seiner Erben (§ 24 Abs 2 UGB).

korrekter Rechtsformzusatz

Auch bei Firmenfortführung muss der Rechtsformzusatz immer aktuell sein. Das ergibt sich aus § 19 UGB.

> Kathi Katz bringt das Einzelunternehmen in eine GmbH ein, weshalb der Zusatz „e.U." nicht mehr geführt werden darf. Aufzunehmen ist ein Hinweis auf die GmbH.

Firmeneinheit

ein Unternehmen, eine Firma

Der (gesetzlich nicht explizit geregelte, sich aber aus der Namensfunktion der Firma ergebende) Grundsatz der Firmeneinheit besagt, dass **für ein und dasselbe Unternehmen nicht mehrere Firmen** geführt werden dürfen. Entsteht bei Firmenabkürzungen oder Firmenschlagworten der Eindruck einer anderen, vollständigen (zweiten) Firma, so ist das Gebot der Firmeneinheit verletzt. Der Grundsatz der Firmeneinheit gilt nach str Auffassung wohl auch dann, wenn ein Unternehmer sein bisheriges Unternehmen mit einem erworbenen Unternehmen vereinigt: Diesfalls ist bloß eine Firma zu führen.

Der Grundsatz der Firmeneinheit steht in Zusammenhang mit der (gelegentlich als eigenständiger Grundsatz genannten) **Firmenidentität:** Obwohl die Firma prinzipiell ohne bestimmte Gründe jederzeit geändert werden kann, wird eine **missbräuchlich häufige Änderung** der Firma als **unzulässig** erachtet, weil sie der Identifizierungsfunktion widerspricht.

mehrere Unternehmen, mehrere Firmen?

Werden demgegenüber **mehrere Unternehmen** geführt, so stellt sich die Frage, ob auch mehrere Firmen von ein und demselben Rechtsträger geführt werden dürfen. Dass Einzelunternehmer, die mehrere organisatorisch streng voneinander getrennte Unternehmen betreiben, für diese jeweils eigene Firmen führen dürfen, ist weitgehend unstrittig. Gesellschaften werden – wegen Einheit von Firma und Name – nur eine einheitliche Firma führen können (tw strittig).

> Edwin Eifrig betreibt ein Restaurant in Wien-Döbling und ein Fitnesscenter in Wien-Innere Stadt. Da die Unternehmen auch organisatorisch getrennt sind, kann Eifrig zweimal im Firmenbuch stehen, etwa einmal als „Eifrig Gourmettempel e.U." und einmal als „Edwins Fitnessfactory e.U.".

Gesellschaften bleibt es freilich unbenommen, für ihre (Teil-)Betriebe eigene Geschäfts- bzw Etablissementbezeichnungen zu führen.

Zweigniederlassung

Durchbrochen ist der Grundsatz der Firmeneinheit bei der **Zweigniederlassung** (s S 44 ff): Nach hM darf die im Wirkungskreis einer Zweigniederlassung geführte Firma von derjenigen der Hauptniederlassung abweichen, doch hat in der Firma der Zweigniederlassung der **Zusammenhang zwischen Haupt- und Zweigniederlassung** deutlich zum Ausdruck zu kommen. Eine abweichende Firma ist Voraussetzung dafür, dass Prokura auf eine Zweigniederlassung beschränkt werden kann (§ 50 Abs 3, § 126 Abs 3 UGB, § 3 Abs 1 Z 6 FBG; dazu S 118 f).

> Eifrig eröffnet in Graz einen Filialbetrieb seines Fitnesscenters und lässt diese Niederlassung unter der gesonderten Firma „Edwins Fitnessfactory Styria e.U." im Firmenbuch eintragen.

Firmenöffentlichkeit

Die Firma muss geführt werden

Die Firmenführung ist nicht Wahl, sondern **Pflicht.** Die Firma ist entsprechend eine eintragungspflichtige Tatsache (§ 3 Abs 1 Z 2 FBG). Die Anmeldung hat bei dem Gericht, in dessen Sprengel sich der Sitz des Unternehmens befindet, zu erfolgen. Ebenso jene der Änderung bzw des Erlöschens der Firma (§ 30 Abs 1 UGB). Der Grundsatz der Firmenöffentlichkeit findet auch in den (seit 1. 1. 2010 ausnahmslos auch für alle eingetragenen Personengesellschaften) **verpflichtenden Angaben auf Geschäftspapieren** (zu denen auch die Firma zählt; § 14 UGB) und den verpflichtenden Informationen nach § 5 ECG Ausdruck.

Firmenausschließlichkeit (Firmenunterscheidbarkeit)

Allgemeines

Jede neue Firma muss sich von allen an demselben „Ort" oder in derselben „Gemeinde" bereits bestehenden und in das Firmenbuch eingetragenen Firmen deutlich unterscheiden (§ 29 Abs 1 UGB). Die Frage, ob eine deutliche Unterscheidbarkeit vorliegt, ist eine Rechtsfrage, die von Amts wegen zu prüfen ist. Ein allfälliges Einverständnis eines bereits eingetragenen Firmenberechtigten mit der Führung einer verwechslungsfähigen Firma durch einen anderen beseitigt die Unzulässigkeit der neuen Eintragung nicht: Der Grundsatz der Firmenausschließlichkeit bezweckt nämlich nicht nur Individual-, sondern auch allgemeinen Verkehrsschutz.

„Ort" bzw „Gemeinde"

Unter „Gemeinde" ist die politische Gemeinde zu verstehen. Was ein „Ort" ist, richtet sich nach der Verkehrsauffassung. Dabei soll es nach der Rsp auf wirtschaftliche Zusammengehörigkeit ankommen.

> Die Rsp qualifizierte etwa Wien und Mödling, Wien und Vösendorf oder Wien und Klosterneuburg nicht als „einen Ort", Wien und Schwechat hingegen schon. Ob diese Judikatur angesichts des fortschreitenden Zusammenwachsens von Vororten mit dem Stadtgebiet von Wien noch aktuell ist, darf in einzelnen Fällen bezweifelt werden.

Außerhalb desselben Ortes und derselben Gemeinde fällt die Verwechselbarkeit zweier Firmen nicht unter § 29 UGB, sondern ggf in den Anwendungsbereich des **Wettbewerbs- und Namensrechts.** Die jeweilige Firma darf daher grundsätzlich eingetragen werden.

Kriterien der Verwechslungsgefahr

Die konkrete Verwechslungsgefahr (am selben Ort/in derselben Gemeinde) iSv § 29 UGB hängt wie im Wettbewerbsrecht von der **allgemeinen Verkehrsauffassung** ab und ist vom Firmenbuchgericht getrennt von der Frage nach der im Eintragungsverfahren nur eingeschränkt zu überprüfenden abstrakten „Unterscheidungskraft" des § 18 Abs 1 UGB zu beurteilen. Maßgeblich ist der Eindruck, den die Firma nach der Verkehrsauffassung **bei gewöhnlicher Aufmerksamkeit** hinterlässt, womit es darauf ankommt, wie die Firma gebraucht zu werden pflegt. Entscheidend ist der **Gebrauch der Firma im alltäglichen Geschäftsleben,** nicht der vollständige Firmenwortlaut – eine Unterscheidung bloß nach dem Rechtsformzusatz kann daher grundsätzlich die erforderliche Unterscheidbarkeit nicht herstellen. Zu achten ist insb auf Wortbild, Wortklang und Wortsinn. Besonders streng ist der Maßstab bei Branchennähe bzw gleichem Unternehmensgegenstand. Sind mehrere Gesellschaften wirtschaftlich miteinander verflochten, müssen deren Firmen idR dennoch voneinander unterscheidbar sein. Da **Sachfirmen und Phantasiefirmen** von vornherein **mehr Verwechslungspotential** aufweisen und eine größere Auswahlmöglichkeit besteht, ist an diese ein strengerer Maßstab anzulegen als bei Personenfirmen.

> Der OGH qualifizierte „NEMSA-ARAB Handels-GmbH" und „NEMSA Export-Import Dr. Hussein E." („Nemsa" bedeutet auf Arabisch „Österreich") anhand der Verkehrsanschauung für nicht unterscheidungsfähig.

Prioritätsprinzip

Geschützt wird nach dem **Prioritätsprinzip** die **zuerst eingetragene Firma.** Eine ältere, jedoch zu Unrecht eingetragene Firma fällt zwar nicht in den Schutzbereich des § 29 UGB, doch ist die Eintragung einer neuen Firma vom Firmenbuchgericht so lange abzuweisen, bis die Änderung oder Löschung der unzulässig eingetragenen älteren Firma bewirkt ist.

Üben

- Warum kommt es bei der Beurteilung der Täuschungseignung einer Firma auf die „angesprochenen Verkehrskreise" an?
- Warum scheint der Grundsatz der Firmenkontinuität demjenigen der Firmenwahrheit zu widersprechen?
- In welchen Fällen kann es zu einer Firmenfortführung kommen?
- Gilt der Grundsatz der Firmeneinheit absolut? Wo bestehen „Ausnahmen"?
- Was besagt das „Prioritätsprinzip"?

Wissen

Firmenbildung

Die Firmenbildung wurde vom UGB weitgehend liberalisiert: § 18 UGB schreibt zunächst lediglich vor, dass die Firma zur Kennzeichnung des Unternehmers geeignet sein und Unterscheidungskraft besitzen muss. Zudem wird ein allgemein gehaltenes, gelockertes Irreführungsverbot normiert: Danach darf die Firma keine Angaben enthalten, die geeignet sind, über geschäftliche Verhältnisse, die für die angesprochenen Verkehrskreise wesentlich sind, irrezuführen. Generell kann – unter Einhaltung der Firmengrundsätze, insb der Firmenwahrheit – die Firma frei in Form einer Personen-, Sach- oder Phantasiefirma erfolgen. Im Gegenzug ist – als Korrektiv zur Liberalisierung – die Führung eines Rechtsformzusatzes bei allen Gesellschaftsformen zwingend vorgeschrieben. Bei Angehörigen eines freien Berufs ist, soweit die berufsrechtlichen Vorschriften für die Firma nichts anderes vorsehen, ein Hinweis auf den ausgeübten freien Beruf in die Firma aufzunehmen. An die Stelle der Bezeichnung „offene Gesellschaft" kann die Bezeichnung „Partnerschaft" oder – sofern die Firma nicht die Namen aller Gesellschafter enthält – der Zusatz „und (&) Partner", an die Stelle der Bezeichnung „Kommanditgesellschaft" die Bezeichnung „Kommandit-Partnerschaft" treten. Wenn in einer OG oder einer KG keine natürliche Person unbeschränkt haftet, muss dieser Umstand aus der Firma erkennbar sein, auch wenn sie nach den §§ 21, 22, 24 UGB oder nach anderen gesetzlichen Vorschriften fortgeführt wird (vgl § 19 UGB). Zudem darf gem § 20 UGB in die Firma eines Einzelunternehmers oder einer eingetragenen Personengesellschaft der Name einer anderen Person als des Einzelunternehmers oder eines unbeschränkt haftenden Gesellschafters nicht aufgenommen werden. Die Firmenbildung des Einzelunternehmers muss aber nicht (mehr) notwendig aus seinem bürgerlichen Namen bestehen.

1.4 Die Firma

Firmenkontinuität

Der Grundsatz der „Firmenkontinuität" besagt, dass eine Firma innerhalb bestimmter Grenzen beibehalten werden kann, obwohl sie zwischenzeitlich „unrichtig" geworden ist. Auf diese Weise kann – um den Preis der Firmenwahrheit – der Firmenwert („good will") erhalten werden. Ungeachtet des Grundsatzes der Firmenkontinuität müssen Firmenzusätze (insb Rechtsformzusätze) stets wahr bleiben.

Firmenöffentlichkeit

Nach dem Grundsatz der „Firmenöffentlichkeit" ist jeder (eintragungspflichtige) Unternehmer verpflichtet, seine Firma bei dem Gericht, in dessen Bezirk sich seine Niederlassung befindet, zur Eintragung in das Firmenbuch anzumelden (§ 28 UGB). Dasselbe gilt für eine Änderung bzw das Erlöschen einer Firma (§ 30 UGB). IdZ sind auch § 14 UGB (Pflichtangaben) und § 5 ECG beachtlich.

Firmenunterscheidbarkeit

Nach dem Grundsatz der „Firmenunterscheidbarkeit" muss sich jede neue Firma von allen an demselben Ort bzw in derselben Gemeinde bereits bestehenden und in das Firmenbuch eingetragenen Firmen deutlich unterscheiden (§ 29 Abs 1 UGB). Dadurch soll der Verwechslungsgefahr mit gleichnamigen Firmen und dem „Schmarotzertum" am fremden Firmenwert vorgebeugt werden. Geschützt wird die zuerst eingetragene Firma (Prioritätsprinzip). Wird eine Zweigniederlassung zum Firmenbuch angemeldet, so muss auch für sie die Unterscheidbarkeit von bereits eingetragenen Firmen überprüft werden. Ist diese nicht gegeben, muss ein unterscheidungskräftiger Zusatz beigefügt werden (§ 29 Abs 3 UGB). Dasselbe gilt bei Namensgleichheit zweier (Einzel-)Unternehmer (§ 30 Abs 2 UGB). Die Frage der Unterscheidbarkeit hat der Firmenbuchrichter bzw Rechtspfleger amtswegig zu prüfen.

Firmenwahrheit

Die „Firmenwahrheit" ist ein zentraler Firmengrundsatz, der auch analog auf bloße Geschäftsbezeichnungen anwendbar ist. Er besagt, dass die Firma keine Angaben enthalten darf, die geeignet sind, über geschäftliche Verhältnisse, die für die angesprochenen Verkehrskreise wesentlich sind, irrezuführen (§ 18 Abs 2 Satz 1 UGB). Die Eignung zur Irreführung bemisst sich an der Sicht des durchschnittlichen Angehörigen der angesprochenen Verkehrskreise. Im Eintragungsverfahren ist die Irreführung allerdings nur zu berücksichtigen, wenn sie „ersichtlich" ist (§ 18 Abs 2 Satz 2 UGB). Dadurch soll das Gericht von umfangreichen Nachforschungen idR entbunden werden. Die Firmenwahrheit gilt in ihrer Schärfe nur für die ursprüngliche Firma. Bei abgeleiteten Firmen wird sie zur Erhaltung des „good will" vom Grundsatz der Firmenkontinuität überlagert, jedoch nur innerhalb bestimmter Grenzen: Insb der Rechtsformzusatz muss jedenfalls der tatsächlichen Rechtsform entsprechen.

Good will

Der „good will" (engl „guter Ruf"; hier: „Firmenwert") bezeichnet (im Unternehmensrecht) jenen Unterschiedsbetrag, um den die für die Übernahme eines Unternehmens bewirkte Gegenleistung den Wert der einzelnen Vermögensgegenstände des Unternehmens nach Aufdeckung der stillen Reserven und abzüglich der Schulden im Zeitpunkt der Übernahme übersteigt. Für Zwecke der Bilanzierung unterscheidet man den „originären" (selbst geschaffenen) Firmenwert, der in der Bilanz nicht aktiviert werden darf (Aktivierungsverbot) und den „derivativen" (vom Rechtsvorgänger übertragenen) Firmenwert, der bei entgeltlichem Erwerb zu aktivieren und dessen Abschreibung auf die voraussichtliche Nutzungsdauer zu verteilen ist (§ 203 Abs 5 UGB).

Kapitel 4: Rechtsformspezifische Firmenbildungsvorschriften

 **Lernen**

Allgemeine Regel

Im Gegensatz zur alten Rechtslage (nach HGB) bestehen nunmehr kaum noch rechtsformspezifische Firmenbildungsvorschriften. Unter Beachtung des **§ 18 UGB**, der **sonstigen Firmenbildungsgrundsätze** und des Gebots, stets einen korrekten Rechtsformzusatz anzufügen (§ 19 UGB), besteht die grundsätzlich **freie Wahl** zwischen **Personen-, Sach- und Phantasiefirma**. Bloß punktuell ergeben sich gewisse Einschränkungen bzw Anforderungen, die bei Bildung der Firma für bestimmte Rechtsformen zu beachten sind.

§ 20 UGB: Unzulässige Verwendung fremder Namen

Einzelunternehmer, Personengesellschafter

Gem § 20 UGB darf in die Firma eines Einzelunternehmers oder einer eingetragenen Personengesellschaft der Name einer anderen Person als derjenigen des Einzelunternehmers oder eines unbeschränkt haftenden Gesellschafters nicht aufgenommen werden. Damit wird die Bildung von Personenfirmen für die genannten Rechtsträger inhaltlich beschränkt. Auch die Führung von Kommanditisten in der Firma kommt daher nicht in Frage, es sei denn, der namensgebende Komplementär scheidet aus und wird zum Kommanditisten: Dann liegt ein (zulässiger) Fall der Firmenfortführung vor. Der Grundsatz der Firmenfortführung gestattet es ferner, die Firma fortzuführen, wenn der namensgebende Gesellschafter überhaupt ausscheidet (s S 86 f).

> Scheidet Herr Maier aus der Maier Heizkessel OG aus, darf die Firma weiterhin Maier Heizkessel OG lauten.

historische Namen

Der Wortlaut des § 20 UGB würde an sich auch historische Namen erfassen, was über seinen Zweck in vielen Fällen hinausschießen würde. Es wird daher danach zu differenzieren sein, wie die im konkreten Fall „angesprochenen Verkehrskreise" den Firmenwortlaut verstehen.

> „Sightseeing Franz Joseph e.U.", „Hotel Mozart OG" oder „Bar Casanova KG" werden wohl ganz allgemein nicht als konkrete Namen (mit denen ein real existierender persönlich haftender Unternehmer bzw Gesellschafter verbunden ist) verstanden, sondern als Phantasiebezeichnung und dürfen damit ungeachtet des Wortlauts von

1.4 Die Firma

§ 20 UGB in die Firma eines Einzelunternehmers bzw einer Personengesellschaft aufgenommen werden: Niemand (oder zumindest kaum jemand) der angesprochenen Verkehrskreise rechnet mit einer Haftung von Casanova, Mozart oder Kaiser Franz Josef.

erfundene Namen

Erfundene Namen (zB „John Black OG") fallen ebenso unter das Verbot des § 20 UGB, wenn sie als (reale) Namen wahrgenommen werden. Unproblematisch wäre demgegenüber die Verwendung von den angesprochenen Verkehrskreisen ganz allgemein als fiktiv erkennbaren „Namen", da hier das Phantasieelement dominiert.

„James T. Kirk Luftfahrttechnik KG", „Darth Vader Beatmungsmaschinen OG", „Indiana Jones Abenteuerreisen KG" können wohl (firmenrechtlich) zulässige Firmenwortlaute sein.

Die Firma der Kapitalgesellschaft & Co

Firmenzusatz

Besonderes gilt für eine KG bzw OG, bei der keine natürliche Person unbeschränkt haftet, sondern bloß eine oder mehrere juristische Personen (sog „verdeckte Kapitalgesellschaften"). **§ 19 Abs 2 UGB** normiert, dass dieser Umstand **aus der Firma erkennbar** sein muss. Zweck der Bestimmung ist, den Geschäftsverkehr über die mit der Konstruktion verbundene Gefahr (bloß beschränkter Haftungsfonds statt unbeschränkter Haftung einer natürlichen Person) aufzuklären.

Anerkannt werden idS etwa die Zusätze „… & Co KG (bzw OG)" und „… & Co Kommanditgesellschaft", abgelehnt werden „beschränkt haftende KG", „b.H. KG", „KG mit beschränkter Haftung" oder „… GmbH Handels KG".

Sonderfälle des § 20 UGB

Wird für die **Komplementär-GmbH** eine **Personenfirma** gebildet und ist der in der Firma der GmbH namentlich enthaltene GmbH-Gesellschafter gleichzeitig Kommanditist der GmbH & Co KG, so ist dies trotz des Verbots, andere Personen als unbeschränkt haftende Gesellschafter in die Firma einer eingetragenen Personengesellschaft aufzunehmen (§ 20 UGB), unproblematisch, da sein Name in der Firma der GmbH & Co KG als Teil der Firma der GmbH, die Komplementärin ist, vorkommt, nicht jedoch als Name des Kommanditisten.

Gary Garlic, Gesellschafter und Geschäftsführer der Gary Garlic Würzmittel GmbH gründet eine KG, an der die GmbH als Komplementärin und er selbst als Kommanditist beteiligt sein soll. Er wählt die Firma „Gary Garlic Würzmittel GmbH & Co KG". Das ist zulässig.

Das **Weglassen von Bestandteilen** der Firma der GmbH ist bei Bildung einer Personenfirma unzulässig. Das Problem, dass die Sachfirma der Komplementär-GmbH vom Unternehmensgegenstand der KG abweicht und damit die Firma der GmbH & Co KG gegen das Irreführungsverbot verstoßen könnte, hat sich durch das UGB entschärft, da für die KG auch eine (eigene) Personen- oder Phantasiefirma gebildet werden kann und die Komplementär-GmbH dadurch nicht mehr zwangsläufig Namensgeberin ist.

abgeleitete Firma der GmbH & Co KG

Waren ursprünglich auch natürliche Personen Komplementäre einer KG bzw Gesellschafter einer OG und scheiden diese in der Folge aus oder werden sie Kommanditisten, so darf eine nicht dem § 19 Abs 2 UGB entsprechende Firma ungeachtet des Grundsatzes der Firmenkontinuität nicht fortgeführt werden.

Kapitel 4: Rechtsformspezifische Firmenbildungsvorschriften

Führt die KG die Firma der Komplementär-GmbH als Namensfirma, so kann sie beim Ausscheiden der Komplementär-GmbH die Firma fortführen, muss aber den Hinweis auf die GmbH & Co KG streichen, wenn der neue Komplementär eine natürliche Person ist.

Verletzung der Firmenausschließlichkeit?

Ist die GmbH als Komplementärin (alleinige) Namensgeberin der KG und sind beide Gesellschaften im selben Ort oder in derselben Gemeinde eingetragen, so könnte sich die Frage nach einer Verletzung der Firmenausschließlichkeit (§ 29 UGB) stellen, zumal die bloße Anfügung eines Rechtsformzusatzes an im Übrigen gleich lautende Firmen die erforderliche Unterscheidung grundsätzlich nicht bewirkt. § 29 UGB wird daher von der hL und Rsp für diesen Fall teleologisch reduziert, sodass die Unterscheidung durch den Rechtsformzusatz hier ausnahmsweise ausreicht.

Üben

- Darf es vorkommen, dass ein Einzelunternehmer einen Personennamen in seiner Firma führt, der nicht sein eigener ist?
- In welchem Fall dürfte der Name eines Kommanditisten in der Firma einer KG geführt werden?
- Wann darf man historische Namen in der Firma einer Personengesellschaft führen?
- Was ist bei der Bildung der Firma einer GmbH & Co KG zu beachten?

Wissen

verdeckte Kapitalgesellschaften (Firmenbildung)

Personengesellschaften, bei denen kein unbeschränkt haftender Gesellschafter eine natürliche Person ist („verdeckte Kapitalgesellschaften"), müssen in ihrer Firma auf diesen Umstand hinweisen (§ 19 Abs 2 UGB). Anerkannt ist etwa der Zusatz „& Co KG".

1.4 Die Firma

Kapitel 5: Firmenschutz

Lernen

Interesse an Firmenschutz

Einerseits hat die Öffentlichkeit ein Interesse, dass im Verkehr korrekte Firmen geführt werden; andererseits besteht auch ein starkes individuelles Interesse, etwa seitens der Mitbewerber am Markt, dass sie insb vor unbefugten Eingriffen in deren Firmenrecht geschützt werden. Die Einhaltung der firmenrechtlichen Bestimmungen wird von der Rechtsordnung daher **auf mehreren Ebenen geschützt.**

Zu unterscheiden ist einerseits der Fall, dass eine Person eine gar nicht für sie eingetragene Firma verwendet (dagegen kann zB mit Zwangsstrafe vorgegangen werden), und andererseits Fälle, in denen eine eingetragene Firma unzulässig ist (wobei dies tw vom Firmenbuchgericht selbst aufgegriffen werden kann, tw aber auch ein Vorgehen des Betroffenen gegen den Firmeninhaber nötig macht). Wird eine unzulässige Firma zur Eintragung angemeldet, so besteht bereits hier eine gewisse Kontrolle durch das Firmenbuchgericht (s S 64 f).

Öffentlich-rechtlicher Schutz

Verwendung nicht zustehender Firma

Jeder, der (unabhängig von einer eigenen Firmenbucheintragung) eine ihm nicht zustehende Firma gebraucht, ist vom Firmenbuchgericht durch **Zwangsstrafen** von bis zu € 3.600,– anzuhalten, den Gebrauch der Firma zu unterlassen oder darzutun, dass der Gebrauch der Firma zulässig ist (vgl § 24 Abs 1 FBG).

> „Gebrauch" ist auch eine Handlung, die – gegenüber dem Geschäftsverkehr – den Willen bekundet, sich künftig der Firma zu bedienen, also etwa in Zeitungsinseraten, im Internet, auf Briefköpfen, Visitkarten, Türschildern, in Werbungen etc.

Das Gericht droht die Zwangsstrafe zunächst nur an. Unterlässt der Betroffene den Firmengebrauch nicht (und es misslingt ihm der Freibeweis, dass die Firmenführung zulässig ist), so ist vom Gericht die Zwangsstrafe durch Beschluss zu verhängen. Kommt der Betroffene dem Beschluss innerhalb von zwei Monaten nach dessen Rechtskraft nicht nach, so ist eine weitere Zwangsstrafe zu verhängen und der Beschluss über die verhängte Zwangsstrafe zu veröffentlichen (§ 24 Abs 2 FBG). Eine wiederholte Verhängung ist zulässig. Zur Zwangsstrafe s S 66 f.

Kapitel 5: Firmenschutz

nachträgliche Unzulässigkeit
Wird die Firma **nachträglich unzulässig** (etwa, weil die Sachfirma durch Änderung des Unternehmensgegenstands nunmehr täuscht), so hat das Firmenbuchgericht ebenso gem § 24 FBG vorzugehen und erforderlichenfalls die Anmeldung einer geänderten Firma zu erwirken.

Amtslöschung
Eine **Amtslöschung** der Firma ist vorzunehmen, wenn eine Firma (wegen **Unternehmensbeendigung**) erlischt und der Anmeldeverpflichtete innerhalb von zwei Monaten ab Rechtskraft der Verhängung der Zwangsstrafe die Löschung nicht selbst anmeldet (§ 30 Abs 2 UGB).

gewerberechtlicher Schutz
In der Gewerbeordnung finden sich Regeln zur „Namensführung und Bezeichnung von Betriebsstätten", welche auch die Firma betreffen (s §§ 63–66 GewO). Bei Verletzung dieser Vorschriften drohen Verwaltungsstrafen.

Privatrechtlicher Schutz

§ 43 ABGB
Da die Firma auch ein Name ist, fällt sie in den Anwendungsbereich des zivilrechtlichen Namensschutzes (§ 43 ABGB). Dieser beinhaltet Ansprüche auf **Unterlassung, Beseitigung** des gesetzwidrigen Zustands und – bei Verschulden – **Schadenersatz,** bei Bestreitung des Namensrechts auch **Urteilsveröffentlichung** und **Abgabe einer öffentlichen Erklärung** (§§ 1323, 1330 Abs 2 ABGB).

> Firmiert die Betreiberin eines Sportgeschäfts (unbefugt) unter „Hermann Maier's Choice GmbH", so könnte Hermann Maier auf die genannten Ansprüche klagen.

§ 37 UGB
§ 37 UGB gewährt demjenigen, der in seinen Rechten dadurch verletzt wird, dass ein anderer eine Firma (nach firmenrechtlichen Bestimmungen) **unbefugt** gebraucht, einen **Unterlassungs- und Beseitigungsanspruch.** Zudem können Schadenersatzansprüche – jedoch auf Grundlage anderer Bestimmungen (zB § 43 ABGB, § 9 UWG, §§ 12, 56 MarkSchG, nach überwiegender Meinung auch firmenrechtlicher Bestimmungen als Schutzgesetze iSd § 1311 ABGB) – entstehen; § 37 UGB lässt diese unberührt.

> Unbefugt ist der Gebrauch zB, wenn eine fremde Firma benutzt wird („angemaßte Firma") oder wenn eine eigene Firma verwendet wird, die jedoch firmenrechtlich unzulässig ist. Weiters erfolgt die Verwendung einer Firma, die von der eigenen abweicht, „unbefugt". Kein Fall des § 37 UGB ist ein unbefugter Gebrauch (nur) im Sinn der bürgerlich-rechtlichen, wettbewerbsrechtlichen oder markenrechtlichen Vorschriften.

Klagebefugt ist insb der in seinem Firmenrecht Verletzte. Daneben sind nach hM auch Personen befugt, wenn deren „rechtliche Interessen wirtschaftlicher Art" verletzt werden, dh wenn durch den Gebrauch der Firma beim Dritten wirtschaftliche Nachteile entstehen.

wettbewerbsrechtlicher Schutz
Wer im geschäftlichen Verkehr eine Firma (oder einen Namen oder die besondere Bezeichnung eines Unternehmens) in einer Weise benützt, die geeignet ist, Verwechslungen mit Unternehmenskennzeichen hervorzurufen, deren sich ein anderer **befugterweise** bedient, kann von diesem auf Unterlassung, Beseitigung des gesetzwidrigen Zustands und (verschuldensabhängig) auf Schadenersatz in Anspruch genommen werden (§§ 9, 15 UWG). Der wettbewerbsrechtliche Schutz geht somit über jenen des § 29 UGB hinaus, zumal letzterer räumlich (auf denselben Ort und dieselbe Gemeinde) eingeschränkt ist (s S 88 f). Im Eintragungsverfahren ist die Zulässigkeit nach Wettbewerbs- und Markenrecht grundsätzlich unbeachtlich, sofern nicht zugleich ein Firmengrundsatz verletzt wird. Es können daher auch wettbewerbsrechtlich unzulässige Firmenwort-

1.4 Die Firma

laute eingetragen werden. Diesfalls ist es Sache der in ihren Rechten verletzten Person, gegen die Firmenführung wettbewerbsrechtlich vorzugehen.

> Der EDV-Unternehmer Stupidus lässt sich in Wien mit „Linux e.U." eintragen. Die Ausschließlichkeitsprüfung besteht die Firma, da der Name „Linux" in der Gemeinde Wien noch frei ist. Der Berechtigte des Namens „Linux" kann gegen Stupidus nicht nach § 37 UGB vorgehen, da er die Firma (nach Firmenrecht) zu Recht führt! Eine Klage nach § 9 UWG wird jedoch Erfolg haben.

Markenrecht

Weiters besteht **markenrechtlicher Firmenschutz** (§ 12 MarkSchG: Firmen dürfen nicht ohne Zustimmung des Berechtigten zur Kennzeichnung von Waren und Dienstleistungen gebraucht werden; zu den Konsequenzen s insb § 53 MarkSchG).

Internationaler Firmenschutz

Der internationale Firmenschutz ist in der Pariser Verbandsübereinkunft zum Schutz des gewerblichen Eigentums 1883 (kurz: PVÜ) geregelt.

Üben

- Warum ist eine Firma, die nach Firmenrecht korrekt gebildet und daher in das Firmenbuch eingetragen wurde, nicht automatisch rechtlich unbedenklich?
- Welche Schutzmechanismen bestehen für die Firma; welche Ansprüche folgen aus diesen jeweils?
- Warum reicht § 37 UGB in vielen Fällen nicht aus, um den Berechtigten einer Firma oder eines Namens gegen einen Gebrauch durch Mitbewerber zu schützen?

Wissen

Firmenschutz

Firmenschutz wird durch Regelungen öffentlich- oder privatrechtlicher Natur verwirklicht, die das öffentliche Interesse an korrekter Firmenführung und das Interesse des Berechtigten vor unbefugtem und/oder wettbewerbswidrigem Gebrauch seiner Firma schützen, indem sie einerseits Zwangsstrafen vorsehen und andererseits Unterlassungs-, Schadenersatz- und Beseitigungsansprüche sowie uU Ansprüche auf Urteilsveröffentlichung gewähren.

1.5 Unternehmensübergang

Kapitel 1: Einleitung

 **Lernen**

Problemstellung

Das Unternehmen stellt nicht bloß den (mittelbaren) Anknüpfungspunkt für die Anwendung von – die Geschäftstätigkeit regelnden – Bestimmungen des UGB dar, sondern kann auch selbst Gegenstand von Rechtsgeschäften sein. IdZ ist zu fragen, wie „das Unternehmen" als solches rechtlich zu qualifizieren ist und was bei der Übertragung eines Unternehmens aus schuld- und sachenrechtlicher Sicht zu beachten ist.

Rechtsnatur des Unternehmens

Von der Definition des Unternehmens iSd § 1 Abs 2 (s dazu S 17), die für die Klärung der Unternehmereigenschaft eines Rechtsträgers von Interesse ist, ist die rechtliche **Erfassung des realen Phänomens „Unternehmen"** zu unterscheiden. Diese spielt wiederum für die Anwendung mannigfaltiger Rechtsnormen eine Rolle.

> Das Betreiben eines Friseursalons macht Olga zur Unternehmerin. Als sie ihr Unternehmen an Helga verkaufen möchte, stellt sich die Frage, was sie dabei zu beachten hat.

kein Rechtssubjekt — Die Rechtsnatur des Unternehmens ist im Detail bis heute umstritten. Einigkeit besteht jedoch darüber, dass das Unternehmen **kein Rechtssubjekt** ist.

Unternehmen/ Unternehmensträger — Aufgrund der fehlenden Rechtssubjektivität des Unternehmens muss zwischen dem Unternehmen und dem Unternehmensträger differenziert werden. Letzterer betreibt das

1.5 Unternehmensübergang

Unternehmen, was ihn zum Zurechnungssubjekt des Unternehmens und somit gem § 1 Abs 1 UGB zum „Unternehmer" macht (s S 15 f).

> Die Stephan Steinschlag GmbH betreibt ein Bergbauunternehmen. Als über das Vermögen der GmbH ein Insolvenzverfahren eröffnet wird, soll das Unternehmen an den meistbietenden Konkurrenten verkauft werden. Während das Unternehmen von einem anderen Betreiber weitergeführt wird, wird der bisherige Rechtsträger (die GmbH) liquidiert und nach Vermögensverteilung aus dem Firmenbuch gelöscht.

Ansätze rechtlicher Einordnung

Die Frage, wie das Unternehmen rechtlich zu qualifizieren ist, wird in der **Lehre unterschiedlich** beantwortet: Nach einer traditionellen Ansicht in der Lit und Rsp sei das Unternehmen als Rechtsobjekt im Sinn einer **unkörperlichen beweglichen Gesamtsache** (§§ 302, 285 ABGB) zu qualifizieren. Von anderen Literaturstimmen wird jedoch zu Recht darauf hingewiesen, dass bei einem Unternehmen bloß **in einem „weiteren" untechnischen Sinn** von einer Gesamtsache gesprochen werden könne. ZB ist es möglich, das Unternehmen zum Gegenstand eines Verpflichtungsgeschäfts zu machen, dh es „als Ganzes" zu verkaufen, zu verpachten, zu vermachen, zu verschenken etc. Demgegenüber kann das Unternehmen im Rahmen der Einzelrechtsnachfolge (aufgrund der unterschiedlichen Unternehmensbestandteile) regelmäßig nicht durch ein einheitliches Verfügungsgeschäft übertragen werden, sondern es bedarf grundsätzlich der Einhaltung der bürgerlichrechtlichen Vorschriften für Verfügungsgeschäfte, die je nach Unternehmensbestandteil differieren können (etwa Zession für Forderungen, Vertragsübernahme für Verträge etc; zu bestimmten Erleichterungen s insb § 38 UGB). Ein Teil der Lehre hält daher eine Qualifikation des Unternehmens als **Sondervermögen** für passender. Dagegen wurde zuletzt eingewandt, sie sei mangels anknüpfender Rechtsfolgen nicht zweckmäßig. Die Qualifikation des Unternehmens als **„Hauptsache"** und der körperlichen und unkörperlichen Aktiva und Passiva als **„Zubehör"** sei vorzugswürdig (*U. Torggler*).

Erwerbsarten

Hinsichtlich des Übergangs eines Unternehmens sind mehrere Übertragungsarten zu unterscheiden: Zum einen kann das Unternehmen im Weg der **Gesamtrechtsnachfolge** (Universalsukzession) übergehen. Dies kann etwa im Weg der **Erbfolge** geschehen oder durch gesetzlich besonders geregelte **gesellschaftsrechtliche Vorgänge** (zB Verschmelzung, Spaltung, Einbringungen gem BWG oder VAG). Diesfalls gehen die einzelnen Rechtspositionen in einem Akt („uno actu") über.

Bei der Übertragung eines Unternehmens im Weg der **Einzelrechtsnachfolge** durch Veräußerung können zwei Formen unterschieden werden:

- **Kauf des Unternehmens als Gesamtheit** („asset deal" bzw „Unternehmenserwerb ieS"; Einzelrechtsnachfolge in Bezug auf das Unternehmen; die einzelnen „Bestandteile" des Unternehmens wechseln den Rechtsträger).

> Die EA-Tec GmbH ist am Computerhandelsunternehmen der Antonia interessiert. Aufgrund des lukrativen Angebots der EA-Tec GmbH verkauft und überträgt Antonia alle zu diesem Unternehmen gehörenden sachen- und schuldrechtlichen Positionen.

- **Erwerb der Anteile am Unternehmensträger** („share deal"; zB Kauf aller Aktien einer AG; Einzelrechtsnachfolge in Bezug auf die Gesellschaftsanteile, wobei der Unternehmensträger derselbe bleibt).

Kapitel 1: Einleitung

> Berta und Claudia erhalten von der EA-Tec GmbH ein Kaufangebot betreffend ihre (Hälfte-)Beteiligungen an der Xentia GmbH, das sie annehmen. Der Anteilskauf ändert nichts daran, dass der Unternehmensträger – die Xentia GmbH – weiterhin Zuordnungssubjekt der unternehmensbezogenen Rechtsverhältnisse ist. Hingegen hat sich die Gesellschafterstruktur der Xentia GmbH verändert; deren einzige Gesellschafterin ist nunmehr die EA-Tec GmbH.

Da es beim „share deal" kein Bedürfnis gibt, die einzelnen Bestandteile des Unternehmens zu übertragen, stellen sich die damit verbundenen Probleme nicht. Gesetzliche Regelungen, die eine Übertragung erleichtern sollen (insb § 38 UGB), sind auf den „share deal" nicht anzuwenden. Die folgenden Ausführungen beziehen sich daher auf den „asset deal", während der „share deal" im Gesellschaftsrecht behandelt wird.

Es zeigt sich somit auch, dass es von Vorteil sein kann, mehrere Unternehmen nicht über einen Rechtsträger, sondern insb über Tochtergesellschaften zu betreiben. So wird etwa das „Herauskaufen" eines Unternehmens über einen share deal möglich.

> Franz betreibt ein Fitnessstudio, einen Friseurladen und einen Getränkeladen. Will er das Fitnessstudio an Heribert verkaufen, ist dies nur als asset deal möglich, betreibt er dieses aber über eine GmbH, dessen Alleingesellschafter er ist, kann er einen share deal abschließen. Diesfalls überträgt er das Unternehmen mittelbar und auf einfachere Weise. Zudem haftet er nicht für die Verbindlichkeiten „des Fitnessstudios".

Verpflichtungs- und Verfügungsgeschäft

Soll ein Unternehmen im Weg eines **„asset deals"** veräußert werden, kann das Unternehmen zwar zum Gegenstand eines einheitlichen Verpflichtungsgeschäfts gemacht werden, doch ist eine sachenrechtliche Verfügung nicht in gleicher Weise möglich. Der **sachenrechtliche „Typenzwang"** schreibt für einzelne Kategorien von „Sachen" besondere Formen der Übertragung vor (zB Übergabe gem den §§ 426 ff ABGB, für Liegenschaften Eintragung im Grundbuch gem § 431 ABGB). Forderungen müssten grundsätzlich zediert werden, Immaterialgüterrechte werden unter Einhaltung der für sie geltenden Bestimmungen übertragen. Problematisch ist weiters die Übertragung der **Verbindlichkeiten,** die zum Unternehmen gehören, bzw ganzer **Vertragsverhältnisse.** Um diese übertragen zu können, bedarf es nach bürgerlichem Recht der Zustimmung des jeweiligen Gläubigers bzw Vertragspartners.

Praktisch kann es mit großen Schwierigkeiten verbunden sein, alle Vertragspositionen eines Unternehmens zu übertragen. Daher ist es bedeutsam, mit welchen Mitteln der Gesetzgeber den **Übergang von Schuldverhältnissen erleichtert**. Folgende Regelungen außerhalb des UGB können den Unternehmensübergang – insb durch Verzicht auf die Zustimmung des Vertragspartners bei Vertragsübergang – erleichtern:
- § 1120 ABGB (Vertragsübernahme durch den Erwerber einer in Bestand gegebenen Sache) ggf iVm § 1095 ABGB (verbücherte Bestandverträge)
- §§ 1409 f ABGB (s S 110 f)
- § 2 Abs 1 MRG (Eintritt des Rechtsnachfolgers eines Vermieters in den Mietvertrag)
- § 12a Abs 1 MRG (Eintritt des Erwerbers eines in den gemieteten Geschäftsräumlichkeiten betriebenen Unternehmens in den Mietvertrag)
- § 3 AVRAG (Eintritt des Erwerbers eines Unternehmens/Betriebes/Betriebsteils in die Stellung des Arbeitgebers)
- § 69 VersVG (Eintritt des Erwerbers einer Sache in das die Sache betreffende Versicherungsverhältnis)

1.5 Unternehmensübergang

- § 13 VAG (Übertragung des Bestandes an Versicherungsverträgen auf ein anderes Versicherungsunternehmen)
- § 11 MarkSchG (Übergang von Markenrechten bei Unternehmensveräußerung)
- § 28 UrhG (Übertragung des Werknutzungsrechts mit dem Unternehmen)
- § 38 PatG (Übergang von Lizenzen bei Übertragung des lizenzberechtigten Teils des Unternehmens oder des Geschäftsbetriebes)
- § 12 Abs 4 HlSchG (Verweis auf § 38 PatG)

Unternehmensrechtliche Erleichterungen (§§ 38–40 UGB) – Überblick

Der durch die Handelsrechtsreform neu geschaffene 4. Abschnitt im 1. Buch des UGB („Unternehmensübergang") enthält drei Paragraphen:
- § 38 regelt den **Übergang** unternehmensbezogener Rechtsverhältnisse (einschließlich Vertragsübernahme) und die **Haftung** des Erwerbers für Altverbindlichkeiten.
- § 39 enthält eine „zeitliche" **Begrenzung der Haftung** des Veräußerers für unternehmensbezogene Verbindlichkeiten aus der Zeit vor der Veräußerung des Unternehmens („Nachhaftungsbegrenzung").
- § 40 regelt die Rechtsstellung des **Erben** im Fall der Unternehmensfortführung durch diesen.

- Ist eine AG an sich ein „Unternehmen"?
- Wie ist das Unternehmen rechtlich zu qualifizieren (Theorien)?
- Welches sachenrechtliche Problem stellt sich grundsätzlich bei einer Unternehmensübertragung?
- Unterscheiden Sie zwischen dem „asset deal" und dem „share deal"! Ist § 38 UGB auf beide Formen des Unternehmenskaufs anzuwenden?
- Warum enthält eine Reihe gesetzlicher Bestimmungen „Erleichterungen" für den Unternehmensübergang? Nennen Sie Beispiele!
- Nach welcher gesetzlichen Bestimmung geht ein dem MRG unterliegender Mietvertrag über, welchen der Unternehmensveräußerer als Mieter geschlossen hat?
- Im Rahmen eines Unternehmens wurden Sachversicherungen abgeschlossen. Das Unternehmen wird verkauft. Was passiert mit den Versicherungsverträgen?

asset deal (Unternehmenserwerb ieS)

Unter einem „asset deal" versteht man die Übernahme der unternehmensbezogenen Rechtspositionen des bisherigen Unternehmensträgers. Für die Veräußerung und Übertragung der einzelnen „Elemente" des Unternehmens (zB bewegliche Sachen, Liegenschaften, Arbeitsverträge, Lizenzverträge, Forderungen etc) sind die jeweiligen schuld- bzw sachenrechtlichen Vorschriften unter Berücksichtigung allfälliger gesetzlicher Erleichterungen einzuhalten. Bei Gesamtrechtsnachfolge sind sachenrechtliche Einzelübertragungen demgegenüber nicht erforderlich.

share deal (Unternehmenserwerb iwS)

Unter einem „share deal" (von engl „share" = Anteil, Aktie) versteht man den Erwerb von (Gesellschafts-)Anteilen an einem Unternehmensträger; Veräußerer ist der bisherige Gesellschafter des Unternehmensträgers. Die gesellschaftsrechtlichen Voraussetzungen und Formvorschriften sind einzuhalten (s zB § 76 GmbHG); bestehende Rechtsverhältnisse zwischen dem Unternehmensträger und Dritten bleiben grundsätzlich unberührt (s aber zB § 12a Abs 3 MRG). Für den Erwerb von Anteilen börsenotierter Aktiengesellschaften finden sich Sonderregelungen im BörseG und ÜbG.

Unternehmen

Das Unternehmen selbst ist weder eine natürliche noch eine juristische Person. Teile der Lehre qualifizieren es als „Gesamtsache", andere als „Sondervermögen", manche auch als „Hauptsache" (während die Aktiva und Passiva „Zubehör" darstellen).

Unternehmensträger

Unternehmensträger ist derjenige, der das Unternehmen betreibt. Diesem Rechtsträger sind die unternehmensbezogenen Rechtsverhältnisse zuzuordnen.

Kapitel 2: Übergang unternehmensbezogener Rechtsverhältnisse

Lernen

Grundsatz: Übergang

In **§ 38 Abs 1 Satz 1 UGB** findet sich – im Sinn einer Vereinfachung der Unternehmensübertragung und der Kontinuität – der Grundsatz, dass unternehmensbezogene Rechtsverhältnisse auf den Erwerber des Unternehmens übergehen: „Wer ein unter Lebenden erworbenes Unternehmen fortführt, übernimmt, sofern nichts anderes vereinbart ist, zum Zeitpunkt des Unternehmensübergangs die unternehmensbezogenen, nicht höchstpersönlichen Rechtsverhältnisse des Veräußerers mit den bis dahin entstandenen Rechten und Verbindlichkeiten."

erfasste Unternehmen

Da es sich bei § 38 UGB um eine Regelung des 1. Buchs handelt, ergibt sich der Kreis der erfassten Unternehmer aus § 4 UGB. Eine Firmenbucheintragung ist nicht Voraussetzung für die Anwendbarkeit, sofern es nicht Freiberufler bzw Land- und Forstwirte betrifft (in diesen Fällen wird auf die Eintragung des Veräußerers abzustellen sein).

1.5 Unternehmensübergang

Voraussetzungen

Voraussetzung für die Anwendbarkeit des § 38 UGB ist, dass ein **Unternehmen unter Lebenden erworben und fortgeführt** wird.

Erwerb — Fälle des Unternehmenserwerbs durch Einzelrechtsnachfolge sind zB Kauf, Tausch, Schenkung, Einbringung als Sacheinlage in eine Gesellschaft.

> Rainer gründet gemeinsam mit Barbara eine GmbH. Rainer bringt sein bisher von ihm als Einzelunternehmer geführtes Kommunikationsunternehmen in die GmbH ein. § 38 UGB kommt zur Anwendung.

Ausnahmen finden sich in § 38 Abs 5 UGB (Erwerb im Weg eines Zwangsvollstreckungsverfahrens, eines Insolvenzverfahrens oder einer Überwachung des Schuldners durch einen Treuhänder der Gläubiger) und § 38 Abs 5a UGB **(Pacht, Leihe, Fruchtnießung, Recht des Gebrauchs und Beendigung derartiger Verträge).**

> Der Inhaber eines Gemüseladens, Konrad Kohl, verpachtet diesen an Katharina Kraut. Kraut tritt nicht „automatisch" in die unternehmensbezogenen Rechtsverhältnisse des Kohl ein. Der Übergang einzelner Forderungen/Verbindlichkeiten bzw Verträge könnte jedoch vereinbart und unter Beachtung der zivilrechtlichen Anforderungen vorgenommen werden (zB Zustimmung des Dritten zur Vertragsübernahme).

Nach nicht unbestrittener Meinung in der Lehre bewirkt auch eine Unternehmensübertragung auf Basis eines unwirksamen Titelgeschäfts die Anwendung des § 38 UGB.

Unternehmen — Jedenfalls von § 38 UGB erfasst ist die Übertragung des **Unternehmenskerns.** Nicht erforderlich ist die Übertragung aller zum Unternehmen gehörenden Vermögenswerte. Fraglich ist, ob auch **Unternehmensteile,** die eine eigenständige Einheit bilden können (dh einem selbständigen Unternehmen in etwa entsprechen), von § 38 UGB analog erfasst werden. Nach überwiegender Ansicht ist § 38 UGB auch auf solche Unternehmensteile anzuwenden; dies wurde früher auch für § 25 HGB von der Rsp bejaht.

> Die Einzelunternehmerin Cornelia betreibt ein Hotel, zu dem auch ein Boots- und Surfverleih am nahegelegenen Badesee gehört. Um den Kassenbestand aufzubessern, verkauft sie den Boots- und Surfverleih an Antonia, die Betreiberin einer Wasserskischule. Da es sich beim Boots- und Surfverleih um einen eigenständigen Unternehmensteil handelt, findet § 38 UGB unter den allgemeinen Voraussetzungen auf diesen Erwerbsvorgang Anwendung. Allerdings tritt Antonia nur in jene Rechtsverhältnisse ein, die dem Boots- und Surfverleih zuzuordnen sind.

Fortführung — Das **Unternehmen** muss zumindest zeitweise **fortgeführt** werden, wobei auch eine relativ kurze Zeitspanne ausreichend ist (str; tw wird eine analoge Anwendung der Dreimonatsfrist des § 40 UGB erwogen). Wird das erworbene Unternehmen nicht fortgeführt, sondern liquidiert, kommt § 38 UGB nicht zur Anwendung.

> Erwirbt Antonia den Boots- und Surfverleih, um das erworbene Wassersportequipment im Anschluss zu verkaufen, da sie sich einen guten Verkaufserlös erwartet, liegt kein Anwendungsfall des § 38 UGB vor.

Kapitel 2: Übergang unternehmensbezogener Rechtsverhältnisse

Rechtsfolge

Bei Erfüllung obiger Voraussetzungen tritt der Erwerber **im Zeitpunkt des Unternehmensübergangs** in die
- unternehmensbezogenen
- nicht höchstpersönlichen Rechtsverhältnisse des Veräußerers
- mit den bis dahin entstandenen Rechten und Verbindlichkeiten ein.

Das Gesetz ordnet – bei Erfüllung der Tatbestandsvoraussetzungen – eine **Übernahme der genannten Rechtsverhältnisse** an, dh weiterer Akte der Einräumung der Rechtsposition bedarf es nicht. Angeordnet ist somit zwar ein **„Parteiwechsel"**, doch wird der Veräußerer nicht gänzlich von seiner Verantwortung aus den übernommenen Rechtsverhältnissen entbunden (s S 109 f). Nicht verlangt wird – anders als im bürgerlichen Recht – eine Zustimmung zum Übergang einer Verbindlichkeit (s § 1405 ABGB) bzw eines Vertrags. Für die Vertragsübernahme wird jedoch ein Widerspruchsrecht des Vertragspartners vorgesehen (s S 104 f).

Zeitpunkt

Mit dem „Unternehmensübergang" – als Zeitpunkt für den Eintritt in die Rechtsverhältnisse – ist nicht die vollständige Übertragung aller Bestandteile des Unternehmens gemeint, da andernfalls die Grundregel des § 38 Abs 1 UGB ihren Zweck verlieren würde. Vorauszusetzen ist nach hM bloß, dass dem Erwerber **faktisch** die **Verfügungsgewalt** über das Unternehmen **übertragen** wird und ihm dadurch ermöglicht wird, das Unternehmen fortzuführen.

> Andreas verkauft sein Unternehmen an Philip und gestattet ihm umgehend, Anordnungen im Unternehmen nach seinem Gutdünken zu treffen – Philip ist daher zB auch berechtigt, die Unternehmensräumlichkeiten zu betreten und Einsicht in die Korrespondenz des Unternehmens zu nehmen. Ob die Übertragung der Betriebsliegenschaft bereits im Grundbuch eingetragen ist, spielt idZ keine Rolle.

Rechtsverhältnisse

Von der Übernahme sind nach dem weiten Gesetzeswortlaut **„Rechtsverhältnisse"** erfasst. Damit sind nicht nur „Vertragsverhältnisse" gemeint, für welche die Absätze 2 und 3 zusätzliche Regelungen enthalten. Der allgemeine Begriff des „Rechtsverhältnisses" erfasst neben Vertragsverhältnissen, bloßen Forderungen und Verbindlichkeiten (zB Schadenersatz) auch sachenrechtliche Rechtspositionen (zB Eigentum). Die überwiegende Meinung verneint jedoch die Anwendung des § 38 UGB auf sachenrechtliche Rechtsverhältnisse (dh sie nimmt eine teleologische Reduktion der Regelung vor). Diese müssten daher nach allgemeinen sachenrechtlichen Grundsätzen übertragen werden. Öffentlich-rechtliche Rechtspositionen sind nach den jeweiligen öffentlich-rechtlichen Vorschriften zu beurteilen.

Unternehmensbezogenheit

Von der Übernahme nach § 38 Abs 1 UGB sind nur jene Rechtsverhältnisse des Veräußerers erfasst, die **„unternehmensbezogen"** sind, dh zum Betrieb des Unternehmens gehören. Hierbei ist auf die Abgrenzung gem § 343 UGB abzustellen (ob auch § 344 UGB heranzuziehen ist, ist strittig).

> Aus einem Leasingvertrag über den Kauf eines Motorboots sind noch Raten von insgesamt € 80.000,– offen. Das Motorboot wurde von Cornelia jedoch ausschließlich zum privaten Gebrauch gekauft. Somit handelt es sich beim Leasingvertrag nicht um ein unternehmensbezogenes Rechtsverhältnis, sondern um ein privates Geschäft, das von der Übernahme nach § 38 UGB nicht erfasst ist.

1.5 Unternehmensübergang

keine Höchstpersönlichkeit

Für höchstpersönliche Rechtsverhältnisse gilt § 38 UGB nicht. Nicht jedes Rechtsverhältnis, das zum Betrieb des Unternehmens gehört, ist per se schon **nicht höchstpersönlich.** In einzelnen Fällen kann die Verbindung zu einer Person so stark sein, dass von einer Höchstpersönlichkeit auszugehen ist. Die Höchstpersönlichkeit kann sich aus einer besonderen Vereinbarung zwischen dem Veräußerer mit dem Dritten ergeben, wonach die Leistung ausschließlich vom Unternehmer erbracht werden soll, oder aus der Natur des Geschäfts.

> Boris verkauft sein Unternehmensberatungsunternehmen an Doris. Zwischen Boris und Floris besteht ein Beratungsvertrag für eine auf mehrere Jahre angelegte Umstrukturierung der von Floris betriebenen Großbäckerei. Vereinbarungsgemäß haben die Beratungsleistungen ausschließlich durch Boris zu erfolgen, da dieser einen besonderen fachlichen Ruf genießt. Beim Beratungsvertrag handelt es sich zwar um ein unternehmensbezogenes Rechtsverhältnis, dieses ist aber auf die persönliche Beratung durch Boris ausgerichtet, sodass es nicht nach § 38 UGB von Doris übernommen wird.

Sicherheiten

Sicherheiten, die für eine unternehmensbezogene Verbindlichkeit bestellt wurden (zB Bürgschaft, Pfandrecht), bleiben trotz Übernahme der besicherten Verbindlichkeit bestehen (§ 38 Abs 1 Satz 2 UGB).

Dispositive Regelung

Bei § 38 Abs 1 Satz 1 UGB handelt es sich nach dem Gesetzeswortlaut um eine **Zweifelsregel,** da die Übernahme der Rechtsverhältnisse nur erfolgt, wenn zwischen Veräußerer und Erwerber keine abweichende Vereinbarung getroffen wurde (uU können auch Vereinbarungen mit Dritten Relevanz besitzen). MaW: Die Übernahme von Rechtsverhältnissen **kann durch Vereinbarung ausgeschlossen werden.**

> Cornelia verkauft ihren Boots- und Surfverleih an Antonia. Wird der Boots- und Surfverleih als Kaufgegenstand im Kaufvertrag nicht näher umschrieben, übernimmt Antonia gem § 38 Abs 1 UGB alle unternehmensbezogenen nicht höchstpersönlichen Rechtsverhältnisse von Cornelia. Vereinbaren Cornelia und Antonia jedoch, dass der Benzinbezugsvertrag mit dem örtlichen Tankstellenbetreiber Fritz sowie alle damit verbundenen Rechte und Pflichten nicht übergehen sollen, steht diese Vereinbarung dem Übergang gem § 38 Abs 1 UGB entgegen.

Zu beachten bleibt für den Erwerber, dass er grundsätzlich auch bei Nichtübernahme des Rechtsverhältnisses zur Haftung herangezogen werden kann (s S 108 f).

Widerspruchsrecht bei Vertragsübernahme

Die Übernahme eines Vertragsverhältnisses durch den Erwerber soll jedoch **nicht gegen den Willen des Dritten** (dh des **Vertragspartners**) geschehen, wiewohl für die Erfüllung eines unternehmensbezogenen Vertragsverhältnisses idR die Verfügung über das Unternehmen erforderlich sein kann. Deshalb sieht § 38 Abs 2 UGB ein **Widerspruchsrecht** des Dritten vor, das dieser binnen dreier Monate ab Verständigung geltend machen kann. Gleiches gilt für einen Sicherheitenbesteller, dessen Sicherheit gem § 38 Abs 1 Satz 2 UGB bestehen bleibt.

In der Praxis wird mitunter auch vereinbart, dass Vertragsverhältnisse automatisch übergehen, der Vertragspartner somit auf sein Widerspruchsrecht (unter bestimmten Bedingungen) verzichtet. Das kann den Unternehmenswert steigern.

Kapitel 2: Übergang unternehmensbezogener Rechtsverhältnisse

Frist — Die Dreimonatsfrist beginnt nicht schon mit dem Unternehmensübergang zu laufen, sondern erst mit dem **Zugang der Verständigung** an den Dritten, dass das Vertragsverhältnis übergegangen ist. Diese Mitteilung kann durch den Erwerber oder durch den Veräußerer erfolgen, sie ist nicht formgebunden, muss aber einen ausdrücklichen Hinweis auf das Widerspruchsrecht enthalten, andernfalls beginnt die Widerspruchsfrist nicht zu laufen. Wann die Mitteilung zu erfolgen hat, wird im Gesetz nicht geregelt. Bei Unterlassung der Mitteilung bleibt das Widerspruchsrecht erhalten.

> Der renommierte Hafnermeister Christoph Chust schließt mit dem Hotelier Wolfgang Wohnlich einen Werkvertrag über die Errichtung eines großen Kachelofens im Hotel. Kurz darauf verkauft Chust jedoch sein Unternehmen an Filibert Feinstaub. Feinstaub verständigt die Kunden des Chust von der Übernahme des Unternehmens und erklärt, dass er alle – nunmehr auf ihn übergegangenen – Verträge gerne erfüllen werde (ein Hinweis auf das Widerspruchsrecht findet sich in dem Schreiben nicht). Als Feinstaub vier Monate später im Hotel mit den Arbeiten beginnen möchte, verweigert Wohnlich die Annahme mit dem Hinweis, dass er auf einer Erfüllung durch Chust bestehe. Die gesetzliche Dreimonatsfrist hat hier nicht zu laufen begonnen, da ein Hinweis auf das Widerspruchsrecht fehlte.

Adressat — Der Widerspruch kann gegenüber dem Veräußerer oder dem Erwerber erklärt werden (Wahlrecht des Dritten).

keine Begründung — Der Widerspruch muss nicht begründet werden, um Wirksamkeit zu entfalten. Er kann nach freiem Ermessen ausgeübt werden, darf aber nicht rechtsmissbräuchlich erfolgen. Eine rechtsmissbräuchliche Ausübung wird aber nur in Ausnahmefällen anzunehmen sein. Sie wird insb dann vorliegen, wenn der Widerspruch ausschließlich zur Schädigung des Veräußerers oder des Erwerbers erfolgt.

Rechtsfolge — Wird dem Übergang des Vertragsverhältnisses widersprochen, **bleibt das Vertragsverhältnis mit dem Veräußerer aufrecht.** Nach überwiegender Meinung ist davon auszugehen, dass der Übergang des Vertragsverhältnisses rückwirkend wegfällt. Einer Zession von Forderungen steht der Widerspruch nicht entgegen.

> Mit der Übernahme des Hafnereibetriebs geht der Werkvertrag auf Feinstaub über. Widerspricht Wohnlich, so fällt der Übergang des Werkvertrags rückwirkend weg, sodass dieser zwischen Wohnlich und Chust fortbesteht. Trotz des durch den Widerspruch bewirkten Rückfalls greift eine Haftung des Erwerbers ein (§ 38 Abs 4 UGB).

Der **Widerspruch des Sicherheitenbestellers** führt nicht zu einem Wegfall der Sicherheit, sondern zu einem rückwirkenden Entfall des Übergangs des Vertragsverhältnisses (tw str). Ein Widerspruchsrecht wird dem Sicherheitenbesteller auch für den Übergang bloßer Verbindlichkeiten gegeben.

> Zur Besicherung einer Kaufpreisforderung des Lieferanten Sergio Sciarmotti gegen den Hafnermeister Chust hatte dessen Tante Christina eine Bürgschaftserklärung abgegeben. Als sie nun erfährt, dass sie für die Verbindlichkeit, die auf Feinstaub übergegangen ist, weiterhin bürgen soll, ist sie empört und widerspricht dem energisch. Das Vertragsverhältnis besteht daher zwischen Chust und Sciarmotti fort.

Vertrauensschutz

Der nach § 38 Abs 1 UGB mögliche (jedoch auch ausschließbare) Übergang der Vertragsverhältnisse kann beim Vertragspartner zu Unsicherheiten führen, da dieser mögli-

cherweise nicht informiert ist, ob das Vertragsverhältnis mit dem Veräußerer fortbesteht oder auf den Erwerber übergegangen ist. Daher ist der Vertragspartner (bzw ein Sicherheitenbesteller),
- dem nicht nachweislich die Vertragsübernahme mitgeteilt wurde oder
- der noch Widerspruch gegen die Vertragsübernahme erheben kann,

berechtigt, sowohl **gegenüber** dem **Veräußerer** als auch gegenüber dem **Erwerber** das Vertragsverhältnis betreffende **Erklärungen abzugeben** und **Verbindlichkeiten zu erfüllen** (§ 38 Abs 3 UGB). Eine Erklärung gegenüber dem „Falschen" ist somit auch gegenüber dem tatsächlichen Vertragspartner wirksam. Eine Erfüllungshandlung gegenüber dem „Falschen" wirkt auch gegenüber dem tatsächlichen Vertragspartner schuldbefreiend. Gleiches gilt für den Besteller einer Sicherheit.

> Die Restaurantbetreiberin Tanja Trüffel erfährt von einem Bekannten, dass das Unternehmen ihres Champagnerlieferanten Julien Jeroboam an die Getränke-Diskont-Gesellschaft HSLF – High Spirits Low Funds GmbH verkauft wurde. Sie ist verunsichert, an wen sie sich wegen einer gerade aktuellen Mängelrüge wenden soll, und entscheidet sich sodann dazu, eine schriftliche Mitteilung an Jeroboam zu senden. Diese Rüge ist wirksam, selbst wenn die unternehmensbezogenen Rechtsverhältnisse auf die „HSLF" übergegangen sind.

analoge Anwendung

Auch bei mangelnder Information des Dritten über den Übergang eines **sonstigen Rechtsverhältnisses** (dh wenn ausnahmsweise kein Vertragsverhältnis vorliegt) ist er schutzwürdig, sodass der gesetzlich gewährte Vertrauensschutz analog auf diese Konstellationen zu erstrecken ist.

Pacht, Leihe etc

Auch in den Fällen der Unternehmensfortführung durch **Pacht, Leihe, Fruchtnießung, Recht des Gebrauchs** (bzw nach Beendigung derartiger Verträge), bei denen es nicht zu einem Übergang der Rechtsverhältnisse gem § 38 Abs 1 UGB kommt (s Abs 5a), **greift** der **Vertrauensschutz ein:** Ein Dritter (auch ein Sicherheitenbesteller), dem die Fortführung im Weg der Pacht, Leihe etc nicht bekannt ist, kann gegenüber dem neuen Unternehmer Erklärungen abgeben und seine Verbindlichkeiten erfüllen.

> Tanja Trüffel erfährt, dass das Unternehmen ihres Gemüselieferanten Konrad Kohl von Katharina Kraut „übernommen" wurde. Sie überweist den Kaufpreis für Lieferungen des Kohl auf das Konto von Kraut. Erst als sie von Kohl wegen der „ausständigen" Zahlungen gemahnt wird, erfährt Trüffel, dass das Unternehmen bloß zeitweise an Kraut verpachtet wurde. Die Zahlung hat schuldbefreiende Wirkung.

Üben

- Unter welchen Voraussetzungen findet § 38 UGB Anwendung?
- Beurteilen Sie den Erwerb eines Teilbetriebs!
- Nach der Zerschlagung eines Industrieunternehmens werden Produktionsmaschinen veräußert. Kommt § 38 UGB zur Anwendung?
- Erfasst § 38 UGB auch die Pacht eines Unternehmens?
- Erläutern Sie die Rechtsfolgen eines von § 38 UGB erfassten Unternehmensübergangs!
- Was ist ein höchstpersönliches unternehmensbezogenes Rechtsverhältnis? Tritt der Erwerber in ein solches Rechtsverhältnis ein?

- Wem kommt ein Widerspruchsrecht gegen den Übergang eines Vertragsverhältnisses zu?
- Inwiefern weicht das Unternehmensrecht im Hinblick auf das normierte Widerspruchsrecht gegen Vertragsübernahmen vom Zivilrecht ab?
- Kann ein Widerspruch grundsätzlich auch noch Jahre nach dem tatsächlichen Unternehmensübergang wirksam erhoben werden?
- Muss der Widerspruch begründet werden, um wirksam zu sein?
- Worin liegen die Rechtsfolgen der Ausübung eines Widerspruchs?
- Wie löst das Gesetz das Problem, dass ein Vertragspartner möglicherweise nicht weiß, dass sein Vertragsverhältnis übergegangen ist?
- Kann ein Vertragspartner des vormaligen Unternehmers das Vertragsverhältnis betreffende Erklärungen auch gegenüber dem Unternehmenspächter wirksam abgeben?

Wissen

Gebrauchsüberlassungen
Die Überlassung eines Unternehmens im Weg der Pacht, der Leihe, der Fruchtnießung und des Rechts des Gebrauchs (und bei Beendigung dieser Verträge) ist gem § 38 Abs 5a UGB von der Anwendbarkeit des § 38 Abs 1 UGB ausgenommen.

Parteiwechsel
Ein von § 38 UGB erfasster Unternehmensübergang führt zu einem „Parteiwechsel" im Bezug auf unternehmensbezogene (nicht höchstpersönliche) Rechtsverhältnisse; an die Stelle des Veräußerers tritt der Erwerber.

Sicherheiten
Sicherheiten (wie zB Bürgschaften, Pfänder) bleiben trotz Übernahme der besicherten Verbindlichkeit des Veräußerers durch den Unternehmenserwerber bestehen (§ 38 Abs 1 Satz 2 UGB).

Unternehmensübergang nach § 38 UGB
Besteht keine abweichende Vereinbarung, übernimmt der Erwerber eines unter Lebenden erworbenen Unternehmens (Einzelrechtsnachfolge) bei dessen Fortführung die unternehmensbezogenen, nicht höchstpersönlichen Rechtsverhältnisse des Veräußerers. Gemeint sind nach hM die schuldrechtlichen Rechtsverhältnisse, nicht jedoch sachenrechtliche Rechtspositionen. Zeitpunkt der gesetzlich angeordneten Übertragung der Rechtsverhältnisse ist jener des „Unternehmensübergangs", in dem der Erwerber faktisch die Verfügungsgewalt über das Unternehmen erhält.

Vertrauensschutz
Da dem Dritten oftmals Informationen darüber fehlen werden, wer infolge eines Unternehmensübergangs (nach § 38 UGB) sein Vertragspartner ist, kann der Dritte, solange ihm nicht nachweislich mitgeteilt wurde, ob sein Vertragsverhältnis übernommen wurde, bzw solange er dem Übergang noch widersprechen kann, vertragliche Erklärungen und Erfüllungshandlungen gegenüber dem Veräußerer oder dem Übernehmer vornehmen.

Widerspruchsrecht
Während nach Zivilrecht für den Übergang eines Vertragsverhältnisses die Zustimmung des Vertragspartners erforderlich ist, steht letzterem bei Anwendung des § 38 UGB bloß ein Widerspruchsrecht zu, das dieser binnen dreier Monate nach gehöriger Mitteilung vom Übergang auszuüben hätte.

1.5 Unternehmensübergang

Kapitel 3: Haftung des Veräußerers und des Erwerbers

 **Lernen**

Überblick

§ 38 UGB regelt neben der Frage des Übergangs von Rechtsverhältnissen auch Haftungsfragen. Das Gesetz möchte **verhindern,** dass durch den Unternehmensübergang **Nachteile für** die **Vertragspartner bzw Gläubiger** entstehen (daher grundsätzlich Haftung des Veräußerers und des Erwerbers). Hierbei ist zu unterscheiden:
- Kommt es zum **Übergang** von Verbindlichkeiten,
  - so „haftet" der **Erwerber** für diese (er ist Schuldner).
  - so haftet der **Veräußerer** dennoch für die von ihm begründeten (nunmehr grundsätzlich „übergegangenen") Verbindlichkeiten weiter, doch kann eine zeitliche Beschränkung dieser (Fort-)Haftung gem § 39 UGB eingreifen.
- Kommt es zu **keinem Übergang** bestimmter Verbindlichkeiten,
  - so „haftet" der **Veräußerer** weiterhin für diese (seine) Verbindlichkeiten.
  - so haftet der **Erwerber** dennoch für die unternehmensbezogenen Verbindlichkeiten, sofern er die Haftung nicht gem § 38 Abs 4 UGB eigens ausgeschlossen hat.

Haftung des Erwerbers

Grundsatz: Erwerberhaftung

Als **Grundsatz** gilt: Gleichgültig, ob unternehmensbezogene, nicht höchstpersönliche Rechtsverhältnisse vom Erwerber übernommen werden oder nicht, **haftet der Erwerber für die mit derartigen Rechtsverhältnissen verbundenen Verbindlichkeiten** (dh für Verbindlichkeiten, die vor dem Zeitpunkt des Unternehmensübergangs begründet wurden). Dass der Erwerber auch für die nicht übernommenen Verbindlichkeiten haftet, ergibt sich aus § 38 Abs 4 Satz 1 und 2 UGB.

Der Grund, weshalb die Verbindlichkeiten nicht übergegangen sind, ist nicht relevant. Dh die **Haftung tritt ein,** wenn
- Erwerber und Veräußerer den Übergang des Rechtsverhältnisses ausgeschlossen haben oder wenn
- der Dritte dem Übergang (bei Vertragsverhältnissen) widersprochen hat.

Es können auch Rechtsverhältnisse grundsätzlich übernommen, aber einzelne damit verbundene Verbindlichkeiten ausgenommen werden. Auch diesfalls greift die Haftung ein (§ 38 Abs 4 Satz 2 UGB).

Kapitel 3: Haftung des Veräußerers und des Erwerbers

Haftungsausschluss — Werden bestimmte unternehmensbezogene Verbindlichkeiten nicht übernommen, so kann die dennoch gem § 38 Abs 4 Satz 1 und 2 UGB eintretende Haftung des Erwerbers dadurch ausgeschlossen werden, dass Erwerber und Veräußerer eine entsprechende **Haftungsausschlussvereinbarung** treffen (Abs 4 Satz 3).

Publizität — Damit diese Vereinbarung auch gegenüber den betroffenen Dritten (dh den Gläubigern) Wirkung entfaltet, muss sie in bestimmter Form artikuliert werden. Das Gesetz lässt **drei alternative Formen der Publizität** genügen, eine Kenntnis des Dritten aus anderen Gründen genügt nicht (Abs 4 Satz 3):

- Eintragung in das **Firmenbuch:** Die überwiegende Meinung verlangt grundsätzlich eine Eintragung beim Veräußerer.

> Der ins Firmenbuch eingetragene Einzelunternehmer Dieter Diemel veräußert seine Tortenmanufaktur an die Attila GmbH. Vereinbart wird, dass die Attila GmbH in die bestehenden Verbindlichkeiten gegenüber der Likörlieferantin HSLF – High Spirits Low Funds GmbH nicht eintreten soll. Diemel lässt den Haftungsausschluss im Firmenbuch eintragen.

- **Bekanntmachung** in „verkehrsüblicher" Weise: Vorauszusetzen wird sein, dass der Geschäftsverkehr mit einer Kundmachung von Haftungsausschlüssen in einem bestimmten Publikationsmedium rechnet. Ob die Homepage des Unternehmers ein geeignetes Medium ist, ist strittig.

> Ein Haftungsausschluss der Attila GmbH könnte zB auch im Amtsblatt zur Wiener Zeitung bekannt gemacht werden. Eine Veröffentlichung im Anzeigenteil der monatlich erscheinenden Zeitschrift „Lucky Tarts" wird wahrscheinlich nicht genügen.

- **Mitteilung an den Dritten** durch den Erwerber oder den Veräußerer: Im Vergleich zu den anderen zwei Publikationsakten wirkt diese Form bloß gegenüber dem jeweiligen individuellen Adressaten.

Diese Formen der Publizität müssen in **engem zeitlichen Zusammenhang** mit dem Unternehmensübergang erfolgen.

> Erfolgt die Übernahme der Tortenmanufaktur am 1. 1. 2013, wird eine Firmenbucheintragung des Haftungsausschlusses am 22. 2. 2013 schon zu spät und somit wirkungslos sein. Die Rsp hält Zeiträume von mehr als einem Monat für jedenfalls verspätet.

Durch eine derartige Haftungsausschlussvereinbarung lassen sich jedoch nicht Haftungen aufgrund anderer (spezieller) Bestimmungen ausschließen. **Sondergesetzliche Haftungen bleiben gem § 38 Abs 6 UGB unberührt** (zB **§ 1409 ABGB,** § 6 AVRAG, § 14 BAO, § 67 Abs 4 ASVG).

Weiterhaftung des Veräußerers für bereits entstandene Verbindlichkeiten

Die Haftung des Veräußerers für unternehmensbezogene Verbindlichkeiten besteht auch dann fort, wenn der Erwerber sie übernommen hat („Nachhaftung"; § 38 Abs 1 letzter Satz UGB). Jedoch sieht § 39 UGB eine **Einschränkung der Nachhaftung** vor: Der Veräußerer haftet nur für Verbindlichkeiten, die **innerhalb von fünf Jahren nach dem Unternehmensübergang fällig** werden. Diese Fünfjahresfrist ist keine Verjäh-

rungsfrist: Die einzelnen Ansprüche verjähren gem § 39 Satz 2 UGB nach den jeweils maßgeblichen Verjährungsfristen, „längstens jedoch in drei Jahren"(ab Fälligkeit).

> Der Veräußerer hat vor der Unternehmensveräußerung (Unternehmensübergang am 1. 3. 2007) ein Dauerschuldverhältnis auf zehn Jahre abgeschlossen. Die jährlichen Raten werden am 1. 2. jeden Jahres fällig. Der Veräußerer haftet somit für alle Raten, die bis zum 1. 3. 2012 fällig werden. Die Rate vom 1. 2. 2012 kann noch binnen der dreijährigen Verjährungsfrist (dh bis 1. 2. 2015) geltend gemacht werden.

Eine vergleichbare Haftungsbegrenzung findet sich auch in § 160 UGB für ausgeschiedene Gesellschafter einer OG bzw KG.

Für Verbindlichkeiten, die vom Erwerber begründet werden, haftet der Veräußerer nicht; eine Schlechterstellung der Gläubiger durch den Unternehmensübergang kann hier ja nicht eintreten.

nicht erfasster Sachverhalt

Geht ein Rechtsverhältnis anlässlich des Unternehmensübergangs gar nicht über, bleibt das bisherige Rechtsverhältnis zwischen dem Veräußerer und dem Dritten aufrecht. Einer Haftung nach § 38 Abs 1 Satz 3 iVm § 39 UGB bedarf es idZ somit nicht: Der Veräußerer kann weiterhin aus seiner unveränderten Schuldnerstellung in Anspruch genommen werden.

Erwerberhaftung nach § 1409 ABGB

Neben § 38 UGB finden sich auch andere gesetzliche Tatbestände, die eine Haftung des Erwerbers anordnen. Von diesen kommt (dem zwingenden) **§ 1409 ABGB** besondere Bedeutung zu: Derjenige, der ein Vermögen oder ein Unternehmen übernimmt, haftet neben dem Veräußerer für alle zum Unternehmen gehörenden Schulden, die er bei der Übergabe kannte oder hätte kennen müssen. Damit ordnet § 1409 ABGB im Unterschied zu § 38 UGB einen gesetzlichen **Schuldbeitritt** an.

Regelungszweck – zwingendes Recht

Die Bestimmung zielt darauf ab, den Gläubigern des Veräußerers den im Vermögen bzw im Unternehmen verkörperten Haftungsfonds zu bewahren. Die Haftung nach § 1409 ABGB ist im Gegensatz zu § 38 UGB zwingend, sie kann gegenüber den Gläubigern (im Außenverhältnis) nicht wirksam abbedungen werden.

Haftungsvoraussetzungen

§ 1409 ABGB kommt – wie § 38 UGB – nur bei der **Veräußerung** eines Unternehmens **unter Lebenden** zur Anwendung, wobei auch in diesem Fall bereits die Veräußerung eines wesentlichen Teils des Unternehmens genügt. Im Unterschied zu § 38 UGB kann die Erwerberhaftung nach § 1409 auch bei einem „share deal" Anwendung finden, nämlich wenn die verkaufte Beteiligung den wesentlichen Vermögensbestand des Veräußerers bildet. Zudem haftet der Erwerber nur für jene mit dem Unternehmen in einem wirtschaftlichen Zusammenhang stehenden Verbindlichkeiten, die er bei der tatsächlichen Übernahme des Unternehmens **kannte** oder **hätte kennen müssen**.

> Dietmar Distel hat sein ehemals florierendes Blumenhandelsunternehmen heruntergewirtschaftet, weshalb er sich aus Gründen der Kostensenkung gezwungen sieht, seine Arbeitnehmerin Betsy Binder zu kündigen. In der Folge muss er das Geschäft dennoch an Tanja Tulpe veräußern. Tulpe hat mit Distel einen Haftungsausschluss für unternehmensbezogene Verbindlichkeiten vereinbart und in das Firmenbuch eintragen lassen. Tulpe führt das Geschäft fort, ändert jedoch das Blumensortiment und macht ein gutes Geschäft. Als Binder das erkennt, möchte sie eine Forderung, die sie gegen Distel aus der Beendigung ihres Arbeitsverhältnisses hat, bei Tulpe „eintreiben". Da es sich

Kapitel 3: Haftung des Veräußerers und des Erwerbers

um eine unternehmensbezogene Verbindlichkeit handelt, von der Tulpe durch eine bei Unternehmenserwerb gebotene Einsicht in die Geschäftsbücher Kenntnis haben müsste, wird Binder Erfolg haben.

Haftungsumfang

Während nach § 38 UGB die Haftung des Erwerbers betragsmäßig unbeschränkt ist, haftet der Erwerber nach § 1409 ABGB nur **bis zur Höhe des gemeinen Werts der übernommenen Aktiva** (Haftungsbeschränkung „pro viribus").

- Wer haftet für Verbindlichkeiten aus Rechtsverhältnissen, die anlässlich des Unternehmensübergangs nicht übernommen wurden?
- Kann die Haftung des Erwerbers bei Nichtübernahme eines Rechtsverhältnisses gegenüber dem Dritten ausgeschlossen werden?
- In welcher Weise kann eine Haftung des Erwerbers für nicht übernommene Verbindlichkeiten wirksam ausgeschlossen werden? Kann der Ausschluss auch noch „nachträglich" vorgenommen werden?
- Haftet der Veräußerer eines Unternehmens für Verbindlichkeiten aus übernommenen Rechtsverhältnissen fort?
- Auf welche Verbindlichkeiten bezieht sich die (Fort-)Haftung des Veräußerers? Wann verjähren diese Verbindlichkeiten spätestens?
- Nennen Sie die wesentlichen Unterschiede zwischen den Haftungsregelungen des § 1409 ABGB und des § 38 UGB!

Erwerberhaftung

Geht ein Rechtsverhältnis anlässlich des Unternehmensübergangs gar nicht über bzw fällt es rückwirkend auf den Veräußerer zurück, haftet der Erwerber dennoch für damit verbundene Verbindlichkeiten (§ 38 Abs 4 UGB). Ein Ausschluss der Haftung ist durch eine Vereinbarung zwischen Erwerber und Veräußerer möglich, sofern der Ausschluss im Firmenbuch bzw verkehrsüblich publik gemacht oder dem Dritten mitgeteilt wird.

Forthaftung des Veräußerers

Der Veräußerer haftet für Verbindlichkeiten aus vom Erwerber übernommenen unternehmensbezogenen Rechtsverhältnissen, die vor dem Unternehmensübergang entstanden sind und innerhalb von fünf Jahren ab dem Unternehmensübergang fällig werden (§ 38 Abs 1 Satz 3 iVm § 39 UGB). Ansprüche aus der Forthaftung verjähren innerhalb der für sie geltenden Verjährungsfrist, längstens aber innerhalb von drei Jahren.

Haftung nach § 1409 ABGB

§ 1409 ABGB ordnet zwingend einen Schuldbeitritt des Unternehmenserwerbers hinsichtlich jener Schulden an, die er bei der Unternehmensübernahme kannte oder hätte kennen müssen. Die Haftung ist beschränkt mit der Höhe der übernommenen Aktiva.

1.5 Unternehmensübergang

Kapitel 4: Vererbung eines Unternehmens

 **Lernen**

Einleitung

Während § 38 UGB den Unternehmenserwerb unter Lebenden regelt, betrifft § 40 UGB den Unternehmensübergang im Erbweg. Bei einem Erbfall geht das Unternehmen im Weg einer Gesamtrechtsnachfolge auf den bzw die Erben über.

Ein Erbe, der eine **unbedingte Erbserklärung** abgibt, tritt in die vollen Rechte und Pflichten des Erblassers ein (vgl §§ 799 ff ABGB). In diesem Fall bedarf es keines besonderen Schutzes der Gläubiger. Anders verhält es sich, wenn der Erbe eine **bedingte Erbserklärung** abgibt. Es kommt zwar auch in diesem Fall zu einer Vereinigung der Vermögensmassen von Erbe und Erblasser, doch haftet der Erbe nur bis zum Wert der ihm zugekommenen Verlassenschaft (pro viribus hereditatis; vgl §§ 548 iVm 802 ABGB). Im Unternehmensrecht ist der Unternehmenserwerb eines Erben (Einzelunternehmers) – unabhängig von bedingter oder unbedingter Erbserklärung – in **§ 40 UGB** zusätzlich geregelt.

Unternehmensrechtliche Erbenhaftung

Als **Grundsatz** gilt im Unternehmensrecht: Die Erben haften für unternehmensbezogene Verbindlichkeiten **unbeschränkt,** wenn sie **ein zum Nachlass gehörendes Unternehmen fortführen.** Ein Scheinerbe, der das Unternehmen aufgrund einer erfolgreichen Erbschaftsklage herausgeben muss, fällt nicht unter § 40 UGB.

Fortführung — Das Unternehmen muss nicht unter persönlicher Mitwirkung des Erben fortgeführt werden, ausreichend ist eine **Fortführung im Namen des Erben,** ggf unter Zuhilfenahme von Dritten.

Umfang der Haftung — Unabhängig von der erbrechtlichen Haftung haftet der Erbe nach § 40 UGB **unbeschränkt** für alle unternehmensbezogenen Verbindlichkeiten. Insofern erlangt die unternehmerische Erbenhaftung vor allem Relevanz bei einer bedingten Erbserklärung, da der Erbe bei einer unbedingten Erbserklärung ohnehin unbeschränkt haftet.

Haftungsausschluss — Diese unternehmensrechtliche Haftung des Erben ist jedoch nicht zwingend. Die **Haftung tritt nicht ein** (§ 40 Abs 2 UGB), wenn
- der Erbe die Fortführung des Unternehmens **binnen drei Monaten** (ab Einantwortung) **einstellt** (gleichsam eine Bedenkzeit)

- oder die **Haftung,** wie in § 38 Abs 4 UGB beschrieben, **ausschließt** (dh Firmenbucheintragung, verkehrsübliche Bekanntmachung oder Mitteilung).

> Hermine Heiress erbt einen Schneidereibetrieb. Trotz anfänglichem Interesse, das Traditionsunternehmen fortzuführen, fehlt ihr die Geduld für diese Tätigkeit, sodass sie den Unternehmensbetrieb nach zwei Monaten einstellt. Dass die Abwicklungsgeschäfte uU noch länger dauern, verhindert den Entfall der Haftung nicht.
>
> Alternative: Heiress will das Unternehmen innerhalb der Dreimonatsfrist verkaufen und übergeben. Ob die Veräußerung auch eine „Einstellung" sein kann oder ob bloß ein bekannt gemachter Haftungsausschluss hilft, ist umstritten.

Vom Ausschluss der Haftung nach § 40 UGB unberührt bleibt eine mögliche erbrechtliche Haftung. Die Haftung nach dem UGB besteht nämlich „bloß" als eigenständiger Haftungsgrund neben der Erbenhaftung.

Für die Fälle, in denen der Erblasser Gesellschafter einer OG oder KG war, finden sich in den §§ 139 und 177 UGB besondere Vorschriften.

Für Legate und Schenkungen auf den Todesfall gilt nicht § 40 UGB, sondern ggf § 38 UGB.

Üben

- Inwiefern unterscheidet sich die Haftung nach § 40 UGB von der zivilrechtlichen Erbenhaftung?
- Das im Erbgang erworbene Unternehmen wird innerhalb von sechs Wochen ab der Einantwortung eingestellt. Welchen Einfluss hat dies auf die Haftung nach § 40 UGB?
- Warum räumt der Gesetzgeber dem Erben eines Unternehmens wohl eine dreimonatige Frist ein?

Wissen

Erbenhaftung — Wer ein im Erbweg erworbenes Unternehmen (mehr als drei Monate) fortführt, haftet unabhängig von seiner zivilrechtlichen Erbenhaftung für die damit verbundenen unternehmensbezogenen Verbindlichkeiten, sofern er sie nicht wirksam ausgeschlossen hat (§ 40 UGB).

1.6 Unternehmerisches Stellvertretungsrecht

Das UGB enthält spezielle stellvertretungsrechtliche Regelungen, die bestimmte unternehmensrechtliche „Typen" der Vertretungsmacht kreieren. Diese sollen den Anforderungen des professionellen Geschäftsverkehrs Rechnung tragen und insb den Schutz des Geschäftsverkehrs hinsichtlich des Umfangs der Vertretungsmacht gewährleisten. Im Folgenden werden die Prokura, die verschiedenen Formen der Handlungsvollmacht und die Ladenvollmacht behandelt. Vorauszusetzen ist die Kenntnis des Vertretungsrechts des ABGB (dazu *Perner/Spitzer/Kodek*, Bürgerliches Recht³ [2012] 111 ff), auf dem die unternehmensrechtlichen Bestimmungen aufbauen.

Kapitel 1: Prokura

Lernen

Begriff

Die Prokura ist eine unternehmerische Vollmacht mit folgenden Merkmalen:
- Sie ist im **Firmenbuch** einzutragen und steht daher nur dem 1. Buch des UGB unterliegenden, im Firmenbuch eingetragenen Unternehmern offen.
- Sie ist jederzeit **widerruflich.**
- Sie ist in ihrem **Umfang gesetzlich festgelegt** und inhaltlich **unbeschränkbar** (**Formalvollmacht;** zur Filialprokura s S 118 f).
- Weiters ist sie **unübertragbar.**

Verkehrsschutz

Die Prokura dient dem **Verkehrsschutz,** da sie einen gesetzlich festgelegten Umfang hat (§§ 49 f UGB). Bei der Vielzahl der Geschäfte im unternehmerischen Geschäftsverkehr würden sich Zweifel über den Umfang einer bestimmten Vollmacht negativ auswirken. Deshalb soll Klarheit herrschen, ob ein Geschäft von der Vollmacht umfasst ist oder nicht. Auch die Eintragung in das Firmenbuch steigert die **Publizität.**

Erteilung

persönlich — Prokura kann nur von einem **im Firmenbuch eingetragenen Unternehmer** (der dem ersten Buch des UGB unterliegt) erteilt werden. Prokura ist vom Unternehmer **persönlich** (oder durch den gesetzlichen Vertreter) zu erteilen (§ 48 Abs 1 UGB), bei rechtsfähigen Gesellschaften durch die **organschaftlichen Vertreter.** Die einzelnen gesellschaftsrechtlichen Gesetze enthalten tw Bestimmungen zur Vertretungsmacht bei Prokuraerteilung sowie zur Frage, wie im Innenverhältnis über die Erteilung einer Prokura entschieden wird.

> Mabel Maibach, Bertram Bentz und Franco Ferrazi sind Gesellschafter der MBF Pure Luxury Cars GmbH. Maibach und Bentz sind zugleich deren einzelgeschäftsführungsbefugte Geschäftsführer. Die Geschäftsführer wollen Marco Maserani zum Prokuristen bestellen. Die Bestellung müssen sie gem § 28 Abs 2 GmbHG gemeinsam vornehmen (sofern der Gesellschaftsvertrag nichts anderes anordnet). Um zu klären, ob überhaupt Prokura zum gesamten Geschäftsbetrieb erteilt werden darf, müsste ein Gesellschafterbeschluss gefasst werden (§ 35 Abs 1 Z 4 GmbHG).
>
> Möchte der Vorstand einer AG einen Prokuristen bestellen, muss er zunächst den Aufsichtsrat um Zustimmung ersuchen (§ 95 Abs 5 Z 11 AktG).

keine Bevollmächtigung — Gewillkürte Stellvertretung bei der Erteilung von Prokura ist nicht zulässig (der Einsatz von Boten hingegen schon); eine Prokuraerteilung durch den Bevollmächtigten ist somit unwirksam. Weiters scheidet auch eine Übertragung der Prokura durch den Prokuristen selbst aus (s explizit § 52 Abs 2 UGB).

> Der Kunsthändler Arthur, der gerade im Ausland weilt, erklärt schriftlich gegenüber seinem Mitarbeiter Vinzent, dass Paul Prokurist sein solle. Vinzent teilt Paul daraufhin persönlich dessen Bestellung zum Prokuristen mit. Die Willenserklärung des Arthur ist selbst auf die Erteilung der Prokura gerichtet; Vinzent soll diese Erklärung bloß an Paul übermitteln – einen eigenen Entscheidungsspielraum hat Vinzent nicht (er ist bloß Bote).

ausdrücklich — Das Gesetz verlangt, dass Prokura **ausdrücklich** erteilt wird (§ 48 Abs 1 UGB), maW die verbale Erklärung muss eindeutig erkennen lassen, dass durch sie Prokura erteilt wird. Bloß schlüssiges Verhalten hat nicht die Wirkung einer Prokuraerteilung, weshalb auch eine Prokura durch Dulden (Duldungsvollmacht) ausscheidet.

> Hans erklärt gegenüber Franz, dass Franz „Vollmacht im Sinne des § 48 UGB" haben soll. Dabei handelt es sich um eine ausreichend präzise Erklärung.
>
> Der GmbH-Geschäftsführer Sloppy schreitet nicht dagegen ein, dass der Mitarbeiter Flink wiederholt Verträge „als Prokurist" abschließt. Prokurist wird Flink durch die Duldung seines Handelns nicht. Es kann jedoch eine sonstige Duldungsvollmacht vorliegen.

Die **Erklärung** ist **empfangsbedürftig,** aber nicht annahmebedürftig (str!). Tw wird unter Hinweis auf § 161 StGB eine Annahmebedürftigkeit der Prokuraerteilung bejaht. Bejaht man die Annahmebedürftigkeit nicht, kann nicht nur der zu bestellende Prokurist Erklärungsempfänger sein, sondern alternativ ein Dritter oder die Öffentlichkeit (sog Außenvollmacht).

1.6 Unternehmerisches Stellvertretungsrecht

> Variante: Arthur wird im Urlaub vom Kunstsammler Kurt angerufen, da dieser ein Kunstwerk erwerben möchte. Arthur erklärt Kurt, er möge sich an Paul wenden, dem er hiermit Prokura erteile.

natürliche Person

Prokuristen können ausschließlich **natürliche Personen** sein (hM), da der bei Erteilung an eine juristische Person mögliche Wechsel der für die juristische Person tätig werdenden Person(en) der Vertrauensbeziehung zwischen Unternehmer und Prokuristen nicht gerecht wird. Die natürliche Person muss zumindest beschränkt geschäftsfähig sein.

Zwischen dem Prokuristen und dem Unternehmer darf keine Personenidentität bestehen. Eine zur organschaftlichen Vertretung berufene Person steht dem Unternehmer insofern gleich, doch wird dies tw auf einzelvertretungsbefugte Organwalter eingeschränkt.

> Der GmbH-Geschäftsführer Bentz kann nicht zugleich zum Prokuristen der GmbH bestellt werden. Seine organschaftliche Vertretungsmacht (s Bd II S 229) ist ohnedies weiter als die Vertretungsmacht des Prokuristen.

Gesamtprokura

Die Prokura kann zwei oder mehreren Personen gemeinsam eingeräumt werden (**Gesamtprokura;** § 48 Abs 2 UGB). Die wirksame Stellvertretung setzt in einem solchen Fall die Erklärungen aller von der jeweiligen Gesamtprokura erfassten Prokuristen voraus; die Erklärungen müssen jedoch nicht gleichzeitig abgegeben werden (auch eine interne Bevollmächtigung zum Abschluss bestimmter Geschäfte ist möglich). Von der Gesamtprokura unberührt bleibt der Umfang der Prokura. Zur Entgegennahme von Erklärungen ist auch ein Gesamtprokurist alleine befugt.

Firmenbucheintragung

Die Prokura ist eine im Firmenbuch eintragungspflichtige Tatsache; daher ist der Unternehmer verpflichtet, für eine Anmeldung zu sorgen (§ 53 Abs 1 UGB). Die Eintragung wirkt jedoch nur **deklarativ.** Im Falle einer Gesamtprokura ist ein entsprechender Hinweis bei der Anmeldung zu machen, da die Art der Vertretungsmacht im Firmenbuch eingetragen wird (s S 46).

> Der Prokurist Paul ist auch dann bereits Prokurist, wenn dessen Vertretungsmacht erst nach der Rückkehr des Unternehmers Arthur aus dem Ausland angemeldet und im Firmenbuch eingetragen wird.

Umfang

Der Prokurist, kann die Geschäfte des **§ 49 Abs 1 UGB** im Namen des Vertretenen schließen. Dabei handelt es sich um **„alle Arten von gerichtlichen und außergerichtlichen Geschäften und Rechtshandlungen, die der Betrieb eines Unternehmens mit sich bringt".**

gewöhnliche und außergewöhnliche Geschäfte irgendeines Unternehmens

Der Umfang der Prokura ist daher sehr weit: Sie wird nicht auf Geschäfte beschränkt, die zum gewöhnlichen Betrieb des konkreten Unternehmens gehören. Es genügt, wenn der Betrieb irgendeines Unternehmens ein solches Geschäft mit sich bringt bzw bringen kann, mag es auch außergewöhnlich sein.

> Der Prokurist Paul erfährt durch einen Bekannten von einer lukrativen Geschäftsmöglichkeit. Er schließt daher im Namen des Kunsthändlers Arthur einen Vertrag über den

Kapitel 1: Prokura

Erwerb russischen Kaviars ab, den er gewinnbringend weiterverkaufen möchte. Das Geschäft ist von der Prokura gedeckt.

Auch eine Schenkung kann in einem Unternehmen vorkommen und ist daher nicht grundsätzlich dem Prokuristen verwehrt.

Prokurazusatz — Der Prokurist soll im Geschäftsverkehr in der Weise zu zeichnen, dass er der Firma des vertretenen Unternehmers seinen Namen **mit einem die Prokura andeutenden Zusatz** beifügt (§ 51 UGB). Bei dieser Regelung handelt es sich um eine „bloße Ordnungsvorschrift", dh das Fehlen eines Prokurazusatzes hindert die wirksame Stellvertretung nicht.

Lautet die Firma des Unternehmers „Holzgroßhandel Holger Hobel", kann der Prokurist „Franz Fürsorger" zB mit „Holzgroßhandel Holger Hobel, per procura Franz Fürsorger", „Holzgroßhandel Holger Hobel, ppa Franz Fürsorger" oder „Holzgroßhandel Holger Hobel, als Prokurist Franz Fürsorger" zeichnen. Zeichnet er bloß mit „Franz Fürsorger", kommt das Geschäft mit Holger Hobel zustande, wenn dem Dritten die Vertretung bekannt ist.

passive Stellvertretung — Der Umfang der Prokura wirkt sich auch im Bereich der passiven Stellvertretung und bei der **Zurechnung des Wissens des Prokuristen** aus.

Weiß die Prokuristin Paula von einem Entlassungsgrund eines Arbeitnehmers, ist ihr Wissen bereits dem – noch nicht selbst informierten – Geschäftsinhaber zuzurechnen. Die Rechtzeitigkeit einer späteren Entlassung durch den Geschäftsinhaber ist somit unter Berücksichtigung des Zeitpunkts der Kenntnisnahme durch die Prokuristin zu beurteilen.

nicht erfasste Geschäfte — Trotz des grundsätzlich sehr weiten Umfanges der Prokura kann ein Prokurist bestimmte Geschäfte nicht schließen:

- Geschäfte, die **nicht zum Betrieb eines Unternehmens** gehören, etwa weil sie den **privaten Bereich** des Geschäftsherrn betreffen. Abzugrenzen ist nach der Erkennbarkeit des Bezugs zum privaten Bereich.

ZB höchstpersönliche Geschäfte des Unternehmers, wie Eheschließung, letztwillige Verfügungen.

- **Grundlagengeschäfte** gehören ebenfalls nicht zum Betrieb des Unternehmens; dazu zählen auch Geschäfte, welche die Unternehmensträgerin (Gesellschaft) ausgestalten.

Die Prokura ermöglicht etwa nicht die Änderung der Firma, die Veräußerung/Verpachtung des Unternehmens und die Aufnahme von Gesellschaftern. Die Gründung bzw Auflösung von Niederlassungen wird jedoch als rechtlich möglich angesehen. Die Pflicht zur Stellung eines Insolvenzantrags trifft den Prokuristen nicht, da diese gesetzlich anderen Personen auferlegt wird (§ 69 IO).

- Die einfache Prokura ermöglicht dem Prokuristen auch nicht die **Veräußerung oder Belastung von Grundstücken** (s explizit § 49 Abs 2 UGB), unabhängig davon, ob Immobiliengeschäfte zum Geschäftsbetrieb des konkreten Unternehmens gehören. Teleologisch reduziert wird die Bestimmung jedoch iZm der sog Restkaufpreishypothek, die bei Erwerb der Liegenschaft begründet wird. Ein Prokurist kann zur Veräußerung und/oder Belastung von Liegenschaften bevollmächtigt werden. Eine solche

1.6 Unternehmerisches Stellvertretungsrecht

Bevollmächtigung ist in § 49 Abs 2 UGB eigens erwähnt: Sie wird von der hM als „Ergänzung" der Prokura verstanden (sog **„Immobiliarklausel"**) und muss daher vom Geschäftsinhaber ausdrücklich erklärt und in das Firmenbuch eingetragen werden. Eine Bevollmächtigung nach allg bürgerlichen Recht bleibt jedoch ebenso möglich und erzielt einen vergleichbaren Effekt; diesfalls gelten die Anforderungen an die Prokuraerteilung nicht und es erfolgt keine Firmenbucheintragung.

> Der Prokurist Paul erwirbt eine Liegenschaft und veräußert diese sofort gewinnbringend weiter, behält sich aber eine Hypothek für den noch nicht vollständig entrichteten Kaufpreis vor. Der Erwerb ist ihm möglich, eine Veräußerung jedoch nicht. Im vorliegenden Fall handelt es sich zwar um eine Restkaufpreishypothek, doch bewirkt dies nicht die Zulässigkeit, da bloß der umgekehrte Fall von der Prokura erfasst wäre: Erwerb einer Liegenschaft, die durch eine dem Verkäufer eingeräumte Restkaufpreishypothek belastet ist.
>
> Der Geschäftsinhaber könnte Paul aber zur Veräußerung bzw Belastung von Liegenschaften bevollmächtigen. Er kann die Prokura insofern ergänzen (Firmenbucheintragung!) oder bloß eine „bürgerlich-rechtliche" Vollmacht erteilen (keine Firmenbucheintragung!).

- Behalten **gesetzliche Bestimmungen** einzelne Aufgaben explizit dem Unternehmer/ Geschäftsinhaber/organschaftlichen Vertreter vor, kommt eine Vertretung durch Prokuristen ebenfalls nicht in Betracht.

> Der Prokurist Paul kann zB nicht anstelle des Unternehmers den Jahresabschluss unterfertigen (zur gemischten Gesamtvertretung s jedoch Bd II S 58).

unbeschränkbar — Rechtsgeschäftliche **Beschränkungen** des Umfanges der Prokura sind **„Dritten gegenüber unwirksam"** (§ 50 Abs 1 UGB). Daher scheiden zB Beschränkungen auf bestimmte Geschäfte oder bestimmte Arten von Geschäften, auf gewisse Umstände, eine gewisse Zeit oder einen bestimmten Ort aus (s § 50 Abs 2 UGB). Der Unternehmer muss folglich alle Rechtshandlungen und Geschäfte des Prokuristen, die letzterer im Rahmen des durch § 49 UGB festgelegten Prokuraumfangs eingehen konnte, auch dann gegen sich gelten lassen, wenn der Prokurist sie nach dem **Innenverhältnis** zwischen Unternehmer und Prokuristen nicht eingehen durfte. Ausnahmen hinsichtlich der Gültigkeit des pflichtwidrig abgeschlossenen Vertrages richten sich nach den allg Grundsätzen iZm dem **Missbrauch der Vertretungsmacht.** Weiters kann der Prokurist schadenersatzpflichtig werden und sich uU wegen Untreue (§ 153 StGB) strafbar machen.

> Der Weingroßhändler Filibert Fassl möchte seinen langjährigen Mitarbeiter Theodor Treuherz befördern, ohne ihm zugleich mehr Gehalt zahlen zu müssen: Aus diesem Grund „befördert" er ihn zum Prokuristen und überreicht ihm eine entsprechende Urkunde, in der er dessen Vertretungsmacht auf Geschäfte bis € 10.000,– beschränkt. Eine Woche später bestellt Treuherz 1.000 Flaschen Brunello um € 20.000,–. Das Geschäft ist wirksam, doch verletzt Treuherz eine für ihn intern verbindliche Beschränkung.

Filialprokura — Eine **Ausnahme von der Unbeschränkbarkeit** der Prokura ist gesetzlich explizit geregelt: Gem § 50 Abs 3 UGB kann die Prokura auf den Betrieb einer Niederlassung des Unternehmers (mit Wirkung gegenüber Dritten) beschränkt werden, sofern die Niederlassungen unter verschiedenen Firmen betrieben werden (s S 87). Die Filialprokura verhindert zB, dass ein Prokurist einen Vertrag, der auf eine andere Filiale lautet, abschließt bzw ändert. Sie verhindert aber etwa nicht, dass ein Prokurist für seine Filiale ein unternehmensgegenstandsfremdes Geschäft abschließt.

Kapitel 1: Prokura

> Die Floralis GmbH betreibt mehrere, relativ autonome „Gartencenter", die als Zweigniederlassungen unter eigener Firma (jeweils mit einem regionalen Zusatz) in das Firmenbuch eingetragen werden. Als der Filialprokurist Valentin Virag bei einem persönlichen Einkauf in ein Gartencenter kommt, auf das sich seine Prokura nicht erstreckt, sieht er, wie der dort beschäftigte Arbeitnehmer Hans Hackler in einem Wutanfall mit Pflanzen um sich wirft. Virag spricht Hackler sogleich die Entlassung aus seinem auf die Filiale lautenden Arbeitsverhältnis aus. Das ist von seiner Filialprokura nicht gedeckt.

Beendigung der Prokura

Endigungsgründe

Die Prokura wird insb in folgenden Fällen beendet:

- **Widerruf** durch den Unternehmer (§ 52 Abs 1 UGB): Dieser kann **jederzeit** und **ohne Begründung** erfolgen. Das Widerrufsrecht ist zwingend, doch werden tw Ausnahmen gemacht, wenn die Prokura einem Gesellschafter gesellschaftsvertraglich zugesagt wird (str). Der Widerruf ist eine einseitige empfangsbedürftige Willenserklärung (die zB durch Firmenbucheintragung und Bekanntmachung auch gegenüber der Öffentlichkeit abgegeben werden kann). Nach (noch) hM müsse der Widerruf ausdrücklich erfolgen (tw bestritten). Der Widerruf kann bei Gesellschaften idR durch organschaftliche Vertreter in vertretungsberechtigter Zahl erklärt werden, bei der GmbH ist jeder Geschäftsführer dazu in der Lage (s § 28 Abs 2 GmbHG).

> Bertram Bentz könnte als Geschäftsführer der GmbH allein die Prokura des Marco Maserani widerrufen. Einer Mitwirkung der zweiten Geschäftsführerin Mabel Maibach bedürfte es nicht.

- **Aufkündigung** seitens des Prokuristen (§ 1021 ABGB): Vom Prokuristen begonnene Geschäfte müssen jedoch grundsätzlich beendet werden.
- **Verlust der Geschäftsfähigkeit** des Prokuristen
- **Tod des Prokuristen:** Demgegenüber wird die Prokura durch den Tod des Unternehmers grundsätzlich nicht beendet (§ 52 Abs 3 UGB).
- **Eröffnung eines Insolvenzverfahrens** über das Vermögen des Geschäftsherrn oder des Prokuristen (§ 1024 ABGB; Ausnahme: Eigenverwaltung)
- Herstellung von **Personenidentität mit dem Unternehmer** oder Bestellung des Prokuristen zum organschaftlichen Vertreter der unternehmenstragenden Gesellschaft.

> Der Prokurist Marco Miserani folgt dem GmbH-Geschäftsführer Bertram Bentz in seiner Funktion nach. Die Prokura erlischt mit Annahme der Geschäftsführerposition.

- **Verlust der Unternehmereigenschaft** des Geschäftsherrn: Möglich ist jedoch, dass das Vollmachtsverhältnis in anderer Form fortbesteht.
- Gesellschaftsrechtliche **Umgründungsvorgänge** können uU die Prokura beenden (zB übertragende Umwandlung, Verschmelzung, Spaltung).

Firmenbucheintragung

Auch das Erlöschen der Prokura muss im **Firmenbuch** eingetragen werden. Die Wirkung der Eintragung ist wiederum **deklarativ.** Die unterlassene Löschung der Prokura im Firmenbuch kann zu einer Anwendung des § 15 Abs 1 UGB führen (dh gutgläubige Dritte können sich auf die „Prokura" berufen).

1.6 Unternehmerisches Stellvertretungsrecht

Der Holzgroßhändler Holger Hobel entlässt seinen Prokuristen Franz Fürsorger aufgrund grober Verfehlungen. Dieser möchte sich rächen und schickt am nächsten Tag (vor Eintragung des Erlöschens im Firmenbuch) Angebote zu Abverkaufspreisen an verschiedene Abnehmer (Tischler, Baumärkte etc). Diese nehmen die Angebote an.

Üben

- Wie und wo ist die rechtsgeschäftliche Stellvertretung im Unternehmensrecht geregelt?
- Was bedeutet „Gesamtvertretungsbefugnis"?
- Was versteht man unter einer „Prokura"?
- Wer kann Prokura erteilen? Kann ein Freiberufler Prokura erteilen?
- Kann bzw muss ein Prokurist in das Firmenbuch eingetragen werden?
- Kann der Umfang der Prokura eingeschränkt werden?
- Kann ein Prokurist eine Unternehmensliegenschaft verkaufen?
- Was versteht man unter der „Immobiliarklausel"?
- Was ist eine „Filialprokura"? Wann kann sie erteilt werden?
- Kann ein Prokurist „Unterprokura" erteilen?
- Kann ein Prokurist „Grundlagengeschäfte" im Namen des Geschäftsinhabers abschließen? Kann er den Unternehmensgegenstand ändern?
- Ein Unternehmer möchte „unwiderruflich" Prokura erteilen. Ist das möglich?
- Durch welche Umstände kann eine Prokura erlöschen?

Wissen

Filialprokura	Unter einer „Filialprokura" versteht man eine Prokura, die auf den Betrieb einzelner von mehreren Niederlassungen (Hauptniederlassung oder Zweigniederlassung) beschränkt ist (§ 50 Abs 3 UGB). Dies ist möglich, wenn die betreffende Niederlassung unter eigener Firma betrieben wird (Filialzusatz genügt).
Formalvollmacht	Eine Formalvollmacht ist eine Vollmacht mit gesetzlich bestimmtem Umfang, der Dritten gegenüber (dh im Außenverhältnis) nicht wirksam beschränkt werden kann. Eine Bindung im Innenverhältnis beeinträchtigt die Gültigkeit des geschlossenen Geschäfts grundsätzlich nicht (Ausnahme insb Kollusion). ZB Prokura (§ 50 Abs 1 UGB), organschaftliche Vertretung (zB § 126 UGB, § 74 Abs 2 AktG, § 20 Abs 2 GmbHG, § 19 GenG, § 19 Abs 1 SpG). Eine Formalvollmacht erleichtert den Geschäftsverkehr, da der Dritte individuelle Grenzen der Vollmacht nicht prüfen muss.
Gesamtprokura	Gesamtprokura (Kollektivprokura) ist eine Prokura, die zwei oder mehreren Personen zur gemeinsamen Ausübung erteilt wird (§ 48 Abs 2 UGB). Zur passiven Stellvertretung ist jeder Prokurist allein befugt.
Immobiliarklausel	Die sog „Immobiliarklausel" (Grundstücksklausel) ist eine besondere Erweiterung der Vertretungsmacht des Prokuristen zur Veräußerung und/oder Belastung von Grundstü-

cken des Unternehmers. Es handelt sich nach hM nicht um eine selbständige Handlungsvollmacht, sondern um einen Bestandteil der Prokura; die Erteilung muss ausdrücklich erfolgen. Sie wird ins Firmenbuch eingetragen. Die Veräußerung und Belastung von Liegenschaften ist gem § 49 Abs 2 UGB vom Umfang der normalen Prokura ausgenommen.

Prokura Die Prokura ist eine im Firmenbuch einzutragende, jederzeit widerrufliche, unbeschränkbare und unübertragbare, von einem im Firmenbuch eingetragenen Unternehmer erteilte Vollmacht, deren Umfang gesetzlich festgelegt ist und die zu grundsätzlich allen Arten von gerichtlichen und außergerichtlichen Geschäften und Rechtshandlungen, die der Betrieb eines (iSv „irgendeines") Unternehmens mit sich bringt, „ermächtigt". Die Erteilung hat ausdrücklich zu erfolgen (§ 48 Abs 1 UGB); Vertretung bei Prokuraerteilung ist nur durch den gesetzlichen oder organschaftlichen Vertreter möglich. Die Firmenbucheintragung ist deklarativ. Der Umfang der Prokura ist gesetzlich geregelt und kann im Außenverhältnis nicht beschränkt werden (§ 50 UGB; Formalvollmacht; Ausnahme: Filialprokura).

Kapitel 2: Handlungsvollmacht

Lernen

Begriff

§ 54 Abs 1 UGB lautet: „Ist jemand ohne Erteilung der Prokura zum Betrieb eines Unternehmens oder zur Vornahme einer bestimmten zu einem Unternehmen gehörigen Art von Geschäften oder zur Vornahme einzelner zu einem Unternehmen gehöriger Geschäfte ermächtigt, so erstreckt sich die Vollmacht (Handlungsvollmacht) auf alle Geschäfte und Rechtshandlungen, die der Betrieb eines derartigen Unternehmens oder die Vornahme derartiger Geschäfte gewöhnlich mit sich bringt; dies umfasst auch den Abschluss von Schiedsvereinbarungen. Für solche Geschäfte und Rechtshandlungen bedarf es keiner besonderen Vollmacht nach § 1008 ABGB."

gesetzliche Vermutung Kurz zusammengefasst kann man die Handlungsvollmacht als jegliche von einem Unternehmer in seinem Unternehmensbetrieb erteilte Vollmacht bezeichnen, die nicht Prokura ist *(Krejci)*. Zu beachten ist jedoch, dass der Unternehmer dem Anwendungsbereich des 1. Buchs des UGB unterliegen muss. Daran wird deutlich, dass **§ 54 UGB** schlicht **an die Erteilung irgendeiner zivilrechtlichen Vollmacht im Betrieb des Unternehmers** (die pauschal zum Betrieb des Unternehmens oder konkretisiert nach der Art der Geschäfte oder auch konkret für ein Geschäft erteilt worden sein kann) **an-**

1.6 Unternehmerisches Stellvertretungsrecht

knüpft und im Sinn der Verkehrssicherheit eine **Vermutung für einen bestimmten Umfang der Vollmacht** bereit stellt. Eine einheitliche Handlungsvollmacht existiert somit nicht, sondern es ist bei Feststellung des Umfangs von unternehmerischen Vollmachten § 54 UGB zu berücksichtigen, sofern es sich nicht um eine Prokura handelt, die spezielleren Regeln folgt.

Erteilung

auch schlüssig

Eine (nach zivilrechtlichen Grundsätzen erteilte) Vollmacht fällt in den Anwendungsbereich des § 54 UGB, wenn der Vollmachtgeber ein **Unternehmer** ist, der dem 1. Buch des UGB unterliegt. Eine Firmenbucheintragung des Unternehmers ist keine Voraussetzung für die Erteilung von Handlungsvollmacht. Die Erteilung der Handlungsvollmacht muss nicht durch den Unternehmer persönlich, sondern kann von einem Prokuristen oder einem sonst dazu Bevollmächtigten vorgenommen werden. Anders als bei der Prokura kann die Einräumung von Handlungsvollmacht **auch konkludent** erfolgen.

> Schlüssige Vollmachtserteilung zB bei Übertragung von Aufgaben an einen Mitarbeiter, sofern die Übertragung nach der Verkehrsanschauung als objektiver Ausdruck des Willens auf Einräumung der entsprechenden Handlungsvollmacht aufzufassen ist.

Handlungsvollmacht kann auch **juristischen Personen** eingeräumt werden (str). Wird die Handlungsvollmacht mehreren Personen zur gemeinsamen Ausübung eingeräumt, liegt eine **„Gesamthandlungsvollmacht"** vor.

keine Firmenbucheintragung

Eine Eintragung der Handlungsvollmacht in das **Firmenbuch** erfolgt **nicht.** Es handelt sich um eine nicht eintragungsfähige Tatsache. Das gilt auch für eine „gemischte Gesamthandlungsvollmacht", dh eine Handlungsvollmacht, die zur gemeinsamen Ausübung mit einem organschaftlichen Vertreter erteilt wurde.

Umfang der Handlungsvollmacht

Schutz Dritter

Das Gesetz stellt – wie eingangs erwähnt – in den Fällen der Handlungsvollmacht eine **Vermutung** hinsichtlich des Vollmachtsumfangs auf, regelt jedoch den Umfang nicht zwingend (keine Formalvollmacht!). Der Unternehmer kann daher den Umfang der von ihm erteilten Vollmacht gestalten, dh ggf auch einschränken. **Gutgläubige Dritte** (Vertragspartner), denen die konkrete Einschränkung der Handlungsvollmacht nicht bekannt war und auch nicht bekannt sein musste, können sich auf den gesetzlich vermuteten Vollmachtsumfang berufen (§ 55 UGB). Möchte sich der Unternehmer, in dessen Namen der Handlungsbevollmächtigte aufgetreten ist, auf die fehlende Schutzwürdigkeit des Dritten berufen, so trifft ihn die Behauptungs- und Beweislast.

> Der Kundenberater Kuno weist sich im Schalterraum der Bank gegenüber einem Kunden mittels Visitenkarte als Wertpapierberater aus. Über Einschränkungen seiner Vertretungsmacht hinsichtlich risikoreicher Wertpapiere erzählt er dem Kunden nichts. Der Kunde kann auf die Vertretungsmacht des Kuno vertrauen.

KSchG

Bei Verbrauchergeschäften ist **§ 10 Abs 1 KSchG** zu beachten: Einem Verbraucher kann eine Beschränkung der Vollmacht nur dann entgegengehalten werden, wenn sie diesem bewusst war. Bei grob fahrlässiger Unkenntnis des Konsumenten gewährt § 10 Abs 2 KSchG dem Unternehmer jedoch ein Rücktrittsrecht vom Vertrag.

Kapitel 2: Handlungsvollmacht

Ein Verbraucher darf aber zB nicht darauf vertrauen, dass dem Filialleiter einer Bank (gesetzwidrigerweise) eine Einzelhandlungsvollmacht erteilt worden ist (bei Kreditinstituten ist bei einer allgemeinen Handlungsvollmacht das Vieraugenprinzip zu beachten!). Besondere gesetzliche Regelungen über den Umfang der Vollmacht, die ein Unternehmer erteilt hat, bleiben von § 10 Abs 1 KSchG nämlich unberührt.

Arten der Handlungsvollmacht

Das Gesetz unterscheidet **drei „Fälle" der Handlungsvollmacht** mit entsprechender Vermutung des Vollmachtsumfangs:
- Generalhandlungsvollmacht
- Arthandlungsvollmacht
- Einzelhandlungsvollmacht

Erklärt sich der Machtgeber nicht hinreichend klar, welche Art der Handlungsvollmacht er einräumen möchte, so ist Generalhandlungsvollmacht anzunehmen.

Generalhandlungsvollmacht

Generalhandlungsvollmacht liegt vor, wenn der Unternehmer jemanden **„zum Betrieb eines Unternehmens"** ermächtigt.

Bestellt ein Kunsthändler seinen Angestellten zum Leiter seiner Galerie, weil er selbst auf Urlaub fährt, erteilt er ihm durch diese Bestellung zugleich Generalhandlungsvollmacht (sofern er nicht ggf ausdrücklich Prokura erteilt).

gewöhnliche Geschäfte

Nach dem Gesetz erstreckt sich die Vollmacht auf alle Geschäfte und Rechtshandlungen, die der Betrieb eines derartigen Unternehmens gewöhnlich mit sich bringt. Erfasst sind maW nur Geschäfte, die ein **Unternehmen der jeweiligen Art** mit sich bringt. Außerdem muss es sich um **gewöhnliche Geschäfte** handeln. Das Kriterium des „gewöhnlichen" Geschäfts wird von der Rsp nach den „örtlichen, zeitlichen und branchenmäßigen Anschauungen" beurteilt (Einzelfallabgrenzung!). Ungewöhnliche Geschäfte werden insb dann vorliegen, wenn ungewöhnlich große Verpflichtungen eingegangen oder besondere Bedingungen eingeräumt werden, die nicht branchenüblich sind. Für die Frage der „Gewöhnlichkeit" eines Geschäfts kommt es nicht auf die konkreten Verhältnisse in dem betreffenden Unternehmen an, sondern darauf, ob derartige Geschäfte in einem Unternehmen von der Art, wie es der Geschäftsherr betreibt, gewöhnlich vorkommen (das Gesetz spricht von einem „derartigen Unternehmen"). Andernfalls könnte die Handlungsvollmacht den Schutz des Geschäftsverkehrs kaum gewährleisten.

Margit Minze betreibt einen Kräuterladen. Ihrem Arbeitnehmer Konrad Kampfer hat Minze Generalhandlungsvollmacht eingeräumt. Kampfer bestellt exotische Kräuter, deren Absatz aufgrund des Desinteresses des Kundenkreises nicht funktioniert. Das Geschäft ist dennoch ein „gewöhnliches" Geschäft für einen Kräuterladen (wenn auch nicht für den konkreten Kräuterladen) und von der Handlungsvollmacht gedeckt.

Die von einem Kreditinstitut eingesetzten Handlungsbevollmächtigten Hans und Franz veräußern eine Maschine. Es handelt sich um ein außergewöhnliches Geschäft, das von der Handlungsvollmacht nicht gedeckt ist.

Einschränkungen

Die Generalhandlungsvollmacht umfasst gem **§ 54 Abs 2 UGB** nicht:
- Veräußerung oder Belastung von **Grundstücken**
- Eingehen von **Wechselverbindlichkeiten**

1.6 Unternehmerisches Stellvertretungsrecht

- Aufnahme von **Darlehen**
- Prozessführung

Für die genannten Geschäfte ist eine Einzelhandlungsvollmacht notwendig. Die Generalhandlungsvollmacht geht zudem nicht weiter als die Prokura; Geschäfte, die einem Prokuristen verwehrt sind, kann daher auch ein Generalhandlungsbevollmächtigter nicht schließen (s S 117 ff).

Arthandlungsvollmacht

Arten von Geschäften

Arthandlungsvollmacht (dh eine „Gattungsvollmacht") liegt vor, wenn jemand **zur Vornahme einer bestimmten zu einem Unternehmen gehörigen Art von Geschäften ermächtigt** wird. Erfasst sind alle Geschäfte und Rechtshandlungen, welche die Vornahme derartiger Geschäfte gewöhnlich mit sich bringt. Die Einschränkungen des § 54 Abs 2 UGB sind auch für die Arthandlungsvollmacht zu beachten. Arthandlungsvollmacht ist eine praktisch sehr häufige Vollmachtsart.

> ZB können folgende Personen Arthandlungsvollmacht haben: Leiter der Einkaufsabteilung in einem Unternehmen; Personen, die an der Kasse eines Geschäfts arbeiten; Kellner im Restaurant.

Einzelhandlungsvollmacht

Spezialvollmacht

Einzelhandlungsvollmacht (dh eine „Spezialvollmacht") liegt vor, wenn eine Person **zur Vornahme einzelner zu einem Unternehmen gehöriger Geschäfte ermächtigt** wird.

> Der Unternehmer Ulrich bevollmächtigt seinen Angestellten Adalbert, den Kauf einer Warmwasseranlage der Marke „Legionella 3000" abzuschließen und diese „in Empfang zu nehmen". Zur Abgabe einer allfällig erforderlichen Mängelrüge wird Adalbert daher auch bevollmächtigt sein.

Filialhandlungsvollmacht

Zweigniederlassung

Die Handlungsvollmacht kann so erteilt werden, dass sie sich nur auf eine Zweigniederlassung (dh auf Geschäfte dieser Filiale) bezieht (sog **Filialhandlungsvollmacht**). Auch eine Generalhandlungsvollmacht kann in Form einer Filialhandlungsvollmacht erteilt werden. Zur Filialprokura, die im Gegensatz zur Filialhandlungsvollmacht einer eigenen Firma für die Niederlassung bedarf, s S 118.

Beendigung der Handlungsvollmacht

Endigungsgründe

Die Handlungsvollmacht erlischt zB in folgenden Fällen:

- **Widerruf** (§ 58 Abs 1 UGB)
- **Kündigung** durch den Bevollmächtigten (§ 1021 ABGB; str)
- **Verlust der Geschäftsfähigkeit** des Bevollmächtigten
- **Tod des Bevollmächtigten** (idR jedoch nicht durch den Tod des Machtgebers – s § 58 Abs 3 UGB)

Kapitel 2: Handlungsvollmacht

> Nachdem die Inhaberin eines Kräuterladens, Margit Minze, verstorben ist, bestellt ihr Handlungsbevollmächtigter Konrad Kampfer beim Händler Wendelin Weißdorn eine Ladung Augentrost. Die Erbin von Minze, Sonja Süßholz, führt den Kräuterladen fort, ist jedoch mit der Augentrost-Bestellung durch Kampfer nicht einverstanden und behauptet gegenüber Weißdorn, dass Kampfer gar keine Vertretungsmacht mehr hatte. Das ist unzutreffend, sofern sich nicht aus einer Erklärung von Minze zweifelsfrei ergab, dass die Handlungsvollmacht mit ihrem Tod enden solle.

- **Eröffnung eines Insolvenzverfahrens** über das Vermögen des Handlungsbevollmächtigten oder des Unternehmers (§ 1024 ABGB; Ausnahme: Eigenverwaltung)
- Geschäftsaufgabe (nach der Liquidation wirksam)
- Betriebsübergang gem § 3 Abs 1 AVRAG (str)
- Umgründungsvorgänge, die nicht identitätswahrend sind

Üben

- Wer kann Handlungsvollmacht erteilen? Ist Erteilung durch einen Bevollmächtigten möglich?
- Kann man einer juristischen Person Handlungsvollmacht erteilen?
- Kann bzw muss ein Handlungsbevollmächtigter in das Firmenbuch eingetragen werden?
- Was ist eine „Arthandlungsvollmacht"?
- Was ist eine „Gesamthandlungsvollmacht"?
- Anhand welchen Maßstabs bestimmt sich, ob ein „gewöhnliches" Geschäft iSd § 54 UGB vorliegt?
- Kann man eine „Handlungsvollmacht" mit einem individuell bestimmten Umfang erteilen?
- Kann ein Handlungsbevollmächtigter ein Darlehen für den Geschäftsinhaber aufnehmen?
- Wie ist ein Dritter geschützt, wenn eine Handlungsvollmacht vom Geschäftsinhaber im Vergleich zum gesetzlich vermuteten Umfang beschränkt wird?
- Vergleichen Sie die Handlungsvollmacht mit der Prokura!

Wissen

Arthandlungsvollmacht

Arthandlungsvollmacht liegt vor, wenn eine Person von einem Unternehmer zur Vornahme einer bestimmten Art von Geschäften bevollmächtigt ist. Sie berechtigt auch zu Rechtsgeschäften und Rechtshandlungen, die „derartige" Geschäfte gewöhnlich mit sich bringen (§ 54 Abs 1 UGB). Sie unterliegt den Einschränkungen des § 54 Abs 2 UGB.

Einzelhandlungsvollmacht

Einzelhandlungsvollmacht hat, wer zu einem einzelnen, zum Unternehmen des Vollmachtgebers gehörenden Geschäft ermächtigt ist. Die Vollmacht erstreckt sich auch auf

1.6 Unternehmerisches Stellvertretungsrecht

Rechtsgeschäfte und Rechtshandlungen, die ein „derartiges" Geschäft gewöhnlich mit sich bringt.

Generalhandlungsvollmacht

Generalhandlungsvollmacht berechtigt zu allen Geschäften und Rechtshandlungen, die der Betrieb eines „derartigen" Unternehmens gewöhnlich mit sich bringt (§ 54 Abs 1 UGB). Sie unterliegt den Einschränkungen des § 54 Abs 2 UGB.

Handlungsvollmacht

Unter einer „Handlungsvollmacht" kann man jede von einem Unternehmer im Rahmen seines Unternehmens erteilte Vollmacht verstehen, die nicht Prokura ist (vgl § 54 UGB). Die Handlungsvollmacht ist keine Formalvollmacht, sondern kann dem Umfang nach gestaltet werden. § 54 UGB bietet Vermutungen für ihren Umfang (Abs 1, 2), auf die sich ein Dritter berufen kann, wenn er eine Beschränkung weder kannte noch kennen musste (Abs 3). Unterschieden werden drei Arten: Generalhandlungsvollmacht, Arthandlungsvollmacht, Einzelhandlungsvollmacht.

Kapitel 3: Ladenvollmacht

Lernen

Anscheinsvollmacht

In besonderen Fällen fingiert das Gesetz das Vorliegen einer Vollmacht, **obwohl überhaupt keine Vollmacht erteilt wurde.** Das geht über die Vermutung eines bestimmten Umfangs einer existierenden Vollmacht (wie bei der Handlungsvollmacht) hinaus. Man spricht idZ von **„Anscheinsvollmacht".** Der Dritte kann sich auf die Vertretungsmacht berufen, wenn er gutgläubig ist.

§ 56 UGB lautet: „Wer in einem Laden oder in einem offenen Warenlager angestellt ist, gilt als ermächtigt zu Verkäufen und Empfangnahmen, die in einem derartigen Laden oder Warenlager gewöhnlich geschehen."

Im Unterschied zur Handlungsvollmacht muss der tätig werdenden Person keine Vollmacht eingeräumt worden sein. Ein vergleichbarer Fall findet sich mit der sog „Verwaltervollmacht" in § 1029 ABGB.

Laden bzw offenes Warenlager

Ein **„Laden"** iSd § 56 UGB ist eine (dauerhafte oder temporäre) Verkaufsstätte. Ein **„Warenlager"** ist **„offen",** wenn es von Geschäftspartnern aufgesucht werden kann und dort Geschäfte abgeschlossen werden können.

„Angestellter"

„Angestellt" iSd § 56 UGB sind nicht nur Personen iSd AngG; der in § 56 verwendete Begriff ist weiter. Personen, die nicht mit Verkaufstätigkeiten befasst sind, fallen nach

Kapitel 3: Ladenvollmacht

Ansicht in der Lehre nicht unter die Bestimmung (str); tw wird jedoch der Anschein einer Beschäftigung mit Verkaufstätigkeiten als ausreichend angesehen.

Für die Anwendung des § 56 UGB. Es genügt, dass das Geschäft im Laden oder Warenlager angebahnt wird. Der Vertragsabschluss kann allenfalls auch nachträglich außerhalb der genannten Räumlichkeiten erfolgen.

> Arthur Ahnungslos betritt den kleinen Elektronikladen der Paula Pech, in dem drei Arbeitnehmer mit Kundenbetreuung beschäftigt sind. Als er mit dem Kundenbetreuer Ludwig Listig über die geplante Anschaffung eines Flachbildschirms redet, sagt ihm dieser zu, ein „besonders gutes Angebot" machen zu können – das Gerät müsse er jedoch erst bestellen und es könne in Bälde an Ahnungslos geliefert werden. Ahnungslos stimmt zu. In der Folge liefert Listig ein Gerät, das sein Bruder bei einem Einbruch besorgt hat, und kassiert den Kaufpreis. Als das Gerät nach kurzer Zeit schadhaft wird, verlangt Ahnungslos von Pech den Austausch des Flachbildschirms. Pech beruft sich darauf, dass Listig gar keine Vertretungsmacht hatte und alle Verträge bloß mit ihrem zuverlässigsten Kundenbetreuer Thomas Treuherz abgeschlossen werden müssten. Ahnungslos kann sich jedoch auf § 56 UGB berufen!

Ausschluss — Der Unternehmer kann die **Wirkung des § 56 UGB** einschränken oder **ausschließen;** in Betracht kommen zB explizite Hinweise durch Aushang oder Durchsage in den betreffenden Räumlichkeiten (zB „Zahlung ausschließlich an der Kassa") oder sonstige Maßnahmen, welche den Ausschluss einer Vollmacht hinreichend erkennbar machen (zB Einrichtung einer zentralen Kassa).

Üben

- Was unterscheidet die Handlungsvollmacht von der Ladenvollmacht?
- Was versteht man unter einer „Anscheinsvollmacht"?
- Was ist ein „Laden" iSd § 56 UGB?
- Kann man die Wirkung des § 56 UGB ausschließen (ggf wie)?

Wissen

Anscheinsvollmacht — Eine Anscheinsvollmacht ist eine vom Gesetz bzw der Rsp für Fälle angenommene Vollmacht, in denen ein Dritter aufgrund von dem Vertretenen zurechenbaren Umständen („äußerer Tatbestand") annehmen darf, dass dieser eine Vollmacht erteilt hat, obwohl in Wahrheit rechtsgeschäftlich keine Vollmacht erteilt wurde. Besteht der Anschein in einem Nichteinschreiten gegen das vertrauenbegründende Verhalten eines anderen, so spricht man auch von Duldungsvollmacht. Die Anscheinsvollmacht ist kein Fall schlüssiger (§ 863 ABGB) Vollmachtserteilung. Ein Bsp für eine gesetzlich geregelte Anscheinsvollmacht ist die Laden- und Lagervollmacht (§ 56 UGB); vgl weiters §§ 1029 f ABGB.

1.6 Unternehmerisches Stellvertretungsrecht

Anstellung
„Anstellung" iSd § 56 UGB meint Tätigwerden mit Wissen und Willen des Geschäftsherrn (auch Wissen-Müssen) in engem Zusammenhang mit Verkaufstätigkeit, wobei das Vertrauen-Dürfen eines redlichen Kunden maßgeblich ist.

Laden
Ein „Laden" iSd § 56 UGB ist jede (wenn auch nur vorübergehend benutzte) Verkaufsstätte (nicht jedoch bloße Büroräume).

Ladenvollmacht
Ladenvollmacht (Lagervollmacht) ist die Vollmacht einer in einem Laden bzw einem offenen Warenlager von einem Unternehmer angestellten Person zu Verkäufen und Empfangnahmen, die in einem derartigen Laden bzw Warenlager gewöhnlich geschehen (§ 56 UGB). Es handelt sich um eine Anscheinsvollmacht. Einschränkungen der Vertretungsbefugnis wirken nur dann, wenn sie dem Kunden bekannt waren oder bekannt sein mussten (zB durch entsprechende Aushänge).

offenes Warenlager
Ein „offenes Warenlager" ist jeder Ort, an dem Waren aufbewahrt werden und der Kunden zum Zwecke des Geschäftsabschlusses zugänglich ist.

2 Unternehmensbezogene Geschäfte

Das 4. Buch des UGB enthält Regelungen, die das allgemeine bürgerliche Recht im Bereich des Schuldrechts für Unternehmer ergänzen bzw tw verdrängen. Das Verständnis der Regelungen des 4. Buchs setzt die Kenntnis des Vertrags- bzw Schuldrechts des ABGB voraus (dazu *Perner/Spitzer/Kodek,* Bürgerliches Recht³ [2012] 35 ff).

Dieses Kapitel beschäftigt sich mit
- dem Begriff des unternehmensbezogenen Geschäfts,
- den Sonderregeln, die das UGB für diese Geschäfte aufstellt und
- anderen schuldrechtlichen Bestimmungen, die für den unternehmerischen Rechtsverkehr wesentlich sind.

Dieser Teil umfasst folgende Abschnitte:

2.1 Das Recht der unternehmensbezogenen Geschäfte
Kapitel 1: Die Anwendung des 4. Buchs des UGB 131
Kapitel 2: Abschluss unternehmensbezogener Geschäfte und
Vertragsauslegung 139

2.2 Schuldrechtliche Sonderregelungen
Kapitel 1: Schadenersatz 154
Kapitel 2: Zinsen und sonstige Regelungen gegen Zahlungsverzug 158
Kapitel 3: Kontokorrent 163
Kapitel 4: Zurückbehaltungsrecht 173
Kapitel 5: Warenkauf 178
Kapitel 6: Sicherstellung bei Bauverträgen (§ 1170b ABGB) 192

2.3 Absatzmittlergeschäfte
Kapitel 1: Kommissionsgeschäft 195
Kapitel 2: Handelsvertretergeschäft 206
Kapitel 3: Maklergeschäft 212
Kapitel 4: Vertragshändlergeschäft 225
Kapitel 5: Franchisegeschäft 226
Kapitel 6: Investitionsersatz 228

2.4 Transportgeschäfte
Kapitel 1: Frachtgeschäft 233
Kapitel 2: Speditionsgeschäft 239
Kapitel 3: Lagergeschäft 245

2.1 Das Recht der unternehmensbezogenen Geschäfte

Kapitel 1: Die Anwendung des 4. Buchs des UGB

Lernen

Einleitung

ABGB – UGB

Regelungen zum Abschluss von Verträgen finden sich vorwiegend im bürgerlichen Recht (insb im ABGB). Das Unternehmensrecht schafft als Sonderprivatrecht der Unternehmer darüber hinaus bestimmte **Sonderregelungen,** die den Anforderungen des professionellen unternehmerischen Geschäftsverkehrs gerecht werden sollen. Regelungen zu von Unternehmern geschlossenen Verträgen (unternehmensbezogenen Geschäften) finden sich im **4. Buch des UGB.** Diese Regelungen stellen ebenso wie das Unternehmensrecht als solches kein geschlossenes System dar. Grundsätzlich sind die Regelungen des bürgerlichen Rechts (dh insb des ABGB) auch auf Unternehmer anwendbar. Das an die Unternehmereigenschaft anknüpfende Unternehmensrecht stellt jedoch spezielle Bestimmungen in einzelnen Fällen zur Verfügung, welche das bürgerliche Recht modifizieren bzw verdrängen oder auch ergänzen.

> Grundsätzlich ist der Kaufvertrag im ABGB geregelt. Das UGB enthält somit keine allgemeinen Bestimmungen über den Kauf (es regelt etwa nicht, was ein Kaufvertrag ist), sondern es bestimmt, was überdies gilt, wenn an einem Kauf ein oder mehrere Unternehmer beteiligt sind.

Inhalt des 4. Buchs

Das **4. Buch des UGB** enthält neben allgemeinen Vorschriften zu unternehmensbezogenen Geschäften insb auch Vorschriften zu
- Warenkauf

- Kommissionsgeschäft
- Speditionsgeschäft
- Frachtgeschäft
- Lagergeschäft

Sondergesetze — Weitere relevante Vorschriften zu unternehmensbezogenen Geschäften finden sich in Sondergesetzen, wie zB dem **Handelsvertretergesetz** (HVertrG) oder dem **Maklergesetz**.

Innominatverträge — Manche (in der Vertragspraxis „neu" geschaffenen) Vertragsarten sind gar nicht eigens gesetzlich geregelt. Gesetzlich nicht geregelte „Arten" von Verträgen bezeichnet man als **„Innominatverträge"** (gesetzlich geregelte Vertragsarten hingegen als „Nominatverträge"). Paradebeispiel für Innominatverträge ist der **Leasingvertrag,** aber auch der **Franchisevertrag,** das **Factoring** (Forderungskauf als Finanzdienstleistung) oder der **Vertragshändlervertrag** sind idZ zu nennen.

Anwendungsbereich des 4. Buchs – Überblick

Der Anwendungsbereich der einzelnen Bestimmungen des 4. Buchs des UGB wird in den §§ 343–345 UGB grob umrissen, wobei als zentraler Anknüpfungspunkt der Begriff des **„unternehmensbezogenen Geschäfts"** verwendet wird. Es handelt sich um eine „Grobanknüpfung"; letztlich muss jedoch für jede einzelne Norm der Anwendungsbereich geprüft werden.

> So sind zB die Warenkaufregeln nicht auf alle unternehmensbezogenen Kaufverträge anzuwenden, sondern nur auf Kaufverträge über Waren und diesen gleichgestellte Verträge (s § 381 UGB).

In den §§ 343–345 UGB finden sich Regelungen zu folgenden Bereichen:
- Anwendung des 4. Buchs auf Unternehmer iSd §§ 1–3 UGB sowie auf juristische Personen des öffentlichen Rechts (§ 343 Abs 1 UGB);
- **Definition** des unternehmensbezogenen Geschäfts (§ 343 Abs 2 UGB);
- **Ausnahme** der Vorbereitungsgeschäfte natürlicher Personen (§ 343 Abs 3 UGB);
- **Zweifelsregel,** ob ein Geschäft einen Unternehmensbezug hat (§ 344 UGB);
- Grundsätzliche Anwendung des 4. Buchs auch auf **Nichtunternehmer,** die an unternehmensbezogenen Geschäften beteiligt sind, sofern die jeweilige Norm nicht anderes bestimmt (§ 345 UGB).

Begriff des „unternehmensbezogenen Geschäfts"

subjektives System — Das UGB folgt dem **„subjektiven System",** dh es macht die Anwendbarkeit der Regelungen von dem Umstand abhängig, dass eine am Geschäft beteiligte Person Unternehmereigenschaft besitzt.

Als unternehmensbezogene Geschäfte werden gem § 343 Abs 2 UGB alle **Geschäfte eines Unternehmers** bezeichnet, **die zum Betrieb seines Unternehmens gehören.** Der Begriff setzt sich somit aus zwei wesentlichen Elementen zusammen:
- aus dem persönlichen Element, dass nur Geschäfte eines Unternehmers erfasst sind, und
- aus dem sachlichen Element, dass das Geschäft zum Betrieb des Unternehmens gehören muss.

Kapitel 1: Die Anwendung des 4. Buchs des UGB

Unternehmer

Das Gesetz ordnet die Anwendung des 4. Buchs auf Unternehmer iSd §§ 1–3 UGB an und erweitert den Anwendungsbereich auf juristische Personen des öffentlichen Rechts, die Unternehmern gleichgestellt sein sollen:

- **Unternehmer iSd § 1 UGB:** Eine Einschränkung für Freiberufler bzw Land- und/oder Forstwirte findet sich im 4. Buch nicht. Eine Firmenbucheintragung des § 1-Unternehmers ist (generell) keine Voraussetzung für die Anwendung des 4. Buchs.

> Ein ideeller Verein betreibt nebenher ein kleines Unternehmen, um Geld für seine Vereinstätigkeit zu erwirtschaften. Er unterliegt bei Vornahme von Geschäften, die zum Unternehmensbetrieb gehören, dem 4. Buch.

- **Unternehmer iSd § 2 UGB:** Da es bei Formunternehmern nicht darauf ankommt, ob sie tatsächlich eine unternehmerische Tätigkeit entfalten, sind alle von ihnen geschlossenen Geschäfte „unternehmensbezogen"; das 4. Buch kommt zur Anwendung. Da eine OG/KG nicht Formunternehmerin ist, gilt das 4. Buch nur, wenn sie ein Unternehmen betreibt. Die Vorgesellschaft einer Kapitalgesellschaft (s Bd II S 37) wird in der Lehre tw bereits analog § 2 UGB behandelt.
- **Unternehmer iSd § 3 UGB:** Unternehmer kraft Eintragung.

> Der ehemalige Automechaniker Albert hat sein Unternehmen schon vor einigen Monaten eingestellt, aber vergessen, die Löschung aus dem Firmenbuch zu erwirken. Als er für seinen privaten PKW neue Reifen bestellt, verwendet er das alte Briefpapier seines Unternehmens und unterschreibt firmenmäßig. Das Geschäft unterliegt dem 4. Buch, obwohl es strenggenommen nicht „unternehmensbezogen" ist.

- **Juristische Personen des öffentlichen Rechts** (jPöR): Sie sind nach hM auch dann erfasst, wenn sie nicht unternehmerisch tätig sind. Freilich ist das 4. Buch bloß dann anzuwenden, wenn es sich um eine privatwirtschaftliche (und keine hoheitliche) Tätigkeit handelt. Der Begriff der jPöR wird in der Rechtsordnung nicht ganz einheitlich gebraucht. Für § 343 UGB wird von einem weiten Begriffsverständnis auszugehen sein. Ob bei einer jPöR Zwangsmitgliedschaft besteht oder ob diese hoheitliche Befugnisse besitzt, ist nicht entscheidend (nunmehr klargestellt durch die Gesetzesmaterialien zum ZVG).

> Lässt eine Gemeinde ein Jugendzentrum errichten und schließt sie dazu einen Kaufvertrag über ein Grundstück und einen Werkvertrag über die Gebäudeerrichtung ab, so sind diese Geschäfte ohne nähere Prüfung als unternehmensbezogene Geschäfte zu behandeln.

Scheinunternehmer

Scheinunternehmer sind zwar nicht Unternehmer, sie können aber von ihren (gutgläubigen) Geschäftspartnern als § 1-Unternehmer behandelt werden (s S 32). Nach überwiegender Meinung wird die Anwendbarkeit des KSchG jedoch nicht ausgeschlossen.

Stellvertretung

Schließt ein **Stellvertreter** ein Geschäft ab, so kommt es darauf an, ob der Vertretene Unternehmer ist. Schließt ein Vertreter ohne Vertretungsmacht (falsus procurator) im Namen eines Unternehmers ein Geschäft ab (das nachträglich auch nicht genehmigt wird), so hat der Geschäftspartner bloß einen Anspruch gegen den falsus procurator auf den Ersatz des Vertrauensschadens (§ 1019 ABGB).

> Der Handlungsbevollmächtigte Herbert schließt im Namen des Geschäftsinhabers Gustav einen Vertrag mit Adele ab. Das Geschäft ist ein unternehmensbezogenes Geschäft des Gustav. Als Herbert ein Geschäft mit Berta abschließt, vergisst er, seine Stellvertretung offenzulegen. Das Geschäft kommt zwischen Herbert und Berta zustande.

2.1 Das Recht der unternehmensbezogenen Geschäfte

> Es ist für Herbert (mangels eigener Unternehmereigenschaft) nicht unternehmensbezogen – allenfalls könnte er von Berta als Unternehmer behandelt werden, wenn er einen diesbezüglichen Anschein erweckt hätte (Scheinunternehmer).

Zeitpunkt

Der maßgebliche **Zeitpunkt** für die Beurteilung, ob ein unternehmensbezogenes Geschäft vorliegt, ist der Zeitpunkt des **Geschäftsabschlusses** (zum Beginn der Unternehmereigenschaft s S 21).

„Geschäfte"

Der Begriff des „Geschäfts" ist nach überwiegender Auffassung **weit zu verstehen** und muss letztlich anhand der Regelungen des 4. Buchs konkretisiert werden. Für bestimmte Geschäfte sind primär andere Rechtsbereiche relevant (zB für Arbeitsverträge das Arbeitsrecht).

„Geschäfte" sind zB ein-, zwei- und mehrseitige Rechtsgeschäfte, einseitige Rechtsgestaltungserklärungen (zB Rücktritt oder Kündigung), aber etwa auch Willensbetätigungen (zB stille Annahme iSd § 864 ABGB) und geschäftsähnliche Handlungen, zB Willensmitteilungen (etwa Mahnungen) und Vorstellungsmitteilungen (etwa Anzeigen von Mängeln). Auch das „Schweigen" eines Unternehmers kann ein „Geschäft" sein, sofern es rechtlich relevant ist. Weiters sind Auskünfte/Raterteilungen im Rahmen eines vorvertraglichen Verhältnisses oder in einer ständigen Geschäftsverbindung mit umfasst. Bloßes deliktisches Verhalten (das nicht auch eine Vertragsverletzung ist) sollte nicht als „Geschäft" iSd § 343 UGB angesehen werden. Bloße Realakte iZm der Erfüllung von unternehmensbezogenen Geschäften unterliegen jedoch grundsätzlich den §§ 343 ff UGB (zB Bearbeitung einer Sache bei Werkvertrag). Eine Geschäftsführung ohne Auftrag wird in der Lehre überwiegend zu den unternehmensbezogenen Geschäften gerechnet.

„Unternehmensbezug" bzw „Betriebszugehörigkeit"

Das Geschäft muss **zum Betrieb des Unternehmens gehören** – dh einen „funktionalen" Bezug aufweisen. Auszunehmen sind daher Privatgeschäfte eines Unternehmers, was jedoch voraussetzt, dass dieser überhaupt eine „Privatsphäre" besitzt – Bedeutung hat die Abgrenzung daher für § 1-Unternehmer.

> Der Bäckermeister Manfred Mehlstaub lässt sich einen Einbauschrank in seine Privatwohnung einbauen; die Anlageberaterin Cornelia Cash verwaltet ihr eigenes Vermögen. Es handelt sich um Privatgeschäfte.
>
> Die Paul Protz GmbH (§ 2-Unternehmerin) bestellt beim Schiffbauer Konrad Kiel eine Yacht. Kiel muss sich aufgrund der Rechtsform seiner Vertragspartnerin nicht – wie möglicherweise bei anderen Kunden – überlegen, ob das Geschäft „privaten Zwecken" dient – es ist jedenfalls ein unternehmensbezogenes Geschäft.

Strittig ist, ob der Unternehmensbezug für den Geschäftspartner erkennbar sein muss.

> Erklärt die Unternehmerin Ulla ihrem Geschäftspartner, dass sie das (in Wahrheit unternehmensbezogene) Geschäft privat abschließe, so ändert dies nach einem Teil der Lehre zwar nichts an der Unternehmensbezogenheit des Geschäfts, doch könne die Erklärung von Ulla uU so verstanden werden, dass die dispositiven Regelungen des Unternehmensrechts abbedungen werden sollen.

Der „Unternehmensbezug" wird aus Gründen des Verkehrsschutzes weit ausgelegt und anhand der Verkehrsauffassung beurteilt. Erfasst sind nicht bloß die sog „Hauptgeschäfte", dh die ständig vorkommenden, das Wesen des Unternehmens ausmachenden Geschäfte, sondern **auch alle „Hilfs- und Nebengeschäfte",** selbst wenn sie **atypisch** und **ungewöhnlich** sind. Dh es genügt, wenn das Geschäft eine mittelbare Beziehung zum Unternehmen besitzt.

> Bevollmächtigung eines Rechtsanwalts; Kauf einer Beschallungsanlage durch einen Gastwirt; Kranleihe durch ein Bauunternehmen; Verkauf von Geschäftsinventar; Reparatur eines unternehmerisch genutzten Kfz.

gemischtes Geschäft

Besitzt ein Geschäft sowohl einen betriebszugehörigen als auch einen privaten Teil, ist das Geschäft nach hM zur Gänze als unternehmensbezogen zu behandeln, sofern sich die Teile in ihrer rechtlichen Behandlung nicht trennen lassen.

> Kauft Hannah für ihr Steuerberatungsunternehmen einen Laptop, hat es keinen Einfluss auf die Anwendbarkeit des 4. Buchs, wenn sie vor hat, den Laptop auch privat zu verwenden.

Zweifelsregelung des § 344 UGB

Im Zweifel gehört gem **§ 344 UGB** das Geschäft eines Unternehmers zum Betrieb seines Unternehmens (diese Regel wird auch analog für § 1 KSchG herangezogen; weiters besitzt sie Relevanz für die §§ 38 ff UGB sowie für § 1409 ABGB). Praktisch bedeutsam ist § 344 UGB für atypische Geschäfte und Hilfs- bzw Nebengeschäfte.

Die Bestimmung hat die Funktion einer **Beweislastregel.** Widerlegt werden kann die Vermutung durch den Beweis, dass das betreffende Geschäft nach objektiven Kriterien (Verkehrsauffassung) ein Privatgeschäft ist und dies dem Geschäftspartner auch erkennbar war (überwiegende Lehrmeinung). Unentgeltlichkeit des Geschäfts allein schließt die Vermutung des § 344 UGB nicht aus.

Vorbereitungsgeschäfte

Da auch die Vornahme vorbereitender Geschäfte eine Person zum Unternehmer iSd § 1 UGB macht (s S 21), sind auch diese **Vorbereitungsgeschäfte** grundsätzlich unternehmensbezogene Geschäfte. Davon macht das Gesetz eine ausdrückliche **Ausnahme:** Geschäfte, die eine **natürliche Person vor Aufnahme des Betriebs** ihres Unternehmens zur Schaffung der Voraussetzungen dafür tätigt, gelten nicht als unternehmensbezogene Geschäfte (**§ 343 Abs 3 UGB;** s auch § 1 Abs 3 KSchG). Dies gilt nach hM auch dann, wenn dem Geschäftspartner das Vorbereitungsgeschäft als solches nicht erkennbar ist. Grund für diese Ausnahme ist (wie beim KSchG), dass der Gesetzgeber bei natürlichen Personen in der „Anlaufphase" noch nicht die geschäftliche Erfahrung voraussetzt, weshalb auch bei der Beurteilung weiterer Unternehmenseröffnungen auf die jeweilige Branche abzustellen ist.

> Karl Kipputsch möchte eine Buchhandlung eröffnen. Er mietet ein Geschäftslokal und lässt sich vom Tischler Regale einbauen. Die Geschäfte sind für Karl nicht unternehmensbezogen, sondern er ist als Verbraucher im Sinn des KSchG zu behandeln.
>
> Nach einiger Zeit möchte Karl neben seiner Buchhandlung noch ein weiteres Unternehmen (ein Kaffeehaus) eröffnen. Wiederum kann er sich bei Vorbereitung dieser Geschäftstätigkeit auf § 343 Abs 3 UGB berufen. Eröffnet er eine zweite Buchhandlung, gilt die Ausnahme hingegen nicht.

§ 343 Abs 3 UGB gilt nur für **natürliche Personen.** Geschäfte einer juristischen Person, mit der sie sich auf den Betrieb eines Unternehmens vorbereitet, sind unternehmensbezogene Geschäfte. Für die OG bzw KG wird jedoch in der Lehre tw eine analoge Anwendung des § 343 Abs 3 UGB vertreten.

2.1 Das Recht der unternehmensbezogenen Geschäfte

Gründet Karl die „Kipputsch Buchhandels GmbH" und schließt er die Geschäfte als Geschäftsführer in deren Namen ab, unterliegt das Geschäft dem 4. Buch des UGB, auch wenn er seine Buchhandlung noch nicht eröffnet hat. Das KSchG ist nicht anzuwenden.

Gleiches gilt für die Vorgesellschaft der GmbH (Anmerkung: Anderes könnte uU ausnahmsweise dann gelten, wenn es um eine Haftung natürlicher Personen für Verbindlichkeiten der Vorgesellschaft geht).

Abwicklungsgeschäfte Geschäfte, die zum Zweck der Schließung des Unternehmens geschlossen werden, (**„Abwicklungsgeschäfte"**) sind unabhängig von der Person des Unternehmers unternehmensbezogen. Auch der Verkauf des gesamten Unternehmens ist als Abwicklungsgeschäft zu qualifizieren.

Karl geht in den Ruhestand und verkauft die Geschäftseinrichtung an Elisabeth. Für Karl liegt ein unternehmensbezogenes Geschäft vor.

„Arten" unternehmensbezogener Geschäfte

Aufgrund der Regelung des § 345 UGB unterscheidet die Lehre „einseitig" und „beiderseitig" (auch: zweiseitig) unternehmensbezogene Geschäfte:

- **Einseitig unternehmensbezogene Geschäfte** sind – vereinfacht gesagt – Geschäfte, an denen ein „Unternehmer" und auch ein „Nichtunternehmer" beteiligt sind. Beachte: „Unternehmer" ist hier im Sinn einer von § 343 Abs 1, 2 UGB erfassten Person zu verstehen. Abzustellen ist somit auch darauf, ob das Geschäft für die Person „unternehmensbezogen" ist. Für einseitig unternehmensbezogene Geschäfte gilt das KSchG.

Die Ärztin Agnes kauft bei der Trafikantin Teresa eine Tageszeitung, um diese zu Hause beim Frühstück zu lesen. Der Kaufvertrag ist für Teresa unternehmensbezogen, für Agnes nicht. Es liegt daher ein einseitig unternehmensbezogenes Geschäft vor. Würde Agnes die Zeitung für den Warteraum ihrer Praxis kaufen, so läge auch auf ihrer Seite ein Unternehmensbezug und somit ein zweiseitig unternehmensbezogenes Geschäft vor.

David möchte einen Handel mit Designer-T-Shirts betreiben und mietet daher ein Geschäftslokal, das jedoch einer tiefgreifenden Renovierung bedarf. Der Werkvertrag mit dem Bauunternehmer ist ein einseitig unternehmensbezogenes Geschäft, obwohl David mit Vornahme von Vorbereitungsgeschäften bereits „Unternehmer" ist – der Unternehmensbezug des Geschäfts fehlt wegen § 343 Abs 3 UGB jedoch auf seiner Seite.

- **Beiderseitig** (zweiseitig) **unternehmensbezogene Geschäfte** sind – vereinfacht gesagt – Geschäfte, an denen ausschließlich „Unternehmer" (s § 343 Abs 1, 2 UGB) beteiligt sind.

Der Gastwirt Toni bezieht Bier bei einer Brauerei, kauft Lebensmittel im Großhandel, nimmt für den Einbau eines neuen Schanktisches ein Darlehen bei seiner Hausbank auf und lässt sein Lokal von einem Reinigungsunternehmen putzen.

Eine besondere Betrachtung erfordern mehrseitige Geschäfte: Sind alle beteiligten Personen im Hinblick auf das Geschäft von § 343 Abs 1, 2 UGB erfasst (allseitig unternehmensbezogenes Geschäft), so ist eine Behandlung als zweiseitig unternehmensbezogenes Geschäft geboten. Ist jedoch an einem mehrseitigen Geschäft eine Person beteiligt, die nicht von § 343 Abs 1, 2 erfasst ist, so liegt auch hier ein Fall des § 345 UGB (dh ein „einseitig unternehmensbezogenes Geschäft") vor. Abzustellen ist für die Frage der Anwendung unternehmensrechtlicher Regelungen auf das Schuldverhältnis zwischen den betreffenden zwei Personen.

> A (Unternehmer) schließt mit zwei Personen (dem Unternehmer B und dem Nichtunternehmer C) einen Kaufvertrag über eine Ware ab. A bezahlt den Kaufpreis nicht rechtzeitig, weshalb B Verzugszinsen gem § 456 UGB verlangen kann. Diese Bestimmung gilt „zwischen Unternehmern", weshalb in der Lehre oft verkürzt von einer Anwendung auf „beiderseitig unternehmensbezogene Geschäfte" gesprochen wird – sie gilt aber eben auch bei mehrseitigen Geschäften zwischen Unternehmern (selbst wenn auch Nichtunternehmer beteiligt sind).
>
> Ein Unternehmer verpflichtet sich gemeinsam mit einem Nichtunternehmer zu einer teilbaren Leistung; für den Unternehmer gilt § 348 UGB, für den Nichtunternehmer § 889 ABGB.

Anwendung des 4. Buchs auf Nichtunternehmer

Nach § 345 UGB gelten die Vorschriften des 4. Buchs grundsätzlich auch für einseitig unternehmensbezogene Geschäfte – und zwar auch für jene Vertragspartei, die nicht unternehmerisch tätig wird –, sofern die anzuwendende Norm nichts anderes anordnet (die überwiegende Lehre verlangt idZ einen expliziten Hinweis in der Norm). Zu dieser Grundregel gibt es zahlreiche Ausnahmen:

- Manche Vorschriften des 4. Buchs gelten bloß für Rechtsverhältnisse zwischen zwei Unternehmern, zB §§ 346, 349, 368, 369–372, 377 ff, 391 UGB.
- Andere Regelungen nur für den Vertragspartner, für den das Geschäft unternehmensbezogen ist, zB §§ 347, 348, 353, 363 UGB.

Üben

- Für welche Rechtsträger gilt das 4. Buch des UGB?
- Warum werden juristische Personen des öffentlichen Rechts „Unternehmern" bei der Anwendung des 4. Buchs des UGB gleichgestellt?
- In welchen Bestimmungen finden sich grundsätzliche Hinweise zum Anwendungsbereich des 4. Buchs des UGB?
- Was ist ein „unternehmensbezogenes Geschäft"?
- Was versteht man unter einem „Geschäft" iSd § 343 UGB?
- Sind auch atypische Geschäfte eines Unternehmers „unternehmensbezogen"?
- Welche Geschäfte eines Unternehmers sind nicht „unternehmensbezogen"?
- Was versteht man unter einem „Vorbereitungsgeschäft"?
- Sind die Bestimmungen des 4. Buchs des UGB auf „Vorbereitungsgeschäfte" anwendbar?
- Warum besteht für Vorbereitungsgeschäfte natürlicher Personen eine Sonderregelung? In welchem anderen Gesetz findet sich eine vergleichbare Regelung?
- Ist der Verkauf eines Unternehmens auch als „unternehmensbezogenes Geschäft" zu qualifizieren?
- Welche Funktion hat § 344 UGB?
- Welche Arten unternehmensbezogener Geschäfte kann man unterscheiden?

2.1 Das Recht der unternehmensbezogenen Geschäfte

- Gelten die Regelungen über unternehmensbezogene Geschäfte auch für Nichtunternehmer?
- Ist das KSchG auf unternehmensbezogene Geschäfte anwendbar, ggf auf welche?

 **Wissen**

Abwicklungsgeschäfte
Unter einem „Abwicklungsgeschäft" versteht man ein Geschäft, das im Zuge der Beendigung des Betriebs eines Unternehmens abgeschlossen wird, zB die Veräußerung der Restbestände oder des gesamten Unternehmens. Auch Abwicklungsgeschäfte sind unternehmensbezogen.

einseitig/beiderseitig unternehmensbezogene Geschäfte
Je nachdem, ob das Geschäft für nur eine oder beide der Vertragsparteien unternehmensbezogen ist, liegt ein einseitig bzw ein beiderseitig unternehmensbezogenes Geschäft vor (bei mehrseitigen Geschäften ist für die Frage der Anwendung unternehmensrechtlicher Regelungen auf das Schuldverhältnis zwischen den betreffenden zwei Personen abzustellen). Die Regeln des 4. Buchs gelten auch für einseitig unternehmensbezogene Geschäfte, soweit das Gesetz nicht ausdrücklich anderes bestimmt (§ 345 UGB).

Hilfsgeschäfte
Als „Hilfsgeschäfte" werden insb Geschäfte bezeichnet, die den Betrieb des Unternehmens ermöglichen bzw erleichtern; sie sind unternehmensbezogen.

Nebengeschäfte
„Nebengeschäfte" sind Geschäfte, die nicht zu den Hauptgeschäften des jeweiligen Unternehmers gehören und somit eine bloß untergeordnete Bedeutung besitzen; sie sind unternehmensbezogen.

unternehmensbezogenes Geschäft
Ein Geschäft, das von einem Unternehmer abgeschlossen wird und zum Betrieb seines Unternehmens gehört, ist ein unternehmensbezogenes Geschäft; es gelten die Sonderregelungen des 4. Buchs des UGB.

Verbrauchergeschäft
Unter einem „Verbrauchergeschäft" versteht man ein Geschäft, das von einem Unternehmer im Rahmen des Betriebs seines Unternehmens mit jemandem, auf den das nicht zutrifft (Verbraucher), abgeschlossen wird (§ 1 KSchG). Verbrauchergeschäfte sind somit zugleich einseitig unternehmensbezogene Geschäfte. Die §§ 2, 3 UGB sind nach überwiegender Meinung analog anzuwenden.

Vorbereitungsgeschäfte
Geschäfte, die vor der Aufnahme des Betriebs eines Unternehmens zu dessen Vorbereitung abgeschlossen werden, sind „Vorbereitungsgeschäfte". Vorbereitungsgeschäfte begründen bereits die Unternehmereigenschaft nach § 1 UGB; sie gelten jedoch dann nicht als unternehmensbezogene Geschäfte iSd 4. Buchs, wenn sie von natürlichen Personen abgeschlossen werden (§ 343 Abs 3 UGB). Diese Regelung entspricht der inhaltsgleichen Bestimmung hinsichtlich des Anwendungsbereichs des I. Hauptstücks des KSchG (§ 1 Abs 3 KSchG).

Kapitel 2: Abschluss unternehmensbezogener Geschäfte und Vertragsauslegung

Lernen

Punktuelle Abweichungen vom bürgerlichen Recht

Der Abschluss unternehmensbezogener Geschäfte erfolgt grundsätzlich ebenso wie im bürgerlichen Recht, dh es sind **dieselben Erfordernisse** betreffend Rechts- und Geschäftsfähigkeit, Konsens, Willenserklärungen, Unmöglichkeit, Gesetz- bzw Sittenwidrigkeit zu erfüllen sowie Formvorschriften zu beachten, **sofern das Unternehmensrecht nicht abweicht.** Das UGB enthält für einzelne Fragestellungen abweichende Regelungen, die insb für den Vertragsabschluss, die Vertragsauslegung und die Abwicklung von Verträgen von Bedeutung sind. Neben den einzelnen unternehmensrechtlichen Regelungen haben jedoch auch Themenbereiche, die traditionell im bürgerlichen Recht behandelt werden, gerade im Zusammenhang mit Unternehmen ihre größte praktische Bedeutung, insb die Verwendung „Allgemeiner Geschäftsbedingungen". Auch die im unternehmerischen Bereich relevanten „Ausschreibungen" und der „Kontrahierungszwang" einzelner Unternehmer ist auf Basis des bürgerlichen (wie ggf auch des öffentlichen) Rechts zu beurteilen. Im Bereich des öffentlichen Rechts ist insb das Vergaberecht für die öffentliche Hand und deren Unternehmen beachtlich.

Entgeltlichkeit

bürgerlich-rechtliche Ausgangslage

Da die Regelung der Frage des Entgelts zu den wesentlichen Vertragsbestandteilen (essentialia negotii) gehört, ist nach allgemeinen Grundsätzen eine Bestimmung desselben (bzw die Bestimmbarkeit) für einen Vertragsabschluss notwendig. Einigen sich die Parteien nicht über das Entgelt (oder auch auf Unentgeltlichkeit), so kommt der Vertrag wegen Dissens nicht zustande (§ 869 ABGB).

> In einem Kaufvertrag ist kein Preis vereinbart und auch nicht bestimmbar. Der Vertrag ist nicht wirksam zustande gekommen.

Bereits das ABGB kennt einige Regelungen, die für den Fall des Fehlens einer Vereinbarung des Entgelts Vorkehrungen treffen (s §§ 969, 1004, 1152 ABGB). In § 1152 ABGB wird diesfalls für Dienst- und Werkverträge ein angemessenes Entgelt zugrunde gelegt.

§ 354 UGB

Das Fehlen einer Vereinbarung des Entgelts soll im unternehmerischen Bereich nicht zur Unwirksamkeit des jeweiligen Geschäfts führen. Daher gilt idZ generell das **Prinzip der**

2.1 Das Recht der unternehmensbezogenen Geschäfte

Entgeltlichkeit (§ 354 UGB): „Ist in einem Geschäft kein Entgelt bestimmt und auch nicht Unentgeltlichkeit vereinbart, so gilt ein angemessenes Entgelt als bedungen." Diese Regelung gilt auch für einseitig unternehmensbezogene Geschäfte, dh auch zugunsten und zulasten eines Verbrauchers. Damit wird dem Gedanken Rechnung getragen, dass ein Unternehmer idR nur gegen Entgelt seine Leistung erbringt. Dieser Umstand muss auch einem Verbraucher bewusst sein.

Unentgeltlichkeit

Unternehmensbezogene Geschäfte können auch **unentgeltlich** sein, doch muss sich dies aus der Vereinbarung zweifelsfrei ergeben.

Bestimmbarkeit

Auch für die Anwendung eines „angemessenen" Entgelts bedarf es des Vorliegens objektivierbarer Ansätze, nach denen der Preis bestimmbar ist. Bei der Bemessung des angemessenen Entgelts muss auf alle Umstände des Falles Bedacht genommen werden. Dabei kann auch auf die Orts- oder Branchenüblichkeit bzw auf bestehende (tatsächlich „gelebte") Tarife von Fachverbänden als Richtschnur zurückgegriffen werden, wie etwa die Gebührenordnung für Architekten oder Zivilingenieure.

Kostenvoranschläge

Die Regel des § 5 Abs 1 KSchG, die für das Verbrauchergeschäft bestimmt, dass Kostenvoranschläge des Unternehmers nur dann entgeltpflichtig sind, wenn der Verbraucher zuvor auf die Zahlungspflicht hingewiesen wurde, genießt Vorrang gegenüber der Entgeltlichkeitsregel in § 354 UGB.

Zinsen

In bestimmten Fällen können vom Tag der Leistung an **Zinsen** verlangt werden (§ 354 Abs 2 UGB). Das betrifft insb Darlehen, (darlehensähnliche) Vorschüsse und Zahlungen eines Auftragnehmers an andere auf Rechnung des Geschäftsherrn. Die Höhe der Zinsen bestimmt sich grundsätzlich nach § 1000 Abs 1 ABGB (4% pro Jahr).

> Albert ist mit dem Abschluss eines Kaufvertrags für den Unternehmer Gustav beauftragt. Legt er für Gustav den Kaufpreis aus, stehen ihm für diese Auslage Zinsen zu.

Laesio enormis

bürgerliches Recht

Erhält bei einem entgeltlichen Geschäft ein Teil – gemessen am objektiven Wert der Leistungen – nicht einmal die Hälfte dessen, was er selbst hingegeben hat, so kann er den Vertrag anfechten (sog **„laesio enormis"** bzw „Verkürzung über die Hälfte"; s § 934 ABGB). Die Aufhebung des Vertrags kann jedoch verhindert werden, wenn sich der Vertragspartner des Verkürzten bereit erklärt, diesem die Wertdifferenz zwischen den beiden Leistungen zu ersetzen. Ein Ausschluss der Anfechtungsmöglichkeit ist nach dem ABGB grundsätzlich unwirksam (s im Detail § 935 ABGB).

> Der Unternehmer Urs verkauft Stahlprodukte mit einem objektiven Wert von € 30.000,– an die Nichtunternehmerin Nora zu einem Preis von € 70.000,–. Im Kaufvertrag steht: „Die Parteien verzichten ausdrücklich auf die Anfechtung wegen Verkürzung über die Hälfte." Nora kann den Vertrag trotzdem wegen laesio enormis anfechten, da ein vertraglicher Ausschluss zulasten eines Nichtunternehmers unwirksam ist. Ein Verzicht nach Kenntnis des objektiven Wertmissverhältnisses wäre jedoch zulässig.

Verzicht zulasten des Unternehmers möglich

Auch Unternehmer können nach allgemeinen zivilrechtlichen Regeln ihren Vertrag wegen laesio enormis anfechten. Während die Regelung im bürgerlichen Recht zwingend ist, kann im Unternehmensrecht die Anwendbarkeit des § 934 ABGB zulasten eines Unternehmers vertraglich ausgeschlossen werden (§ 351 UGB).

Kapitel 2: Abschluss unternehmensbezogener Geschäfte und Vertragsauslegung

> Verkauft Urs die Stahlprodukte zu einem Preis von € 70.000,– an die Unternehmerin Ulrike, so ist der Ausschluss der Anfechtung aufgrund von § 351 UGB wirksam.

Mängelrüge

Der Rechtsbehelf der laesio enormis kommt nach überwiegender Ansicht auch zur Anwendung, wenn sich die große Wertdifferenz aus einem schon im Zeitpunkt des Vertragsabschlusses bestehenden Mangel (dh aus einer Abweichung der Sache vom Vertragsinhalt) ergibt. Diesfalls konkurrieren die Gewährleistungsansprüche mit der Anfechtung wegen laesio enormis. Ob eine Unterlassung einer gebotenen Mängelrüge (s S 182 ff) auch den Anspruch nach § 934 ABGB beseitigt, ist im Gesetz nicht ausdrücklich geregelt, wird jedoch von der überwiegenden Lehre bejaht.

Einbeziehung „Allgemeiner Geschäftsbedingungen"

vorformulierte Vertragsklauseln

Allgemeine Geschäftsbedingungen (im Folgenden: AGB) sind von einer Partei für eine Vielzahl von gleichartigen Verträgen **vorformulierte Vertragsbedingungen.** Man spricht auch von **„Vertragsschablonen".**

> Der Mobilfunkanbieter Pink Mobile legt allen Verträgen seitenweise „Kleingedrucktes" bei.
>
> In der Putzerei Elisabeth hängt gut sichtbar ein Hinweisschild, mit der Aufschrift „Für Schäden an Kleidungsstücken übernehmen wir keine Haftung für leichte Fahrlässigkeit."
>
> Auch auf einen zur Gänze vorformulierten Mietvertrag, den die Hausverwaltung für sämtliche Mietverhältnisse ausgearbeitet hat, sind die Regeln über AGB anzuwenden („Vertragsformblätter").

Insb größere Unternehmen wie zB Kreditinstitute, Speditionen und Versicherungsgesellschaften (aber auch zahlreiche andere Unternehmen) verwenden AGB, da sie täglich eine Vielzahl von Verträgen mit weitgehend gleichem Inhalt schließen und ein individuelles Aushandeln der Vertragsbedingungen für sie nicht sinnvoll wäre. Die Verwendung der AGB dient somit der **Rationalisierung/Effizienz.** Dies bedeutet jedoch andererseits, dass dem potentiellen Vertragspartner eine Einflussnahme auf die Vertragsgestaltung idR weitgehend verwehrt ist. Er kann zumeist nur akzeptieren oder auf den Vertragsschluss verzichten. Deshalb ist das Bedürfnis nach Kontrolle von AGB besonders groß.

Einbeziehung von AGB – Überblick

Die gültige Vereinbarung von AGB bzw einzelnen AGB-Klauseln kann anhand des folgenden Schemas geprüft werden:
- Gibt es eine Vereinbarung über die Verwendung von AGB **(Einbeziehungskontrolle)**?
- Sind einzelne Klauseln nachteilig und ungewöhnlich **(Geltungskontrolle)**?
- Sind einzelne Klauseln gröblich benachteiligend **(Inhaltskontrolle)**?
- Bei Verbraucherverträgen: Sind einzelne Klauseln mehrdeutig bzw unverständlich **(Transparenzgebot)**?

Vereinbarung zwischen den Parteien

Damit AGB verbindlich werden, müssen sie von den Vertragsparteien in aller Regel **vereinbart** werden, maW in den Vertrag „einbezogen" werden. Keine Seite kann der anderen etwas einseitig vorschreiben; es bedarf der „Unterwerfung" des einen Vertragspartners unter die AGB des anderen. Die Vereinbarung von AGB kann **ausdrücklich oder konkludent** (dh stillschweigend) erfolgen (§ 863 ABGB). Es muss jedoch zumindest die Möglichkeit bestehen, dass der Vertragspartner in die AGB Einsicht nimmt. AGB

2.1 Das Recht der unternehmensbezogenen Geschäfte

können in eine etwaige Vertragsurkunde (in Volltext) aufgenommen sein oder es kann **auf** gesondert festgehaltene **AGB verwiesen** werden. Dieser Verweis hat **vor Vertragsabschluss** zu erfolgen. Der Aushang von AGB im Geschäftslokal genügt, sofern der Vertragspartner aufgrund der Umstände annehmen muss, dass der Unternehmer nur unter Zugrundelegung seiner AGB kontrahieren will. Bei einer laufenden Geschäftsverbindung muss im Zweifel nicht vor jedem Vertragsabschluss auf die AGB verwiesen werden, wenn bisher immer unter Einbeziehung der AGB einer Partei kontrahiert wurde.

> Andreas, der einen Vertrag mit der Pink Mobile AG abschließen möchte, erhält ein Vertragsformular, auf dem vermerkt ist: „Es gelten unsere Allgemeinen Geschäftsbedingungen". Die AGB liegen bei. Die AGB werden ausdrücklich Vertragsinhalt.
>
> In der Putzerei Elisabeth ist für alle Kunden gut erkennbar, dass diese nur unter Zugrundelegung des ausgehängten Haftungsausschlusses kontrahieren will. Übergibt Karina zwei Anzüge zur Reinigung, kann dies nicht anders verstanden werden, als dass sie sich mit dem Haftungsausschluss einverstanden erklärt (stillschweigende Willenserklärung).

Geltung durch Unternehmensbrauch?

Bisweilen nahm die Rsp die Geltung von AGB auch ohne entsprechenden Verweis aufgrund von Handelsbrauch (bzw „Unternehmensbrauch") an, nämlich dann, wenn die Verwendung von AGB in einer Branche so üblich ist, dass mit ihrer Verwendung gerechnet werden muss. Der OGH bejahte dies wiederholt bei AGB von dem Massenbetrieb dienenden Unternehmen, er ist jedoch in einzelnen Entscheidungen wieder von dieser Ansicht abgerückt (zB für die AGB von Versicherungsunternehmen).

Es können AGB aber auch gesetzlich bzw aufgrund gesetzlicher Ermächtigung durch Verordnung verbindlich erklärt werden.

Vertragsänderungen

Auch nachträgliche Änderungen müssen, um Vertragsinhalt zu werden, vereinbart werden. Eine einseitige Abänderung ist grundsätzlich ausgeschlossen (sofern nicht ein wirksamer Änderungsvorbehalt vereinbart wurde).

> Linda hat die Zeitschrift „Aktuell" abonniert. Dem Vertrag wurden die AGB der Aktuell Verlags AG zugrunde gelegt. Ändert die Aktuell Verlags AG ihre AGB, so gelten die neuen AGB nur für Verträge, die ab diesem Zeitpunkt abgeschlossen werden. An Lindas Abo-Bedingungen ändert sich nichts.

„battle of forms"

Probleme ergeben sich, wenn sich die Vertragsparteien bei den Vertragsverhandlungen jeweils auf ihre AGB berufen, diese aber voneinander abweichen. Man spricht von einer **„Kollision von AGB",** von „battle of forms" oder „kreuzenden Verweisungen auf AGB".

> Der Gärtner Georg legt ein Angebot an die Blumenhändlerin Beate über Balkonblumen, in dem er auf seine allgemeinen Lieferbedingungen verweist. Beate schickt eine „Annahmeerklärung" mit dem Hinweis auf ihre Einkaufsbedingungen.

IdR liegt in einem solchen Fall **Dissens** vor. Dies kann auch dann der Fall sein, wenn die Regelung einer Fragestellung des einen Vertragspartners in den AGB des anderen nicht enthalten ist. Das Schweigen des Empfängers des Gegenangebots wird idR nicht als Zustimmung zu den AGB des anderen zu verstehen sein (anderes besagt die sog Theorie des letzten Wortes, die jedoch überwiegend abgelehnt wird). Wird das Vorliegen von Dissens betreffend die AGB von den Vertragsparteien nicht entdeckt und geklärt, so stellt sich im Stadium der Vertragserfüllung die **Frage nach den Konsequenzen die-**

ses Widerspruchs.** Ob der Vertrag zur Gänze ungültig ist oder ob bloß die kollidierenden AGB aus dem Vertrag herausfallen (sog Teildissenslösung oder Restgültigkeitslösung), hängt von der Beantwortung der Frage ab, ob die Parteien die Geltung des Vertrags in seinen Hauptpunkten gewollt hätten. **Im Zweifel** wird iS der „Teildissenslösung" von einer **Restgültigkeit** des Vertrags auszugehen sein. Durch den Wegfall der AGB ungeregelte Fragen sind diesfalls idR mittels Anwendung des **dispositiven Rechts** zu lösen.

Geltungskontrolle (§ 864a ABGB)

Auch wenn AGB grundsätzlich wirksam vereinbart wurden, kann es sein, dass einzelne Klauseln nicht Vertragsinhalt werden. Gem **§ 864a ABGB** werden **Bestimmungen ungewöhnlichen Inhalts** nicht Vertragsbestandteil, wenn sie für den anderen Vertragsteil in irgendeiner Weise nachteilig sind und dieser nicht mit ihnen zu rechnen brauchte. Diese Bestimmung möchte der Verwendung des sog **Kleingedruckten** entgegentreten.

- **„nachteilig":** Anders als bei der Inhaltskontrolle (s unten) reicht es, dass die Regelung für den Vertragspartner ungünstig ist, auf einen besonders gravierenden Nachteil (etwa Sittenwidrigkeit) kommt es nicht an.

- **„überraschend":** Ob mit einer Klausel gerechnet werden musste oder ob sie überraschend ist, ist insb nach dem Erscheinungsbild der Urkunde zu beurteilen: Sie darf etwa nicht in unleserlich kleiner Schriftgröße geschrieben oder derart versteckt sein, dass ein durchschnittlich sorgfältiger Leser sie dort nicht vermutet und sie an der Stelle, wo man sie vermuten würde, nicht findet (Überrumpelungseffekt).

> In den AGB der Pink Mobile AG findet sich unter der Überschrift „Anwendbares Recht und Gerichtsstand" folgende Klausel: „Dieser Vertrag kann vom Kunden innerhalb von 30 Monaten nach Vertragsabschluss nicht gekündigt werden." Unter der Überschrift „Zustandekommen und Auflösung des Vertrages" findet sich kein Hinweis auf diese Bindung. Die Klausel ist überraschend, da Andreas sie nicht bei der Rechtswahl- und Gerichtsstandsvereinbarung vermuten muss. Weil sie für Andreas auch nachteilig ist, ist sie nicht Vertragsbestandteil geworden.

Auch nachteilige, versteckte Bestimmungen werden jedoch Vertragsinhalt, wenn der Verwender der AGB seinen Vertragspartner ausdrücklich darauf hinweist.

> Paul, Mitarbeiter der Pink Mobile AG, erklärt Andreas die 30-monatige Vertragsbindung. Andreas unterschreibt den Vertrag trotzdem. Die Vereinbarung kommt wirksam zustande.

Auslegung

Um AGB inhaltlich prüfen zu können, muss man sie zuerst **auslegen.** Auch im Unternehmensrecht gelten die Regeln über die Vertragsauslegung des ABGB (§§ 914 f). Einen vom Wortlaut abweichenden Willen der Parteien wird es bei AGB idR nicht geben, da AGB gerade nicht gesondert verhandelt werden, sondern in der schon vorgefertigten Form dem Vertrag zugrunde gelegt werden. Besondere Bedeutung kommt daher dem **objektiven Erklärungswert** zu, also jenem Inhalt, wie ihn ein redlicher, verständiger Vertragspartner verstehen durfte. Im Zusammenhang mit AGB ist auch die **Unklarheitenregel** (§ 915 ABGB) bedeutsam, wonach eine undeutliche Äußerung zulasten desjenigen geht, der sie verwendet hat. Mehrdeutige AGB-Klauseln sind daher in jener Variante zu lesen, die für den Verwender der AGB ungünstiger ist (zum Transparenzgebot s unten).

Inhaltskontrolle (§ 879 Abs 3 ABGB)

Gem **§ 879 Abs 3 ABGB** sind AGB-Klauseln, die **Nebenbestimmungen** des Vertrags betreffen, nichtig, wenn sie (unter Berücksichtigung aller Umstände des Falles) einen Teil **gröblich benachteiligen.** Eine gröbliche Benachteiligung wird man etwa dann anzu-

2.1 Das Recht der unternehmensbezogenen Geschäfte

nehmen haben, wenn vom dispositiven Recht auf unangemessene und ungerechtfertigte Weise zulasten der anderen Partei abgewichen wird bzw ein auffallendes Missverhältnis zwischen den Rechtspositionen der Parteien besteht. Auch der Klauselkatalog des § 6 KSchG, der bei Verbrauchern uneingeschränkt gilt, kann in anderen Fällen als Hilfe bei der Abwägung herangezogen werden.

> Aus der Rsp: Die AGB eines Mobilfunkanbieters sehen vor, dass Wertkartenguthaben ohne weitere Mitteilung an den Kunden verfallen, wenn sie nicht innerhalb von sechs Monaten aufgebraucht werden. Diese Bestimmung ist gröblich benachteiligend und daher nichtig.
>
> Eine Vereinbarung in AGB, wonach die dreijährige Verjährungsfrist für Schadenersatzansprüche schon mit der Lieferung der Kaufsache beginnt, benachteiligt den Käufer gröblich, da sie die Durchsetzung seiner berechtigten Ansprüche verhindern kann.

Die Nichtigkeit iSd § 879 Abs 3 ABGB muss idR vom Benachteiligten durch **Einrede bei Gericht** geltend gemacht werden (dh es handelt sich um eine sog „relative Nichtigkeit").

Kommt man zu dem Ergebnis, dass eine Klausel nichtig ist, so bedeutet dies nicht automatisch, dass sie ersatzlos zu streichen ist. Liegt ein entsprechender (hypothetischer) Parteiwille vor, wird nur der unzulässige Teil nichtig und der erlaubte Gehalt der Klausel bleibt aufrecht (sog „geltungserhaltende Reduktion"). Ein solcher Parteiwille liegt insb dann vor, wenn die Parteien eine „salvatorische Klausel", die bestimmt, dass unwirksame Bestimmungen durch möglichst ähnliche, zulässige Bestimmungen ersetzt werden sollen, in den Vertrag aufgenommen haben. Die Teilnichtigkeit dürfte die Verwender von AGB in der Praxis eher dazu animieren, überschießende Klauseln zu verwenden, da diese ggf bloß inhaltlich reduziert werden.

> Die Klausel „Schadenersatzansprüche sind ausgeschlossen" ist sittenwidrig. Die Klausel kann aber mittels geltungserhaltender Reduktion so interpretiert werden, dass sie die Schadenersatzansprüche für leichte Fahrlässigkeit ausschließt.

Transparenzgebot (§ 6 Abs 3 KSchG) Bei Verbraucherverträgen müssen die AGB einem weiteren Kriterium genügen, nämlich dem Transparenzgebot nach § 6 Abs 3 KSchG. Demnach ist eine AGB-Klausel unwirksam, wenn sie **unklar oder unverständlich** formuliert ist. Die Klausel muss so klar und bestimmt gefasst – dh transparent – sein, dass ein verständiger Verbraucher den Inhalt erfassen kann. Der Verbraucher darf auch nicht in die Irre geführt werden. Aufgrund des Transparenzgebots gibt es idZ auch keine geltungserhaltende Reduktion, da der Durchschnittsverbraucher nicht wissen kann, auf welchen Inhalt die Klausel reduziert würde.

> Die Klausel „Als Gerichtsstand wird Wien, Innere Stadt vereinbart, sofern nicht gesetzliche Regelungen entgegenstehen" ist intransparent und daher unwirksam. Der durchschnittliche Verbraucher weiß nämlich nicht, dass Gerichtsstandsvereinbarungen nach § 14 KSchG nur sehr eingeschränkt zulässig sind. Die Klausel vermittelt aber das unrichtige Bild, dass alle Streitigkeiten vor einem Wiener Gericht auszutragen sind und ist daher irreführend.
>
> Die Klausel: „Schadenersatzansprüche werden – soweit gesetzlich zulässig – ausgeschlossen" ist intransparent, weil der durchschnittliche, verständige Verbraucher die gesetzlichen Regeln und die einschlägige Rsp nicht kennt und daher nicht wissen kann, wie weit seine Ansprüche dadurch beschränkt werden. Es gelten daher uneingeschränkt die gesetzlichen Schadenersatzbestimmungen.

Kapitel 2: Abschluss unternehmensbezogener Geschäfte und Vertragsauslegung

Verbandsklage

Die §§ 28–30 KSchG sehen die Möglichkeit einer sog Verbandsklage vor: Bestimmten **Interessenverbänden** (zB Verein für Konsumenteninformation, Bundesarbeitskammer, Wirtschaftskammer Österreich) wird die Berechtigung eingeräumt, gegen gesetz- bzw sittenwidrige AGB-Klauseln mittels **Unterlassungsklage** vorzugehen. Ein stattgebendes Urteil verbietet dem beklagten Unternehmer, die AGB-Klauseln weiterhin zu verwenden bzw sich darauf in bereits bestehenden Verträgen zu berufen. IdZ findet – wie bei Verbraucherverträgen – keine geltungserhaltende Reduktion statt.

> Der VKI kann die Pink Mobile AG auf Unterlassung der Verwendung der Klausel, die den Verfall des Guthabens vorsieht, klagen.

ÖNormen

ÖNormen, dh vom Österreichischen Normungsinstitut aufgrund des NormenG 1971 veröffentlichte Richtlinien, können – obwohl es sich idR um Regelungen zur Vereinheitlichung technischer Daten und Maße handelt – auch Schablonen für Verträge des unternehmerischen Geschäftsverkehrs enthalten (zB die ÖNormen B 2110 und B 2117 im Bereich der Bauverträge). Zu behandeln sind diese Vertragsschablonen grundsätzlich wie gewöhnliche AGB (sofern sich deren Relevanz nicht ausnahmsweise aus rechtlichen Normen ergibt). Nach der Rsp können ÖNormen uU durch tatsächliche Übung auch zu Unternehmensbräuchen bzw Verkehrssitten (s unten) werden.

Schweigen auf abweichende „unternehmerische Bestätigungsschreiben"

Bestätigungsschreiben in der Praxis

In der unternehmerischen Praxis werden mündlich geschlossene Verträge nicht selten von einem Vertragspartner dem anderen schriftlich bestätigt. Das Schreiben soll bzw kann insofern die Funktion eines deklarativen Beweismittels haben. Ein anderer Fall liegt vor, wenn die Parteien den Vertragsabschluss noch von der Bestätigung (und Gegenbestätigung) durch schriftliche Erklärungen abhängig gemacht haben (Formvorbehalt iSd § 884 ABGB). IdZ wird von einem „konstitutiven Bestätigungsschreiben" gesprochen.

Problem des abweichenden Bestätigungsschreibens

Gibt ein deklaratives Bestätigungsschreiben wieder, was vereinbart wurde, ergeben sich keine Probleme. Problematisch ist der Fall, dass das Bestätigungsschreiben vom mündlichen Vertrag abweicht, dh diesen ändert oder ergänzt **(abweichendes Bestätigungsschreiben).** Es stellt sich dann die Frage, ob dieses Bestätigungsschreiben eine Auswirkung auf den Vertrag hat, wenn der Vertragspartner dem Schreiben nicht widerspricht, sondern schweigt.

> Siegfried Sorglos schließt mit dem Transporteur Karsten Kargo einen mündlichen Vertrag. Kargo verweist vor Vertragsabschluss auf seine Geschäftsbedingungen. In der Folge schickt Sorglos ein Fax an Kargo, in welchem er den Inhalt des mündlich geschlossenen Vertrages „zusammenfasst". Kargo „überfliegt" das Fax und legt es in seine Schublade. Die Abweichung von den Geschäftsbedingungen im Fax des Sorglos ist Kargo nicht aufgefallen. Im Rahmen der Vertragserfüllung kommt es zum Streit über die betreffende Bestimmung.

Rsp und Lehre

Obwohl einem solchen Bestätigungsschreiben als bloße Wissenserklärung – mangels vom bürgerlichen Recht abweichender unternehmensrechtlicher Regelung – grundsätzlich keine vertragsändernde Wirkung zuzuerkennen ist, haben die Lehre und Rsp lange Zeit das Schweigen auf ein abweichendes Bestätigungsschreiben als Zustimmung zur Vertragsänderung gewertet. Dieser Ansicht ist die Lehre tw entgegengetreten (*F. Bydlinski* sprach von einem „Mythos des Bestätigungsschreibens"), woraufhin sich in Österreich eine neue (abgemilderte) Meinung durchsetzte: Nach hM ist eine vertragsändernde Wirkung nur dann anzunehmen, wenn die **Abweichungen die erkennbaren Interessen des Empfängers nicht spürbar beeinträchtigen** und daher der Verfasser eine **Zustimmung des Empfängers vernünftigerweise erwarten kann** (dh bei bloßen Konkretisierungen bzw Ergänzungen, die dem wirtschaftlichen Zweck des Vertrags entsprechen).

ZB Präzisierungen der Liefermodalitäten (etwa des Transportmittels oder des Transportwegs), sofern diese konsensfähig sind.

Bei Abweichungen von AGB des Vertragspartners wird man idR nicht von dessen Einverständnis ausgehen können.

Übersendet eine Partei eine Rechnung (oder einen Lieferschein), auf dem abweichende Regelungen aufscheinen, so wird man auch bei Schweigen der anderen Partei nicht von einer Zustimmung ausgehen dürfen, da diese Papiere ihrer Funktion nach nicht darauf gerichtet sind, Erklärungen über Vertragsmodifikationen aufzunehmen (anderes kann uU bei einer entsprechenden Übung im Rahmen einer dauernden Geschäftsbeziehung gelten).

Auslegung von unternehmensbezogenen Geschäften – Überblick

Die Auslegung von unternehmensbezogenen Geschäften folgt jener Methodik, die im allgemeinen Privatrecht anzuwenden ist. Relevant sind demnach die **§§ 914 f ABGB**: Zunächst ist vom Wortsinn in seiner gewöhnlichen Bedeutung auszugehen. Das darf jedoch nicht alles sein, da es bei der Vertragsauslegung um die Ermittlung des Parteiwillens geht. Unter Parteiwillen ist die dem Erklärungsgegner erkennbare und von ihm widerspruchslos zur Kenntnis genommene Absicht des Erklärenden zu verstehen. Lässt sich auf diese Weise kein eindeutiger Sinn ermitteln, ist die Willenserklärung so zu verstehen, wie es der Übung des redlichen Verkehrs entspricht. Dabei müssen die Umstände der Erklärung und die im Verkehr geltenden Gewohnheiten und Gebräuche berücksichtigt werden.

Man unterscheidet **einfache** Vertragsauslegung (wenn der ermittelte Sinn noch im Wortlaut eine Stütze findet) und **ergänzende Vertragsauslegung** (nach der Übung des redlichen Verkehrs, wenn die Parteien nicht alle – im Nachhinein – relevanten Punkte geregelt haben). Im letzteren Fall fragt man, was **redliche und vernünftige Parteien vereinbart hätten.** Kommt man nach diesen Auslegungsregeln zu keinem eindeutigen Ergebnis, können die sog Unklarheitenregeln des § 915 ABGB Zweifelsfälle lösen: So wird bei unentgeltlichen Geschäften im Zweifel angenommen, dass sich der Verpflichtete die geringere Last auferlegen wollte. Verwendet jemand eine undeutliche Ausdrucksweise, wirkt diese gegen ihn, dh von mehreren Auslegungsmöglichkeiten ist jene zu wählen, welche für den anderen Vertragspartner am günstigsten ist.

Wird etwa ein unentgeltliches Darlehen gewährt und ist der Rückzahlungstermin uneindeutig (zwei Alternativen), ist der frühere Termin maßgeblich. Nach verbreiteter Auffassung ist die Regel auch anzuwenden, wenn nicht klar ist, welcher Vertragstyp gemeint war (zB Schenkung oder Leihe).

Bedeutung von Gebräuchen im unternehmerischen Geschäftsverkehr

§ 346 UGB

§ 346 UGB verweist in Zusammenhang mit der Auslegung von unternehmensbezogenen Geschäften auf die Gebräuche im unternehmerischen Geschäftsverkehr: „Unter Unternehmern ist in Hinblick auf die Bedeutung und Wirkung von Handlungen und Unterlassungen auf die im Geschäftsverkehr geltenden Gewohnheiten und Gebräuche Rücksicht zu nehmen."

Terminologie

Die seit dem HaRÄG im Gesetz verwendete Bezeichnung „Gebräuche im unternehmerischen Geschäftsverkehr" soll die vormalige Bezeichnung „Handelsbrauch" ersetzen. In der Lehre werden auch die Kurzbezeichnungen **„Unternehmensbrauch"** bzw „Unternehmerbrauch" verwendet (Beachte: Gemeint ist damit jedoch nicht, dass es sich um Gebräuche bloß eines individuellen Unternehmens bzw Unternehmers handelt!).

Funktion des Unternehmensbrauchs

§ 346 UGB enthält eine Interpretationsmaxime, die sich bereits aus § 914 ABGB ableiten lässt: Das rechtsgeschäftliche Verhalten von Unternehmern ist unter Berücksichtigung der im unternehmerischen Geschäftsverkehr geltenden Gebräuche (dh im üblichen Sinn) zu deuten. Ein Unternehmensbrauch ist somit nichts anderes als eine **unternehmensrechtliche Verkehrssitte.** Besteht ein Gebrauch, ist ein im betreffenden Verkehrskreis geschlossener Vertrag **im Sinn dieses Gebrauchs auszulegen bzw zu ergänzen** („interpretierender" respektive „ergänzender" Unternehmensbrauch). Wollen die Vertragsparteien übereinstimmend etwas anderes, ist ihre abweichende Vereinbarung relevant.

- Bei interpretierenden Unternehmensbräuchen geht es um die Feststellung, ob bzw mit welchem Inhalt eine Partei eine rechtsgeschäftliche Erklärung abgegeben hat **(„Erklärungssitten").**

> Die Wortwahl „frei Haus" bedeutet in bestimmten Verkehrskreisen, dass die Ware an den Bestimmungsort zu liefern und abzuladen ist, wobei den Käufer keine Pflicht trifft, beim Abladen zu helfen.
>
> Die Angabe eines Kontos auf Geschäftspapieren (auch Rechnungen) bedeutet, dass der Gläubiger das betreffende Kreditinstitut als Zahlstelle und Einzahlungen als schuldbefreiend gelten lässt.

- Ist bei bestimmten Geschäften faktisch ein Verhalten gebräuchlich (tw als **„echte Verkehrssitte"** bezeichnet), so ist es auf Basis einer Vertragsergänzung auch geboten.

> Ist in einer Branche die Verpackung von Waren üblich, so ist dies auch Vertragsinhalt, wenn über die Verpackung gar nicht geredet wurde.

Begriff

Derartige Gebräuche sind **im unternehmerischen Geschäftsverkehr** während eines bestimmten Zeitraums für gleichartige Geschäftsvorfälle **befolgte tatsächliche Übungen** (Gewohnheiten), denen eine **einheitliche Auffassung** (Anerkennung) der beteiligten Geschäftskreise zugrunde liegt. Einer Rechtsüberzeugung bedarf es nicht. Gebräuche im Geschäftsverkehr sind somit als faktische Gepflogenheiten **Tatsachen** und kein Recht („faktische Ordnung"). Als Begriffselemente sind daher insb hervorzuheben:

- **Tatsächliche Übung:** Es bedarf einer „allgemeinen Befolgung" in bestimmten Verkehrskreisen, was im Sinn eines ganz deutlichen Überwiegens zu verstehen ist. Der Bereich, auf den sich der Unternehmensbrauch erstreckt, muss ausreichend klar abgrenzbar sein. Der Gebrauch muss sich nicht auf das gesamte Bundesgebiet erstre-

2.1 Das Recht der unternehmensbezogenen Geschäfte

cken – er kann auch regional beschränkt sein. Regelmäßig sind Unternehmensbräuche auf bestimmte Branchen/Berufsgruppen beschränkt.

> Eine ausreichend klare Abgrenzbarkeit wird zB bei „Mittelklassehotels" gegeben sein, nicht jedoch bei „erstrangigen Kunsthandlungen".

- **Dauer:** Für die Bestimmung des erforderlichen Zeitraums werden flexible Maßstäbe herangezogen. Es existiert keine fixierte Mindestdauer. Bei einer häufigen Verkehrspraxis, dh bei zahlreichen Geschäften, kann der Zeitraum tendenziell kürzer sein.
- **Freiwilligkeit:** Für die Entstehung eines Unternehmensbrauchs bedarf es der Anerkennung der beteiligten Verkehrskreise, die sich unabhängig von Zwang bilden muss. Die Anerkennung muss nach hM von beiden Vertragsseiten ausgehen.

> Verlangt ein Monopolist von seinen (wirtschaftlich abhängigen) Kunden jeweils ein bestimmtes Verhalten, so wird sich daraus kein Unternehmensbrauch ableiten lassen.

Weitere Anforderungen an Unternehmensbräuche sind, dass sie nicht gegen zwingendes Recht oder gegen die guten Sitten verstoßen und dass sie „redlich" sind, dh ua auch, dass keine Standeswidrigkeit des Gebrauchs vorliegen darf.

Abgrenzungen

Unternehmensbräuche weisen Überschneidungen bzw Ähnlichkeiten mit anderen „Rechtsinstituten" auf, weshalb es einer **Abgrenzung** bedarf:

- **Allgemeine Verkehrssitten** (zwar ist auch der Unternehmensbrauch eine „Verkehrssitte", doch beschränkt sich ein Unternehmensbrauch auf den unternehmerischen Geschäftsverkehr).
- **Usancen** (auch Unternehmensbräuche werden bisweilen als „Usancen" bezeichnet, da die Bezeichnung in unterschiedlichen Zusammenhängen Verwendung findet; unter „Usancen" ieS versteht man Geschäftsbedingungen, die in gewissen Branchen als maßgeblich publiziert werden, zB Börseusancen; derartige Usancen können punktuell auch Unternehmensbräuche wiedergeben, im Übrigen sind sie jedoch wie AGB zu behandeln).
- **Verkehrsanschauungen** (bei diesen in den einzelnen Verkehrskreisen bestehenden Vorstellungen/Wertungen fehlt es an einer tatsächlichen Übung; rechtlich sind sie insb relevant, wenn sie zur Konkretisierung bzw „Ausfüllung" unbestimmter Gesetzesbegriffe verwendet werden; vgl etwa die „Sorgfalt eines ordentlichen Unternehmers" in § 347 UGB).
- **Individuelle Gepflogenheiten** (Gepflogenheiten der Vertragspartner, die sich aus ihrer ständigen Geschäftsverbindung ergeben, sind aufgrund ihrer nicht „allgemeinen" Verbreitung von Unternehmensbräuchen zu unterscheiden; gleichwohl ergibt sich ihre Relevanz aus den allgemeinen Grundsätzen der Vertragsauslegung).
- **Unternehmensgewohnheitsrecht** (Gewohnheitsrecht besitzt im Unterschied zum faktischen Unternehmensbrauch normative Qualität; es setzt daher auch Rechtsüberzeugung voraus).
- **Allgemeine Geschäftsbedingungen** (zum Begriff s S 141; AGB sind nicht generell Unternehmensbrauch, zumal sie bloß von ihrem Verwender einseitig geschaffen werden; AGB können jedoch Unternehmensbräuche wiedergeben).

„Anwendungsbereich"

Grundsätzlich haben Gebräuche des unternehmerischen Geschäftsverkehrs nur im Verhältnis zwischen Unternehmern Bedeutung und nur für jene Unternehmer, die dem **vom Gebrauch betroffenen Verkehrskreis** angehören. Nichtunternehmer sind ausnahmsweise dann betroffen, wenn dies vom Gesetz angeordnet ist, die Anwendung vereinbart wird oder bereits eine allgemeine Verkehrssitte vorliegt. Eine „Günstigkeitsregel" für Nichtunternehmer, nach der ein Unternehmensbrauch auch sonst anzuwenden ist, sofern er für den Nichtunternehmer günstiger ist als die Gesetzes- oder Vertragslage, wird überwiegend nicht anerkannt (str).

Kenntnis des Gebrauchs ist idR **nicht erforderlich,** bisweilen sind jedoch **Ausnahmen** zu machen (so zB für Ausländer, die sich keine Kenntnis vom Gebrauch verschaffen konnten). Ein vertraglicher Ausschluss des Gebrauchs bleibt möglich.

Verhältnis zum dispositiven Recht

Für das Verhältnis zum dispositiven Recht ist zwischen Auslegung und Vertragsergänzung zu unterscheiden. Die Beachtlichkeit einer Erklärungssitte ergibt sich bereits aus der allgemeinen vertrauenstheoretischen Methode der Interpretation von Willenserklärungen. Bei einer echten Verkehrssitte kann sich ein Vorrang vor dispositivem Recht aus einer ausdrücklichen oder konkludenten Einbeziehung in den Vertrag ergeben (uU könnte auch eine gesetzliche Bestimmung selbst auf den Brauch verweisen). Wurde der Unternehmensbrauch jedoch nicht einbezogen, kann er bloß im Weg der Vertragsergänzung (unter Abstellen auf den hypothetischen Parteiwillen) relevant sein: Die überwiegende Lehre in Österreich geht von einem grundsätzlichen Vorrang des dispositiven Rechts aus, da eine ergänzende Auslegung nur im Fall einer Lücke des Vertrags (die unter Berücksichtigung des dispositiven Rechts zu ermitteln ist) in Betracht kommt (str; tw wird jedoch ein Vorrang des Unternehmensbrauchs aus § 346 UGB selbst abgeleitet; die dt hM bejaht ebenso den Vorrang vor dem dispositiven Recht).

Geltendmachung

Da es sich bei Unternehmensbräuchen um Tatsachen handelt (Tatfrage), unterfallen diese der **richterlichen Beweiswürdigung.** Beruft sich eine Streitpartei auf einen Gebrauch, hat sie diesen nachzuweisen (Ausnahme: gerichtsbekannte Gebräuche). Aufgrund des Neuerungsverbots hat sich die Partei bereits in erster Instanz darauf zu berufen. Das Revisionsgericht ist an die Feststellungen der Untergerichte gebunden. In der Praxis werden Unternehmensbräuche durch Sachverständigengutachten nachgewiesen, etwa durch ein Gutachten der WKO, die Gebräuche durch Umfragen erhebt (s die „Handelsbrauch-Liste" auf der Website der WKO). Gesammelt und publiziert werden Unternehmensbräuche auch durch den Präsidenten des HG Wien.

Tradeterms

Im internationalen Handelsverkehr finden sich zahlreiche „Klauseln", denen im geschäftlichen Verkehr eine bestimmte Bedeutung beigelegt wird. Demgemäß kann sich die Bedeutung einer Klausel aus einem (interpretierenden) Unternehmensbrauch ergeben. Insb die Internationale Handelskammer in Paris (International Chamber of Commerce, kurz: ICC) hat sich dieses Bereichs angenommen und in der Zeit von 1923 bis 1953 Lieferklauseln des internationalen Warenhandels in einer Reihe von Staaten erhoben und in der Folge mit der jeweiligen nationalen Auslegung veröffentlicht (sog **„Tradeterms"**).

Incoterms

Demgegenüber stellen die sog **„Incoterms"** (International Commercial Terms) eine „Schöpfung" der ICC dar: Von der ICC ausgewählte Lieferklauseln wurden seit 1967 – zuletzt im Zehnjahresrhythmus – mit dem Vorschlag einer international einheitlichen Interpretation publiziert (ICC Rules). In der aktuellen Fassung der Incoterms 2010 sind es in Summe elf Klauseln (somit weniger als nach den Incoterms 2000). Da es um die Klärung des Inhalts von Klauseln geht, können die Incoterms bewirken, dass sich eine dementsprechende **internationale Erklärungssitte** bildet (es besteht auch die Tendenz, die Klauseln iSd vereinheitlichten Incoterms-Interpretation zu verstehen); diesfalls würde sich ein klarstellender Hinweis auf die gewünschte Interpretation iSd Incoterms im Vertrag erübrigen.

Die Incoterms bestehen jeweils aus einer Abkürzung mit drei Buchstaben, die von den Verwendern um eine geographische Angabe (je nach Klausel etwa des Lieferorts, des Bestimmungsorts/-hafens oder des Verschiffungshafens) ergänzt wird. Bsp: EXW (= Ex Works/Ab Werk) mit Angabe des Lieferorts; FAS (= Free Alongside Ship/Frei Längsseite Schiff) mit Angabe des Verschiffungshafens; CFR (= Cost and Freight/Kosten und Fracht) mit Angabe des Bestimmungshafens. Die ICC Rules enthalten neben der Klärung der mit der Klausel ausgedrückten Pflichten der Vertragsparteien insb Regeln zum Gefahrenübergang sowie zur Kostentragung, sie betreffen jedoch zB nicht Fragen des Kaufpreises, der Bezahlung, des Eigentumsübergangs und der Vertragsverletzung.

Die Fleischer & Hacker Fleischgroßhandel OG bestellt beim Importeur Sylvester Speck 100 Schweinehälften. Speck vereinbart mit der OG die Klausel „EXW Saubichlstraße 1/ Halle C, Schweinfurt, Österreich Incoterms 2010". Die Bedeutung dieser Klausel ergibt sich aus den „ICC Rules". Danach trifft Speck die Verpflichtung, die Schweinehälften zur vereinbarten Zeit am angegebenen Ort für die OG zur Verfügung zu stellen; dabei handelt es sich zugleich um den Zeitpunkt, der für den Gefahrenübergang und die Kostenverteilung maßgeblich ist. Speck ist jedoch nicht zur Verladung verpflichtet. Die OG wird daher zB mit eigenen Kühlwagen und eigenen Mitarbeitern für den Abtransport sorgen oder einem Transportunternehmer einen diesbezüglichen Auftrag erteilen.

Begründung einer Solidarschuld

Wenn sich mehrere Personen mittels Vertrags gemeinschaftlich zu einer teilbaren Leistung verpflichten, entsteht nach bürgerlichem Recht im Zweifel ein Teilschuldverhältnis (§ 889 ABGB; Vorsicht: die Rsp schränkt diese Regel ein, zB bei Mitbürgen).

Im Unternehmensrecht entsteht **im Zweifel eine Solidarschuld** (Gesamtschuld), wenn sich **mehrere Unternehmer gemeinschaftlich zu einer teilbaren Leistung verpflichten** (§ 348 UGB). Das Vorliegen einer Solidarschuld bedeutet (s §§ 891 ff ABGB), dass jeder einzelne Schuldner nach Wahl des Gläubigers auf die gesamte Leistung in Anspruch genommen werden kann und dass die Leistung eines Schuldners die gesamte Schuld aufhebt (sog passive Korrealität). Der in Anspruch genommene Schuldner kann sich nur im Innenverhältnis an seinem/n Mitschuldner/n regressieren.

Die benachbarten Geschäftsinhaber Hans und Franz kaufen gemeinsam bei Doris Dekorationsartikel um € 1.000,–, um das Haus, in dem ihre beiden Geschäftslokale liegen, weihnachtlich zu schmücken. Doris kann sich nun zB aussuchen, ob sie die gesamten € 1.000,– von Hans oder von Franz fordert. Nimmt Doris Hans in Anspruch, kann dieser in weiterer Folge einen Teil des Betrags von Franz verlangen.

Ob der Gläubiger Unternehmer oder Nichtunternehmer ist, spielt für § 348 UGB keine Rolle. § 348 UGB ist – trotz des Wortlauts („mehrere Unternehmer") – auch anzuwenden, wenn sich ein Unternehmer gemeinsam mit einem Nichtunternehmer zu einer teilbaren Leistung verpflichtet (überwiegende Meinung). Diesfalls schuldet der Unternehmer, sofern nicht Anteilshaftung vereinbart ist, die gesamte Leistung (§ 348 UGB), während der Nichtunternehmer nur auf seinen Anteil in Anspruch genommen werden kann (§ 889 ABGB). Es handelt sich somit um eine Ausnahme vom Grundsatz des § 345 UGB.

Kapitel 2: Abschluss unternehmensbezogener Geschäfte und Vertragsauslegung

Üben

- Ist ein unternehmensbezogener Kaufvertrag wirksam, auch wenn über den Kaufpreis keine Vereinbarung getroffen wurde?
- Zwei Unternehmer sind sich (nachträglich) nicht einig, ob die Leistung des einen Unternehmers an den anderen entgeltlich oder unentgeltlich sein sollte. Wovon ist auszugehen?
- Was versteht man unter der „laesio enormis"? Kann die Anfechtung in unternehmensbezogenen Geschäften ausgeschlossen werden?
- Was versteht man unter „Allgemeinen Geschäftsbedingungen"? Wie werden sie Vertragsinhalt?
- Was bedeutet, dass auf AGB „verwiesen" werden muss? Welcher Zeitpunkt ist relevant?
- Was versteht man unter einer „Kollision von AGB"? Was ist die rechtliche Konsequenz, wenn sich die Verhandlungspartner jeweils auf ihre eigenen AGB berufen? Kann der Vertrag dennoch zustande kommen?
- Welcher Kontrolle unterwirft das Gesetz die Verwendung von AGB? Inwiefern „bekämpft" es das sog Kleingedruckte?
- Inwiefern ist bei der Verwendung von AGB das sog „Transparenzverbot" zu beachten?
- Was versteht man unter einer Verbandsklage?
- Was sind ÖNormen?
- Was versteht man unter einem „unternehmerischen Bestätigungsschreiben"? Inwiefern kann das Schweigen eines Unternehmers auf ein solches Schreiben Auswirkungen auf einen bestehenden Vertrag haben?
- Nach welchen Grundsätzen sind unternehmensbezogene Rechtsgeschäfte auszulegen?
- Was versteht man unter einem „Gebrauch im unternehmerischen Geschäftsverkehr" (Unternehmensbrauch)?
- Welche Funktionen haben Unternehmensbräuche?
- Haben Unternehmensbräuche die Qualität einer Rechtsnorm?
- Was ist eine Erklärungssitte?
- Kann ein Unternehmensbrauch aufgrund rechtlichen Zwangs entstehen?
- Wofür wird die Bezeichnung „Usance" verwendet?
- Wie unterscheidet sich ein Unternehmensbrauch von einer Verkehrsanschauung?
- Gelten Unternehmensbräuche auch für Nichtunternehmer?
- Geht ein ergänzender Unternehmensbrauch dem dispositiven Recht vor?
- Wie kann eine Vertragspartei die Anwendung eines Unternehmensbrauchs geltend machen?
- Was versteht man unter „Tradeterms"?
- Was sind die sog „Incoterms"? Wie viele Incoterms gibt es derzeit?
- Zwei Unternehmer verpflichten sich zu einer teilbaren Leistung. Von welcher Art von Verpflichtung geht das Gesetz aus? Wie ist ein Fall zu beurteilen, in dem sich ein Unternehmer gemeinsam mit einem Nichtunternehmer verpflichtet?
- Was versteht man unter der „passiven Korrealität"?

   2.1 Das Recht der unternehmensbezogenen Geschäfte

Allgemeine Geschäftsbedingungen	Allgemeine Geschäftsbedingungen (kurz: AGB) sind Vertragsklauseln, die der Verwender einseitig vorformuliert hat, um sie einer Vielzahl von Geschäften zugrunde zu legen. Ihre Geltung muss in aller Regel vertraglich vereinbart werden; hinsichtlich der Wirksamkeit der einzelnen Klauseln bestehen besondere Regelungen (§§ 864a, 879 Abs 3 ABGB, § 6 Abs 3 KSchG).
Ausschreibungen	Bei Großaufträgen (etwa in der Baubranche) ist es üblich, sog „Ausschreibungen" zu machen. In diesen Ausschreibungen legt derjenige, der eine Leistung benötigt, dar, welche Leistung er erhalten möchte und welchen Anforderungen diese zu entsprechen hat. Dieses Vorgehen hat den Zweck, die auf dem Markt agierenden Leistungserbringer über das Interesse des „Auftraggebers" zu informieren und sie zur Anbotstellung (entsprechend den Vorgaben) einzuladen, sodass der Bestbieter ermittelt werden kann. Die Ausschreibung selbst ist somit noch kein Anbot, sondern die Einladung an eine Mehrzahl von (dem „Auftraggeber" oft nicht bekannten) Personen, Angebote zu stellen. In der Ausschreibung wird den potentiellen Leistungserbringern eine Frist gesetzt, binnen welcher sie ihre Angebote abzugeben haben. Der Bestbieter bekommt idR den Zuschlag, dh mit diesem wird in der Folge der Vertrag abgeschlossen. Auf öffentliche Auftraggeber ist das Vergaberecht anzuwenden.
„battle of forms"	Unter „battle of forms" versteht man die Kollision von widersprüchlichen AGB, die verschiedene Parteien dem Vertrag zugrunde legen wollen. IdR wird Dissens vorliegen und im Fall der Restgültigkeit des um die widersprüchlichen AGB reduzierten Vertrages wird für offene Fragen dispositives Recht anzuwenden sein.
Bestätigungsschreiben	Unter „Bestätigungsschreiben" versteht man im Geschäftsverkehr übliche Mitteilungen über den Inhalt bereits mündlich geschlossener Verträge. An sich wollen die Schreiben bloß festhalten und aktenkundig machen, was bereits rechtswirksam vereinbart wurde („deklarative Bestätigungsschreiben"). Das Schweigen zu einem konsensfähig abweichenden Bestätigungsschreiben kann grundsätzlich als Zustimmung zu der wirtschaftlich sinnvollen Ergänzung bzw Präzisierung aufgefasst werden.
Einbeziehungskontrolle von AGB	AGB werden nur dann Vertragsinhalt, wenn ihre Geltung vereinbart wurde, sie also in den Vertrag „einbezogen" wurden. Eine Vereinbarung von AGB kann nach den allgemeinen Regeln über die Willenserklärungen ausdrücklich oder stillschweigend erfolgen. Der Vertragspartner muss idR vor Vertragsabschluss auf die Verwendung der AGB hingewiesen werden und Gelegenheit haben, in die AGB Einsicht zu nehmen. Die Prüfung der korrekten Einbeziehung von AGB wird als „Einbeziehungskontrolle" bezeichnet.
Geltungskontrolle von AGB	Die sog „Geltungskontrolle" von AGB ist in § 864a ABGB geregelt: In AGB enthaltene Bestimmungen werden nicht Vertragsbestandteil, wenn sie für den anderen Vertragsteil nachteilig sind und dieser insb nach dem Erscheinungsbild der Urkunde nicht mit ihnen zu rechnen brauchte („versteckte" Klauseln, „Kleingedrucktes").
Inhaltskontrolle von AGB	Von einer „Inhaltskontrolle" von AGB spricht man insb bei der Anwendung des § 879 Abs 3 ABGB; danach sind AGB-Klauseln, die keine Hauptleistung festlegen, relativ nichtig, wenn sie nach den Umständen des Falles einen Vertragspartner gröblich benachteiligen. Relative Nichtigkeit bedeutet, dass sie das Gericht nur dann aufgreift, wenn sich der benachteiligte Vertragspartner darauf beruft.
laesio enormis	Von einer zur Anfechtung des Vertrags berechtigenden „laesio enormis" (bzw „Verkürzung über die Hälfte") spricht man, wenn jemand bei einem entgeltlichen Geschäft eine

Gegenleistung erhält, deren gemeiner Wert weniger als die Hälfte des gemeinen Werts der eigenen Leistung beträgt (§ 934 ABGB). Erfasst ist jedenfalls der Fall, dass sich die Wertdifferenz aus dem Wert der vertraglich vereinbarten Leistungen ergibt. Nach überwiegender Meinung kommt § 934 ABGB auch zur Anwendung, wenn die Wertdifferenz Folge einer bereits bei Vertragsabschluss vorliegenden Mangelhaftigkeit der Leistung ist. Tritt die Wertdifferenz erst nach Vertragsabschluss auf, so ist dies kein Fall der laesio enormis. Die laesio enormis kann (nur) zulasten des Unternehmers im Voraus vertraglich ausgeschlossen werden (§ 351 UGB).

Solidarschuld
Bei der Solidarschuld (auch: Gesamtschuld) kann der Gläubiger jeden von mehreren Schuldnern auf die gesamte Forderung in Anspruch nehmen. Im Zweifel schulden mehrere Unternehmer, die gemeinsam eine Leistung versprechen, solidarisch, auch wenn die Leistung teilbar ist (§ 348 UGB).

Theorie des letzten Wortes
Nach der sog „Theorie des letzten Wortes" sollen jene AGB gelten, welche dem letzten Anbot bzw Gegenanbot zugrunde lagen. Damit es nicht zu dieser Konsequenz für den Anbotsteller kommt, werden bisweilen sog „Abwehrklauseln" in ein Anbot aufgenommen. Diese stellen klar, dass ein Gegenanbot insofern abgelehnt wird, als es auf andere AGB verweist. Selbst wenn einem Gegenanbot durch Erfüllungshandlungen entsprochen wird, sollen die fremden AGB nicht akzeptiert werden. Man spricht in diesem Zusammenhang auch von einer „Theorie des ersten Wortes". Trotz Abwehrklauseln kann dennoch ein abweichendes Gegenanbot gestellt werden. Etwa können auch „Gegenabwehrklauseln" verwendet werden, die zum Ausdruck bringen, dass man auf den eigenen AGB besteht und Abwehrklauseln des anderen nicht anerkennt. Die dargestellten Theorien verkennen jedoch, dass bei derartigen Fallgestaltungen idR kein Konsens vorliegt. Vorzuziehen ist die Ansicht, dass idR keine der einander widersprechenden AGB-Bestimmungen gelten soll; Lücken wären durch dispositives Recht auszufüllen.

Transparenzgebot
§ 6 Abs 3 KSchG enthält das sog „Transparenzgebot": Beim Verbrauchervertrag sind für Verbraucher nur solche AGB-Klauseln wirksam, die bestimmt, verständlich und nicht irreführend formuliert sind.

Unternehmensbrauch
Unternehmensbräuche (Gebräuche im unternehmerischen Geschäftsverkehr, Unternehmerbräuche) sind im unternehmerischen Geschäftsverkehr während eines bestimmten Zeitraums für gleichartige Geschäftsvorfälle befolgte tatsächliche Übungen (Gewohnheiten), denen eine einheitliche Auffassung (Anerkennung) der beteiligten Geschäftskreise zugrunde liegt. Es handelt sich um das unternehmensrechtliche Pendant zur zivilrechtlichen Verkehrssitte des § 914 ABGB, die den allgemeinen Geschäftsverkehr betrifft. Bei einem Unternehmensbrauch handelt es sich nicht um Recht (anders als beim Unternehmensgewohnheitsrecht fehlt die Rechtsüberzeugung). Als Faktum ist der Unternehmensbrauch bei Gericht zu beweisen. Unternehmensbräuche dienen der Auslegung bzw Ergänzung unternehmensbezogener Geschäfte zwischen Unternehmern (§ 346 UGB). Kenntnis des Unternehmensbrauchs ist für seine Anwendbarkeit idR unerheblich. Der vertragliche Ausschluss von Unternehmensbräuchen ist möglich.

Usance
Die Bezeichnung „Usance" wird gelegentlich als alternative Bezeichnung für Unternehmensbräuche verwendet. Überwiegend findet die Bezeichnung für Geschäftsbedingungen Verwendung, die als für bestimmte Branchen maßgeblich publiziert werden (zB Börsenusancen); dabei handelt es sich idR um AGB („Branchenbedingungen").

Verbandsklage
Das Gesetz räumt bestimmten Interessenverbänden (zB Verein für Konsumenteninformation, Bundesarbeiterkammer) die Möglichkeit ein, gegen Unternehmer, die gesetz- bzw sittenwidrige AGB-Klauseln verwenden, eine Unterlassungsklage mit allgemeiner Wirkung (dh für alle unter diesen AGB abgeschlossenen Verträge) zu erheben. Man spricht idZ von „Verbandsklagen".

2.2 Schuldrechtliche Sonderregelungen

Im 1. Abschnitt des 4. Buchs des UGB findet sich unter der Überschrift „Allgemeine Vorschriften" neben den oben dargestellten grundsätzlichen Regelungen (§§ 343–346, 348) noch eine Reihe von Bestimmungen mit ganz unterschiedlichem Inhalt, die das **allgemeine Schuldrecht des ABGB modifizieren.** Entsprechend hat sie der Gesetzgeber unter einer inhaltlich wenig aussagekräftigen Überschrift zusammengefasst. Hinzu kommen im 2. Abschnitt Regelungen zum „Warenkauf", welche die Vertragstypen Kaufvertrag, Tauschvertrag und Werkvertrag betreffen. Die bloß vereinzelt vorkommenden **„sachenrechtlichen" Regelungen** werden im Folgenden tw **mitbehandelt.**

Kapitel 1: Schadenersatz

Lernen

Überblick

Das Schadenersatzrecht findet sich im Wesentlichen im ABGB (§§ 1293 ff). Das UGB enthält bloß punktuelle Modifikationen, die sich auf Schadenersatz iZm unternehmensbezogenen Geschäften beziehen. Einerseits wird für Unternehmer ein Sorgfaltsmaßstab normiert, den sie im Geschäftsverkehr anzuwenden haben, und andererseits wird die Haftung hinsichtlich des Umfangs des Schadenersatzes verschärft.

Sorgfaltsmaßstab

„ordentlicher Unternehmer" | **Unternehmer** haben ihre Verpflichtungen aus einem unternehmensbezogenen Geschäft mit der **Sorgfalt eines ordentlichen Unternehmers** zu erfüllen (§ 347 UGB),

Kapitel 1: Schadenersatz

was auch für Verpflichtungen gegenüber Nichtunternehmern gilt. Es handelt sich hierbei um einen **„objektiven" Sorgfaltsmaßstab,** dh der Unternehmer muss nicht nur das notwendige Maß an Fleiß und Aufmerksamkeit aufbringen, sondern auch über die betreffenden **Fähigkeiten und Kenntnisse** für seine unternehmerische Tätigkeit verfügen. § 347 UGB entspricht somit der bereits in § 1299 ABGB normierten Regel der **„Sachverständigenhaftung".** Eine darüber hinausgehende Bedeutung besitzt § 347 UGB nicht (die Rsp zitiert daher auch im unternehmerischen Bereich oft § 1299 ABGB). Dennoch hat der Gesetzgeber im Rahmen der Handelsrechtsreform eine Streichung der Bestimmung vermieden, um zu verhindern, dass der Eindruck einer Absenkung des Sorgfaltsmaßstabs entsteht.

Konkretisierung und Differenzierungen

Der abstrakt vorgegebene Sorgfaltsmaßstab ist anhand der **Verkehrsanschauung** zu konkretisieren, wobei auf die individuellen Fähigkeiten des einzelnen Unternehmers nicht abgestellt wird – es wird eine „Maßfigur" zugrunde gelegt. Es existiert jedoch kein einheitlicher branchenübergreifender Sorgfaltsmaßstab für alle Unternehmer. Der Sorgfaltsmaßstab ist nämlich nach dem Leistungsstandard der jeweiligen **Berufsgruppe** (Branche) zu **differenzieren.** Ein Unternehmer muss über jene Fähigkeiten und Kenntnisse verfügen, die von einem gewissenhaften, durchschnittlich sorgfältigen Unternehmer im betreffenden Geschäftszweig erwartet werden.

> Von einem Baumeister darf man andere Kenntnisse und Fähigkeiten als von einem Buchhändler erwarten.
>
> Dem Weinhändler wird man Fahrlässigkeit vorwerfen können, wenn er nicht weiß, dass ein bestimmter Wein aufgrund der schlechten Ernte dieses Jahr nicht in ausreichenden Mengen verfügbar ist und trotzdem einen großen Liefervertrag abschließt. Der Feinkosthändler, der nur ausnahmsweise für einen Stammkunden Wein besorgt, wird seine Sorgfaltspflicht nicht verletzt haben, wenn er von dem Ernteausfall nicht gehört hat.
>
> Ein Händler, der Haushaltsleitern verkauft, muss beurteilen können, ob die Leitern ohne Gefährdung der körperlichen Sicherheit benutzt werden können.

Weiters können auch die **Größe des Unternehmens** sowie die **Art** (und ggf der Umfang) **der vorgenommenen Geschäfte** für die Konkretisierung des Sorgfaltsmaßstabs relevant sein.

> Riskante Geschäfte (zB Wertpapierhandel) werden eine erhöhte Sorgfalt erfordern.

Da der Sorgfaltsmaßstab objektiv bzw normativ ist, kann der Hinweis auf einen allfälligen „branchenüblichen Schlendrian" nicht entlasten.

„Vertragshaftung"

§ 347 UGB ist **auf rein deliktisches Verhalten nicht anzuwenden.** Es bedarf eines Zusammenhangs mit einem unternehmensbezogenen Geschäft. Für die Frage einer Verletzung vorvertraglicher Schutz- und Sorgfaltspflichten ist § 347 UGB heranzuziehen, ebenso für die Frage, ob der Unternehmer eine Obliegenheit verletzt hat (zB iZm der Erstattung einer Mängelrüge).

Einsatz von Gehilfen

Die Einhaltung des erhöhten Sorgfaltsmaßstabs kann der Unternehmer auch nicht dadurch vermeiden, dass er sich bei der Erfüllung seiner vertraglichen Pflichten eines **Erfüllungsgehilfen** bedient, da er für dessen Verhalten wie für sein eigenes haftet (§ 1313a ABGB). Mit dieser Gehilfenhaftung darf eine allfällige Haftung des Gehilfen gegenüber dem Vertragspartner des Unternehmers nicht verwechselt werden: Der Gehilfe haftet in aller Regel nur deliktisch, da er persönlich in keiner vertraglichen Beziehung zum Vertragspartner des Unternehmers steht.

2.2 Schuldrechtliche Sonderregelungen

„Parallelbestimmungen"

Im Unternehmens- und Gesellschaftsrecht finden sich weitere Bestimmungen, die in gleicher Weise objektive Sorgfaltsmaßstäbe normieren, jedoch als „Spezialregelungen" in Erscheinung treten (auch dort folgt die Konkretisierung/Differenzierung obigen Grundsätzen), zB § 384 Abs 1, § 390 Abs 1 UGB (Kommissionär), § 408 Abs 1 UGB (Spediteur), § 429 Abs 1 UGB (Frachtführer), § 5 HVertrG (Handelsvertreter), § 84 Abs 1, § 99 AktG (Vorstand und Aufsichtsrat einer AG), § 25 Abs 1, § 33 Abs 1 GmbHG (Geschäftsführer und Aufsichtsrat einer GmbH) etc.

Mindeststandard

§ 347 UGB stellt Mindestanforderungen auf. Ein Unternehmer kann jedoch uU auch zu einem höherem Maß an Sorgfalt verpflichtet sein: Besitzt er besondere Fachkenntnisse und liegen besondere Umstände (zB ein besonders hohes Entgelt) vor, aufgrund derer der Geschäftspartner mit dem (zumutbaren) Einsatz besonderer Sorgfalt rechnen konnte, kann sich eine diesbezügliche Verpflichtung aus dem Geschäft ergeben.

Ersatz des entgangenen Gewinns

Ausgangslage nach ABGB

Im bürgerlichen Recht unterscheidet man für die Schadenersatzpflicht zwischen positivem Schaden (dh der Beeinträchtigung bestehender Vermögensgüter und Rechte) und entgangenem Gewinn (Beeinträchtigung von Erwerbschancen). **„Volle Genugtuung"** (dh Ersatz beider Arten von Schäden) wird nach bürgerlichem Recht **nur bei grobem Verschulden** (dazu gehören Vorsatz und grobe Fahrlässigkeit) gewährt. Bei leichter Fahrlässigkeit wird nur der positive Schaden ersetzt. Man spricht idZ von einem **„gegliederten Schadensbegriff".** Die Unterscheidung relativiert sich jedoch insofern, als die Rsp und ein Teil der Lehre den Begriff des positiven Schadens ausdehnen: Erwerbschancen sind schon dann „bestehende Vermögensgüter" und die Beeinträchtigung positiver Schaden, wenn die Erwerbschancen bereits in einer rechtlich gesicherten Position Niederschlag gefunden haben oder wenn der aus einer Tätigkeit erzielbare Gewinn mit „hoher" (dh mit an Sicherheit grenzender) Wahrscheinlichkeit eingetreten wäre.

unternehmensrechtliche Regelung

§ 349 UGB weicht vom „gegliederten Schadensbegriff" ab: „Unter Unternehmern umfasst der zu ersetzende Schaden **auch den entgangenen Gewinn**" (dh auch im Fall leichter Fahrlässigkeit). Es geht um Schadenersatzansprüche aus unternehmensbezogenen Geschäften (erfasst ist auch culpa in contrahendo). Die Formulierung „unter Unternehmern" hat zur Folge, dass Nichtunternehmer aus dem Anwendungsbereich ausgenommen sind (Ausnahme von § 345 UGB) und dass auch ein Unternehmer bloß einem anderen Unternehmer den entgangenen Gewinn schon bei leichter Fahrlässigkeit zu ersetzen hat.

> Da die Bestellung eines Geschäftsführers einer GmbH (oder eines sonstigen Organwalters einer Kapitalgesellschaft) in aller Regel für die bestellte Person kein unternehmensbezogenes Geschäft ist, haften die Organwalter, wenn sie die Gesellschaft rechtswidrig und schuldhaft schädigen, nicht nach § 349 UGB (dies wird von Teilen der Lehre jedoch bestritten).

Kapitel 1: Schadenersatz

 **Üben**

- Worin unterscheidet sich der Schadenersatz im Unternehmensrecht von demjenigen auf (bloß) zivilrechtlicher Grundlage?
- Was versteht man unter einem „objektiven Sorgfaltsmaßstab"?
- Für wen sieht das Unternehmensrecht die Anwendung eines objektiven Sorgfaltsmaßstabs vor?
- Wie ist der unternehmensrechtliche Sorgfaltsmaßstab zu konkretisieren?
- Gilt der unternehmensrechtliche Sorgfaltsmaßstab auch im rein deliktischen Bereich?
- Vergleichen Sie § 347 UGB und § 1299 ABGB!
- Haftet ein „Gehilfe" des Unternehmers nach Maßgabe des § 347 UGB?
- Was versteht man unter dem „gegliederten Schadensbegriff"? Besitzt dieser im Unternehmensrecht die gleiche Relevanz wie im bürgerlichen Recht?
- Muss ein Nichtunternehmer einem Unternehmer bei leichter Fahrlässigkeit den entgangen Gewinn ersetzen, wenn das Geschäft auf Seiten des Unternehmers unternehmensbezogen ist?

 **Wissen**

gegliederter Schadensbegriff

Das bürgerliche Recht geht vom sog „gegliederten Schadensbegriff" aus: Es wird für die Bemessung des Umfangs des Schadenersatzes zwischen „positivem Schaden" (Beeinträchtigung bestehender Vermögensgüter) und „entgangenem Gewinn" (Beeinträchtigung von Erwerbschancen) unterschieden. Letzterer wird bloß bei grober Fahrlässigkeit oder Verschulden ersetzt. Im Unternehmensrecht ist die Bedeutung der Unterscheidung geringer, da § 349 UGB für die Vertragshaftung auf Basis unternehmensbezogener Geschäfte auch bei leichter Fahrlässigkeit den Ersatz sowohl des positiven Schadens als auch des entgangenen Gewinns anordnet. Dies gilt nur für eine Haftung zwischen Unternehmern.

objektiver Sorgfaltsmaßstab

Von einem „objektiven Sorgfaltsmaßstab" spricht man, wenn bei der Beurteilung der gebotenen Sorgfalt nicht bloß auf ein Bemühen (Fleiß und Aufmerksamkeit) des Verpflichteten auf Basis seiner individuellen Fähigkeiten und Kenntnisse abgestellt wird, sondern ein bestimmtes (objektives) Maß an Fähigkeiten und Kenntnissen vorausgesetzt wird. Ein solcher Maßstab ist in § 1299 ABGB verankert (sog „Sachverständigenhaftung"), findet sich jedoch auch im Unternehmensrecht, zB in § 347 UGB, wo die Sorgfalt eines „ordentlichen Unternehmers" verlangt wird (weiters zB § 25 GmbHG, § 84 AktG). Derartige objektive Sorgfaltsmaßstäbe werden anhand der Verkehrsanschauung konkretisiert. Differenzierungen sind dabei notwendig: Es ist insb auf die jeweilige Branche, aber auch auf die Größe des Unternehmens und auf die Art der Geschäfte abzustellen.

2.2 Schuldrechtliche Sonderregelungen

Kapitel 2: Zinsen und sonstige Regelungen gegen Zahlungsverzug

 **Lernen**

Überblick

Das UGB enthielt schon bisher Regelungen zu Verzugszinsen im unternehmerischen Geschäftsverkehr, die strenger ausgestaltet waren als jene des bürgerlichen Rechts. Durch das Zahlungsverzugsgesetz (ZVG), das zum 16. 3. 2013 in Kraft getreten ist und das eine Reihe von Gesetzen novelliert, wurde die bisherige Regelung der Verzugszinsen in § 352 UGB in modifizierter Form in einem neuen **8. Abschnitt des 4. Buchs** in § 456 angesiedelt und durch weitere Regelungen gegen das Hinauszögern von Zahlungen ergänzt. Diese Regelungen waren aufgrund der EU-Richtlinie zur Bekämpfung von Zahlungsverzug im Geschäftsverkehr (kurz: Zahlungsverzugs-RL) notwendig. Die bisherige Regelung des § 353 blieb erhalten.

Anwendungsbereich

Der neue 8. Abschnitt des 4. Buchs umfasst die **§§ 455-460.** Diese gelten für Rechtsgeschäfte zwischen Unternehmern sowie für Rechtsgeschäfte zwischen einem Unternehmer und einer juristischen Person des öffentlichen Rechts (§ 455 UGB; s den Verweis in § 5 UGB). Erfasst sind in diesem Rahmen alle Geldforderungen aus unternehmensbezogenen Geschäften.

Allgemeine Anmerkungen zu Zinsen

Zinsen sind Entgelt für überlassenes oder Ausgleich für entgangenes Kapital. Keine Zinsen sind etwa der Miet- oder Pachtzins, Gewinnanteile (Dividenden) oder Rentenzahlungen.

> Anna nimmt bei der B-Bank einen Kredit auf, für den 9% Zinsen pro Jahr (pa) zu bezahlen sind.
>
> Kurt gerät mit der Zahlung seiner Kaufpreisschuld in Verzug, weshalb Viktor vereinbarte Verzugszinsen von 5% geltend macht.

Grundsätzlich ist jener Zinssatz geschuldet, der vertraglich vereinbart wurde. Dabei sind die Grenzen der Sittenwidrigkeit bzw des Wuchers zu beachten.

gesetzliche Zinsen: 4%

Sind vertraglich oder gesetzlich Zinsen vorgesehen, ist aber deren Höhe nicht bestimmt, gilt zunächst der allgemeine gesetzliche **Zinssatz von 4%** (§ 1000 Abs 1 ABGB). Das gilt mit Ausnahme der Verzugszinsen auch für Unternehmergeschäfte. Zudem gilt im Wechsel- und Scheckrecht ein Zinssatz von 6%. Daneben gibt es noch zahlreiche andere gesetzliche Sonderregelungen wie zB im Arbeitsrecht und im Wohnrecht.

Zinseszinsen

Zinseszinsen sind Zinsen von Zinsen. Sie können vom Gläubiger einer Geldschuld verlangt werden, wenn dies ausdrücklich vereinbart ist. Selbst wenn nichts vereinbart sein sollte, können sie jedenfalls ab dem Tag der Streitanhängigkeit verlangt werden (§ 1000 Abs 2 ABGB) und betragen im Zweifel 4%. Beachte aber die Regel beim Kontokorrent, die den Ersatz von Zinseszinsen gesetzlich vorsieht (s S 168).

Fälligkeit und Verjährung

Sofern sich aus Vertrag oder Gesetz nichts anderes ergibt, sind Zinsen jährlich zu zahlen. Rückständige Zinsen, die in einer Periode von höchstens einem Jahr anfielen, verjähren in drei Jahren (§ 1480 ABGB).

Verzugszinsen

Für Verzugszinsen bestehen Sonderregeln in den §§ 1333 f ABGB. Die Zinsen sind verschuldensunabhängig zu leisten und werden schadenersatzrechtlich als Mindestpauschale qualifiziert.

> Auch wenn Viktor nur einen geringeren Schaden erleidet, weil er ein privates Darlehen aufnimmt, das mit 2% verzinst ist, kann er von Kurt, der mit dem Kaufpreis säumig ist, die vereinbarten 5% verlangen.

Darüber hinausgehende Schäden können (verschuldensabhängig) im Weg des Schadenersatzrechts geltend gemacht werden.

> Hätte Viktor den geschuldeten Geldbetrag etwa in Wertpapieren angelegt, so stellen auch die während der Verzögerungszeit entgangenen Anlagezinsen einen ersatzfähigen Schaden dar.

> Muss Viktor durch den Verzug von Kurt einen Kredit aufnehmen, stellen auch die durch den Kredit verursachten Kosten (höherer Zinssatz, Kreditgebühren etc) einen Schaden dar, den er von Kurt – dessen Verschulden vorausgesetzt – verlangen kann.

9,2 Prozentpunkte über dem Basiszinssatz

Das UGB enthält in § 456 eine (dispositive) Regelung über **Verzugszinsen zwischen Unternehmern bzw zwischen Unternehmern und juristischen Personen des öffentlichen Rechts;** Geschäfte mit Verbrauchern unterliegen nicht § 456 UGB. § 456 UGB lautet: „Bei der Verzögerung der Zahlung von Geldforderungen beträgt der gesetzliche Zinssatz 9,2 Prozentpunkte über dem Basiszinssatz. Dabei ist der Basiszinssatz, der am ersten Kalendertag eines Halbjahres gilt, für das jeweilige Halbjahr maßgebend. Soweit der Schuldner für die Verzögerung aber nicht verantwortlich ist, hat er nur die in § 1000 Abs 1 ABGB bestimmten Zinsen zu entrichten." Der hier relevante „Basiszinssatz" ist von einem Zinssatz der Europäischen Zentralbank (EZB) abhängig (Informationen zum Basiszinssatz finden sich auf der Website der Österreichischen Nationalbank). Der Basiszinssatz kann uU auch negativ sein.

> Sollen zB Verzugszinsen für den Zeitraum zwischen dem 1. 8. 2013 und dem 12. 9. 2013 berechnet werden, ist der Basiszinssatz am 1. 7. 2013 relevant (–0,12%). Die Höhe des Zinssatzes für die Verzugszinsen beträgt in diesem Fall 9,08% pa.

2.2 Schuldrechtliche Sonderregelungen

Kein Verbot des „ultra alterum tantum"

§ 353 UGB enthält eine weitere Abweichung vom allgemeinen bürgerlichen Recht: § 1335 ABGB, wonach ein Gläubiger keine zusätzlichen Zinsen mehr fordern kann, wenn diese den Betrag der Hauptschuld erreicht haben (außer es erfolgt eine gerichtliche Einmahnung), ist auf **Geldforderungen gegen einen Unternehmer** aus unternehmensbezogenen Geschäften nicht anwendbar. Das sog „Verbot des ultra alterum tantum" gilt somit hier nicht. Da die Bestimmung bloß auf die Unternehmensbezogenheit auf Seiten des Schuldners abstellt, kann auch ein Nichtunternehmer vom Unternehmer Zinsen fordern, die den Betrag der Hauptschuld übersteigen.

> Die Photuris AG fordert aufgrund eines Lampenverkaufs schon über einen längeren Zeitraum hinweg vergeblich die Bezahlung des Kaufpreises iHv € 1.000,– (zuzüglich Zinsen) von der Trounoir GmbH. Es sind durch den Verzug schon Zinsen im Ausmaß von € 1.100,– entstanden. Die Photuris AG kann die gesamten Zinsen verlangen. Nach ABGB wäre die Zinsenforderung mit € 1.000,– begrenzt.

Dauer von Abnahme- bzw Überprüfungsverfahren

zeitliche Begrenzung

In der Praxis werden der Bezahlung einer Leistung tw Verfahren zur Überprüfung der vertragskonformen Leistungserbringung vorgeschaltet. Die Zahlungsverzugs-RL und der österr Gesetzgeber versuchen daher, **derartige Verfahren zeitlich zu begrenzen**: § 457 UGB sieht vor, dass die Dauer eines gesetzlich oder vertraglich vorgesehenen Abnahme- oder Überprüfungsverfahrens **(idR) höchstens 30 Tage** ab dem Empfang der Ware oder der Erbringung der Dienstleistung betragen darf. Eine längere Frist kann (ausdrücklich) vereinbart werden, sofern sie für den Gläubiger nicht grob nachteilig ist.

Welche Überschreitung der gesetzlichen Frist grob nachteilig ist, ist im Einzelfall anhand der Kriterien des § 459 Abs 2 UGB zu prüfen (s unten); eine Überschreitung von einem bzw wenigen Tagen wird idR wohl unproblematisch sein. Bei der Erbringung von Teilleistungen läuft die Frist für jede Teilleistung gesondert.

Betreibungskosten

Pauschalbetrag

Der Gläubiger soll für den Fall des Anfallens von Verzugszinsen auch einen **Anspruch auf Zahlung eines Pauschalbetrages von € 40** (zur zumindest tw Abdeckung von Betreibungskosten) haben (§ 458 Satz 1 UGB). Dieser Anspruch besteht unabhängig vom tatsächlichen Eintritt eines Schadens und unabhängig von einem Verschulden des Schuldners. Einer Mahnung bedarf es für das Entstehen des Anspruches nicht.

Daneben behält der Gläubiger nach der allg Vorschrift des § 1333 Abs 2 ABGB einen Anspruch auf Ersatz der vom Schuldner verschuldeten Schäden (insb der notwendigen Kosten zweckentsprechender außergerichtlicher Betreibungs- und Einbringungsmaßnahmen), soweit diese in einem angemessenen Verhältnis zur betriebenen Forderung stehen (§ 458 Satz 2 UGB).

Grob nachteilige Vertragsbestimmungen oder Geschäftspraktiken

§ 459 UGB enthält mehrere **Regelungen zu „grob nachteiligen" Vertragsbestimmungen** und Geschäftspraktiken:

- Eine **Vertragsbestimmung** über den **Zahlungstermin,** die **Zahlungsfrist,** den **Verzugszinssatz** oder die **Entschädigung für Betreibungskosten** ist **nichtig,** wenn sie für den Gläubiger grob nachteilig ist (§ 459 Abs 1 Satz 1). Die Verwendung der Wortfolge „grob nachteilig" ist auf den entsprechenden Wortlaut der Richtlinienbestimmung zurückzuführen; mit dieser unmittelbaren terminologischen Anknüpfung an den Richtlinienwortlaut soll in Erinnerung gerufen werden, dass die Regelung des § 459 richtlinienkonform zu interpretieren ist und letztlich die Auslegung der RL seitens des EuGH durchschlägt.

- Gleiches gilt für **Geschäftspraktiken,** die solche Punkte betreffen: Aus diesen können keine für den Gläubiger grob nachteiligen Wirkungen abgeleitet werden (§ 459 Abs 1 Satz 2). Der Gesetzgeber hat die Bezugnahme auf Geschäftspraktiken aus Gründen der Klarstellung aufgenommen, zumal sich die Richtlinie auf „Vertragsklauseln und Praktiken" bezieht. Nicht zu übersehen ist freilich, dass Geschäftspraktiken ohnedies nur Relevanz für die Vertragsparteien erlangen, wenn sie Teil des Vertragsinhaltes werden.

Konkretisierungen der „groben Nachteiligkeit" finden sich in den Absätzen 2–5:

- Insb ist für die Beurteilung der groben Nachteiligkeit zu berücksichtigen, inwieweit diese von der **Übung des redlichen Verkehrs** abweicht, ob es einen **sachlichen Grund** für die Abweichung gibt und um **welche Vertragsleistung** es sich handelt (Abs 2 Satz 1).

Verzugszinsen
- Für hinsichtlich der **Höhe der Verzugszinsen** (§ 456) oder hinsichtlich der Höhe des pauschalen Entschädigungsbetrages (§ 458) abweichende Vertragsbestimmungen sieht § 459 Abs 2 Satz 2 in Umsetzung von Richtlinienbestimmungen nochmals gesondert vor, dass die Frage nach einem sachlichen Grund für die Abweichung zu berücksichtigen ist.

Zahlungsfrist
- Die Vereinbarung einer **Zahlungsfrist von bis zu 60 Tagen** wird von § 459 Abs 3 als **keinesfalls grob nachteilig** qualifiziert. Diese Wertung wurde Art 3 Abs 5 der Richtlinie entnommen.

- Der **Ausschluss von Verzugszinsen ist jedenfalls grob nachteilig** (§ 459 Abs 4).

- Der **Ausschluss einer Entschädigung für Betreibungskosten** nach § 458 gilt als grob nachteilig, sofern er nicht ausnahmsweise (nach den Umständen des jeweiligen Rechtsgeschäfts) sachlich gerechtfertigt ist (§ 459 Abs 5). Im Unterschied zu Abs 4 findet sich hier nur eine widerlegbare Vermutung der groben Nachteiligkeit. Die Gesetzesmaterialien stellen klar, dass sich die Vermutung sowohl auf den Pauschalbetrag als auch auf die darüber hinausgehende Anwendung des § 1333 Abs 2 ABGB bezieht.

Verbandsklage

§ 460 UGB ergänzt § 459 durch die Regelung eines speziellen Rechtsschutzinstrumentariums in Form einer Verbandsklage. Nach alter Rechtslage fanden sich Regelungen zur Verbandsklage in Art V des Zinsenrechts-Änderungsgesetzes; diese Regelungen wurden nun in erweiterter Form in § 460 UGB transferiert:

2.2 Schuldrechtliche Sonderregelungen

- Ein Unternehmer, der im geschäftlichen Verkehr ohne sachliche Rechtfertigung grob nachteilige Vertragsbestimmungen iSd § 459 UGB verwendet oder grob nachteilige Geschäftspraktiken in diesem Sinn ausübt, kann von Vereinigungen zur Förderung wirtschaftlicher Interessen von Unternehmern **auf Unterlassung geklagt** werden. Das Gesetz verweist für die Verbandsklage auf die sinngemäße Anwendung der §§ 24, 25 Abs 3-7, § 26 UWG.

- Die Gefahr einer Verwendung grob nachteiliger Vertragsbestimmungen oder einer Ausübung derartiger Geschäftspraktiken besteht nicht mehr, wenn der Unternehmer nach Abmahnung durch eine klagebefugte Vereinigung binnen angemessener Frist eine mit angemessener Konventionalstrafe besicherte **Unterlassungserklärung** abgibt.

- Was versteht man unter „Zinsen"? In welcher Höhe sind Zinsen grundsätzlich zu entrichten, wenn die Vertragsparteien keine besondere Vereinbarung darüber getroffen haben?
- Wie hoch sind im Zweifel die Zinsen aus einem unternehmerischen Geschäft (zB für ein Darlehen)?
- Was versteht man unter „Zinseszinsen"? Sind diese zulässig?
- Welchen Zinssatz sieht das Gesetz für Verzugszinsen zwischen Unternehmern vor?
- Was ist der sog „Basiszinssatz"? Ändert sich der Zinssatz des § 456 UGB tagesaktuell?
- Was versteht man unter dem sog „Verbot des ultra alterum tantum"? Gilt dieses auch für Geldforderungen gegen Unternehmer?
- Welche Maßnahmen kennt das UGB zum Zwecke der Zurückdrängung des Zahlungsverzugs?
- Dürfen Verzugszinsen im unternehmerischen Geschäftsverkehr ausgeschlossen werden?

Basiszinssatz	Der jeweils von der Österreichischen Nationalbank verlautbarte „Basiszinssatz" wurde in Art 1 Abs 1 des 1. Euro-JuBeG definiert. Er basiert auf dem Zinssatz der EZB für Hauptfinanzierungsoperationen und ändert sich, wenn der Zinssatz der EZB vom zuletzt verlautbarten Basiszinssatz um mindestens 0,5 Prozentpunkte abweicht. Der Basiszinssatz ist für die Ermittlung der Verzugszinsen nach § 456 UGB relevant, wobei idZ der am ersten Kalendertag eines Halbjahres maßgebliche Basiszinssatz für das Halbjahr herangezogen wird.
Verbot des ultra alterum tantum	Hat der Gläubiger die Zinsen ohne gerichtliche Einmahnung bis auf den Betrag der Hauptschuld steigen lassen, so erlischt das Recht, vom Kapital weitere Zinsen zu fordern (sog „Verbot des ultra alterum tantum"). Vom Tag der Streitanhängigkeit an können jedoch neuerdings Zinsen verlangt werden. Dieses Verbot gilt nicht zulasten des Unternehmers (§ 353 UGB).

Verzugszinsen zwischen Unternehmern: Verzugszinsen sind vom Schuldner zu entrichten, der eine Geldschuld nicht bei Fälligkeit bezahlt. Zwischen Unternehmern beträgt der gesetzliche Zinssatz 9,2 Prozentpunkte über dem Basiszinssatz (§ 456 UGB).

Kapitel 3: Kontokorrent

Lernen

Nutzen

Stehen zwei Parteien in einer **laufenden Geschäftsverbindung,** können sie ihre daraus entspringenden wechselseitigen Ansprüche und Leistungen jeweils einzeln abrechnen und allenfalls gegeneinander auf- und anrechnen. Um diesen Prozess zu vereinfachen, können sie aber auch eine Vielzahl solcher Geschäftsfälle eines bestimmten Verrechnungszeitraums zusammenfassen und einer gesammelten Abrechnung samt Zinsen zuführen.

> Selbständige Leistungsabwicklung der einzelnen Forderungen: Der Unternehmer Alois steht mit einer GmbH in ständiger Geschäftsbeziehung. Daraus entstehen regelmäßig Ansprüche und Leistungen. Sobald die wechselseitigen Forderungen fällig werden, müssen sie jeweils sofort erfüllt werden.
>
> Kontokorrent: Die beiden Parteien vereinbaren in weiterer Folge, dass die wechselseitigen Ansprüche und Leistungen bloß in Rechnung gestellt, am Monatsende abgerechnet werden und nur mehr der Saldo geschuldet sein soll.

Begriff

„echtes Kontokorrent": Voraussetzung des „echten" Kontokorrents ist eine Parteienvereinbarung (man spricht von einer **„Kontokorrentabrede"** bzw einem „Kontokorrentvertrag"; § 355 Abs 1 UGB). Inhalt der Kontokorrentabrede ist, dass die aus einer **Geschäftsverbindung** entspringenden beiderseitigen Ansprüche und Leistungen (unter Berücksichtigung von Zinsen) in Rechnung zu stellen und erst **nach einer bestimmten Zeitperiode** (Verrechnungsperiode) **abzurechnen** sind. Weiters bezieht sich die Vereinbarung darauf, dass der jeweilige **Überschuss** (dh das Guthaben) einer Partei **„festgestellt"** werden soll, dh es soll jeweils eine von den einzelnen Rechnungspositionen unabhängige Forderung begründet werden. Fehlt eine Vereinbarung über eine periodische Gesamtabrechnung und werden die unterschiedlichen Leistungen bloß gebucht, spricht man von einer „laufenden offenen Rechnung", die kein echtes Kontokorrent darstellt.

2.2 Schuldrechtliche Sonderregelungen

> Die Boris Bonito Fischgroßhandel GmbH steht mit der Stanislaus Schleppnetz Fischimport KG in ständiger Geschäftsverbindung, woraus regelmäßig Forderungen auf beiden Seiten entstehen. Da sie sich die wechselseitige Abrechnung ersparen wollen, schließen sie einen Kontokorrentvertrag ab. Der jeweils nach Ablauf der Verrechnungsperiode festgestellte Saldo wird sodann der berechtigten Partei ausgezahlt.
>
> Laufende offene Rechnung: Aus einer laufenden Geschäftsverbindung werden Forderungen samt Zinsen addiert und vierteljährlich in Rechnung gestellt, ohne dass dabei ein Saldo durch die Gegenrechnung von Ansprüchen oder Leistungen des Geschäftspartners gebildet wird.

eigentliches Kontokorrent

Ist an einer Kontokorrentabrede (dh beim echten Kontokorrent) **zumindest ein Unternehmer beteiligt,** so spricht man vom **„eigentlichen" Kontokorrent.** Das UGB sieht in den **§§ 355–357** dispositive Bestimmungen vor, die solche Abreden vereinfachen sollen. Die Regelungen sind zwar nicht ausschließlich für Unternehmer relevant (s zur Anwendung auf Nichtunternehmer unten), doch haben sie ihre überwiegende Bedeutung im unternehmerischen Geschäftsverkehr, woraus ihre „Ansiedelung" im UGB zu erklären ist.

> Typisches Beispiel für ein unternehmerisches Kontokorrent ist das Girokonto mit Überziehungsrahmen, auf dem sich laufend alle Ansprüche und Leistungen einschließlich Zinsen niederschlagen und zB vierteljährlich gegenseitig aufzurechnen sind.
>
> Die Alpha AG liefert der Einzelhändlerin Beate regelmäßig Waren gegen Entgelt. Beate schickt nicht verkaufte Waren wieder zurück und erhält dafür eine Gutschrift (Kommissionsgeschäft); abgerechnet wird jeweils am Monatsende.

uneigentliches Kontokorrent

Ein Kontokorrentverhältnis kann auch **zwischen Nichtunternehmern** vereinbart werden (sog „uneigentliches Kontokorrent"). Die Regelungen des UGB werden diesfalls **analog** angewendet. Lediglich hinsichtlich der Zinseszinsenregel (§ 355 Abs 4 UGB) ist in diesem Fall strittig, ob Zinseszinsen ausdrücklich vereinbart werden müssen – wie grundsätzlich vorgesehen (§ 1000 Abs 2 ABGB) – oder ob die gesetzliche Regelung diese Voraussetzung ersetzt. Kontokorrentverhältnisse entstehen praktisch aber ohnehin nur im unternehmerischen Geschäftsverkehr.

Funktionen

Das Kontokorrent hat insb folgende Funktionen:
- **Vereinfachung:** Die Gesamtverrechnung soll eine Vereinfachung des Geschäftsverkehrs bewirken.
- **Kompensation:** In der Verrechnung und Saldofeststellung liegt eine Kompensation, die alle gegenseitigen Forderungen innerhalb der Rechnungsperiode umfasst. Bewirkt wird: Befreiung, Befriedigung, Sicherung.
- **Vereinheitlichung:** Durch die Saldofeststellung soll eine neue Rechtsgrundlage anstelle der verschiedenen Rechtsgrundlagen der erfassten Forderungen geschaffen werden.

Einen eigenständigen Kreditierungszweck hat das Kontokorrent nach heute hM nicht. Allerdings bewirkt das Kontokorrent insofern eine gewisse Kreditierung, als sich die Parteien darin einig sind, dass nicht jede Schuld sofort auszugleichen ist.

> Die Forderungen des Alois übersteigen die Forderungen der B-GmbH um ein Vielfaches. Dennoch muss die B-GmbH erst am Ende der Rechnungsperiode bezahlen.

Umfang

Welche Forderungen im Kontokorrent stehen, ergibt sich aus deren „Kontokorrentfähigkeit" (buchungsfähige Forderungen) sowie deren „Kontokorrentzugehörigkeit" (abhängig von der Vereinbarung).

kontokorrentfähige Forderungen

Nicht alle Ansprüche und Leistungen können in das Kontokorrent eingestellt werden. **Kontokorrentfähig** sind ausschließlich buchungsfähige Forderungen.

> Nicht kontokorrentfähig sind zB Ansprüche, die noch nicht verrechenbar sind, weil sie etwa von einer Gegenleistung abhängen.

kontokorrentzugehörige Forderungen

Welche Forderungen dem Kontokorrent zugehören sollen, richtet sich nach der vertraglichen Vereinbarung. Im Zweifel fallen darunter alle im gewöhnlichen Geschäftsverkehr entstandenen Ansprüche, wie zB auch Ansprüche auf Zinsen oder Schadenersatzansprüche, die typischerweise mit der Vertragsabwicklung eng verbunden sind.

> Nicht nur die Kaufpreisforderung, sondern auch ein Schadenersatzanspruch aus dem Kaufvertrag der Flex GmbH gegen Kurt wegen Verzugs oder Nichterfüllung ist in das Kontokorrentverhältnis einzubeziehen.

mehrfache Kontokorrentverhältnisse

Die Parteien können ihre Geschäftsverbindung auch gliedern und insofern **mehrfache Kontokorrentverhältnisse** einrichten. IdR kommt es in solchen Fällen zu keiner Verrechnung der verschiedenen Konten; jede Saldoforderung ist selbständig.

> Der Schnellimbiss-Betreiber Pawel Pump hat einerseits ein Girokonto und andererseits ein Kreditkonto bei der Krösus-Invest Bank AG. Beide sind eigenständige Kontokorrentverhältnisse.

Rechnungsperiode

im Zweifel ein Jahr

Den Zeitraum zwischen der ersten Kontoeröffnung und dem ersten Rechnungsabschluss (Verrechnung) bzw zwischen den folgenden Rechnungsabschlüssen bezeichnet man als „Rechnungsperiode". Die Länge richtet sich grundsätzlich nach der vertraglichen Vereinbarung und beträgt **im Zweifel ein Jahr** (§ 355 Abs 2 UGB). Die Verrechnung soll in regelmäßigen Zeitabständen erfolgen, die Rechnungsperioden daher von gleichbleibender Dauer sein.

Wirkungen des Kontokorrentverhältnisses

Das Kontokorrent verändert nicht die Rechtsnatur der eingestellten Forderungen (zB bleibt der in das Kontokorrent gestellte Anspruch weiterhin ein Anspruch aus Kaufvertrag, Werkvertrag etc), löst aber **besondere Rechtsfolgen** aus, insb:

- **„Stundung"** bis zum Ablauf der Rechnungsperiode: Durch das Einstellen der Forderungen in das Kontokorrent wird die Fälligkeit bis zum Ende der Verrechnungsperiode hinausgeschoben. Darin liegt zwar eine gewisse Ähnlichkeit zur Stundung, jedoch ist beim Kontokorrent die Forderung schon ab dem ursprünglichen Fälligkeitszeitpunkt zu verzinsen. Die Zinsen sind ebenso kontokorrentzugehörig und können nicht selbständig geltend gemacht werden.

2.2 Schuldrechtliche Sonderregelungen

> Heinz steht mit Beate in einem Kontokorrentverhältnis. Abgerechnet wird immer am 1. des Monats. Am 15. 1. wird eine in Rechnung gestellte Forderung zugunsten von Beate fällig. Ab diesem Zeitpunkt fallen Zinsen an.

- **Verlust der Verfügungsmacht:** Kontokorrentgebundene Forderungen können nicht mehr selbständig geltend gemacht werden, insb nicht mit Leistungsklage. Wird eine solche Forderung eingeklagt, kann dagegen die „Kontokorrenteinrede" erhoben werden. Da die Vertragsparteien durch die Kontokorrentabrede über die zugehörigen Forderungen verfügt haben, können diese daher auch weder ohne Zustimmung abgetreten noch an Gläubiger verpfändet oder von diesen gepfändet werden, da sie zur wechselseitigen Verrechnung bestimmt sind. Auch eine einseitige Aufrechnung ist nicht mehr möglich.

> Max und Frieda vereinbaren ein Kontokorrent für ihre wechselseitigen Forderungen aus allen ihren Vertragsbeziehungen. Verrechnet werden soll jeweils zum Monatsende. Am 15. 1. klagt Max eine größere Kaufpreisforderung ein. Frieda steht dagegen die Kontokorrenteinrede offen, da die Forderung kontokorrentgebunden ist.
>
> Da die gebundenen Forderungen nicht mehr selbständig geltend gemacht werden können, kann sich der Gläubiger während der Rechnungsperiode auch nicht aus den für diese Forderungen begründeten Sicherungsrechten befriedigen: Die ins Kontokorrent gestellte Forderung von Fritz gegen Franz ist am 11. 11. fällig. Der Verrechnungszeitpunkt wurde mit Monatsbeginn festgelegt. Haftet Frieda für diese Forderung als Bürgin, so kann sie vor dem Verrechnungszeitpunkt nicht in Anspruch genommen werden und es kann auch ein von Franz zur Sicherheit übergebenes Pfand nicht verwertet werden.

- **Keine schuldtilgende Wirkung** von Zahlungen während der Rechnungsperiode: Zahlungen während der Rechnungsperiode haben keine schuldbefreiende Wirkung, sondern verändern vorerst nur den buchmäßigen Saldo. Die Tilgungsregeln der §§ 1415 f ABGB (s unten) finden daher bis zum Verrechnungszeitpunkt keine Anwendung.

> Kurt überweist an Lisa bei Fälligkeit am 15. 6. den geschuldeten Betrag für eine kontokorrentgebundene Forderung. Ist der Verrechnungszeitpunkt erst am 30. 6., ist die Schuld damit nicht getilgt, weshalb zB auch ein dafür bestelltes Pfand noch nicht heraus verlangt werden kann.

- **Hemmung der Verjährung** bis zum Ablauf der Rechnungsperiode: Die Verjährung der eingestellten Forderungen ist für die Dauer ihrer Kontokorrentzugehörigkeit gehemmt und beginnt erst wieder mit dem Ablauf der Verrechnungsperiode bzw am Ende des Kontokorrentverhältnisses zu laufen. Die restliche Dauer der Verjährung richtet sich nach der Rechtsnatur der jeweiligen einzelnen Forderung. Das ist die Konsequenz daraus, dass Forderungen durch das Einstellen in das Kontokorrent ihre Rechtsnatur zunächst nicht verändern. Nur wenn die einzelnen Forderungen mit den Zinsen im anerkannten Saldo aufgehen, verjährt dieser als rechtlich selbständige Saldoforderung nach der allgemeinen Verjährungsfrist in 30 Jahren (§ 1478 ABGB).

> Es verjähren auch kontokorrentzugehörige Schadenersatzansprüche in drei Jahren ab Kenntnis von Schaden und Schädiger, Entgeltforderungen aus einem Kaufvertrag in drei Jahren ab Fälligkeit. Die Verjährungsfrist läuft aber bis zum Ablauf der Verrechnungsperiode nicht weiter.

> Der sich zum Verrechnungszeitpunkt ergebende Saldo von € 100,– zugunsten von Karl wird von Alice nicht anerkannt. Er wird auf die nächste Rechnungsperiode vorgetragen. Die Verjährung der einzelnen Forderungen ist weiterhin gehemmt.

Verrechnung und Saldoanerkenntnis

Am Ende einer Rechnungsperiode wird der **Rechnungsabschluss** aufgestellt, dh die einzelnen Posten auf der Haben- und der Sollseite werden miteinander verrechnet und der **Saldo** gezogen, dh der Differenzbetrag ermittelt.

> Anton hat Forderungen iHv € 3.000,–, denen Forderungen von Beate iHv € 2.000,– gegenüberstehen. Anton steht daher die Differenz von € 1.000,– zu.

„zivilrechtliche Tilgungsordnung"

IdR kommt es zwischen den Parteien zu einem einvernehmlichen „Saldoanerkenntnis" (s unten). Erfolgt kein Saldoanerkenntnis oder ist dieses unwirksam, so stellt sich (im Hinblick auf bestimmte Problembereiche wie Verjährung, Gerichtsstand und Erfüllungsort) die Frage, zu welchen Teilen der Saldo aus welchen Forderungen besteht bzw (umgekehrt) welche Forderungen in welchem Ausmaß bereits getilgt wurden. Zu dieser Frage wurden in der Lehre unterschiedliche Theorien entwickelt, von denen die Lehre von der **zivilrechtlichen Tilgungsordnung,** welche die §§ 1415 f ABGB anwendet, in Österreich bereits vor der Handelsrechtsreform die hM war. Diese wurde durch das HaRÄG ausdrücklich **in § 355 Abs 3 UGB** durch Verweis auf die genannten Bestimmungen des ABGB **verankert.** Die Tilgung richtet sich demnach für den Fall mehrerer offener Posten grundsätzlich nach der Parteienvereinbarung (§ 1415 ABGB). Fehlt eine solche, bestehen Zweifel oder wird widersprochen, sollen die Posten gem § 1416 ABGB in folgender Reihenfolge getilgt werden:
- zuerst die **Zinsen** der Kapitalschuld,
- dann die **Kapitalschuld** selbst.

> Anton hat gegen Beate eine Forderung zu € 1.000,– verbucht, für die € 50,– an Zinsen anfallen. Die Gegenforderung von Beate iHv € 200,– wird zunächst auf die Zinsen und dann auf das Kapital von € 1.000,– angerechnet, wodurch die Zinsen iHv € 50,– und die Kapitalschuld iHv € 150,– getilgt sind. Zinsen laufen ab diesem Zeitpunkt von der Kapitalschuld iHv € 850,– weiter.

Bei mehreren Kapitalschulden entscheidet die frühere **Fälligkeit,** bei mehreren Kapitalschulden mit gleicher Fälligkeit die **Beschwerlichkeit** für den Schuldner.

> Zunächst wird eine Forderung, die eine höhere Verzinsung aufweist, oder eine Forderung, die mit einer Bürgschaft oder einem Pfand besichert ist oder die mit einem Aufrechnungsverbot zulasten des Schuldners verbunden ist, getilgt, weil sie für den Schuldner beschwerlicher ist.

Die Regelung hat jedoch auch Kritik erfahren, da sie einerseits den Schuldner benachteiligt, wenn zugunsten des Gläubigers vom ungeminderten Kapital weiterhin Zinsen anfallen und andererseits den Gläubiger benachteiligt, weil zunächst die gesicherten – weil für den Schuldner beschwerlicheren – Forderungen getilgt sein sollen. Das ist beim Kontokorrent besonders problematisch, da hier bewusst mehrere Forderungen eingestellt werden, aber uU die Sicherheiten durch die Tilgung erlöschen (s unten).

2.2 Schuldrechtliche Sonderregelungen

kausaler Saldo

Der durch die Verrechnung ermittelte **„kausale Saldo"** beruht noch nicht auf einem neuen Rechtsgrund. Wird der Saldo nicht anerkannt und will eine Partei den kausalen Saldo geltend machen, kann sie sich dabei nur auf die einzelnen, im Kontokorrent noch nicht getilgten Forderungen berufen.

> Albert hatte drei Forderungen gegen Brigitte, bevor es zu einer Verrechnung im Rahmen der Kontokorrentvereinbarung kam: Zwei Forderungen aus Warenlieferungen (à € 500,–) und eine aus einem Werkvertrag (€ 300,–). Wurde durch die Verrechnung mit Forderungen von Brigitte (in Summe € 700,–) eine Kaufpreisforderung zur Gänze und die Werklohnforderung zu zwei Dritteln getilgt, setzt sich der kausale Saldo iHv € 600,– somit aus der nicht getilgten Kaufpreisforderung und dem restlichen Drittel der Werklohnforderung zusammen. Anerkennt Brigitte den Saldo nicht, kann Albert die € 500,– auf Basis des Kaufvertrages und € 100,– auf Basis des Werkvertrages verlangen.

Saldoanerkenntnis

Teilt eine Partei der anderen den ermittelten („kausalen") Saldo mit und stimmt diese zu, so spricht man von einem **„Saldoanerkenntnis"**. Lange Zeit war vor dem Hintergrund der Anforderungen und Wirkungen eines konstitutiven Schuldanerkenntnisses (Voraussetzung ist insb die Beilegung eines konkreten Streits) in Lehre und Rsp umstritten, ob – vereinfacht gesagt – das Saldoanerkenntnis einen neuen Rechtsgrund für die Forderung des Saldos begründe (konstitutives Anerkenntnis als Rechtsgeschäft) oder etwa bloß die richtige Verbuchung der abgewickelten Geldbewegungen genehmige (deklaratives Anerkenntnis als Wissenserklärung), und weiters, ob im Fall eines konstitutiven Anerkenntnisses Einwendungen aus den dem Saldo zugrunde liegenden Forderungen ausgeschlossen wären (Bereinigungswirkung). Das **UGB** regelt die Frage ausdrücklich in **§ 355 Abs 4**, wobei der Gesetzgeber den „Mittelweg" des **„abgeschwächt abstrakten Schuldanerkenntnisses"** wählt: Der Gläubiger kann den festgestellten abstrakten Saldo durch Berufung auf das Saldoanerkenntnis (gesondert von den Einzelforderungen) geltend machen, doch kann sich der Schuldner auf die dem Saldo zugrunde liegenden Forderungen berufen und **geltend machen, dass sich der Gläubiger ungerechtfertigt bereichern würde.** Um die **neue Rechtsgrundlage** für den Anspruch zu schaffen, bedarf es – wie erwähnt – der Zustimmung (Anerkennung) durch die andere Kontokorrentpartei. Ein Anspruch auf Feststellung gegen die andere Partei ist in § 355 Abs 4 ausdrücklich vorgesehen.

> Karl ermittelt durch einen Vergleich der Haben- und der Sollseite zu seinen Gunsten einen Überschuss von € 1.000,– und übermittelt Fiona den Saldo zur Anerkennung. Karl kann sich nun entweder auf den kausalen Saldo oder auf den anerkannten Saldo berufen. Wurde der Saldo unrichtig höher festgestellt als es dem tatsächlichen kausalen Saldo entspricht, steht Fiona der Einwand ungerechtfertigter Bereicherung zu.

Wird der Saldo anerkannt, ist dieser festgestellte Saldo seinerseits ab dem Ende der Verrechnungsperiode zu verzinsen. Da im festgestellten Saldobetrag idR bereits Zinsen für die einzelnen während der Rechnungsperiode fällig gewordenen Forderungen enthalten sind, kommt es durch die Verzinsung des festgestellten Saldos zu **Zinseszinsen** (s § 355 Abs 4 Satz 4 UGB). Das ist vor allem dann von Bedeutung, wenn der Saldo auf die nächste Rechnungsperiode übertragen wird.

Sicherheiten

Sicherheiten für die ins Kontokorrent gestellten Forderungen **gehen** auch **durch das Saldoanerkenntnis nicht unter** (§ 356 Abs 1 UGB). Voraussetzung dafür ist aber, dass die besicherte Forderung noch im kausalen Saldo enthalten ist, dh durch die Verrechnung noch nicht getilgt wurde.

> Berta hat eine Forderung gegen Max im Kontokorrent verbucht, die mit einem Pfand besichert ist. Wird die Forderung am Verrechnungsstichtag zur Gänze getilgt, erlischt auch das damit verbundene Pfandrecht.

Die Regeln über die Sicherheiten gelten sinngemäß auch, wenn ein Dritter als Gesamtschuldner für eine kontokorrentverbundene Forderung haftet, unabhängig davon, ob sich seine Gesamtschuldnerschaft aus einer vertraglichen Vereinbarung oder aus dem Gesetz ergibt (§ 356 Abs 2 UGB).

Pfändung des Saldos

Für die Pfändung einer Forderung im Weg der Zwangsvollstreckung sind primär die Regeln der EO zu beachten. Die in das Kontokorrent gestellten Forderungen können jedoch nicht einzeln gepfändet werden, da die Vertragsparteien des Kontokorrents über die eingestellten Forderungen keine Verfügungsbefugnis mehr haben und der betreibende Gläubiger durch die Pfändung nicht mehr Rechte erhält, als sein Schuldner hatte. Möglich bleibt, den **Saldoanspruch** einer Person aus einem Kontokorrentverhältnis **pfänden** zu lassen. Das UGB enthält in **§ 357** entsprechende **Sonderregelungen**.

> Arnold hat eine Forderung gegen Bernhard, Bernhard eine Forderung gegen Claudia, die sich aus dem zwischen ihnen bestehenden Kontokorrentverhältnis ergibt. Da Bernhard seine Verbindlichkeit gegenüber Arnold nicht erfüllt, möchte Arnold auf die Forderung des Bernhard gegen Claudia greifen (dh diese pfänden lassen). Arnold ist der „Pfändungsgläubiger" (dh der betreibende Gläubiger, der außerhalb des Kontokorrentvertrags steht), Bernhard der „Schuldner" (der zugleich Gläubiger des Saldos ist) und Claudia die „Drittschuldnerin" (idZ Schuldnerin des Saldos).

Abstellen auf den gegenwärtigen „Saldoanspruch"

Aus Gründen des Gläubigerschutzes gestattet das UGB die **Pfändung des sich im Pfändungszeitpunkt buchmäßig ergebenden Saldoanspruchs**. Es stünde sonst im Belieben der Kontokorrentparteien, den Saldo angesichts der drohenden Pfändung durch Gegenforderungen noch zu schmälern. „Schuldposten", die nach der Pfändung durch „neue Geschäfte" entstehen, können dem Pfändungsgläubiger gegenüber nicht in Rechnung gestellt werden. Neu hinzukommende „Habenposten", die den Saldo für den Schuldner nachträglich erhöhen, kommen dem Pfändungsgläubiger nicht zugute (letzterer könnte aber auch den zukünftigen Saldo, wie er sich zum Ende der Rechnungsperiode ergibt, pfänden lassen; s unten).

> Das Kontokorrentverhältnis zwischen Bernhard und Claudia wird jeweils zum Monatsende verrechnet. Zum 15. 1. werden für Bernhard Forderungen zu insgesamt € 2.000,– und für Claudia Gegenforderungen im Wert von € 1.000,– verbucht. Auf Betreiben Arnolds wird am 15. 1. der aktuelle Saldo (€ 1.000,– zugunsten von Bernhard) gepfändet. Zum Monatsende beträgt der Saldo aufgrund einer neu begründeten Forderung von Claudia bloß noch € 500,–. Arnold muss sich nicht mit dem Betrag von € 500,– zufrieden geben, da er durch Pfändung und Überweisung des Anspruchs am buchmäßigen Saldo zum 15. 1. durch später begründete Forderungen nicht mehr benachteiligt werden kann.

Keine „neuen Geschäfte" iSd Vorschrift sind gem § 357 Satz 2 UGB solche, „die auf Grund eines schon vor der Pfändung bestehenden Rechts oder einer schon vor diesem Zeitpunkt bestehenden Verpflichtung des Drittschuldners vorgenommen werden". Dadurch soll eine Verschlechterung der Rechtsstellung des Drittschuldners vermieden werden (Drittschuldnerschutz).

Ansprüche aus Anfechtung, Rücktritt oder Wandlung eines kontokorrentzugehörigen Geschäfts; Geschäfte, zu deren Vornahme der Drittschuldner durch Vorvertrag verpflichtet war.

keine Beendigung des Kontokorrents bzw der Rechnungsperiode

Die Pfändung des Saldoguthabens erfolgt durch ein Zahlungsverbot an den Kontokorrentpartner (Drittschuldner). Erfolgen trotz Zustellung des Zahlungsverbots Zahlungen des Drittschuldners, sind diese dem betreibenden Gläubiger gegenüber unwirksam. Die Pfändung hat jedoch nicht die Wirkung, dass das Kontokorrentverhältnis bzw die laufende Rechnungsperiode beendet wird. Es kommt lediglich zu einem **buchungstechnisch vorläufigen Abschluss** der bis dahin in das Kontokorrent eingestellten Ansprüche und Leistungen im Verhältnis zwischen Pfändungsgläubiger und Drittschuldner. Der Pfändungsgläubiger hat daher vor Ablauf der Rechnungsperiode keinen sofortigen Anspruch auf Auszahlung des gepfändeten Guthabens, es sei denn, dem Kontokorrentschuldner steht dies vertraglich zu. Auch ein Recht zur Kündigung des Kontokorrentverhältnisses steht dem Pfändungsgläubiger nicht zu.

Arnold muss mit seinem gepfändeten Anspruch auf € 1.000,– bis zur Verrechnung am Monatsende warten.

Pfändung künftiger Saldoansprüche

Dem Pfändungsgläubiger steht es offen, statt des gegenwärtigen Saldos (oder zusätzlich) den zukünftigen Saldo pfänden zu lassen (tw str). Die erforderliche Bestimmbarkeit des Exekutionsobjekts ergibt sich hinreichend aus dem Kontokorrentverhältnis. Dadurch hat der betreibende Gläubiger die Chance, dass sich der Saldo durch neue Forderungen noch erhöht. Pfändet er bloß den zukünftigen Saldo, trifft ihn aber auch das Risiko der Verringerung des Saldos durch neue Gegenforderungen.

Zugunsten von Arnold wird zum 15. 1. ein Saldo iHv € 1.000,– gepfändet. Am 22. 1. wird eine weitere Forderung von Bernhard gegen Claudia iHv € 1.000,– und am 29. 1. eine Gegenforderung von Claudia iHv € 500,– aus „neuen Geschäften" verbucht. Belässt es Arnold bei der Pfändung zum 15. 1., hat er zum Verrechnungszeitpunkt nur einen Anspruch auf € 1.000,–. Wird am 25. 1. der aktuelle Saldo gepfändet, könnte Arnold nach Ende der Rechnungsperiode € 2.000,– fordern. Lässt er bloß den künftigen Saldo pfänden, dann erstreckt sich seine Forderung gegen Claudia auf € 1.500,–.

Beendigung des Kontokorrents

Das Kontokorrentverhältnis kann auf verschiedene Weise beendet werden, etwa:
- einvernehmlich,
- durch **Zeitablauf** bei befristeten Kontokorrentverhältnissen,
- durch jederzeitige **Kündigung** (formfrei, ohne Nennung von Gründen oder Einhaltung einer Frist; § 355 Abs 5 UGB),
- mit **Ende der Geschäftsverbindung** (die Grundlage des Kontokorrents ist).

Ob auch die Eröffnung eines Konkursverfahrens über das Vermögen einer der Parteien notwendigerweise die Beendigung des Kontokorrents bewirkt, ist umstritten. Tw wird vertreten, dass die kontokorrentmäßige Abwicklung mit den Konkurszwecken unvereinbar sei.

Wird das Kontokorrentverhältnis beendet, findet eine Verrechnung statt und es ist der für diesen Zeitpunkt ermittelte Saldo grundsätzlich sofort fällig. Die im Saldo noch vorhandenen Ansprüche können wieder selbständig geltend gemacht werden.

Üben

- Was sind die wesentlichen Voraussetzungen eines Kontokorrents?
- Wodurch unterscheidet sich das echte Kontokorrent von der „laufenden offenen Rechnung"?
- Wodurch unterscheidet sich das eigentliche vom uneigentlichen Kontokorrent? Können die Regelungen des UGB auch zwischen Nichtunternehmern zur Anwendung gelangen?
- Welche Zwecke verfolgt das Kontokorrent?
- Was versteht man unter einer Rechnungsperiode?
- Nach welchem Kriterium ist die sog „Kontokorrentfähigkeit" zu beurteilen?
- Welche Wirkungen hat ein Kontokorrentverhältnis?
- Was ist ein „Saldoanerkenntnis"?
- Was ist der Unterschied zwischen dem „kausalen Saldo" und dem „anerkannten Saldo"?
- Was versteht man unter der sog „zivilrechtlichen Tilgungsordnung"?
- Kann der Berechtigte den Saldoanspruch ohne Rücksicht auf die im Saldo enthaltenen Einzelforderungen geltend machen? Was kann der Schuldner einwenden?
- Worauf kann der betreibende Gläubiger bei der Pfändung von kontokorrentgebundenen Forderungen zugreifen?
- Wie kann ein Kontokorrentverhältnis enden?

Wissen

echtes Kontokorrent — Das sog „echte" Kontokorrent iSd § 355 UGB setzt eine Vereinbarung (Kontokorrentabrede) zweier in laufender Geschäftsbeziehung stehender Personen voraus, wonach (iZw) alle aus der Geschäftsverbindung entspringenden beiderseitigen Ansprüche und Leistungen unter Anrechnung von Zinsen erst nach einer gewissen Zeitperiode abzurechnen sind und für das sich daraus für eine Partei ergebende Guthaben (Saldo) ein von den einzelnen Verrechnungsposten unabhängiger Zahlungsanspruch (Saldoforderung) begründet werden soll. Ist an dem Kontokorrentverhältnis zumindest ein Unternehmer beteiligt, so spricht man vom „eigentlichen Kontokorrent".

gegenwärtiger Saldo — Der gegenwärtige Saldo ist der Saldo in jener Höhe, in der er zum Zeitpunkt der Pfändung buchmäßig aufscheint. Der gepfändete gegenwärtige Saldo kann aber erst zum Zeitpunkt der Verrechnung vom Drittschuldner (Schuldner des Saldos) gefordert werden. Zwar hat der Pfändungsgläubiger die Möglichkeit, den sich zum Verrechnungszeitpunkt ergebenden (zukünftigen) Saldo zu pfänden, jedoch kann er sich durch Pfändung des gegenwärtigen Saldos vom Risiko der Verminderung des Differenzbetrags durch neue Gegenforderungen schützen.

in Rechnung stellen — Das Einstellen der Forderungen in das Kontokorrent bewirkt, dass diese bis zum Verrechnungszeitpunkt nicht verrechnet und daher auch nicht gefordert werden können. Es hat wesentliche Auswirkungen auf die Verfügungsbefugnis über die eingestellten Forderungen sowie auf deren Verjährung.

kausaler Saldo — Jener Saldo, der sich am Ende der Rechnungsperiode als Folge der im Kontokorrent enthaltenen Verrechnungsabrede ipso iure ergibt, wird „kausaler Saldo" genannt. Dabei

2.2 Schuldrechtliche Sonderregelungen

sind die Tilgungsregeln der §§ 1415 f ABGB anzuwenden (§ 355 Abs 3 UGB). Der kausale Saldo stellt aber (noch) keinen eigenen Rechtsgrund dar. Der Anspruch auf Zahlung des kausalen Saldos stützt sich auf die einzelnen verrechneten Forderungen, soweit sie nicht durch Tilgung erloschen sind.

Kontokorrentfähigkeit — Die „Kontokorrentfähigkeit" ist die Eigenschaft einer Forderung, ins Kontokorrent gestellt werden zu können. Buchungsfähige Forderungen sind grundsätzlich kontokorrentfähig. Erforderlich ist ein einheitlicher Maßstab (zB Geldforderungen).

Kontokorrentzugehörigkeit — Von Kontokorrentzugehörigkeit (bzw Kontokorrentgebundenheit) spricht man, wenn eine Forderung vom Kontokorrentverhältnis erfasst ist. Ob dies der Fall ist, entscheidet der jeweilige Kontokorrentvertrag. IZw sind alle im gewöhnlichen Geschäftsverkehr entstandenen Forderungen kontokorrentzugehörig (ausg somit ihrer Höhe/Art nach unerwartete Forderungen). Die Kontokorrentzugehörigkeit unklagbarer Forderungen ist nach hM unter der auflösenden Bedingung der Erfüllungsverweigerung anzunehmen. Wechsel- und Scheckforderungen sind (wegen des die Umlauffähigkeit beeinträchtigenden kontokorrentrechtlichen Abtretungsverbots) iZw nicht erfasst.

laufende offene Rechnung — Bei der „laufenden offenen Rechnung" werden – im Vergleich zum echten Kontokorrent – Leistungen bloß gebucht, ohne dass eine Vereinbarung über eine periodische Gesamtabrechnung vorliegt.

Rechnungsperiode — Der Zeitraum zwischen der ersten Kontoeröffnung und dem ersten Rechnungsabschluss (Verrechnung) bzw zwischen den folgenden Rechnungsabschlüssen, ist die sog „Rechnungsperiode". Die Länge richtet sich nach der Parteienvereinbarung, iZw beträgt sie ein Jahr (§ 355 Abs 2 UGB).

Saldo — Als „Saldo" bezeichnet man den zum Stichtag auf einem Konto festgestellten Differenzbetrag zwischen der höheren Summe der einen Kontoseite und der niedrigeren Summe der anderen Kontoseite.

Saldoanerkenntnis — Das „Saldoanerkenntnis" ist die einvernehmliche Feststellung des Saldos im Rahmen eines Kontokorrentverhältnisses nach Ende der jeweiligen Rechnungsperiode durch die Parteien („Anerkennung des Rechnungsabschlusses"). Das Saldoanerkenntnis hat die Wirkung eines abgeschwächt konstitutiven Anerkenntnisses, dh es schafft zwar einen neuen Rechtsgrund für die Saldoforderung, doch kann der Verpflichtete durch Berufung auf den „kausalen Saldo" eine ungerechtfertigte Bereicherung einwenden (§ 355 Abs 4 UGB)

uneigentliches Kontokorrent — Als „uneigentliches Kontokorrent" bezeichnet man ein Kontokorrentverhältnis zwischen Nichtunternehmern, auf das jedoch die kontokorrentrechtlichen Regeln des UGB analoge Anwendung finden (lediglich die analoge Anwendung der Zinseszinsregelung des § 355 Abs 4 Satz 4 UGB wird von Teilen der Lehre im Hinblick auf § 1000 Abs 2 ABGB verneint).

Kapitel 4: Zurückbehaltungsrecht

 **Lernen**

Zurückbehaltungsrechte – Allgemeines

Das im Folgenden besprochene unternehmerische Zurückbehaltungsrecht wird in der Lehre bisweilen den „sachenrechtlichen" Sonderregelungen des UGB zugerechnet, da es „Elemente einer Verdinglichung" *(Krejci)* aufweist.

Zurückbehaltungsrechte (bzw „Retentionsrechte") sind besondere **Sicherungsrechte des Gläubigers.** Der Umstand, dass man die eigene Verpflichtung erst dann erfüllen muss, wenn der andere seine Verpflichtung entweder bereits erfüllt hat oder zugleich erfüllt (Zug-um-Zug-Einrede; s §§ 1052, 1062 ABGB), wird tw als „Zurückbehaltungsrecht iwS" bezeichnet.

> Der Restaurator Viktor verkauft der Kunsthändlerin Klara ein Gemälde für € 1.000,–. Solange Klara nicht ihre Bezahlung anbietet, braucht auch Viktor das Bild mangels anderer Vereinbarung nicht herauszugeben und umgekehrt. Bei gegenseitigen (synallagmatischen) Verträgen sollen die Leistungen eben Zug um Zug erbracht werden.

§ 471 ABGB — Ein Zurückbehaltungsrecht findet sich bereits im bürgerlichen Recht: Nach **§ 471 ABGB** kann eine Sache, die dem Berechtigten zurückzugeben ist, solange zurückgehalten werden, als dieser nicht den für die Sache gemachten **Aufwand** bzw den durch die Sache verursachten **Schaden** ersetzt. Das Zurückbehaltungsrecht setzt somit Ansprüche im Zusammenhang mit der zurückbehaltenen Sache voraus (sog **„Konnexität"**).

Unternehmerisches Zurückbehaltungsrecht

Das in den **§§ 369 ff UGB** geregelte **Zurückbehaltungsrecht** trägt den besonderen Sicherungsbedürfnissen im Geschäftsverkehr Rechnung. Es setzt **keine Konnexität** voraus und gewährt dem Zurückbehaltungsberechtigten ein **pfandähnliches Befriedigungsrecht** an der Sache.

Nach § 369 Abs 1 UGB kann ein Unternehmer wegen fälliger Forderungen, die ihm gegen einen anderen Unternehmer aus den zwischen ihnen geschlossenen unternehmensbezogenen Geschäften zustehen, ein Zurückbehaltungsrecht an den beweglichen Sachen und Wertpapieren des Schuldners geltend machen, die mit Willen des Schuldners aufgrund von unternehmensbezogenen Geschäften in den Besitz des Gläubigers gelangt sind, sofern er sie noch innehat.

2.2 Schuldrechtliche Sonderregelungen

> Die Kunsthändlerin Klara, die ein Gemälde bei Viktor gekauft, aber noch nicht bezahlt hat, hat diesem auch ein bereits in ihrem Eigentum befindliches Gemälde zur Restauration übergeben. In der Folge bezahlt Klara weder den Werklohn noch den ausständigen Kaufpreis. Viktor kann das restaurierte Gemälde (obwohl es ihm nicht gehört) zurückbehalten, bis Klara sowohl den Werklohn als auch den Kaufpreis für das andere Gemälde bezahlt. Da es sich um ein beiderseitig unternehmensbezogenes Geschäft handelt, könnte sich Viktor letztlich sogar aus der Verwertung des Bildes befriedigen (s S 176).

Voraussetzungen

Voraussetzungen sind somit folgende:

- Der Retentionsberechtigte (Gläubiger) und der Retentionsgegner (Schuldner) müssen – zum Zeitpunkt des Entstehens der zu sichernden Forderung und des Zurückbehaltungsrechts – **Unternehmer** sein (ausreichend ist auch Unternehmereigenschaft nach § 3 UGB).

- Die **Forderung**, wegen der zurückbehalten werden soll, muss **aus einem Geschäft, das für beide Seiten unternehmensbezogen ist** („beiderseitig unternehmensbezogenes Geschäft"), stammen (erfasst sind auch Schadenersatzansprüche aus Leistungsstörungen und analog Bereicherungsansprüche bei Rückabwicklung solcher Geschäfte). Die Forderungen, für die das Zurückbehaltungsrecht ausgeübt wird, müssen auf Geld gerichtet sein oder zumindest in Geldforderungen übergehen können.

> Viktor verkauft und übergibt Klara ein Gemälde. Da sich später die Mangelhaftigkeit herausstellt, wandelt Klara erfolgreich den Vertrag. Sie kann aufgrund der bereicherungsrechtlichen Forderung das Bild zurückbehalten und sich letztlich daraus sogar durch Verwertung befriedigen.

- Die **Forderung** muss **fällig** sein (zur Ausnahme des Notzurückbehaltungsrechts gem § 370 Abs 1 UGB s unten).

- Bei den zurückbehaltenen Sachen muss es sich um **bewegliche Sachen bzw Wertpapiere** handeln.

> Zurückbehalten werden können zB ein Gemälde, ein Auto, der Inhalt eines Weinkellers, Goldmünzen.
>
> Nicht Gegenstand des Zurückbehaltungsrechts ist eine summenmäßige Geldschuld, für die die Regeln der Aufrechnung zur Anwendung kommen, oder ein Unternehmen.

- Die zurückbehaltene Sache muss **mit Willen des Schuldners** aufgrund eines **unternehmensbezogenen Geschäfts in die Innehabung des Gläubigers gelangt** sein und sich noch darin befinden (ein nach §§ 870 f ABGB beachtlicher Willensmangel des Schuldners schließt das Retentionsrecht aus).

> Klara übergibt Viktor das Gemälde zur Reparatur.
>
> Entzieht Viktor das Gemälde hingegen eigenmächtig oder listig, um es für eine andere Forderung zurückzubehalten, gelangt es nicht mit dem Willen der Schuldnerin Klara in seine Gewahrsame.

Im Gegensatz zur Regelung in § 471 ABGB ist **keine Konnexität** zwischen der zugrunde liegenden Forderung und der zurückbehaltenen Sache erforderlich.

Kapitel 4: Zurückbehaltungsrecht

Klara schuldet Viktor aus einem Kaufvertrag € 1.000,–. Viktor kann das von Klara zur Reparatur gegebene Bild auch bezüglich dieser Forderung zurückbehalten. Die zurückbehaltene Sache muss nicht in Verbindung mit der Forderung aus dem Kaufvertrag stehen.

Der Schuldner muss ein Recht haben, den zurückbehaltenen Gegenstand vom Gläubiger herauszuverlangen, wenngleich er dafür nicht Eigentümer sein muss. Das kann sogar dazu führen, dass der Gläubiger ein **Zurückbehaltungsrecht an eigenen Sachen** hat, etwa wenn dem Gläubiger eine Sache übertragen wurde, die er wieder rückübertragen muss.

Klara wandelt den Kaufvertrag über das Gemälde wegen Gewährleistung. Da die Wandlung nur schuldrechtlich ex tunc wirkt, sich die sachenrechtlichen Verfügungen (Eigentumserwerb) aber nicht verändern, verbleibt die Ware nach wie vor in ihrem Eigentum. Um sich den Rückgabeanspruch auf Geld zu sichern, kann Klara „ihr" Gemälde zurückbehalten und sich daraus notfalls durch Verwertung befriedigen.

keine Wirkung gegenüber berechtigten Dritten

Dinglich berechtigten Dritten gegenüber wirkt das Zurückbehaltungsrecht nicht (§ 369 Abs 2 UGB). Auch ein gutgläubiger Erwerb des Zurückbehaltungsrechts ist nicht möglich.

Hat Viktor ein Gemälde von Hans (ohne dessen Zustimmung) verkauft, so kann Klara – sofern sie nicht ausnahmsweise gutgläubig Eigentum am Gemälde erworben hat – dem Herausgabeanspruch des Hans kein Zurückbehaltungsrecht entgegenhalten.

Ausschlussgründe

Das Zurückbehaltungsrecht kann trotz Vorliegens der genannten Voraussetzungen **nicht ausgeübt werden**:

- wenn eine besondere **Verwendungsbestimmung oder Verwendungsverpflichtung** besteht (§ 369 Abs 3 UGB) (damit ist naturgemäß nicht jede Herausgabepflicht gemeint, sondern nur jene Fälle, in denen eine besondere Weisung oder eine besondere Verpflichtung vorliegt),

So kann etwa der Kommissionär, Handelsvertreter, Spediteur oder Frachtführer Waren, die zum Verkauf, zur Versendung oder Beförderung übernommen wurden, nicht zurückbehalten.

- unter Umständen bei erheblicher **Überdeckung** des Werts der zugrundeliegenden Forderung durch den Wert der zurückbehaltenen Sache (str) bzw wenn die Ausübung **schikanös** iSd § 1295 Abs 2 ABGB wäre,

Schuldet Klara bloß noch einen Betrag von € 20,–, wäre die Zurückbehaltung eines Gemäldes im Wert von € 9.000,– wohl unzulässig.

- wenn der Schuldner eine äquivalente **Sicherheitsleistung** anbietet und tatsächlich leistet, wobei nach dem Gesetz eine Bürgschaft nicht ausreichend ist (§ 369 Abs 4 UGB); für die Höhe der Sicherheitsleistung ist entweder die zurückbehaltene Sache oder die zugrundeliegende Forderung maßgebend, wobei der jeweils niedrigere Wert heranzuziehen ist.

Klara kann die Forderung des Viktor iHv € 1.500,– nicht zahlen, das Zurückbehaltungsrecht hinsichtlich des Gemäldes im Wert von € 9.000,– allerdings durch eine Pfandbestellung iHv € 1.500,– verhindern.

2.2 Schuldrechtliche Sonderregelungen

"Notzurückbehaltungsrecht"

Ist über das Vermögen des Schuldners ein Konkursverfahren eröffnet worden oder hat der Schuldner seine Zahlungen eingestellt oder ist eine Zwangsvollstreckung in das Vermögen des Schuldners ohne Erfolg versucht worden, kann das Zurückbehaltungsrecht selbst dann geltend gemacht werden, wenn die Forderungen noch nicht fällig sind (§ 370 Abs 1 UGB; sog **„Notzurückbehaltungsrecht"**). Auch die Verwendungsbestimmungen bzw -verpflichtungen iSd § 369 Abs 3 UGB, die das Zurückbehaltungsrecht ausschließen (s oben), verhindern in den genannten „Notfällen" die Geltendmachung eines Zurückbehaltungsrechts nicht, wenn die Umstände erst nach Übergabe des Gegenstands oder nach Übernahme der Verpflichtung dem Gläubiger bekannt wurden (§ 370 Abs 2 UGB).

Wirkungen

Das unternehmerische Zurückbehaltungsrecht hat mehrere Wirkungen:

- Der Gläubiger kann die **Herausgabe der Sache verweigern** (Zurückbehaltungseinrede), wenn die Ausübung des Zurückbehaltungsrechts rechtmäßig ist. Klagt ein dinglich berechtigter Dritter auf Herausgabe der Sache, hat der Gläubiger kein Zurückbehaltungsrecht.

- Der Zurückbehaltungsberechtigte ist Rechtsbesitzer und genießt als solcher **Besitzschutz:** Er kann gegen jeden vorgehen, der seinen Besitz stört. Ob er Dritten gegenüber auch deliktische Schadenersatzansprüche aus der Beschädigung der zurückbehaltenen Sache geltend machen kann, ist strittig (dafür spricht die Nähe zur Stellung des Pfandrechtsgläubigers).

- Das Zurückbehaltungsrecht wird auch nicht durch die **Konkurseröffnung** des Schuldners beeinträchtigt. Es wird wie ein Pfandrecht behandelt. Auch wenn Gläubiger des Schuldners den zurückbehaltenen Gegenstand im Weg der **Exekution** pfänden lassen wollen, braucht ihn der Zurückbehaltungsberechtigte nicht herauszugeben.

Befriedigungsrecht

Die Wirkungen des Zurückbehaltungsrechts werden um weitere Handlungsmöglichkeiten ergänzt: Im Gegensatz zur Regelung im ABGB darf sich der Gläubiger beim unternehmerischen Zurückbehaltungsrecht **aus der zurückbehaltenen Sache befriedigen** (s § 371 UGB). Der Gläubiger hat diesbezüglich Vorrang gegenüber einem nach Entstehung des Zurückbehaltungsrechts durch Pfändung entstandenen Pfandrecht. Die Befriedigung erfolgt nach den Regelungen über die Pfandverwertung, dh entweder durch Vollstreckungsbefriedigung (Zwangsvollstreckung) oder Verkaufsbefriedigung (dh außergerichtliche Verwertung).

- Die Vollstreckungsbefriedigung erfolgt im Weg der Zwangsvollstreckung durch Erwirkung eines vollstreckbaren Titels, mit dem in weiterer Folge das zurückbehaltene Gut gepfändet und verwertet wird.

- Die Verkaufsbefriedigung erfolgt nicht im Weg der Zwangsvollstreckung. Hier ist ein vollstreckbarer Titel „auf Gestattung der Befriedigung aus der zurückbehaltenen Sache" erforderlich.

Veräußert der Gläubiger die zurückbehaltene Sache ohne vollstreckbaren Titel, ist die Veräußerung unrechtmäßig (§ 371 Abs 3 UGB). Der Erwerber kann aber trotz unrechtmäßiger Veräußerung Eigentümer werden. Bei rechtmäßiger Veräußerung wird der Gläubiger aus dem Erlös befriedigt. Bei unrechtmäßiger, aber wirksamer Veräußerung wird der frühere Sacheigentümer Eigentümer des Erlöses.

> Viktor erwirkt einen vollstreckbaren Exekutionstitel gegen Klara und verwertet das Gemälde. Aus dem daraus entstehenden Erlös von € 9.000,– kann sich Viktor für seine Forderung iHv € 1.500,– befriedigen. Der restliche Betrag ist an Klara herauszugeben.

Kapitel 4: Zurückbehaltungsrecht

> Hat Viktor weder einen gültigen Exekutionstitel noch einen vollstreckbaren Titel auf Gestattung der Befriedigung aus der Sache, ist die Veräußerung an Daria unrechtmäßig. Erwirbt Daria gutgläubig Eigentum am Bild, hat Klara einen Herausgabeanspruch hinsichtlich des Geldes.

Erlöschen

Das unternehmerische Zurückbehaltungsrecht erlischt durch:
- **Untergang** der zurückbehaltenen Sache,
- tatsächliche **Sicherheitsleistung** des Schuldners,
- **Erlöschen** der zu sichernden Forderung,
- Aufgabe der Gewahrsame durch den Gläubiger,
- sonstigen **Verlust der Verfügungsmacht** über die zurückbehaltene Sache.

- Was versteht man unter dem unternehmerischen Zurückbehaltungsrecht?
- Wann ist ein solches Zurückbehaltungsrecht ausgeschlossen?
- Was versteht man unter dem Notzurückbehaltungsrecht?
- Welche Wirkungen hat das unternehmerische Zurückbehaltungsrecht?

Befriedigungsrecht

Beim unternehmerischen Zurückbehaltungsrecht kann sich der Zurückbehaltungsberechtigte unter bestimmten Voraussetzungen auch durch Verwertung des zurückbehaltenen Gegenstands befriedigen (s § 371 UGB).

Notzurückbehaltungsrecht

Das unternehmerische Zurückbehaltungsrecht ist in den Fällen des § 370 Abs 1 UGB zugunsten des Retentionsberechtigten modifiziert. Da es sich um Fälle der wirtschaftlichen Schwierigkeiten des Schuldners handelt, spricht man idZ von einem „Notzurückbehaltungsrecht" (auch: Notretention; das Gesetz spricht von einem außerordentlichen Zurückbehaltungsrecht): Ist über das Vermögen des Schuldners ein Konkursverfahren anhängig, hat der Schuldner seine Zahlungen eingestellt oder ist eine Zwangsvollstreckung in das Vermögen des Schuldners ohne Erfolg versucht worden, kann das Zurückbehaltungsrecht selbst dann geltend gemacht werden, wenn die Forderungen noch nicht fällig sind oder die Ausschlussgründe nach § 369 Abs 3 UGB vorliegen.

unternehmerisches Zurückbehaltungsrecht

Unter einem unternehmerischen Zurückbehaltungsrecht versteht man das Recht eines Unternehmers, wegen fälliger Forderungen, die ihm gegen einen anderen Unternehmer aus zwischen ihnen geschlossenen unternehmensbezogenen Geschäften zustehen, die Herausgabe von beweglichen Sachen bzw Wertpapieren (nicht Rektapapieren) des Schuldners, die mit Willen des Schuldners aufgrund von unternehmensbezogenen Geschäften in die Gewahrsame des Gläubigers gelangt sind und sich noch darin befinden, zu verweigern (§ 369 UGB; Zurückbehaltungseinrede). Im Unterschied zum zivilrechtlichen Zurückbehaltungsrecht (§ 471 ABGB) bedarf es keiner Konnexität. Das unternehmerische Retentionsrecht gewährt ein pfandähnliches Befriedigungsrecht (§ 371 UGB).

Ausgeschlossen ist das Zurückbehaltungsrecht bei Verpflichtung des Gläubigers, mit dem Retentionsgut in bestimmter Weise zu verfahren (§ 369 Abs 3 UGB). Einem dinglich berechtigten Dritten gegenüber besteht das Zurückbehaltungsrecht nicht (§ 369 Abs 2 UGB). Das Zurückbehaltungsrecht kann durch eine Sicherheitsleistung abgewendet werden (§ 369 Abs 4 UGB).

Kapitel 5: Warenkauf

Lernen

Anwendungsbereich der Warenkaufregeln

Der 2. Abschnitt des 4. Buchs des UGB (§§ 373–381) stellt besondere Regeln für die **Leistungsstörungen** beim **unternehmerischen Warenkauf** auf. Sie **ergänzen** damit die **allgemeinen zivilrechtlichen Bestimmungen** über die Leistungsstörungen beim Kaufvertrag (bzw Werk- und Tauschvertrag).

Kauf von Waren

Ein Warenkauf im Sinn des UGB liegt vor, wenn **Waren gegen Geld** veräußert werden und das Geschäft für zumindest einen der Vertragspartner ein unternehmensbezogenes Geschäft ist. Der Begriff „Ware" meint **bewegliche Sachen** einschließlich Energie.

> Die Studentin Laura besorgt sich in der Buchhandlung Urania ein Lehrbuch, Stephan kauft dasselbe Buch über die Homepage der Buchhandlung. Aufgrund des guten Absatzes bestellt die Urania Buchhandels GmbH das Buch beim Verlag nach. Alle diese Vorgänge sind Warenkäufe.
>
> Da ein Unternehmen nicht als „Ware" zu qualifizieren ist, ist ein Unternehmenskauf kein Warenkauf. Dem Unternehmenskauf fehlt der Charakter eines typischen Umsatzgeschäfts.

Kaufverträge über Wertpapiere

Die Bestimmungen über den Warenkauf gelten auch für den Kauf von Wertpapieren (§ 381 Abs 1 UGB). Erfasst sind Wertpapiere, wenn das in ihnen verkörperte Recht nach sachenrechtlichen Grundsätzen (dh durch Übergabe) übertragbar ist (ausgeschlossen sind daher die sog Rektapapiere [s S 281]).

> Der Erwerb eines GmbH-Anteils fällt jedenfalls nicht unter den Begriff des Warenkaufs, da über GmbH-Anteile keine Wertpapiere ausgestellt werden dürfen (s idZ § 75 Abs 3 GmbHG).

Kapitel 5: Warenkauf

auch Werk- und Tauschverträge

Die Überschrift des 2. Abschnitts des 4. Buchs „Warenkauf" ist insofern zu eng gefasst, als die Regeln auch auf **Werkverträge,** welche die Herstellung **körperlicher, beweglicher Sachen** zum Inhalt haben, und auf **Tauschverträge** über körperliche, bewegliche Sachen anwendbar sind (§ 381 Abs 2 UGB). Daher ist bei Anwendung der Warenkaufregelungen (§§ 373 ff UGB) zu beachten, dass der Wortlaut dieser Bestimmungen gedanklich um die erfassten Werk- bzw Tauschverträge zu ergänzen ist.

> Karl lässt sich in Georgs Schneiderei einen Maßanzug herstellen.
>
> Die beiden Gastwirtinnen Caroline und Claudia vereinbaren, drei Kisten Grünen Veltliner, die Caroline übrig hat, gegen 40 l Fassbier von Claudia zu tauschen.

Nicht unter § 381 Abs 2 UGB fällt aber die Herstellung von Unterlagen, wenn es beim Vertrag im Wesentlichen um deren Inhalt, nicht aber um das verwendete Papier geht.

> Bruno beauftragt die Rechtsanwältin Rita mit einem Rechtsgutachten. Die Leistung ist „unkörperlich", da nicht beschriebenes Papier gekauft, sondern ein „Werk" geschaffen werden soll, das in den Ausführungen und im Ergebnis des Rechtsgutachtens besteht.

Annahmeverzug

Ausgangslage nach ABGB

Einen Käufer trifft – sofern nicht ausnahmsweise anderes vereinbart ist – **keine Annahmepflicht.** Nimmt er die ordnungsgemäß angebotene Leistung des Verkäufers bei Fälligkeit nicht an, befindet er sich in Annahmeverzug. Nach **bürgerlichem Recht** zieht dieser Fall insb folgende Rechtsfolgen nach sich:

- Der Gläubiger (Käufer) trägt die Preisgefahr (§ 1419 ABGB).

> Kurt will Lisa den gekauften Gebrauchtwagen vereinbarungsgemäß am 1. 2. nach Hause liefern. Lisa ist jedoch nicht anwesend. Am Heimweg wird Kurt unverschuldet in einen Unfall verwickelt, der Wagen wird zerstört. Da Lisa in Annahmeverzug war, muss sie das Entgelt leisten, obwohl sie das Auto nicht erhält.

- Der Schuldner haftet bei Beschädigung/Untergang der Kaufsache nur mehr für Vorsatz und grobe Fahrlässigkeit (strittig).
- Der Schuldner kann die Kaufsache mit schuldbefreiender Wirkung gerichtlich hinterlegen (§ 1425 ABGB).

UGB – Überblick

Im **Unternehmensrecht** hat der Schuldner durch § 373 UGB erweiterte Befugnisse:
- Er kann die Kaufsache auf Gefahr und Kosten des Käufers **in einem öffentlichen Lagerhaus oder sonst in sicherer Weise** (jedoch ohne schuldbefreiende Wirkung) **hinterlegen** (Abs 1);
- er kann einen **Selbsthilfeverkauf** durchführen (Abs 2–5).

erweitertes Hinterlegungsrecht

Während nach allgemeinem Zivilrecht der Schuldner die geschuldete Sache bloß bei Gericht hinterlegen kann, wenn sich der Gläubiger im Annahmeverzug befindet (§ 1425 ABGB), hat der Verkäufer beim Warenkauf gem § 373 Abs 1 UGB darüber hinaus die Möglichkeit, die Ware auf **Gefahr und Kosten des Käufers** in einem **öffentlichen Lagerhaus** oder **sonst in sicherer Weise** zu hinterlegen. Der Verkäufer muss daher die Ware nicht aufbewahren und kann zB seinen Lagerraum anderweitig verwenden. Die Hinterlegung nach § 373 Abs 1 UGB wirkt im Gegensatz zur gerichtlichen Hinterlegung aber nicht schuldbefreiend.

2.2 Schuldrechtliche Sonderregelungen

> Der Bauunternehmer Walter hat beim Baustoffhändler Armin 50 Paletten Ziegel um € 5.000,– gekauft. Da sich das Bauprojekt verzögert und Walter keinen Platz zur Lagerung der Ziegel hat, holt er sie zum vereinbarten Zeitpunkt nicht ab. Armin darf daher die Ziegel auf Walters Kosten bei einem Dritten einlagern.

Selbsthilfeverkauf

Der Schuldner kann die vom Gläubiger nicht abgenommene Ware **auf dessen Rechnung veräußern** und sich so **von seiner Schuld befreien,** wenn der Käufer in Annahmeverzug ist (s § 373 Abs 2–5 UGB; sog „Selbsthilfeverkauf"). Der Verkauf muss dem Gläubiger zuvor **angedroht** werden, es sei denn, die Ware könnte verderben, es ist sonstige Gefahr im Verzug oder die Androhung ist aus anderen Gründen untunlich.

> Armin muss Walter den Verkauf wegen Untunlichkeit nicht androhen, wenn Walter bereits erklärt hat, die Ware keinesfalls abholen zu wollen.

Der Selbsthilfeverkauf erfolgt mittels **öffentlicher Versteigerung** durch einen hiezu befugten Unternehmer (dh idR eine Person, die eine Gewerbeberechtigung zur Versteigerung beweglicher Sachen besitzt). Hat die Ware einen **Börsen- oder Marktpreis,** kann der Verkauf auch **freihändig** durch einen hierzu befugten Unternehmer (etwa durch einen zum freihändigen Verkauf von Waren öffentlich ermächtigten Handelsmakler) zum laufenden Preis erfolgen. Der „laufende Preis" ist der durchschnittliche Markt- oder Börsenpreis am konkreten Tag und Ort des Verkaufs.

> Statt die Ziegel zu hinterlegen, darf Armin sie auch öffentlich versteigern oder durch einen befugten Unternehmer verkaufen lassen.

Auch vom erfolgten Selbsthilfeverkauf ist der Käufer unverzüglich zu informieren, sofern diese Benachrichtigung nicht untunlich ist (§ 373 Abs 5 UGB). Der **ordnungsgemäße Verkauf** hat für den Verkäufer **schuldbefreiende Wirkung.** Die Durchführung **auf Rechnung des Käufers** (§ 373 Abs 3 UGB) hat zur Folge, dass ihm ein allfälliger Erlös über den vereinbarten Kaufpreis hinaus herauszugeben ist. Umgekehrt bleibt seine Schuld, den Kaufpreis zu leisten, insoweit bestehen, als der Verkäufer weniger als den vereinbarten Preis erzielen kann.

> Der laufende Preis für die 50 Paletten Ziegel beträgt zum Zeitpunkt des Selbsthilfeverkaufs € 5.100,–. Die über den vereinbarten Kaufpreis von € 5.000,– hinaus erzielten € 100,– muss Armin an Walter herausgeben.

> Armin lässt die Ziegel öffentlich versteigern, wobei nur ein Preis von € 4.500,– erzielt wird. Walter schuldet Armin immer noch € 500,–, obwohl er keine Gegenleistung dafür erhält.

Ist der Selbsthilfeverkauf **nicht ordnungsgemäß,** muss der Käufer ihn nicht als für seine Rechnung erfolgt gelten lassen und kann weiterhin Lieferung fordern.

> Der Verkauf wurde – obwohl notwendig – nicht angedroht oder von einer unzuständigen Stelle durchgeführt.

> Nachdem Walter die Ziegel nicht rechtzeitig abgeholt hat, verkauft Armin sie selbst an den Bauunternehmer Karl. Armin hat dadurch keinen rechtmäßigen Selbsthilfeverkauf durchgeführt und Walter kann weiterhin auf Erfüllung des Kaufvertrags bestehen.

Schadenersatz wegen Nichterfüllung

Kommt ein Vertragspartner seiner Leistungspflicht endgültig nicht nach (Nichterfüllung), hat der andere Vertragspartner Anspruch auf Ersatz des dadurch verursachten Schadens. **§ 376 UGB** enthält besondere Regelungen über die Berechnung dieses Schadenersatzanspruchs.

> Die Großhändlerin Gudrun schließt mit Bella, die ein Blumengeschäft betreibt, einen Kaufvertrag über 30 Orchideen ab. Liefert Gudrun unberechtigterweise die Orchideen nicht, hat Bella Anspruch auf den Nichterfüllungsschaden.
>
> Verweigert hingegen Bella die Annahme der Orchideen und will sie den Kaufpreis nicht mehr bezahlen, steht Gudrun der Ersatz des Nichterfüllungsschadens zu.

konkrete und abstrakte Schadensberechnung

Der vertragstreue Partner hat die Wahl zwischen der konkreten und der abstrakten Berechnung des Schadens:

- Der **abstrakte Nichterfüllungsschaden** ergibt sich aus der **Differenz zwischen dem vereinbarten Preis und dem Börsen- oder Marktpreis** der Ware. Es gilt jener Börsen- oder Marktpreis, den die geschuldete Ware zur vereinbarten Leistungszeit am vereinbarten Leistungsort hat (§ 376 Abs 1 UGB).

> Gudrun und Bella haben einen Preis von € 150,– für die Orchideen vereinbart, der Marktpreis liegt bei € 120,–. Bella geht nach der abstrakten Schadensberechnung leer aus, wenn Gudrun nicht liefert.

- Bei der **konkreten Schadensberechnung** wird der ursprüngliche Vertrag mit einem Geschäft verglichen, das der vertragstreue Teil im Nachhinein über den konkreten Vertragsgegenstand abgeschlossen hat. Dafür stellt das UGB besondere Regeln auf (§ 376 Abs 2, 3 UGB).

Deckungsgeschäft

Um die konkrete Schadensberechnungsmethode wählen zu können, muss der vertragstreue Teil ein Deckungsgeschäft nachweisen. Der Verkäufer muss nachweisen, dass er die Ware an jemand anderen verkauft hat **(Deckungsverkauf)**, bzw der Käufer muss nachweisen, dass er sich die Ware anderweitig beschafft hat **(Deckungskauf).** Der konkrete Schaden ist dann die **Differenz zwischen dem vereinbarten und** dem im Deckungsgeschäft **erzielten bzw bezahlten Preis.** Der vertragstreue Partner soll aber nicht die Möglichkeit haben, willkürlich zu überhöhten oder zu niedrigen Preisen abzuschließen, weshalb das Deckungsgeschäft folgende Voraussetzungen erfüllen muss: Der Abschluss muss **sofort** nach dem vereinbarten Leistungszeitpunkt bei einer öffentlichen Versteigerung oder durch einen befugten Unternehmer zum laufenden Preis erfolgen. Nach Abschluss des Deckungsgeschäfts muss der schadenersatzpflichtige Vertragspartner unverzüglich darüber informiert werden (§ 376 Abs 3 UGB).

> Gudrun liefert die bestellten Orchideen, doch steht sie vor verschlossener Tür. Bella hat ihren Blumenladen „bis auf Weiteres" geschlossen. Gudrun lässt die 30 Orchideen sofort von dem zu solchen Verkäufen befugten Boris um € 110,– verkaufen. Sie kann nach der konkreten Berechnungsmethode € 40,– von Bella verlangen.

Hat die Ware gar keinen Börsen- oder Marktpreis und ist daher eine abstrakte Schadensberechnung nicht möglich, ist allgemeines Zivilrecht anzuwenden (§ 1332 ABGB).

2.2 Schuldrechtliche Sonderregelungen

Mängelrüge

Eine wesentliche Abweichung vom allgemeinen Leistungsstörungsrecht ist die **Obliegenheit zur Mängelrüge** beim „beiderseitig unternehmensbezogenen Geschäft" (§§ 377 f UGB): Schließen **Unternehmer** miteinander einen Kaufvertrag (Warenkauf oder einen diesem gem § 381 Abs 2 UGB gleichgestellten Vertrag), dann wird die allgemeine **Gewährleistung** (sowie Schadenersatz und Irrtumsanfechtung) dadurch **modifiziert,** dass der Geltendmachung dieser Rechtsbehelfe das Erfordernis der rechtzeitigen Mängelrüge vorgeschaltet ist. Nach § 377 UGB hat der Käufer die übergebene Ware nach Ablieferung (soweit nach ordnungsgemäßem Geschäftsgang tunlich) zu untersuchen und dabei festgestellte Mängel **binnen angemessener Frist** zu **rügen** (dh dem Verkäufer anzuzeigen). Die Mängelrügeobliegenheit ist **dispositives Recht,** und kann daher vertraglich modifiziert oder auch ausgeschlossen werden. In der Praxis werden bisweilen bestimmte Rügefristen festgelegt oder für die Rüge die Schriftform vorgeschrieben. Vertraglich ausgeschlossen wird die Mängelrüge idR bei Just-in-time-Geschäften (in den Rahmenzulieferverträgen), da die zu bestimmten Zeitpunkten gelieferten Waren regelmäßig sofort weiterverarbeitet oder eingebaut werden (was Lagerkosten minimieren soll).

Zweck: rasche Abwicklung

Der Hintergrund der Regelung besteht im besonderen Bedürfnis der raschen Geschäftsabwicklung im unternehmerischen Geschäftsverkehr: Der Verkäufer soll möglichst rasch Kenntnis erlangen, ob ihm aus der Lieferung noch Verpflichtungen entstehen können. Dies erhöht die Dispositionsfreiheit des Verkäufers. Er soll überdies rechtzeitig erforderliche Beweise sicherstellen können.

mangelhafte Leistung

Die Regelungen über die Mängelrüge gelten in erster Linie für den Fall der **Schlechtleistung** durch den Verkäufer. Gemeint sind idR **Sachmängel** (Rechtsmängel können durch eine Untersuchung des Gegenstands idR auch nicht festgestellt werden). Rechtsmängel sollten als versteckte Mängel (s unten) behandelt werden.

auch bei aliud-Lieferung...

Die Mängelrügeobliegenheit gilt grundsätzlich nicht nur dann, wenn die Ware mangelhaft ist, sondern auch, wenn überhaupt eine **falsche Ware** (Anderslieferung oder aliud-Lieferung) oder die **falsche Menge an Waren** geliefert wurde (§ 378 UGB).

> Die Fleischhauerin Flora liefert der Mensa am Juridicum 10 kg Beinschinken anstelle der bestellten 10 kg Extrawurst. Es liegt eine aliud-Lieferung vor.
>
> Flora liefert statt 10 kg nur 9 kg Extrawurst. Hier liegt eine Mengenabweichung vor.

...sofern eine Genehmigung nicht ausgeschlossen ist

Den Käufer trifft jedoch keine Obliegenheit zur Mängelrüge, wenn die gelieferte Ware in so offensichtlicher, erheblicher Weise von der geschuldeten abweicht, dass der Verkäufer es als **ausgeschlossen** betrachten muss, dass der **Käufer die falsche Lieferung akzeptiert** (sog „nicht genehmigungsfähige" Lieferung). Ob eine Lieferung genehmigungsfähig ist, hängt vom konkreten Rechtsverhältnis ab und ist mitunter nicht leicht zu beurteilen. An die Genehmigungsunfähigkeit ist ein **strenger Maßstab** anzulegen: Die **Abweichung** der gelieferten von der bestellten Ware muss so **krass** sein, dass ein Unternehmer mit der Ware vernünftigerweise die Erfüllung nicht versuchen würde.

> Selbst die Lieferung von Beinschinken anstelle von Extrawurst kann daher uU als genehmigungsfähig anzusehen sein, nämlich insb dann, wenn es offensichtlich ist, dass die Mensa Schinkensemmeln ebenso gut verkaufen kann, wie die Wurstsemmeln, zu deren Herstellung die Extrawurst bestellt wurde.

Kapitel 5: Warenkauf

Nach dem Wortlaut des § 378 UGB soll nur bei aliud-Leistungen und Mengenfehlern zwischen genehmigungsfähiger und nicht genehmigungsfähiger Lieferung unterschieden werden. Im Fall der bloßen **Schlechtlieferung** müsste der Käufer (nach hM) demnach auch dann rügen, wenn der Mangel so gravierend ist, dass er an sich nicht genehmigungsfähig wäre. Es erscheint geboten, Schlecht- und Falschlieferung im Weg der Analogie hier gleich zu behandeln – dies ist in der Lehre aber strittig. Das HaRÄG hat diesbezüglich keine Klarstellung gebracht.

Übergabe der Ware

§ 377 UGB setzt die **Übergabe** der Ware voraus. Übergabe bzw Ablieferung der Ware bedeutet Eintritt der Ware in den Machtbereich des Käufers (bei Versendung etwa: Beendigung der Beförderung). Die Ware ist abgeliefert, sobald es objektiv möglich ist, sie auf Mängel zu untersuchen. Bei Teil- und Sukzessivlieferungen ist jede Lieferung gesondert zu untersuchen.

> Im Warenlager des Geiz herrscht traditionsgemäß Chaos. Die wenigen Arbeitnehmer kommen mit der Kontrolle nicht nach. Dies ändert nichts daran, dass die Waren bereits überprüft werden könnten. Sie sind somit bereits bei Übergabe „abgeliefert". Auf das eigene Organisationsverschulden kann sich Geiz nicht zu seinen Gunsten berufen.

Untersuchung

Die Untersuchung hat nach Ablieferung durch den Verkäufer zu erfolgen, wobei das Gesetz auf den **ordnungsgemäßen Geschäftsgang** verweist. Die **Untersuchung** muss sachgemäß sein und mit **fachkundiger Sorgfalt** vorgenommen werden. Relevant sind für die Feststellung der Reichweite der Untersuchungsobliegenheit die Art der Ware, die einschlägigen Gebräuche des Geschäftsverkehrs bzw Übungen des Geschäftszweigs. Die Untersuchung muss dem Käufer **zumutbar** sein. Die Zuziehung von Sachverständigen wird daher bloß in Ausnahmefällen erforderlich sein.

> Stehen einem Käufer andere Untersuchungsmöglichkeiten nicht zur Verfügung und hat er Grund zur Annahme eines (nur für Sachkundige erkennbaren) Mangels, so wird ein Sachverständiger beizuziehen sein, wenn die Kosten dafür nicht außer Verhältnis zu dem mit der Ware zu erzielenden Gewinn stehen (Rsp).

Beeinträchtigt die Untersuchung Teile der Lieferung, muss der Käufer nur solche Mengen opfern, die nicht ins Gewicht fallen. **Bei großen Mengen** genügen repräsentative **Stichproben.** Hierbei ist zuerst festzustellen, ob die Menge oder sonstige Umstände eine Untersuchung der gesamten Lieferung nicht zulassen, und danach, welche Menge an Waren als repräsentative Stichprobe untersucht werden muss.

> Dem Gastwirt Gustl werden 500 Fischkonserven geliefert. Er muss nicht alle 500 öffnen und damit die Lieferung vernichten. Eine Kontrolle des Haltbarkeitsdatums wird erforderlich sein, doch ist auch diese äußerliche Kontrolle nicht für alle 500 Konserven tunlich. Weiters wird er wohl eine gewisse – nicht ins Gewicht fallende – Menge öffnen müssen.

Soll die Ware (mit Wissen des Verkäufers) vom Käufer originalverpackt unmittelbar an dessen Abnehmer weitergeleitet werden oder soll sie der Verkäufer auf Anweisung des Käufers dem Abnehmer unmittelbar zusenden (**Durchlieferung** bzw **Streckengeschäft**), so muss der Käufer idR **nicht selbst untersuchen,** jedoch **Bemängelungen** des Endabnehmers binnen angemessener Frist **weiterleiten** bzw dafür sorgen, dass diese rechtzeitig direkt an den Verkäufer gerichtet werden.

Die Erfüllung der Untersuchungsobliegenheit besitzt keine eigenständige Bedeutung. Es handelt sich um eine bloß „vorbereitende" Obliegenheit. Wird sie unterlassen und den-

2.2 Schuldrechtliche Sonderregelungen

noch gerügt oder ist der Mangel bei gehöriger Untersuchung gar nicht zu entdecken, so schadet dies nicht. Wird auf bloßen Verdacht hin gerügt und trifft der Verdacht nicht zu, so sind dadurch dem Verkäufer entstehende Schäden vom schuldhaft handelnden Käufer zu ersetzen.

erkennbare Mängel – versteckte Mängel

Die Rügeobliegenheit nach Untersuchung betrifft Mängel, die bei einer gehörigen Untersuchung **erkennbar** sind. Demgegenüber ist ein **verborgener Mangel,** dh ein Mangel, der bei ordnungsgemäßer Untersuchung nicht festgestellt wird und der dem Käufer bei Ablieferung der Ware auch nicht tatsächlich bekannt geworden ist, **anzuzeigen, wenn er hervorkommt** (§ 377 Abs 3 UGB). Verborgene Mängel müssen binnen angemessener Frist nach ihrer Entdeckung gerügt werden.

> Der Bauunternehmer Bernd kauft beim Werkstoffhändler Willi Dichtungsmaterial für Fenster. Obwohl das Dichtungsmaterial bei der Untersuchung einwandfrei erscheint und Bernd es ordnungsgemäß einbaut, stellt sich beim ersten Regen heraus, dass die Fenster nicht wasserdicht sind. Bernd wahrt die angemessene Frist zur Mängelrüge, wenn er Willi den Mangel binnen angemessener Frist ab Hervorkommen des Mangels anzeigt.

Diese Regel lässt sich auch auf **Rechtsmängel** anwenden, da diese idR nicht durch Untersuchung des Kaufgegenstands erkennbar sind.

angemessene Frist

Die **Frist** für die Rüge wird vom Gesetz bloß mit dem Wort **„angemessen"** umschrieben, dh es ist auf den Einzelfall abzustellen. Wie lange die angemessene Frist ist, hängt davon ab, wie viel Zeit die sorgfältige Untersuchung der Ware nach ordnungsgemäßem Geschäftsgang in Anspruch nimmt (bei rasch verderblichen Waren wird die Frist somit sehr kurz sein). Der Gesetzgeber des HaRÄG orientierte sich am UN-Kaufrecht (s Art 39 UNK). Die Rsp hierzu erachtet **im Zweifel** eine Dauer von **14 Tagen** noch als angemessen, sodass diese Zeitspanne als grober Richtwert dienen kann.

> Die Betreiberin einer Tierfachhandlung, Nina Zwinger, ordert von einem Produzenten, der Wauzi Tierfutter GmbH & Co KG, zwei Paletten Hundefutter in Dosen. Als Zwinger die abgelieferten Paletten auspackt, freut sie sich über die „übermäßige Befüllung der Dosen" mit Hundefutter. Die Mehrzahl der in Augenschein genommenen Dosen weist nämlich gewölbte Deckel auf. Zwingers Freude währt so lange, bis die Dosen nach vier Wochen in ihrem Lager explodieren. Tatsächlich war das Hundefutter bereits mehrere Tage vor der Auslieferung in Gärung übergegangen. Zwinger hat klare Anzeichen für eine Mangelhaftigkeit der Ware nicht erkannt und auch keine Stichproben gezogen. Der (leicht) erkennbare Mangel (objektiver Sorgfaltsmaßstab) wäre somit innerhalb kurzer Zeit zu rügen gewesen. Eine Rüge nach vier Wochen ist hier verspätet.

Die Mängelrüge muss innerhalb angemessener Frist ordentlich **abgesendet** werden. Das Risiko, dass die Anzeige verspätet oder gar nicht ankommt, trägt der Verkäufer (§ 377 Abs 4 UGB).

Inhalt und Form der Rüge

Bei der Mängelrüge handelt es sich um eine **Wissenserklärung,** keine Willenserklärung (dennoch sind die Regeln betreffend Willenserklärungen in vielen Bereichen analog anwendbar, zB Abgabe der Erklärung durch Stellvertreter). Der Inhalt der Erklärung muss **„substantiiert"** sein, dh pauschale Äußerungen über die Mangelhaftigkeit einer Ware genügen nicht.

> Beispiel für eine unzureichende Mängelrüge: „Sie haben denselben Mist wieder geliefert." (Fall aus der dt Rsp)

Es muss ausgesprochen werden, welche Ware mangelhaft ist und **worin der Mangel besteht.** Sind mehrere Mängel vorhanden, muss – zum Zweck der Anspruchswahrung – jeder einzelne Mangel gerügt werden. Die Anführung aller Details ist nicht erforderlich, doch soll der Verkäufer davor geschützt werden, dass der Käufer durch eine sehr allgemeine Rüge im Nachhinein noch weitere zuerst nicht erkannte Mängel geltend machen kann (sog **„Nachschieben"** von Mängeln soll verhindert werden). Nicht mitgeteilt werden muss, welche Rechte der Käufer wegen des Mangels geltend machen will.

Die Rüge kann nach dem Gesetz **formfrei** erfolgen, dh es reicht auch eine konkludente Erklärung, sofern der Inhalt der Rüge hinreichend deutlich wird. Die Vereinbarung einer besonderen Form ist möglich.

> Eine Mängelrüge könnte somit auch mittels e-Mail oder SMS erfolgen. Die Rücksendung der Ware kann eine konkludente Mängelrüge sein, wenn die beanstandeten Mängel deutlich werden.

Rechtsfolgen

Rügt der Käufer erkennbare Mängel nicht binnen angemessener Frist, **verliert** er gem § 377 Abs 2 UGB seine Ansprüche

- auf **Gewährleistung,**
- auf **Schadenersatz** wegen des Mangels selbst (unberührt bleibt der Ersatz von Mangelfolgeschäden sowie aus deliktischer Haftung)

> Schadenersatzansprüche, die nicht aus einem Mangel der Ware selbst, sondern aus einer Verletzung vertraglicher Nebenpflichten hergeleitet werden, können unabhängig davon geltend gemacht werden, ob eine Mängelrüge erhoben wurde oder nicht. (Rsp)

- sowie aus **Irrtum** über die Mangelfreiheit der Sache.

Die überwiegende Lehre bejaht auch eine analoge Anwendung des § 377 Abs 2 UGB auf Ansprüche aus **laesio enormis** (s S 140 f).

Ausnahme: grobes Verschulden des Verkäufers

Gem § 377 Abs 5 UGB kann sich der Verkäufer nicht auf die versäumte Rüge des Käufers berufen, wenn er den Mangel **vorsätzlich oder grob fahrlässig verursacht oder verschwiegen** hat (oder wenn es sich um einen Viehmangel handelt, für den eine Vermutungsfrist nach § 925 ABGB besteht). Durch diese Bestimmung werden wohl viele Fälle der aliud-Lieferung wiederum von der Mängelrügeobliegenheit befreit.

> War Willi der Umstand, dass sein Dichtungsmaterial den Zweck nicht erfüllt, bereits bekannt und teilte er dies Bernd bewusst nicht mit, kann er sich nicht darauf berufen, dass Bernd die Mängelanzeige verspätet oder gar nicht erstattet hat.
>
> Auch den Betreiber der Mensa trifft keine Mängelrügeobliegenheit, wenn Flora Wurst liefert, die verdorben ist, weil Flora sie grob fahrlässig nicht ausreichend gekühlt hat.

Verzicht

Auf den Einwand der verspäteten Mängelrüge kann nachträglich verzichtet werden. Ebenso könnte die Mängelrügeobliegenheit vertraglich vorweg ausgeschlossen werden.

2.2 Schuldrechtliche Sonderregelungen

Händlerregress

An systematisch ganz anderer Stelle – nämlich im § 933b ABGB – ist der sog „Händlerregress" geregelt. Da er aber wie die Mängelrüge die Gewährleistungsrechte des Unternehmers betrifft, wird er im Folgenden behandelt. Zu beachten ist, dass der **Händlerregress nicht auf Warenkäufe und gem § 381 UGB gleichgestellte Geschäfte beschränkt** ist. Er kann zB auch bei Bauverträgen anwendbar sein, wenn mangelhafte Materialien eingebaut werden.

Rückgriff bei Absatzketten

In der Praxis kommt es häufig vor, dass die Leistung in einer Absatzkette erbracht wird: Der Erzeuger liefert an den Großhändler, dieser an den Einzelhändler und dieser wiederum an den Endabnehmer, oft ein Verbraucher. In dieser Kette kann jeder aus dem Vertrag mit seinem Vormann Gewährleistung wegen Mangelhaftigkeit der Sache geltend machen. Wird der Mangel am Ende der Kette entdeckt, kann es sein, dass der Unternehmer dem Verbraucher Gewähr leisten muss, aber die eigene Gewährleistungsfrist gegen seinen Vormann schon abgelaufen ist.

> Der Einzelhändler Erich verkauft eine Maschine, die er ein Jahr zuvor beim Großhändler Gustav gekauft hat, an den Verbraucher Viktor. Eineinhalb Jahre später stellt sich heraus, dass die Maschine einen Sachmangel hat, weshalb Viktor den Vertrag wandelt. Viktor konnte den Mangel noch innerhalb der Gewährleistungsfrist geltend machen, für Erich ist die (zweijährige) Frist gegenüber seinem Vormann zweieinhalb Jahre nach Übergabe der Sache jedoch schon abgelaufen.

Aus diesem Grund besteht in der Veräußererkette **zwischen Unternehmern** ein **verschuldensunabhängiger Regressanspruch** (§ 933b ABGB). Hat ein Unternehmer einem Verbraucher Gewähr geleistet, kann der Unternehmer auch nach Ablauf der Gewährleistungsfrist gegen seinen unmittelbaren Vormann Gewährleistung geltend machen. Das gilt in weiterer Folge für diesen Vormann gegen seinen Vormann usw, bis hin zum ersten Veräußerer (idR der Produzent). Voraussetzung ist aber immer, dass am Ende der Absatzkette einem Verbraucher Gewähr geleistet wurde.

> Der Großhändler Gustav, der Erich die Maschine verkauft hat, hat diese zuvor beim Produzenten Paul erworben. Nachdem Gustav von Erich gewährleistungsrechtlich in Anspruch genommen wurde, kann sich dieser wiederum an Paul regressieren („Reihenregress"). Erich kann sich aber nicht gleich an Paul wenden (kein „Sprungregress").

In der Lehre wird kritisiert, dass der Händlerregress nur zwischen Unternehmern gelten soll, und tw eine analoge Anwendung bei Verbrauchern bejaht, sofern der Vormann des Verbrauchers Unternehmer ist.

Begrenzung der Ansprüche

Der Anspruch des Regressberechtigten ist im Rahmen seiner zustehenden Gewährleistungsbehelfe mit der Höhe des eigenen Aufwands beschränkt. Er kann von seinem Vormann niemals mehr ersetzt verlangen, als er selbst aufwenden musste, um seinen Nachmann zu befriedigen.

> Viktor macht Erich gegenüber Preisminderung geltend. Obwohl Viktor an sich € 90,– zustünden, handelt Erich den Betrag geschickt auf € 50,– herab. Hat Erich gegenüber Gustav im Regresswege einen Preisminderungsanspruch von € 60,–, kann er trotzdem nur den tatsächlichen Aufwand von € 50,– verlangen. Erich ist also einerseits an die Gewährleistungsbehelfe aus dem Vertrag mit seinem Vormann gebunden, die jedoch andererseits betragsmäßig durch die Höhe des tatsächlichen Aufwands beschränkt sind.

Fristen	Um die Gewährleistungsfristen nicht allzu sehr auszudehnen, ist der Händlerregress binnen **zwei Monaten** ab eigener Erfüllung der Gewährleistungspflichten beim Vormann gerichtlich geltend zu machen. Darüber hinaus besteht eine absolute Frist: Nach Ablauf von **fünf Jahren** ab Übergabe kann auch durch den Händlerregress keine Gewährleistung mehr geltend gemacht werden.

> Der Großhändler Gustav kann auch dann keinen Ersatz vom Produzenten Paul fordern, wenn er seinen Regressanspruch zwar innerhalb von zwei Monaten geltend macht, aber seit Übergabe der Sache an ihn mehr als fünf Jahre verstrichen sind.

	Der Händlerregress ist dispositiver Natur und kann daher (in den Grenzen der Sittenwidrigkeit; § 879 ABGB) vertraglich ausgeschlossen werden.
Mängelrüge	Da der Händlerregress Gewährleistungsbehelfe zum Inhalt hat (Verbesserung und Austausch bzw Wandlung und Preisminderung), ist die erfolgte Mängelrüge Voraussetzung eines Regressanspruchs.

> Hätte Erich den Mangel schon bei Übergabe erkennen müssen, verfällt sein Recht auf Gewährleistung gegenüber Gustav. Andernfalls muss er nach der berechtigten Mängelanzeige durch Viktor binnen angemessener Frist bei Gustav rügen.

Distanzkauf

Besondere Regeln gelten für den Warenkauf, bei dem die Ware **von einem Ort zum anderen versendet** wird (sog Distanzkauf; s § 379 UGB).

Aufbewahrungspflicht	**Beanstandet** der Käufer die übersandte Ware, so trifft ihn die Pflicht, die Ware solange **aufzubewahren** (§ 379 Abs 1 UGB), bis nach ordentlichem Geschäftsgang eine Entscheidung des Verkäufers, was mit der beanstandeten Ware geschehen soll, zu erwarten ist. Der Käufer darf die Aufbewahrung auch einem verlässlichen Dritten überlassen. Die Kosten hat bei berechtigter Beanstandung der Verkäufer zu tragen. Kommt der Käufer seiner Aufbewahrungspflicht nicht nach, kann er **schadenersatzpflichtig** werden. Ohne Bedeutung ist, warum der Käufer die Ware beanstandet. Insb ist für die Rechtsfolgen des § 379 nicht erforderlich, dass der Käufer eine Mängelrüge iSd § 377 UGB erstattet hat.
Notverkauf	Der Käufer kann die beanstandete Ware verkaufen (sog „Notverkauf", § 379 Abs 2 UGB), wenn • sie **verderblich** ist und • **Gefahr in Verzug** besteht.
	Der Notverkauf ist grundsätzlich nach den Regeln über den Selbsthilfeverkauf (§ 373 UGB; s S 180) durchzuführen. Der Notverkauf (durch den Käufer des Distanzkaufs) erfolgt nach überwiegender Ansicht **im Namen des Verkäufers** (des Distanzkaufs) **und auf seine Rechnung**, sofern die Beanstandung gerechtfertigt war. War die Beanstandung nicht gerechtfertigt, bleibt die Entgeltzahlungspflicht des Käufers aufrecht.
Verfolgungsrecht	Eine weitere Sonderregel für den Distanzkauf besteht bei Insolvenz des Käufers. Sendet der Verkäufer Waren an einen Käufer, über dessen Vermögen ein **Insolvenzverfahren** eröffnet wurde und der die Waren noch **nicht vollständig bezahlt** hat, hat der Verkäufer ein **Aussonderungsrecht** an der Ware (sog „Verfolgungsrecht"; s § 45 IO).

 2.2 Schuldrechtliche Sonderregelungen

UN-Kaufrecht (CISG)

Auf Kaufverträge über Waren, bei denen die Vertragspartner ihre Niederlassung in unterschiedlichen Staaten haben, ist uU das sog UN-Kaufrecht anzuwenden. Das UN-Kaufrecht ist in einem – von der UNCITRAL vorbereiteten – **Übereinkommen der Vereinten Nationen** geregelt, das auf einer Konferenz in Wien im Jahr 1980 geschlossen wurde (daher auch „Wiener Kaufrechtsabkommen" genannt; der englische Langtitel lautet „United Nations Convention on Contracts for the International Sale of Goods", kurz: CISG, deutsch: UNK).

Anwendungsbereich

Das UN-Kaufrecht ist insb dann anwendbar, wenn **Parteien,** die ihre **Niederlassung in unterschiedlichen Vertragsstaaten** des Übereinkommens haben (das sind derzeit über 70 Staaten; der aktuelle Stand ist unter www.uncitral.org abrufbar), einen **Kaufvertrag über Waren** abschließen. Unter Waren sind bewegliche Sachen zu verstehen, ausdrücklich ausgenommen sind ua Verträge über Wertpapiere (Art 2 lit d CISG). **Ausgenommen** ist darüber hinaus der Kauf von Waren für den **persönlichen Gebrauch** oder für den Gebrauch in der Familie oder im Haushalt (Art 2 lit a CISG), sodass das CISG vor allem für unternehmensbezogene Geschäfte relevant ist.

dispositives Recht

Das UN-Kaufrecht ist dispositives Recht (Art 6 CISG), dh die Vertragsparteien können Abweichendes vereinbaren oder die Anwendung des UN-Kaufrecht gänzlich ausschließen (was in der Praxis häufig der Fall ist).

> Ein Bauunternehmer kauft seine Rohstoffe von Lieferanten aus Slowenien, Italien, Bulgarien, der Schweiz und den USA. Da alle diese Staaten Vertragsstaaten des UN-Kaufrechts sind, ist dieses auf alle genannten Kaufverträge anzuwenden, sofern nicht zB die Geltung einer bestimmten Rechtsordnung vereinbart ist.

Vertragsabschluss, Rechte und Pflichten

Inhaltlich regelt das UN-Kaufrecht den Abschluss von Kaufverträgen und die Rechte und Pflichten der Vertragsparteien. Die einzelnen Regeln, die sich stark vom österr Recht unterscheiden, sollen hier nicht näher dargestellt werden (s dazu *Perner/Spitzer/Kodek*³, 662 ff).

- Auf welche Verträge kommen die Warenkaufregeln zur Anwendung?
- Welche Rechte stehen dem Verkäufer zu, wenn der Käufer im Annahmeverzug ist?
- Ist der Verkäufer von seiner Schuld befreit, wenn er die nicht angenommene Ware in einem öffentlichen Lagerhaus hinterlegt?
- In welchen Fällen muss der Verkäufer den Selbsthilfeverkauf nicht androhen?
- Welche Möglichkeiten des Selbsthilfeverkaufs gibt es?
- Welche Rechtsfolgen hat ein nicht vorschriftsmäßig durchgeführter Selbsthilfeverkauf?
- Wie berechnet sich der abstrakte und wie der konkrete Nichterfüllungsschaden?
- Welche Voraussetzungen muss das Deckungsgeschäft erfüllen, um zur konkreten Berechnung herangezogen werden zu können?
- In welchen Fällen trifft den Käufer eine Obliegenheit zur Mängelrüge? Welche Fallgruppen sind ausgenommen?
- Muss eine aliud-Lieferung immer gerügt werden?

- Ab welchem Zeitpunkt läuft die „angemessene Frist" zur Mängelrüge?
- Welche Rechte verliert der Käufer, wenn er Mängel nicht (rechtzeitig) anzeigt?
- Kann sich ein Unternehmer, dessen Gehilfe den Mangel grob fahrlässig verursacht hat, auf die Unterlassung der Mängelrüge des Käufers berufen?
- Welche Erfordernisse bestehen hinsichtlich Form und Inhalt der Mängelrüge?
- Was versteht man unter dem Händlerregress? Was sind die notwendigen Voraussetzungen?
- Worauf ist der Anspruch beim Händlerregress gerichtet?
- Welchen Beschränkungen unterliegt der Händlerregress?
- Wie lange muss der Käufer eine beanstandete Ware aufbewahren?
- Welche Voraussetzungen bestehen für den Notverkauf (iSd § 379 UGB)?
- Welcher Schutz des Verkäufers besteht beim Distanzkauf im Insolvenzfall des Käufers?
- Welche Kriterien müssen erfüllt sein, damit auf einen Vertrag UN-Kaufrecht anzuwenden ist?

Wissen

aliud-Lieferung	Eine „aliud-Lieferung" (bzw „Falschlieferung", „Anderslieferung") ist die Lieferung einer anderen Sache als der geschuldeten. Die Abgrenzung zur mangelhaften Leistung (Schlechtlieferung) ist im Einzelfall schwierig. Bedeutung hat die Abgrenzung nach hM auch im Rahmen der Mängelrüge (hinsichtlich der Relevanz der „Genehmigungsunfähigkeit"; § 378 UGB). Beim Spezieskauf unterscheidet man Identitätsaliud und Qualifikationsaliud.
Deckungs(ver)kauf	Um den Nichterfüllungsschaden konkret berechnen zu können, muss der vertragstreue Teil ein konkretes Deckungsgeschäft nachweisen. Der Käufer kann einen Deckungskauf, der Verkäufer einen Deckungsverkauf abschließen. Zur konkreten Schadensberechnung kann der Deckungs(ver)kauf nur herangezogen werden, wenn er sofort nach dem vereinbarten Leistungszeitpunkt bei einer öffentlichen Versteigerung oder durch einen befugten Unternehmer zum laufenden Preis abgeschlossen wurde (dazu näher § 376 UGB).
Distanzkauf	Ein „Distanzkauf" ist ein Warenkauf, bei dem die Ware von einem Ort zu einem anderen versendet wird. Für den Distanzkauf bestehen Sonderregelungen hinsichtlich der Aufbewahrung beanstandeter Waren (§ 379 UGB) und dem Verfolgungsrecht in der Insolvenz des Käufers (§ 45 IO).
Freihandverkauf durch einen befugten Unternehmer	Sowohl beim Selbsthilfeverkauf als auch beim Notverkauf und beim Deckungsgeschäft kann ein Freihandverkauf durch einen befugten Unternehmer anstelle einer öffentlichen Versteigerung durchgeführt werden (s § 373 Abs 2 UGB). Der Freihandverkauf muss zum laufenden (Durchschnitts-)Preis erfolgen.
genehmigungsfähiges aliud	Ein „genehmigungsfähiges aliud" ist eine Falschlieferung, die nicht offensichtlich von der Bestellung so erheblich abweicht, dass der Verkäufer die Genehmigung des Käufers für ausgeschlossen betrachten musste. Sie ist „rügepflichtig" (s § 378 UGB).
Genehmigungsunfähigkeit	Die „Genehmigungsunfähigkeit" ist der im Zusammenhang mit der Mängelrüge beim Warenkauf relevante Umstand, dass die gelieferte Ware offensichtlich von der Bestellung so erheblich abweicht, dass der Verkäufer die Genehmigung des Käufers als ausge-

 2.2 Schuldrechtliche Sonderregelungen

schlossen betrachten musste (§ 378 UGB). Bei Genehmigungsunfähigkeit besteht keine Rügepflicht. Die Genehmigungsunfähigkeit wird vom Gesetz bloß iZm der Falschlieferung und Mengenabweichungen genannt. Ob § 378 UGB analog für Schlechtlieferungen (§ 377 UGB) gilt, ist strittig (die überwiegende Meinung lehnt die Analogie ab). Bei der Annahme von Genehmigungsunfähigkeit ist ein strenger Maßstab anzulegen.

Händlerregress — Hat ein Unternehmer einem Verbraucher Gewähr geleistet, kann er auch nach Ablauf der Gewährleistungsfristen gegenüber seinem Vormann, sofern dieser auch Unternehmer ist, Gewährleistung geltend machen (s § 933b ABGB). Dasselbe gilt für den in Anspruch genommenen Vormann, der wiederum auf seinen Vormann zurückgreifen kann usw. Damit sollen Fristprobleme der Gewährleistung bei Absatzketten vermieden werden. Das letzte Glied der Absatzkette muss ein Verbraucher sein, die Vormänner Unternehmer. Die Ansprüche haben die Gewährleistungsbehelfe (Verbesserung, Austausch bzw Preisminderung, Wandlung) zum Inhalt, die mit der Höhe des eigenen tatsächlichen Aufwands beschränkt sind. Sie sind innerhalb von zwei Monaten ab Erfüllung der eigenen Gewährleistungspflichten gerichtlich geltend zu machen, jedenfalls aber innerhalb der absoluten Frist von fünf Jahren ab Übergabe.

Hinterlegung — Befindet sich der Käufer im Annahmeverzug, darf der Verkäufer den Kaufgegenstand auf Gefahr und Rechnung des Käufers in einem öffentlichen Lagerhaus oder auf sonstige sichere Weise hinterlegen (§ 373 Abs 1 UGB). Er befreit sich damit aber – im Gegensatz zur Hinterlegung bei Gericht – nicht von seiner Schuld.

Identitätsaliud — Von einem Identitätsaliud spricht man im Zusammenhang mit der Falschlieferung beim Spezieskauf, wenn statt der vereinbarten Sache eine andere geliefert wird. § 378 UGB ist anwendbar.

Mängelrüge — Die Mängelrüge ist eine beim beiderseitig unternehmensbezogenen Warenkauf (und diesem gleichgestellten Geschäften) zur Wahrung von mangelbezogenen Ansprüchen des Käufers (Gewährleistung, Schadenersatz, Irrtumsanfechtung und – nach überwiegender Lehre – laesio enormis) notwendige Anzeige von bei gehöriger Untersuchung erkennbaren Mängeln gegenüber dem Verkäufer (§§ 377 f UGB). Eine Rügepflicht ieS besteht nicht, es handelt sich um eine Rügeobliegenheit. Die Rüge hat binnen angemessener Frist ab Ablieferung der Ware zu erfolgen. In aller Regel hat ihr eine Untersuchung der Ware voranzugehen (vorbereitende Obliegenheit). Die Untersuchung hat mit fachkundiger Sorgfalt im Rahmen des Zumutbaren (bei größeren Mengen zB repräsentative Stichproben) zu erfolgen. Auch eine Rüge ohne Untersuchung ist wirksam. Bei erst später erkennbaren Mängeln muss die Mängelrüge binnen angemessener Frist nach Entdeckung erfolgen (§ 377 Abs 3 UGB). § 378 UGB dehnt den Anwendungsbereich auf Falschlieferungen und Quantitätsabweichungen (minus-Lieferung, plus-Lieferung) aus, sofern nicht „Genehmigungsunfähigkeit" vorliegt. Keine Rügeobliegenheit besteht insb, wenn der Verkäufer den Mangel vorsätzlich oder grob fahrlässig verursacht oder verschwiegen hat (§ 377 Abs 5 UGB).

Minus-Lieferung — Eine „Minus-Lieferung" ist die Lieferung einer geringeren Warenmenge als der vereinbarten (relevant beim Gattungskauf). Eine Rolle spielt sie bei der Mängelrüge, da § 378 UGB diese auf Mengenabweichungen ausdehnt, sofern nicht Genehmigungsunfähigkeit vorliegt. Rügt der Käufer nicht, kann er Nachlieferung nicht verlangen und muss den Preis für die vereinbarte Menge zahlen.

Notverkauf — Ist eine beanstandete Ware, die Gegenstand eines Distanzkaufs war, verderblich und besteht Gefahr im Verzug, muss der Käufer sie nicht weiter aufbewahren, sondern kann sie nach den Regeln des Selbsthilfeverkaufs veräußern (§ 379 Abs 2 UGB).

Kapitel 5: Warenkauf

Plus-Lieferung	Eine „Plus-Lieferung" ist die Lieferung einer größeren Menge als der vereinbarten. Eine Rolle spielt sie bei der Mängelrüge, da § 378 UGB diese auf Mengenabweichungen ausdehnt, sofern nicht „Genehmigungsunfähigkeit" vorliegt. Man unterscheidet die ausscheidbare Plus-Lieferung und die Mehrlieferung nicht oder nur schwer ausscheidbarer Ware. Für erstere ist die Anwendung der Rügeobliegenheit umstritten: Ein Teil der Lehre verneint dies und geht bloß von einer Kondiktion bzw Vindikation durch den Verkäufer und einem Recht des Käufers auf Rücknahme durch den Verkäufer aus. Ein anderer Teil bejaht die Rügeobliegenheit und gibt bei ihrer Verletzung dem Verkäufer einen Anspruch auf einen höheren Preis. Nach der vermittelnden Ansicht hat der Verkäufer einen Rückforderungsanspruch, jedoch kann der Käufer nicht Rücknahme verlangen. Für die Mehrlieferung nicht bzw schwer ausscheidbarer Ware kommen die §§ 377 f UGB zur Anwendung.
Qualifikationsaliud	Von einem Qualifikationsaliud spricht man im Zusammenhang mit der Falschlieferung beim Spezieskauf, wenn zwar die ausgewählte Sache geliefert wird, diese jedoch vom Vertrag abweichende Eigenschaften aufweist, die sie zu einer ganz „anderen" machen (zB gefälschtes Gemälde, das als Original gekauft wurde).
Selbsthilfeverkauf	Ein „Selbsthilfeverkauf" ist ein anderweitiger Verkauf der Ware durch den Verkäufer auf Rechnung des Käufers, wenn der Käufer im Annahmeverzug ist (§ 373 UGB). Der Selbsthilfeverkauf kann durch öffentliche Versteigerung oder Freihandverkauf durch einen befugten Unternehmer erfolgen. Der Selbsthilfeverkauf muss dem Käufer idR vorher angedroht und dessen Durchführung muss ihm unverzüglich mitgeteilt werden.
UN-Kaufrecht	Das UN-Kaufrecht (auch: CISG) besteht aus materiellen Regeln für Warenkaufverträge, die von Parteien in verschiedenen Staaten abgeschlossen werden. Das UN-Kaufrecht ist in einem Übereinkommen der Vereinten Nationen geregelt. Verträge über Waren für den persönlichen Gebrauch sind ausgenommen.
Verfolgungsrecht	Das „Verfolgungsrecht" ist ein Aussonderungsrecht des Verkäufers, der eine Ware an einen Käufer abgesendet hat, der sich im Insolvenzverfahren befindet und die Ware noch nicht vollständig bezahlt hat (§ 45 IO).
versteckter Mangel	Ein versteckter Mangel ist ein Mangel, der trotz ordnungsgemäßer Untersuchung nicht erkannt wird oder im Falle einer ordnungsgemäßen Untersuchung nicht erkennbar wäre. Bei einem versteckten Mangel läuft die angemessene Frist zur Mängelrüge erst ab dem Zeitpunkt, in dem der Mangel hervorkommt (§ 377 Abs 3 UGB). Dasselbe gilt für Rechtsmängel.
Warenkauf	Unter einem „Warenkauf" versteht man grundsätzlich einen Kauf von Waren (dh beweglichen Sachen; auch Energielieferungen) oder Wertpapieren. Die Bestimmungen über den Warenkauf (§§ 373–381 UGB) gelten auch für Werk- und Tauschverträge betreffend körperliche, bewegliche Sachen.

2.2 Schuldrechtliche Sonderregelungen

Kapitel 6: Sicherstellung bei Bauverträgen (§ 1170b ABGB)

Überblick

Ein (Werk-)Unternehmer, der ein Bauwerk, eine Außenanlage zu einem Bauwerk oder einen Teil davon errichten soll, kann vom Besteller eine **Sicherstellung des Entgeltanspruchs** verlangen (§ 1170 b ABGB). Beachte: Der in § 1170 b ABGB verwendete Begriff „Unternehmer" meint den Werkunternehmer, da die Regelung systematisch in das Werkvertragsrecht des ABGB eingegliedert ist und das ABGB die Parteien des Werkvertrags „Unternehmer" und „Besteller" nennt. Praktisch wird der Werkunternehmer aber in aller Regel ein Unternehmer im Sinne des UGB sein.

> Der Bauunternehmer Paolo Palazzo schließt mit der Goldstar Hotels AG einen Werkvertrag über einen Hotel-Neubau ab. Palazzo kommt die Sicherstellungsregelung zugute.
>
> Die Goldstar Hotels AG beauftragt die Architektin Sarah Habib mit der Erbringung von Planungsleistungen. Obwohl die bloße Erbringung von Planungsleistungen im Gesetz nicht ausdrücklich genannt ist, wird sie von der Lehre überwiegend als Fall des § 1170b ABGB angesehen.
>
> Der Bauunternehmer Paolo Palazzo kauft vom Steinbodenspezialisten Stephan Steinschlag Marmorplatten. Kaufverträge sind von § 1170 b ABGB nicht erfasst.

Schutz für den Insolvenzfall — § 1170 b ABGB soll den Bauunternehmer vor dem Verlust seines Entgeltanspruchs bei Insolvenz seines Vertragspartners (zumindest tw) schützen. Ein Bauunternehmer erbringt seine Leistung regelmäßig im Voraus. Ein Bauwerk, das auf einer Liegenschaft errichtet wird, fällt nach den Regeln des Sachenrechts jedoch dem Eigentümer der Liegenschaft zu. Ebenso gehört alles, was untrennbar mit einem Bauwerk verbunden wird, dem Eigentümer des Bauwerks. Der Bauunternehmer kann sich daher etwa nicht durch Eigentumsvorbehalt für den Fall der Insolvenz seines Vertragspartners schützen. Deshalb gewährt ihm § 1170 b ABGB ein besonderes Sicherstellungsrecht.

zwingendes Recht — Bei der Regelung über die Sicherstellung des Bauunternehmers handelt es sich um relativ zwingendes Recht **zugunsten des Werkunternehmers:** Die Parteien können eine umfassendere Sicherheit vereinbaren. Vereinbaren sie hingegen eine Sicherheit, welche die Kriterien des § 1170 b ABGB nicht erfüllt, ist die Vereinbarung zwar wirksam, das Recht des Werkunternehmers auf die gesetzliche Sicherstellung bleibt aber bestehen.

Kapitel 6: Sicherstellung bei Bauverträgen (§ 1170b ABGB)

Sicherstellung des Entgeltanspruchs

Der Werkunternehmer kann bis zur vollständigen Entgeltzahlung eine Sicherstellung über **20% des vereinbarten Entgelts** (bei kurzfristig – dh binnen höchstens drei Monaten – zu erfüllenden Verträgen 40%) verlangen (§ 1170 b Abs 1 ABGB). Die Sicherstellung ist binnen einer vom Werkunternehmer zu setzenden, **angemessenen Frist** zu leisten (§ 1170 b Abs 2 ABGB).

> Der Werkvertrag zwischen Paolo Palazzo und der Goldstar Hotels AG sieht eine Auftragssumme von € 5.000.000,– und eine geplante Bauzeit von zwei Jahren vor. Vor Baubeginn verlangt Palazzo von der Goldstar Hotels AG eine Sicherstellung iHv € 1.000.000,–. Keine Voraussetzung für den Sicherstellungsanspruch ist, dass Palazzo bereits Vorleistungen erbracht hat.

Sicherungsmittel — Die zulässigen Sicherungsmittel sind (in Abweichung von § 1373 ABGB) **Bargeld, Bareinlagen, Sparbücher, Bankgarantien oder Versicherungen,** wobei der Werkbesteller auswählen kann.

> Die Goldstar Hotels AG möchte die Sicherheit in Form einer Hypothek bestellen. Das muss Palazzo nicht akzeptieren. Ob die Goldstar Hotels AG jedoch zB eine Bankgarantie oder ein Sparbuch verwendet, ist ihr überlassen.

Kosten — Die **Kosten** für die Sicherstellung trägt der Werkunternehmer (als Sicherungsnehmer) bis zur Höhe von 2% der Sicherungssumme pro Jahr, darüber der Werkbesteller.

> Palazzo hätte bei einer Sicherstellungssumme von € 1.000.000,– Kosten von maximal € 20.000,– pro Jahr zu tragen. Die Sicherheitenbestellung liegt im Interesse des Palazzo. Daher ist es sachgerecht, dass dieser zumindest tw die Kosten dafür trägt. Höhere Kosten sollen Palazzo nicht treffen, da er auf die Wahl des Sicherungsmittels keinen Einfluss hat. Die Kostentragungspflicht soll auch ein bloß „mutwilliges" Sicherungsverlangen verhindern (zB Sicherungsverlangen trotz erstklassiger Bonität des Werkbestellers).

Die Kostentragungspflicht des Werkunternehmers entfällt, wenn die Sicherheit nur noch wegen Einwendungen des Werkbestellers gegen den Entgeltanspruch aufrecht erhalten werden muss und sich die Einwendungen als unbegründet erweisen.

> Die Goldstar Hotels AG verweigert nach Fertigstellung des Hotels die Auszahlung des Werklohns, da noch angebliche Mängel des Bauwerks vorlägen. Dies kann Palazzo in der Folge widerlegen. Die Kosten für die dadurch verlängerte Laufzeit der Sicherheit muss Palazzo nicht tragen.

Leistungsverweigerungsrecht und Rücktrittsrecht

Der Sicherstellungsanspruch ist **nicht klagsweise durchsetzbar.** Kommt der Besteller seiner Sicherstellungsobliegenheit nicht, nicht ausreichend oder nicht rechtzeitig nach, kann der Werkunternehmer die Leistung verweigern und unter Setzung einer angemessenen Nachfrist vom Vertrag zurücktreten (§ 1170 b Abs 2 Satz 2 ABGB). Er behält im Fall des Rücktritts seinen (eingeschränkten) Entgeltanspruch nach § 1168 Abs 2 ABGB.

Palazzo kann von der Ausführung des Baus Abstand nehmen und unter Nachfristsetzung vom Vertrag zurücktreten, wenn die Goldstar Hotels AG die Bestellung einer Sicherheit verweigert.

Ausnahme: Verbraucher und juristische Personen öffentlichen Rechts

Verbraucher im Sinn des KSchG müssen als Werkbesteller keine Sicherung leisten.

Palazzo soll für Pawel Protz eine Villa zum privaten Gebrauch errichten. Da Protz ein Verbrauchergeschäft schließt, kann Palazzo keine Sicherheiten gem § 1170 b ABGB verlangen. Sicherheiten könnten jedoch gesondert vereinbart werden.

Der Bauunternehmer hat auch dann keinen Anspruch auf Sicherstellung, wenn der Werkbesteller eine juristische Person öffentlichen Rechts ist. Hinter dieser Regelung steht der Gedanke, dass das Insolvenzrisiko bei juristischen Personen öffentlichen Rechts idR gering ist.

- Warum bedarf es der Sicherstellung des „Bauunternehmers"?
- Kann der Bauunternehmer den Besteller auf Sicherstellung klagen?
- Welche Personen sind von der Sicherstellungsobliegenheit ausgenommen?

Leistungsverweigerungsrecht des Bauunternehmers

Leistet der Vertragspartner des Bauunternehmers keine geeignete Sicherstellung für den Entgeltanspruch, kann der Unternehmer seine Leistung verweigern (§ 1170b ABGB). Überdies ist er berechtigt, unter Setzung einer Nachfrist vom Vertrag zurückzutreten, wobei er seinen Entgeltanspruch grundsätzlich behält (§ 1168 Abs 2 ABGB).

Sicherstellung des Bauunternehmers

Bei Bauverträgen kann der Werkunternehmer („Bauunternehmer") vom Werkbesteller verlangen, dass dieser bis zur vollständigen Bezahlung des Werklohns eine Sicherstellung für den Entgeltanspruch des Bauunternehmers (zB in Form einer Bankgarantie) leistet (§ 1170b ABGB). Dieses Sicherstellungsrecht soll den Bauunternehmer vor dem Verlust seines Anspruchs im Fall der Insolvenz des Bestellers schützen.

2.3 Absatzmittlergeschäfte

Dieser Abschnitt beschäftigt sich mit jenen Rechtsverhältnissen, die dem **Vertrieb** von Waren und Dienstleistungen dienen („Vertriebsrecht"). Auch wenn die Ausgestaltung der einzelnen Vertragstypen stark variiert, haben alle Absatzmittlergeschäfte eines gemeinsam: Das Ziel, durch Zusammenarbeit der Vertragspartner den **Absatz** zu optimieren (daher der Terminus „Absatzmittler").

Im Einzelnen werden unterschieden:
- Kommissionsgeschäft
- Handelsvertretergeschäft
- Maklergeschäft
- Vertragshändlergeschäft
- Franchisegeschäft

Kapitel 1: Kommissionsgeschäft

Allgemeines

Definition | **Kommissionär** ist gem § 383 Abs 1 UGB, wer es übernimmt,
- **Waren** oder **Wertpapiere** (auch andere Geschäfte, insb Werklieferungen, sind erfasst)
- für **Rechnung eines anderen** (des Kommittenten)
- im eigenen Namen
- zu **kaufen** (Einkaufskommission) oder zu **verkaufen** (Verkaufskommission).

2.3 Absatzmittlergeschäfte

Der Kommissionär schließt mit dem Kommittenten, der sich im Gegenzug zur Zahlung eines Entgelts (Provision; vgl § 396 Abs 1 UGB) verpflichtet, das **"Kommissionsgeschäft"** ab. In der Praxis kommt das Kommissionsgeschäft vor allem in Gestalt des Antiquitäten-, Kunst-, Gebrauchtwaren- und Gebrauchtwagenhandels vor.

> Altmann betreibt ein Antiquitäten- und Schmuckgeschäft. Neben selbst hergestellten Schmuckstücken bietet Altmann auch Waren von Dritten an, die ihm zum Verkauf übergeben wurden. Für den Fall, dass er diese Waren verkaufen kann, behält sich Altmann vereinbarungsgemäß 10% des erzielten Verkaufspreises als Provision, den Rest hat er an den ehemaligen Eigentümer der Ware (den Kommittenten) herauszugeben.

Um als „Kommissionsgeschäft" iSd UGB zu gelten, muss dieses allerdings von einem **Unternehmer** (nicht notwendigerweise gewerbsmäßig) übernommen werden.

> Der Uhrenhändler Breitfuß nimmt – ausnahmsweise, weil er aus Prinzip eigentlich nur eigene Ware verkauft – eine Rolex des Weber in Kommission. Breitfuß ist bloß „Gelegenheitskommissär", die § 383 ff UGB sind aber dennoch anwendbar.

> Der Nichtunternehmer Roman erhält von Thomas den Auftrag, dessen Vespa „in Kommission zu nehmen und zu verkaufen". Hier liegt kein Kommissionsgeschäft, sondern ein zivilrechtlicher Auftrag (§§ 1002 ff ABGB) vor.

Kommissionsagent

Kommissionsagent ist, wer vom Kommittenten **ständig** mit Kommissionsgeschäften betraut ist (§ 383 Abs 2 UGB). Das Gesetz ordnet diesfalls an, dass im Verhältnis zum Kunden die entsprechenden Bestimmungen des UGB, im Verhältnis zum Kommittenten jedoch die Regelungen des HVertrG (zum Handelsvertreter unten S 204 ff) maßgeblich sind. Damit wird der „handelsvertreterähnlichen" ständigen Betrauung Rechnung getragen.

> Das Reisebüro Nix Wie Weg ist vom Reiseveranstalter Senex Travel ständig mit der Vermittlung von Seniorenreisen beauftragt.

Rechtsgrundlagen

Die **unternehmensrechtlichen Vorschriften** finden sich in den §§ 383–406 UGB. Da das Kommissionsgeschäft ein Fall der Geschäftsbesorgung ist, sind subsidiär die §§ 1002 ff ABGB zu beachten. Auf den **Kommissionsagenten** sind zudem – wie erwähnt – die Vorschriften des HVertrG anzuwenden (vgl § 383 Abs 2 Satz 3 UGB). Für die **Effektenkommission** enthalten die §§ 13–22 DepotG Sonderbestimmungen.

Ausführungs- und Abwicklungsgeschäft

Das „Ausführungsgeschäft" kommt bei der **Einkaufskommission** zwischen dem Kommissionär und dem Verkäufer zustande: Der Kommissionär erwirbt zunächst Eigentum am Kommissionsgut, zumal er den Kaufvertrag im eigenen Namen abgeschlossen hat. Aus dem Kommissionsgeschäft ist der Kommissionär aber schuldrechtlich verpflichtet, das erhaltene Kommissionsgut an den Kommittenten herauszugeben und das Eigentum an ihn zu übertragen („Abwicklungsgeschäft"). Der Kommissionär kann aber auch als Vertreter und Besitzmittler auftreten; in diesen Fällen erwirbt der Kommittent unmittelbar Eigentum am Kommissionsgut (Eigentumserwerb durch Besitzkonstitut).

Umgekehrt verhält es sich bei der **Verkaufskommission:** Der Kommittent bleibt Eigentümer, bis das Kommissionsgut an den Dritten verkauft und übergeben wird. Der Kommissionär ist jedoch aufgrund des Kommissionsgeschäftes sowohl schuld- als auch sachenrechtlich verfügungsbefugt. Erhält der Kommissionär vom Dritten den Kaufpreis, erwirbt er in aller Regel an diesem Eigentum (muss diesen aber an den Kommittenten herausgeben). In der Praxis wird gelegentlich die Bezahlung des Kaufpreises auf Anderkonten oder die direkte Zahlung an den Kommittenten vereinbart, um den Eigentumserwerb durch den Kommissionär zu verhindern.

Abgrenzungen — Handelsmakler und Handelsvertreter (als Vermittlungsvertreter) schließen das Geschäft nicht im eigenen Namen ab, sondern vermitteln dieses bloß; Handelsvertreter (als Abschlussvertreter) und Handelsmakler (mit Abschlussvollmacht) schließen das Geschäft ab, allerdings als direkte Stellvertreter, die im Namen des Unternehmers handeln (und nicht bloß für dessen Rechnung).

Im Einzelfall kann das Kommissionsgeschäft von bloßen Eigengeschäften (bei denen bloß mehrere Kaufverträge hintereinander abgeschlossen werden, also der Kommissionär selbst kauft und weiterverkauft) schwer abzugrenzen sein. Abgrenzungskriterien hierfür können eine Fixpreisvereinbarung (eher Eigengeschäft) und eine Provisionsvereinbarung (Kommissionsgeschäft) sein. Der Eigenhändler handelt stets auf eigene Rechnung.

Provision, Aufwandsersatz und Sicherstellung

Provision — Das Kommissiongeschäft ist **im Zweifel entgeltlich** (§ 354 UGB). Sofern nicht anderes vereinbart ist, hat der Kommissionär daher Anspruch auf Provision, wenn das Geschäft **ausgeführt** wurde oder nur aus einem **in der Person des Kommittenten liegenden Grund unterblieben** ist (vgl § 396 Abs 1 UGB).

> Hans gibt Altmann den alten Lehnstuhl seines Vaters in Kommission. Dieser findet einen Käufer zu den vereinbarten Bedingungen. Dann aber reut es Hans, und er erteilt Altmann die Weisung, die Ware doch nicht zu verkaufen (vgl § 385 Abs 1 Satz 2 UGB). Altmann hat dennoch Anspruch auf Provision.

Provision kann jede Form des Entgelts sein (zB ein bestimmter Geldbetrag, eine Gewinnbeteiligung etc). In der Praxis wird die Provision in einem Prozentsatz vom Kaufpreis/Verkaufspreis berechnet.

Aufwandsersatz — Zudem hat der Kommissionär Anspruch auf Ersatz der **Aufwendungen,** die er im Rahmen der Ausführung der Kommission getätigt hat und die er nach den Umständen für erforderlich halten durfte (§ 396 Abs 2 UGB). „Aufwendungen" sind sämtliche vom Kommissionär eingesetzten Werte (Kapital, Betriebsmittel etc), Spesen und sonstige eingegangene Verbindlichkeiten. Das Gesetz nennt insb die Vergütung für die Benutzung der Lagerräume und der Beförderungsmittel des Kommissionärs. Aufwendungen sind dem Kommissionär **unabhängig von der Ausführung des Geschäfts** zu ersetzen. Der Kommissionär ist auch nicht verpflichtet, die Aufwendungen längere Zeit vorzustrecken, er kann jederzeit gegen Nachweis der Aufwendungen (dh insb auch vor Entstehen eines Provisionsanspruchs) den Ersatz vom Kommittenten fordern.

> Anton wird von einem Kunden mit dem Verkauf einer seltenen hellenistischen Amphore beauftragt. Anton stellt den Kontakt zu einem Interessenten in London her und reist zu Verkaufsgesprächen dorthin. Die dabei entstehenden Reisespesen sind vom Kommittenten zu tragen. Anton kann diese auch bereits vor Abschluss des Ausführungsgeschäfts dem Kommittenten in Rechnung stellen.

gesetzliches Pfandrecht — Zur Sicherstellung seiner Aufwendungen (Kosten, Vorschüsse, Kredite, Verbindlichkeiten, etc) und Provision hat der Kommissionär ein **gesetzliches Pfandrecht** am gesamten Kommissionsgut (vgl § 397 UGB; zur Rangfolge s § 443 UGB). Es besteht, solange der Kommissionär über das Kommissionsgut verfügt (auch zB mittels Ladescheins, Lagerscheins oder Konnossements). Wesentlich ist, dass es auch der **Sicherung nicht konnexer Forderungen** dient: Der Kommissionär kann daher das Pfand auch für an-

dere Forderungen aus laufender Rechnung verwerten, sofern sie aus Kommissionsgeschäften entstanden sind.

Ergänzend finden sich Regelungen in § 398 (Befriedigungsrecht auch an „eigenen" Sachen, die im Rahmen der Einkaufskommission erworben wurden) und § 399 (Befriedigungsrecht an Forderungen).

unternehmerisches Zurückbehaltungsrecht

Neben dem gesetzlichen Pfandrecht steht dem Kommissionär bei beiderseitigen unternehmensbezogenen Geschäften auch das **unternehmerische Zurückbehaltungsrecht** zu (vgl oben S 173 ff); zu Einschränkungen s § 369 Abs 3 UGB.

> Weigert sich Antons Auftraggeber, die Reisespesen oder seine Provision zu bezahlen, hat Anton grds ein gesetzliches Pfandrecht am Kommissionsgut (dh an der hellenistischen Amphore), welche er im Rahmen der Pfandverwertung (§§ 460a, 466a ff ABGB) zur Befriedigung seiner Forderungen sogar außergerichtlich verkaufen dürfte.

Pflichten des Kommissionärs

Sorgfalt und Interessenwahrung

Der Kommissionär ist gem § 384 Abs 1 UGB verpflichtet, die übernommene Kommission mit der **Sorgfalt eines ordentlichen Unternehmers** auszuführen. Im Rahmen der daraus ableitbaren „Interessenwahrungspflicht" hat er sich insb darum zu **bemühen**, das Ausführungsgeschäft **so bald als möglich** und für den Kommittenten **so vorteilhaft wie möglich** abzuschließen.

> Breitfuß verkauft die Rolex weit unter ihrem Marktwert an den erstbesten Kunden. Er verstößt damit gegen seine Interessenwahrungspflicht.

Der Kommissionär gilt gegenüber dem Kommittenten als Sachverständiger (§ 1299 ABGB); er muss aber Ansprüchen von Dritten nicht entgegentreten oder Prozesse führen.

> Breitfuß nimmt von Tschach eine Breitling-Uhr in Kommission, von der er es als Fachmann für möglich hält, dass sie gefälscht ist. Xaver kauft die Uhr und klagt Breitfuß. Breitfuß hätte Tschach zwar von seinem Verdacht informieren müssen, ist aber der falsche Beklagte.

Anzeige- und Informationspflicht

Der Kommissionär hat dem Kommittenten die erforderlichen Nachrichten zu geben, insb von der Ausführung der Kommission umgehend **Anzeige** zu erstatten, über das Geschäft Rechenschaft abzulegen (§ 384 Abs 2 UGB) und den Dritten, mit dem er das Ausführungsgeschäft geschlossen hat, zu benennen (vgl § 386 Abs 3 UGB).

Einhaltung der Preisgrenzen

Hat der Kommissionär unterhalb des ihm gesetzten Preislimits verkauft oder hat er den ihm für den Einkauf gesetzten Preis überschritten, so muss der Kommittent **unverzüglich** nach Anzeige der Ausführung des Geschäfts **widersprechen**, andernfalls gilt die Abweichung als genehmigt und das Geschäft als für seine Rechnung abgeschlossen (§ 386 Abs 1 UGB). Alternativ kann der Kommissionär bei der Anzeige der Ausführung die Deckung des Preisunterschieds anbieten; in diesem Fall ist es dem Kommittenten untersagt, das Geschäft zurückzuweisen (§ 386 Abs 2 UGB).

Verwahrungspflicht

Die ihm anvertrauten Waren und/oder Wertpapiere hat der Kommissionär mit der Sorgfalt eines ordentlichen Unternehmers zu **verwahren**. Erforderlichenfalls hat der Kommissionär auch Aufwendungen zu tätigen, wobei er dafür **Ersatzansprüche** gegenüber dem Kommittenten geltend machen kann (§ 396 Abs 2 UGB; s S 197).

Kapitel 1: Kommissionsgeschäft

> Altmann hat einen wertvollen alten Perserteppich zur Verkaufskommission erhalten. Als sich zeigt, dass dieser von Motten angegriffen wurde, hat Altmann dafür Sorge zu tragen, dass der Teppich „entmottet" wird, um weitere Schäden zu vermeiden.

Herausgabepflicht — Der Kommissionär hat alles an den Kommittenten herauszugeben, was er in Ausführung der Kommission (vom Dritten) erhalten hat, insb den Verkaufserlös (bei der Verkaufskommission) bzw die gekaufte Ware samt Früchten (bei der Einkaufskommission). Unzulässig ist die Herausgabe eines Äquivalents.

> Der Einkaufskommissionär Kurt kauft auftragsgemäß 10 Uhren der Marke Rolex. Da er die Uhren selbst gebrauchen kann, möchte er dem Kommittenten statt der Uhren deren Marktwert in Geld herausgeben. Das wäre unzulässig.

Gelingt es dem Kommittenten, das Ausführungsgeschäft zu **günstigeren Konditionen** als mit dem Kommissionär vereinbart abzuschließen (zB Verkauf zu höherem Preis, Einkauf zu niedrigerem Preis als mit dem Kommissionär vereinbart), so steht auch der dadurch erlangte Vorteil **ausschließlich dem Kommittenten** zu (§ 387 UGB).

Wird das Geschäft rückabgewickelt (§ 1435 ABGB), so hat der Kommittent dem Kommissionär den überlassenen Erlös (§ 384 Abs 2 UGB) zurückzugeben.

> Xaver gibt dem Kommissionär Breitfuß die – wie sich herausgestellt hat – gefälschte Rolex zurück; der Kommittent Tschach hat Breitfuß den zwischenzeitlich erlangten Verkaufserlös wieder herauszugeben.

Haftung des Kommissionärs — Der Kommissionär haftet dem Kommittenten grundsätzlich für die **Durchführung des Kommissionsgeschäfts** selbst, auch für Verlust oder Beschädigung des Kommissionsgutes, während es in der Obhut des Kommissionärs war (außer wenn er den Verlust bzw die Beschädigung auch mit der Sorgfalt eines ordentlichen Unternehmers nicht abwenden hätte können; vgl § 390 UGB), und bei Nichtbefolgung einer Weisung des Kommittenten.

> Der Kommissionär Stupidus verwahrt die in Kommission gegebene teure Perlenkette in einem ungesicherten Schrank. Entgegen der Weisung des Kommittenten schließt er keine Diebstahlsversicherung ab.

Grundsätzlich **keine Haftung** besteht demgegenüber für die **Erfüllung des Ausführungsgeschäfts.**

> Stupidus verkauft die Perlenkette für den Kommittenten Treuherz an Ivan, der sich aber finanziell übernommen hat und diese nicht bezahlen kann. Dafür muss Stupidus gegenüber Treuherz grundsätzlich nicht einstehen, ihn aber – aus der Interessenwahrungspflicht – von der Nichterfüllung in Kenntnis setzen.

Eine Haftung für allfällige Schäden besteht aber dann, wenn der Kommissionär dem Kommittenten nicht zugleich mit der Ausführungsanzeige den Dritten, mit dem er das Geschäft abgeschlossen hat, namhaft macht.

> Stupidus muss Treuherz – bei sonstiger Haftung – den Käufer Ivan namhaft machen.

Der Kommissionär haftet weiters, wenn er die Ware unbefugt auf Kredit verkauft (im Detail § 393 Abs 3 UGB).

2.3 Absatzmittlergeschäfte

"Delkrederehaftung" Unter „Delkredere" versteht man generell die Übernahme einer Garantie für die Schuld eines anderen. Eine **„Delkrederehaftung"** besteht für den Kommissionär nur, wenn er eine solche vertraglich zugesagt hat oder wenn ein diesbezüglicher Brauch am Ort der Niederlassung des Kommissionärs besteht. Eine besondere Form der Provision ist die **„Delkredereprovision":** Sie steht in jenen Fällen zu, in denen der Kommissionär eine Delkrederehaftung übernommen hat und stellt ein Entgelt für die Übernahme des Haftungsrisikos dar.

Eintrittsrecht Ein Selbsteintritt des Kommissionärs in das Ausführungsgeschäft ist grundsätzlich nur zulässig, wenn die Ware einen **Börsen- oder Marktpreis** hat bzw bei einem Wertpapier ein solcher amtlich festgestellt ist und der Kommittent nichts anderes bestimmt hat (§ 400 Abs 1 UGB); der Kommissionär darf dem Kommittenten dabei keinen ungünstigeren als den Markt- oder Börsenpreis berechnen, der im Zeitpunkt der Ausführung besteht (§ 400 Abs 2 UGB); hierfür trifft den Kommissionär die Beweislast.

Der Kommissionär hat den Selbsteintritt ausdrücklich zu erklären (§ 405 UGB; **„Ausführungsanzeige"**). Der Provisionsanspruch bleibt auch beim Selbsteintritt aufrecht (§ 403 UGB) – auch, weil das Kommissionsverhältnis durch den Selbsteintritt nicht in einen Kaufvertrag umgewandelt wird; lediglich die Hauptleistungspflichten bestimmen sich fortan nach Kaufrecht (Rsp).

> Silvia hat dem Stupidus ein Kilo Silber in Kommission gegeben. Da Silber einen Marktpreis hat, kann Stupidus nicht nur den Selbsteintritt erklären (und das Silber selbst kaufen), sondern hat diesfalls auch Anspruch auf Provision. Hat das Silber nicht die vereinbarte Qualität, besteht ein Gewährleistungsanspruch des Stupidus.

Die Eintrittserklärung ist eine formlose, empfangsbedürftige Willenserklärung. Neben dem gesetzlichen Eintrittsrecht kann der Eintritt auch vertraglich vereinbart werden. In diesem Fall ist ein Börsen- oder Marktpreis nicht erforderlich.

> Ein Selbsteintritt kommt in der Praxis häufig bei der Effektenkommission vor.

Rechte und Pflichten des Kommittenten

Mitwirkungspflicht Der Kommittent ist uU zur **Mitwirkung** (zB durch Ausstellung der erforderlichen Dokumente) verpflichtet.

> Vendor gibt dem Autohändler Motore sein Auto in Kommission. Vendor ist zur Übergabe der erforderlichen KfZ-Papiere verpflichtet.

Weisungsrecht Der Kommissionär ist dem Kommittenten **weisungsgebunden** (vgl § 384 Abs 1 UGB). Verhält sich der Kommissionär weisungswidrig, wird er grundsätzlich **schadenersatzpflichtig** (§ 385 Abs 1 HS 1 UGB). Der Kommissionär ist allerdings berechtigt, von den Weisungen des Kommittenten abzuweichen, wenn er den Umständen nach annehmen darf, dass der Kommittent bei Kenntnis der Sachlage die Abweichung billigen würde (§ 385 Abs 2 Satz 1 UGB).

> Die Fresh Food GmbH weist den Einkaufskommissionär Mercator an, ausschließlich Fisch aus den „berühmten nordjapanischen Fanggründen" zu kaufen. Nach einem Atomunfall sind die Fische radioaktiv verseucht. Mercator wird diesfalls von der Weisung abgehen dürfen.

Sofern nicht Gefahr im Verzug vorliegt, hat der Kommissionär den Kommittenten allerdings von der geplanten Abweichung in Kenntnis zu setzen und seine Entscheidung abzuwarten (§ 385 Abs 2 Satz 2 UGB).

> Mercator wird über die geplante Abweichung, statt dessen Fische aus dem Nordatlantik zu kaufen, zuvor informieren müssen.

Zurückweisungsrecht
Der Kommittent braucht das weisungswidrige Ausführungsgeschäft grundsätzlich nicht auf seine Rechnung gelten lassen (§ 385 Abs 1 HS 2 UGB): Es kommt ihm daher ein Zurückweisungsrecht zu.

Mängelrüge
Bei der Einkaufskommission hat der Kommittent (wenn es sich um ein beiderseitig unternehmensbezogenes Geschäft handelt) die Ware zu untersuchen und dem Kommissionär von allfälligen Mängeln Anzeige zu machen (s § 391 UGB).

Beendigung des Kommissionsgeschäfts

Das Kommissionsgeschäft wird durch Erfüllung, Zeitablauf (im Fall einer Befristung), Widerruf des Kommittenten, Kündigung, Rücktritt bzw Erlöschen bei Leistungsstörung, Konkurs des Kommittenten, und unter Umständen durch den Tod des Kommittenten beendet.

Üben

- Definieren Sie den Begriff des Kommissionärs und des Kommittenten!
- Was versteht man unter einem „Gelegenheitskommissionär"?
- Was ist ein „Kommissionsagent"? Welche Vorschriften sind auf diesen anwendbar?
- Worin bestehen bei Einkaufs- und Verkaufskommission die Ausführungs- bzw. Abwicklungsgeschäfte? Wie sind diese sachenrechtlich einzuordnen?
- Grenzen Sie den Kommissionär vom Handelsvertreter und vom Handelsmakler ab!
- Wann ist eine bloß gelegentliche Kommission von den Regelungen des UGB zum Kommissionsgeschäft erfasst?
- Welche Rechte und Pflichten hat ein Kommissionär?
- Was versteht man unter „Selbsteintritt"? Welche Rechtsfolgen hat dieser?
- Welche Rechte und Pflichten hat ein Kommittent?
- Für welchen Sorgfaltsmaßstab haftet der Kommissionär?
- Wann hat der Kommissionär Anspruch auf Provision? Wann wird dieser Anspruch jeweils fällig?
- Was versteht man unter einer „Delkredereprovision"?
- Wodurch sind die Ansprüche des Kommissionärs gesichert?
- Wer ist grundsätzlich Eigentümer des Kommissionsgutes im Fall der Einkaufskommission und im Fall der Verkaufskommission?
- Wann bzw wodurch wird das Kommissionsgeschäft beendet?

2.3 Absatzmittlergeschäfte

„Absatzmittlergeschäfte"	„Absatzmittlergeschäfte" sind Geschäfte zwischen einem Unternehmer und einem Absatzmittler, welche die Förderung des Unternehmers durch Abschluss oder Vermittlung von Umsatzgeschäften zum Inhalt haben („mittelbarer Direktvertrieb"). „Absatzmittler" sind insb Kommissionäre, Kommissionsagenten, Handelsvertreter, Makler (Handelsmakler, Zivilmakler), Vertragshändler und Franchisenehmer. Der jeweilige Vertrag zwischen Unternehmer und Absatzmittler wird auch als „Vertriebsvertrag" bzw „Absatzmittlungsvertrag" bezeichnet.
Ausführungsanzeige	Als Ausführungsanzeige wird die Benachrichtigung des Kommittenten von der Ausführung der Kommission durch den Kommissionär bezeichnet (vgl § 384 Abs 2 UGB).
Ausführungspflicht	Es besteht eine Pflicht des Kommissionärs, das übernommene Geschäft mit der Sorgfalt eines ordentlichen Unternehmers unter Wahrung der Interessen des Kommittenten und Befolgung von dessen Weisungen auszuführen (vgl § 384 Abs 1 UGB).
Ausführungsprovision	Die Ausführungsprovision ist die Provision des Kommissionärs aufgrund des Kommissionsvertrags für den Fall, dass das von ihm auf Rechnung des Kommittenten geschlossene Ausführungsgeschäft ausgeführt wurde (vgl § 396 Abs 1 UGB). Die Höhe der Provision richtet sich nach der Vereinbarung, sonst nach Ortsgebrauch bzw Angemessenheit.
Delkrederehaftung	Delkrederehaftung ist die Haftung für die Erfüllung von Forderungen aus vermittelten oder abgeschlossenen Geschäften („Delkredere" = Ausfallrisiko); grundsätzlich trifft den Kommissionär keine Delkrederehaftung, außer im Fall der vertraglichen Zusage oder bei Üblichkeit am Niederlassungsort des Kommissionärs (§ 394 UGB).
Delkredereprovision	Unter Delkredereprovision versteht man die Vergütung für die Übernahme der Delkrederehaftung. Eine entsprechende Regelung findet sich für den Kommissionär in § 394 Abs 2 UGB.
Effektenkommission	Effektenkommission ist die Ausführung von An- und Verkaufsaufträgen bezüglich Wertpapieren durch ein Kreditinstitut als Kommissionär. Das UGB wird hinsichtlich der Einkaufskommission von den §§ 13 ff DepotG überlagert. Bei Bestehen eines Börse- oder Marktpreises erfolgt die Ausführung der Effektenkommission häufig durch Selbsteintritt.
Haftung des Kommissionärs	Der Kommissionär haftet für den Verlust oder die Beschädigung des Kommissionsgutes, während es in seiner Obhut ist, sowie für die Folgen einer Nichtbefolgung einer Weisung des Kommittenten. Der Kommissionär ist Sachverständiger iSd § 1299 ABGB.
Kommissionär	Kommissionär ist, wer es übernimmt, Waren oder Wertpapiere für Rechnung eines anderen (des Kommittenten) im eigenen Namen zu kaufen oder zu verkaufen (§ 383 Abs 1 UGB). Dabei besteht idR keine ständige Geschäftsbeziehung zum Kommittenten. Der Kommissionär ist mittelbarer Stellvertreter, somit Gläubiger und Schuldner aus dem Ausführungsgeschäft. Der Erfolg aus diesem muss in einem weiteren Schritt (zB Herausgabe des Verkaufserlöses, Abtretung der Forderung gegen den Dritten, Übertragung des Eigentums an der gekauften Sache) auf den Kommittenten übertragen werden (Abwicklungsgeschäft). Den Kommissionär trifft eine Ausführungspflicht. Er hat Anspruch auf Provision und Aufwandsersatz.
Kommissionärspfandrecht	Das Kommissionärspfandrecht ist ein gesetzliches Pfandrecht des Kommissionärs am (grundsätzlich gesamten) in dessen (zumindest mittelbarem) Besitz befindlichen Kom-

missionsgut wegen Forderungen, die mit der Ausführung der Kommission zusammenhängen (bzw aus laufender Rechnung stammen, sofern sie aus Kommissionsgeschäften entstanden sind; vgl § 397 UGB). § 398 UGB gewährt ein Befriedigungsrecht am Kommissionsgut, § 399 UGB ein solches an Forderungen aus Ausführungsgeschäften. Das Kommissionärspfandrecht besteht auch bei der Selbsteintrittskommission (§ 404 UGB).

Kommissionsagent	Unter einem „Kommissionsagenten" versteht man einen ständig betrauten Kommissionär (vgl § 383 Abs 2 UGB); die Bestimmungen des HVertrG sind auf das Innenverhältnis weitgehend sinngemäß anzuwenden.
Kommissionsgut	Kommissionsgut sind jene Waren und Wertpapiere, die Gegenstand des Ausführungsgeschäfts (Kommissionsgeschäft) sind; Verpackungs- und Beförderungsmittel gehören dazu, wenn sie mitge- bzw mitverkauft werden.
Kommissionsvertrag	Der Kommissionsvertrag ist ein formfreier Vertrag, durch den sich ein Vertragspartner (Kommissionär) verpflichtet, Geschäfte eines anderen (Kommittent) im eigenen Namen und für Rechnung des anderen (gegen Entgelt) zu besorgen (im UGB geregelter Auftrags- und Geschäftsbesorgungsvertrag).
Kommittent	Als „Kommittent" wird der Auftraggeber eines Kommissionärs im Rahmen des Kommissionsgeschäfts bezeichnet.
Selbsteintrittskommission	Die Selbsteintrittskommission ist eine Form der Kommission, die der Kommissionär dadurch ausführt, dass er das Gut, welches er einkaufen soll, selbst als Verkäufer liefert bzw das Gut, welches er verkaufen soll, selbst als Käufer übernimmt (vgl § 400 ff UGB).
Unterkommissionär	Als „Unterkommissionär" handelt ein Kommissionär, der von einem anderen Kommissionär mit der Ausführung von dessen Kommissionsgeschäften betraut wurde. Die Einschaltung eines Unterkommissionärs ist nur mit Zustimmung des Kommittenten zulässig.

2.3 Absatzmittlergeschäfte

Kapitel 2: Handelsvertretergeschäft

Allgemeines

Definition
§ 1 Abs 1 HVertrG enthält eine Begriffsdefinition. Danach ist Handelsvertreter, wer
- von einem **Unternehmer**
- mit der **Vermittlung** („Vermittlungsvertreter") oder dem **Abschluss** („Abschlussvertreter") von Geschäften, ausgenommen über unbewegliche Sachen,
- in dessen Namen und
- für dessen Rechnung
- **ständig** betraut ist (in einem Dauerschuldverhältnis steht) und
- diese Tätigkeit **selbständig** und **gewerbsmäßig** ausübt.

Anstelle des Begriffs „selbständiger Handelsvertreter" kann auch der Begriff **„Handelsagent"** verwendet werden (§ 1 Abs 3 HVertrG).

Vermittlungsvertreter
In der Praxis ist der Handelsvertreter meist bloß **Vermittlungsvertreter,** dh er bahnt Rechtsgeschäfte zwischen dem Unternehmer und dem Dritten bloß an, etwa durch Werbung, Information, Verhandlung.

> Suffkopf ist vom Winzer Weinstein beauftragt, Restaurants zu finden und mit diesen Vorverhandlungen zu führen, damit Lieferverträge für seine Weine abgeschlossen werden können. Weinstein möchte die Verträge aber selbst abschließen.

Abschlussvertreter
Dem Handelsvertreter kann allerdings auch **Abschlussvollmacht** erteilt werden; diesfalls kommt ihm Handlungsvollmacht iSd § 54 UGB zu.

> Siegfried wird von der Staub&Saug GmbH beauftragt, deren Staubsauger an Kunden zu verkaufen.
>
> Karoline verkauft im Auftrag der Wischie AG Kosmetika im Rahmen von „Schminkparties".

§ 3 HVertrG enthält einige Sonderbestimmungen zur Inkassovollmacht, zum Handelsvertreter als Reisenden, zur Befugnis zur Entgegennahme von Mängelrügen.

> Siegfried verkauft der Schlump GmbH zehn Staubsauger der Staub&Saug GmbH. Die Schlump GmbH kann eine allfällige Mängelrüge gegen die Schlump GmbH oder auch gegenüber Siegfried erklären (vgl § 3 Abs 4 HVertrG).

Kapitel 2: Handelsvertretergeschäft

Der Handelsvertreter kann auch für einen anderen Handelsvertreter tätig werden (§ 1 Abs 2 HVertrG). Auch die Vermittlung von Vermittlungstätigkeiten kann Inhalt des Handelsvertretervertrags sein (sog „Subvertreter").

Formvorschriften — Obwohl der Handelsvertretervertrag **formlos** durch Willensübereinkunft der beteiligten Parteien zustande kommt, ist gem § 4 HVertrG jede Partei (zwingend) verpflichtet, dem anderen auf dessen Verlangen eine **unterzeichnete Urkunde** zu verschaffen, die den zu diesem Zeitpunkt gültigen Inhalt des Vertretervertrags wiedergibt. Der Urkunde kommt jedoch nur deklarative Bedeutung zu.

Handelsvertretergesetz — Gesetzliche Grundlage ist das **Handelsvertretergesetz** (HVertrG). Es regelt das Verhältnis zwischen Unternehmer und Handelsvertreter. Im Gegensatz zu anderen selbständigen Hilfspersonen (Kommissionär, Spediteur, Frachtführer, Lagerhalter) ist das Handelsvertretergeschäft damit nicht im UGB, sondern in einem Sondergesetz geregelt.

sonstige Rechtsgrundlagen — Der Handelsvertretervertrag wird zum Teil als „Vertrag sui generis" qualifiziert; er enthält Elemente des
- **Auftragsvertrags** (§§ 1002 ff ABGB) und des
- **freien Dienstvertrags.**

Finden sich keine Regelungen im HVertrG, sind subsidiär die gesetzlichen Regelungen über diese beiden Vertragstypen heranzuziehen (vgl § 28 Abs 2 HVertrG).

Unternehmereigenschaft — Der Handelsvertreter handelt zwar (auch) im fremden Namen und auf fremde Rechnung, doch kommt dem selbständigen Handelsvertreter deswegen Unternehmereigenschaft zu, weil er durch die Vertretungstätigkeit einen **eigenen Geschäftsbetrieb** begründet (dh Leistungen gegenüber seinen Auftraggebern erbringt).

Abgrenzung zum Makler — Geschäfte über unbewegliche Sachen werden ausdrücklich vom Anwendungsbereich des HVertrG ausgeschlossen und können daher nicht von Handelsvertretern vermittelt werden. IdR werden diese von **Maklern** übernommen (dazu unten). Alle übrigen Geschäfte (auch nicht unternehmensbezogene) sind jedoch vom Anwendungsbereich des HVertrG umfasst und können von einem Handelsvertreter vermittelt werden.

Abgrenzung zu Arbeitnehmern — Das **Element der Selbständigkeit** grenzt den Handelsvertreter vom „unselbständigen Handelsvertreter" ab, der nicht dem HVertrG, sondern dem AngG unterliegt. Im Gegensatz zu den Handelsvertretern sind Arbeitnehmer von ihrem Arbeitgeber **persönlich und wirtschaftlich abhängig** (vgl § 1 Abs 1 AngG); sie unterliegen den Weisungen des Arbeitgebers und sind zur persönlichen Verrichtung der Tätigkeiten verpflichtet. Entsprechend kommt unselbständigen Handelsvertretern auch keine Unternehmereigenschaft zu. In der Praxis kommt es häufig vor, dass Handelsvertreter zwar nicht persönlich von ihren Auftraggebern abhängig sind, wohl aber wirtschaftlich.

> Siegfried ist als Handelsvertreter ausschließlich für die Staub&Saug GmbH tätig; im Zuge der Wirtschaftskrise wird die Staub&Saug GmbH insolvent und muss den Betrieb einstellen. Dadurch schlittert auch Siegfried in eine existenzielle Krise.
>
> Aufgrund eines Wechsels in der Führungsetage wechselt die Wischie AG einen Großteil des Sortiments aus. Bereits nach kurzer Zeit muss Karoline enorme Einbußen hinnehmen, da sich das neue Sortiment als „Ladenhüter" herausstellt. Sie steht vor dem wirtschaftlichen Ruin.

Die daher allenfalls vorliegende (alleinige) wirtschaftliche Abhängigkeit ändert jedoch nichts an der Qualifikation der Betroffenen als Handelsvertreter im Sinn des HVertrG. Der Gesetzgeber hat jedoch die **Schutzbedürftigkeit** des Handelsvertreters erkannt –

2.3 Absatzmittlergeschäfte

daher zielen viele Bestimmungen des HVertrG gerade auf den Schutz des Handelsvertreters ab.

„freier Handelsvertreter"
In der Lehre findet sich gelegentlich der Begriff des „freien Handelsvertreters". Dieser ist gegenüber dem Unternehmer zwar weisungsgebunden und persönlich abhängig, aber hinsichtlich der Wahl der Arbeitszeit (und manchmal auch des Arbeitsortes) relativ frei. Nach richtiger Auffassung stellt dies aber keine „eigene Kategorie" dar, sondern es ist nach den genannten Typusmerkmalen im Einzelfall zu entscheiden, ob der Betreffende als selbständiger Handelsvertreter oder unselbständiger Handelsvertreter zu qualifizieren ist (vgl auch § 28 HVertrG).

Pflichten des Handelsvertreters

Bemühungspflicht
Der Handelsvertreter hat sich um die (ständige) Vermittlung oder den Abschluss von Geschäften zu **bemühen** (§ 5 Satz 1 HVertrG). Es besteht somit e contrario keine Verpflichtung des Handelsvertreters, tatsächlich Abschlüsse zu tätigen.

> Theodor hat in den letzten zwei Wochen mit großem Einsatz zehn „Wupper-Parties" veranstaltet, konnte jedoch kein einziges Plastikgefäß verkaufen. Da er sich bemüht hat, verletzt er trotz seiner Erfolglosigkeit keine Pflichten.

Interessenwahrungspflicht
Der Handelsvertreter ist zur **Wahrung der Interessen** des Unternehmers mit der **Sorgfalt eines ordentlichen Unternehmers** verpflichtet (§ 5 Satz 2 HVertrG). Aus der Interessenwahrungspflicht entspringen eine Reihe von nicht ausdrücklich erwähnten Pflichten, wie zB die Pflicht zur Herausgabe des Erlangten oder die Pflicht zur Verschwiegenheit.

Einhaltung der Vollmachtsgrenzen
Der Handelsvertreter kann Geschäfte im Namen und für Rechnung des Unternehmers nur dann schließen, wenn er hierzu **bevollmächtigt** wurde (§ 2 Abs 1 HVertrG). Ebenso kann er Zahlungen für den Unternehmer nur dann annehmen, wenn er hierzu ermächtigt wurde (§ 3 Abs 1 HVertrG). Im Außenverhältnis braucht ein Dritter Beschränkungen der Vollmacht des Handelsvertreters allerdings nur dann gegen sich gelten lassen, wenn er sie kannte oder kennen musste (§ 3 Abs 6 HVertrG).

Mitteilungspflicht
Der Handelsvertreter ist verpflichtet, dem Unternehmer die für das zu vermittelnde Geschäft erforderlichen **Mitteilungen** zu machen und ihn unverzüglich von jedem Geschäft in Kenntnis zu setzen, das er für ihn geschlossen hat (§ 5 Satz 3 HVertrG). Ist der Handelsvertreter nur mit der Vermittlung von Geschäften betraut („Vermittlungsvertreter") und schließt er dennoch das Geschäft im Namen des Unternehmers ab, so gilt dieses als vom Unternehmer genehmigt, wenn dieser nicht unverzüglich nach Kenntnisnahme dem Dritten erklärt, dass er das Geschäft ablehne (§ 2 Abs 2 HVertrG). Somit würde sein Schweigen Zustimmung bedeuten.

Verbot der Belohnungsannahme
Ein Handelsvertreter darf mangels eines abweichenden, für den betreffenden Geschäftszweig bestehenden unternehmerischen Brauches ohne Einwilligung des Unternehmers von dem Dritten, mit dem er für den Unternehmer Geschäfte schließt oder vermittelt, **keine Belohnung** annehmen (§ 7 Abs 1 HVertrG). Bei Verstößen kann der Unternehmer die Herausgabe der unrechtmäßig empfangenen Belohnung sowie den Ersatz des diesen Betrag übersteigenden Schadens verlangen.

Wettbewerbsverbote
In der Praxis werden häufig Wettbewerbsverbote („Konkurrenzklauseln") vereinbart: Darin verpflichtet sich der Handelsvertreter, nicht für Konkurrenten des Unternehmers tätig zu werden. Gem § 25 HVertrG hat eine solche Klausel nur für die **Dauer des Ver-**

tragsverhältnisses Bestand. Aber auch ohne vertragliche Vereinbarung darf der Handelsvertreter keine Tätigkeiten ausüben, die dem Unternehmer schaden (Folge der Interessenwahrungspflicht).

> Siegfried, der für das Unternehmen Staub&Saug GmbH Staubsauger verkauft, hat sich vertraglich dazu verpflichtet, keine Produkte von Konkurrenzunternehmen zu verkaufen. Er darf daher für die Dauer des Vertrags keine Staubsauger des koreanischen Mitbewerbers Dei Son verkaufen.
>
> Karoline hingegen hat keine Konkurrenzklausel akzeptiert und verkauft auch regelmäßig Produkte eines Mitbewerbers der Wischie AG. Dennoch darf Karoline gegenüber Kunden keine abschätzigen Bemerkungen über die Wischie AG machen oder von einem Kauf von Produkten der Wischie AG unsachlich abraten – dies wäre ein Verstoß gegen ihre Interessenwahrungspflicht.

Vergütung und Auslagenersatz

Provision	Der Handelsvertreter hat Anspruch auf Vergütung in Form einer **Provision** oder eines **anderen Entgelts** (§ 8 Abs 1 HVertrG). Gem § 17 HVertrG kann insb auch eine **Gewinnbeteiligung** für den Handelsvertreter vereinbart werden.
Höhe	Die Höhe des Provisionsanspruchs richtet sich grundsätzlich nach der **vertraglichen Vereinbarung.** Für den Fall, dass die Parteien nichts anderes vereinbart haben, richtet sich die Höhe der Provision nach den für den betreffenden Geschäftszweig am Ort der Niederlassung des Handelsvertreters üblichen Sätzen (§ 10 Abs 1 HVertrG). Gewährt der Unternehmer dem Dritten einen Rabatt, so ist dies für die Berechnung der Provision grundsätzlich irrelevant (außer es gibt eine abweichende vertragliche Vereinbarung oder einen abweichenden unternehmerischen Brauch; vgl § 10 Abs 2 HVertrG).
Verdienstlichkeit	Voraussetzung für das Entstehen des Provisionsanspruchs des Handelsvertreters ist dessen **„Verdienstlichkeit"** für das durch seine Tätigkeit zustande gekommene Geschäft. Hierfür genügt ein bloßes Benennen eines potentiellen Vertragspartners nicht (außer es besteht ein entsprechender unternehmerischer Brauch; vgl § 8 Abs 2 HVertrG). Der Handelsvertreter muss daher positiv auf den Kaufentschluss des Dritten einwirken. MaW: Die Tätigkeit muss die Qualität einer echten Vermittlertätigkeit aufweisen.
Entstehen	Der Anspruch auf Provision entsteht gem § 9 Abs 1 HVertrG mit der Rechtswirksamkeit des vermittelten Geschäfts, wenn und soweit • der Unternehmer das Geschäft ausgeführt hat, oder • der Unternehmer nach dem Vertrag mit dem Dritten das Geschäft hätte ausführen sollen oder • der Dritte das Geschäft durch Erbringen seiner Leistung ausgeführt hat. Spätestens, wenn der Dritte seinen Teil des Geschäfts ausgeführt hat oder ausgeführt haben müsste (hätte der Unternehmer seinen Teil des Geschäfts ausgeführt), entsteht der Provisionsanspruch (§ 9 Abs 2 HVertrG).
Zweifel streitet für Provision	Allerdings gebührt dem Handelsvertreter auch ohne seine unmittelbare Mitwirkung **im Zweifel** Provision für jene Geschäfte, die während aufrechtem Vertrag zwischen der ihm zugewiesenen oder von ihm zugeführten Kundschaft und dem Unternehmer geschlossen werden (vgl § 8 Abs 3 HVertrG). Ist der Handelsvertreter ausdrücklich für ein **bestimmtes Gebiet** oder für einen bestimmten Kundenkreis als alleiniger Vertreter bestellt (genießt er also Gebiets- und/oder Kundenschutz), so gebührt ihm im Zweifel die Provision auch für solche Geschäfte, die ohne seine Mitwirkung während der Dauer des

2.3 Absatzmittlergeschäfte

Vertragsverhältnisses durch den Unternehmer oder für diesen mit der zum Gebiet oder zum Kundenkreise gehörigen Kundschaft abgeschlossen worden sind (§ 8 Abs 4 HVertrG).

> Der Handelsvertreter Willi – er vertritt die Imkerin Maya – ist für das Burgenland zuständig. Karel schließt im Burgenland einen Kaufvertrag über 100 Kilo Honig mit Maya ab. Um einen Provisionsanspruch des Willi abzuwehren, wäre Maya beweispflichtig, dass Willi für diesen Geschäftsabschluss nicht „verdienstlich" gehandelt hat.

Entfall

Steht fest, dass der Vertrag zwischen dem Dritten und dem Unternehmer nicht ausgeführt wird und beruht dies nicht auf Umständen, die vom Unternehmer zu vertreten sind, so entfällt der Anspruch auf Provision. Befindet sich der Dritte im Zahlungsverzug und hat dieser daher seinen Teil des Geschäfts noch nicht erfüllt, so hat der Unternehmer nachzuweisen, alle zumutbaren Schritte unternommen zu haben, um den Dritten zur Leistung zu veranlassen (§ 9 Abs 3 HVertrG).

> Karel hat den Honig noch nicht bezahlt, daher besteht noch kein Provisionsanspruch. Maya muss Karel aber zur Zahlung veranlassen (etwa Mahnungen verschicken), um gegenüber Willi nicht dennoch provisionspflichtig zu werden.

Verhinderung am Verdienst

Hindert der Unternehmer den Handelsvertreter vertragswidrig, Provisionen in dem vereinbarten oder nach den getroffenen Vereinbarungen zu erwartenden Umfang zu verdienen, so gebührt ihm eine **angemessene Entschädigung.** Das Gleiche gilt, wenn die Verhinderung dadurch entstanden ist, dass der Unternehmer während der Dauer des Vertragsverhältnisses sein Unternehmen veräußert oder den Vertrieb der Waren einer gemeinschaftlichen Verkaufsstelle übergeben hat (vgl zum Ganzen § 12 HVertrG).

> Der Unternehmer Suff stellt dem Handelsvertreter Mario keine Preislisten oder Muster zur Verfügung, sodass dieser seinen Aufgaben nicht nachkommen kann.

Provision nach Beendigung der Tätigkeit

Auch nach Beendigung des Vertragsverhältnisses hat der Handelsvertreter Anspruch auf Provision, wenn das abgeschlossene Geschäft **überwiegend auf seine Tätigkeit** während des Vertragsverhältnisses zurückzuführen ist und der Abschluss innerhalb einer angemessenen Frist nach Beendigung des Vertragsverhältnisses zustande gekommen ist oder wenn die verbindliche Erklärung des Dritten, das Geschäft schließen zu wollen, noch vor Beendigung des Vertragsverhältnisses dem Handelsvertreter oder dem Unternehmer zugegangen ist. Ein allfälliger Nachfolger des Handelsvertreters hat in einem solchen Fall keinen Provisionsanspruch (vgl § 11 HVertrG).

Ausgleichsanspruch bei Vertragsbeendigung

Bei Beendigung des Handelsvertretervertrags steht dem Handelsvertreter gem § 24 Abs 1 HVertrG zwingend ein **angemessener Ausgleichsanspruch** zu, wenn und soweit

- er dem Unternehmer **neue Kunden zugeführt** oder bereits bestehende Geschäftsverbindungen **wesentlich erweitert** hat,
- für den Unternehmer aus diesen Geschäftsverbindungen auch noch **nach Auflösung** des Vertragsverhältnisses **erhebliche Vorteile** zu erwarten sind, und
- die Zahlung eines Ausgleichs unter Berücksichtigung aller Umstände, insb der dem Handelsvertreter aus Geschäften mit den betreffenden Kunden entgehenden Provisionen, der **Billigkeit** entspricht.

Der Ausgleichsanspruch ist in der **Praxis** von **großer Relevanz:** Für den Unternehmer deshalb, da er bereits bei Beginn des Vertragsverhältnisses zum Handelsvertreter einen künftigen Ausgleichsanspruchs in die wirtschaftlichen Überlegungen miteinbeziehen muss, für den Handelsvertreter, weil ihm dadurch die wegen der Beendigung entgehenden Provisionen für einen Zeitraum von bis zu einem Jahr nach Beendigung des Vertragsverhältnisses abgegolten werden.

Der Anspruch besteht jedoch nicht, wenn der Handelsvertreter das Vertragsverhältnis ohne gerechtfertigten Anlass kündigt oder seine Rechte einem Dritten überbindet (§ 24 Abs 3 HVertrG).

> Willi überträgt seine Rechte aus dem Handelsvertretervertrag an Thekla. In diesem Fall hat er keinen Ausgleichsanspruch.

Berechnung — Der Ausgleichsanspruch ergibt sich aus dem abstrakt zu berechnenden Vorteil des Unternehmers, ist jedoch mangels anderslautender Vereinbarung nach oben mit einer Jahresvergütung, die aus dem Durchschnitt der letzten fünf Jahre errechnet wird, begrenzt. Hat das Vertragsverhältnis weniger als fünf Jahre gedauert, so ist der Durchschnitt der gesamten Vertragsdauer maßgeblich (§ 24 Abs 4 HVertrG).

Verlust — Der Handelsvertreter verliert den Ausgleichsanspruch, wenn er dem Unternehmer nicht innerhalb eines Jahres nach Beendigung des Vertragsverhältnisses mitgeteilt hat, dass er seine Rechte geltend macht (§ 24 Abs 5 HVertrG). Eine genaue Bezifferung ist zu diesem Zeitpunkt aber nicht erforderlich.

Auslagenersatz — Der Handelsvertreter hat – über den Provisionsanspruch hinausgehend – Anspruch auf **Ersatz der besonderen Kosten,** die er ausschließlich aufgrund des Auftrags des Unternehmers aufwenden musste. Die allgemeinen Betriebskosten, die auch ohne den Auftrag des Unternehmers anfallen würden, sind hingegen nicht ersatzfähig (zB Betriebskosten eines Büros, etc; vgl § 13 HVertrG).

> Der Handelsvertreter hat – über den Provisionsanspruch hinausgehend – Anspruch auf **Ersatz der besonderen Kosten,** die er ausschließlich aufgrund des Auftrags des Unternehmers aufwenden musste. Die allgemeinen Betriebskosten, die auch ohne den Auftrag des Unternehmers anfallen würden, sind hingegen nicht ersatzfähig (zB Betriebskosten eines Büros, etc; vgl § 13 HVertrG).

Sonstige Rechte des Handelsvertreters

Unterstützung — § 6 HVertrG verpflichtet den Unternehmer zur Unterstützung des Handelsvertreters: Er hat ihm etwa die erforderlichen Informationen und Unterlagen zur Verfügung zu stellen, ihn rechtzeitig vor einem Geschäftsrückgang zu warnen oder unverzüglich von der Annahme, Ablehnung oder Nichtausführung eines vermittelten oder geschlossenen Geschäfts zu informieren.

Zurückbehaltungsrecht — Dem Handelsvertreter steht das unternehmerische Zurückbehaltungsrecht gem §§ 369, 370 UGB – auch an den ihm vom Unternehmer übergebenen Mustern – zu. Leistet der Unternehmer allerdings eine Sicherheit im Wert der Muster oder der Höhe der Forderung des Handelsvertreters, ist das Zurückbehaltungsrecht aufgehoben (vgl § 19 HVertrG).

Bucheinsicht — Um die Abrechnung für den Handelsvertreter überprüfbar zu gestalten, hat der Handelsvertreter das Recht auf einen **Buchauszug** sowie auf **Auskunftserteilung.** Kommt der Unternehmer dem Verlangen auf Bucheinsicht und/oder Auskunftserteilung nicht nach, hat der Handelsvertreter die Möglichkeit, seinen Anspruch im Außerstreitverfahren durchzusetzen (im Detail § 16 HVertrG).

Beendigung

Der Handelsvertretervertrag endet durch
- einvernehmliche Auflösung,
- Fristablauf (bei befristeten Verträgen; § 20 HVertrG),
- ordentliche Kündigung (§ 21 HVertrG),
- außerordentliche Kündigung (vorzeitige Auflösung aus wichtigem Grund; § 22 HVertrG) oder
- Konkurs des Unternehmers (§ 26 HVertrG).

Ablauf der Frist

Ein auf **bestimmte** Zeit geschlossener Handelsvertretervertrag endet mit dem Ablauf der Zeit, für die er eingegangen wurde. Wird das Vertragsverhältnis nach Ablauf der vereinbarten Zeit von beiden Parteien fortgesetzt, so gilt es als auf unbestimmte Zeit verlängert und geht daher in einen unbefristeten Vertrag über (vgl § 20 HVertrG).

ordentliche Kündigung

Ist der Handelsvertretervertrag auf **unbestimmte** Zeit geschlossen, so kann er unter Beachtung bestimmter (zwingender) Fristen von jeder Vertragspartei ordentlich gekündigt werden. Ist der Vertrag zunächst auf bestimmte Zeit geschlossen und anschließend auf unbestimmte Zeit verlängert worden, ist die Laufzeit des auf bestimmte Zeit eingegangenen Vertrags einzurechnen (im Detail § 21 HVertrG).

außerordentliche Kündigung

Wie jedes Dauerschuldverhältnis kann auch der Handelsvertretervertrag von den Parteien vorzeitig aus **wichtigem Grund** aufgelöst werden, wenn die Fortsetzung des Rechtsverhältnisses aus einem bestimmten Grund unzumutbar ist (§ 22 Abs 2 und 3 HVertrG zählen demonstrativ wichtige Gründe auf). So ist ein **Unternehmer** zur vorzeitigen Lösung des Vertragsverhältnisses insb dann berechtigt,

- wenn der Handelsvertreter unfähig wird, seine Tätigkeit auszuüben;
- wenn sich der Handelsvertreter einer Handlung schuldig macht, die ihn des Vertrauens des Unternehmers unwürdig erscheinen lässt, insb wenn er entgegen der Bestimmung des § 7 HVertrG eine Belohnung annimmt, wenn er dem Unternehmer Aufträge übermittelt, die nicht erteilt worden sind, oder wenn er ihn sonst in wesentlichen geschäftlichen Angelegenheiten in Irrtum führt;
- wenn der Handelsvertreter während einer den Umständen nach erheblichen Zeit es unterlässt oder sich weigert, für den Unternehmer tätig zu sein, oder wenn er andere wesentliche Vertragsbestimmungen verletzt;
- wenn der Handelsvertreter sich Tätlichkeiten oder erhebliche Ehrverletzungen gegen den Unternehmer zuschulden kommen lässt;
- wenn über das Vermögen des Handelsvertreters das Konkursverfahren eröffnet wird.

> Der Geschäftsführer der Staub & Saug GmbH erfährt, dass Siegfried seit Jahren Aufträge fingiert und die Verkaufszahlen fälscht – er spricht zu Recht (unmittelbar nachdem er die Vorwürfe überprüft hat) die außerordentliche Kündigung aus.

Wichtige Gründe für den **Handelsvertreter,** das Vertragsverhältnis vorzeitig aufzulösen, sind:

- wenn er unfähig wird, seine Tätigkeit auszuüben, oder
- wenn der Unternehmer die dem Handelsvertreter zukommende Provision ungebührlich schmälert oder vorenthält oder andere wesentliche Vertragsbestimmungen verletzt, oder sich Tätlichkeiten oder erhebliche Ehrverletzungen gegen den Handelsver-

treter zuschulden kommen lässt, oder den Betrieb des Geschäftszweigs aufgibt, in dem der Handelsvertreter hauptsächlich tätig ist.

Schadenersatz — Wer die vorzeitige **Vertragsbeendigung verschuldet** oder wer den Vertrag ohne wichtigen Grund vorzeitig auflöst, haftet der anderen Vertragspartei (unabhängig von einem allenfalls bestehenden Ausgleichsanspruch) gem § 23 HVertrG für den dadurch entstandenen Schaden. Bei Verschulden beider Seiten hat das Gericht einen Ersatz nach Ermessen zuzusprechen.

- Grenzen Sie den Handelsvertreter vom Makler ab!
- Ist der Handelsvertreter Unternehmer?
- Sind Handelsvertreter Arbeitnehmer oder Selbständige?
- Welche Rechtsfolge hat es, wenn dem Handelsvertreter Abschlussvollmacht erteilt wird?
- Was ist ein „Subvertreter"?
- Welche Pflichten folgen aus der allgemeinen Interessenwahrungspflicht des Handelsvertreters?
- Unter welchen Voraussetzungen hat der Handelsvertreter Anspruch auf Provision? Wann entfällt der Provisionsanspruch?
- Was versteht man unter dem Ausgleichsanspruch des Handelsvertreters nach Beendigung seiner Tätigkeit? Wie ist dieser zu berechnen?
- Hat der Handelsvertreter Anspruch auf Ersatz seiner Spesen und seiner Betriebskosten?
- Wie kann der Vertrag eines Handelsvertreters mit dem Unternehmer beendet werden?
- Welche Ansprüche entstehen bei Beendigung des Handelsvertretervertrags?

Ausgleichsanspruch — Dem Handelsvertreter steht bei Beendigung des Handelsvertretervertrags ein Ausgleichsanspruch zu, wenn und soweit er (i) dem Unternehmer neue Kunden zugeführt oder bereits bestehende Geschäftsverbindungen wesentlich erweitert hat, (ii) zu erwarten ist, dass die neuen Kunden bzw die erweiterten Geschäftsverbindungen für den Unternehmer auch noch nach Beendigung des Handelsvertretervertrags erhebliche Vorteile bringen, und (iii) die Zahlung eines Ausgleichs unter Berücksichtigung aller Umstände der Billigkeit entspricht (§ 24 HVertrG).

Auslagenersatz — Der Handelsvertreter hat auch Anspruch auf Ersatz der besonderen Aufwendungen, die ihm aufgrund des Handelsvertretervertrags erwachsen sind (§ 13 HVertrG).

Bemühungspflicht — Der Handelsvertreter ist verpflichtet, sich um die Vermittlung oder den Abschluss von Geschäften zu bemühen (§ 5 HVertrG); er ist jedoch nicht verpflichtet, auch tatsächlich Abschlüsse zu tätigen.

2.3 Absatzmittlergeschäfte

Provision des Handelsvertreters — Der Handelsvertreter hat für seine Tätigkeit einen Anspruch auf Entgelt; dieses kann in Form einer Provision oder eines anderen Entgelts vereinbart werden (§§ 8 ff HVertrG). Der Provisionsanspruch entsteht jedoch nur dann, wenn der Handelsvertreter für das Zustandekommen des Geschäfts verdienstlich war und soweit das vermittelte Geschäft rechtswirksam ist und der Unternehmer das Geschäft ausgeführt hat oder wenn der Unternehmer nach dem Vertrag mit dem Dritten das Geschäft hätte ausführen sollen oder wenn der Dritte das Geschäft durch Erbringen seiner Leistung ausgeführt hat. Die Höhe der Provision richtet sich nach der Vereinbarung der Parteien. Wird keine Vereinbarung getroffen, so ist ein ortsübliches Entgelt geschuldet.

Handelsvertreter — Handelsvertreter ist, wer von einem Unternehmer mit der Vermittlung (Vermittlungsvertreter) oder dem Abschluss (Abschlussvertreter) von Rechtsgeschäften (ausgenommen über unbewegliche Sachen) in dessen Namen und für dessen Rechnung ständig betraut ist und diese Tätigkeit selbständig und gewerbsmäßig ausübt (§ 1 Abs 1 HVertrG). Der Handelsvertretervertrag („Handelsagenturvertrag") zwischen Unternehmer und Handelsvertreter ist nach überwiegender Meinung ein mit einem Geschäftsbesorgungsvertrag verbundener freier Dienstvertrag. IZw ist nur Vermittlungsvollmacht anzunehmen. Für vollmachtslosen Abschluss normiert § 2 Abs 2 HVertrG eine Genehmigungsfiktion. Pflichten des Handelsvertreters sind ua Interessenwahrungspflicht, Bemühungspflicht, Benachrichtigungspflichten. Der Handelsvertreter hat für seine erfolgreiche Tätigkeit Anspruch auf Provision. Daneben können ua Auslagenersatzansprüche und ein Ausgleichsanspruch bei Vertragsbeendigung zustehen.

Interessenwahrungspflicht — Der Handelsvertreter ist verpflichtet, die Interessen seines Auftraggebers (des Unternehmers) mit der Sorgfalt eines ordentlichen Unternehmers zu wahren (§ 5 HVertrG).

Zurückbehaltungsrecht — Als Unternehmer steht dem Handelsvertreter das unternehmerische Zurückbehaltungsrecht (§§ 369 f UGB) zu (s auch § 19 HVertrG).

Kapitel 3: Maklergeschäft

Allgemeines

Begriffsbestimmung — Gem § 1 MaklerG ist Makler, wer
- aufgrund einer privatrechtlichen Vereinbarung (Maklervertrag)
- für einen Auftraggeber (der nicht Unternehmer sein muss)
- Geschäfte mit einem Dritten **vermittelt,**

Kapitel 3: Maklergeschäft

- **ohne ständig** damit betraut zu sein (grundsätzlich liegt daher kein Dauerschuldverhältnis vor).

Primäre Pflicht des Maklers ist somit das **„Zusammenführen"** der Parteien.

> Lisa beauftragt Viktor mit der Vermittlung der Vermietung ihrer Wohnung.

Der Maklerlohn gebührt allerdings idR nur bei **erfolgreicher Geschäftsvermittlung** (und nicht schon bei Verschaffung einer Gelegenheit zum Abschluss; vgl demgegenüber den Handelsvertreter). Dennoch hat der Makler keinen Anspruch darauf, dass die von ihm zusammengeführten Parteien das zu vermittelnde Geschäft auch tatsächlich abschließen – diese bleiben in ihrer Entscheidung frei (§ 4 Abs 2 MaklerG).

> Viktor bringt Hans als möglichen Mieter. Lisa ist nicht verpflichtet, den Mietvertrag tatsächlich mit Hans abzuschließen. Würde Viktor ungeachtet dessen „für Lisa" den Mietvertrag unterzeichnen, käme der Vertrag nicht zustande und der Makler würde dem vermeintlichen Mieter als falsus procurator (Scheinvertreter) haften.

Zusätzlich kann jedoch dem Makler eine Abschlussvollmacht erteilt werden (§ 2 Abs 1 MaklerG). In diesem Fall schließt der Makler das Geschäft im Namen und auf Rechnung des Auftraggebers ab.

> Da Lisa nicht die Zeit hat, sich die potentiellen Mieter ihrer Wohnung persönlich „anzusehen", erteilt er Viktor zugleich Abschlussvollmacht. Viktor handelt daher als rechtsgeschäftlicher Vertreter der Lisa.

In der Praxis hat der Auftraggeber oft das Interesse, dem potentiellen Vertragspartner seine Identität erst in einer späteren Phase zu enthüllen. Zu diesem Zweck kann der Makler befugt sein, Erklärungen, die zum Abschluss des Vertrags mit dem Dritten führen können, mit Rechtswirkung für die Beteiligten entgegenzunehmen. Der Auftraggeber kann diesfalls, solange ihm der Dritte weder bekannt ist, noch bekannt sein musste, Erklärungen zur Wahrung seiner Rechte an den Makler richten (§ 2 Abs 2 MaklerG).

Rechtsgrundlage: MaklerG 1996

Die gesetzliche Grundlage für das Maklergeschäft ist das **Maklergesetz 1996** (MaklerG). Der allgemeine Teil des MaklerG behandelt die Rechte und Pflichten aus dem **Maklervertrag** (§§ 1–18 MaklerG). Der besondere Teil des MaklerG enthält Sonderbestimmungen für die **verschiedenen Maklertypen** (§§ 19–41 MaklerG; zu diesen unten S 218 ff).

Formvorschriften

Der Maklervertrag kann **grundsätzlich formfrei,** dh auch konkludent abgeschlossen werden. Zu beachten sind idZ gegenüber **Konsumenten** allerdings die **Schriftlichkeitsgebote** des § 31 KSchG und des § 34 MaklerG bei Kreditvermittlungsverträgen (zu besonderen Aufklärungspflichten unten S 214).

Merkmale des Maklervertrags

Der Maklervertrag ist ein (bedingt) **entgeltlicher** und idR **einseitig verbindlicher** Vertrag: Der Makler ist grundsätzlich **nicht** dazu verpflichtet, sich um die Vermittlung zu **bemühen** (vgl § 4 Abs 1 MaklerG; eine Bemühungspflicht kann aber vereinbart werden).

> Adriana beauftragt unter anderen den Makler Wolfgang, einen Käufer für ihre Wohnung zu finden; Wolfgang nimmt diese daher in sein Angebot auf. Soll ihn auch die Pflicht treffen, bestimmte Werbemaßnahmen zu setzen (zB wöchentlich eine Anzeige im Immobilienteil der „Presse" zu schalten), müsste dies gesondert vereinbart werden.

2.3 Absatzmittlergeschäfte

Liegt jedoch ein **Alleinvermittlungsauftrag** vor, bei dem sich der Auftraggeber verpflichtet, für das zu vermittelnde Geschäft keinen anderen Makler in Anspruch zu nehmen, ist der Makler verpflichtet, sich nach Kräften um die Vermittlung zu bemühen (§ 14 Abs 1 MaklerG).

> Adriana verpflichtet sich, keinen anderen Makler als Wolfgang zu beauftragen. Hier trifft Wolfgang eine Bemühungspflicht.

Der Alleinvermittlungsauftrag kann nur befristet auf angemessene Dauer abgeschlossen und auch verlängert werden (vgl § 14 Abs 2 MaklerG; zur Höchstdauer von Alleinvermittlungsaufträgen von Konsumenten an Immobilienmakler s unten S 220).

Doppeltätigkeit?   Ohne ausdrückliche Einwilligung des Auftraggebers darf der Makler nicht zugleich für den Dritten tätig werden oder von diesem eine Belohnung annehmen, sofern nicht für den betreffenden Geschäftszweig ein abweichender Geschäftsbrauch besteht (vgl § 5 Abs 1 MaklerG).

> Ein solcher abweichender Brauch besteht in der Immobilien- und Versicherungsbranche.

Wird der Makler als „Doppelmakler" tätig, hat er dies beiden Auftraggebern entsprechend mitzuteilen. Diese Mitteilungspflicht entfällt nur, wenn der Makler den Umständen nach annehmen darf, dass seine Doppeltätigkeit den Auftraggebern bekannt ist (vgl § 5 Abs 3 MaklerG). Verstößt der Makler gegen das Verbot der Doppeltätigkeit, kann der Auftraggeber die Herausgabe der Provision, Schadenersatz und Mäßigung der Provision verlangen (§ 5 Abs 2 MaklerG).

Vertrag sui generis   Nach hL ist der Maklervertrag keine Unterform des Auftrags, sondern ein Vertrag sui generis.

Pflichten des Maklers

Interessenwahrung   Die zentrale Verpflichtung des Maklers ist die „redliche und sorgfältige" **Wahrung der Interessen** seines Auftraggebers (§ 3 Abs 1 MaklerG). Dazu zählt insb die Information über wesentliche Umstände des zu vermittelnden Geschäfts.

> ZB hat der Auftraggeber den Makler über behördliche Genehmigungen und Bewilligungen bzw deren Fehlen, Belastungen von Liegenschaften durch Dienstbarkeiten, familiäre oder gesellschaftsrechtliche Nahebeziehungen zum Dritten etc zu informieren.

Das gilt auch, wenn er gleichzeitig für den Dritten (dh für die andere Partei des zu vermittelnden Geschäfts) tätig ist (zur Doppeltätigkeit oben); diesfalls ist er zur Neutralität verpflichtet.

Schadenersatz   Verletzt der Makler seine vertraglichen oder gesetzlichen Verpflichtungen (und liegen die allgemeinen Voraussetzungen eines Schadenersatzanspruchs vor), kann der Auftraggeber **Schadenersatz** verlangen. Darüber hinaus kann der Auftraggeber bei Verletzung wesentlicher Pflichten durch den Makler auch eine **Mäßigung des Provisionsanspruchs** verlangen, sofern dem Makler grundsätzlich ein solcher zusteht und der Pflichtverstoß eine geringere Verdienstlichkeit bedingt. Der Makler ist in Ausübung seiner Tätigkeit ein Sachverständiger gem § 1299 ABGB; es sind daher erhöhte Maßstäbe an seine Sorgfalt zu legen (s auch § 347 UGB).

Rechte des Maklers

Provisionsanspruch

Zentrales Recht des Maklers ist sein Anspruch auf **Provision** (auch „Courtage" genannt), welche ausführlich gesetzlich geregelt ist (§§ 6–11 MaklerG). Provision steht zu, wenn das zu **vermittelnde Geschäft** durch die vertragsgemäße **verdienstliche** Tätigkeit des Maklers **zustande kommt** (vgl § 6 Abs 1 MaklerG).

> Der Makler Wolfgang hat keinen Mieter finden können. Er hat daher keinen Entgeltanspruch.

Der Makler soll somit grundsätzlich nur dann entlohnt werden, wenn seine Bemühungen auch tatsächlich Erfolg gehabt haben **(Erfolgsprinzip)** und diese Bemühungen für den Abschluss des Geschäfts auch kausal waren **(Kausalitätsgebot).**

Entstehen

Der Anspruch auf Provision entsteht gem § 7 Abs 1 MaklerG **mit der Rechtswirksamkeit des vermittelten Geschäfts.** Der Anspruch **entfällt** daher, wenn das Geschäft nachträglich wegen eines Wurzelmangels erfolgreich angefochten oder von den Parteien einvernehmlich aufgelöst wird. Ist der Vertrag zwar anfechtbar, wird aber tatsächlich nicht angefochten, entsteht der Provisionsanspruch dennoch.

> Detlef vermittelt Peter eine Eigentumswohnung des Silvio; Peter ficht den Wohnungskauf erfolgreich wegen Irrtums an, weil sich herausstellt, dass das gesamte Wohnhaus im Verkaufszeitpunkt mit wirtschaftlichen Mitteln nicht sanierbare wesentliche Mängel aufweist. Detlef muss die Provision daher an Peter zurückzahlen.

gleichwertiges Geschäft

Der Makler hat aber auch dann Anspruch auf Provision, wenn zwar nicht das vertragsgemäß zu vermittelnde Geschäft, aber ein diesem nach seinem Zweck **wirtschaftlich gleichwertiges** Geschäft zustande kommt (§ 6 Abs 3 MaklerG).

> Der Makler Wolfgang hat Cornelius die zu vermietende Wohnung gezeigt. Zwar hat sie dieser nicht gemietet, wohl aber dessen Freundin Cäcilia, der er vom Objekt erzählt hat.

aufschiebende Bedingung

Ist das abzuschließende Geschäft **aufschiebend bedingt,** entsteht der Provisionsanspruch erst in jenem Zeitpunkt, in dem die aufschiebende Bedingung eintritt. Ist die Rechtswirksamkeit eines Liegenschaftskaufvertrags mit der Erteilung der grundverkehrsbehördlichen Genehmigung aufschiebend bedingt, so entsteht der Provisionsanspruch auch erst im Zeitpunkt der Erteilung der Genehmigung. Wird die Genehmigung nicht erteilt, entsteht daher kein Provisionsanspruch.

Höhe der Provision

Die Höhe der Provision kann von den Parteien **grundsätzlich frei** vereinbart werden (beachte jedoch die höchstzulässigen Provisionen für Immobilienmakler gem der Immobilienmakler-Verordnung). Mangels Vereinbarung steht eine **ortsübliche,** in Ermangelung einer solchen eine **angemessene Provision** zu (§ 8 Abs 1 MaklerG). Gewährt der Auftraggeber dem Dritten einen **Nachlass,** so vermindert dies nur dann die Berechnungsgrundlage für die Provision, wenn der Nachlass bereits bei Vertragsabschluss vereinbart wird (§ 8 Abs 2 MaklerG).

Provisionsminderung

Verletzt der Makler eine seiner Verpflichtungen, so kann der Auftraggeber eine Minderung der Provision verlangen. Das Ausmaß der Minderung richtet sich dabei nach dem (in der Praxis nicht immer leicht festzustellenden) Ausmaß der durch die Pflichtverletzung **geringeren Verdienstlichkeit.**

2.3 Absatzmittlergeschäfte

Fälligkeit — Gem § 10 MaklerG ist die Provision **im Zeitpunkt der Entstehung fällig.** Einen Anspruch auf Vorschuss hat der Makler nicht.

Verjährung — Der Provisionsanspruch unterliegt der kurzen, **dreijährigen Verjährungsfrist** (§ 11 MaklerG).

Entfall des Provisionsanspruchs — In den folgenden Fällen steht **keine Provision** zu:

- Bei **bloßer Namhaftmachung** des Dritten, sofern nicht für den betreffenden Geschäftszweig ein abweichender Gebrauch (wie zB bei den Immobilienmaklern) besteht (§ 6 Abs 2 MaklerG).
- Wenn der **Makler selbst Vertragspartner** des Geschäfts wird. Dies gilt auch dann, wenn das mit dem Dritten geschlossene Geschäft wirtschaftlich einem Abschluss durch den Makler selbst (zB Abschluss durch ein verbundenes Unternehmen) gleichkommt. Liegt zwischen dem Makler und dem vermittelten Dritten ein familiäres oder wirtschaftliches Naheverhältnis vor, das die Wahrung der Interessen des Auftraggebers beeinträchtigen könnte, hat der Makler nur dann Anspruch auf Provision, wenn er den Auftraggeber unverzüglich auf dieses Naheverhältnis hinweist (§ 6 Abs 4 MaklerG).

> Die AB Holding GmbH ist alleinige Gesellschafterin der AB Immobilien GmbH und der AB Realitätenvermittlungs GmbH. Vermittelt die AB Realitätenvermittlungs GmbH eine Wohnung, die im Eigentum der AB Immobilien GmbH steht, so muss unverzüglich auf das wirtschaftliche Naheverhältnis (beide Gesellschaften stehen im alleinigen Eigentum der AB Holding GmbH) hingewiesen werden, widrigenfalls kein Anspruch auf Provision entsteht. Wäre der Auftraggeber Verbraucher, hat dieser Hinweis überdies schriftlich zu ergehen (vgl § 30b Abs 1 KSchG).

Der Provisionsanspruch entfällt zudem, wenn und soweit feststeht, dass der Vertrag zwischen dem Dritten und dem Auftraggeber aus **nicht vom Auftraggeber zu vertretenden Gründen** unterbleibt. Ist der Dritte im **Leistungsverzug,** muss der Auftraggeber alle zumutbaren Schritte unternehmen, um den Dritten zur Leistung zu veranlassen. Erst wenn diese Versuche erfolglos bleiben, entfällt auch der Provisionsanspruch (vgl § 7 Abs 2 MaklerG).

> Anton als Käufer und Berta als Verkäuferin schließen einen von Viktor vermittelten Kaufvertrag über eine antike Vase. Der Provisionsanspruch entsteht im Zeitpunkt der beiderseitigen Unterfertigung des Kaufvertrags. Kommt es jedoch nicht zur Ausführung des Geschäfts (dh in diesem Fall zur Übergabe der Vase), weil die Vase im Lager von Berta bei einem Feuer zerstört wird, entfällt der Provisionsanspruch.

Sonderproblem mehrere Makler — Liegen die Provisionsvoraussetzungen bei **mehreren Maklern** vor, so schuldet der Auftraggeber die Provision dennoch nur einmal. Anspruchsberechtigt ist gem § 6 Abs 5 MaklerG jener Makler, dessen Verdienstlichkeit an der Vermittlung **eindeutig überwogen** hat.

> Max beauftragt für die Vermittlung des Verkaufs seiner Wohnung die Makler Faul und und Fleißig. Faul hat die Wohnung bloß auf seinem „schwarzen Brett" beworben und nur einen Besichtigungstermin absolviert, Fleißig dagegen mehrere Zeitungsinserate geschalten und 22 Besichtigungen absolviert, von denen eine erfolgreich war. Die Verdienstlichkeit des Fleißig überwiegt.

Kapitel 3: Maklergeschäft

Kann ein Überwiegen nicht festgestellt werden, ist die Provision nach Maßgabe der Verdienstlichkeit **aufzuteilen.** Im Zweifel ist die Provision zu gleichen Teilen aufzuteilen. Hat der Auftraggeber ohne grobe Fahrlässigkeit einem von mehreren anspruchsberechtigten Maklern verhältnismäßig zu viel an Provision bezahlt, hat er dennoch auch gegenüber den anderen Maklern schuldbefreiend geleistet. Der verkürzte Makler hat dann allerdings einen Ausgleichsanspruch gegen die anderen Makler.

Einsatz von Gehilfen

Es gibt auch Fälle, in denen sich der beauftragte Makler eines **anderen Maklers als Gehilfen** bedient. Dann ist der Gehilfe nicht gegenüber dem Auftraggeber provisionsberechtigt, seine Entlohnung ist ausschließlich der Vereinbarung zwischen dem beauftragten Makler und ihm vorbehalten.

> Antonia hat neben Wolfgang auch noch Willibald als Makler beauftragt. Tatsächlich werden sowohl Wolfgang als auch Willibald beim Verkauf der Liegenschaft verdienstlich tätig und sind daher zu gleichen Teilen provisionsberechtigt. Hätte Antonia nur Wolfgang beauftragt und sich dieser Willibalds als Gehilfen bedient, wäre lediglich Wolfgang gegenüber Antonia anspruchsberechtigt. Die Entlohnung von Willibald bliebe der Vereinbarung zwischen Wolfgang und Willibald vorbehalten.

Grenzen einer Provisionsvereinbarung

Die **Vereinbarung** eines Entgelts auch **ohne** einen dem Makler zurechenbaren **Vermittlungserfolg** ist grundsätzlich möglich, jedoch gem § 15 MaklerG nur zulässig, wenn:

- das im Maklervertrag bezeichnete Geschäft **wider Treu und Glauben** nur deshalb nicht zustande kommt, weil der Auftraggeber entgegen dem bisherigen Verhandlungsverlauf einen für das Zustandekommen des Geschäfts erforderlichen Rechtsakt ohne beachtenswerten Grund unterlässt (beachtenswert sind jene Gründe, die nicht vom Auftraggeber zu vertreten sind);
- mit dem vom Makler vermittelten Dritten ein **anderes** als ein zweckgleichwertiges Geschäft zustande kommt, sofern die Vermittlung des Geschäfts in den Tätigkeitsbereich des Maklers fällt;
- das im Maklervertrag bezeichnete Geschäft nicht mit dem Auftraggeber oder dem vermittelten Dritten, sondern einer **anderen Person** zustande kommt, der entweder der Auftraggeber oder der vermittelte Dritte die Geschäftsgelegenheit mitgeteilt haben;
- das Geschäft nicht mit dem vermittelten Dritten zustande kommt, weil ein gesetzliches oder ein vertragliches **Vorkaufs-, Wiederkaufs- oder Eintrittsrecht** ausgeübt wird.

Bei **Alleinvermittlungsaufträgen** ist diese Form der Provision auch für folgende Fälle zulässig:

- der Alleinvermittlungsauftrag wird vom Auftraggeber vertragswidrig ohne wichtigen Grund vorzeitig gekündigt oder
- das Geschäft kommt während der Dauer des Alleinvermittlungsauftrags vertragswidrig durch die Vermittlung eines anderen vom Auftraggeber beauftragten Maklers oder auf andere Art zustande.

Diese Art der „Provision" ist gem § 15 Abs 3 MaklerG als **Vertragsstrafe** nach § 1336 ABGB zu qualifizieren, die daher grundsätzlich dem richterlichen Mäßigungsrecht unterliegt. Gegenüber Verbrauchern hat eine solche Vereinbarung ausdrücklich und schriftlich zu erfolgen (§ 31 Abs 1 Z 3 KSchG).

2.3 Absatzmittlergeschäfte

Aufwandersatz — Gem § 9 MaklerG hat der Makler **keinen Anspruch** auf den Ersatz der durch den Geschäftsbetrieb entstandenen allgemeinen **Kosten und Auslagen.** Aufwendungen des Maklers aufgrund von zusätzlichen Aufträgen sind nur dann zu ersetzen, wenn die Ersatzpflicht ausdrücklich vereinbart worden ist. Eine solche Vereinbarung mit einem Verbraucher bedarf gem § 31 KSchG zudem der Schriftlichkeit.

> Der Makler Fleißig konnte für die Wohnung des Peter keinen Käufer finden, obwohl er diese im „Immobilienstandard" mehrmals inseriert hatte. Die Kosten für die vergeblichen Inserate hat Peter Fleißig dennoch nur zu ersetzen, wenn dies ausdrücklich vereinbart wurde.

Mitwirkungspflicht — Der Auftraggeber hat die Pflicht, den Makler bei der Ausübung seiner Vermittlungstätigkeit redlich zu unterstützen und eine Weitergabe von mitgeteilten Geschäftsgelegenheiten zu unterlassen (§ 3 Abs 2 MaklerG).

Besondere Maklertypen

Das Maklergeschäft kommt in verschiedenen Formen vor:
- **Immobilienmakler** (§§ 16–18 MaklerG),
- **Handelsmakler** (§§ 19–32 MaklerG); dazu zählen auch der Krämermakler (§ 25 MaklerG) und der Versicherungsmakler (§ 26 ff MaklerG),
- **Personalkreditvermittler** (§§ 33–41 MaklerG),
- **Freie Makler** nach dem Börsegesetz.

Handelsmakler und Zivilmakler

Abgrenzung — Handelsmakler sind Makler, die **gewerbsmäßig** Geschäfte über Gegenstände des **Handelsverkehrs** vermitteln (§ 19 Abs 1 MaklerG).

> Gegenstände des Handelsverkehrs sind zB Reisen, Kredite, Wertpapiere, Waren aller Art und Versicherungen. Keine Gegenstände des Handelsverkehrs sind insb Immobilien.

Ein Makler, dessen Tätigkeit **nicht gewerbsmäßig** ist und/oder dessen vermittelte Geschäfte **nicht Gegenstände des Handelsverkehrs** betreffen, wird als **„Zivilmakler"** bezeichnet.

> Immobilien, Unternehmen, Theateraufführungen, Anstellungsverträge von Künstlern.

Doppeltätigkeit des Handelsmaklers — Während der Zivilmakler idR nur für eine Partei des zu vermittelnden Geschäfts tätig wird, schreitet der Handelsmakler üblicherweise für beide Parteien ein (vgl dazu § 5 MaklerG). Treffen sie keine abweichende Vereinbarung, sind beide Auftraggeber je zur Hälfte zur Entrichtung der Provision des Handelsmaklers verpflichtet (s § 23 MaklerG). Damit es zu keiner Übervorteilung einer der beiden Parteien kommt, ist der Handelsmakler gem § 20 MaklerG verpflichtet, die **Interessen beider Auftraggeber** redlich und sorgfältig zu wahren **(Neutralitätsgebot).** Ist der Handelsmakler ausnahmsweise nur im Auftrag einer Partei tätig, so hat er diesen Umstand dem Dritten mitzuteilen (s § 20 Abs 2 MaklerG).

Schlussnote — Der Handelsmakler ist mangels einer anderen Vereinbarung dazu verpflichtet, unverzüglich nach dem Abschluss des Geschäfts jeder Partei eine von ihm **unterzeichnete**

Schlussnote zuzustellen, welche die Parteien, den Gegenstand und die Bedingungen des Geschäfts, insb bei Verkäufen von Waren oder Wertpapieren deren Gattung und Menge sowie den Preis und die Zeit der Lieferung enthält (§ 21 Abs 1 MaklerG). Die Schlussnote dient in erster Linie Beweiszwecken. Soll das Geschäft nicht sofort erfüllt werden, ist die Schlussnote vom Handelsmakler den Parteien zu ihrer Unterschrift zu übermitteln und anschließend der jeweils anderen Partei unterschrieben zu übersenden (§ 21 Abs 2 MaklerG). Verweigert eine Partei die Annahme oder Unterschrift der Schlussnote, so hat dies der Handelsmakler der anderen Partei unverzüglich mitzuteilen (§ 21 Abs 3 MaklerG).

Vorbehalt der Bezeichnung des Vertragspartners	Der Handelsmakler kann sich in der Schlussnote gem § 22 MaklerG die **Nennung der anderen Partei** ausdrücklich **vorbehalten;** in diesem Fall ist die Partei, die diese Schlussnote annimmt, an das Geschäft mit der Partei, die ihr nachträglich vom Handelsmakler genannt wird, gebunden, es sei denn, dass gegen diese begründete Einwände vorliegen. Die Bezeichnung der Partei ist innerhalb der ortsüblichen bzw innerhalb einer den Umständen nach angemessenen Frist vorzunehmen. Unterbleibt die Bezeichnung oder sind gegen die bezeichnete Partei begründete Einwendungen zu erheben, kann der Handelsmakler selbst auf Erfüllung des Geschäfts in Anspruch genommen werden (sofern dies dem Handelsmakler über seine Aufforderung unverzüglich mitgeteilt wird).
Tagebuch	Der Handelsmakler ist verpflichtet, ein **„Tagebuch"** zu führen und in dieses alle geschlossenen Geschäfte samt den in der Schlussnote verpflichtend anzugebenden Informationen (Gegenstand und die Bedingungen des Geschäfts, insb bei Verkäufen von Waren oder Wertpapieren deren Gattung und Menge sowie den Preis und die Zeit der Lieferung) täglich einzutragen und zu unterzeichnen (§ 24 Abs 1 MaklerG). Das Tagebuch dient der vollständigen Dokumentation der vom Handelsmakler getätigten Geschäfte und ist zumindest **sieben Jahre aufzubewahren** (§ 24 Abs 2 MaklerG). Auf Verlangen der Parteien ist der Handelsmakler verpflichtet, Auszüge aus dem Tagebuch auszuhändigen (§ 24 Abs 3 MaklerG).

Immobilienmakler

Begriff	Immobilienmakler ist, wer als Makler **gewerbsmäßig** Geschäfte über **unbewegliche Sachen** vermittelt (§ 16 Abs 1 MaklerG). Somit sind Immobilienmakler keine Handelsmakler (unbewegliche Sachen sind keine Gegenstände des Handelsverkehrs).
Rechtsgrundlagen	Vorschriften über Immobilienmakler finden sich im **MaklerG** (§§ 16–18), im **KSchG** (§§ 30a–31) und in der **Immobilienmakler-Verordnung (IMV).** Die Vorschriften des MaklerG sind auch auf jene Personen anzuwenden, die von einem Auftraggeber **ständig** betraut sind oder die eine entgeltliche Vermittlungstätigkeit bloß gelegentlich ausüben (§ 16 Abs 2 MaklerG).
zwingende Bestimmungen	Von den Bestimmungen des MaklerG darf hinsichtlich der Provision, deren Entstehen sowie der Kündigungsmöglichkeit mangels bestimmter Vertragsdauer nicht zum Nachteil des Auftraggebers abgewichen werden; ebenso darf der Auftraggeber nicht dazu verpflichtet werden, ein vom Immobilienmakler angebahntes Geschäft abzuschließen (vgl zum Ganzen § 18 MaklerG).

> Der Makler Detlef benennt Peter den Brutus als möglichen Mieter seiner Immobilie. Peter kann nicht dazu verpflichtet werden, das Geschäft mit Brutus abzuschließen.

besondere Aufklärungspflicht	Wird der Immobilienmakler auftragsgemäß **nur für eine Partei** des zu vermittelnden Geschäfts tätig, so hat er dies dem Dritten mitzuteilen (§ 17 MaklerG). Möchte der Im-

2.3 Absatzmittlergeschäfte

mobilienmakler mit einem Verbraucher kontrahieren, ist er weiters verpflichtet, dem Verbraucher vor dem Abschluss des Maklervertrags eine **schriftliche Übersicht** zu übergeben, aus der hervorgeht, dass er als Makler einschreitet und die sämtliche dem Verbraucher durch den Abschluss des zu vermittelnden Geschäfts entstehenden Kosten, einschließlich der Vermittlungsprovision, ausweist (§ 30b KSchG).

besonderes Rücktrittsrecht

Gibt ein Verbraucher eine Vertragserklärung hinsichtlich einer vermittelten Immobilie oder hinsichtlich eines vermittelten Bestand-, sonstigen Gebrauchs- oder Nutzungsrechts am selben Tag ab, an dem er das Vertragsobjekt das erste Mal besichtigt hat und soll das Vertragsobjekt der Befriedigung des dringenden Wohnbedürfnisses dienen, so kann er von seiner Vertragserklärung **zurücktreten** (§ 30a Abs 1 KSchG). Der Rücktritt muss innerhalb einer Woche nach der Vertragserklärung erklärt werden, wobei die Frist erst mit Aushändigung einer Kopie der Vertragserklärung und einer schriftlichen Belehrung über das Rücktrittsrecht an den Verbraucher zu laufen beginnt. Das Rücktrittsrecht erlischt jedoch spätestens einen Monat nach dem Tag der erstmaligen Besichtigung (§ 30a Abs 2 und 3 KSchG).

Höchstdauer der Alleinvermittlung

Die **zulässige Höchstdauer** von Alleinvermittlungsaufträgen mit Verbrauchern (§ 30c KschG) beträgt **drei Monate** für die Vermittlung von Bestandverträgen über Wohnungen und **sechs Monate** für die Vermittlung von Verträgen zur Veräußerung oder zum Erwerb des Eigentums an Wohnungen, Einfamilienhäusern und Grundstücken, die zum Bau eines Einfamilienhauses geeignet sind.

Immobilienmakler-Verordnung

Die Immobilienmakler-Verordnung regelt im Wesentlichen das **Standesrecht der Immobilienmakler** und ist für die Auftraggeber der Immobilienmakler insofern von Bedeutung, als darin auch die **Höchstgrenzen für die Provisionen** der Immobilienmakler geregelt sind.

Versicherungsmakler

Begriff

Versicherungsmakler vermitteln **Versicherungsverträge.** Sowohl eine bloße Rahmenprovisionsvereinbarung („Courtage"), als auch eine ständige Betrauung durch den Versicherungskunden ändern nichts an seiner Maklereigenschaft (§ 26 Abs 1 MaklerG). Auch gelegentliche Vermittlungstätigkeit ist vom MaklerG erfasst (§ 26 Abs 2 MaklerG).

> Markus, dessen Hauptberuf eigentlich Bäcker ist, vermittelt nebenbei für einen „Allfinanzvertrieb" auch Versicherungsverträge. Darauf ist das MaklerG anwendbar.

Doppeltätigkeit des Versicherungsmaklers

Der Versicherungsmakler, welcher sowohl für den Versicherer als auch für den Versicherungsnehmer tätig ist, hat überwiegend die Interessen des Versicherungsnehmers zu wahren (§ 27 Abs 1 MaklerG; zur Wahrung der Interessen des Versicherers § 29 MaklerG). Als Experte für Versicherungen ist er verpflichtet, dem Versicherungsnehmer den bestmöglichen Versicherungsschutz zu vermitteln.

> Der Allfinanzvertrieb „Reichtum für Alle" wirbt mit dem Slogan „Wir vermitteln die beste Versicherung für Sie". Aber: Das ist ohnehin die gesetzliche Pflicht des Maklers.

Provisionsanspruch

Sofern nicht ausdrücklich und schriftlich etwas anderes vereinbart wurde, steht dem Versicherungsmakler aus dem Maklervertrag keine Provision oder sonstige Vergütung oder Aufwandsentschädigung zu (§ 30 Abs 1 MaklerG). In aller Regel erhält der Versicherungsmakler daher seine **Provision vom Versicherer.**

Der Provisionsanspruch **entsteht** mit der Rechtswirksamkeit des vermittelten Versicherungsvertrags, wenn und soweit der Versicherungskunde die geschuldete Prämie bezahlt hat oder zahlen hätte müssen, hätte der Versicherer seine Verpflichtungen erfüllt (§ 30 Abs 2 MaklerG).

Versicherungsagent

Versicherungsagent (Versicherungsvertreter) ist, wer von einem Versicherer **ständig** damit **betraut** ist, für diesen Versicherungsverträge zu vermitteln oder zu schließen (§ 43 Abs 1 VersVG). Der „Einfachagent" hat Verträge mit bloß einem, der „Mehrfachagent" mit mehreren Versicherern. § 26a HVertrG ordnet an, dass das HVertrG auch auf die Vermittlungstätigkeit von (selbständigen) Versicherungsagenten anwendbar ist. Daher steht diesem etwa nach Vertragsauflösung ebenfalls ein Ausgleichsanspruch nach § 24 HVertrG zu.

Bedeutung der Abgrenzung

Die Abgrenzung Versicherungsmakler – Versicherungsagent ist vor allem für die Frage der Haftung entscheidend: Nur der Versicherungsagent gilt als Erfüllungsgehilfe des Versicherers (§ 1313a ABGB), der sich damit dessen schuldhaftes Verhalten zurechnen lassen muss.

> Stupidus, Versicherungsagent der Arroganz Versicherung, hat dem Kunden Pech für eine Feuerschadenversicherung viel zu geringe Deckungssummen empfohlen. Einen allfälligen Schadenersatzanspruch kann Pech gegen die Arroganz Versicherung richten. Wäre Stupidus allerdings Versicherungsmakler, so könnte sein Verhalten der Arroganz Versicherung grundsätzlich nicht zugerechnet werden, es sei denn, er steht „zum Versicherer in einem solchen wirtschaftlichen Naheverhältnis, das es zweifelhaft erscheinen lässt, ob er in der Lage ist, überwiegend die Interessen des Versicherungsnehmers zu wahren" (§ 43a VersVG). Nach der Rsp reicht eine Rahmenprovisionsvereinbarung allein noch nicht aus, um ein solches Naheverhältnis zu begründen.

Sonstige Makler

Personalkreditvermittler

Personalkreditvermittler ist, wer als Makler **gewerbsmäßig** für Kreditwerber **Kreditgeschäfte** (Geldkreditverträge und Gelddarlehen) im Sinn des § 1 Abs 1 Z 3 BWG vermittelt, die **nicht durch Hypotheken gesichert** sind (§ 33 MaklerG); die Vermittlung von hypothekarisch gesicherten Krediten und Darlehen erfolgt demgegenüber durch Immobilienmakler. Das MaklerG sowie die Verordnung des Bundesministers für wirtschaftliche Angelegenheiten über Standes- und Ausübungsregeln für das Gewerbe der Personalkreditvermittler enthalten Bestimmungen, die dem Schutz vor Übereilung und der Aufklärung des Kredit- bzw Darlehensnehmers dienen (vgl etwa § 34–39 MaklerG).

Krämermakler

Krämermakler sind Handelsmakler, welche die Vermittlung von **Warengeschäften im Kleinverkehr** besorgen (§ 25 MaklerG); sie sind – obwohl Handelsmakler – nicht verpflichtet, Schlussnoten auszufolgen und ein Tagebuch zu führen.

Freie Makler nach dem Börsegesetz

Freie Makler nach § 57 BörseG werden vom Börseunternehmen bestellt und haben die Vermittlung von Geschäften über die ihnen vom Börseunternehmen zugeteilten Verkehrsgegenstände durchzuführen. Die Zuteilung der Verkehrsgegenstände an die einzelnen freien Makler erfolgt mit deren Zustimmung und gegen jederzeitigen Widerruf durch das Börseunternehmen nach Anhörung der Interessenvertretung der freien Makler, wenn an der betreffenden Börse eine solche Interessenvertretung besteht. Die vom Börseunternehmen bestellten freien Makler müssen zum **Betrieb von Bankgeschäften** gem § 1 Abs 1 Z 7 BWG mit anderen zu diesen Geschäften berechtigten Kreditinstituten gem § 2 Z 23 BWG oder mit Wertpapierfirmen gem Art 4 Abs 1 Z 1 der Richtlinie 2004/39/EG berechtigt sein. Darüber hinaus dürfen sie keine Bankgeschäfte betreiben.

Börsesensale

Börsesensale sind im Gegensatz zum freien Makler **amtlich bestellt.** Sie sind berechtigt, Verträge über die an der Börse gehandelten Verkehrsgegenstände sowie über die zulässigen Hilfsgeschäfte zu vermitteln. Warenbörsesensale sind zusätzlich zu branchenüblicher **Gutachtertätigkeit** berechtigt. Die Zuteilung der Verkehrsgegenstände an die einzelnen Sensale erfolgt mit deren Zustimmung und gegen jederzeitigem Widerruf durch das Börseunternehmen nach Anhörung der Interessenvertretung der Sensale, wenn an der betreffenden Börse eine solche Interessenvertretung besteht. Börsesensale sind – obwohl sie Verträge vermitteln – **keine Makler iSd MaklerG,** da sie amtlich (also öffentlich-rechtlich) bestellt sind und lediglich dem BörseG unterfallen.

Beendigung des Maklervertrags

Der Maklervertrag endet durch:
- Erfüllung
- Fristablauf
- Kündigung (Widerruf)
- Konkurseröffnung über das Vermögen des Auftraggebers
- Tod des Maklers

Üben

- Was versteht man unter einem „Makler" iSd MaklerG?
- Was ist ein „Doppelmakler"? Was hat dieser zu beachten?
- Wozu ist der Makler verpflichtet?
- Wozu ist der Auftraggeber verpflichtet?
- Was unterscheidet den Maklerlohn vom Provisionsanspruch des Handelsvertreters?
- Wann entsteht der Anspruch auf Provision? Wann ist er fällig?
- Gibt es Fälle, in welchen dem Makler auch ohne Geschäftsabschluss ein Provisionsanspruch zukommt?
- Wann entfällt der Provisionsanspruch?
- Wann hat ein Makler Anspruch auf Aufwandersatz?
- Was ist zu beachten, wenn die Dienste mehrerer Makler in Anspruch genommen werden?
- Kann ein Makler von beiden Parteien eines Geschäfts beauftragt sein? Was ist dabei zu beachten?
- Welche Folge hat die Erteilung eines Alleinvermittlungsauftrags?
- Grenzen Sie den Handelsmakler und den Immobilienmakler voneinander ab!
- Welche Sondervorschriften bestehen für Immobilienmakler und Personalkreditvermittler?
- Welche Schutzvorschriften sieht das KSchG für das Verhältnis Makler/Konsument vor?
- Welche Besonderheiten kennzeichnen den Versicherungsmakler?
- Was ist ein „Versicherungsagent"?
- Wofür ist die Abgrenzung Versicherungsmakler – Versicherungsagent relevant?
- Was sind „freie Makler" nach dem BörseG?
- Sind „Börsesensale" Makler?

Wissen

Abschlussvorbehalt	Der Makler hat keinen Anspruch, dass die Parteien ein von ihm vermitteltes Geschäft auch tatsächlich abschließen.
Alleinvermittlungsauftrag	Unter „Alleinvermittlungsauftrag" versteht man den einem Makler erteilten Auftrag zur Vermittlung eines Geschäfts, wobei sich der Auftraggeber verpflichtet, keinen anderen Makler zu beauftragen (§ 14 Abs 1 MaklerG). Der Alleinvermittlungsauftrag bewirkt eine Verpflichtung zum Tätigwerden des Maklers (Bemühungspflicht gem § 14 Abs 1 MaklerG). Er kann nur befristet (auf angemessene Dauer) abgeschlossen bzw verlängert werden (§ 14 Abs 2 MaklerG); bei Alleinvermittlungsaufträgen von Verbrauchern ist § 30c KSchG zu beachten, bei Kreditvermittlungsverträgen, die idR als Alleinvermittlungsaufträge geschlossen werden, § 35 MaklerG. Gem § 15 Abs 2 MaklerG kann eine Provision auch für bestimmte Fälle fehlenden Vermittlungserfolges vereinbart werden.
Doppelmakler	Eine Tätigkeit als Doppelmakler liegt vor, wenn der Makler mit beiden Parteien einen Maklervertrag abschließt (zur Zulässigkeit s §§ 5, 20 MaklerG). Er hat die Interessen beider Auftraggeber redlich und sorgfältig zu wahren (vgl § 3 Abs 1, § 20 MaklerG).
Freie Makler nach dem Börsegesetz	„Freie Makler" werden vom Börsenunternehmen bestellt und führen die Vermittlung von Geschäften über die ihnen zugeteilten Verkehrsgegenstände durch.
Handelsmakler	Der „Handelsmakler" ist eine Person, die aufgrund einer privatrechtlichen Vereinbarung (Maklervertrag) für einen Auftraggeber gewerbsmäßig Geschäfte über (bewegliche) Gegenstände des Handelsverkehrs mit einem Dritten vermittelt, ohne ständig (anders der Handelsvertreter, s oben S 204 ff) damit betraut zu sein (§ 1 iVm § 19 MaklerG); s im Gegensatz dazu unten den Zivilmakler. Der Handelsmakler kann für beide Parteien tätig werden („Doppelmakler").
Immobilienmakler	Der Immobilienmakler ist ein Makler, der gewerbsmäßig Geschäfte über unbewegliche Sachen vermittelt (§ 16 MaklerG). Er ist als Zivilmakler zu qualifizieren. Besondere Regelungen finden sich in den §§ 16–18 MaklerG sowie Verbraucherschutzbestimmungen in den §§ 30a–30c KSchG (ua besteht ein besonderes Rücktrittsrecht). Der Immobilienmakler ist regelmäßig als Doppelmakler für beide Parteien tätig.
Krämermakler	„Krämermakler" sind eine Sonderform der Handelsmakler: Sie vermitteln Warengeschäfte im Kleinverkehr und müssen weder Schlussnoten übergeben, noch ein Tagebuch führen (§ 25 MaklerG).
Kündigung des Maklervertrags	Ein Maklervertrag kann aus wichtigem Grund von jedem Vertragspartner ohne Einhaltung einer Frist gelöst werden (§ 12 Abs 2 MaklerG) bzw, sofern keine Vertragsdauer vereinbart wurde, jederzeit ohne Einhaltung einer Frist gekündigt werden (§ 13 MaklerG).
Makler	Als „Makler" bezeichnet man eine Person, die aufgrund einer privatrechtlichen Vereinbarung (Maklervertrag) für einen Auftraggeber Geschäfte vermittelt, ohne ständig damit betraut zu sein (§ 1 MaklerG). Man unterscheidet Handelsmakler und Zivilmakler; vgl weiters Immobilienmakler, Personalkreditvermittler, Versicherungsmakler.
Maklertreue	Aus der „Maklertreue" folgt die Pflicht des Maklers (idR des Handelsmaklers), bei Doppeltätigkeit die Interessen beider Parteien in gleicher Weise redlich und sorgfältig zu wahren (vgl § 20 Abs 1 MaklerG); wird er (auftragsgemäß) nur für eine Partei tätig, so hat er dies dem Dritten mitzuteilen (§ 20 Abs 2 MaklerG).

2.3 Absatzmittlergeschäfte

Maklervertrag

Der Maklervertrag ist ein einseitig verpflichtender Vertrag, in dem der „Auftraggeber" dem Makler eine Provision für den Fall verspricht, dass durch dessen Vermittlung der gewünschte Vertrag zustande kommt. Der Maklervertrag ist insb in den §§ 1–15 MaklerG geregelt. Den Makler trifft keine Tätigkeitspflicht (§ 4 Abs 1 MaklerG). Abweichende Vereinbarungen sind jedoch möglich. Der Abschluss des Maklervertrags kann formfrei erfolgen (Ausnahmen bestehen zB nach § 34 MaklerG sowie für gewisse Verbrauchergeschäfte gem § 31 KSchG). Bei unbefristeten Maklerverträgen hat jeder Vertragspartner ein jederzeitiges Kündigungsrecht (§ 13 MaklerG). Im Zweifel hat der Makler keine Abschlussvollmacht. Es trifft ihn ua die Pflicht zu Wahrung der Interessen des Auftraggebers (zu den Pflichten des Auftraggebers vgl insb §§ 3, 6 MaklerG). Aufwandsersatz steht grundsätzlich nicht zu (§ 9 MaklerG).

Personalkreditvermittler

Der „Personalkreditvermittler" ist ein Makler, der gewerbsmäßig für Kreditwerber Kreditgeschäfte iSd § 1 Abs 3 Z 3 BWG vermittelt, die nicht durch Hypotheken besichert sind (§ 33 MaklerG). Personalkreditvermittler können Handelsmakler (Bankkredite) oder Zivilmakler (sonstige Personalkredite) sein. Besondere Regelungen finden sich in den §§ 33–40 MaklerG sowie in bestimmten Standes- und Ausübungsregeln.

Schlussnote

Die Schlussnote ist eine Beweisurkunde, die der Handelsmakler unverzüglich nach Abschluss des vermittelten Geschäfts auszustellen, zu unterschreiben und jeder Vertragspartei zuzustellen hat und welche Angaben über die Parteien, den Gegenstand und die Bedingungen des Geschäfts zu enthalten hat (§ 21 Abs 1 MaklerG; Entbindung durch Verzicht oder unternehmerischen Brauch ist möglich). Bei nicht sofort zu erfüllenden Geschäften ist die Schlussnote von den Parteien zu unterschreiben und wechselseitig zu übersenden (vgl § 21 Abs 2 und 3 MaklerG). Die Beweiskraft erstreckt sich auf den Umstand, dass der Handelsmakler das Geschäft als mit dem angegebenen Inhalt zustande gekommen beurkundet hat.

Selbsteintritt des Maklers

„Selbsteintritt" des Maklers bedeutet, dass der zur Bewirkung einer Leistung eines Dritten vom Geschäftsherrn berufene Makler selbst die Leistung gegenüber dem Auftraggeber erbringt, also Partei des mit dem Geschäftsherrn abzuschließenden Vertrags wird (§ 6 Abs 4 MaklerG). Den Handelsmakler trifft die Pflicht zum Selbsteintritt, wenn die rechtzeitige Bezeichnung der anderen Partei unterbleibt oder berechtigte Einwände gegen sie bestehen (§ 22 Abs 3 MaklerG).

Versicherungsmakler

Der Versicherungsmakler ist ein Handelsmakler, der Versicherungsverträge vermittelt; Sonderbestimmungen finden sich in den §§ 26–32 MaklerG, §§ 137 ff GewO. Den Versicherungsmakler trifft eine Bemühungspflicht (§ 27 Abs 2 MaklerG).

Zivilmakler

Der „Zivilmakler" ist ein Makler, dessen Tätigkeit nicht gewerbsmäßig ist und/oder dessen vermittelte Geschäfte nicht Gegenstände des Handelsverkehrs betreffen (daher werden Immobilien, Unternehmen, Theateraufführungen oder Anstellungsverträge von Künstlern von Zivilmaklern vermittelt). Der Zivilmakler ist idR (anders als der Handelsmakler) nur für eine Partei tätig (vgl § 5 MaklerG; anders der Immobilienmakler). Es gelten die Bestimmungen der §§ 1–15 MaklerG.

Kapitel 4: Vertragshändlergeschäft

→ Lernen

Definition

Mangels einer gesetzlichen Regelung des Vertragshändlergeschäfts existiert **keine Legaldefinition** des Vertragshändlers. In Lehre und Rsp hat sich jedoch folgende Definition des Vertragshändlers etabliert: Vertragshändler ist, wer sich dazu verpflichtet,

- **ständig**
- im **eigenen Namen** und auf **eigene Rechnung**
- in einem **bestimmten Gebiet** die Waren des Vertragspartners
- zu **vertreiben** und den Absatz der Waren bestmöglich zu **fördern,** wobei er im geschäftlichen Verkehr (auch) die Firma und Marken des Vertragspartners hervorhebt und dadurch das **Vertriebssystem** des Vertragspartners erweitert.

Typisch sind Vereinbarungen eines Alleinvertriebsrechts, einer Bezugsbindung, von Kontrollrechten des Herstellers/Lieferanten sowie der Abschluss eines Rahmenvertrags und zahlreicher Einzelverträge.

Analogiegrundlagen

Analogiegrundlagen sind die gesetzlichen Bestimmungen der **übrigen Absatzmittler.** Dabei ist aufgrund der unterschiedlichen Gestaltungsmöglichkeiten darauf Bedacht zu nehmen, welchem Vertragstypus der konkrete Vertragshändlervertrag am ehesten entspricht (insb dem Handelsvertreter oder dem Handelsmakler; dies ist besonders für einen allfälligen Ausgleichsanspruch nach § 24 HVertrG relevant). Auffallend ist vor allem der wichtigste Unterschied: Vertragshändler handeln grundsätzlich **im eigenen Namen** und auf **eigene Rechnung.** In der Praxis lassen sich jedoch häufig sehr viele Übereinstimmungen bzw Ähnlichkeiten mit Handelsvertretern erkennen.

Am häufigsten kommen Vertragshändler in der Kfz-Branche vor: Die meisten Kfz-Werkstätten sowie Autohäuser sind Vertragshändler eines bestimmten Kfz-Produzenten („Alfa Romeo Favoriten"). Im Vertragshändlervertrag verpflichten sich die Autohäuser und/oder Kfz-Werkstätten, ständig im eigenen Namen und auf eigene Rechnung in einem bestimmten Gebiet die Waren des Kfz-Produzenten (Autos, Ersatzteile etc) zu vertreiben und dafür auch sonstige absatzfördernde Maßnahmen wie etwa Werbung zu betreiben. Durch die Einbindung in die Vertriebsstruktur des Kfz-Produzenten wirken Vertragshändler oft wie Filialen des Vertragspartners und die Grenzen zum Franchising (s unten) sind oft fließend. Auch im Tankstellengeschäft ist das Vertragshändlermodell weit verbreitet.

Üben

- Wer ist Vertragshändler?
- Welche gesetzlichen Bestimmungen sind heranzuziehen?
- Hat der Vertragshändler einen Ausgleichsanspruch iSd § 24 HVertrG?

Wissen

Vertragshändler

Ein „Vertragshändler" ist ein Unternehmer, der das Vertriebssystem eines anderen (idR Hersteller/Lieferant) dadurch erweitert, dass er es ständig übernimmt, im eigenen Namen und auf eigene Rechnung die Vertragswaren im Vertragsgebiet zu vertreiben und ihren Absatz zu fördern, wobei das Herstellerzeichen (die Marke) dabei besonders herausgestellt wird.

Kapitel 5: Franchisegeschäft

Lernen

Definition

Ebenso wie das Vertragshändlergeschäft ist auch das Franchisegeschäft gesetzlich nicht geregelt. Dennoch hat sich auch hier eine gängige, von Lehre und Rsp anerkannte Definition durchgesetzt: **Franchisenehmer** ist, wer
- im eigenen Namen und auf eigene Rechnung
- vertraglich vereinbarte Produkte
- nach den Vorstellungen des Franchisegebers
- ständig vertreibt und
- dem Franchisegeber dafür ein Entgelt bezahlt.

Franchisegeber ist entsprechend, wer
- einem Dritten (dem Franchisenehmer)
- Nutzungsrechte an bestimmten Schutzrechten (Marken, Patente etc) einräumt
- und dem Franchisenehmer sein Know-how zur Verfügung stellt.

Kapitel 5: Franchisegeschäft

Anwendungsbereich

Der Anwendungsbereich des Franchising ist in der Praxis breiter als jener der Vertragshändler: Franchising-Verträge kommen in der Getränkeindustrie genauso vor wie in der Gastronomie (insb bei Fast-Food-Ketten) oder bei Reisebüros, Hotelketten, Sportgeschäften, etc.

Charakteristik und Abgrenzung

Neben dem Element der Absatzmittlung steht beim Franchisevertrag auch das einheitliche Marketing und Know-How des Franchisegebers im Vordergrund. Der Franchisenehmer unterwirft sich im Regelfall komplett dem **Marketingkonzept** des Franchisegebers und hat dies entsprechend den Vorgaben des Franchisegebers umzusetzen (zB hinsichtlich der Corporate Identity, Ausstattung, Prospektgestaltung etc).

Analogiegrundlagen

Auch beim Franchisevertrag stellt sich die Frage nach dessen Einordnung, die im konkreten Einzelfall an Hand der vertraglichen Vereinbarungen zu beantworten ist (insb auch im Hinblick auf die Frage des Ausgleichsanspruchs iSd § 24 HVertrG). Insgesamt geht das Konzept des Franchisings in vielerlei Hinsicht über jenes des Vertragshändlers hinaus. Der Franchisevertrag wird häufig als Mischvertrag bezeichnet, der zB Elemente des Lizenzvertrags und des Know-how-Vertrags, je nach Ausgestaltung jedoch noch verschiedene andere Elemente aufweist.

- Wer ist Franchisenehmer?
- Wer ist Franchisegeber?
- Was ist der Unterschied zwischen einem Franchisenehmer und einem Vertragshändler?
- Hat der Franchisenehmer einen Ausgleichsanspruch iSd § 24 HVertrG?

Pflicht zur Betriebsförderung

Als „Betriebsförderungspflicht" bezeichnet man die Pflicht zur laufenden materiellen und immateriellen Förderung des Franchisenehmers durch den Franchisegeber sowie die Pflicht, den Franchisenehmer während der gesamten Vertragsdauer bei seinen Absatzbemühungen zu unterstützen.

Franchising (Franchise)

Das „Franchising" ist ein gesetzlich nicht eigens geregeltes Vertriebssystem für Waren und Dienstleistungen in Form einer vertraglich geregelten Zusammenarbeit zwischen rechtlich selbständigen Unternehmern mit idR folgenden Besonderheiten: Der Franchisegeber räumt dem Franchisenehmer Nutzungsrechte an Schutzrechten ein und stellt Know-how zur Verfügung. Der Franchisenehmer vertreibt die vertraglich bezeichneten Produkte im eigenen Namen und auf eigene Rechnung nach den vorgegebenen Vorstellungen des Franchisegebers (insb einheitliche Geschäftsbezeichnung) und bezahlt dem Franchisegeber ein Entgelt. Überdies werden häufig die Ausstattung des Unternehmens des Franchisenehmers im Stil des Franchisegebers, die Übernahme des Marketingkonzeptes des Franchisegebers sowie Überwachungs- und Weisungsrechte des Franchisegebers vereinbart.

2.3 Absatzmittlergeschäfte

Kapitel 6: Investitionsersatz

Problemstellung

Investitionen bei Absatz- und Servicenetzen

Hersteller, Importeure oder Franchisegeber (im vorliegenden Zusammenhang sog **„bindende Unternehmer"**) verpflichten ihre Vertriebspartner oft zu Investitionen, die meist zu einem erheblichen Teil im eigenen wirtschaftlichen Interesse liegen. Davon sind insb wirtschaftlich unterlegene Klein- und Mittelbetriebe als Vertriebsmittler betroffen: Sie fördern als Vertragshändler oder Franchisenehmer den Vertrieb des Herstellers in rechtlicher Selbständigkeit, werden von ihm jedoch derart in sein Absatzsystem eingebunden, dass zwischen ihrer eingeschränkten Entscheidungsbefugnis und ihrem unternehmerischen Risiko ein Missverhältnis besteht.

> Frida ist Franchisenehmerin einer Kaffeehauskette. Sie hat sich vertraglich dazu verpflichtet, das Kaffeehaus mit bestimmten Möbeln einzurichten, dem Personal bestimmte Uniformen zur Verfügung zu stellen und eine bestimmte Verrechnungssoftware zu verwenden. Einrichtung, Uniformen und Software kosten € 100.000,–.

> Max ist Vertragshändler der Mikroalgen AG. Um deren Produkte verkaufen zu können, muss er zu Beginn eine bestimmte Menge an Mikroalgen um € 10.000,– und Präsentationsmaterialien um € 6.000,– von der Mikroalgen AG ankaufen.

Ersatzprobleme bei Kündigung

Kündigt der Hersteller, Importeur oder Franchisegeber das Vertragsverhältnis auf, sind die von ihm verlangten Investitionen aber häufig noch nicht amortisiert, ohne dass sie für den Absatzmittler weiterhin von Wert bzw verwertbar wären. Dem Absatzmittler ist es oft – aus tatsächlichen oder rechtlichen Gründen – nicht möglich, entsprechend längere Kündigungsfristen auszuhandeln. Um diese Nachteile auszugleichen, vereinfacht **§ 454 UGB** unter bestimmten Voraussetzungen den Ersatz solcher Investitionen.

> Die Verträge von Frida und Max werden vor der von ihnen erwarteten Zeit gekündigt, sodass sich die Kosten der Investitionen für sie nicht „gelohnt" haben.

Ersatz

Ein Unternehmer, der an einem **vertikalen Vertriebsbindungssystem** als **gebundener Unternehmer** oder als Handelsvertreter teilnimmt, hat bei Beendigung des Vertragsverhältnisses mit dem bindenden Unternehmer einen zwingenden Anspruch auf

Kapitel 6: Investitionsersatz

Ersatz von Investitionen und Aufwendungen, zu denen er für einen einheitlichen Vertrieb verpflichtet war.

Anspruchsberechtigte

Zum Ersatz der Investitionen sind Unternehmer berechtigt, die an einem vertikalen Vertriebsbindungssystem iSd § 30a KartG oder als Handelsvertreter iSd § 1 HVertrG teilnehmen.

gebundene Unternehmer iSd § 30a KartG idF 1988

Der (statische) Verweis auf § 30a KartG ist idF von 1988 zu lesen, da im KartG 2005 der Begriff nicht mehr vorkommt. Nach dem KartG sind davon Verträge umfasst, durch die der gebundene Unternehmer im Bezug oder Vertrieb von Waren oder bei der Inanspruchnahme oder der Erbringung von Dienstleistungen beschränkt wird. Die von der Rsp in einem weiten Sinn ausgelegte Regelung erfasst damit sowohl Abnehmer- als auch Lieferantenbindungen.

> Unter „vertikale Vertriebsbindung" fallen zB Vertragshändler- und Franchiseverträge, aber auch sonstige Verträge mit exklusiven Liefer- und Bezugsverpflichtungen, Gebietsschutz- bzw Konkurrenzklauseln oder Vorschriften über Werbeaktivitäten.

Handelsvertreter

Auch die selbständigen Handelsvertreter gem § 1 HVertrG – die idR nicht von § 30a KartG erfasst werden – sind ersatzberechtigt, ohne dass zusätzliche Merkmale des KartG vorliegen müssen (zum Handelsvertreter nach dem HVertrG s S 204 ff).

Investitionen

für den einheitlichen Vertrieb

Die **Investitionen** müssen **für den einheitlichen Vertrieb** erfolgen, also systemnotwendig sein. Darunter sind insb marken- oder produktspezifische Investitionen zur Förderung eines einheitlichen Erscheinungsbildes des Vertriebs zu verstehen. Sowohl Sachaufwand als auch Personalaufwand sind davon umfasst.

> Ersatzfähige Investitionen sind etwa Aufwendungen für Werbemittel, Investitionen in die Ausstattung, wie eine bestimmte Geschäftseinrichtung oder Präsentationssysteme, Werkzeuge und EDV-Systeme, die nur für die betreffenden Waren oder Dienstleistungen verwendet werden können; systemtypische Schulungen und Uniformen der Mitarbeiter.

aufgrund vertraglicher Verpflichtung

Von der Ersatzpflicht umfasst sind nur Investitionen, für die auch eine **vertragliche Verpflichtung** besteht. Freiwillige Investitionen, die über das geschuldete Maß hinausgehen, sind nicht ersatzfähig. Die Verpflichtung kann sich auch aus Weisungsrechten des bindenden Unternehmers oder aus vereinbarten Richtlinien, Jahresplänen oder Mindeststandards ergeben.

> Anna ist Siggi vertraglich nur zu einer bestimmten Schauraumeinrichtung und zu bestimmten Werbeschildern verpflichtet. Anna will ihren Vertrieb steigern, indem sie – ohne dazu verpflichtet zu sein – einen Parkettboden verlegen lässt. Diese Investition tätigt sie auf ihr alleiniges Risiko. Hat Siggi Anna hingegen im Rahmen eines Weisungsrechtes dazu angewiesen, den Parkettboden zu verlegen, handelt es sich grundsätzlich um eine ersatzfähige Investition.

2.3 Absatzmittlergeschäfte

soweit nicht amortisiert — Die Investitionen dürfen sich noch **nicht amortisiert** haben, das heißt, dass die Anschaffungskosten für das Investitionsgut durch den daraus erwirtschafteten Ertrag nicht gedeckt sein dürfen.

soweit nicht verwertbar — Weiters dürfen sie auch **nicht angemessen verwertbar** sein. Dabei wird (vereinfacht gesagt) geprüft, ob für die Investitionen noch eine konkrete Chance auf eine Verwertung in einem vernünftigen Zeitraum zu einem angemessenen Preis besteht. Im Fall der Verwertungsmöglichkeit vermindert der erzielbare Erlös den Ersatzanspruch gegen den bindenden Unternehmer.

> Anna muss sich nicht das erstbeste Angebot anrechnen lassen, sondern nur dann, wenn innerhalb eines vernünftigen Zeitraums ein angemessenes Angebot erzielt werden kann.

Ausschluss

Der Investitionsersatz kommt nicht zur Anwendung (§ 454 Abs 2 UGB), wenn:
- der **gebundene Unternehmer** das Vertragsverhältnis kündigt oder vorzeitig auflöst, **ohne** dass ein dem bindenden Unternehmer zurechenbarer **wichtiger Grund** vorliegt,
- der **bindende Unternehmer** das Vertragsverhältnis kündigt oder vorzeitig auflöst, **wenn** ein dem gebundenen Unternehmer zurechenbarer **wichtiger Grund** vorliegt, oder
- der gebundene Unternehmer gemäß einer Vereinbarung mit dem bindenden Unternehmer die Rechte und Pflichten, die er nach dem Vertrag hat, **einem Dritten überbindet**.

Beachte: Bei einvernehmlicher Beendigung des Vertrags besteht der Anspruch auf Investitionsersatz.

relativ zwingend — Der Investitionsersatz ist relativ zwingend und kann daher vertraglich nicht zum Nachteil des gebundenen Unternehmers ausgeschlossen oder beschränkt werden (§ 454 Abs 4 UGB).

Frist — Der gebundene Unternehmer muss dem bindenden Unternehmer – bei sonstigem Verlust des Anspruchs – innerhalb **eines Jahres** nach Beendigung des Vertragsverhältnisses mitteilen, dass er seine Rechte geltend macht.

Konkurrenz zu § 24 HVertrG — Der Anspruch auf Investitionsersatz lässt den Ausgleichsanspruch nach § 24 HVertrG (s dazu S 208 f) unberührt. Der Ausgleichsanspruch mindert allerdings den Investitionsersatz insoweit, als die im Rahmen des Ausgleichsanspruchs abgegoltenen Vorteile zur Amortisation der Investitionen beigetragen haben.

Üben

- Welchem Problem will der Investitionsersatz nach § 454 UGB entgegenwirken?
- Was sind die Voraussetzungen des Investitionsersatzes?
- Welche Unternehmer können Ersatz ihrer Investitionen verlangen?

- Welche Investitionen sind davon umfasst?
- Welche Ausschlussgründe bestehen?
- Kann der Investitionsersatz vertraglich ausgeschlossen werden?
- Was versteht man unter „mangelnder Verwertbarkeit" iZm § 454 UGB?

Wissen

Investitionsersatz

Ein Unternehmer, der an einem vertikalen Vertriebsbindungssystem als gebundener Unternehmer (iSd § 30a KartG idF 1988) oder als Handelsvertreter teilnimmt, hat bei Beendigung des Vertragsverhältnisses mit dem bindenden Unternehmer Anspruch auf Ersatz von Investitionen und Aufwendungen, zu denen er für einen einheitlichen Vertrieb verpflichtet war, soweit sie bei Vertragsbeendigung weder amortisiert noch angemessen verwertbar sind (s § 454 UGB). Die Frist zur Geltendmachung der Ersatzpflicht ist auf ein Jahr ab Vertragsbeendigung beschränkt.

vertikales Vertriebsbindungssystem

In einem vertikalen Vertriebsbindungssystem (iSd § 30a KartG 1988) wird der gebundene Unternehmer im Bezug oder Vertrieb von Waren oder bei der Inanspruchnahme oder der Erbringung von Dienstleistungen durch die Aufteilung von Absatzgebieten oder Kundenstöcken beschränkt, wie zB bei Vertragshändler- und Franchiseverträgen.

2.4 Transportgeschäfte

Allgemeines — Nicht nur der **Absatz** von Waren wird zuweilen von Hilfspersonen gefördert (s dazu das Kapitel zu den „Absatzmittlergeschäften"), Waren sind regelmäßig auch zu transportieren **(Frachtgeschäft)**. Dabei vertraut der **Absender** einem Dritten (idR dem Frächter) **Güter** an. Der Besorgung des Frachtgeschäfts dient das **Speditionsgeschäft.** Dabei „besorgt" der Spediteur für den Absender einen Frächter – oder übernimmt den Transport selbst und ist Frächter und Spediteur in Personalunion.

Rechtsgrundlagen — Im UGB sind als Typen des Transportgeschäfts
- das **Frachtgeschäft** (§§ 425–452 UGB),
- das **Speditionsgeschäft** (§§ 407–415 UGB) und
- das **Seefrachtrecht** (§§ 556 ff UGB)

geregelt.

Letzteres ist – obwohl das 5. Buch für zahlreiche andere Rechtsordnungen Vorbildwirkung hatte – praktisch nur wenig relevant, da Österreich über keinen unmittelbaren „Seezugang" mehr verfügt und damit österreichische „Seehandelsschiffe" kaum vorkommen.

Bestimmungen über Transportverträge finden sich auch in zahlreichen Sondergesetzen und Abkommen für den **internationalen Transport,** welche die UGB-Bestimmungen überlagern oder verdrängen (s unten).

Im Rahmen des Transportrechts wird auch das **Lagergeschäft** behandelt (s S 243 ff).

Abgrenzung — Abzugrenzen ist das dem Güterverkehr dienende Transportrecht vom „Beförderungsrecht", welches als sog **„Reiserecht"** die Beförderung von Personen zum Inhalt hat. Es wird nicht zum Unternehmensrecht gezählt.

Kapitel 1: Frachtgeschäft

Lernen

Allgemeines

Frachtführer

Frachtführer iSd § 425 UGB ist, wer es übernimmt,
- die Beförderung von Gütern
- zu Lande
- oder auf Flüssen oder sonstigen Binnengewässern

auszuführen. Gewerbsmäßigkeit ist nicht erforderlich, womit auch der sog „Gelegenheitsfrachtführer" erfasst ist.

Die Regelungen zum Frachtgeschäft betreffen ausschließlich die **Güterbeförderung,** die Personenbeförderung unterliegt dem Werkvertragsrecht (§§ 1165 ff ABGB).

> Herr Sattmann bucht im Reisebüro Felix Reisen eine Reise nach Tirol. Das Reisebüro ist weder Frachtführer noch Spediteur (dazu S 239 ff), da Personen nicht wie Güter vom Frächter befördert und vom Lagerhalter gelagert, sondern etwa mit Flugzeug, Bus oder Bahn reisen und im Hotel beherbergt werden.

„Beförderung" bedeutet Ortswechsel; weite Entfernungen müssen hierfür nicht zurückgelegt werden: Eine Beförderung liegt sogar dann vor, wenn Güter bloß über die Straßenseite transportiert werden.

Frachtvertrag

Der Frachtvertrag zwischen dem „Absender" und dem „Frachtführer" kommt **formfrei** zustande (Lagerschein und Frachtbrief sind daher keine Formvoraussetzungen; der Inhalt des Frachtvertrags bestimmt sich in der Praxis aber oftmals nach dem Frachtbrief). Der Frachtführer verpflichtet sich
- zum **Transport** zum Empfänger und
- zur **Übergabe** der Ware an diesen.

Ist der Empfänger nicht gleichzeitig der Absender, so liegt ein echter Vertrag zugunsten Dritter (§ 881 Abs 2 ABGB) vor.

> Der Empfänger kann gleichzeitig Absender sein, wenn etwa die Müller Trikot GmbH ihre Ware von ihrem Zentrallager in Wien zu ihren Verkaufsstellen in den Bundesländern transportieren lässt.

2.4 Transportgeschäfte

Spediteur als Frachtführer
Der Frachtführer kann, muss aber nicht gleichzeitig Spediteur sein. Bei einem Selbsteintritt des Spediteurs gelten für diesen zusätzlich die Bestimmungen zum Frachtvertrag (§ 412 Abs 2 UGB).

Rechtsgrundlagen
Die Rechtsgrundlagen des Frachtgeschäfts sind mannigfaltig. Es kommt im Einzelfall darauf an, welches Transportmittel verwendet wird und ob ein grenzüberschreitender Bezug besteht:
- für das **Landfrachtgeschäft** sind grundsätzlich die **§§ 425–453 UGB** maßgeblich;
- für das **Straßenfrachtgeschäft** gelten auch die Bestimmungen über den internationalen Straßengütertransport **(CMR)**, und zwar auch dann, wenn es sich um rein innerstaatliche Transporte handelt (vgl § 439a UGB);
- für die Güterbeförderung auf **Flüssen und sonstigen Binnengewässern** ist zusätzlich das BinnenschifffahrtsG maßgeblich (die Beförderung durch Seeschiffe unterliegt dagegen dem 5. Buch des UGB);
- für die Güterbeförderung per **Post** das PostG (Briefe und briefähnliche Sendungen – etwa Werbung, Postwurfsendungen und Zeitschriften, nicht aber Pakete – unterliegen allerdings nicht den Regelungen des UGB zum Frachtgeschäft; vgl § 451 UGB) und diverse internationale Post- und Postpaketabkommen;
- für die Güterbeförderung per **Bahn** das EBG;
- für die Güterbeförderung per **Flugzeug** das LuftfahrtG.

Da der Frachtvertrag eine **spezielle Form des Werkvertrags** ist und auch **Auftragselemente** enthält, gelten die §§ 1165 ff, §§ 1002 ff ABGB subsidiär.

Frachtbrief

Inhalt
Der **Frachtführer** kann die Ausstellung eines Frachtbriefs verlangen (§ 426 UGB). Dieser soll beispielsweise den Ort und den Tag seiner Ausstellung, den Namen und den Wohnort des Frachtführers, den Namen des Empfängers, den Ort der Ablieferung, die Bezeichnung des Gutes nach Beschaffenheit, Menge und Merkzeichen, die Bezeichnung der nötigen Begleitpapiere (vgl § 427 UGB), allfällige besondere Vereinbarungen und die Unterschrift des Absenders enthalten.

Rechtswirkung
Der Frachtbrief ist kein Wertpapier, sondern eine vom Absender ausgestellte **Beweisurkunde** über den Inhalt des Frachtvertrags.

> Die Empfängerin Susanne übergibt den Frachtbrief an Horst; dieser kann allein daraus keine Rechte ableiten.

Frachtbriefdoppel
Das Frachtbriefdoppel ist ein **Duplikat des Frachtbriefs** (vgl Art 5 CMR, § 10 Abs 2 ATL, § 69 Abs 5 EBG, Art 11 § 5 CIM 1980, Art 6 WA). Auf diesem bestätigt der Frachtführer die **Übernahme** des Gutes. Bei der Ankunft wird das Frachtbriefdoppel dem **Empfänger** übergeben. Mit der Übergabe verliert der Absender das Recht, über das Frachtgut zu verfügen (§ 433 Abs 2 UGB; vgl auch Art 4–16 CMR und Art 17–29 CMR). Die Funktion des Frachtbriefdoppels liegt somit in seiner Sperrwirkung gegenüber nachträglichen Verfügungen des Absenders: Von der Übergabe an ist der Frachtführer nur mehr an die Weisungen des Empfängers gebunden.

Haftung
Der Absender **haftet** dem Frachtführer **verschuldensunabhängig** für die Richtigkeit und die Vollständigkeit der in den Frachtbrief aufgenommenen Angaben (§ 426 Abs 3 UGB). Nimmt der Frachtführer den Frachtbrief an, so wird dieser zum Inhalt des Frachtvertrags.

Ladeschein

Inhalt — Der Ladeschein wird gem § 444 UGB auf Verlangen des Absenders **vom Frachtführer** ausgestellt und soll ua den Ort und den Tag der Ausstellung, den Namen und den Wohnort des Frachtführers, den Namen des Absenders, den Namen des Empfängers und den Ort der Ablieferung enthalten (vgl § 445 Abs 1 UGB). Der Ladeschein muss vom Frachtführer unterzeichnet sein (§ 445 Abs 2 UGB). Der Absender hat dem Frachtführer auf Verlangen eine von ihm unterschriebene Abschrift des Ladescheins auszuhändigen (§ 445 Abs 3 UGB).

Ladeschein und Frachtvertrag — Der Ladeschein entscheidet über das Rechtsverhältnis zwischen dem **Frachtführer** und dem **Empfänger**. Die nicht in den Ladeschein aufgenommenen Bestimmungen des Frachtvertrags sind dem Empfänger gegenüber unwirksam, sofern nicht der Ladeschein ausdrücklich auf sie Bezug nimmt (§ 446 Abs 1 UGB). Für das Rechtsverhältnis zwischen dem Frachtführer und dem Absender bleiben allerdings die Bestimmungen des Frachtvertrags maßgebend (§ 446 Abs 2 UGB).

Legitimation durch Ladeschein — Der Ladeschein ist im Gegensatz zum Frachtbrief ein **Wertpapier.** Zum Empfang des Gutes ist derjenige legitimiert, an welchen das Gut nach dem Ladeschein abgeliefert werden soll oder auf welchen der Ladeschein, wenn er an Order lautet, durch Indossament übertragen ist (§ 447 Abs 1 UGB). Damit ist der Ladeschein ein „Traditionspapier" und verbrieft den Anspruch auf Auslieferung des Frachtgutes. Der Frachtführer darf einer Anweisung des Absenders, das Gut anzuhalten, zurückzugeben oder an einen anderen als den durch den Ladeschein legitimierten Empfänger auszuliefern, nur Folge leisten, wenn ihm der Ladeschein zurückgegeben wird. Verletzt er diese Verpflichtung, so ist er dem rechtmäßigen Besitzer des Ladescheins für das Gut verhaftet (§ 447 Abs 3 UGB).

Frachtgut gegen Ladeschein — Der Frachtführer ist zur Ablieferung des Gutes nur gegen **Rückgabe** des Ladescheins, auf dem die Ablieferung des Gutes bescheinigt ist, verpflichtet (§ 448 UGB).

Wirkungen der Übergabe — Die Übergabe des Ladescheins an denjenigen, welchen dieser als empfangslegitimiert bezeichnet, hat, wenn das Gut vom Frachtführer übernommen ist, für den Erwerb von Rechten an dem Gut dieselben Wirkungen wie dessen Übergabe (§ 450 UGB).

> Der Empfänger erwirbt damit am Frachtgut ggf vor dessen körperlicher Übergabe Eigentum.

Rechte aus dem Frachtvertrag

Entgelt („Fracht") — Dem Frachtführer stehen **Aufwandersatz** und **Entgelt** („Fracht") zu. Die Fracht ist fällig, sobald das
- Frachtgut abgeliefert und
- der Frachtbrief übergeben

sind (§ 1170 ABGB). Die Höhe der Fracht richtet sich im Zweifel nach Angemessenheit (§ 1152 ABGB) im Rahmen der Ortsüblichkeit (§ 354 Abs 1 UGB). Schuldner ist grundsätzlich der Absender. Nach Annahme des Frachtgutes und des Frachtbriefs tritt jedoch der Empfänger als Gesamtschuldner neben den Absender (§ 436 UGB).

gesetzliches Pfandrecht — § 440 UGB normiert zugunsten des Frachtführers ein **gesetzliches Pfandrecht** am Frachtgut. Wenn das Frachtgut beim Transport mit mehreren gesetzlichen Pfandrechten belastet wird, so bestimmt § 443 UGB eine Rangfolge, die das sonst geltende „Prioritätsprinzip" auf den Kopf stellt: Bei denjenigen Pfandrechten, welche durch die Versen-

dung oder durch die Beförderung des Gutes entstanden sind, geht grundsätzlich das später entstandene dem früher entstandenen vor.

> Dies deshalb, weil in der Praxis der Wert des Frachtgutes mit seiner Beförderung graduell steigt: Wird etwa Holz durch mehrere Frachtführer immer weiter zum Bestimmungsort gebracht, steigt naturgemäß dessen Wert. Weitere Frachtführer würden bei Geltung des Prioritätsprinzips von schon bestehenden Pfandrechten „abgeschreckt". Daher gilt: Der letzte Frachtführer hat das stärkste Pfandrecht!

Haftung des Frachtführers

Grundsätze — Der Frachtführer haftet insb im Rahmen seiner „Obhutspflicht" für den Schaden, der durch **Verlust oder Beschädigung** des Gutes in der Zeit von der Annahme bis zur Ablieferung oder durch Versäumung der Lieferzeit entsteht, es sei denn, dass der Verlust, die Beschädigung oder die Verspätung auf Umständen beruht, die durch die Sorgfalt eines ordentlichen Frachtführers nicht abgewendet werden konnten (§ 429 Abs 1 UGB).

> Stellt etwa der Frachtführer bestimmte Schadensquellen fest (etwa Verpackungsmängel), so hat er diese zu beseitigen oder Instruktionen des Versenders einzuholen.

Es besteht eine **Beweislastumkehr** hinsichtlich der Einhaltung der Sorgfalt (§ 1298 ABGB).

„Leutehaftung" — Der Frachtführer haftet im Rahmen der **„Leutehaftung"** nicht bloß für seine Erfüllungsgehilfen, sondern für jedes Verschulden seiner „Leute" (§ 431 UGB; Art 3 CMR). Das bedeutet, dass der Frachtführer auch für seine Besorgungsgehilfen (zudem ohne die Einschränkungen des § 1315 ABGB) haftet.

Haftungsbeschränkungen — Für den Verlust oder die Beschädigung von Kostbarkeiten, Kunstgegenständen, Geld und Wertpapieren haftet der Frachtführer nur, wenn ihm diese Beschaffenheit oder der Wert des Gutes bei der Übergabe zur Beförderung angegeben worden ist (§ 429 Abs 2 UGB).

> Roman lässt wertvolle chinesische Vasen aus der Ming-Dynastie durch den Frachtführer Clemens transportieren. Auf den besonderen Wert der Fracht weist er nicht hin. Clemens stellt die Ming-Vasen in seinem Lkw zu den Ikea-Vasen, die mit Zeitungspapier vor Bruch geschützt werden. Roman kann bei Beschädigung keinen Ersatz des hohen Werts verlangen.

Bei leichter Fahrlässigkeit haftet der Frachtführer nur auf den **gemeinen Wert** des Frachtgutes (§ 430 UGB). Sonst ist im Anwendungsbereich des UGB grundsätzlich unabhängig vom Verschuldensgrad auch der entgangene Gewinn zu ersetzen (§ 349 UGB; s S 156).

Besonderheiten des Eisenbahnfrachtgeschäfts

Der Eisenbahnfrachtvertrag ist ein **Realvertrag**, der durch Übergabe von Gut und Frachtbrief zustande kommt (§ 69 EBG). Darin liegt eine Abweichung vom Straßenfrachtgeschäft (s oben). Bei leichter Fahrlässigkeit sind Haftungshöchstgrenzen zu beachten. Die Eisenbahn besitzt ein gesetzliches Pfandrecht am Transportgut, das **allen anderen Pfandrechten vorgeht** (§ 112 EBG).

Kapitel 1: Frachtgeschäft

 **Üben**

- Was unterscheidet das Transport- vom Beförderungsrecht?
- Welche Vertragstypen gibt es im Transportrecht?
- Welche Rechtsgrundlagen hat das Frachtgeschäft?
- Welche Rechtsfolge hat es, wenn der Spediteur selbst in den Frachtvertrag eintritt?
- Was versteht man unter einem „Frachtführer"?
- Was ist ein „Frachtbrief"? Welche Rechtswirkungen entfaltet er?
- Was bewirkt ein Ladeschein?
- Welche Ansprüche hat der Frachtführer gegen Absender und Empfänger?
- Welche haftungsrechtlichen Besonderheiten weist das Frachtgeschäft auf?
- Warum gewährt das UGB entgegen der „normalen" Reihenfolge gerade dem letzten Frachtführer das stärkere gesetzliche Pfandrecht am Frachtgut?

 **Wissen**

CMR	Das CMR (ein internationales Übereinkommen) regelt den Beförderungsvertrag im (internationalen) Straßengüterverkehr.
Distanzfracht	Als „Distanzfracht" werden Frachtkosten bezeichnet, die dem Frachtführer im Fall von Beförderungs- oder Ablieferungshindernissen für den bereits zurückgelegten Teil der Transportstrecke zu zahlen sind. Bei Undurchführbarkeit des Frachtvertrags aus Gründen, die nicht vom Absender zu vertreten sind, kann der Absender von diesem zurücktreten, hat aber dem schuldlosen Frachtführer die bisherigen Auslagen zu ersetzen (§ 428 Abs 2 UGB).
Frachtbriefdoppel (Duplikatsfrachtbrief)	Das Frachtbriefdoppel ist eine zweite Ausfertigung des Frachtbriefs. Seine Funktion liegt in seiner Sperrwirkung gegenüber nachträglichen Verfügungen des Absenders. Es wird daher auch als „Sperrpapier" bezeichnet. Übergibt der Absender das Frachtbriefdoppel einem Dritten, insb dem Empfänger, so verliert der Absender das sonst bis zur Ablieferung des Frachtgutes beim Empfänger ihm zustehende Verfügungsrecht über das Frachtgut (s § 433 UGB).
Frachtkosten (auch: „Fracht")	Das Entgelt für die Leistungen des Frachtführers wird auch als „Fracht" bezeichnet.
Frachtvertrag	Der Frachtvertrag ist ein formfreier Konsensualvertrag zwischen dem Absender und dem Frachtführer über die entgeltliche Beförderung von Gütern (§ 425 UGB). Nicht umfasst von § 425 UGB werden der Transport durch die Post sowie die Güterbeförderung durch die Eisenbahn und durch Flugzeuge.
Konnossement	„Konnossement" ist die Bezeichnung für den Ladeschein im Seefrachtgeschäft.
Ladeschein	Der „Ladeschein" ist ein vom Frachtführer auf Verlangen des Absenders ausgestelltes Wertpapier, in dem sich der Frachtführer verpflichtet, das Gut an den papiermäßig legitimierten Berechtigten auszufolgen (vgl §§ 444 ff UGB). Der Ladeschein regelt das Rechtsverhältnis des Frachtführers zum Empfänger des Gutes. Für das Rechtsverhältnis zum Absender ist hingegen der Frachtbrief bzw -vertrag maßgebend.

2.4 Transportgeschäfte

Leutehaftung

Die „Leutehaftung" ist eine über die Gehilfenhaftung des ABGB hinausgehende Haftung für das Verschulden des eigenen Personals, sofern dieses dem Vertragspartner schuldhaft einen Schaden zufügt, unabhängig davon, ob es zur Vertragserfüllung herangezogen wurde. Eine solche „Leutehaftung" trifft den Frachtführer (§ 431 UGB). Der Frachtführer muss beweisen, dass der Schaden auch durch die Sorgfalt eines ordentlichen Frachtführers nicht abgewendet werden konnte. Siehe auch Art 3 CMR, Art 20 WA, § 5 EBG.

Luftfrachtgeschäft

Der Luftfrachtführer ist nach hM nicht Frachtführer iSd § 425 UGB, jedoch sind die Regelungen des UGB subsidiär analog heranzuziehen. Gesetzliche Grundlagen für das Luftfrachtgeschäft sind etwa das LFG sowie das Warschauer Abkommen (mit dem Zusatzabkommen von Guadalajara).

Multimodaler Transport (kombinierter Transport)

Ein Transport mit verschiedenen Transportmitteln (etwa Schiff, Bahn, LKW) auf Grundlage eines einheitlichen Frachtvertrags wird als „multimodaler Transport" bezeichnet. Dabei ist zu beachten, dass für jeden Teil der Beförderung das jeweils maßgebliche Fracht- und Haftungsrecht anwendbar ist. Das UGB sieht keine Sonderregelungen vor (vgl aber etwa Art 2 CMR, Art 3 § 3 COTIF, Art 18 Abs 4 MÜ).

Straßenfrachtgeschäft

§ 439a UGB verweist hinsichtlich des Landfrachtrechts, nämlich den Straßengütertransport mit Anhängern, auf das CMR. Das gilt auch für den Fall, dass es sich nicht um grenzüberschreitende Frachtgeschäfte handelt, weshalb die §§ 425 ff UGB weitgehend verdrängt werden. Der Straßenfrachtführer haftet nach Art 17 ff CMR für den Verlust oder die Beschädigung des Gutes zwischen Übernahme und Ablieferung und für Überschreitung der Lieferfrist. Die Haftung entfällt, wenn der Schaden durch Umstände verursacht wurde, die er nicht vermeiden und deren Folgen er nicht abwenden konnte.

Teilfrachtführer

Der „Teilfrachtführer" ist ein Frachtführer, der aufgrund eines eigenen Frachtvertrags mit dem Absender die Beförderung des Gutes für eine Teilstrecke übernimmt. Der Teilfrachtführer haftet nur für Schäden, die anlässlich seiner Vertragserfüllung entstehen.

Kapitel 2: Speditionsgeschäft

Lernen

Allgemeines

Spediteur

Spediteur ist
- wer es **übernimmt,**
- Güterversendungen
- durch **Frachtführer** oder durch Verfrachter von Seeschiffen
- für Rechnung eines anderen (des Versenders)
- im eigenen Namen
- zu **besorgen** (§ 407 Abs 1 UGB).

Gewerbsmäßigkeit ist nicht erforderlich, womit auch der sog „Gelegenheitsspediteur" erfasst ist.

Verhältnis Spediteur-Frachtführer

Der Spediteur transportiert – abweichend vom umgangssprachlichen Verständnis – grundsätzlich nicht selbst, sondern **organisiert** den Transport bloß bzw schließt zu diesem Zweck die erforderlichen **(Transport-)Verträge** ab.

> Adam beauftragt den Spediteur Schnell zur Versendung von Rennrädern. Schnell schließt daraufhin einen Frachtvertrag mit dem Frachtführer Vehiculus. Schnell ist zur Absendung (Geschäftsbesorgung), Vehiculus zum Transport (Ausführungsgeschäft) verpflichtet. Im Verhältnis zum Frachtführer ist Schnell der Absender (da er im eigenen Namen auftritt), nicht Adam, obwohl dessen Räder versendet werden.

Wer Frachtverträge bloß **vermittelt,** ist daher kein Spediteur, sondern allenfalls Makler (s S 212 ff).

gesetzliche Grundlagen

Das Speditionsgeschäft wird in den **§§ 407–415 UGB** geregelt. Als Geschäftsbesorgungsvertrag ist der Speditionsvertrag eine Unterart der Kommission, weshalb § 407 Abs 2 UGB subsidiär auf die Regelungen zur Kommission (§§ 383–406 UGB) verweist. Auch Auftragsrecht (§§ 1002 ff ABGB) gelangt subsidiär zur Anwendung.

AÖSp

In der Praxis kommt den (als AGB zu vereinbarenden) **„Allgemeinen Österreichischen Spediteurbedingungen"** (AÖSp) eine überragende Rolle zu. Deren stillschweigende Vereinbarung kann angenommen werden, wenn der Vertragspartner nach den Umständen deutlich erkennen konnte, dass der Spediteur nur unter Zugrundelegung der AÖSp zu kontrahieren bereit ist.

Pflichten des Spediteurs

Ausführungspflicht

Der Spediteur hat die Versendung, insb die **Wahl der Frachtführer,** Verfrachter und Zwischenspediteure, mit der **Sorgfalt eines ordentlichen Unternehmers** auszuführen (widrigenfalls trifft ihn eine Haftung für Auswahlverschulden). Er hat hierbei das Interesse des Versenders wahrzunehmen und dessen Weisungen zu befolgen (§ 408 Abs 1 UGB) und unterliegt einer Rechnungslegungspflicht. Er ist nicht berechtigt, dem Versender eine höhere als die mit dem Frachtführer oder dem Verfrachter bedungene Fracht zu berechnen (§ 408 Abs 2 UGB).

> Dem Spediteur Schwarz wird vom Frachtführer Huber ein Rabatt gewährt. Diesen hat er an den Versender weiterzugeben.

Nebenpflichten

Den Spediteur treffen als vertragliche Nebenpflichten die Verpackung, der Zu- und Abtransport und die Verwahrung des Speditionsgutes.

Haftungseinschränkungen

Primär hat der Spediteur die Versendung der Güter zu **organisieren.** Somit haftet er nicht für den Erfolg des Versands der Güter. Er haftet auch nicht für den Frachtführer, da dieser nicht sein Erfüllungsgehilfe ist. § 423 UGB enthält eine erhebliche Verkürzung der Verjährungsfristen von allfälligen Schadenersatzansprüchen für Verlust, Minderung, Beschädigung oder verspätete Ablieferung des Speditionsgutes zugunsten des Spediteurs (ein Jahr ab dem Tag der vereinbarten Ablieferung). Zudem enthalten die AÖSp mannigfaltige weitere Haftungseinschränkungen.

„Versicherung statt Haftung"

In der Praxis werden daher Transport- und Lagerversicherungen oder Speditionsversicherungen abgeschlossen („Versicherung statt Haftung"). Wenn die Versicherung zur Schadensdeckung verpflichtet ist, entfällt die Haftpflicht des Spediteurs.

Rechte des Spediteurs

Provision und Aufwandsersatz

Der **Provisionsanspruch** des Spediteurs ist bereits dann fällig, wenn das Gut dem Frachtführer oder dem Verfrachter zur Beförderung übergeben worden ist (§ 409 UGB). Das ist logisch, da der Spediteur selbst nicht zur Beförderung verpflichtet ist. Zudem gebührt ihm – wie dem Kommissionär – ein Anspruch auf Ersatz der getätigten **Aufwendungen.**

gesetzliches Pfandrecht

Der Spediteur hat wegen der Fracht, der Provision, der Auslagen und Verwendungen sowie wegen der auf das Gut gegebenen Vorschüsse (dh für konnexe Forderungen) ein gesetzliches Pfandrecht am Speditionsgut (§ 410 UGB). Haben auch Frachtführer gesetzliche Pfandrechte am betreffenden Gut, so ist hierfür die (umgekehrte) Rangfolge des § 443 UGB (s S 235 f) zu beachten.

Sonderformen der Spedition

Selbsteintrittsspedition

Der Spediteur ist, wenn nichts anderes vereinbart ist, befugt, die Beförderung des Gutes selbst auszuführen (**„Selbsteintrittsspedition";** vgl § 412 Abs 1 UGB). Versender und Spediteur verbindet hier nicht nur ein Speditionsvertrag, sondern auch ein **Frachtvertrag.** Der Spediteur hat zusätzlich die Rechte und Pflichten eines Frachtführers. Daher kann er sowohl die Provision (als Spediteur), Aufwandsersatz und die gewöhnliche Fracht (als Frachtführer) verlangen (§ 412 Abs 2 UGB).

Kapitel 2: Speditionsgeschäft

Fixkostenspedition

Hat sich der Spediteur mit dem Versender über **einen bestimmten Satz** der Beförderungskosten geeinigt **(Fixkostenspedition),** so hat er ausschließlich die Rechte und Pflichten eines Frachtführers. Er kann in einem solchen Fall Provision (als Spediteur) nur verlangen, wenn es besonders vereinbart ist (§ 413 Abs 1 UGB).

Sammelladung

Bewirkt der Spediteur die Versendung des Gutes **zusammen mit den Gütern anderer Versender** aufgrund eines für seine Rechnung über eine **Sammelladung** geschlossenen Frachtvertrags, so finden die Vorschriften zur Fixkostenspedition Anwendung, auch wenn eine Einigung über einen bestimmten Satz der Beförderungskosten nicht stattgefunden hat. Der Spediteur kann in diesem Fall eine den Umständen nach angemessene Fracht, höchstens aber die für die Beförderung des einzelnen Gutes gewöhnliche Fracht verlangen (§ 413 UGB). Dh durch den Realakt der Sammelladung wird der Spediteur zum Frachtführer.

- Was versteht man unter einem „Speditionsgeschäft"?
- Was bedeutet es, dass der Spediteur grundsätzlich nicht selbst transportiert?
- Welche Rechtsnatur haben die „Allgemeinen österreichischen Spediteurbedingungen" (AÖSp)?
- Gelten die AÖSp auch ohne Vereinbarung?
- Welche Pflichten hat ein Spediteur?
- Inwiefern ist die Haftung des Spediteurs relativ eingeschränkt? Welche Folgen hat dies?
- Welche Rechte kommen einem Spediteur zu?
- Was versteht man unter „Selbsteintrittsspedition"?
- Was ist eine „Fixkostenspedition"? Welche Rechtsfolgen hat sie?
- Was versteht man unter einer „Sammelladung"?

Adressspediteur („Empfangsspediteur")

Ein „Adressspediteur" ist eine Person, die von einem Versender mit der Empfangnahme der versandten Güter beauftragt ist. Zum eigentlichen Empfänger besteht kein Rechtsverhältnis. Da es sich beim Adressspediteur nicht um einen Spediteur im Rechtssinn handelt, finden nicht die Bestimmungen über Speditionsgeschäfte (§§ 407 ff UGB) Anwendung, sondern Auftrags- (§§ 1002 ABGB) bzw Werkvertragsrecht (§§ 1151, 1165ff ABGB). Die Aufgaben des Adressspediteurs sind jedoch von § 2 lit a AÖSp erfasst.

Allgemeine österreichische Spediteurbedingungen (AÖSp)

Die AÖSp sind vom Fachverband der Spediteure der WKÖ herausgegebene, im Amtsblatt der Wiener Zeitung kundgemachte allgemeine Geschäftsbedingungen (AGB), die mangels ausreichender gesetzlicher Regelungen von großer praktischer Bedeutung für das Speditionsgeschäft sind.

Fixkostenspedition

Eine „Fixkostenspedition" entsteht durch Vereinbarung der Parteien eines Speditionsvertrags über die Beförderung zu fixen Kosten, welche die Frachtkosten und alle Neben-

2.4 Transportgeschäfte

kosten der Versendung umfassen. Es gelangt insofern ausschließlich Frachtrecht zur Anwendung (s § 413 Abs 1 UGB).

Hausspediteur („Vollmachtsspediteur")
Ein „Hausspediteur" ist eine Person, die vom Empfänger des Speditionsgutes mit dessen Entgegennahme, Abholung, Lagerung, etc beauftragt ist. Zum Versender besteht keine Rechtsbeziehung. Die Aufgaben des Hausspediteurs sind von § 2 lit a AÖSp geregelt. Da es sich jedoch um keinen Spediteur im Rechtssinn handelt, finden die Bestimmungen des UGB über Speditionsgeschäfte keine Anwendung.

Speditionsgut
„Speditionsgut" kann eine transportfähige körperliche Sache sein, welche ohne Schaden zu leiden von einem Ort zum anderen gebracht werden kann und somit einer frachtmäßigen Beförderung zugänglich ist.

Speditionsvertrag
Der Speditionsvertrag ist ein formfreier Konsensualvertrag, der zwischen dem Spediteur und seinem Auftraggeber (Versender) zustande kommt und auf Abschluss eines Frachtvertrags im Namen des Spediteurs und auf Rechnung des Versenders zur Beförderung eines Gutes des Versenders gerichtet ist. Auf den Speditionsvertrag kommen subsidiär die Bestimmungen des Kommissionsrechts (§§ 383 ff UGB) zur Anwendung (§ 407 Abs 2 UGB).

Sammelladungsspedition
Bei der Sammelladungsspedition übergibt der Spediteur das Frachtgut mehrerer Versender gemeinsam einem Frachtführer. Es wird ein Frachtvertrag über eine Sammelladung geschlossen (vgl § 413 Abs 2 UGB).

Unterspedition
Bei der „Unterspedition" bedient sich der Spediteur einer Hilfskraft, die nur untergeordnete, unselbständige Unterstützungstätigkeiten ausführt, als Erfüllungsgehilfe (Unterspediteur). Die sich daraus ergebende Haftung nach § 1313a ABGB wird durch §§ 51, 52 AÖSp auf eigenes (Auswahl-)Verschulden eingeschränkt.

Versicherung statt Haftung
„Versicherung statt Haftung" ist ein Grundsatz des Speditionsgeschäfts: Nach § 39 lit a AÖSp ist der Spediteur, soweit keine gegenteilige Weisung des Versenders besteht, zum Abschluss einer Speditionsversicherung verpflichtet. Sie wird auf Kosten des Versenders geschlossen und deckt Schäden, deretwegen der Spediteur nach UGB in Anspruch genommen werden kann, nur bis zu gewissen Höchstbeträgen. Darüber hinaus haftet der Spediteur selbst, wobei seine Haftung allerdings abdingbar ist.

Zollspediteur (Grenzspediteur)
Ein „Zollspediteur" ist jemand, der im Auftrag des Versenders, Empfängers oder Beförderers die Abwicklung der mit dem Speditionsvertrag verbundenen Zoll- und Grenzformalitäten übernimmt. Der Zollspediteur ist kein Spediteur im Rechtssinn und fällt daher nicht unter die Bestimmungen über Speditionsgeschäfte (§§ 407 ff UGB), wohl aber sind seine Tätigkeiten von § 2 lit a AÖSp erfasst.

Kapitel 3: Lagergeschäft

Lernen

Allgemeines

Waren werden nicht nur transportiert, sondern auch (davor und/oder danach) häufig bei Dritten gelagert.

Rechtsgrundlagen

Zum Lagergeschäft finden sich zahlreiche Rechtsgrundlagen: Subsidiär zur Regelung des Lagergeschäfts in **§§ 416–424 UGB** gelten **§§ 957–967 ABGB** über den Verwahrungsvertrag. Aufgrund der Verweisung des § 417 UGB sind auch die **§§ 388–390 UGB** zum Kommissionsgeschäft anzuwenden. Für die Verwahrung von **Wertpapieren** iSd § 1 DepG gelangen §§ 1–12, 23, 24, 27–30 DepG zur Anwendung. Weiters finden die **AÖSp**, insb deren §§ 43–49, Anwendung. Auf die Möbellagerung durch Spediteure können auch die Einlagerungsbedingungen für den Möbeltransport angewendet werden.

Lagerhalter

Lagerhalter ist, wer die **Lagerung und Aufbewahrung** von Gütern übernimmt (§ 416 UGB). Gewerbsmäßigkeit ist nicht erforderlich. Unter „Lagerung und Aufbewahrung" ist die Übernahme der Güter in die Gewahrsame und die **Verpflichtung zur „Obsorge"** bzw **„Obhut"** zu verstehen: Daher hat der Lagerhalter – als Hauptpflicht – nicht bloß einen Raum zur Verfügung zu stellen, sondern eine sichernde, schützende Tätigkeit zu entfalten und ist erforderlichenfalls zu positiven Handlungen verpflichtet (Abgrenzung zum Mietvertrag).

> Der Landwirt Josef schließt mit dem Lagerhalter Mercator einen Vertrag, frisch gefangene Karpfen zu lagern. Mercator ist verpflichtet, in seinem Lager für eine ausreichende Kühlung zu sorgen, damit die Fische nicht vorzeitig verderben.

Lagervertrag

Der Lagervertrag kommt **formfrei** zustande und kann auch als Vertrag zugunsten Dritter ausgestaltet sein.

> Josef kann bei Mercator seine Karpfen auch zugunsten des Fischhändlers Pescatore einlagern.

Arten der Lagerhaltung

Wenn sich der Lagerhalter zur **gesonderten Aufbewahrung** verpflichtet, liegt ein sog **„Stücklagergeschäft"** vor. Eine solche Verpflichtung ist im Zweifel anzunehmen; ansonsten spricht man von **„Sammellagerung"** (§ 419 Abs 1 UGB). Wird eine Sammellagerung vereinbart, darf der Lagerhalter nur Sachen gleicher Art und Güte vermischt aufbewahren.

2.4 Transportgeschäfte

> Mercator darf ohne Zustimmung des Josef dessen Karpfen nicht mit den ebenfalls eingelagerten Karpfen des Hans vermischen. Wird Sammellagerung vereinbart, so dürfen die Karpfen mit Karpfen gleicher Güte vermischt werden. Daher dürften etwa Waldviertler Qualitäts-Bio-Karpfen nur mit eben solchen, nicht aber mit tschechischen Importkarpfen der Güteklasse 2 vermischt werden.

sachenrechtliche Folge der Sammellagerung

Bei Sammellagerung werden die beteiligten Einlagerer am vermischten Lagergut **Miteigentümer nach Bruchteilen.**

Summenlagergeschäft

Wird dagegen der Lagerhalter Eigentümer des eingelagerten Gutes (Summenlagergeschäft), so liegt kein Lagergeschäft iSd § 416–424 UGB vor.

Sonderbestimmungen für Wertpapiere

Für die **Verwahrung von Wertpapieren** bestehen Sonderbestimmungen. Nach dem DepotG bestehen für die „unverschlossene Verwahrung" (die Verwahrung im Schrankfach unterliegt dem ABGB) von Wertpapieren folgende Verwahrungsarten:

- **Sonderverwahrung** („Streifbanddepot") – gesonderte Verwahrung der Papiere; soll eine andere Form der Verwahrung vorgenommen werden, bedarf dies der ausdrücklichen schriftlichen Ermächtigung des Hinterlegers.
- **Summenverwahrung** („Summendepot") – Form der Sonderverwahrung, wobei die Papiere allerdings gegen andere ausgetauscht werden können.
- **Sammelverwahrung** (Sammeldepot) – gemeinsame Verwahrung der Papiere mit Papieren gleicher Art, wobei Quantitätseigentum der Hinterleger entsteht.
- **unregelmäßige Verwahrung** – die Papiere gehen in das Eigentum der Bank über, die Hinterleger haben einen schuldrechtlichen Ausfolgungsanspruch.

Dem **Kreditinstitut,** das die Wertpapiere für andere verwahrt und verwaltet (vgl § 1 Abs 1 Z 5 BWG), kommen im Rahmen des InvFG (vgl ua § 23) und des ImmoInvFG (vgl ua § 35) zahlreiche weitergehende Aufgaben zu.

Rechte und Pflichten des Lagerhalters

Rechte

Der Lagerhalter hat Anspruch auf das bedungene oder ortsübliche
- **Lagergeld** und auf
- **Ersatz für Aufwendungen,** die er den Umständen nach für erforderlich halten durfte (§ 420 Abs 1 UGB).

Weiters kommt ihm wegen der Lagerkosten ein **gesetzliches Pfandrecht** am eingelagerten Gut zu (§ 421 UGB).

Pflichten und Haftung

Der Lagerhalter hat die Güter mit der **Sorgfalt eines ordentlichen Unternehmers** (§ 347 UGB) aufzubewahren; ist die Lagerung mangelhaft, kann das Lagergeld in Analogie zu mietrechtlichen Bestimmungen gemindert werden.

Hinsichtlich der Empfangnahme, Aufbewahrung und Versicherung des Lagergutes verweist § 417 Abs 1 UGB auf die entsprechenden Bestimmungen zum Kommissionsgeschäft (§§ 388–390 UGB). Der Lagerhalter ist daher für den Verlust und die Beschädigung des Lagergutes verantwortlich, es sei denn, dass diese auf Umständen beruhen, die durch die Sorgfalt eines ordentlichen Unternehmers nicht abgewendet werden konnten (§ 417 Abs 1 iVm § 390 Abs 1 UGB). Es besteht somit eine Beweislastumkehr. Wie beim Speditions- und Frachtgeschäft verjähren die Ansprüche binnen Jahresfrist (§ 414 UGB).

Kapitel 3: Lagergeschäft

Verständigungspflicht	Treten am eingelagerten Gut **Veränderungen** auf, welche dessen Entwertung befürchten lassen, trifft den Lagerhalter eine **Verständigungspflicht** (§ 417 Abs 2 UGB). Zur Besichtigung des Gutes, zur Entnahme von Proben und zu Erhaltungstätigkeiten hat der Lagerhalter dem Einlagerer den Zutritt während der Geschäftsstunden zu gestatten (§ 418 UGB).
Lagerschein	Der Einlagerer kann die Ausstellung eines **Lagerscheins** verlangen. Im Zweifel ist dieser Empfangslagerschein eine Beweisurkunde dafür, dass das Gut in Lagerung genommen wurde. Wird im Lagerschein allerdings die Verpflichtung zur Aufbewahrung und Herausgabe des Gutes übernommen, so ist dieser als **Wertpapier** zu qualifizieren, das grundsätzlich durch Indossament übertragen werden kann: Jeder Inhaber des Lagerscheins kann dann vom Lagerhalter die Herausgabe des Lagergutes verlangen (vgl § 424 UGB).

> Josef verkauft die eingelagerten Karpfen an Willi und übergibt diesem den Lagerschein. Der Lagerhalter Mercator hat gegen Vorlage des Lagerscheins die Karpfen an Willi herauszugeben.

Üben

- Was sind die Rechtsgrundlagen des Lagergeschäfts?
- Was versteht man unter einem „Lagerhalter"?
- Welche Pflichten treffen den Lagerhalter im Vergleich zum bloßen Vermieter einer Lagerräumlichkeit?
- Wann spricht man von Stücklagerung, wann von Sammellagerung? Welche der beiden Arten gilt im Zweifel als vereinbart?
- Was hat der Lagerhalter bei der Sammellagerung insb zu beachten?
- Welche Sonderbestimmungen bestehen für die Verwahrung von Wertpapieren?
- Welche Rechte / welche Pflichten hat der Lagerhalter?
- Was ist ein „Lagerschein"?

Wissen

Lagergeschäft	Das Lagergeschäft ist ein formfreier Konsensualvertrag zwischen einem Lagerhalter (§ 416 UGB) und dem Einlagerer über die Lagerung und Aufbewahrung von Gütern.
Lagergut	Das „Lagergut" ist ein Gut, das dem Lagerhalter zur Verwahrung übergeben wird. Es können grundsätzlich alle lagerfähigen, beweglichen Sachen Lagergut sein.
Lagerschein	Der „Lagerschein" ist eine Urkunde, in welcher der Lagerhalter bestätigt, das Lagergut empfangen zu haben und sich verpflichtet, dieses zu verwahren und gegen Vorweisung der Urkunde wieder herauszugeben. Der Lagerschein ist ein Wertpapier (vgl § 363 UGB).

2.4 Transportgeschäfte

Lieferschein

Der „Lieferschein" ist eine Anweisung des Einlagerers an den Lagerhalter, das Lagergut dem Käufer auszuhändigen. Zugleich wird der Inhaber des Lieferscheins ermächtigt, sich die Ware vom Lagerhalter herausgeben zu lassen. Der Lieferschein begründet jedoch weder einen Verwahrungs- oder Herausgabeanspruch noch Eigentum am Lagergut.

Sammellagergeschäft (Mischlager)

Beim „Sammellagergeschäft" erfolgt die Lagerung unter Vermischung mit gleichartigem Lagergut anderer Einlagerer, die ausdrücklich gestattet worden sein muss. Es entsteht Quantitätseigentum.

Stücklagergeschäft

Das „Stücklagergeschäft" ist ein Lagergeschäft unter gesonderter Aufbewahrung des Gutes und identischer Rückgabe; der Lagerhalter ist grundsätzlich zu einer solchen Form der Lagerung verpflichtet (§ 419 Abs 1 UGB).

Summenlagergeschäft („irreguläre Lagerung")

Beim „Summenlagergeschäft" erfolgt die Hinterlegung eines Gutes mit der Vereinbarung, dass der Lagerhalter Eigentümer des Lagergutes wird und er Sachen gleicher Art und Güte zurückzustellen hat („depositum irregulare" iSd § 959 ABGB). Die Bestimmungen des UGB über das Lagergeschäft finden keine Anwendung (§ 419 Abs 3 UGB).

3 Rechnungslegung

Das Rechnungslegungsrecht ist für die erfolgreiche Führung und den Erhalt von Unternehmen von besonderer Bedeutung, da es einen Einblick in die wirtschaftliche Lage des Unternehmensträgers gestattet. Damit dient es zugleich dem Unternehmer wie auch den Gläubigern des Unternehmers.

Zu regeln ist etwa,
- welche Personen zur Rechnungslegung verpflichtet sind,
- welche Anforderungen an eine Buchführung zu stellen sind,
- wie eine Bilanz aufzustellen ist und
- wie die Aktiva und Passiva zu bewerten sind.

Dieser Teil stellt grundlegende Regelungen des 3. Buchs des UGB im Überblick dar und umfasst folgende Abschnitte:

3.1 Grundlagen
    Kapitel 1: Allgemeines 249
    Kapitel 2: Bücher und Buchführung 253
    Kapitel 3: Buchführungsmethoden 258

3.2 Bilanzierung
    Kapitel 1: Grundbegriffe der Bilanzierung 261
    Kapitel 2: Bilanzierungsgrundsätze (GoB) 268
    Kapitel 3: Bewertungsvorschriften 273

3.1 Grundlagen

Kapitel 1: Allgemeines

 **Lernen**

Regelung im UGB

Die unternehmerische Rechnungslegung ist im 3. Buch des UGB (§§ 189–283) geregelt. Das Rechnungslegungsrecht verfolgt den Zweck, dem Unternehmer, Gläubigern, zukünftigen Vertragspartnern und anderen interessierten Dritten (sog „stakeholder") einen möglichst exakten Einblick in die **Vermögens-, Finanz- und Ertragslage des Unternehmens** zu gewähren.

Um diesbezügliche Informationen erfassen zu können, muss im Unternehmen ein betriebliches Rechnungswesen eingerichtet sein, teilweise – nämlich bei Kapitalgesellschaftern – auch ein **internes Kontrollsystem** (IKS).

Damit sich „stakeholder" ein Bild des Unternehmens machen können, müssen die Grundlagen der unternehmerischen Rechnungslegung **einheitlich** sein, da andernfalls weder Vergleiche möglich wären noch Rückschlüsse gezogen werden könnten. Diese Vereinheitlichung von Standards zur Herstellung von Vergleichbarkeit, Prüfbarkeit und Schutz vor Irreführung ist daher ein **Hauptanliegen** des Rechnungslegungsrechts.

> Harald möchte € 1.000,– in Aktien investieren, im Internet nimmt er daher Einsicht in die Bilanzen von zwei österreichischen und einer chinesischen AG. Der Gewinn der chinesischen AG kommt ihm sehr hoch vor, außerdem versteht er Teile der Bilanz nicht. Da Harald kein Risiko eingehen möchte, scheidet er die chinesische AG aus und entscheidet sich dann für die österreichische AG mit dem höheren Gewinn in den letzten drei Geschäftsjahren und der insgesamt soliden Bilanz. Dennoch sind Bilanzen mit Vorsicht zu genießen, gewähren sie doch eher eine Rück- und keine Vorschau.

3.1 Grundlagen

Rechnungswesen

Unter „Rechnungswesen" versteht man die **Finanzbuchhaltung** inkl Erstellung des Jahresabschlusses sowie die Kosten- und Leistungsrechnung und die Investitionsrechnung. Vereinfacht gesagt, welche Kosten der Unternehmer im Geschäftsjahr hatte, welche Leistungen er erbracht hat, welche Investitionen getätigt und welche zukünftig (Investitionsplan) auf der „negativen Seite" und auf der „positiven Seite" geplant sind und welchen Umsatz er damit erzielen konnte.

Aus den Ergebnissen der Rechnungslegung können bestimmte **Unternehmenskennzahlen** abgeleitet werden, die weiteren Einblick in die wirtschaftliche Lage, Kreditwürdigkeit usw des Unternehmens gewähren können.

> Etwa Return on Investment (ROI), Umsatzrentabilität, Kapitalumschlag, Ertragskraft- und Risiko-Kennzahlen.

Solche Zahlen dienen oft als Grundlage für komplexe Entscheidungen des Managements („Performance Management" bzw Unternehmenssteuerung) oder Entscheidungen Dritter, etwa der Gesellschaft Kredite zu gewähren, sich an dieser zu beteiligen oder sie zu „raten" (= die Kreditwürdigkeit beurteilen/einstufen).

IKS

Teil des unternehmensrechtlichen Rechnungswesens ist das Interne Kontrollsystem/IKS: Dabei handelt es sich um ein System, dessen Aufgabe darin besteht, das Vermögen des Unternehmens zu sichern und die Genauigkeit und Zuverlässigkeit der Abrechnungsdaten zu gewährleisten sowie die Grundsätze der Geschäftspolitik umzusetzen bzw einzuhalten. Insb in großen kapitalmarktorientierten Unternehmen sind solche Systeme zunehmend von Bedeutung – obwohl sie auch in anderen Gesellschaften **gesetzlich zwingend** einzurichten sind – „damit die linke Hand weiß, was die Rechte tut". Insb dienen IKS dazu

- eine Schädigung des Vermögens durch Verhinderung von kriminellen oder fahrlässigen Handlungen zu verhindern,
- durch Rationalisierungen und Kostensenkungen die betriebliche Effizienz zu verbessern und
- die Zuverlässigkeit des Rechnungs- und Berichtswesens zu gewährleisten.

Unternehmensrecht/ Steuerrecht

Unterschieden wird zwischen der unternehmensrechtlichen und **steuerlichen Rechnungslegung,** beide überschneiden sich in wesentlichen Teilen, sodass die Rechnungslegung an sich auch Abgabengläubigern (der „öffentlichen Hand") dient und letztlich auch im Interesse der Allgemeinheit liegt. Grundsätzlich ist die unternehmensrechtliche Bilanz auch für die Steuerbilanz maßgeblich („Maßgeblichkeitsprinzip"; vgl § 5 Abs 1 EStG), doch ist erstere wesentlich stärker vom Vorsichtsprinzip geprägt.

Die steuerlichen Rechnungslegungsvorschriften enthalten vor allem die §§ 124, 132 BAO, die §§ 4 bis 14 EStG und die §§ 7 bis 20 KStG. Auch der unternehmensrechtlich ermittelte Gewinn ist gem § 5 EStG für die Höhe der Einkommensteuerbemessungsgrundlage maßgeblich. Eine eigene **Steuerbilanz** gibt es nicht, vielmehr wird diese aus der UGB-Bilanz und den steuerrechtlichen Sondervorschriften abgeleitet.

Rechnungslegungspflicht

Aus den Regeln über die Rechnungslegungspflicht (Anwendbarkeit des 3. Buchs) ergibt sich, wer zur **Aufstellung eines Jahresabschlusses** (Bilanz und GuV) und zur Abschlussprüfung verpflichtet ist. Unternehmer außerhalb der Rechnungslegungspflicht müssen aufgrund steuerlicher Vorschriften lediglich eine **Einnahmen-Ausgaben-Rechnung** führen (dazu S 255).

Kapitalgesellschaften	Die unternehmensrechtliche Rechnungslegungspflicht ergibt sich aus **§ 189 UGB:** Danach sind zunächst **Kapitalgesellschaften** ohne Rücksicht auf ihre Größe und die Art ihrer Tätigkeit rechnungslegungspflichtig, haben also einen Jahresabschluss (Bilanz und GuV) aufzustellen und sind gem § 268 UGB auch abschlussprüfungspflichtig (Ausnahme: kleine GmbHs).
	Allerdings gelten für „kleine" und „mittelgroße" Kapitalgesellschaften (s § 221 UGB) teils Erleichterungen und Ausnahmen, teils zusätzliche Anforderungen.
Personengesellschaften	Rechnungslegungspflichtig sind ferner **Personengesellschaften,** bei denen kein unbeschränkt haftender Gesellschafter eine natürliche Person ist, soweit sie eine unternehmerische Tätigkeit ausüben („verdeckte Kapitalgesellschaften", zB die GmbH & Co KG ieS; dazu Bd II S 176 ff).
	Für die Rechnungslegungspflicht von Personengesellschaften mit unbeschränkt haftenden Gesellschaftern, die (auch) natürliche Personen sind, gilt § 189 Abs 1 Z 2 UGB: Sie sind/werden rechnungslegungspflichtig, wenn sie jeweils mehr als € 700.000,– Umsatz pro Geschäftsjahr in zwei aufeinander folgenden Geschäftsjahren erzielen.
Einzelunternehmer	Auch **Einzelunternehmer** sind dann rechnungslegungspflichtig, wenn sie hinsichtlich der einzelnen einheitlichen Betriebe jeweils mehr als € 700.000,– Umsatz pro Geschäftsjahr in zwei aufeinander folgenden Geschäftsjahren erzielen (**„Schwellenwerte":** s im Einzelnen § 189 Abs 2 UGB).
Ausnahmen	**Angehörige der freien Berufe und Land- und Forstwirte** sind (unabhängig von ihrer Größe) nicht rechnungslegungspflichtig, solange kein anderer Tatbestand der Rechnungslegungspflicht erfüllt ist (zB Kapitalgesellschaft).
Sonderbestimmungen	Sonderbestimmungen betreffend die Rechnungslegung gehen den allgemeinen Bestimmungen des UGB vor. Insofern ergibt sich auch in diesem Bereich ein Stufenbau; Sondervorschriften gelten einerseits für **bestimmte Rechtsformen,** andererseits für **bestimmte Geschäftszweige** und finden sich etwa im PSG, VereinsG, EWIVG, GmbHG, BWG, VAG, PKG, etc.
Rechnungslegungspflicht	Die Rechnungslegungspflicht ist bei Personengesellschaften grundsätzlich von den **Gesellschaftern,** bei Kapitalgesellschaften von den vertretungsbefugten **Organen** zu erfüllen.
Zwangsstrafen/ Strafbestimmungen	Zwangsstrafen sind vom Firmenbuchgericht für die Nichteinreichung von Bilanzunterlagen zu verhängen (s § 283 UGB). Strafbestimmungen für die Aufstellung unrichtiger Buchhaltungs- und Bilanzunterlagen bestehen etwa in § 122 GmbHG und § 255 AktG, nach denen **Freiheitsstrafen** für solche Fälle verhängt werden können. Die abgabenrechtlichen Buchführungs- und Aufzeichnungsvorschriften können durch die Verhängung von **Zwangsstrafen** gem § 111 BAO erzwungen werden.

Sonstige „Rechnungslegungsansprüche"

Auf Rechnungslegung können Dritte gegen den Unternehmer Anspruch haben, so etwa Vertragspartner, welche Provisionsansprüche geltend machen. Auch Gesellschafter haben gegen die Gesellschaft Anspruch auf **Bucheinsicht und Rechnungslegung,** ebenso Handelsvertreter. Im Verhältnis zu diesen kann die Verletzung von Rechnungslegungspflichten auch Schadenersatzansprüche auslösen.

3.1 Grundlagen

Bucheinsicht

Der Rechnungslegungsanspruch unterscheidet sich von der Bucheinsicht dadurch, dass Ersterer auf die **Abrechnung,** Letztere auf die **Prüfung** ihrer Grundlagen gerichtet ist. Rechnungslegungsansprüche sind daher meist durch Bucheinsichtsrechte flankiert, da andernfalls die Richtigkeit der Rechnungslegung nicht kontrolliert werden kann.

> Peter war einige Zeit als Vertreter für die Böse Buben GmbH tätig, die ihm bisher aber – die Normen des HVertrG verletzend – noch keine Provisionen ausbezahlt hat. Da der Provisionsanspruch von den tatsächlich abgeschlossenen Geschäften mit Dritten, die von Peter nur vermittelt wurden, abhängt, weiß Peter gar nicht, in welcher Höhe er Provisionsansprüche hat. Er klagt daher zugleich auf Rechnungslegung und Bucheinsicht, sodass ihm die Böse Buben GmbH zu berechnen hat, wie hoch seine Ansprüche sind und er diese Berechnung selbst durch Kontrolle der enstprechenden Belege, Aufzeichnungen und Verträge selbständig auf ihre Richtigkeit und Vollständigkeit prüfen kann.

- Welches Ziel verfolgt die Rechnungslegung bzw das Rechnungslegungsrecht?
- Wer ist rechnungslegungspflichtig, kann die Rechnungslegungspflicht später entstehen?
- Was ist ein IKS, wozu dient es?
- Was versteht man unter einem unternehmensrechtlichen Rechnungswesen?

Abschlussprüfungspflicht

AG und größere GmbH sowie GmbH & Co KG bzw GmbH & Co AG haben ihren Jahresabschluss jährlich von einem Wirtschaftsprüfer oder einer Wirtschaftsprüfungsgesellschaft daraufhin prüfen zu lassen, ob er den GoB entspricht und ob bestimmte Anzeichen für einen Reorganisationsbedarf oder andere Probleme daraus ersichtlich sind. Derartige Bedenken hat der Abschlussprüfer im Bestätigungsvermerk offen zu legen oder, wenn aus dem Jahresabschluss keine Probleme erkennbar sind, einen „uneingeschränkten" Bestätigungsvermerk zu erteilen. Die Abschlussprüfung dient vor allem dem Gläubigerschutz und soll die Kapitalerhaltung in der geprüften Gesellschaft und die Prüfbarkeit ihrer Bonität gewährleisten.

Internes Kontrollsystem („IKS")

Das IKS ist ein System, das dazu dienen soll, das Vermögen des Unternehmens zu sichern und die Genauigkeit und Zuverlässigkeit der Abrechnungsdaten zu gewährleisten sowie die Grundsätze der Geschäftspolitik umzusetzen bzw einzuhalten.

Rechnungslegungspflicht

Kapitalgesellschaften und Personengesellschaften, bei denen kein unbeschränkt haftender Gesellschafter eine natürliche Person ist, sind zur Aufstellung eines Jahresabschlusses verpflichtet. Andere Personengesellschaften und Einzelunternehmer sind/werden dann rechnungslegungspflichtig, wenn sie mehr als € 700.000,– Umsatz pro Geschäftsjahr in zwei aufeinander folgenden Geschäftsjahren erzielen. Angehörige der

Kapitel 2:
Bücher und Buchführung

Rechnungswesen: freien Berufe und Land- und Forstwirte sind explizit von der Rechnungslegungspflicht befreit.

Darunter versteht man die Finanzbuchhaltung inkl Erstellung des Jahresabschlusses sowie die Kosten- und Leistungsrechnung und die Investitionsrechnung.

Lernen

Bücher

Geschäftsbücher: Gem § 190 UGB hat der Unternehmer Geschäftsbücher zu führen und darin seine unternehmensbezogenen Geschäfte und die Lage seines Vermögens nach den Grundsätzen ordnungsgemäßer Buchführung („GoB") aufzuzeichnen. Diese Buchführung muss so erfolgen, dass ein Sachverständiger innerhalb **angemessener Zeit** einen **Überblick** über die Geschäfte und die Lage des Unternehmens gewinnen kann, wobei die einzelnen Geschäfte in ihrer Entstehung und Abwicklung **nachprüfbar** dargestellt sein müssen. Diese Bücher stellen das gesamte Instrumentarium der unternehmerischen Buchführung dar, also die fortlaufenden Aufzeichnungen der unternehmerischen Geschäfte und alle anderen Bücher, Blätter, Datenträger und überhaupt alle Aufzeichnungen, die Informationen enthalten, die die Vermögenslage des Unternehmens betreffen.

Die Echtheit der Bücher ist auch strafrechtlich geschützt, da diese Urkunden sind und ihre Fälschung, Verfälschung oder Unterdrückung strafbar ist (vgl §§ 223 ff StGB).

Die Bücher gehören zum Vermögen des Unternehmens und bilden damit einen Teil der Insolvenzmasse. Die laufenden Bücher sind daher auch mit dem Unternehmen veräußerbar und gehen im Zweifel auf den Erwerber des Unternehmens über.

Innerhalb der Bücher wird zwischen den Grund-, Haupt- und Nebenbüchern unterschieden:

Arten:
- **Grundbücher:** Darin sind die Geschäfte chronologisch dargestellt.
- **Hauptbücher:** Darin sind die Geschäfte systematisch dargestellt.
- **Nebenbüchern:** Darin sind die Geschäfte nach Teilbereichen festgehalten, wobei die in den Nebenbüchern enthaltenen Informationen zur Darstellung eines Geschäfts im Hauptbuch zusammengefasst werden können (Nebenbücher sind zB das Kassenbuch, die Warenbücher, die Einkaufs- und Verkaufsbücher).

● Lernen ◐ Üben ◑ Wissen　　　　　　　　　　　　　　　　　　　　　　　　　**3.1 Grundlagen**

Form
: Die Buchführung und Buchhaltung kann **schriftlich oder elektronisch** erfolgen. Die elektronische „Speicherbuchführung" muss aber inhaltsgleich, vollständig und geordnet erfolgen; Geschäftsbriefe müssen auch in elektronischer Form urschriftsgetreu wiedergegeben werden können (bis zum Ende der Aufbewahrungsfrist).

Aufbewahrungs- und Vorlagepflichten
: Die Unterlagen müssen **sieben Jahre** lang geordnet aufbewahrt werden. In Gerichtsverfahren kann dem Unternehmer aufgetragen werden, die Bücher vorzulegen. Ebenso können vertragliche Bucheinsichtsrechte vereinbart werden. Dies kann etwa zur Durchsetzung bzw überhaupt Berechnung von Provisionsansprüchen erforderlich sein.

> Der Makler Heinz ist für den Erwerb verschiedener Liegenschaften durch den Spekulanten Johann verdienstlich geworden und hat einen Provisionsanspruch. Da er die einzelnen Kaufpreise nicht kennt, kann er Johann (vor Erhebung einer Leistungsklage) auf Rechnungslegung in Anspruch nehmen.

Konten

In den Nebenbüchern wird unter Buchhaltung im Rahmen **doppelter Buchführung** (dazu gleich) die Darstellung des maßgeblichen Zahlenwerks in Konten (sog „T-Konten" mit **„Soll-" und „Haben-Seite"**) verstanden. Demnach ist ein Konto ein zweiteiliges Rechenfeld über einen einheitlichen Buchungsgegenstand.

Beispiel für T-Konten

Aktivkonto		Passivkonto	
Soll (= Mehrung)	Haben (= Minderung)	Soll (= Minderung)	Haben (= Mehrung)
Anfangsbestand			Anfangsbestand
Kontosaldo	Kontosaldo	Kontosaldo	Kontosaldo

Die einzelnen Buchungen sind die Eintragungen in die jeweiligen Spalten des Kontos.

Beispiel für Buchungen

Buchung Werklohn € 2.000,00
Kassenbestand (= Anfangsbestand) € 10.000,00

Kassa		Werklöhne	
Soll	Haben	Soll	Haben
AB € 10.000,00 Werklohn € 2.000,00			Kassa € 2.000,00
€ 12.000,00			

Einzelne Geschäftsvorgänge werden daher „gebucht".

„Soll" und „Haben"
: Auf der Soll-Seite der **Minderungen (linke Spalte)** und auf der **Haben-Seite (in der Regel rechte Spalte)** werden Anfangsbestand und **Zugänge** eingetragen, durch schlichte Plus-Minus-Berechnung ergibt sich am Ende ein „Haben-" oder „Soll-Saldo". Dabei werden für jede Art von Geschäftsvorgängen (Kontoklassen) je zwei Konten, ein **Erfolgs-** und ein **Bestandskonto,** geführt. Buchungen, die in Erfolgskonten auf der Haben-Seite durchgeführt werden, befinden sich bei Bestandskonten auf der Soll-Seite und umgekehrt, sodass es in der doppelten Buchhaltung stets zu einem sog „Aktiva-/Passivatausch" kommt; insgesamt führt das zu einem ausgeglichenen Kontensaldo.

Eine Eselsbrücke bildet – zumindest bei Passivkonten und in der einfachen Buchhaltung – der Satz, aus dem auch die Namen der Kontoseiten herrühren: Die Soll-Seite bedeutet „soll geben", die Haben-Seite bedeutet „soll(te) haben", sodass eine Eintragung im Soll eines Passivkontos eine Bestandsminderung, im Haben eine Bestandsmehrung für den Unternehmer bedeutet. Dementsprechend wird auch von Sollbuchungen oder Habenbuchungen gesprochen.

Eine weitere Verständnishilfe für die Funktion von Soll und Haben im Vermögen des Unternehmers bilden in der doppelten Buchhaltung die Fragen: 1. Woher stammt das Geld? Aus dem Haben (zB Ertrag, Eigenkapital oder Fremdkapital). 2. Wohin geht das Geld? Ins Soll (zB Aufwand, Anlagevermögen, Umlaufvermögen).

Saldo Saldo ist die Differenz zwischen der Summe der Plus-Seite und der Summe der Minus-Seite, er zeigt also an, welcher Endbetrag im Zeitpunkt der Saldierung auf dem Konto vorhanden ist (Haben) oder fehlt (Soll).

Buchführungssysteme

Durch den gesetzlich vorgegebenen Inhalt der unternehmerischen Buchhaltung – diese muss neben der Bilanz auch eine Gewinn- und Verlustrechnung („GuV") enthalten – ergibt sich das Erfordernis der „doppelten Buchführung". Daneben bestehen jedoch noch andere Buchhaltungssysteme, sodass folgende Einteilung vorgenommen werden kann:
- **Einnahmen-Ausgaben-Rechnung,**
- **einfache Buchhaltung,**
- **doppelte Buchhaltung,**
- **Kameralistik.**

Einnahmen-Ausgaben-Rechnung Die Einnahmen-Ausgaben-Rechnung (vgl auch § 4 Abs 3 EStG) ist grundsätzlich auf die bloße Aufzeichnung von Zahlungsvorgängen, daher (wie der Name schon sagt) auf Einnahmen und Ausgaben beschränkt. IdZ wird von „Kassa-Kontos" gesprochen, wobei diese Bezeichnung nicht gilt, wenn die Einnahmen-Ausgaben-Rechnung auch Privateinlagen und Privatentnahmen enthält. In der Einnahmen-Ausgaben-Rechnung ist die Darstellung von Vermögenswerten, die (noch) nicht in Geld bestehen, wie etwa Forderungen, Verbindlichkeiten, Vorräte oder Anlagen, nicht möglich, weshalb (auch wegen der fehlenden Periodenabgrenzung) aus einer Einnahmen-Ausgaben-Rechnung kein umfassendes Bild der Vermögens- und Ertragslage eines Unternehmens insb für die Zukunft abzuleiten ist.

einfache Buchhaltung Die einfache unternehmerische Buchführung (einfache Buchhaltung) besteht in der Einnahmen-Ausgaben-Rechnung zuzüglich Konten, auf denen Forderungen und Verbindlichkeiten (also künftige Einnahmen und künftige Ausgaben) dargestellt werden sowie Vorräte und Anlagen.

Bereits in der einfachen Buchhaltung treten die wesentlichen Schwierigkeiten des Rechnungslegungsrechts zu Tage, da Vorräte und Anlagen **bewertet** werden müssen, Forderungen und Verbindlichkeiten müssen mit Risikoab- bzw Risikozuschlägen dargestellt werden, sodass ihr wahrer wirtschaftlicher Wert möglichst richtig nachvollzogen werden kann. Diese Bewertungsregeln öffnen jedoch wesentliche Spielräume und damit Raum für Streitigkeiten.

3.1 Grundlagen

Karl hat
- einen alten VW-Käfer, den er in der Bilanz seines Unternehmens bewerten will, es besteht jedoch aufgrund des Alters des Fahrzeugs kein Eurotax-Wert. Wie ist der VW-Käfer zu bewerten?
- eine Forderung gegen Hubert, der aber seit Jahren an der Insolvenz schrammt, wobei die Forderung erst in 8 Monaten fällig wird. Kann Hubert sie mit der vollen Höhe in die Bilanz nehmen?
- Kunden ein fehlerhaftes Produkt verkauft, sodass er in nächster Zeit mit Gewährleistungsansprüchen einiger Kunden rechnen muss; unklar ist aber, wie viele Kunden betroffen sind. Sind diese zukünftigen ungewissen Verbindlichkeiten in der Bilanz anzusetzen?

Der Nachteil der einfachen Buchhaltung liegt darin, dass die Einnahmen und Ausgaben bzw die einzelnen Werte keiner Geschäftstätigkeit zugeordnet werden können. Um den Nachteil auszugleichen wurde die doppelte Buchführung entwickelt:

doppelte Buchhaltung

Aufgrund des gesetzlichen Erfordernisses der doppelten Buchführung („Doppik") sowohl aus steuerrechtlicher als auch unternehmensrechtlicher Sicht, ist die doppelte Buchhaltung das Buchhaltungssystem rechnungslegungspflichtiger Unternehmer.

Jeder Geschäftsfall wird in der doppelten Buchführung (anders als in der einfachen Buchführung) doppelt gebucht, dh einmal im Soll eines Kontos und einmal im Haben eines Kontos. Die Summe aller Buchungen ist daher sowohl im Soll- als auch im Haben-Bereich gleich. Daraus ergibt sich sowohl eine Güter- und Leistungsliste als auch eine Geldliste, wobei jeder Abfluss in der Geldliste zu einem Anwachsen der Güter- und Leistungsliste bzw umgekehrt führt und jeder Zuwachs an Geld zu einer Minderung der Güter- und Leistungsliste.

Dadurch werden nicht nur Vermögens- bzw Forderungsverschiebungen erkennbar, sondern auch Aufwendungen und Erträge in bestimmten Bereichen der Unternehmensführung.

Karl verkauft einen Traktor für € 5.000,–. Im Vermögensverzeichnis muss er den Traktor ausbuchen (Soll), dafür aber den Zufluss des Kaufpreises einbuchen (Haben), der Saldo dieser Buchung ist € 0, wenn der Traktor mit dem Kaufpreis bewertet war. Andernfalls ergibt sich ein Gewinn oder Verlust.

Beispiel für Buchung

Kassa		Maschinen	
Soll	Haben	Soll	Haben
Kaufpreis Traktor € 5.000,00			Verkauf Traktor € 5.000,00
€ 5.000,00			€ 5.000,00

Dieser Geschäftsfall ist ergebnisneutral („Passivtausch"), da ein Konto um einen Betrag vermehrt, ein anderes um den gleichen Betrag gemindert wird.

Der Zweck der Doppik ist, dass die Unternehmensentwicklung auf zwei verschiedene Arten ermittelt werden kann: einmal durch Vermögensvergleich (Bilanz) und einmal durch Gegenüberstellung der Erträge und Aufwendungen (Gewinn- und Verlustrechnung).

Kapitel 2: Bücher und Buchführung

Gewinn- und Verlustrechnung | Aus der GuV wird erkennbar, aus welchen Tätigkeitsbereichen Gewinne bzw Verluste herrühren.

> Siehe voriges Bsp: In der Bilanz von Karl ist nur ein Gewinn von € 5.000,– ausgewiesen. Aus der GuV ergibt sich, dass dieser aus dem Traktorverkauf stammt und das landwirtschaftliche Unternehmen Karls keinerlei Gewinn erzielen konnte.

Der **Bilanzgewinn** ist als Teil des Eigenkapitals auch Bestandteil der Bilanz. Beide Rechenwerke sind daher voneinander abhängig bzw gegeneinander überprüfbar.

Ferner erfolgt die doppelte Buchführung auch im Haupt- und im Grundbuch: Im Grundbuch werden die einzelnen Geschäftsfälle chronologisch aufgelistet, im Hauptbuch systematisch nach den Geschäftsbereichen (T-Konten).

Planrechnung | Die öffentliche Hand hat dieses System noch um die Planrechnung verfeinert, womit überprüft werden kann, ob bestimmte Sollwerte tatsächlich erreicht wurden (sog Planrechnung bzw „Soll-Ist-Vergleich"), dieses System bezeichnet man als **Kameralistik.** Es wird teilweise auch von privaten Unternehmen im Rahmen der betriebswirtschaftlichen Abrechnungsanalyse verwendet.

Üben

- Was sind die Geschäftsbücher?
- Was versteht man unter „Soll" und „Haben", was ist der „Saldo"?
- Wie unterscheiden sich Einnahmen-Ausgaben-Rechnung und einfache Buchhaltung?
- Was ist der Vorteil der doppelten Buchhaltung gegenüber anderen Buchhaltungssystemen?
- Wie lange sind die Buchhaltungsunterlagen aufzubewahren?

Wissen

Aufbewahrungspflicht | Sämtliche Buchführungs- bzw Buchhaltungsunterlagen müssen sieben Jahre lang geordnet aufbewahrt werden (Aufbewahrungspflicht).

doppelte Buchhaltung | Jeder Geschäftsfall wird in der doppelten Buchführung doppelt gebucht. Die Summe aller Buchungen ist daher sowohl im Soll- als auch im Haben-Bereich gleich. Daraus ergibt sich sowohl eine Güter- und Leistungsliste als auch eine Geldliste, wobei jeder Abfluss in der Geldliste zu einem Anwachsen der Güter- und Leistungsliste bzw umgekehrt führt und jeder Zuwachs an Geld zu einer Minderung der Güter- und Leistungsliste. Dadurch werden nicht nur Vermögens- bzw Forderungsverschiebungen erkennbar, sondern auch Aufwendungen und Erträge bestimmten Bereichen des Unternehmens zuordenbar.

Geschäftsbücher | Gem § 190 UGB hat der Unternehmer Geschäftsbücher zu führen und darin seine unternehmensbezogenen Geschäfte und die Lage seines Vermögens nach den Grundsät-

3.1 Grundlagen

zen ordnungsgemäßer Buchführung aufzuzeichnen. Ein Sachverständiger muss daraus einen Überblick über die Geschäfte und die Lage des Unternehmens gewinnen können. Innerhalb der Bücher wird zwischen den Grund-, Haupt- und Nebenbüchern unterschieden.

Konto — In den Nebenbüchern ist die Buchhaltung im Rahmen doppelter Buchführung die Darstellung des maßgeblichen Zahlenwerks in Konten (sog T-Konten mit „Soll-" und „Haben-Seite"). Demnach ist ein Konto ein zweiteiliges Rechenfeld über einen einheitlichen Buchungsgegenstand.

Saldo — Saldo ist die Differenz zwischen der Summe der Plus-Seite und der Summe der Minus-Seite, die anzeigt, welcher Endbetrag im Zeitpunkt der Saldierung auf dem Konto vorhanden ist oder fehlt.

Kapitel 3: Buchführungsmethoden

Lernen

Buchführungsgrundsätze

Die Buchführung muss „abschlussgerecht" sein, sie muss daher sowohl mit der Inventur (also der Bestandaufnahme der Aktiva und Passiva), als auch mit dem Inhalt des Jahresabschlusses übereinstimmen und auf die Bilanzierungsgrundsätze abgestimmt sein.

GoB — Die zur Erreichung dieser Vorgaben einzuhaltenden Leitlinien werden „Grundsätze ordnungsmäßiger Buchführung" (kurz: GoB) genannt. Sie prägen das gesamte Rechnungslegungsrecht vor allem in materieller Hinsicht. Für die Buchführung selbst **sehen die GoB** (die darüber hinaus noch andere Inhalte, insb zur Forderungsbewertung und Aufstellung von Jahresabschlüssen etc enthalten) **vor allem folgende Prinzipien vor:**

Buchungen müssen
- vollständig,
- richtig,
- zeitgerecht,
- geordnet sein und
- die Bücher insgesamt verständlich geführt werden.

Im Einzelnen gelten folgende Grundsätze:
- **Grundsatz der Vollständigkeit:** Zu buchen sind lückenlos alle abschlussrelevanten Geschäftsfälle.
- **Grundsatz der Richtigkeit:** Buchungen, denen keine tatsächlichen Geschäftsfälle zugrunde liegen, dürfen nicht vorgenommen werden.
- **„Keine Buchung ohne Beleg":** Schließlich bedarf jede Buchung eines Belegs.

Zeitpunkt

Eintragungen müssen außerdem **unverzüglich** nach Eintritt des zu buchenden Geschäftsfalles und damit laufend erfolgen. Ferner darf die Buchführung nicht nachträglich so verändert werden, dass die ursprünglichen Eintragungen nicht mehr erkennbar sind.

Rechtswirkung

Soweit keine besonderen vertraglichen Abreden getroffen sind, entfalten die Buchungen gegenüber Dritten aber keinerlei Wirkungen. Dritte haben auch keinen Anspruch darauf, dass Ihre Forderungen oder Verbindlichkeiten in einer besonderen Weise gebucht werden, da es sich lediglich um interne Vorgänge im Unternehmen handelt.

Inventar

Inventar und Inventur

Inventar ist das Verzeichnis aller zum Betrieb des Unternehmens gehörenden **Vermögensgegenstände** und **Schulden** unter Angabe ihrer Werte bzw Höhe.

Unterschieden wird zwischen Eröffnungs- und Jahresinventar:
- das **Eröffnungsinventar** hat zu Beginn des Unternehmens,
- das **Jahresinventar** laufend jährlich zu erfolgen.

Inventarstichtag und Bilanzstichtag fallen zusammen.

Inventur ist die für die Errichtung des Inventars erforderliche Aufnahme (Zählen, Messen, Wiegen, sonstige überprüfbare Mengenfeststellung und allenfalls Schätzung) des Bestands der Vermögensgegenstände und Schulden und deren Bewertung *(Krejci)*. Siehe § 192 UGB.

Das Inventar ist das Ergebnis der **Inventur**.

Unterschieden wird zwischen
- **Stichtagsinventur,**
- **laufender Inventur** und
- **Stichprobeninventur.**

Die Stichtagsinventur wird nur einmal zum Bilanzstichtag durchgeführt, während bei der laufenden Inventur während des gesamten Geschäftsjahres Listen (ähnlich den Buchungslisten) über die vorhandenen Vermögensgegenstände und Schulden geführt werden. Die Stichprobeninventur ist eine vereinfachte Methode der Inventur, welche nur zulässig ist, wenn dabei anerkannte mathematisch-statistische Methoden (nämlich sog „freie" und „gebundene" Mittelwertschätzung) zur Ermittlung des Inventars anhand von einzelnen Stichproben verwendet werden.

Vermögensgegenstand

Vermögensgegenstand ist jedes
- selbständig bewertbare und
- verkehrsfähige,
- materielle oder
- immaterielle Gut.

3.1 Grundlagen

Schulden
: Schulden sind einerseits Verbindlichkeiten, die dem Grunde und der Höhe nach gewiss sind, andererseits auch Rückstellungen für drohende Aufwendungen und Belastungen, die ihrem Grund und ihrer Höhe nach noch ungewiss sind und in der Zukunft eintreten werden (zB drohende Verluste, drohende Gewährleistungsansprüche, …).

Bewertung
: Das Inventar hat **Wertangaben** zu enthalten; die Bewertung der einzelnen Vermögensgegenstände und Schulden ist eine der besonders wesentlichen Aufgaben und Streitpunkte des Rechnungslegungsrechts. Die Bewertung ist nach den für die Bilanzerstellung maßgeblichen Regeln **(Bilanzierungsgrundsätze)** vorzunehmen.

- Was versteht man unter GoB, was sagen diese über die Buchführung aus?
- Was ist das Inventar, was die Inventur?
- Wie müssen einzelne Buchungen erfolgen?

GoB – Buchführung
: Die Grundsätze ordnungsmäßiger Buchführung (GoB) prägen das gesamte Rechnungslegungsrecht vor allem in materieller Hinsicht und haben sowohl die Buchführung als auch die Bilanzierung zum Gegenstand.

Für die Buchführung selbst sehen die GoB (die darüber hinaus auch für Forderungsbewertung und Aufstellung von Jahresabschlüssen [Bilanzierungsgrundsätze] Regeln enthalten, sodass zwischen Buchführungs- und Bilanzierungsgrundsätzen unterschieden wird) vor allem folgende Prinzipien vor:

Buchungen müssen
- vollständig,
- richtig,
- zeitgerecht,
- geordnet sein und
- die Bücher insgesamt verständlich geführt werden.

Inventar
: Inventar ist das Verzeichnis aller zum Betrieb des Unternehmens gehörenden Vermögensgegenstände und Schulden unter Angabe ihrer Werte. Unterschieden wird zwischen Eröffnungs- und Jahresinventar.

Inventur
: Inventur ist die für die Errichtung des Inventars erforderliche Aufnahme (zählen, messen, wiegen, sonstige überprüfbare Mengenfeststellung und allenfalls Schätzung) des Bestands der Vermögensgegenstände und der Schulden sowie deren Bewertung.

3.2 Bilanzierung

Kapitel 1: Grundbegriffe der Bilanzierung

 **Lernen**

Der **Jahresabschluss** besteht aus der Bilanz und der GuV; bei Kapitalgesellschaften und Personengesellschaften iSd § 221 Abs 5 UGB wird der Jahresabschluss um einen „Anhang" erweitert (zusätzlich ist idR ein Lagebericht zu erstellen; § 222 Abs 1 UGB).

Zur Abschluss- und Abschlussprüfungspflicht s bereits S 250 f.

Bilanz

Die Bilanz ist die Gegenüberstellung der betrieblichen Aktiva und Passiva, wobei die Seiten der Bilanz immer den gleichen Saldo aufweisen müssen, die Differenz ist Gewinn oder Verlust.

Die Aktiva sind das **Vermögen** (insb Anlagen und Forderungen), die Passiva das **Kapital** (in Form von Eigenkapital und Verbindlichkeiten). In diesem Zusammenhang wird manchmal gesagt, dass die Aktivseite über die Kapitalverwendung, die Passivseite über die Kapitalherkunft Aufschluss gibt.

> Auf der Aktivseite (Haben) sind etwa bestimmte Güter des Umlaufvermögens (zB 10 PCs) ausgewiesen, auf der Passivseite (Soll) ist zB eine entsprechende Kaufpreisforderung von € 1.000,– des Verkäufers ausgewiesen. „Eselsbrücke": Ich *habe* 10 PCs, dafür *soll* ich € 1.000,– zahlen.

3.2 Bilanzierung

Die Bilanzen werden anlassfallbezogen in
- Geschäftseröffnungsbilanz,
- Jahresbilanz und
- Schlussbilanz

unterteilt.

Die **Geschäftseröffnungsbilanz** gibt über das Anfangsvermögen des Unternehmens, die **Jahresbilanz** über die regelmäßige Vermögensentwicklung jeweils zum Bilanzstichtag und die **Schlussbilanz** über die Vermögenslage bei Schließung bzw Einstellung des Unternehmens („Liquidation") Auskunft. Wesentliche Posten auf der Aktiv- und der Passivseite sind:

Bilanz

Aktiva	Passiva
Anlagevermögen	Eigenkapital
Umlaufvermögen	unversteuerte Rücklagen
Forderungen	Verbindlichkeiten
	Rückstellungen
Rechnungsabgrenzungsposten	Rechnungsabgrenzungsposten

Diese Posten sind auszuweisen und zu gliedern, können verfeinert, verästelt etc werden. Wie und wo die einzelnen Posten darzustellen sind, ergibt sich in der Regel aus den GoB bzw §§ 224 und 231 UGB.

Die **Gliederungsvorschriften** für Kapitalgesellschaften (s im Detail § 224 UGB) haben Vorbildfunktion für die Bilanzen aller Unternehmer.

Aktiva

Auf der Vermögensseite kommt dem **Anlagevermögen** und dem **Umlaufvermögen** wesentliche Bedeutung zu:
- Das Anlagevermögen dient zum Gebrauch des Unternehmens.
- Das Umlaufvermögen dient zum „Verbrauch".

> Ein Kfz ist etwa für einen Vertreter Anlagevermögen, weil er das Kraftfahrzeug dauernd gebraucht; für einen Kfz-Händler ist es dagegen grundsätzlich Umlaufvermögen, weil er es veräußert, um damit Gewinn zu erzielen.

Nach der Art des **Anlagevermögens** wird weiter unterschieden zwischen
- immateriellen Vermögensgegenständen (für die Sonderregeln gelten können),
- Sachanlagen und
- Finanzanlagen.

Daneben besteht ein Aktivierungswahlrecht (s S 269), bestimmte Aufwendungen für Ingangsetzen und Erweitern eines Betriebs so zu bilanzieren, als handle es sich um Anlagevermögen.

Dagegen bilden das **Umlaufvermögen** jene Gegenstände, die dem Geschäftsbetrieb nicht dauernd gewidmet sind. Dazu gehören etwa
- Vorräte,
- Forderungen,
- Wertpapiere des Umlaufvermögens,
- Kassenbestand,

Kapitel 1: Grundbegriffe der Bilanzierung

- Schecks und
- Guthaben bei Schuldnern (im Wesentlichen somit Forderungen).

Passiva Auf der **Passiv- bzw Soll-Seite** der Bilanz wird zwischen Eigenkapital, Rücklagen, Verbindlichkeiten und Rückstellungen unterschieden:

Das **Eigenkapital** ist die Differenz zwischen dem Vermögen des Unternehmers und dem Fremdkapital. Der Bilanzposten „Eigenkapital" stellt somit alles dar, was dem Unternehmer bzw den Gesellschaftern einer Gesellschaft „wirklich gehört". Zum Eigenkapital zählen damit die Einlagen der Gesellschafter, der endgültig im Unternehmen verbliebene Gewinn und Zuwendungen, die in das Unternehmensvermögen übergehen. Fremdkapital sind dagegen zB Darlehen von Dritten.

Ein Unterschied zwischen Eigenkapital und Fremdkapital ist vor allem im Insolvenzrecht angelegt, weil die Fremdkapitalgeber Insolvenzgläubiger sind, die Eigenkapitalgeber jedoch nicht.

Das Eigenkapital wird je nach Rechtsform unterschiedlich gebucht; so gibt es starre und variable Kapitalkonten (s Bd II S 128), Rücklagenkonten, Kapitalrücklagen, etc.

Unversteuerte Rücklagen bilden einen eigenen Bilanzposten, der sich aus Bewertungsreserven aufgrund von steuerlichen Sonderabschreibungen (s S 274) und sonstigen unversteuerten Rücklagen zusammensetzt. Rücklagen sind zB nicht ausgeschüttete Gewinne oder für den Erwerb eines Geschäftsanteils geleistete Zahlungen an die Gesellschaft über dem Anteilsnominale (sog **Agio**).

Verbindlichkeiten: Darunter ist jede, Gläubigern gegenüber bestehende Verpflichtung des Unternehmers zu verstehen bzw darzustellen.

Rückstellungen sind bilanzielle Vorsorgen für drohende Verluste und Aufwendungen (Verbindlichkeiten oder Belastungen, wobei entweder der Eintritt der Belastung oder deren genaue Höhe am Bilanzstichtag noch nicht klar ist).

Beispiele sind etwa Abfertigungen, Pensionen, Produkthaftungsrisiken, Schadenersatzansprüche, etc. Neben den Rückstellungen für ungewisse Verbindlichkeiten bestehen auch Aufwandsrückstellungen, wenn in Zukunft zB Aufwendungen für Anlagevermögen absehbar sind.

Rückstellungen können dann **stille Reserven** (s S 269) enthalten, wenn der ursprünglich angesetzte Betrag höher ist, als die tatsächliche Höhe der Verbindlichkeit.

Rückstellungspflicht Den Unternehmer trifft eine Rückstellungspflicht für **wesentliche Risiken,** wobei der Höhe nach 5% der jeweils relevanten Bilanzposition als wesentlich angesehen werden.

aktive und passive Rechnungsabgrenzungsposten Im Rahmen der doppelten Buchhaltung steht jedem Aktivum ein Passivum gegenüber (s S 254 f). Verfügt der Unternehmer aber noch nicht über die jeweilige Gegenleistung, sind **Abgrenzungen** vorzunehmen.

Joe hat im Juni einen Traktor gekauft und bezahlt, die Lieferung erfolgt aber erst im darauffolgenden Frühling. Joe muss daher einen aktiven Rechnungsabgrenzungsposten anstelle des Traktors in die Bilanz aufnehmen, da Soll- und Haben-Seiten andernfalls nicht ausgeglichen wären und ein Verlust entstünde.

Aktive Rechnungsabgrenzungsposten sind grundsätzlich Vorauszahlungen des Bilanzierenden, wobei der Nutzen der Zahlung erst nach dem Bilanzstichtag eintreten wird. Umgekehrt sind **passive Rechnungsabgrenzungsposten** solche, wo Erträge bereits vor dem Bilanzstichtag realisiert wurden, jedoch Leistungen nach dem Bilanzstichtag zu erbringen sind.

Durch die Bildung solcher Rechnungsabgrenzungsposten wird eine **periodenwidrige Zuordnung** von Aufwendungen und Erträgen vermieden, weil andernfalls in einer Bilanzierungsperiode ein Gewinn bzw Verlust ausgewiesen würde, dem erst in der nächsten Bilanzierungsperiode ein korrespondierender Verlust oder Gewinn gegenüber stünde, sodass der Zusammenhang zwischen beiden Posten nicht erkennbar wäre, was eine Verzerrung der Bilanz bedeuten würde.

Gewinn- und Verlustrechnung

Definition

Neben der Bilanz haben Unternehmer die GuV zu führen. Es handelt sich dabei um eine Aufstellung der Erträge und Aufwendungen des Unternehmers im Sinn einer **periodischen Erfolgsrechnung,** welche einen Teil des Jahresabschlusses bildet. In der GuV sind Erträge und Aufwendungen unter Bedachtnahme auf die GoB aufzugliedern.

Erst aus der GuV werden die Ursachen für das Jahresergebnis erkennbar, sodass der Unternehmer erkennen kann, aus welchen Tätigkeiten ein Gewinn oder Verlust resultiert. Die GuV ermöglicht damit einen besseren Einblick in die Ertragslage als die Bilanz, welche nur die Vermögenslage, nicht aber die **Entwicklung des Vermögens** abbildet.

Die GuV wird in der Regel entweder als **Gesamt- oder Umsatzkostenverfahren** durchgeführt; das Umsatzkostenverfahren wird idR eher in Unternehmen gewählt, die Serienprodukte fertigen, während das Gesamtkostenverfahren in Unternehmen mit langfristiger Fertigung zum Einsatz gelangt.

EGT

Weitere Bestandteile der GuV sind die Darstellung des Betriebserfolgs, die Darstellung des Finanzerfolgs und als deren Summe das **Ergebnis der gewöhnlichen Geschäftstätigkeit** (EGT).

G oder V

Zum ermittelten EGT werden außerordentliche Ergebnisse (etwa Betriebsstilllegungen, Katastrophenschäden, außergewöhnliche Veräußerungserlöse, etc) hinzu gezählt, Steuern werden abgezogen, sodass sich am Ende **Jahresüberschuss oder Jahresfehlbetrag** („Gewinn" oder „Verlust") ergeben.

Das Resultat der GuV unterscheidet sich also vom Bilanzgewinn oder -verlust dadurch, dass es um Veränderungen von Kapital- und Gewinnrücklagen bereinigt ist und daher besseren Aufschluss über den **eigentlichen Betriebserfolg** gibt.

Anhang

Im Anhang (beim Konzernabschluss „Konzernrechnung") erfolgt gem § 236 UGB die **Erläuterung von Bilanz und GuV.** Darin sind zusätzliche Angaben zu machen, soweit aus Bilanz und GuV zB aufgrund der gesetzlich determinierten Bilanzgliederung, bestimmte – für ein möglichst getreues Bild der Vermögens-, Finanz- und Ertragslage notwendige – Informationen nicht hervorgehen. Das Gesetz sieht insb folgende Angaben vor:

- zu **Abweichungen** von Bilanzierungs- und Bewertungsmethoden (diese sind zu begründen und ihr Einfluss auf die Vermögens-, Finanz- und Ertragslage ist gesondert darzustellen),
- zu **Gründen** einer gewählten **Abschreibungsdauer** und Abschreibungsmethode im Rahmen der AfA,
- bestimmte Angaben bei Inanspruchnahme von **Aktivierungswahlrechten.**

Der Anhang hat daher
- **Interpretationsfunktion,** indem er die Verständlichkeit von Bilanz und GuV gewährleisten soll,
- **Erläuterungsfunktion,** indem er zusätzliche Angaben, Kommentare etc zu bestimmten Bilanzposten enthalten kann,
- **Begründungsfunktion** (zB warum ein Aktivierungswahlrecht ausgeübt wurde oder nicht),
- **Entlastungsfunktion,** weil Bilanz und GuV durch Aufnahme bestimmter Informationen im Anhang gestrafft werden,
- **Ergänzungsfunktion,** weil er zusätzliche Angaben enthält,
- **Korrekturfunktion,** wenn sich Zweifelsfragen durch Einhaltung der gesetzlichen Vorschriften und GoB nicht ausräumen lassen.

Für den Anhang ist gesetzlich keine bestimmte **Darstellungsform** vorgesehen, jedoch gelten auch für ihn die Grundsätze der Kontinuität, Vollständigkeit, Richtigkeit, Übersichtlichkeit und Klarheit.

Ein Anhang ist von allen **abschlusspflichtigen Gesellschaften** zu erstellen, teils sind aber Erleichterungen für bestimmte Gesellschaften vorgesehen (s § 242 UGB).

Lagebericht

Der Lagebericht (im Konzernabschluss „Konzernlagebericht") enthält gem § 243 Abs 1 UGB zusätzliche Angaben, die von den Informationen in Bilanz, GuV und Anhang teilweise **entkoppelt sind.**

Insb ist darin eine **Gesamtbeurteilung** bzw Darstellung des Geschäftsverlaufs und der wirtschaftlichen Lage des Unternehmens, besonders wichtiger Vorgänge nach Schluss des Geschäftsjahres, der voraussichtlichen Entwicklung, des Bereichs Forschung und Entwicklung (F&E bzw R&D) sowie bestehender Zweigniederlassungen aufzunehmen (s im Einzelnen § 243 Abs 2 UGB).

Ein Lagebericht ist von allen **Kapitalgesellschaften** mit Ausnahme kleiner GmbHs im Sinn von § 221 Abs 1 UGB aufzustellen.

Auf- und Feststellung des Jahresabschlusses

Aufstellung

Die Aufstellung des Jahresabschlusses ist dessen **Errichtung bzw Verfassung.** Aufstellungspflichtig sind bei Kapitalgesellschaften die Geschäftsführer/Vorstände, wobei mehrere Geschäftsführer den Jahresabschluss (in Gesamtverantwortung) gemeinsam aufzustellen haben. IdR wirkt der Steuerberater der Gesellschaft an der Aufstellung des Jahresabschlusses mit; der Abschlussprüfer darf dagegen nicht an der Aufstellung des Jahresabschlusses mitwirken (§ 271 ff UGB).

Feststellung

Die Feststellung ist die **Annahme des Jahresabschlusses** durch das zuständige Gesellschaftsorgan samt der Fällung bestimmter auf die Rechnungslegung bezogener Ent-

3.2 Bilanzierung

scheidungen, die so wichtig sind, dass sie nicht von den Geschäftsführern/Vorständen getroffen werden können.

> Die A-GmbH hat am Ende des Geschäftsjahres in der Bilanz einen Haben-Saldo von € 1 Mio auszuweisen. Die Geschäftsführer schlagen vor, davon € 500.000,– als Rückstellung für ungewisse Verbindlichkeiten und € 500.000,– als Gewinn festzustellen. Der festgestellte Gewinn ist mit 25% KöSt zu versteuern, sodass die A-GmbH über € 375.000,– an Gewinn frei verfügen kann. Die Generalversammlung beschließt, davon € 200.000,– auszuschütten (Dividende) und € 175.000,– für allfällige Investitionen auf neue Rechnung vorzutragen (Gewinnvortrag).

Grundsätzlich erfolgt die **Feststellung** der Bilanz durch die **Gesellschafter** selbst (s § 35 Abs 1 GmbHG), bei der AG allerdings idR durch den **Aufsichtsrat** (s § 104 Abs 3 AktG). Der Feststellung des Jahresabschlusses (auch „Genehmigung") unterliegt die Höhe des Bilanzgewinns und -verlusts, die Auflösung von Rücklagen und die Bestimmung der Ausgangswerte für die Rechnungslegung der Folgejahre.

Stichtag und Geschäftsjahr

Bilanzstichtag

Der Jahresabschluss ist für den **Bilanzstichtag** zu erstellen, in der Regel ist dies der letzte Tag des Geschäftsjahres. Das Geschäftsjahr kann grundsätzlich frei gewählt werden, im Zweifel entspricht es dem Kalenderjahr.

Fristen

Einzelunternehmen und Personengesellschaften müssen den Jahresabschluss in den ersten neun Monaten des Geschäftsjahres für das vergangene Geschäftsjahr auf- und feststellen.

Die Aufstellungsfrist beträgt für Kapitalgesellschaften fünf Monate nach Ende des Geschäftsjahres (s § 222 Abs 1 UGB). Für die Feststellung steht ein Zeitraum von acht Monaten nach Ende des Geschäftsjahres zur Verfügung (s § 35 Abs 1 Z 1 GmbHG, § 104 AktG), wobei für eine Feststellung durch den Aufsichtsrat der AG kürzere Fristen bestehen (s § 96 AktG).

Der festgestellte Jahresabschluss ist vom Unternehmer bzw von den Gesellschaftern datiert und firmenmäßig zu unterzeichnen.

Für Kapitalgesellschaften zeichnet der gesamte Vorstand, der geprüfte Jahresabschluss ist **zum Firmenbuch einzureichen** und wird in der elektronischen Urkundensammlung öffentlich zugänglich gemacht. Die nicht fristgerechte Einreichung kann Zwangsstrafen zur Folge haben (s § 283 UGB).

nachträgliche Berichtigung

Eine nachträgliche Berichtigung des Jahresabschlusses ist möglich, dessen Änderung ist jedoch – etwa wegen einem (zulässigen) Wechsel der Bewertungsmethoden – nur in engen Grenzen erlaubt und bedarf einer neuerlichen Abschlussprüfung.

Nichtigkeit und Anfechtbarkeit

Für die Nichtigkeit und Anfechtbarkeit von Feststellungsbeschlüssen gelten die allgemeinen Beschlussanfechtungs- bzw Nichtigkeitsregeln (zur GmbH Bd II S 254 ff, zur AG Bd II S 361 ff), wobei jedenfalls dann von Nichtigkeit auszugehen ist, wenn eine gesetzlich verpflichtende Abschlussprüfung gegebenenfalls nicht durchgeführt wurde.

Kapitel 1: Grundbegriffe der Bilanzierung

geringfügiger Fehler | Die Anfechtbarkeit ist insofern eingeschränkt, als wegen ganz geringfügiger Fehler eine Anfechtung nicht möglich ist. Das liegt daran, dass die wirksame Anfechtung bzw Nichtigkeit des Feststellungsbeschlusses auch sämtliche darauf beruhenden weiteren Maßnahmen (insb die Ergebnisverwendungsbeschlüsse) vernichtet und damit gravierende vermögensmäßige Konsequenzen für die Gesellschaft und ihre Gesellschafter haben kann.

- Woraus besteht eine Bilanz?
- Was sind Aktiva, was Passiva?
- Was versteht man unter Rückstellungen?
- Welchem Bilanzposten ist das Eigenkapital, auf welcher Seite der Bilanz zuzuordnen?
- Wer stellt den Jahresabschluss auf, wer stellt ihn fest?
- Kann ein festgestellter Jahresabschluss geändert, ein Feststellungsbeschluss bekämpft werden?

Aktiva | Aktiva auf der Vermögensseite sind Anlage- und Umlaufvermögen: Das Anlagevermögen dient zum Gebrauch des Unternehmens. Das Umlaufvermögen dient zum Verbrauch. Außerdem finden sich auf der Vermögensseite Forderungen des Unternehmers.

Auf- und Feststellung | Die Aufstellung des Jahresabschlusses ist dessen Errichtung bzw Verfassung, wobei die Geschäftsführer/Vorstände (gemeinsam) aufstellungspflichtig sind. Die Feststellung ist die Annahme des Jahresabschlusses durch die Gesellschafter/Aufsichtsrat samt der Fällung bestimmter auf die Rechnungslegung bezogener Entscheidungen (Beschlussfassung über Höhe des Bilanzgewinns und -verlusts, die Auflösung von Rücklagen und die Bestimmung der Ausgangswerte für die Rechnungslegung der Folgejahre).

Bilanz | Die Bilanz ist die Gegenüberstellung der betrieblichen Aktiva und Passiva, wobei die Seiten der Bilanz immer den gleichen Saldo aufweisen müssen, die Differenz ist Gewinn oder Verlust.

Bilanzstichtag | Der Jahresabschluss ist zum Bilanzstichtag zu erstellen, in der Regel ist dies der letzte Tag des Geschäftsjahres. Im Zweifel entspricht das Geschäftsjahr dem Kalenderjahr, kann aber auch abweichend festgelegt werden.

Gewinn und Verlustrechnung („GuV") | Neben der Bilanz haben Unternehmer die GuV zu führen. Es handelt sich dabei um eine Aufstellung der Erträge und Aufwendungen des Unternehmers im Sinn einer periodischen Erfolgsrechnung, welche einen Teil des Jahresabschlusses bildet. In der GuV sind Erträge und Aufwendungen unter Bedachtnahme auf die GoB aufzugliedern.

Jahresabschluss | Der Jahresabschluss besteht aus der Bilanz sowie der GuV. Bei Kapitalgesellschaften wird zudem ein Anhang und ein Lagebericht erstellt.

Passiva: „Passiva" sind Schulden des Unternehmers (auf der Soll-Seite der Bilanz) und bestehen im Wesentlichen aus Verbindlichkeiten (Fremdkapital), Eigenkapital und Rückstellungen.

Kapitel 2: Bilanzierungsgrundsätze (GoB)

Lernen

Die „Bilanzierungsgrundsätze" sind **allgemein anerkannte Leitlinien** „richtiger" Buchführung und Bilanzierung. Das Gesetz verweist zwar an vielen Stellen auf diese, eine Definition unterbleibt jedoch. Allerdings werden die Ziele der GoB gesetzlich festgelegt, woraus auf deren wesentlichen Inhalt geschlossen werden kann. Im Übrigen handelt es sich aber um einen der wenigen Rechtsbereiche, in dem sich nach wie vor Gewohnheitsrecht herausbilden kann.

Grundsatz der Bilanzwahrheit (Bilanzrichtigkeit und -vollständigkeit)

Die Bilanz muss das Betriebsvermögen und Kapital (Aktiva und Passiva) dem Grunde und in bewertungsmäßiger Hinsicht der Höhe nach **richtig und vollständig** ausweisen. Sind beide Voraussetzungen erfüllt, ist die Bilanz – im Rechtssinn – „wahr".

Angemerkt sei, dass entgegen dem deutschen Sprachgebrauch nicht auf die (tatsächliche) Wahrheit der Bilanz geschlossen werden kann, zB entsprechen nämlich die Buchwerte im Regelfall nicht dem wahren Wert iS des Verkehrswerts von Anlagegütern; auch eine Bewertung des Firmenwerts unterbleibt in der Regel etwa.

> Heinz hat vor 26 Jahren eine Liegenschaft für sein Unternehmen gekauft. Da im Rahmen der Bewertung deren Abnutzung über die gewöhnliche Lebensdauer (Annahme: 25 Jahre) abgeschrieben werden (AfA; s S 270) kann, hat sich der Buchwert der Liegenschaft, die ursprünglich zum Anschaffungspreis in der Bilanz angesetzt wurde, in jedem vergangenen Geschäftsjahr um $1/25$ des Anschaffungspreises verringert; der Buchwert der Liegenschaft beträgt daher € 0. Zugleich sind aber die Liegenschaftspreise (Verkehrswert) in den letzten 25 Jahren einerseits um 200% gestiegen, andererseits unterlagen Zahlungsmittel der Inflation. Die Liegenschaft ist daher heute ein Vielfaches des Anschaffungspreises wert, dennoch aber in der Bilanz nur mit € 0 ausgewiesen.

Kapitel 2: Bilanzierungsgrundsätze (GoB)

Stille Reserven

Die (positive) **Differenz** zwischen dem aktuellen Verkehrswert und dem Bilanzansatz nennt man „stille Reserve". Der Jahresabschluss gibt daher nur dann einen „wahren" Einblick in die Vermögenslage der Gesellschaft, wenn die stillen Reserven berücksichtigt werden; oft sind diese aber gar nicht bekannt, da dafür eine laufende Bewertung aller Vermögensgegenstände zum Verkehrswert durch Sachverständige erforderlich wäre.

> Eine solche umfassende Bewertung findet etwa bei Unternehmensakquisitionen regelmäßig statt, weil der Käufer wissen will, was er eigentlich erwirbt; ebenso bei Aufstellung der Liquidations- oder Abschichtungsbilanz (s Bd II S 119).

Aktivierungsverbote

Zum Gebot der Bilanzvollständigkeit bestehen jedoch **gesetzliche Ausnahmen** (sog **Aktivierungsverbote**), so dürfen etwa immaterielle Gegenstände des Anlagevermögens (zB Patente, Marken), die nicht entgeltlich erworben wurden (also zB selbst entwickelt wurden), nicht als Aktivposten in die Bilanz aufgenommen werden.

> Der Getränkehersteller XY verkauft ein koffeinhältiges Erfrischungsgetränk unter der Marke CC, welche er selbst entwickelt hat. CC gilt weltweit als teuerste Marke, dennoch darf XY sie nicht als Aktivum in der Bilanz ausweisen. Wird die Marke aber an den Konkurrenten Pepi verkauft, ist ein Ansatz in der Bilanz von Pepi zum Kaufpreis möglich.

Aktivierungs- und Passivierungswahlrechte

Daneben bestehen Aktivierungswahlrechte: Dabei handelt es sich entweder um **Bewertungswahlrechte** oder um Wahlrechte, ob bestimmte Posten in die Bilanz eingestellt werden oder nicht. In diesem Bereich spielt auch der Grundsatz der Wesentlichkeit eine Rolle („materiality"), weil völlig unwesentliche Posten ohnehin nicht in die Bilanz aufzunehmen sind. Entscheidet sich der Unternehmer für die Aktivierung, hat er die gesetzlichen Bewertungsvorschriften einzuhalten.

Umgekehrt bestehen auch **Passivierungswahlrechte,** in deren Anwendungsbereich sich der Unternehmer entscheiden kann, Verbindlichkeiten nicht in die Bilanz aufzunehmen.

Insgesamt hat sich die Bilanz nach dem Grundsatz der **wirtschaftlichen Betrachtungsweise** zu richten, sodass eine Zuordnung von Vermögensgegenständen den wahren wirtschaftlichen Verhältnissen (und nicht etwa rechtlichen Formalismen) zu entsprechen hat.

Grundsatz der Bilanzklarheit

Der Jahresabschluss ist klar und übersichtlich aufzustellen, sodass ein **übersichtliches Bild** der Vermögens-, Finanz- und Ertragslage des Unternehmens gewonnen werden kann. Für Kapitalgesellschaften stellt der Gesetzgeber eigene Gliederungsvorschriften zur Verfügung (s § 224 UGB für die Bilanz und § 231 UGB für die GuV), welche zu befolgen sind.

> Darin ist zB festgelegt, dass in der Bilanz unter dem Titel „Personalaufwand" ua Löhne, Gehälter und Abfertigungen darzustellen sind.

Grundsatz der Bilanzvorsicht

Der Unternehmer darf sich nicht reicher darstellen als er ist. Insb muss die Bilanz so gestaltet sein, dass Gläubiger und Vertragspartner ein zutreffendes Bild der Vermögensverhältnisse ihres Gegenübers gewinnen können. Aus diesem Grundsatz lassen sich verschiedene untergeordnete Prinzipien ableiten:
- **Anschaffungswertprinzip,**
- **Niederstwertprinzip bei Aktiva,**
- **Höchstwertprinzip bei Passiva** und
- **(imparitätisches) Realisationsprinzip.**

Bilanzansatz

Diese Prinzipien bilden den **Kern der gesetzlichen Bewertungsregeln.** Die Bewertung selbst führt zu dem ziffernmäßigen Betrag, mit dem Aktiva und Passiva in der Bilanz angesetzt (dh verzeichnet) werden; man spricht daher auch vom „Bilanzansatz".

Anschaffungswertprinzip

Vermögensgegenstände dürfen nicht zu einem höheren Wert angesetzt werden, als sie angeschafft wurden. Ist der Verkehrswert höher als der Anschaffungswert, ist diese Wertdifferenz nicht ersichtlich und stellt eine sog **„stille Reserve"** dar.

> Klaus hat ein tolles Geschäft gemacht und der Witwe Bolte soeben „einen Schiele" für nur € 5.000,– abgeluchst; der Verkehrswert des Gemäldes beträgt zumindest € 1 Mio. Klaus kann das Gemälde nur mit € 5.000,– auf der Aktivseite der Bilanz ansetzen (zugleich sollte er womöglich eine sehr hohe Rückstellung für den drohenden Anfechtungsprozess bilden).

AfA

Der Anschaffungswert kann aufgrund der Wertminderung durch längere Nutzung **„abgeschrieben"** werden, wobei sich der bilanzielle Wert daher in fortlaufenden Jahren linear verringert (s dazu bereits das Beispiel S 268). Solche „Abschreibungen für Abnutzung" (= AfA) werden auf der Passivseite der Bilanz verbucht und mindern damit als **Aufwand** den Gewinn.

> ZB werden bebaute Liegenschaften üblicherweise „auf 20–25 Jahre abgeschrieben", sodass der Buchwert nach Voll-Abschreibung € 0 beträgt, obwohl diese Gebäude (entsprechende Instandhaltung vorausgesetzt) nach wie vor in gutem Zustand sind und eine „Verschlechterung" der Liegenschaft ohnehin schwer denkbar ist.
>
> Dagegen entspricht die Abschreibung eines PCs oder Röhrenfernsehers auf fünf Jahre erfahrungsgemäß den tatsächlichen Verhältnissen, da dann kein Weiterverkaufspreis (sondern eher eine Entsorgungsgebühr) für diese Anlagegegenstände erzielt werden kann und sie daher tatsächlich wertlos sind.

Niederstwertprinzip (Aktiva)

Bei mehreren möglichen Bewertungen für Aktiva ist vorsichtshalber immer der **niedrigste** zu wählen (unterschieden wird ferner zwischen dem gemilderten Niederstwertprinzip für Anlagevermögen und dem strengen Niederstwertprinzip für Umlaufvermögen; s § 204 Abs 2, § 207 Abs 1 UGB).

Höchstwertprinzip (Passiva)

Umgekehrt sind Passiva (vorsichtshalber) jedenfalls mit dem **höchsten Wert** anzusetzen.

(Imparitätisches) Realisationsprinzip

Die Erträge dürfen nach diesem Prinzip erst dann ausgewiesen werden, wenn sie **tatsächlich realisiert** wurden (zB bei Zahlungseingang oder Entstehen einer Kaufpreisforderung); für Verluste gilt dies jedoch nicht, es können auch vor deren Realisierung bereits Sicherstellungen für künftige (bloß potentielle) Aufwendungen gebildet werden.

Ein Ertrag ist dann realisiert, wenn der Unternehmer seine Leistung erbracht und sein Zahlungsanspruch so gut wie sicher ist; Forderungen müssen entstanden sein (dh Abschluss des Verpflichtungsgeschäfts, soweit keine anderen Voraussetzungen bestehen). Allenfalls sind Rechnungsabgrenzungsposten zu bilden (s S 263).

> Thomas betreibt ein Unternehmen mit zwei Geschäftsfeldern. Aus der Erfahrung der letzten Jahre weiß er, dass er im nächsten Geschäftsjahr in einem der beiden einen Verlust, im anderen einen Gewinn erzielen wird. In der Bilanz darf er nur den drohenden Verlust, nicht aber den erwarteten Gewinn ausweisen. Erst nach Realisierung des Gewinns darf er diesen in die Bilanz des nächsten Geschäftsjahres einbeziehen.

Grundsatz der Bilanzverknüpfung

Bilanzen aufeinander folgender Geschäftsjahre müssen **vergleichbar** sein. Aufbau und Positionen müssen daher Kontinuität aufweisen, sodass Wertentwicklungen miteinander verglichen werden können.

Bilanzidentität — Geschäftsjahre folgen immer unmittelbar aufeinander, sodass die Jahresabschlussbilanz eines Geschäftsjahres zugleich die Jahreseröffnungsbilanz des folgenden Geschäftsjahres darstellt; **Abschluss- und Eröffnungsbilanz sind somit identisch.**

Darstellungsstetigkeit — **Formelle Bilanzkontinuität:** Die einmal gewählte Form der Darstellung – vor allem die Gliederung der Bilanz – ist für zukünftige Bilanzen und Gewinn- und Verlustrechnungen beizubehalten (s dazu auch den Grundsatz der Bilanzklarheit).

Bewertungsstetigkeit — **Materielle Bilanzkontinuität:** Einmal gewählte Bewertungs- und Abschreibungsmethoden müssen beibehalten werden (die Inanspruchnahme steuerlicher Begünstigungen durch unterschiedliche Steuergestaltungen wird dadurch jedoch nicht gehindert).

Unterbrechung des Stetigkeitsprinzips — Die Bewertungsstetigkeit darf bei Vorliegen **besonderer Umstände** durchbrochen werden und muss sachlich begründet sowie der Zielsetzung des Grundsatzes der Bewertungsstetigkeit entsprechend sein (eine Änderung kann zB bei Sanierungsmaßnahmen oder aufgrund steuerlicher Betriebsprüfungen notwendig werden).

> Eine Betriebsprüfung im Unternehmen von Johanna ergibt, dass die AfA zu hoch angesetzt wurde und die Abschreibungen eines Anlagegutes statt auf 10 Jahre auf 25 Jahre zu verteilen gewesen wären. Johanna kann die Bilanz im Sinn der Betriebsprüfung berichtigen, muss aber zugleich offen legen, welche Auswirkungen diese Änderung auf die Bilanzen der vergangenen Jahre gehabt hätte.

Sonstige Grundsätze

Einzelbewertung — Vermögensgegenstände und Schulden sind zum Abschlussstichtag einzeln zu bewerten. Nur **gleichartige Gegenstände** können durch Bildung einer „wirtschaftlichen Einheit" der Bewertung zusammengefasst werden.

> Der Neuwagenhändler Peter kann alle Neuwagen gleichen Typs und Ausstattung zu einer wirtschaftlichen Einheit zusammenfassen; die Gebrauchtwagenhändlerin Caro muss dagegen jeden Wagen einzeln bewerten.

3.2 Bilanzierung

Zu diesem Grundsatz bestehen verschiedene Ausnahmen, insb die Bewertungsvereinfachungsregeln gem § 209 UGB, die Pauschalwertberichtigung von Forderungen und die Bildung von Sammelrückstellungen.

Bewertungseinheitlichkeit
Eine **unterschiedliche Bewertung** gleichartiger Vermögensgegenstände im selben Jahresabschluss ist nur bei Vorliegen einer sachlichen Rechtfertigung zulässig.

Going-Concern-Prinzip
Bei der Bewertung ist von der **Unternehmensfortführung** auszugehen, sodass nicht der Zerschlagungswert, sondern jener Wert anzusetzen ist, den Wirtschaftsgüter bei bestimmungsgemäßer Verwendung im lebenden Unternehmen haben. Regelmäßig ist dieser Wert höher als bei Zerschlagung.

Stichtagsgrundsatz
Die Bewertung ist nach den tatsächlichen Verhältnissen vorzunehmen, die am Abschlussstichtag herrschen.

Periodenabgrenzung
Aufwendungen und Erträge sind nur jener Periode zuzurechnen, in der sie wirtschaftlich betrachtet angefallen sind, daraus ergibt sich auch das Erfordernis der Rechnungsabgrenzungsposten und der Bildung von Rückstellungen; dazu S 263 und oben.

> Ein Unternehmen hat etwa dann Rechnungsabgrenzungsposten zu bilden, wenn vor dem Bilanzstichtag Zahlungen geleistet werden (Soll), denen Lieferungen oder Dienstleistungen nach dem Bilanzstichtag gegenüber stehen (Haben).

- Ist die Bilanz wirklich „wahr", gibt sie die tatsächlichen Verhältnisse wieder?
- Welche Bilanzierungsgrundsätze gibt es, was ist deren Rechtsgrundlage?
- Was ist die AfA, wie wirkt sie sich auf das EGT aus?
- Was sind Rückstellungen?

AfA
Der Anschaffungswert kann aufgrund der Wertminderung durch längere Nutzung „abgeschrieben werden", wobei sich der bilanzielle Wert daher in fortlaufenden Jahren linear verringert. Solche „Abschreibungen für Abnutzung" (= AfA) werden auf der Passivseite der Bilanz verbucht und mindern damit als Aufwand den Gewinn.

Bilanzansatz
Die Bewertung eines Vermögensgegenstands (Aktivum oder Passivum) führt zu dem ziffernmäßigen Betrag mit dem dieser in der Bilanz angesetzt (dh verzeichnet) wird; man spricht daher auch vom „Bilanzansatz".

GoB – Bilanzierungsgrundsätze
Die Grundsätze ordnungsgemäßer Buchführung (GoB) sind die allgemein anerkannten Leitlinien „richtiger" Buchführung und Bilanzierung; im Wesentlichen sind die folgenden Grundsätze anerkannt: Grundsatz der Bilanzwahrheit (Bilanzrichtigkeit und -voll-

ständigkeit), Grundsatz der Bilanzklarheit, Grundsatz der Bilanzvorsicht, Grundsatz der Bilanzverknüpfung, Grundsatz der Einzelbewertung, Grundsatz der Einheitlichkeit der Bewertung, Grundsatz der Unternehmensfortführung (Going-Concern-Prinzip), Stichtagsgrundsatz und Grundsatz der Periodenabgrenzung.

Höchstwertprinzip	Passiva sind (vorsichtshalber) jedenfalls mit dem höchsten Wert anzusetzen.
Niederstwertprinzip	Bei mehreren möglichen Bewertungen für Aktiva ist vorsichtshalber immer der niedrigste zu wählen (unterschieden wird ferner zwischen dem gemilderten Niederstwertprinzip für Anlagevermögen und dem strengen Niederstwertprinzip für Umlaufvermögen).
stille Reserven	Die (positive) Differenz zwischen dem aktuellen Verkehrswert und dem Bilanzansatz nennt man „stille Reserve". Der Jahresabschluss gibt daher nur dann einen „wahren" Einblick in die Vermögenslage der Gesellschaft, wenn die stillen Reserven berücksichtigt (sprich: „aufgedeckt") werden; oft sind diese aber gar nicht bekannt, da dafür eine laufende Bewertung aller Vermögensgegenstände zum Verkehrswert durch Sachverständige erforderlich wäre.

Kapitel 3: Bewertungsvorschriften

Lernen

Aus den Bilanzierungsgrundsätzen werden die Vorschriften zur Bewertung einzelner Bilanzposten **abgeleitet.** Die Bewertungsvorschriften sind daher stets vor dem Hintergrund der (abstrakteren) Bilanzierungsgrundsätzen auszulegen.

Aktiva

Anlagevermögen: Grundsätzlich sind Gegenstände des Anlagevermögens mit den Anschaffungs- oder Herstellungskosten abzüglich der Abschreibungen anzusetzen.

Auch **Zinsen** zur Finanzierung der Herstellung dürfen angesetzt werden, soweit sie auf den Zeitraum der Herstellung entfallen. Zinsen zur Finanzierung von Anschaffungskosten sind dagegen idR nicht bilanzierungsfähig.

planmäßige Abschreibungen	Anschaffungs- und Herstellungskosten sind im Anlagevermögen enthalten, bei Gegenständen mit begrenzter Nutzungsdauer (sog abnutzbares Aktivvermögen) sind sie um die **planmäßigen Abschreibungen** zu vermindern. Die Abschreibung wird auf denje-

3.2 Bilanzierung

nigen Zeitraum verteilt, in dem der Vermögensgegenstand voraussichtlich wirtschaftlich genutzt werden wird. Dabei handelt es sich grundsätzlich um eine Schätzung (die nicht notwendigerweise den tatsächlichen Verhältnissen entsprechen muss).

Unternehmensrechtlich wird zwischen der linearen, progressiven, degressiven oder leistungsabhängigen Abschreibung unterschieden, steuerrechtlich ist nur die lineare Abschreibung zulässig.

Sofortabschreibung — **Geringwertige Vermögensgegenstände** (in Anlehnung an das Steuerrecht bis € 400,–) können sofort abgeschrieben werden.

außerplanmäßige Abschreibungen — Bei unvorhergesehenen, voraussichtlich **dauernden Wertminderungen** können die betroffenen Vermögensgegenstände auf ihren tatsächlichen Wert zum Bilanzstichtag abgeschrieben werden. Lediglich vorübergehende Wertminderungen dürfen jedoch in der Regel nicht für Abschreibungen genutzt werden.

> Der Firmen-Lkw der XY GmbH wird bei einem Verkehrsunfall zerstört, die XY GmbH muss den Lkw sofort „auf Null" abschreiben; allfällige Versicherungsleistungen oder Schadenersatzansprüche gegen den Unfallgegner sind jedoch uU auf der Aktivseite zu verbuchen.

Soweit sich nachträglich herausstellt, dass außerplanmäßige Abschreibungen unrichtig getätigt bzw geschätzt wurden und daher eine Werterhöhung bzw Wertaufholung stattfindet, sind nachträglich **„Zuschreibungen"** zu bilden, sodass die bilanzielle Bewertung des Anlagegutes wieder auf den richtigen Wert erhöht wird (§ 208 UGB).

Umlaufvermögen: Auch Gegenstände des Umlaufvermögens sind mit Anschaffungs- oder Herstellungskosten anzusetzen, wobei jedoch das strenge Niederstwertprinzip gilt (§ 207 UGB).

Langfristige Fertigung — Für Gegenstände, deren Fertigung bzw für Aufträge, deren Ausführung mehr als 12 Monate erfordert, bestehen außerdem bestimmte Verteilungswahlrechte.

Passiva

Einlagen, Zuwendungen und Entnahmen — Einlagen, Zuwendungen und Entnahmen sind mit jenem Wert zu bilanzieren, den sie im Zeitpunkt ihrer Leistung haben und sich nicht durch die Nutzung im Unternehmen ein geringerer Wert ergibt **(Vorsichtsprinzip).** Eine Bilanzierung nach Anschaffungs- oder Herstellungskosten ist daher nicht möglich. Auch die Schaffung von stillen Reserven durch Unterbewertung ist unzulässig.

Verbindlichkeiten — Im Übrigen sind Verbindlichkeiten zu ihrem **Rückzahlungsbetrag** anzusetzen, zu wählen ist also jener Betrag, den der Unternehmer künftig zur Erfüllung der Verbindlichkeit aus der Sicht des Bewertungszeitpunktes aufwenden wird.

> Rentenverpflichtungen sind mit dem Barwert der zukünftigen Auszahlungen anzusetzen.

Rückstellungen — Rückstellungen sind in der Höhe anzusetzen, die nach **vernünftiger unternehmerischer Beurteilung** notwendig ist. Soweit diese Beurteilung Schätzungen erfordert, ist die Schätzung anhand des Vorsichtsprinzips einerseits, andererseits am Verbot der Bildung überhöhter stiller Reserven anzulegen.

Pensionsrückstellungen und ähnliche Verpflichtungen sind mit dem sich nach versicherungsmathematischen Grundsätzen ergebenden Betrag anzusetzen.

Anwartschaften auf Abfertigungen sind grundsätzlich ebenso zu bewerten. Vereinfachend kann hier jedoch ein bestimmter Prozentsatz der fiktiven Ansprüche zum jeweiligen Bilanzstichtag angesetzt werden.

- Wie ist das Anlage- und das Umlaufvermögen zu bewerten?
- Wie sind Passiva zu bewerten?
- Wann besteht Rückstellungspflicht?

außerplanmäßige Abschreibungen

Bei unvorhergesehenen, voraussichtlich dauernden Wertminderungen können die betroffenen Vermögensgegenstände auf ihren tatsächlichen Wert zum Bilanzstichtag abgeschrieben werden. Lediglich vorübergehende Wertminderungen dürfen jedoch in der Regel nicht für Abschreibungen genutzt werden.

planmäßige Abschreibungen

Anschaffungs- und Herstellungskosten sind im Anlagevermögen, bei Gegenständen mit begrenzter Nutzungsdauer (sog abnutzbares Aktivvermögen) um die planmäßigen Abschreibungen zu vermindern. Die Abschreibung wird auf denjenigen Zeitraum verteilt, in dem der Vermögensgegenstand voraussichtlich wirtschaftlich genutzt werden wird. Dabei handelt es sich grundsätzlich um eine Schätzung.

Unternehmensrechtlich wird zwischen der linearen, progressiven, degressiven oder leistungsabhängigen Abschreibung unterschieden, steuerrechtlich ist nur die lineare Abschreibung zulässig.

Rückstellungsbewertung

Rückstellungen sind in der Höhe anzusetzen, die nach vernünftiger unternehmerischer Beurteilung notwendig ist. Soweit diese Beurteilung Schätzungen erfordert, ist die Schätzung anhand des Vorsichtsprinzips einerseits, andererseits am Verbot der Bildung überhöhter stiller Reserven anzulegen.

Den Unternehmer trifft eine Rückstellungspflicht für wesentliche Risiken, wobei der Höhe nach 5% der jeweils relevanten Bilanzposition als wesentlich angesehen werden.

Sofortabschreibung

Geringwertige Vermögensgegenstände (in Anlehnung an das Steuerrecht bis € 400,–) können sofort abgeschrieben werden.

4 Wertpapierrecht

Das Wertpapierrecht (im objektiven Sinn) ist ein Rechtsgebiet, das insb den Bestand und die rechtlichen Eigenschaften von Wertpapieren und den Handel mit diesen regelt. Dem Wertpapierhandel kommt eine erhebliche wirtschaftliche Bedeutung zu (insb im Bereich der Kapitalmarktpapiere). Wertpapiere erfüllen in der Praxis je nach Art des Wertpapiers tw ganz unterschiedliche Funktionen; sie kommen auch in den unterschiedlichsten Zusammenhängen vor. Das Wertpapierrecht verteilt sich dementsprechend über eine größere Zahl von Gesetzen; dazu zählen zB das WechselG, das KMG, das PfandbriefG, das KEG, das DepotG sowie zahlreiche Einzelbestimmungen in anderen Gesetzen (zB im UGB, AktG, InvFG, ImmoInvFG). Überschneidungen finden sich auch mit dem Bank- und Börserecht. In der Lehre wird ein „Allgemeiner Teil" des Wertpapierrechts gelehrt, der ua Grundprinzipien und -begriffe vermittelt und aufgrund der weitgehend privatautonomen Gestaltbarkeit von Wertpapieren das „Rüstzeug" für die Beurteilung und Einordnung der mannigfaltigen Wertpapiervarianten darstellt. Daneben sind jene Wertpapiere näher zu betrachten, die in der Praxis besondere Bedeutung haben. Die Aktie wird im Rahmen von Band II iZm der Aktiengesellschaft dargestellt.

Dieser Teil umfasst folgende Abschnitte:

4.1 Allgemeiner Teil

Kapitel 1: Übersicht und Wertpapierbegriff(e)

 **Lernen**

Einleitung

Wertpapiere kommen in unterschiedlichen Zusammenhängen vor; es existieren dementsprechend verschiedene Arten von Wertpapieren. Gemeinsam ist der Ausstellung von Wertpapieren zunächst das Bemühen um die Verschriftlichung bestimmter Rechtsverhältnisse; maW: Wertpapiere dienen **Beweiszwecken.** Doch ist nicht jede Beweisurkunde, welche das Bestehen eines Rechtsverhältnisses (bzw Rechts) wiedergibt, ein Wertpapier. Über die Bereitstellung von Beweismitteln hinaus erfüllen Wertpapiere nämlich noch andere Funktionen, welche zusätzliche Sicherheiten/Vorteile im Hinblick auf die im Wertpapier repräsentierten Rechtsverhältnisse (bzw Rechte) bringen:

Wertpapierfunktionen

- Ein Wertpapier kann den Inhaber des Papiers dazu legitimieren, das Recht als Gläubiger geltend zu machen (sog **Legitimationsfunktion** zugunsten des Gläubigers).

- Ein Wertpapier kann auch dem Schuldner nützen, indem dieser die geschuldete Leistung schuldbefreiend an jene Person erbringen kann, welche das Wertpapier innehat, selbst wenn dieser das Recht gar nicht zustehen sollte (sog **Liberationsfunktion** bzw Legitimationsfunktion zugunsten des Schuldners). Es sind aber Einschränkungen zu machen: Die Leistung erfolgt nicht schuldbefreiend, wenn dem Schuldner List oder grobe Fahrlässigkeit vorwerfbar ist (vgl iZm dem Wechsel Art 40 Abs 3 WechselG).

- Weiters kann das Wertpapier erforderlich sein, um das Recht geltend machen zu können; in diesem Fall ist der Inhaber des Wertpapiers gegen den Verlust seines Rechts geschützt, da ja nur er das Recht geltend machen kann (sog **Sperrfunktion**).

4.1 Allgemeiner Teil

- Wird das Wertpapier übertragen, kann damit auch das in der Urkunde wiedergegebene Recht übertragen werden, dh das Recht (die Forderung) wird nach sachenrechtlichen Kriterien übertragen (sog **Transportfunktion**).
- Wird das Wertpapier mitsamt dem darin repräsentierten Recht nach sachenrechtlichen Grundsätzen übertragen, kann ein Erwerber uU gutgläubig Eigentum erwerben (sog **Gutglaubensschutzfunktion**).
- Da das Wertpapier Auskunft über ein Rechtsverhältnis (bzw Recht) gibt, soll sich der Erwerber idR darauf verlassen können, dass das beschriebene Recht tatsächlich besteht. Der Bestand des Rechts im beschriebenen Umfang soll grundsätzlich nicht – mit Hinweis auf das Grundgeschäft (s S 287) – bestritten werden können (sog **Garantiefunktion**).

Nicht alle der genannten Funktionen sind bei jedem Wertpapier verwirklicht; zu beachten ist jedoch, dass jedenfalls die Sperrfunktion vorliegen muss, um überhaupt von einem Wertpapier sprechen zu können (zu den Wertpapierbegriffen s unten).

Wertpapierbegriffe

Ein allgemeiner Wertpapierbegriff ist gesetzlich nicht vorgegeben, tw finden sich im Hinblick auf den jeweiligen Regelungszusammenhang spezielle Wertpapierbegriffe in sondergesetzlichen Bestimmungen (zB im KMG und im DepotG). In der Wertpapierrechtsdogmatik werden zwei Wertpapierbegriffe unterschieden, wobei die weite Begriffsbildung der hM entspricht:

- **enger Wertpapierbegriff:** Ein Wertpapier ist eine Urkunde, in der ein privates Recht in der Weise verbrieft ist, dass zur Geltendmachung des Rechts die Innehabung der Urkunde erforderlich ist und das verbriefte Recht nach sachenrechtlichen Grundsätzen (Verfügung über die Urkunde) übertragen werden kann. Der enge Begriff zählt bloß Inhaber- und Orderpapiere zu den Wertpapieren.
- **weiter Wertpapierbegriff:** Danach ist ein Wertpapier eine Urkunde, in der ein privates Recht in der Weise verbrieft ist, dass zur Geltendmachung des Rechts die Innehabung der Urkunde erforderlich ist. Der weite Begriff verzichtet somit auf das Kriterium der Übertragbarkeit des Rechts nach sachenrechtlichen Kriterien. Erfasst werden daher neben Inhaber- und Orderpapieren auch Rektapapiere (dazu sogleich).

> Manfred lagert sein Motorboot bei der More-or-Less KG ein. Er erhält eine Urkunde, in welcher die Empfangnahme des Motorboots bestätigt wird und die Rückgabe nur an den Berechtigten gegen Vorlage der Urkunde zugesagt wird. Die Urkunde ist somit erforderlich, um die Herausgabe des Motorboots zu verlangen. Nur nach dem weiten Wertpapierbegriff liegt idZ ein „Wertpapier" vor.

Verbriefung — **Verbriefung** meint schriftliche Dokumentation in einer **Urkunde**; regelmäßig wird es sich um eine Urkunde in Papierform handeln. Durch Ausstellung des Wertpapiers wird das unkörperliche Recht mit einer körperlichen Sache (Urkunde) in Verbindung gebracht und somit „verdinglicht".

Kategorien von Wertpapieren

Nach den rechtlichen Eigenschaften einzelner Wertpapiere können folgende Kategorien gebildet werden:

- **Inhaberpapiere** sind Wertpapiere, die den jeweils Berechtigten nicht namentlich bezeichnen, sondern den (jeweiligen) Inhaber als berechtigt ausweisen (widerlegliche Vermutung). Der Inhaber kann das verbriefte Recht durch Vorlage geltend machen, ohne dass er einen weiteren Berechtigungsnachweis benötigt. Die Übertragung des Rechts ist durch sachenrechtliche Übertragung des Wertpapiers möglich (Transportfunktion). Auch die anderen Wertpapierfunktionen (s S 279 f) sind bei Inhaberpapieren verwirklicht.

> Inhaberaktien, Inhaberschuldverschreibungen, Inhaberscheck

- **Orderpapiere** sind Wertpapiere, die auf den Namen des ersten Berechtigten bzw dessen Order lauten und bei denen das verbriefte Recht durch Indossament und Übergabe der Wertpapierurkunde übertragen werden kann (sachenrechtliche Übertragung). Das Indossament wird vom Veräußerer (Indossant) auf das Wertpapier gesetzt und dem Erwerber (Indossatar) übergeben. Der Inhaber wird durch eine geschlossene Indossamentenkette legitimiert. Unterschieden werden **„geborene Orderpapier"** (denen bereits das Gesetz die Qualität eines Orderpapiers verleiht, indem es die Übertragbarkeit durch Indossament und Übergabe ermöglicht) und **„gekorene Orderpapiere"** (die durch privatautonome Ausgestaltung – dh mittels Orderklausel des Ausstellers – zu Orderpapieren gemacht werden).

> Geborene Orderpapiere sind zB Wechsel, (Order-)Scheck und Namensaktie. Zu („gekorenen") Orderpapieren können zB die unternehmerischen Wertpapiere iSd § 363 UGB gemacht werden.

- **Rektapapiere** (Namenspapiere) sind Wertpapiere (iwS), in denen eine bestimmte namentlich genannte Person als Berechtigter ausgewiesen ist und ohne deren Vorlage das verbriefte Recht nicht geltend gemacht werden kann. Rektapapiere haben daher „Sperrfunktion" (s oben), jedoch keine „Transportfunktion": Das verbriefte Recht wird nach schuldrechtlichen Grundsätzen, dh durch Zession (§§ 1392 ff ABGB), übertragen. Der Erwerber des Rechts erlangt einen Anspruch auf Herausgabe des Wertpapiers. Legitimiert wird der bloße Inhaber durch das Papier jedoch nicht; zudem erwirbt er das Recht nur so, wie es dem „Vormann" zustand.

> Manfred veräußert sein Motorboot an Dagmar und übergibt ihr den Rekta-Lagerschein. Wenn Dagmar die Herausgabe seitens der More-or-Less KG verlangt, muss sie ihre Berechtigung nachweisen.

- **Qualifizierte Legitimationspapiere** gehören zu den Wertpapieren, da ihre Vorlage für die Geltendmachung des Rechts erforderlich ist. Der Schuldner kann an den Inhaber (ggf nur bei Erfüllung einer weiteren Voraussetzung) mit schuldbefreiender Wirkung leisten (Liberationsfunktion), auch wenn keine Verpflichtung zur Leistung an den (bloßen) Inhaber besteht. Qualifizierte Legitimationspapiere sind somit zwischen den Inhaberpapieren und den Rektapapieren einzuordnen (tw wird der Begriff des „hinkenden Inhaberpapiers" verwendet).

> Sparbücher iSd § 32 Abs 4 Z 1 BWG (str; s S 341)

Abgrenzungen

Neben den Urkunden, die unter den (weiten) Wertpapierbegriff fallen, finden sich noch andere praktisch wichtige Urkunden, die von den Wertpapieren abzugrenzen sind. Diesen

fehlt zwar die Sperrfunktion (die sowohl für den weiten als auch für den engen Wertpapierbegriff wesentlich ist), doch besitzen sie andere rechtlich relevante Funktionen:

- **Einfache Legitimationspapiere** dienen einerseits Beweiszwecken und ermöglichen es dem Schuldner grundsätzlich, schuldbefreiend an den Inhaber zu leisten (Liberationsfunktion). Der wahre Berechtigte kann seine Berechtigung jedoch auch ohne Vorlage der Urkunde nachweisen und sein Recht geltend machen.

> Thomas hat seinen Mantel an der Theatergarderobe abgegeben und einen Garderobenschein erhalten. Thomas kann seinen Mantel auch dann herausverlangen, wenn er den Garderobenschein verloren hat – er wird jedoch seine Berechtigung auf andere Weise nachweisen müssen. Hat Paulus den Garderobenschein gefunden und durch dessen Vorlage den Mantel erlangt, hat sich der Theaterunternehmer von seiner Herausgabepflicht befreit.

- **(Schlichte) Beweisurkunden** besitzen nur Beweisfunktion; sie sind nicht für die Geltendmachung des Rechts erforderlich.

> A lässt sich von B einen Schuldschein ausstellen. C erhält von D eine Quittung.

Rechtsgrundlagen

Vielzahl an Rechtsquellen

Das Wertpapierrecht ist nicht in einem Gesetz gebündelt, sondern verstreut sich über eine Vielzahl von Gesetzen. MaW: Wertpapiere sind im jeweiligen Sachzusammenhang geregelt (zB die Aktie im AktG, die Wertpapiere des Transportrechts im 4. Buch des UGB). Tw bestehen auch Gesetze, die sich zur Gänze oder mehrheitlich wertpapierrechtlichen Fragen widmen (zB WechselG). Wesentliche Grundlagen des Wertpapierrechts finden sich in folgenden Gesetzesbestimmungen:

- **Wechselgesetz** (s S 293 ff)
- **Scheckgesetz** (s S 320 f)
- **§§ 363–365 UGB** (unternehmerische Wertpapiere, insb unternehmerische Anweisung, unternehmerischer Verpflichtungsschein, Lagerschein, Ladeschein, Konnossement; s S 338 f)
- **Aktiengesetz** (Aktie; s Bd II S 306 ff)
- **Kapitalmarktgesetz – KMG** (Regelungen zu öffentlichen Angeboten von Wertpapieren und anderen Kapitalveranlagungen; betrifft insb Schuldverschreibungen; s S 329 f)
- **Investmentfondsgesetz – InvFG** (Investmentzertifikate/Anteilsschein; s S 333 f)
- **Immobilien-Investmentfondsgesetz – ImmoInvFG** (s S 334 f)
- **Hypothekenbankgesetz – HypBG, Pfandbriefgesetz** (Kommunalobligationen, Pfandbriefe; s S 330)
- **Beteiligungsfondsgesetz – BeteilFG** (Genussscheine; s S 335)
- **§§ 31, 32 BWG, § 15 PSK-G** (Sparbuch; s S 341 f)
- **Depotgesetz** (Verwahrung von Wertpapieren; s S 324).

Privatautonomie und numerus clausus

Grundsätzlich ist die **eigenständige Schöpfung** von Wertpapieren durch Vereinbarung möglich, doch bezieht sich dieser gestalterische Freiraum primär auf die Schaffung von Rektapapieren. Für die Orderpapiere gilt ein numerus clausus, sodass nur gesetzlich vorgesehene Arten von Orderpapieren verwendet werden können. Hinsichtlich der Inhaberpapiere gilt dies nicht in gleicher Weise: Neben den gesetzlich vorgesehenen Inhaberpapieren (zB Inhaberaktie) können schuldrechtliche Forderungen in Inhaberpapieren verbrieft werden (vgl §§ 371, 1393 ABGB); das KMG kennt jedoch eine Untersagungsmöglichkeit (s § 9). Tw bestehen gesetzliche Regelungen, die eine Ausgestaltung als Wertpapier untersagen.

§ 75 Abs 3 GmbHG untersagt explizit eine Verbriefung eines GmbH-Geschäftsanteils in einem Order- oder Inhaberpapier.

Kraftloserklärung

Da die Innehabung von Wertpapieren erforderlich ist, um das verbriefte Recht geltend zu machen (s S 280), stellt der Verlust des Wertpapiers ein veritables Problem für den Berechtigten dar.

> Carla Cash besaß bis zu einem Diebstahl eine Inhaberschuldverschreibung der Attila GmbH. Obwohl ihr die Rechte aus der Schuldverschreibung noch immer zustehen, kann sie diese ohne Innehabung des Wertpapiers nicht geltend machen. Sie läuft zudem Gefahr, dass die Attila GmbH einem Dritten, der das Wertpapier innehat, schuldbefreiend leistet.

Die Rechtsordnung kennt daher ein Verfahren, dem Wertpapier seine Bedeutung zu nehmen, maW die verbrieften Rechte wieder von der Urkunde zu trennen. Geregelt ist dieses Verfahren im **Kraftloserklärungsgesetz** (KEG); es weist insb folgende Charakteristika und Elemente auf:

- Durch das Verfahren können **Urkunden, die abhandengekommen oder vernichtet worden sind,** für kraftlos erklärt werden (§ 1). Bestimmte Urkunden sind jedoch ausgenommen (s § 2 Abs 2; zB Banknoten, Erneuerungsscheine, Eintrittskarten und Fahrkarten).
- Es handelt sich um ein **gerichtliches, außerstreitiges Verfahren** (§ 1), das auf Antrag eines hierzu Berechtigten eingeleitet wird (s näher § 3).

> Carla Cash stehen Rechte aus der gestohlenen Schuldverschreibung zu; sie ist daher zur Antragstellung berechtigt. Sie hat eine Abschrift der Wertpapierurkunde vorzulegen oder zumindest deren wesentlichen Inhalt und alles zur Identifizierung der Urkunde Erforderliche anzugeben. Zudem wird sie den Verlust der Wertpapiere glaubhaft machen müssen.

- Der aus der Urkunde Verpflichtete und ggf andere Beteiligte können im Rahmen einer **„ersten Anfrage"** zum Verfahrensgegenstand befragt werden (§ 4).
- Die Einleitung des **„Aufgebotsverfahrens"** wird durch **Edikt** öffentlich kundgemacht (§ 5) und das Edikt den Beteiligten zugestellt (§ 6). Durch die Veröffentlichung (näher § 8) beginnt die **Aufgebotsfrist** zu laufen, deren Dauer je nach Wertpapier unterschiedlich sein kann (s § 7: für Inhaberpapiere und Orderpapiere mit Blankoindossament 1 Jahr, für Orderlagerscheine 2 Monate, für sonstige Wertpapiere grundsätzlich 6 Monate; für Wechsel ist in Art 90 WechselG eine zweimonatige Frist vorgesehen).
- Folge des Aufgebotsverfahrens ist eine **Zahlungssperre** für den Verpflichteten (s § 9).

> Die Attila GmbH erhält das Edikt zugestellt. Sie darf daher nicht an den nunmehrigen Inhaber der Schuldverschreibung leisten.

- Nach einer **„zweiten Anfrage"** beim Verpflichteten (s im Detail § 11) wird die Urkunde **durch Beschluss für kraftlos erklärt** (§ 12), sofern das Verfahren nicht eingestellt wird (§ 10).

4.1 Allgemeiner Teil

- Der **Beschluss** über die Kraftloserklärung **tritt an die Stelle der für kraftlos erklärten Urkunde** (§ 13).

> Carla Cash kann mit dem Beschluss ihre Rechte gegenüber der Attila GmbH ausüben; sie kann zudem die Neuausstellung des Wertpapiers (gegen Herausgabe des Beschlusses und Ersatz der Kosten der Neuausstellung) verlangen.

Üben

- Was versteht man unter einem Wertpapier (weiter Begriff/enger Begriff)?
- Welche Vorteile/„Funktionen" können Wertpapiere uU aufweisen?
- Unterscheiden Sie Inhaber-, Order- und Rektapapiere!
- Welche Maßnahmen sind grds erforderlich, um ein Orderpapier zu übertragen?
- Was sind „geborene Orderpapiere"?
- Was versteht man unter einem „einfachen Legitimationspapier"? Warum ist es kein „Wertpapier"?
- Wie läuft ein Kraftloserklärungsverfahren ab?

Wissen

Garantiefunktion — Die sog Garantiefunktion (bzw Gewährleistungsfunktion) ist eine bei Inhaber- und Orderpapieren vorkommende Wertpapierfunktion mit dem Inhalt, dass gegen den Bestand des in der Urkunde verbrieften Rechts grundsätzlich keine Einwendungen aus dem Grundgeschäft erhoben werden können (Einwendungsausschluss).

Gutglaubensschutzfunktion — Die sog Gutglaubensschutzfunktion ist eine bei nach sachenrechtlichen Grundsätzen übertragbaren Wertpapieren (dh Inhaber- und Orderpapieren) vorkommende Wertpapierfunktion mit dem Inhalt, dass an einem solchen Wertpapier bei Vorliegen eines gültigen Titels und gutem Glauben gutgläubig Eigentum erworben wird.

Indossament — Ein Indossament ist ein Übertragungsvermerk auf einem Orderpapier (zumeist auf der Rückseite, ital „in dosso" = auf dem Rücken) einschließlich der Unterschrift des Indossanten.

Indossamentenkette — Eine Indossamentenkette ist eine Abfolge von Indossamenten, aus welcher die förmliche Berechtigung des Inhabers zu erkennen ist (vgl die gesetzliche Vermutung in Art 16 Abs 1 WechselG). Geschlossen ist die Indossamentenkette, wenn sich die Berechtigung jedes Indossanten und des letzten Indossatars aus der Urkunde selbst ergibt. Blankoindossamente unterbrechen die Indossamentenkette nicht, ausgestrichene Indossamente gelten als nicht geschrieben.

Indossant — Der Indossant ist der Unterzeichner eines Indossaments; der aus dem Wertpapier berechtigte Indossant überträgt dieses durch Indossament und Begebung (an den Indossatar).

Kapitel 1: Übersicht und Wertpapierbegriff(e)

Indossatar	Als Indossatar bezeichnet man den durch ein Indossament legitimierten Empfänger (Erwerber) eines Orderpapiers.
Indossieren	„Indossieren" ist das Setzen eines Indossaments. Zur Übertragung von Rechten ist überdies die Begebung (Begebungsvertrag) erforderlich (s S 291).
Inhaberpapier	Ein Inhaberpapier ist ein Wertpapier, das den Berechtigten nicht namentlich bezeichnet, sondern den jeweiligen Inhaber als berechtigt ausweist (widerlegbare Vermutung). Dieser kann das verbriefte Recht durch Vorlage geltend machen, ohne dass es eines weiteren Berechtigungsnachweises bedürfte (Legitimationsfunktion). Der Verpflichtete muss daher grundsätzlich an den Besitzer leisten; die Leistung hat schuldbefreiende Wirkung (Liberationsfunktion). Eine Übertragung kann durch formlose Einigung und Papierübergabe erfolgen. Bsp: Inhaberaktie, Inhaberschuldverschreibung, Pfandbrief, Eintrittskarte, Fahrschein.
Kraftloserklärung	Unter Kraftloserklärung versteht man einen nach Durchführung eines gesetzlich geregelten Verfahrens erlassenen Gerichtsbeschluss mit dem Inhalt und der Wirkung, dass eine bestimmte abhanden gekommene oder vernichtete Wertpapierurkunde nicht mehr für die Geltendmachung des vormals in ihr verbrieften Rechts tauglich bzw erforderlich ist, sodass mittels Vorlage des Beschlusses die Geltendmachung erfolgen bzw die Neuausstellung der Wertpapierurkunde begehrt werden kann (vgl § 13 KEG). Das Kraftloserklärungsverfahren nach dem KEG enthält folgende Eckpunkte: Antrag auf Einleitung des Aufgebotsverfahrens (§ 3), erste Anfrage beim Verpflichteten (§ 4), Aufgebotsedikt (§ 5), Aufgebotsfrist (§ 7), Zahlungssperre (§ 9 Abs 2), zweite Anfrage (§ 11), Beschluss (§ 12). Einzelne Sonderbestimmungen für Wechsel und Scheck finden sich in Art 90 WechselG und Art 59 ScheckG.
Orderpapier	Ein Orderpapier ist ein Wertpapier, das auf den Namen des ersten Berechtigten bzw dessen Order lautet und dessen verbrieftes Recht sachenrechtlich durch Indossament und Übergabe der Wertpapierurkunde übertragen werden kann. Inhaberschaft allein legitimiert nicht; erforderlich ist der schriftliche und idR namentliche Ausweis aus der Urkunde. Der Erstberechtigte kann durch schriftliche Anordnung auf dem Papier (Indossament) den nächsten Berechtigten bezeichnen, dieser wieder einen anderen Berechtigten und so fort; die versprochene Leistung ist an die durch eine geschlossene Indossamentenkette legitimierte Person zu erbringen.
qualifiziertes Legitimationspapier	Ein qualifiziertes Legitimationspapier ist ein Wertpapier, bei dem der Schuldner an den Inhaber (ggf nur bei Erfüllung einer weiteren Voraussetzung) mit schuldbefreiender Wirkung leisten kann (Liberationsfunktion), selbst wenn keine Verpflichtung zur Leistung an den (bloßen) Inhaber besteht. Es nimmt eine Zwischenstellung zwischen den Inhaber- und den Rektapapieren ein. Tw werden sie als Rektapapiere mit Liberationsfunktion bezeichnet.
Rektapapier	Als Rektapapier (Namenspapier) wird ein Wertpapier (iwS) bezeichnet, in dem eine bestimmte namentlich genannte Person als Berechtigter ausgewiesen ist und ohne dessen Vorlage das in ihm verbriefte Recht nicht geltend gemacht werden kann. Die Übertragung des Rechts folgt schuldrechtlichen Grundsätzen (Zession). Der Erwerber hat Anspruch auf Aushändigung des Papiers. Rektapapiere sind zB die in § 363 UGB genannten Wertpapiere, sofern diese keine Orderklausel enthalten. Die Namensaktie ist kein Rektapapier, sondern ein Orderpapier.
Transportfunktion	Die Transportfunktion ist eine Wertpapierfunktion mit dem Inhalt, dass durch die Übertragung der Urkunde eines Wertpapiers auch das in ihr verbriefte Recht übertragen wird (nach sachenrechtlichen Grundsätzen). Die Transportfunktion ist nur bei Inhaberpapieren voll verwirklicht; bei Orderpapieren muss zusätzlich zur Übergabe ein Indossament

hinzukommen; Rektapapiere haben keine Transportfunktion (das Recht wird durch Zession übertragen).

Wertpapier — Es existiert kein einheitlicher Begriff des Wertpapiers. Definitionen (oder Aufzählungen) in Einzelgesetzen (zB § 1 Abs 1 Z 4 KMG) haben keine allgemeine Gültigkeit; von der Lehre entwickelt wurde ein „weiter" und ein „enger" Wertpapierbegriff: 1. (weit; hM) Urkunde, in der ein privates Recht in der Weise verbrieft ist, dass zur Geltendmachung des Rechts die Innehabung der Urkunde erforderlich ist; 2. (eng) Urkunde, in der ein privates Recht in der Weise verbrieft ist, dass zur Geltendmachung des Rechts die Innehabung der Urkunde erforderlich ist und das verbriefte Recht nach sachenrechtlichen Grundsätzen (Verfügung über die Urkunde) übertragen werden kann. „Urkunde" ist eine körperliche, bewegliche Sache; geht die Urkunde unter, bleibt das Recht bestehen, kann jedoch nicht geltend gemacht werden. Man unterscheidet Inhaber-, Order- und Rektapapiere (letztere fallen nicht unter den engen Wertpapierbegriff).

Wertpapierfunktionen — Als Wertpapierfunktionen bezeichnet man rechtlich relevante Wirkungen von Wertpapieren, die je nach Art des Wertpapiers (Inhaberpapiere, Orderpapiere, Rektapapiere) unterschiedlich zahlreich bzw intensiv sind; man unterscheidet insb Garantiefunktion, Transportfunktion, Legitimationsfunktion zugunsten des Gläubigers oder des Schuldners (Liberationsfunktion), Gutglaubensschutzfunktion.

Wertpapierrecht — Das Wertpapierrecht im objektiven Sinn ist ein Rechtsgebiet, das insb den Bestand und die rechtlichen Eigenschaften von Wertpapieren und den Handel mit diesen regelt. Zum Wertpapierrecht zählen ua das WechselG, ScheckG, WAG, KMG, PfandbriefG, KEG sowie zahlreiche Einzelbestimmungen in anderen Gesetzen (zB im AktG, BWG, InvFG, ImmoInvFG; §§ 363 ff UGB); die Verwahrung von Wertpapieren ist insb im DepotG geregelt. Überschneidungen finden sich ua mit dem Bank- und Börserecht.

Kapitel 2: Weitere Wertpapierkategorien

Nach Maßgabe der rechtlichen oder faktischen Eigenschaften von Wertpapieren hat die Lehre zusätzliche Unterscheidungen vorgenommen und Kategorien gebildet.

Unterscheidungskriterium: Art des verbrieften Rechts

Nach der Art des verbrieften Rechts werden unterschieden:

- **schuldrechtliche Wertpapiere:** Verbrieft ist eine Forderung auf eine Geld- oder Sachleistung (zB Wechsel, Scheck, Sparbuch, Schuldverschreibung, Lagerschein, Ladeschein).
- **sachenrechtliche Wertpapiere:** Verbrieft ist ein dingliches Recht (zB Miteigentumsanteil an den Vermögenswerten eines Investmentfonds beim Investmentzertifikat; vgl § 3 Abs 2 Z 18 InvFG 2011).
- **Mitgliedschaftspapiere:** Verbrieft wird die Mitgliedschaft zu einer Gesellschaft (zB Aktie).

Unterscheidungskriterium: Beziehung zum Grundgeschäft

Das Grundgeschäft (Kausalgeschäft) ist jenes Geschäft (bzw Rechtsverhältnis), das der Begebung eines Wertpapiers zugrunde liegt.

> A kauft von B Waren. Da A den Kaufpreis nicht sogleich bar entrichten kann, sondern diesen erst durch den Weiterverkauf der Waren erwirtschaften möchte, übergibt A dem B (mit dessen Einverständnis) einen Wechsel über die Kaufpreissumme. MaW: Der Wechsel wird ausgestellt, da er iZm einem Kaufvertrag Verwendung findet.

Bei **kausalen Wertpapieren** ist das Wertpapier inhaltlich mit dem Grundgeschäft verknüpft, dh das verbriefte Recht besteht so, wie es im Rahmen des Grundgeschäftes besteht.

> Die Aktie verbrieft die Mitgliedschaft an einer AG. Die Mitgliedschaft richtet sich nach dem AktG und der Satzung der AG.

Abstrakte Wertpapiere verknüpfen das verbriefte Recht nicht mit dem Grundgeschäft. Es tritt vielmehr neben die Forderung aus dem Grundgeschäft eine eigene, unabhängige wertpapierrechtliche Forderung. Bei manchen Wertpapieren sieht das Gesetz explizit vor, dass das jeweilige Wertpapier abstrakt zu sein hat (zB Wechsel, Scheck; vgl Art 1 Z 1 WechselG, Art 1 Z 2 ScheckG).

> Da A für B einen Wechsel ausgestellt und diesem übergeben hat, verfügt B über eine eigenständige wechselrechtliche Forderung. Diese ist nicht vom Bestand des zugrunde liegenden Kaufvertrages abhängig. Der Wechsel ist „abstrakt".

Die „volle Unabhängigkeit" der wertpapierrechtlichen Forderung greift jedoch erst dann ein, wenn der wertpapierrechtlich Berechtigte nicht am Grundgeschäft beteiligt ist. Gegenüber dem Vertragspartner des Grundgeschäftes stehen dem Schuldner **Einwendungen** offen, die auch der wertpapierrechtlichen Forderung entgegen gehalten werden können (s S 318).

4.1 Allgemeiner Teil

> B möchte gegenüber A die wechselrechtliche Forderung geltend machen. A wendet ein, dass die von B gelieferten Waren mangelhaft sind, weshalb die Kaufpreisforderung nicht in voller Höhe bestehe.

Unterscheidungskriterium: Entstehen des verbrieften Rechts

Ist die Ausstellung der Urkunde für das Entstehen des verbrieften Rechts notwendig, spricht man von einem **„konstitutiven" Wertpapier**.

> Die wechselrechtliche Forderung entsteht erst mit Ausstellung der Urkunde (und Begebung; s S 291), weshalb der Wechsel zu den konstitutiven Wertpapieren gehört. Daran ändert auch der Umstand nichts, dass bereits eine andere Forderung aus dem Grundgeschäft existieren kann (zB Kaufpreisforderung).

Existiert das Recht auch ohne Verbriefung, so spricht man von einem **„deklarativen" Wertpapier**.

> Die Mitgliedschaft zu einer AG ist nicht von der Ausstellung der Aktie abhängig. Die Aktie ist daher ein deklaratives Wertpapier.

Die Unterscheidung nach dem Entstehen des verbrieften Rechts weist eine Nähe zu jener nach der Beziehung zum Grundgeschäft (s oben) auf: Deklarative Wertpapiere sind immer kausal, da sie das Rechtsverhältnis des Grundgeschäftes verbriefen. Konstitutive Wertpapiere sind idR abstrakt, doch ist das nicht immer zwingend: Eine Verbindung zum Grundgeschäft kann – sofern nicht gesetzlich ausgeschlossen – durch entsprechende Ausgestaltung geschaffen werden, wodurch Einwendungen aus dem Grundgeschäft möglich werden.

Unterscheidungskriterium: wirtschaftliche Funktion

Nach ihrer wirtschaftlichen Funktion kann man folgende Gruppen von Wertpapieren unterscheiden:

- **Wertpapiere des Zahlungs- und Kreditverkehrs:** Diese dienen der Zahlung bzw tw auch der Kreditierung; sie werden typischerweise individuell ausgestellt.

> K kauft bei V eine Ware und überlässt diesem zahlungshalber einen Scheck in Höhe der Kaufpreisforderung.
>
> A kann die Waren des B nicht sogleich bezahlen; B ist damit einverstanden, dass A ihm einen Wechsel übergibt, der in drei Monaten fällig ist. B gewährt A auf diese Weise Kredit.

- **Wertpapiere des Kapitalmarkts** (Effekten): Diese dienen der Kapitalanlage und werden typischerweise massenweise in gleichartiger Form ausgegeben. Der Kapitaleinsatz der Anleger wird häufig durch einen periodischen Ertrag vergütet.

> Die Rialzo AG beschließt eine Kapitalerhöhung, wobei der Erhöhungsbetrag von € 10 Mio durch die Ausgabe von 1 Mio Aktien mit einem Nennwert von € 10,– auf-

Kapitel 2: Weitere Wertpapierkategorien

> gebracht werden soll. Die Erwerber der Aktien werden Gesellschafter der AG und erhalten im Falle von Gewinnausschüttungen eine Dividende (s Bd II S 366).
>
> Die Attila GmbH möchte ihre „Kriegskasse" mit zusätzlichem Bargeld füllen, weshalb sie 5.000 Schuldverschreibungen mit einem Nennwert von € 1.000,– emittiert. Die Erwerber der Schuldverschreibungen stellen sog „Fremdkapital" zur Verfügung; eine Gesellschafterstellung erwerben sie hierdurch nicht.

- **Wertpapiere des Güterumlaufs:** Diese stehen im Zusammenhang mit Transportgeschäften bzw Lagerverträgen und sollen die Verfügung über die transportierten/eingelagerten Waren ermöglichen (zB Lagerschein).

- Was ist der Unterschied zwischen einem „schuldrechtlichen" und einem „sachenrechtlichen" Wertpapier? Welche Bsp kennen Sie?
- Warum ist der Wechsel ein „abstraktes" Wertpapier?
- Ist die Aktie ein „deklaratives" oder ein „konstitutives" Wertpapier? (Begründung)

abstrakte Wertpapiere	Abstrakte Wertpapiere weisen keine wertpapierrechtliche Beziehung zum Grundgeschäft auf.
deklarative Wertpapiere	Existiert das verbriefte Recht auch ohne Verbriefung (zB das Mitgliedschaftsrecht zu einer AG bei einer Aktie), spricht man von einem „deklarativen" Wertpapier.
Grundgeschäft (Kausalgeschäft)	Das Grundgeschäft (Kausalgeschäft) ist das Geschäft (Rechtsverhältnis), das der Begebung eines Wertpapiers zugrunde liegt (zB Ausstellung eines Schecks zahlungshalber im Rahmen eines Kaufvertrages). Ist das Wertpapier vom Grundgeschäft losgelöst (dh unabhängig), sodass eine eigene Wertpapierforderung neben die Forderung aus dem Grundgeschäft tritt, spricht man von einem abstrakten Wertpapier (zB Wechsel, Scheck); der Bestand des Rechts ist dann von der Wirksamkeit des Grundgeschäfts unabhängig. Einwendungen aus dem Grundgeschäft können einem Rechtsnachfolger des Berechtigten grundsätzlich nicht entgegengehalten werden (vgl zB Art 17 WechselG). Wertpapiere, die mit dem Grundgeschäft verbunden sind (zB Aktie), nennt man kausale Wertpapiere.
kausale Wertpapiere	Kausale Wertpapiere knüpfen inhaltlich an das Grundgeschäft an (zB Aktie).
konstitutive Wertpapiere	Ist die Ausstellung der Urkunde für das Entstehen des Rechts notwendig, spricht man von „konstitutiven" Wertpapieren (zB Wechsel).
Mitgliedschaftspapiere	Mitgliedschaftspapiere verbriefen die Mitgliedschaft zu einer Gesellschaft und damit verbundene Rechte (zB Aktie).

sachenrechtliche Wertpapiere — Sachenrechtliche Wertpapiere verbriefen dingliche Rechte (zB Investmentzertifikat).

schuldrechtliche Wertpapiere — Schuldrechtliche Wertpapiere verbriefen Forderungen auf Geld- oder Sachleistungen (zB Wechsel, Scheck, Sparbuch, Schuldverschreibung, Lagerschein, Ladeschein, Konnossement).

Kapitel 3: Wertpapierrechtstheorien

Lernen

Einführung

In der Wertpapierrechtsdogmatik wird die Frage gestellt, **wann bzw wodurch ein in einem Wertpapier verbrieftes Recht entsteht.**

> Alexandra füllt ein Wechselformular aus. Bernhard unterschreibt das Wechselformular als Akzeptant. Caroline setzt ein Indossament auf das Wechselformular. Alle diese Vorgänge können uU zu einer wechselrechtlichen Verpflichtung führen, doch ist dies nicht von vornherein klar, insb wenn besondere Umstände vorliegen: Alexandra könnte die Urkunde als Vertreterin ohne Vertretungsmacht im Namen eines anderen unterschreiben; Bernhard könnte geschäftsunfähig sein; Caroline könnte die Urkunde gestohlen werden, bevor sie diese an eine andere Person (zB einen Erwerber) übergeben konnte.

Zu dieser Frage haben sich **mehrere Theorien** herausgebildet. Die Klärung der Frage ist relevant, um den Zeitpunkt der Entstehung eines in einem konstitutiven Wertpapier verbrieften Rechts beurteilen zu können. Bei deklarativen Wertpapieren ist zwar die Entstehung des Rechts nicht von der Verbriefung abhängig (s S 288), doch bewirkt die Verbriefung, dass das Recht sodann nur noch durch Vorlage der Urkunde geltend gemacht werden kann (Sperrfunktion; s S 279).

Vier Theorien

Folgende Wertpapierrechtstheorien wurden in der Lehre entwickelt, wobei die Rechtsscheintheorie herrschend ist:

Kapitel 3: Wertpapierrechtstheorien

- **Kreationstheorie:** Danach entsteht das verbriefte Recht mit der Ausstellung der Urkunde (Unterschrift).

> Die Kreationstheorie lässt sich am Bsp des vor Begebung abhanden gekommenen Wertpapiers „messen": Nach dieser Theorie könnte auch ein Dieb/Finder das Recht geltend machen.

- **Vertragstheorie:** Diese postuliert das Entstehen des verbrieften Rechts erst durch Begebung der ausgestellten Urkunde, welche als Vertrag zu qualifizieren ist **(Begebungsvertrag).** Die Ausstellung der Urkunde ist nur eine Vorbereitungshandlung. Die Vertragstheorie stimmt jedoch nicht mit Art 16 Abs 2 WechselG überein, wonach auch der gutgläubige Erwerber eines abhanden gekommenen Wechsels Rechte aus dem Wechsel geltend machen kann.

> Der Dieb wie auch ein weiterer (ggf gutgläubiger) Erwerber der gestohlenen Urkunde kann nach der Vertragstheorie keinen Anspruch geltend machen, da kein Begebungsvertrag abgeschlossen wurde.

- **Redlichkeitstheorie:** Diese Theorie nimmt eine Entstehung durch Ausstellung an (setzt somit keinen Vertrag voraus), doch könne nur ein redlicher Erwerber Rechte geltend machen. Diese Theorie ist überschießend, da sie eine Wirksamkeit auch dann bejaht, wenn dem „Aussteller" die Ausstellung gar nicht zugerechnet werden kann.

> Nach der Redlichkeitstheorie wäre auch die Ausstellung durch einen Geschäftsunfähigen ausreichend.

- **Rechtsscheintheorie:** Nach hM entsteht das verbriefte Recht durch den Begebungsvertrag, doch wird der gutgläubige Erwerber geschützt, der auf einen dem Aussteller zurechenbaren „äußeren Tatbestand" vertrauen durfte.

> Nach hM kann es daher zB bei Vorliegen eines der folgenden Umstände nicht zu einer wertpapierrechtlichen Verpflichtung kommen: Geschäftsunfähigkeit, physischer Zwang, Vertretung ohne Vertretungsmacht, Fälschung.

Üben

- Welche Frage(n) versuchen die sog „Wertpapierrechtstheorien" zu beantworten?
- Welche Wertpapierrechtstheorie ist in Österreich herrschend und was besagt diese?

Wissen

Begebung/
Begebungsvertrag

Der Begriff der Begebung wird nicht völlig einheitlich verwendet. Man kann damit die (willentliche) Übergabe (idR Übereignung) einer Wertpapierurkunde an den Empfänger bezeichnen, damit sich daran rechtliche Wirkungen knüpfen. Eine Übereignung ist je-

doch zB bei einem bloßen Akzept nicht möglich, wenn der Empfänger bereits durch den Aussteller Eigentümer geworden ist; dennoch ist eine „Begebung" idR erforderlich, um die Wirkungen eines Akzepts herbeizuführen (vgl Art 29 WechselG).

Wertpapierrechtstheorien

Als „Wertpapierrechtstheorien" werden Theorien bezeichnet, die sich mit der Frage beschäftigen, wann bzw wodurch das in einem Wertpapier verbriefte Recht entsteht. Wertpapierrechtstheorien sind die Kreationstheorie (Entstehung durch Ausstellung der Urkunde), die Vertragstheorie (Entstehung durch Begebung der ausgestellten Urkunde), die Redlichkeitstheorie (Entstehung durch Ausstellung, jedoch kann nur ein redlicher Erwerber Rechte geltend machen) und die Rechtsscheintheorie (Entstehung durch Begebungsvertrag, jedoch Schutz des gutgläubigen Erwerbers, der auf einen dem Aussteller zurechenbaren „äußeren Tatbestand" vertrauen durfte; hM).

4.2 Wechsel- und Scheckrecht

Kapitel 1: Wechselrecht – Grundlagen

Lernen

Überblick und Rechtsgrundlagen

Sonderform der Anweisung

Der Wechsel ist – wie auch der Scheck – ein Wertpapier des Zahlungsverkehrs; er hat die Zahlung einer Geldsumme zum Gegenstand (Art 1 Z 2 WechselG). Vom Konzept her betrachtet wird der Wechsel in einem **dreipersonalen Verhältnis** eingesetzt (zu einer Ausnahme s S 295): Der Aussteller des Wechsels weist eine andere Person (sog „Bezogener") an, an den Begünstigten (auch: „Remittent" bzw „Wechselnehmer") einen bestimmten Geldbetrag zu zahlen. Der Wechsel ist somit eine besondere Ausformung der im bürgerlichen Recht geregelten **Anweisung** (§§ 1400 ff ABGB), wobei bei letzterer die Bezeichnungen „Anweisender", „Angewiesener" und „Anweisungsempfänger" gebräuchlich sind. Das Verhältnis zwischen dem Anweisenden und dem Anweisungsempfänger (dh dem Leistungsempfänger) wird als Valutaverhältnis, jenes zwischen Anweisendem und Angewiesenem als Deckungsverhältnis und jenes zwischen Angewiesenem und Anweisungsempfänger als Einlösungsverhältnis bezeichnet.

gesetzliche Grundlagen

Neben dem WechselG als wesentliche Grundlage des Wechselrechts finden sich relevante Bestimmungen in der ZPO (s S 313 f), im KEG (s S 283) und im GebG (§ 33 TP 22). Das WechselG ist in Artikel untergliedert. Artikelangaben ohne Verweis auf ein konkretes Gesetz beziehen sich im Folgenden auf das WechselG.

Entwicklung des WechselG

Historische Grundlage des WechselG sind die drei Genfer Wechselrechtsabkommen, die auf der 1930 einberufenen Genfer Wechselrechtskonferenz geschlossen wurden und wiederum auf das (nicht ratifizierte) Haager Wechselrechtsabkommen zurückgehen. Das WechselG trat ursprünglich 1934 in Kraft und wurde – nach Ende des 2. Weltkrieges – 1955 wieder in Kraft gesetzt (WechselG 1955).

4.2 Wechsel- und Scheckrecht

Begriff des Wechsels und Wirksamkeitserfordernisse

Der Wechsel ist ein schuldrechtliches Wertpapier, das abstrakt und unbedingt auf Zahlung einer bestimmten Geldsumme lautet. Das Gesetz sieht die Einhaltung konkreter Formvorschriften vor. Unterschieden werden – nach der textlichen Ausgestaltung der „Zahlungsverpflichtung" – zwei Formen des Wechsels:

- **gezogener Wechsel** (oder „Tratte"): Dabei wird eine Person („Bezogener") im Text der Urkunde zur Zahlung angewiesen. Der gezogene Wechsel ist in den Art 1–74 geregelt.
- **eigener Wechsel:** Bei dieser Form verspricht der Aussteller Zahlung. Hierfür finden sich spezielle Regelungen in den Art 75–78.

Wechselbestandteile

Der **gezogene Wechsel** muss gem Art 1 einen bestimmten Mindestinhalt haben (sog **Wechselbestandteile**):

- **Bezeichnung als Wechsel im Text der Urkunde** (nicht bloß als Überschrift!)

> Die Wechselklausel kann zB lauten: „Gegen diesen Wechsel zahlen Sie …"

- **unbedingte Anweisung auf Zahlung einer bestimmten Geldsumme/Wechselsumme** („Zahlungsklausel"), wobei es sich auch um eine ausländische Währung handeln kann (zur Zahlung in einer fremden Währung s Art 41)

> Konrad formuliert folgenden Text für einen Wechsel: „Gegen diesen Wechsel zahlen Sie € 5.000,– an Elsa Ehrbeg, sofern das von mir am heutigen Tag gekaufte Kfz die Zulassung erhält." Die in den Text aufgenommene Bedingung ist unzulässig und verhindert die wirksame Ausstellung des Wechsels.

> Heinrich stellt einen Wechsel aus. Da er eine Verfälschung des Wechsels erschweren möchte, schreibt er den Geldbetrag in Buchstaben („dreitausendfünfhundert Euro") – das ist zulässig (vgl Art 6). Sollte er hingegen die Angabe der Währung vergessen, würde ein Wechselbestandteil fehlen.

> Henry hat einen in Wien zahlbaren Wechsel akzeptiert, der auf 3.000 britische Pfund lautet; er kann diesen Wert auch umgerechnet in Euro bezahlen, sofern der Aussteller nicht durch einen Vermerk (zB „effektiv") die Zahlung in Pfund vorgeschrieben hat (Art 41).

- **Name des Bezogenen** (dh der Person, die in der Folge idR durch Akzept zur Hauptschuldnerin werden, jedenfalls den Wechsel bei Fälligkeit zahlen soll)

> Ludwig Listig stellt für Arthur Ahnungslos einen Wechsel aus, in welchem er eine gar nicht existierende Person als Bezogenen angibt. Dieser Wechsel ist nicht ungültig, auch wenn eine Annahme durch den Bezogenen nicht in Betracht kommt (zur Haftung des Ausstellers s S 310).

> Helga stellt einen gezogenen Wechsel aus und gibt sich selbst als Bezogene an. Das ist möglich (s Art 3 Abs 2); man spricht von einem „trassiert-eigenen Wechsel".

- **Verfallzeit** (Zeitpunkt, in welchem der Wechsel fällig wird) – möglich sind vier Arten der Angabe der Verfallzeit (s Art 33 Abs 1)

> **Sichtwechsel:** Die Klausel kann zB lauten: „auf Sicht", „bei Vorlegung", „a vista". Der Sichtwechsel ist bei Vorlage beim Bezogenen fällig (s Art 34).

> **Nachsichtwechsel:** ZB „14 Tage nach Sicht". Die Fälligkeit tritt eine bestimmte Zeit nach Vorlage des Wechsels ein.
>
> **Datowechsel:** ZB „dato 3 Monate". Diese Form des Wechsels wird eine bestimmte Zeit nach Ausstellung des Wechsels fällig.
>
> **Tagwechsel:** ZB „am 30. Juni 2013".

- **Zahlungsort** (anzugeben ist ein Zahlungsort, nicht mehrere) – terminologisch werden nach dem Zahlungsort unterschieden: Platzwechsel (Ausstellungsort und Zahlungsort stimmen überein), Distanzwechsel (Zahlungsort ≠ Ausstellungsort), Domizilwechsel (Zahlungsort ≠ Wohnort des Bezogenen), Zahlstellenwechsel (der Wechsel soll von einer Zahlstelle, idR einem Kreditinstitut, bezahlt werden; s Art 27)

> Der Unternehmer Rudolf zieht einen Wechsel auf die Unternehmerin Sieglinde; als Zahlungsort gibt er die Geschäftsräumlichkeiten von Sieglinde – nicht ihren Wohnort – an („Domizilwechsel").

- **Name des Wechselnehmers** (das Gesetz spricht vom „Namen dessen, an den oder an dessen Order gezahlt werden soll"; synonym werden die Bezeichnungen „Begünstigter" und „Remittent" verwendet)

> Albrecht zieht einen Wechsel auf Beate und nennt Cornelius als Begünstigten. In der Folge begibt Albrecht den Wechsel an Cornelius zur Bezahlung einer Kaufpreisschuld.
>
> Daria stellt einen Wechsel aus und nennt sich selbst als Begünstigte (sog Wechsel an eigene Order). Sie lässt ihn vom Bezogenen Emil akzeptieren, da dieser ihr Geld schuldet.

- **Tag und Ort der Ausstellung**
- **Unterschrift des Ausstellers** (diese ist auf der Vorderseite des Wechsels abzugeben)

Wechselausfertigungen
Von einem gezogenen Wechsel können mehrere Wechselausfertigungen existieren (s dazu Art 64 ff), doch ist dies in der Praxis eher unüblich.

eigener Wechsel
Der **eigene Wechsel** enthält anstelle der Anweisung ein **Zahlungsversprechen des Ausstellers;** entsprechend entfällt die Angabe des Bezogenen (s Art 75). Im Übrigen sind die erwähnten Wechselbestandteile auch beim eigenen Wechsel erforderlich.

Wirksamkeitserfordernis
Grundsätzlich macht das Fehlen eines oder mehrerer der genannten Wechselbestandteile den Wechsel unwirksam (Art 1; sog **„formelle Wechselstrenge"**), doch enthält das Gesetz für einzelne Fälle des Fehlens von Angaben Regelungen, welche die Unwirksamkeit verhindern (s Art 2, 76):

- Ein Wechsel **ohne Angabe der Verfallzeit** gilt als Sichtwechsel.
- Mangels besonderer Angabe gilt der beim Namen des Bezogenen angegebene Ort als **Zahlungsort** (und zugleich als Wohnort des Bezogenen); beim eigenen Wechsel gilt Entsprechendes für den Ausstellungsort (bezogen auf den Aussteller).

> Hans stellt einen Wechsel aus, vergisst aber die Angabe des Zahlungsortes; er hat jedoch beim Namen des Bezogenen Franz dessen (Privat-)Adresse angegeben. Letzterer Ort gilt als Zahlungsort.

4.2 Wechsel- und Scheckrecht

- Ein Wechsel **ohne Angabe des Ausstellungsortes** gilt als ausgestellt an dem beim Namen des Ausstellers angegebenen Ort.

> Erwin vergisst die Angabe des Ausstellungsortes, hat jedoch auch keinen Ort bei seinem Namen angegeben. Eine „Ersetzung" des Ausstellungsortes ist daher nicht möglich; der Wechsel ist nichtig.

Ist der Wechsel unwirksam, bedeutet dies nicht, dass das gesamte Rechtsgeschäft wirkungslos ist, da uU eine wirksame Anweisung (wenngleich nicht nach Wechselrecht) vorliegen kann.

Charakteristika

Der Wechsel ist ein Wertpapier mit folgenden Charakteristika:

- Verbrieft ist immer eine **Geldforderung** (damit ist der Wechsel zugleich ein schuldrechtliches Wertpapier; s S 287).
- Die verbriefte Forderung ist notwendig **abstrakt,** da sie nicht von einer Bedingung abhängig gemacht werden kann (s S 287). Damit ist die Forderung auch vom Grundgeschäft unabhängig (s jedoch näher zur Einwendungslehre S 316 ff).
- Es handelt sich um ein **konstitutives Wertpapier,** da die wechselrechtliche Forderung erst mit formgültiger Ausstellung (und idR Begebung; s S 291) entsteht.
- Der Wechsel ist ein **geborenes Orderpapier** (s Art 11 Abs 1), das durch eine negative Orderklausel (Rektaklausel) des Ausstellers zum Rektapapier gemacht werden kann (s Art 11 Abs 2).
- Als Orderpapier wird der Wechsel **mittels Indossaments übertragen** (s S 303).
- Der Wechsel ist ein **Wertpapier des öffentlichen Glaubens:** Das bedeutet, dass sich der Erwerber des Wechsels grundsätzlich auf den Inhalt der Urkunde verlassen kann.
- Für die Wechselverbindlichkeit **haften** grundsätzlich die beteiligten Personen (Akzeptant, subsidiär Aussteller, Indossanten), sofern nicht ein wirksamer Haftungsausschluss erfolgt (s S 308 ff).

Probleme iZm der Ausstellung des Wechsels bzw der Abgabe wechselrechtlicher Erkärungen

Im Zusammenhang mit der Ausstellung eines Wechsels (und sonstigen Unterschriftsleistungen auf einem Wechsel) können sich insb folgende Probleme stellen:

- Es wird ein Vertreter ohne Vertretungsmacht tätig **(falsus procurator):** Für die Wirksamkeit der Vertretung gelten die allgemeinen Grundsätze; auch eine nachträgliche Genehmigung seitens des ursprünglich unwirksam Vertretenen ist möglich. Das Gesetz enthält jedoch eine spezielle Haftungsbestimmung für den falsus procurator: Dieser haftet selbst wechselmäßig (s Art 8). Anderes wird für den Fall angenommen, dass der Dritte gar nicht auf die Wirksamkeit der Erklärung vertraut hat. In der Lehre wird überwiegend eine analoge Anwendung des Art 8 auf Personen, die nur mit dem Namen des angeblich Vertretenen zeichnen, vertreten.

- Die **Unterschrift** kann **gefälscht** sein: Es entsteht keine Verbindlichkeit derjenigen Person, deren Unterschrift gefälscht wurde (s S 318). Eine analoge Anwendung des Art 8 auf den Fälscher kommt in Betracht.

- Wird der Text des Wechsels **nachträglich verfälscht,** haften Personen, die vor der Verfälschung unterschrieben haben, nach dem alten (unverfälschten) Inhalt. Personen, die danach unterzeichnet haben, haften nach dem neuen Text (vgl auch Art 69).

> A stellt einen Wechsel aus, in welchem eine Wechselsumme von € 2.000,– in Zahlen und Worten aufscheint. G erwirbt den Wechsel und verändert diesen in einem aufwendigen Verfahren, sodass als Wechselsumme letztlich ein Betrag iHv € 2.800,– aufscheint. H erwirbt den Wechsel von G und indossiert ihn in der Folge weiter an I. H haftet für € 2.800,–, A jedoch bloß für € 2.000,–.

Blankowechsel

Blankett

Vom formungültigen Wechsel ist ein Wechsel zu unterscheiden, der **bewusst unvollständig ausgestellt** wurde, damit er zu einem späteren Zeitpunkt vervollständigt wird (Blankowechsel; die Wechselurkunde wird diesfalls auch als „Blankett" bezeichnet). Die Zulässigkeit des Blankowechsels ergibt sich aus Art 10, der das abredewidrige Ausfüllen des Blankowechsels regelt (s unten). Beim Blankowechsel wird einer anderen Person die Vervollständigung des Wechsels gestattet. Zumindest ist aber eine Unterschrift (als Aussteller oder als Akzeptant) für die Ausstellung eines Blankowechsels erforderlich.

> A kauft von B Waren, deren Güte erst bei Einlangen überprüft werden kann. Der Kaufpreis wurde daher noch nicht endgültig bestimmt. A übergibt B einen akzeptierten Wechsel, in welchem er die Wechselsumme offen lässt. B soll den Wechsel nach Bestimmung des Preises vervollständigen dürfen.

Ausfüllung

Der Wechsel erlangt mit **Vervollständigung** seine vollen Wirkungen (volle Gültigkeit). Aber bereits vor seiner Vervollständigung ist der Blankowechsel rechtlich relevant: Er kann mittels Indossaments übertragen werden und es können auch sonstige wechselrechtliche Erklärungen im Hinblick auf den Blankowechsel wirksam abgegeben werden.

> A hat den Wechsel, bevor er ihn an B übergeben hat, akzeptiert. Dieses Blankoakzept ist wirksam.
>
> Variante: Hat A eine Person (C) als Bezogenen eingesetzt, könnte B dem C den Blankowechsel zum Akzept vorlegen. Akzeptiert C den Blankowechsel und übergibt diesen wieder an B, räumt C dem B zugleich eine Ausfüllungsermächtigung ein.

abredewidriges Ausfüllen

Wird ein Blankett **abredewidrig ausgefüllt,** ist der **gutgläubige Erwerber** des Wechsels geschützt (s Art 10). Bösgläubigkeit und grobe Fahrlässigkeit schaden, wenn sie im Zeitpunkt des Erwerbs vorliegen; eine Nachforschungspflicht besteht jedoch grundsätzlich nicht. Gleiches gilt für den Erwerber, der den Wechsel gutgläubig selbst ausfüllt.

unbewusst unvollständiger Wechsel

Vom Blankowechsel ist ein Wechsel zu unterscheiden, dessen Unvollständigkeit übersehen wird und der dennoch in Umlauf gelangt. Dieser kann durch eine unzulässige Vervollständigung (= Verfälschung) dennoch wirksam werden und zu einer wechselrechtlichen Haftung führen, soweit das erhöhte Verfälschungsrisiko der Person zurechenbar ist. Art 10 ist nach hM analog anzuwenden.

4.2 Wechsel- und Scheckrecht

fälschungsgefährdeter Wechsel

Weiters ist der sog „fälschungsgefährdete Wechsel" zu unterscheiden: Dieser ist nicht unvollständig, sondern bloß so abgefasst, dass er ohne größeren Aufwand verfälscht werden kann. Nach Ansicht in der Lehre ist idZ nicht Art 69 (s oben) anzuwenden, sondern Art 10 analog (str).

> Siegfried Sloppy füllt ein Wechselformular aus, in welchem er als Wechselsumme „€ 5.000,–" angibt. In der Folge erkennt der Indossatar Ludwig Listig, dass vor der Summenangabe noch Platz ist und fügt die Zahl „1" ein; weiters schreibt er in das frei gelassene Feld den Betrag in Worten („fünfzehntausend").

Praktischer Einsatz des Wechsels

Die vormals praktisch relevante Zahlungsfunktion des Wechsels ist durch neuere Zahlungsmethoden (zB Überweisung, bargeldloser Zahlungsverkehr) in den Hintergrund gedrängt worden. Bedeutsam ist jedoch die Möglichkeit, durch die Verwendung eines Wechsels **Kredit** zu verschaffen oder eine **Besicherung** von Ansprüchen zu bewirken. In der Praxis kommen ua folgende Wechsel zum Einsatz, wobei sich die Terminologie aus dem Verwendungszusammenhang ergibt:

- **Warenwechsel** (Handelswechsel): Dieser Wechsel steht im wirtschaftlichen Zusammenhang mit einer Warenlieferung (oder ggf einer sonstigen Leistungserbringung). Der Wechsel wird dem Veräußerer idR zahlungshalber übergeben, wodurch dieser in die Lage versetzt wird, den Wechsel bei Fälligkeit einzulösen oder diesen bereits früher zu veräußern (iaR zu einem niedrigeren Betrag als die Wechselsumme, da der Zwischenzins [Diskont] abgezogen wird).

> Markus kauft Waren von Cornelius, kann aber nicht sogleich zahlen. Er akzeptiert daher einen von Cornelius ausgestellten Wechsel, der in drei Monaten fällig wird. Cornelius möchte jedoch früher zu seinem Geld kommen, weshalb er den Wechsel an seine Bank veräußert (Diskontgeschäft).
>
> Variante: Cornelius übergibt den Wechsel mit Blankoindossament an Markus, damit dieser bei dessen Bank durch Veräußerung des Wechsels Geld erhält. Den Geldbetrag verwendet Markus, um Cornelius zu bezahlen (sog Akzeptantenwechsel).

- **Finanzwechsel** (Kreditwechsel): Dieser wird ohne Zusammenhang zu einer Warenlieferung (Leistungserbringung) ausgestellt. Das Akzept soll dem Aussteller durch die Verwertungsmöglichkeit Kredit verschaffen. Verwendung findet der Finanzwechsel etwa beim Akzeptkredit, bei welchem eine Bank für ihren Kunden Wechsel akzeptiert.

> Die Unternehmerin Amalia vereinbart mit ihrer Bank, dass letztere von Amalia ausgestellte Wechsel akzeptiert, wobei Amalia gegenüber der Bank eine „Akzeptprovision" zu bezahlen und für entsprechende Deckung zu sorgen hat („Akzeptkredit").
>
> Der Kleinunternehmer Minimus bittet seine reiche Tante Maxima um ein Akzept des von ihm ausgestellten Wechsels, da er dringend Geld für eine Investition benötigt, das er durch Veräußerung des Wechsels erhalten könnte. Er verspricht ihr, dass er ihr vor einer Inanspruchnahme als Wechselschuldnerin das Geld zur Verfügung stellen wird. Maximas Akzept wird als „Gefälligkeitsakzept" bezeichnet, da sie mit diesem nicht selbst wirtschaftliche Zwecke verfolgt.
>
> Felix Fraus und Philipp Phenax haben kein Geld. Sie beschließen, dass sie jeweils Wechsel des anderen akzeptieren, damit sie durch Diskontierung Geld erhalten können. Die Deckung des einen Wechsels soll durch den anderen Wechsel ermöglicht

werden usw. Ihre (idR auch strafbaren) Machenschaften werden als „Wechselreiterei" bezeichnet.

- **Kautionswechsel** (Deckungswechsel, Depotwechsel): Dabei handelt es sich um einen Wechsel, mit dem Ansprüche besichert werden. Der Wechsel soll nur im Sicherungsfall verwertet werden. Der Wechselnehmer kann den Wechsel rasch im Wechselmandatsverfahren geltend machen, wobei der Akzeptant Einwendungen vorzubringen hätte. Damit Einwendungen nicht durch Weitergabe des Wechsels abgeschnitten werden (s S 317 f), sind Kautionswechsel häufig als Rektawechsel ausgestellt.

- Inwiefern hängt ein Wechsel mit der aus dem bürgerlichen Recht bekannten Anweisung zusammen?
- Erläutern Sie das Konzept der „Tratte"!
- Bei welchem Wechsel spielt eine Anweisung keine Rolle?
- Was versteht man unter der „formellen Wechselstrenge"?
- A stellt einen Wechsel aus, in dem keine Wechselsumme aufscheint. Welche rechtliche Konsequenz hat dieser Umstand?
- Was ist die „Verfallzeit" und wie kann sie in einem Wechsel angegeben werden?
- Kann ein Blatt Papier mit einer Unterschrift ein „Wechsel" sein?
- Beschreiben Sie den Wechsel anhand wertpapierrechtlicher Kategorien!
- Gibt es Wechsel, die Rektapapiere sind?
- Was versteht man unter einem „trassiert-eigenen Wechsel an eigene Order"?
- Zu welchem Zweck wird ein „Finanzwechsel" eingesetzt?
- Was ist ein „Kautionswechsel"?

Akzeptant	Als Akzeptant wird die Person bezeichnet, die als Bezogener in einem Wechsel aufscheint und durch Annahme (Akzept) und (idR) Begebung des Wechsels zu dessen Hauptschuldner (Verpflichtung, die Wechselsumme bei Fälligkeit zu bezahlen) geworden ist.
Akzeptantenwechsel/ Wechsel-Scheck-Verfahren	Der Akzeptantenwechsel (umgedrehter Wechsel) ist eine besondere Spielart des Warenwechsels, bei welcher der Verkäufer (als Aussteller) den Wechsel dem Käufer (als Akzeptanten) mit Blankoindossament zur Verwertung übergibt, damit dieser aus dem Erlös den Kaufpreis bezahlen kann. In der Praxis diskontiert der Käufer den Wechsel bisweilen bei seiner Bank und verfügt über den Erlös mittels Schecks, den er dem Verkäufer übergibt (Wechsel-Scheck-Verfahren).
Akzeptkredit/ Bankakzept	Der Akzeptkredit (Kreditleihe, Haftungskredit) ist eine Vereinbarung zwischen einem Kreditinstitut und einem Kunden, durch die sich das Kreditinstitut verpflichtet, vom Kunden auf jenes gezogene Wechsel innerhalb eines Kreditrahmens zu akzeptieren

4.2 Wechsel- und Scheckrecht

(Bankakzept), wobei der Kunde eine Akzeptprovision zu bezahlen und bei Inanspruchnahme des Kreditinstituts für Deckung zu sorgen hat. Das Kreditinstitut stellt somit idR nicht unmittelbar Geldmittel zur Verfügung, sondern seine Bonität, die dem Kunden die Verwertung des Wechsels ermöglicht. Beim Akzeptkredit kann es sich um einen Geschäftsbesorgungsvertrag oder allenfalls auch um ein Darlehen handeln.

Aussteller	Der Aussteller ist jene Person, der die Urheberschaft an der Urkunde eines Wertpapiers zugerechnet werden soll; die Unterschrift des Ausstellers ist bei Wechsel (Art 1 Z 8 WechselG, „Trassant") und Scheck (Art 1 Z 6 ScheckG) ein Gültigkeitserfordernis.
Bezogener (Trassat)	Bezogener ist die Person, die in einem Wechsel (bzw Scheck) zur Zahlung angewiesen wird (vgl Art 1 Z 3 WechselG bzw ScheckG). Der Aussteller eines Wechsels kann sich auch selbst als Bezogenen einsetzen (trassiert-eigener Wechsel). Die Angabe mehrerer Bezogener, die jeweils auf die gesamte Wechselsumme haften sollen, ist zulässig. Der Bezogene ist als solcher (noch) nicht Schuldner des Wechsels, da die Verpflichtung das Akzept voraussetzt.
Blankett	Als „Blankett" wird eine unterschriebene Urkunde bezeichnet, in der wesentliche Teile zum Zweck der nachträglichen Vervollständigung unausgefüllt gelassen sind. Der Empfänger eines Blanketts (Blankettnehmer) sowie iZw dessen Rechtsnachfolger sind berechtigt, die Urkunde nachträglich zu vervollständigen. Wird ein Wechsel unbewusst unvollständig ausgefüllt, so liegt kein Blankett vor, sondern ein formungültiger Wechsel.
Blankettfälschung	Eine Blankettfälschung ist das abredewidrige Ausfüllen eines Blanketts.
Blankowechsel	Ein Blankowechsel (Wechselblankett) ist eine bei Begebung bewusst unvollständig ausgefüllte Wechselurkunde, die durch nachträgliche Vervollständigung, zu welcher der Blankettnehmer ermächtigt wird (rückwirkend zum Begebungszeitpunkt), zu einem gültigen Wechsel werden kann (vgl Art 10). Erforderlich ist jedenfalls die Unterschrift des Blankettzeichners (entweder Aussteller oder Akzeptant [Blankoakzept]). Der Blankettnehmer ist aufgrund einer Abrede ermächtigt (Ausfüllungsermächtigung, Wechselwidmungserklärung), den Wechsel in bestimmtem Rahmen zu vervollständigen. Füllt der Blankettnehmer den Blankowechsel abredewidrig aus, kann er ihn selbst bloß im zulässigen geringeren Umfang geltend machen. Ein gutgläubiger Rechtsnachfolger ist nach Art 10 geschützt, ebenso wenn er das Blankett gutgläubig selbst ausfüllt. Der Blankowechsel kann nach allg Grundsätzen (Indossament) übertragen werden. Die Ausfüllungsermächtigung geht iZw auf den Erwerber über. In der Praxis kommt der Blankowechsel häufig als Kautionswechsel vor.
Diskontgeschäft	Als „Diskontgeschäft" (Wechseldiskont) bezeichnet man den Kauf von noch nicht fälligen Wechseln idR unter Abzug von Zwischenzins, Unkosten und Provision von der Wechselsumme; er ist bei Gewerbsmäßigkeit Kreditinstituten vorbehalten (vgl § 1 Abs 1 Z 4 BWG). Das Diskontgeschäft ist ein Kreditgeschäft. Beim Brutto-für-Netto-Diskont reicht der Inhaber den Wechsel bei der Hausbank des Akzeptanten ein, die aufgrund einer Vereinbarung mit letzterem dem Einreicher die Wechselsumme ohne Abzüge ausbezahlt.
Distanzwechsel	Als Distanzwechsel bezeichnet man einen Wechsel, bei dem der Zahlungsort vom Ausstellungsort verschieden ist.
Domizilwechsel	Ein Domizilwechsel ist ein Wechsel, der auf einen vom Wohnort des Bezogenen verschiedenen Zahlungsort lautet.
Finanzwechsel	Ein Finanzwechsel (Kreditwechsel) ist ein Wechsel, den der Akzeptant akzeptiert, um dem Aussteller durch die Verwertungsmöglichkeit Kredit zu verschaffen. Der Finanz-

Kapitel 1: Wechselrecht – Grundlagen

wechsel wird demnach ohne Zusammenhang mit einer Warenlieferung oder anderen produktiven Leistungserbringung begeben. Er wird beim Akzeptkredit eingesetzt.

Gefälligkeitsakzept Das Gefälligkeitsakzept ist das Akzept eines Finanzwechsels aus „Gefälligkeit" (dh ohne eigenes wirtschaftliches Interesse) durch eine Person, die (idR) vom Aussteller die Zusage erhalten hat, dass dieser die Wechselsumme bis zum Fälligkeitstermin bereitstellt. Das Gefälligkeitsakzept soll die Bonität des Ausstellers erhöhen. Die Erfüllung der Wechselverbindlichkeit durch den Akzeptanten aus eigenen Mitteln ist nicht geplant (gegenüber dem Aussteller besteht der Einwand der Gefälligkeitszeichnung, nicht jedoch grundsätzlich gegenüber einem Zweiterwerber).

Kautionswechsel Ein Kautionswechsel (Deckungs-, Depotwechsel) ist ein Wechsel, welcher der Sicherung von Ansprüchen dient. Neben Forderungen können auch Ansprüche auf Unterlassung besichert werden. Der Sicherheit leistende Akzeptant übergibt den Wechsel mit der Abrede, dass dieser nur im Sicherungsfall verwertet werden soll. Vorteil für den Wechselnehmer ist die rasche Eintreibbarkeit im Wechselmandatsverfahren. Der Kautionswechsel ist ein häufiger Anwendungsfall des Blankowechsels. Wird der Kautionswechsel entgegen der Sicherungsabrede ausgefüllt und an einen Dritten weiterindossiert, stehen dem Wechselschuldner Einwendungen idR nur nach Art 17 zu. Deshalb sind Kautionswechsel häufig Rektapapiere.

Kellerwechsel Als Kellerwechsel wird insb ein Wechsel bezeichnet, der zur Vortäuschung von Kreditwürdigkeit gefälschte bzw fingierte Unterschriften (zB Indossamente, Akzept) enthält; der Wechsel könnte auch auf eine insolvente oder eine nicht existente Person gezogen sein.

Platzwechsel „Platzwechsel" sind Wechsel, bei denen Ausstellungsort und Zahlungsort übereinstimmen.

Rektaklausel Eine Rektaklausel (negative Orderklausel) ist die Anordnung des Ausstellers eines vom gesetzlichen Modell aus betrachtet als Orderpapier zu qualifizierenden Wertpapiers („geborenes Orderpapier"), welche die Übertragung mittels Indossament untersagt (zB „nicht an Order"). Das Orderpapier wird dadurch zum Rektapapier (zB Rektawechsel; Art 11 Abs 2). Zur Rektaklausel eines Indossanten (Rektaindossament) s S 305.

trassiert-eigener Wechsel Der trassiert-eigene Wechsel ist ein gezogener Wechsel, bei dem sich der Aussteller selbst als Bezogener angibt. Die Unterscheidung zum eigenen Wechsel ergibt sich aus der Formulierung der Zahlungsklausel. Setzt sich der Aussteller auch als Wechselnehmer ein, spricht man von einem trassiert-eigenen Wechsel an eigene Order.

Verfallzeit Die Verfallzeit ist jener Zeitpunkt, in dem ein Wechsel fällig wird. Der Zeitpunkt, in dem der Wechsel bezahlt werden muss, kann unterschiedlich sein, wenn die Verfallzeit auf einen Wechselfeiertag fällt (Art 72). Nach der Verfallzeit unterscheidet man folgende Arten von Wechseln (Art 33 Abs 1): a) Sichtwechsel: fällig bei Vorlage beim Bezogenen (Art 34); b) Nachsichtwechsel: fällig eine bestimmte Zeit nach Vorlage (Art 35); c) Datowechsel: fällig eine bestimmte Zeit nach Ausstellung (Art 36); d) Tagwechsel: fällig an einem kalendermäßig bestimmten Tag. Die Verfallzeit ist nach Art 1 Z 4 anzugeben, jedoch nicht unentbehrlich, da bei Fehlen einer Angabe ein Sichtwechsel vorliegt (Art 2 Abs 2). Die Angabe mehrerer Verfallzeiten (Ratenwechsel) macht den Wechsel nichtig (Art 33 Abs 2).

Warenwechsel Ein Warenwechsel (Handelswechsel) ist ein Wechsel, der im wirtschaftlichen Zusammenhang mit einer Warenlieferung ausgestellt wird.

4.2 Wechsel- und Scheckrecht

Wechsel	Ein Wechsel ist ein formgebundenes schuldrechtliches Wertpapier, das abstrakt und unbedingt auf Zahlung einer bestimmten Geldsumme lautet. Der Wechsel ist ein geborenes Orderpapier. Man unterscheidet nach der Ausgestaltung der Zahlungsklausel den gezogenen Wechsel (auch: Tratte, Akzept, Cambio; eine Person [Bezogener] wird zur Zahlung angewiesen) und den eigenen Wechsel (auch: Eigenwechsel, Solawechsel, Alleinwechsel, trockener Wechsel; der Aussteller verspricht Zahlung).
Wechselausfertigungen	Wechselausfertigungen (Wechselduplikate) sind mehrere gleiche, vom Aussteller stammende Exemplare eines gezogenen Wechsels, die mit fortlaufenden Nummern im Text versehen sind (vgl Art 64 ff; häufig Bezeichnung als „Primawechsel", „Sekundawechsel", „Tertiawechsel"). Eine Wechselausfertigung kann zum Akzept versendet, die andere indossiert werden (Bedeutung im Überseehandel). Wird eine Wechselausfertigung bezahlt, erlöschen grundsätzlich auch die Rechte aus den anderen (s Art 65). Zu unterscheiden sind die Wechselabschriften (Wechselkopien), die von jedem Wechselinhaber angefertigt werden dürfen (auch beim eigenen Wechsel), jedoch nicht für ein Akzept verwendet werden können (Art 67 f).
Wechselbestandteile	Ein Wechsel muss für seine Gültigkeit die in Art 1 bzw Art 75 genannten Wechselbestandteile enthalten: Bezeichnung als Wechsel im Text der Urkunde, unbedingte Anweisung auf Zahlung einer bestimmten Geldsumme (beim eigenen Wechsel: unbedingtes Zahlungsversprechen), den Namen des Bezogenen (entfällt beim eigenen Wechsel), die Verfallzeit, den Zahlungsort, den Namen des Wechselnehmers, Tag und Ort der Ausstellung, Unterschrift des Ausstellers. Zu beachten sind die Ausnahmen des Art 2 bzw Art 76 sowie die Möglichkeit der Ausstellung eines Blankowechsels.
Wechselnehmer	Wechselnehmer (Remittent, Begünstigter) ist die Person, an die oder an deren Order die Zahlung aus einem Wechsel erfolgen soll. Die Angabe des Wechselnehmers ist gem Art 1 Z 6 erforderlich. Macht sich der Aussteller selbst zum Wechselnehmer, liegt ein Wechsel an eigene Order vor (Art 3 Abs 1).
Wechselreiterei	„Wechselreiterei" ist eine Bezeichnung für den Austausch von Wechseln zwischen zwei oder mehreren kreditunwürdigen Personen, ohne dass ein Waren- oder Dienstleistungsgeschäft zugrunde liegt, um durch Diskontierung Kredit zu erlangen. Die jeweiligen Begebungsverträge sind regelmäßig sittenwidrig und somit nichtig. Wechselreiterei ist auch durch den Austausch von Indossamenten möglich. Das Inverkehrbringen eines Reitwechsels trotz mangelnder Zahlungsfähigkeit kann strafbar sein (Betrug).
Wechselstrenge	Der „Grundsatz der formellen Wechselstrenge" betrifft den Umstand, dass ein Wechsel, der nicht den Formvorschriften des Art 1 unter Berücksichtigung der Ausnahmen des Art 2 Abs 2–4 entspricht, nichtig ist (Art 2 Abs 1; zum eigenen Wechsel Art 75 f), weiters das Erfordernis der Beachtung von Fristen und von Rechtshandlungen (Vorlegung, Wechselprotest), von denen die Wahrung von Rückgriffsansprüchen abhängt, sowie die rasche Durchsetzung von Wechselansprüchen im Wechselmandatsverfahren bzw Wechselprozess (s S 313 f).
Wechselsumme	Die Wechselsumme ist der in der Wechselurkunde notwendigerweise (Ausnahme: Blankowechsel) anzugebende Geldbetrag, den der Wechselschuldner zu bezahlen hat. Die Wechselsumme muss bestimmt sein, Bestimmbarkeit genügt nicht. Die Wechselsumme kann auf in- oder ausländische Währung lauten. Liegt der Zahlungsort im Inland, kann ohne entgegenstehenden Vermerk (Effektivvermerk) eine Fremdwährungsschuld in Euro bezahlt werden (Art 41).
Zahlstellenwechsel	Ein Zahlstellenwechsel ist ein Wechsel, bei dem für den Bezogenen eine Zahlstelle (häufig ein Kreditinstitut) genannt ist, welche die Wechselforderung begleichen soll. Der Vermerk kann gem Art 27 vom Aussteller oder dem Bezogenen gesetzt werden.

Kapitel 2: Übertragung des Wechsels

Lernen

Übertragung durch Indossament

Der Wechsel wie auch die darin verbriefte Forderung können nach sachenrechtlichen Grundsätzen übertragen werden; einer Zession der Forderung bedarf es nicht. Da es sich beim Wechsel nach der gesetzlichen Ausgangslage um ein Orderpapier handelt, sind die bloße Einigung und Übergabe der Urkunde für eine wechselrechtliche Übertragung jedoch nicht ausreichend. Es bedarf eines Indossaments (Art 11 Abs 1; zum Indossament s bereits S 281).

Anforderungen an das Indossament

Das Indossament erfordert Schriftform, wobei es auf den Wechsel oder ein mit dem Wechsel verbundenes Blatt (Anhang) gesetzt werden kann. Notwendig ist die Unterschrift des Indossanten (s Art 13 Abs 1). Enthält das Indossament neben der Übertragungsformel den Namen des Indossatars, spricht man von einem **„Vollindossament"**.

> Carla Cash überträgt den in ihrem Eigentum befindlichen Wechsel an Renate Reich, indem sie den Text „Für mich an Renate Reich" auf den Wechsel schreibt, diesen unterschreibt und den Wechsel Renate Reich aushändigt. Cash könnte alternativ zB „Für mich an die Order von Renate Reich" schreiben.

Blankoindossament

Der Indossant kann auf die Angabe des Indossatars (dh des Erwerbers) verzichten. In diesem Fall spricht man von einem **„Blankoindossament"** (s Art 13 Abs 2). Es setzt jedenfalls die Unterschrift des Indossanten voraus, kann aber auch eine Übertragungsformel unter Auslassung des Indossatars beinhalten. Besteht es nur aus einer Unterschrift, so muss es auf die Rückseite des Wechsels oder auf einen Anhang zum Wechsel geschrieben werden (s Art 13 Abs 2), da die bloße Unterschrift auf der Vorderseite des Wechsels als Wechselbürgschaftserklärung gilt (s Art 31 Abs 3; S 310). Wird an den Inhaber des Wechsels indossiert, gilt dies als Blankoindossament (Art 12 Abs 3).

> Carla Cash schreibt den Text „Für mich an …" auf die Vorderseite des Wechsels und unterschreibt; das ist ein gültiges Blankoindossament, da die Übertragungsformel klarstellt, dass es sich um ein Indossament handelt. Sie könnte auch auf einen Text verzichten und ihre Unterschrift auf die Rückseite oder einen Anhang setzen. Schreibt sie „Für mich an den Inhaber", ist auch dies als Blankoindossament zu qualifizieren.

Der Empfänger eines Wechsels mit Blankoindossament kann das Indossament vervollständigen, doch ist dies nicht notwendig, da er durch das Blankoindossament legitimiert wird (s Art 14 Abs 2). Möchte er den Wechsel weiter übertragen, kann er selbst ein Blanko- oder ein Vollindossament darauf setzen oder er kann den Wechsel ohne eigenes Indossament weitergeben (das bestehende Blankoindossament legitimiert den Erwerber des Wechsels); in letzterem Fall hat dies für den Veräußerer den Vorteil, dass er selbst auf dem Wechsel nicht (als Indossant) in Erscheinung tritt und somit auch nicht als Indossant haftet (s S 310).

Bedingung, Teilindossament

Ein Indossament kann nicht von einer **Bedingung** abhängig gemacht werden; dennoch beigesetzte Bedingungen gelten als nicht geschrieben (Art 12). Ein Indossament, das nur auf die Übertragung eines Teils der Wechselforderung gerichtet ist **(Teilindossament)**, ist nichtig.

Wirkungen des Indossaments

Mit einem wechselrechtlichen Indossament verbinden sich idR mehrere Wirkungen:

- Das Indossament **überträgt** grundsätzlich alle **Rechte aus dem Wechsel** (Art 14 Abs 1; „Transportwirkung"). Auch ein gutgläubiger Erwerb vom Nichtberechtigten ist möglich: Ist der Wechsel einem früheren Inhaber irgendwie abhandengekommen, so ist der neue, legitimierte Inhaber zur Herausgabe des Wechsels nur verpflichtet, wenn er ihn in bösem Glauben erworben hat oder ihm beim Erwerb eine grobe Fahrlässigkeit zur Last fällt (Art 16 Abs 2).

> A bricht in die Wohnung der B ein und nimmt ua einen Wechsel mit Blankoindossament mit. Diesen Wechsel verkauft A an C. Auch im Falle des Diebstahls greift Art 16 Abs 2 ein. Ist für C nicht leicht erkennbar, dass er vom Nichtberechtigten kauft, erwirbt er gutgläubig Eigentum am Wechsel.

- Es **legitimiert den Erwerber** des Wechsels (sog „Legitimationsfunktion" des Indossaments): Wer als Berechtigter am Ende einer geschlossenen Indossamentenkette aufscheint, gilt als rechtmäßiger Inhaber (Art 16). Auch ein Blankoindossament legitimiert den Inhaber. Ausgestrichene Indossamente gelten als nicht geschrieben. Folgt auf ein Blankoindossament ein weiteres Indossament, so wird angenommen, dass der Aussteller dieses Indossaments den Wechsel durch das Blankoindossament erworben hat.
- Gutgläubige Erwerber müssen bestimmte **Einwendungen** nicht gegen sich gelten lassen, da sie durch Übertragung idR **ausgeschlossen** werden (dazu näher S 317).
- Weiters bewirkt das Indossament eine **Haftung des Indossanten** (s S 310).

Sonderformen des Indossaments

Neben dem Voll- und dem Blankoindossament werden im Wechselrecht weitere Arten von Indossamenten unterschieden, die tw besonderen Zwecken dienen oder in bestimmten Zusammenhängen vorkommen und tw nicht alle Wirkungen des Indossaments aufweisen:

- **Garantieindossament:** Setzt eine Person ein Indossament bloß deshalb auf den Wechsel, um ihre Haftung als Indossantin zu begründen (aber ohne eine Übertragung vorzunehmen), spricht man von einem Garantieindossament. Es weist eine Nähe zur Wechselbürgschaft (S 310) auf, weshalb auch eine Analogie zum Rückgriffsrecht des Bürgen (Art 32 Abs 3) in Betracht kommt.
- **Nachindossament:** Wird ein Wechsel erst nach Protesterhebung oder nach Ablauf der Protestfrist (s S 311) indossiert, hat dieses Indossament nur die Wirkungen einer gewöhnlichen Abtretung (Art 20; zur Abtretung s unten).

- **Pfandindossament** (offenes): Dieses dient mittels entsprechenden Vermerks der Verpfändung des Wechsels und bewirkt somit nicht, dass das Eigentum am Wechsel übergeht; der Indossatar kann jedoch alle Rechte aus dem Wechsel geltend machen, wobei die Verpflichteten keine Einwendungen erheben können, die sich aus ihren unmittelbaren Beziehungen zum Indossanten ergeben (s Art 19; Ausnahme, wenn der Inhaber beim Erwerb bewusst zum Nachteil des Verpflichteten gehandelt hat). Wird der Wechsel durch den Pfandindossatar weiterindossiert, hat dies nur die Wirkung eines Vollmachtsindossaments. Notwendig zur Verpfändung des Wechsels ist das Pfandindossament nicht (s S 307).

Rainer indossiert einen Wechsel an Barbara, wobei er die Wortfolge „Wert zum Pfande" in das Indossament aufnimmt. Barbara nimmt aus dem Wechsel die Akzeptantin Ingeborg in Anspruch; Ingeborg kann die mit Rainer vereinbarte Stundung nicht einwenden, zumal Barbara bei Erhalt des Wechsels von einer Stundung gar nichts wusste.

- **Rektaindossament:** Mit diesem untersagt der Indossant die Weiterindossierung des Wechsels durch den Indossatar (Art 25 Abs 2). Diese Form des Indossaments verhindert jedoch nicht die Weiterindossierung, sie bewirkt lediglich, dass der Verwender des Rektaindossaments nicht jenen Personen haftet, an die weiterindossiert wird.

- **Rückindossament:** Dabei wird eine bereits im Wechsel aufscheinende Person (es kann der Aussteller, Akzeptant, Indossant sein) als Indossatar bezeichnet. Diese Person kann den Wechsel weiterindossieren (Art 11 Abs 3). Der (Rück-)Indossatar kann nur Ansprüche gegen Personen geltend machen, denen er nicht selbst im Regress haftet.

Der Aussteller des Wechsels, Adam, indossiert den Wechsel an Berta, Berta an Clemens, Clemens an Doris und Doris wieder an Berta. Als der Hauptschuldner, Erwin, nicht zahlt, kann Berta Erwin und Adam in Anspruch nehmen, nicht jedoch Clemens und Doris, da sie diesen Personen selbst wechselmäßig haften würde.

- **Offenes Vollmachtsindossament** (Prokuraindossament, Inkassoindossament): Dadurch wird der Indossatar bloß bevollmächtigt, die Wechselforderung im Namen des Indossanten einzuziehen; Eigentümer wird der Indossatar nicht. Regelungen dazu finden sich in Art 18. Der Indossatar kann den Wechsel ebenfalls bloß durch Vollmachtsindossament übertragen.

Markus besitzt einige Wechsel, um deren Einziehung er sich jedoch nicht selbst kümmern möchte. Er vereinbart mit seiner Bank, dass diese für ihn die Wechsel geltend machen soll. Dazu indossiert er die Wechsel an die Bank mit dem Hinweis „zum Inkasso". Die Schuldner können bloß Einwendungen erheben, die ihnen gegen Markus zustehen (nicht solche, die sie uU gegen die Bank haben).

- **Verdecktes Vollmachtsindossament** (Treuhandindossament): Bei diesem ist die Abrede zwischen Indossant und Indossatar, dass der Indossatar bloß die Wechselforderung einziehen soll, nicht erkennbar. Daher kann ein gutgläubiger Dritter, dem der Wechsel weiterindossiert wird, nach Art 16 Abs 2 gutgläubig Eigentum erwerben.

Clemens bittet seinen Bekannten Siegfried, einen Wechsel für ihn „einzutreiben". Er indossiert den Wechsel uneingeschränkt an Siegfried. Dieser entschließt sich, den Wechsel anderweitig zu verwerten und verkauft den Wechsel an Irene. Diese hält Siegfried für den Eigentümer und erwirbt gutgläubig Eigentum am Wechsel.

Übertragung durch Zession

Die Forderung aus dem Wechsel kann nicht nur nach sachenrechtlichen Kriterien unter Verwendung eines Indossaments übertragen werden, sondern alternativ durch Abtretung (Zession) nach bürgerlichem Recht (die Übergabe des Wechsels ist gleichwohl auch hier erforderlich, da andernfalls das Recht nicht geltend gemacht werden kann!). Eine solche Art der Übertragung kann durch den Aussteller mittels Rektaklausel (negativer Orderklausel; s S 301) erzwungen werden (Rektapapier).

Die Wirkungen der Abtretung richten sich nach bürgerlichem Recht, sodass auch die Einwendungen gegen den ehemaligen Inhaber dem neuen Inhaber entgegengehalten werden können. Die Haftung des Veräußerers (§ 1397 ABGB) erstreckt sich nur auf den unmittelbaren Erwerber.

> Albrecht zediert die Wechselforderung an Bernhard, dieser an Claudia. Wenn der Wechsel vom Akzeptanten nicht bezahlt wird, kann sich Claudia nur an ihren „Vormann" Bernhard wenden, nicht jedoch direkt an Albrecht.

- Wie wird eine Wechselforderung übertragen?
- Welche Wirkungen kann das Indossament auf einem Wechsel haben?
- Welche Unterschiede bestehen zwischen der sachenrechtlichen Übertragung eines Wechsels und der Zession der Wechselforderung?
- Wird ein Wechsel durch Rektaindossament zu einem Rektapapier?
- Können nur Prokuristen Indossatare eines Prokuraindossaments sein?
- Was ist ein Vollmachtsindossament?

Blankoindossament

Ein Blankoindossament ist ein Indossament, das (im Unterschied zum Vollindossament) den Namen des Indossatars nicht enthält. Es kann auch (unter Auslassung einer Übertragungsformel) allein in der Unterschrift des Indossanten bestehen; in diesem Fall muss sich das Blankoindossament bei einem Wechsel auf der Rückseite oder auf einem Anhang befinden. Vorteile des Blankoindossaments sind, dass das Orderpapier in der Folge faktisch wie ein Inhaberpapier übertragen werden kann und dass ein Erwerber nicht namentlich aufscheint (Vermeidung der Rückgriffshaftung nach Art 15 Abs 1). Die Person, deren Name auf ein Blankoindossament folgt, ist aus dem Wechsel formell legitimiert (geschlossene Indossamentenkette).

Pfandindossament

Ein Pfandindossament dient der Verpfändung des Wechsels (Wechsellombard). Das offene Pfandindossament bringt dies durch eine Klausel (zB „Wert zum Pfand", „Wert zur Sicherheit") zum Ausdruck (vgl Art 19). Der Pfandindossatar kann alle Rechte aus dem Wechsel geltend machen, ist jedoch nicht Eigentümer des Wechsels. Das offene Pfan-

Kapitel 2: Übertragung des Wechsels

dindossament besitzt Legitimationsfunktion und eine beschränkte Transportfunktion. Ob der Pfandindossant seinen Nachmännern haftet, ist strittig. Das verdeckte Pfandindossament ist als Vollindossament ausgestaltet (dh die Verpfändung ist aus dem Wechsel nicht erkennbar); ein gutgläubiger Dritter kann gem Art 16 Abs 2 Eigentum erwerben.

Rektaindossament

Als Rektaindossament bezeichnet man ein mit einer ein Weiterindossierungsverbot ausdrückenden Klausel (zB „nicht an Order", „Indossierung verboten") versehenes Indossament, das eine wirksame Weiterindossierung nicht verhindern kann (es entsteht kein Rektawechsel), aber die Haftung des Indossanten auf den unmittelbaren Nachmann beschränkt. Die Indossamentenkette wird nicht unterbrochen.

Rückindossament

Das Rückindossament bezeichnet eine bereits im Orderpapier aufscheinende Person (Aussteller, Akzeptant, Indossant bzw Indossatar) als Indossatar (vgl Art 11 Abs 3). Der Indossatar kann in diesem Fall keine Ansprüche gegen solche Personen geltend machen, denen er selbst im Regress haftet. Der Bezogene, der den Wechsel noch nicht akzeptiert hat, kann als Indossatar gegen Aussteller und Indossanten Rückgriff nehmen (nach hL Protesterhebung notwendig; s S 311).

Vollindossament

Das Voll- bzw Namensindossament ist ein Indossament, das neben einer Übertragungsformel und der Unterschrift des Indossanten auch den Namen des Indossatars enthält. Davon zu unterscheiden ist das Blankoindossament.

Vollmachtsindossament (offenes)

Das offene Vollmachtindossament (Prokuraindossament, Inkassoindossament) bezeichnet den Indossatar als Bevollmächtigten (durch Klauseln wie „Wert zur Einziehung", „zum Inkasso", „in Prokura") und ermöglicht so die Einziehung des Wechsels durch einen Dritten (Art 18; insb Wechselinkasso durch Banken). Trotz der Bezeichnung „Prokuraindossament" bestehen keine Überschneidungen mit der im UGB geregelten Prokura. Das Vollmachtindossament hat bloß Legitimationsfunktion, nicht jedoch Transportfunktion (der Indossatar wird nicht Eigentümer) und Garantiefunktion. Der Wechselschuldner kann dem Vollmachtsindossatar nur solche persönlichen Einwendungen entgegenhalten, die er gegen den Indossanten hat.

Vollmachtsindossament (verdecktes)

Das verdeckte Vollmachtsindossament (Treuhandindossament) ist ein Indossament, das die im Innenverhältnis zwischen Indossant und Indossatar bestehende Abrede, welche den Indossatar bloß zur Einziehung des Wechsels berechtigt, nicht erkennen lässt. Überträgt der Indossatar den Wechsel vereinbarungswidrig mittels Vollindossaments, kann dessen Nachmann gem Art 16 Abs 2 gutgläubig Eigentum erwerben.

Wechsellombard

Als Wechsellombard bezeichnet man die Verpfändung eines Wechsels. Neben der erforderlichen Einigung über die Verpfändung kann der Wechsel zB ohne Indossament, mit einem (offenen oder verdeckten) Pfandindossament oder mit einem offenen Vollmachtsindossament übergeben werden.

4.2 Wechsel- und Scheckrecht

Kapitel 3: Haftung aus dem Wechsel

Überblick

Beim Wechsel haftet idR nicht nur eine Person (der Hauptschuldner), sondern eine Reihe von Personen, die mit dem Wechsel in Kontakt gekommen sind. Die Haftung knüpft idZ an die Abgabe von wechselrechtlichen Erklärungen an, was voraussetzt, dass die erklärende Person im Wechsel in geeigneter Form aufscheint. Ist aus dem Wechsel zB nicht erkennbar, dass eine Person einmal Inhaber des Wechsels war, scheidet auch eine wechselrechtliche Haftung aus (nicht jedoch ggf eine Haftung aus dem Grundgeschäft).

> Josef hat einen Wechsel mittels Blankoindossaments erworben und den Wechsel ohne eigenes Indossament an Christian weiterübertragen. Sein Name scheint auf dem Wechsel nicht auf; er haftet daher nicht nach Wechselrecht. Es kann jedoch nach allgemeinem Zivilrecht Christian ein Anspruch zustehen, wenn der Wechsel nicht eingelöst wird.

Als haftende Personen kommen in Betracht:
- **Akzeptant** (= Hauptschuldner; zu beachten ist jedoch die Unterscheidung zwischen Bezogenem und Akzeptanten!)
- **Aussteller**
- **Indossant**
- **Wechselbürge**

Aussteller, Indossant und Wechselbürge haften ggf „im Rückgriff", dh wenn der eigentlich als Schuldner ins Auge gefasste Bezogene den Wechsel nicht akzeptiert oder letztlich nicht zahlt.

Akzeptant

Hauptschuldner

Der Bezogene haftet erst dann wechselmäßig, wenn er den Wechsel akzeptiert hat (Art 28 Abs 1); er wird dadurch zum **Hauptschuldner,** der den Wechsel bei Fälligkeit zu bezahlen hat. Vor dem Akzept existiert keine wechselrechtliche Verpflichtung des Bezogenen, sofern er nicht bereits andere wechselrechtliche Erklärungen abgegeben hat (zB der Aussteller bei einem trassiert eigenen Wechsel; s S 300).

Das WechselG regelt den Fall, dass der Wechsel vor Begebung durch den Aussteller noch nicht seitens des Bezogenen akzeptiert wurde (in der Praxis werden häufig bereits akzeptierte Wechsel vom Aussteller begeben): Jeder Inhaber des Wechsels kann diesen bis zum Verfallszeitpunkt (s S 301) dem Bezogenen (an dessen Wohnort) zur Annahme vorlegen (Art 21); nach dem Verfallszeitpunkt kann der Wechsel nur noch bzw schon zur Zahlung vorgelegt werden.

Vorlegungsgebote

Der Inhaber des Wechsels ist grundsätzlich nicht verpflichtet, den Wechsel zur Annahme vorzulegen. Erforderlich ist dies jedoch beim **Nachsichtwechsel** (s S 295), da dieser erst eine bestimmte Zeit nach Vorlage fällig wird. Beim Nachsichtwechsel ordnet das WechselG eine Vorlage binnen eines Jahres ab Ausstellung an, doch kann der Aussteller diese Frist modifizieren, dh eine kürzere oder eine längere Frist anordnen; Indossanten können die Frist durch diesbezügliche Erklärung verkürzen (Art 23).

Ein **Vorlegungsgebot** kann aber auch in anderen Fällen durch Anordnung des Ausstellers oder der Indossanten begründet werden (Art 21 Abs 1, 4). Legt der Inhaber des Wechsels nicht binnen der gesetzten Frist vor, verliert er seine Rückgriffsansprüche gem Art 53 Abs 2. Das von einem Indossanten gesetzte Vorlegungsgebot begünstigt jedoch nur diesen (Abs 3).

Vorlegungsverbote

Möglich sind auch **Vorlegungsverbote:** Der Aussteller kann die Vorlage zur Annahme untersagen (Art 22 Abs 2, sog „nichtakzeptable Tratte"), sofern es sich nicht um einen Zahlstellenwechsel, Domizilwechsel oder Nachsichtwechsel handelt. Das Vorlegungsverbot kann auch zeitlich befristet sein (Abs 3).

> Die Bezogene Beatrix ist bereit, den Wechsel zu bezahlen, sofern sie bis zur Fälligkeit des Wechsels den Deckungsbetrag vom Aussteller Karl erhält. Das weiß Karl, weshalb er die Vorlage zur Annahme ausschließt. Er möchte nämlich verhindern, dass Beatrix die Annahme ablehnt und der Wechsel dadurch „notleidend" wird. Weiß Karl, dass er den Deckungsbetrag Beatrix zu einem bestimmten Zeitpunkt (zB 1.4.2014) zur Verfügung stellen kann, könnte er auch eine Vorlage ab diesem Zeitpunkt gestatten (zB „nicht vorzulegen vor dem 1.4.2014"). Legt der Inhaber den Wechsel dennoch Beatrix vor und akzeptiert diese den Wechsel, so ist das Akzept gleichwohl gültig.

Bedenkzeit

Der Bezogene hat die Möglichkeit, die Annahme des Wechsels zu bedenken; er kann verlangen, dass ihm der Wechsel am Tag nach der ersten Vorlage nochmals vorgelegt wird (Art 24 Abs 1).

Verweigerung

Verweigert der Bezogene die Annahme (und liegt auch kein Annahmeverbot vor), ist der Inhaber bereits vor Fälligkeit zum Rückgriff berechtigt (dazu S 311 ff).

Akzept

Die **Annahme** (das Akzept) erfolgt durch entsprechenden Vermerk (Skripturakt) auf der Urkunde (Art 25 Abs 1) und durch Begebung. Wird die Annahmeerklärung vor Rückgabe durchgestrichen, gilt die Annahme als verweigert (Art 29 Abs 1).

> Alexandra akzeptiert einen auf sie gezogenen Wechsel, indem sie das Wort „angenommen" auf den Wechsel schreibt und ihre Unterschrift beifügt. Sie könnte auch schlicht ihre Unterschrift auf die Vorderseite des Wechsels setzen, da dies als Annahme (seitens des Bezogenen) gilt (Art 25 Abs 1).

Das Akzept darf nicht bedingt abgegeben werden; auch andere Abweichungen des Akzepts von den Bestimmungen des Wechsels führen zu einer Verweigerung der Annahme (Art 26). Dies ist für den Rückgriff des Inhabers von Bedeutung; der Akzeptant haftet jedoch sehr wohl gemäß dem Inhalt seiner Annahmeerklärung.

4.2 Wechsel- und Scheckrecht

Teilakzept — Möglich ist, das Akzept auf einen Teil der Wechselsumme zu beschränken (Art 26 Abs 1). In diesem Fall liegt eine Verweigerung bloß hinsichtlich des nicht akzeptierten Teils vor; diesbezüglich kann Rückgriff genommen werden.

> Beatrix akzeptiert einen Teil (€ 2.000,–) der Wechselsumme (€ 5.000,–). Die Annahme hinsichtlich des Restbetrages (€ 3.000,–) ist damit verweigert. Der Inhaber Heinz kann wegen € 3.000,– Rückgriff nehmen.

Aussteller

Der Aussteller eines Wechsels haftet sowohl für die Annahme als auch für die Zahlung des Wechsels (Art 9 Abs 1). Die Haftung für die Annahme kann jedoch durch eine diesbezügliche Erklärung auf dem Wechsel ausgeschlossen werden (Abs 2; **Angstklausel**).

Indossant

Der **Indossant** eines Wechsels **haftet für die Annahme und Zahlung** des Wechsels gegenüber der aus dem Wechsel berechtigten Person (Art 15 Abs 1; tw als „Garantiewirkung" des Indossaments bezeichnet). Diese Haftung kann der Indossant jedoch ausschließen, indem er einen gegenteiligen Vermerk in sein Indossament aufnimmt (sog **Angstklausel**). Anders als der Aussteller kann nicht nur die Haftung für Annahme, sondern auch die Haftung für Zahlung ausgeschlossen werden.

> Der haftungsscheue Jörg könnte zB schreiben: „ohne Obligo" oder „ohne Gewähr".

Die wechselrechtliche Haftung des Indossanten kann auch auf andere Art eingeschränkt werden: Untersagt der Indossant die Weiterindossierung des Wechsels, beschränkt sich seine wechselrechtliche Haftung auf seinen unmittelbaren Nachmann (s Art 15 Abs 2; zu diesem Rektaindossament s S 305).

Wechselbürge

Das WechselG sieht die Möglichkeit vor, dass sich eine Person für die Zahlung der Wechselsumme verbürgt (s Art 30); die wechselrechtliche Bürgschaft ist nicht nach den bürgerlich-rechtlichen Bürgschaftsregelungen zu beurteilen.

Die Wechselbürgschaft kann sich auf die gesamte Summe oder auf einen Teil beziehen. Der Wechselbürge kann wählen, für welche der aus dem Wechsel haftenden Personen er sich verbürgt; gibt er keine Person an, gilt die Bürgschaft für den Aussteller (Art 31 Abs 4). Die Wechselbürgschaftserklärung wird auf dem Wechsel oder auf einem Anhang zu diesem gesetzt, indem ein entsprechender Hinweis geschrieben und dieser unterschrieben wird (Art 31 Abs 1, 2), doch gilt auch die bloße Unterschrift auf der Vorderseite des Wechsels als Wechselbürgschaft, sofern sie nicht vom Aussteller oder vom Bezogenen stammt (Art 31 Abs 3).

> Ava Trattner wird von ihrem Neffen Bernhard Trattner gebeten, eine Bürgschaftserklärung iZm seinem Wechselakzept abzugeben. Ava schreibt „als Bürgin für Bernhard Trattner" auf den Wechsel und unterschreibt.

Der Wechselbürge haftet nach Art 32 Abs 1 in der gleichen Weise wie die Person, für die er sich verbürgt hat; eine bloß subsidiäre Haftung (wie im bürgerlichen Recht) besteht nicht. Die Wechselbürgschaft ist auch gültig, wenn die Verbindlichkeit, für welche die Bürgschaft übernommen wurde, aus einem anderen Grunde als wegen eines Formfehlers nichtig ist.

> Variante: Ludwig Listig legt Ava Trattner einen Wechsel vor und bittet sie, eine Bürgschaft für ihren Neffen abzugeben. Sie tut dies. Tatsächlich ist die vermeintliche Unterschrift des Bernhard Trattner gefälscht worden. Die Bürgschaftserklärung von Ava ist dennoch wirksam! Ein „Formfehler" liegt nicht vor, da formal eine Unterschrift Bernhards aufscheint.

Bezahlt ein Wechselbürge die Forderung aus dem Wechsel, erwirbt er die Rechte aus dem Wechsel gegen jene Person, für die er sich verbürgt hat, sowie gegen alle Personen, die dieser wechselmäßig haften (Art 32 Abs 3).

Rückgriff (Regress)

Der Inhaber eines Wechsels muss nicht gerichtlich gegen den Hauptschuldner vorgehen, sondern kann grundsätzlich die Haftung anderer Personen geltend machen („Rückgriffshaftung"), wenn einer der folgenden Fälle („Rückgriffsgründe") vorliegt:

Rückgriffsfälle

- **keine Zahlung bei Fälligkeit** (Rückgriff mangels Zahlung; s Art 43 Abs 1)
- **Verweigerung der Annahme des Wechsels durch den Bezogenen** (Rückgriff mangels Annahme; s Art Abs 2 Z 1; zu Ausnahmen s S 309)
- **Insolvenzverfahren** des Bezogenen, **Zahlungseinstellung** durch diesen oder **erfolglose Zwangsvollstreckung** in dessen Vermögen (Rückgriff mangels Sicherheit; Art 43 Abs 2 Z 2; bei der nichtakzeptablen Tratte [S 309] ist auf die Zahlungsfähigkeit des Ausstellers abzustellen – vgl Art 44 Abs 6)

Ein Wechsel, bei welchem die Rückgriffshaftung schlagend wird, wird als **„notleidender Wechsel"** bezeichnet.

Protest

Voraussetzung für die Rückgriffshaftung ist idR auch, dass der Inhaber des Wechsels fristgerecht **„Protest"** erhebt. Dabei handelt es sich um eine förmliche Feststellung der Voraussetzungen der Rückgriffshaftung durch einen Notar oder Gerichtsbeamten (Art 44 Abs 1, Art 79). Der Protest ist auf den Wechsel oder auf ein mit diesem zu verbindendes Formblatt zu setzen (s im Detail Art 81). Wird nicht fristgerecht Protest erhoben, verliert der Inhaber seine Rückgriffsansprüche (Art 53; der Wechsel ist dann **„präjudiziert"**). Gemäß den einzelnen Rückgriffsgründen werden unterschieden:

- **Protest mangels Zahlung** (idR bis zwei Werktage nach dem Zahlungstag; s näher Art 44 Abs 3 [mit Ausnahme für Sichtwechsel]): Nachzuweisen ist die Vorlage und die Nichtbezahlung des Wechsels.
- **Protest mangels Annahme** (grundsätzlich innerhalb der für die Vorlegung zur Annahme geltenden Frist; s näher Art 44 Abs 2): Nachzuweisen ist die Vorlage zur Annahme und die Verweigerung der Annahme.
- **Protest mangels Sicherheit:** Nachzuweisen ist die Zahlungseinstellung durch den Bezogenen bzw die fruchtlose Zwangsvollstreckung sowie die erfolglose Vorlage zur Zahlung (vgl Art 44 Abs 5).

4.2 Wechsel- und Scheckrecht

Im Falle eines **Insolvenzverfahrens** genügt zur Ausübung des Rückgriffsrechts die Vorlage des Insolvenzeröffnungsbeschlusses (bzw der amtlichen Bekanntmachung des gerichtlichen Beschlusses, zB Ausdruck aus der Insolvenzdatei; s Art 44 Abs 6); eines Protests bedarf es diesfalls nicht.

Wind- und Wandprotest

Erhält der Inhaber des Wechsels keine Gelegenheit, dem Schuldner oder dem Bezogenen den Wechsel vorzulegen, so kann auch dieser Umstand nachgewiesen werden (s Art 80 Abs 1 Z 2); ein Protest ist somit auch dann möglich. In der Lehre und Praxis werden idZ auch die plastischen Bezeichnungen „Windprotest" bzw „Wandprotest" verwendet.

> A möchte dem Bezogenen B den Wechsel zur Zahlung vorlegen. Am im Wechsel angegebenen Wohnort des B findet sich kein Hinweis darauf, dass B dort wohnt. A erhebt Protest („Windprotest") mangels Zahlung.
>
> C möchte dem Geschäftsführer der D-GmbH einen Wechsel zur Annahme vorlegen, wird jedoch nicht in die Geschäftsräume vorgelassen. Der Protest wäre ein sog „Wandprotest".

Verzicht

Auf die Protesterhebung kann im Wechsel verzichtet werden (s Art 46; sog **Protestererlass** oder Protestverzicht).

> A stellt einen Wechsel aus und vermerkt darauf „ohne Kosten". Als der Wechsel nicht bezahlt wird, nimmt der Inhaber D gegen den Indossanten B Rückgriff. Er muss nicht Protest erheben, da der Protesterlass des Ausstellers auch für den Indossanten gilt. Stammt der Vermerk nicht von A, sondern vom Indossanten C, gilt der Erlass nur für einen Rückgriff gegen diesen; nimmt D Rückgriff auf B, müsste er diesfalls Protest erheben.

Erstrückgriff

Der Inhaber des Wechsels kann sich aussuchen, auf welche wechselrechtlich haftenden Person(en) er greift; er kann den Aussteller, alle haftenden Indossanten und jeden Wechselbürgen in Anspruch nehmen (s Art 47: **Haftung als Gesamt- bzw Solidarschuldner**). An eine Reihenfolge ist der Inhaber nicht gebunden (sog **Sprungregress**). Vorinhaber, die nicht wechselrechtlich haften, sondern bloß als Zessionare, können grundsätzlich bloß vom unmittelbaren Erwerber in Anspruch genommen werden **(Reihenregress).**

> Adele ist Ausstellerin des Wechsels. Bernhard ist der Wechselnehmer und indossiert den Wechsel an Claudia. Claudia setzt ein Blankoindossament und übergibt den Wechsel an Daniel, schließt jedoch ihre Haftung durch Angstklausel aus. Daniel überträgt den Wechsel weiter an Emil. Emil legt den Wechsel der Bezogenen Frieda zum Akzept vor, die jedoch die Annahme verweigert. Emil erhebt Protest. Er kann Adele und Bernhard wechselrechtlich in Anspruch nehmen. Daniel scheint im Wechsel nicht namentlich auf (er ist nicht Indossant), weshalb er nicht wechselrechtlich haftet; er kann von Emil jedoch nach bürgerlichem Recht als Veräußerer in Anspruch genommen werden (Gewährleistung). Claudia haftet Emil nicht, da sie ihre wechselrechtliche Haftung ausgeschlossen hat.

Grundsätzlich stehen dem Inhaber die volle Wechselsumme, gesetzliche **Zinsen** (6 % pa ab dem Verfallstag bis zum Zahlungstag) und Ersatz der **Kosten der Protesterhebung** sowie anderer Auslagen zu (näher Art 48 Abs 1). Er kann überdies eine Vergütung bis zu 1/3 % der Hauptsumme verlangen. Bei einem Rückgriff vor Verfall werden von der Wechselsumme Zinsen abgezogen (Abs 2).

> Emil kann nicht die gesamte Wechselsumme verlangen, da er vor Verfall Rückgriff mangels Annahme nimmt. Abzuziehen sind Zinsen für die Zeit bis zum Verfallstag, wobei der Diskontsatz zur Anwendung gelangt, der am Tag des Rückgriffs am Wohnort des Inhabers gilt.

Weiterrückgriff

Wird der Wechsel von einer haftenden Person eingelöst, kann diese auf die ihr haftenden Personen greifen (**Haftung der „Vormänner";** s Art 47 Abs 3, Art 49), sofern solche Personen vorhanden sind. Man spricht auch vom **„Einlösungsrückgriff"** oder „Remboursregress".

> Nimmt Emil Bernhard in Anspruch, kann letzterer Regress bei Adele nehmen. Bernhard könnte sein Indossament und jenes von Claudia durchstreichen (s Art 50 Abs 2), doch ist dies hier zur Herstellung der formellen Legitimation des Bernhard gar nicht notwendig, da als letztes Indossament ohnedies ein Blankoindossament aufscheint, das den jeweiligen Inhaber legitimiert.
>
> Nimmt Emil Adele in Anspruch und bezahlt diese den Wechsel, scheidet ein weiterer Rückgriff aus, da Adele keine haftenden „Vormänner" hat. Adele kann zB nicht Bernhard in Anspruch nehmen (er ist ein „Nachmann"), da sie diesem selbst im Falle einer Inanspruchnahme des Bernhard haften würde. „Nachmänner" werden durch die Einlösung des Wechsels somit von ihrer Haftung befreit.

Beim Einlösungsrückgriff erhält der Anspruchsberechtigte grundsätzlich die volle Summe, die er selbst gezahlt hat, weiters davon berechnete 6 % pa als Zinsen (seit dem Tag der Einlösung), Auslagenersatz und eine Vergütung iSd Art 48 Abs 1 Z 4 (s Art 49). Da dies für den Verpflichteten, der erst nach anderen haftenden Personen in Anspruch genommen wird, höhere Kosten bedeutet, gewährt das Gesetz jedem Haftenden ein **Einlösungsrecht** (s Art 50 Abs 1) zur „Abkürzung" des Regresses. Um dies zu ermöglichen, sieht Art 45 ein Informationsregime vor: Der Inhaber hat seinen „Vormann" sowie den Aussteller innerhalb von vier Werktagen zu verständigen, jeder Indossant hat seinen „Vormann" binnen zwei Werktage zu informieren (Sanktion einer Unterlassung: Schadenersatz; s näher Art 45 Abs 6).

> Emil informiert Adele von der Verweigerung der Annahme. Adele kann verlangen, dass ihr gegen Bezahlung der Rückgriffsumme der Wechsel mit Protest und quittierter Rechnung übergeben wird. Damit kann sie verhindern, dass sie die Bernhard entstehenden Kosten und die Vergütung zu ersetzen hat.

Ehreneintritt

Das WechselG kennt die Möglichkeit, die Rückgriffshaftung bestimmter Personen dadurch zu verhindern, dass andere Personen die Wechselverbindlichkeit auf sich nehmen (Ehrenannahme, Ehrenzahlung; s im Detail Art 55–63). Der Ehreneintritt dürfte jedoch in der Praxis nahezu bedeutungslos sein.

Durchsetzung wechselrechtlicher Ansprüche

Die Durchsetzung wechselrechtlicher Ansprüche wird durch verfahrensrechtliche Regelungen „beschleunigt". Dies betrifft zum einen bestimmte Modalitäten des Wechselprozesses, zum anderen die Möglichkeit, den Anspruch in einem Wechselmandatsverfahren geltend zu machen:

- **Wechselprozess:** Für die Durchsetzung von wechselrechtlichen Ansprüchen im streitigen Verfahren sehen die JN und die ZPO spezielle Bestimmungen vor, zB § 89 JN (Gerichtsstand des Zahlungsortes), § 93 Abs 2 JN (Streitgenossenschaft), § 52 Abs 2 ZPO

4.2 Wechsel- und Scheckrecht

(kein Vorbehalt der Kostenentscheidung), § 57 Abs 2 Z 4 ZPO (keine Sicherheitsleistung für Prozesskosten).

- **Wechselmandatsverfahren:** Verfügt der Inhaber über einen formgültigen und unbedenklichen Wechsel (und ggf über andere Urkunden, die für den Nachweis der Berechtigung erforderlich sind), kann er die Erlassung eines Wechselzahlungsauftrages (ohne vorherige Verhandlung) begehren (s im Detail §§ 555 ff ZPO). Der Beklagte kann binnen 14 Tagen Einwendungen erheben, wobei das Verfahren diesfalls als Wechselprozess fortgeführt wird.

- Was versteht man unter einer „nichtakzeptablen Tratte"?
- Welche rechtliche Bedeutung kann die bloße Unterschrift einer Person auf der Vorderseite eines Wechsels haben?
- Worin unterscheidet sich die Wechselbürgschaft zB von einer Bürgschaft nach ABGB?
- Was versteht man unter einem „notleidenden Wechsel", was unter einem „präjudizierten Wechsel"?
- A stellt einen Wechsel an eigene Order aus und lässt ihn von B akzeptieren. Den Wechsel indossiert und begibt A an C. C setzt ein Blankoindossament und gibt den Wechsel weiter an D, der den Wechsel weiter an E gibt. E schreibt seinen Namen auf die Rückseite des Wechsels, streicht diesen in der Folge jedoch wieder durch und gibt den Wechsel F. F indossiert „ohne Gewähr" an G, dieser „nicht an Order" an H. H unterschreibt auf der Vorderseite des Wechsels und zediert die Forderung aus dem Wechsel an I. I setzt seinen Namen auf die Rückseite des Wechsels und gibt diesen dem C. J, der den Wechsel mit Indossament von C erhalten hat, fordert bei Fälligkeit die Wechselsumme von B, der jedoch insolvent ist. Wer haftet J im Rückgriff? (**Lösung:** B als Hauptschuldner, A als Aussteller, C als Indossant, I als Indossant [Art 13 Abs 2], H als Wechselbürge für A [Art 31 Abs 3], G nicht [Art 15 Abs 2], F nicht [Angstklausel iSd Art 15 Abs 1], E nicht [Art 16 Abs 1], D nicht; zur Legitimation des J ist tw erforderlich, dass er beweist, dass I den Wechsel rechtswirksam von H übertragen erhalten hat.)

Akzept | Als Akzept wird im Wechselrecht der Annahmevermerk (Erklärung, den Wechsel bei Verfall einlösen zu wollen) des Bezogenen auf einem gezogenen Wechsel bezeichnet (Skripturakt). Erforderlich ist eine Unterschrift; Vertretung ist möglich. In der Praxis üblich ist eine sog Querschrift auf der linken Vorderseite des Wechsels (vgl auch Art 25 Abs 1). Der Zusatz einer Bedingung macht das Akzept unwirksam (Art 26 Abs 1). Modifiziert der Akzeptant das Akzept (zB Änderung der Fälligkeit), haftet er gemäß der Änderung (Rückgriff mangels Annahme bleibt möglich, Art 26 Abs 2). Wird das Akzept von einer Bank abgegeben, spricht man von einem „Bankakzept" (vgl den Akzeptkredit). Beim Scheck ist das Akzept unzulässig („Akzeptverbot").

Kapitel 3: Haftung aus dem Wechsel

Angstklausel	Die „Angstklausel" im Wechselrecht ist die auf einen Wechsel gesetzte Klausel, welche die Haftung des Schreibers aus dem Wechsel ausschließt. So kann der Indossant seine Haftung gem Art 15 Abs 1 ausschließen, der Aussteller seine Haftung für die Annahme, nicht jedoch jene für die Zahlung des Wechsels (vgl Art 9 Abs 2).
Garantiefunktion (Indossament)	Als „Garantiefunktion" („Garantiewirkung") beim Wechselindossament wird die Wirkung eines Indossaments gem Art 15 Abs 1 bezeichnet, dass jeder Indossant mangels entgegenstehenden Vermerks (Angstklausel) für die Annahme und Zahlung des Wechsels haftet. Eine Einschränkung ist auch durch Rektaindossament möglich.
nichtakzeptable Tratte	Die „nichtakzeptable Tratte" ist ein gezogener Wechsel, bei welchem der Aussteller die Vorlage zur Annahme gem Art 22 Abs 2 verboten hat (Vorlegungsverbot bzw im Falle der Befristung Vorlegungsaufschub). Ein dauerndes Vorlegungsverbot ist beim Zahlstellenwechsel, Domizilwechsel und Nachsichtwechsel unzulässig.
Protesterlass	Im Falle eines Protesterlasses (vgl Art 46; zB Klausel „ohne Kosten", „ohne Protest") ist ein Wechselprotest nicht erforderlich. Stammt er vom Aussteller, wirkt er gegenüber allen Wechselverpflichteten und verhindert die Belastung mit Kosten eines dennoch erhobenen Protests; stammt er von Indossanten bzw Wechselbürgen, gilt er nur für diese und hat keine Auswirkungen auf Kosten.
Teilakzept	Beim Teilakzept beschränkt der Akzeptant die Annahme auf einen Teil der Wechselsumme (zum Rückgriff Art 43 Abs 2 Z 1).
Wechselbürgschaft	Die Wechselbürgschaft (Aval) ist die Bürgschaft zur gänzlichen oder tw Besicherung eines Wechsels, bei der die Bürgschaftserklärung auf den Wechsel oder einen Anhang gesetzt und vom Bürgen unterschrieben wird (vgl Art 30 ff). Die Erklärung erfolgt idR durch eine entsprechende Wechselklausel (zB „als Bürge", „per Aval"), doch gilt auch die bloße Unterschrift auf der Vorderseite des Wechsels als Bürgschaftserklärung, sofern es sich nicht um die Unterschrift des Ausstellers oder des Bezogenen handelt (Art 31 Abs 3).
Wechselmandatsverfahren	Das Wechselmandatsverfahren ist ein Mandatsverfahren zur Durchsetzung des Anspruches aus einem Wechsel gegen den Akzeptanten (oder gegen sonstige Wechselverpflichtete im Rahmen des Wechselregresses) mittels Erlassung eines Wechselzahlungsauftrages aufgrund eines formgültigen und unbedenklichen Wechsels (und sonstiger zur Begründung des Anspruches erforderlicher Urkunden). Gegen den aufgrund der Wechselmandatsklage ohne vorherige Verhandlung bzw Einvernahme des Beklagten erlassenen Wechselzahlungsauftrag kann der Beklagte binnen 14 Tagen Einwendungen erheben, wodurch sich das Wechselmandatsverfahren in einen Wechselprozess wandelt; andernfalls wird der Wechselzahlungsauftrag rechtskräftig (Exekutionstitel). Siehe die §§ 555 ff ZPO.
Wechselprotest	Unter einem Wechselprotest versteht man die öffentliche Beurkundung der zum Wechselregress berechtigenden Tatsachen durch einen Notar oder Gerichtsbeamten (vgl Art 44 Abs 1, Art 79). Man unterscheidet je nach den zum Regress berechtigenden Umständen: Protest mangels Zahlung; Protest mangels Annahme; Protest mangels Sicherheit (Unsicherheitsprotest; bei Zahlungseinstellung oder fruchtloser Zwangsvollstreckung). Zu den Fristen vgl Art 44 Abs 2, 3. Bei Versäumung der Protestfristen verliert der Inhaber seine Regressansprüche gegen Aussteller, Indossanten und Wechselbürgen (Art 53; „Präjudizierung" des Wechsels).
Wechselprozess	Der Wechselprozess ist ein streitiges Verfahren zur Durchsetzung des Anspruches aus einem Wechsel gegen den Akzeptanten bzw (im Rahmen des Wechselregresses) gegen sonstige Wechselverpflichtete. Die JN sowie die ZPO sehen zur effizienten und raschen Verfahrensdurchführung Sonderbestimmungen zu den allgemeinen zivilprozessualen

4.2 Wechsel- und Scheckrecht

Regelungen vor, nämlich hinsichtlich Zuständigkeit (vgl § 51 Abs 1 Z 8, § 89, § 93 Abs 2 JN; § 14 Abs 1 KSchG ist zu beachten), Prozesskostensicherheit (§ 57 Abs 2 Z 4 ZPO), Fristenlauf (§ 222 Abs 2 Z 1 ZPO), Wiedereinsetzung und Wiederaufnahme (§ 559 ZPO). Eine Klagenhäufung iSd § 227 ZPO ist möglich.

Wechselregress

Beim Wechselregress (Wechselrückgriff) kommt es zur Geltendmachung der Haftung gegenüber einem wechselrechtlichen Rückgriffsschuldner (vgl Art 47: Aussteller, Indossanten, Wechselbürgen). Diese haften als Gesamtschuldner. Der Berechtigte kann einzelne, mehrere oder alle Rückgriffsschuldner (Vormänner) ohne Rücksicht auf eine Reihenfolge in Anspruch nehmen (Sprungregress). Man unterscheidet Rückgriff mangels Zahlung, mangels Annahme und mangels Sicherheit. Den Rückgriff durch den letzten Indossatar (Inhaber) bezeichnet man als Erstrückgriff bzw Inhaberrückgriff, den Rückgriff eines Rückgriffsschuldners, der den Wechsel eingelöst hat, gegen dessen Vormänner als Weiterrückgriff, Einlösungsrückgriff oder Remboursregress. Zur Rückgriffssumme vgl Art 48 f.

Windprotest

„Windprotest" ist eine plastische Bezeichnung für einen Wechselprotest im Falle, dass der Schuldner oder der Bezogene (bei Vorlegung zur Annahme) am angegebenen Ort (Wohnort) nicht auffindbar ist bzw sich dessen Geschäftsräume oder Wohnung nicht ermitteln lassen (vgl Art 80 Abs 1 Z 2). Erhält der Vorleger keinen Zutritt zu den Räumen, so spricht man von „Wandprotest".

Kapitel 4: Einwendungen

 Lernen

Überblick

Trotz der **Abstraktheit** des Wechsels (s S 296) kann sich der aus einem Wechsel Verpflichtete uU mit Einwendungen gegen die Inanspruchnahme zur Wehr setzen. Dabei ist einerseits danach zu unterscheiden, zwischen welchen Personen die Inanspruchnahme erfolgt, anderseits danach, welche Umstände dem Anspruch entgegengehalten werden. In der Literatur wird dieses Thema unter dem Begriff „Einwendungslehre" behandelt.

Arten von Einwendungen

Unterschieden werden in der Lehre folgende Arten von Einwendungen, deren Relevanz im Hinblick auf wechselrechtliche Ansprüche weiter unten beschrieben wird:

- **urkundliche Einwendungen:** Sie ergeben sich aus der Urkunde.

> Xaver legt dem Akzeptanten Alfons den Wechsel zur Zahlung vor. Alfons wendet ein, dass Xaver nicht aus der Urkunde legitimiert ist, da die Indossamentenkette nicht geschlossen ist.
>
> Weitere Bsp: Haftungsausschluss (Angstklausel) eines Indossanten oder des Ausstellers; Vorlegungsverbot; mangelnde Fälligkeit; Verjährung; Nichtigkeit des Wechsels wegen Fehlens eines notwendigen Wechselbestandteils.

- **nichturkundliche Gültigkeitseinwendungen:** Diese betreffen den Umstand, dass der Begebungsvertrag nicht wirksam ist (obwohl der Wechsel formell in Ordnung ist).

> Die Unterschrift des Ausstellers wurde gefälscht.
>
> Die Indossantin ist nicht geschäftsfähig.
>
> Der Begebungsvertrag ist wegen Sittenwidrigkeit nichtig.

- **persönliche Einwendungen:** Zwischen einzelnen Personen können weiters Einwendungen aufgrund der zwischen ihnen bestehenden Kausalverhältnisse eingreifen.

> Als Gegenleistung für eine Warenlieferung übergibt A an B einen Wechsel. Die Waren sind mangelhaft, weshalb A Gewährleistungsansprüche gegen B hat. Außerdem hat B einer Stundungsbitte des A zugestimmt.

Grundsatz: materielle Wechselstrenge bzw Einwendungsausschluss

Das Gesetz regelt die Frage von Einwendungen nicht abschließend, sondern nur punktuell. Außerhalb der Anwendung einzelner gesetzlicher Bestimmungen wird die Frage, welche Einwendungen relevant sein können, in der Lehre nach Maßgabe rechtsscheintheoretischer Überlegungen beurteilt (s unten).

In Art 17 findet sich eine Regelung, welche primär dem **Wortlaut der Wechselurkunde** Geltung verschaffen möchte: „Wer aus dem Wechsel in Anspruch genommen wird, kann dem Inhaber keine Einwendungen entgegensetzen, die sich auf seine unmittelbaren Beziehungen zu dem Aussteller oder zu einem früheren Inhaber gründen, es sei denn, dass der Inhaber bei dem Erwerb des Wechsels bewusst zum Nachteil des Schuldners gehandelt hat."

Diese Regelung **erhöht die „Umlauffähigkeit"** des Wechsels: Der Erwerber eines Wechsels kann davon ausgehen, dass ihm aus dem Wechsel haftende Personen keine Einwendungen entgegenhalten können, die ihnen gegenüber seinen „Vormännern" aufgrund deren individueller Beziehungen zustehen **(persönliche Einwendungen).**

> Erwin erwirbt einen Wechsel von Dorothea als Gegenleistung für eine Warenlieferung. Auf dem Wechsel finden sich auch Indossamente von Barbara und Carmen, sowie die

4.2 Wechsel- und Scheckrecht

Unterschrift des Ausstellers Armin. Erwin weiß somit, dass ihm auch Barbara, Carmen und Armin im Rückgriff haften. Er muss aber nicht prüfen, wie die Rechtsbeziehungen zwischen diesen Personen beschaffen sind. Die Frage, ob zB der Vertrag zwischen Barbara und Carmen gültig ist oder ggf Gewährleistungsansprüche bestehen, ist für Erwin nicht relevant.

Das bedeutet umgekehrt: Einwendungen aufgrund individueller Beziehungen sind relevant, solange sich die Parteien des Kausalgeschäfts gegenüberstehen. Ein Verkehrsschutz zur Erhöhung der Umlauffähigkeit ist hierbei nicht erforderlich.

Zwischen Erwin und Dorothea besteht kein Ausschluss der „unmittelbaren" persönlichen Einwendungen.

Kein Ausschluss urkundlicher Einwendungen

Einwendungen, die sich aus der Urkunde selbst ergeben, werden nicht ausgeschlossen. Sie „wandern" mit der Urkunde mit; ein Rechtsschein hinsichtlich des Fehlens solcher Einwendungen kann gar nicht entstehen, weshalb der jeweilige Inhaber insofern auch nicht zu schützen ist.

Arthur erwirbt einen Wechsel, dessen Indossamentenkette unterbrochen ist. Der Akzeptant kann ihm die fehlende Legitimation entgegenhalten.

Unterscheidung bei nichturkundlichen Gültigkeitseinwendungen

Bei den nichturkundlichen Gültigkeitseinwendungen besteht eine große Bandbreite an möglichen Einwendungen. Ob diese relevant sind, ist nach der Lehre anhand der Rechtsscheintheorie (s S 291) zu beurteilen, dh es ist insb zu fragen, ob der Rechtsschein der in Anspruch genommenen Person zurechenbar ist. Da sich nur eine „redliche" Person auf einen Ausschluss der Einwendungen berufen darf, sind daher zu unterscheiden:

- **redlichkeitsbeständige Einwendungen:** In diesen Fällen kann eine Zurechnung des Rechtsscheins nach der Rechtsscheintheorie nicht vorgenommen werden. Die Redlichkeit des Wechselinhabers nützt insoweit nicht.

Dass die Unterschrift auf dem Wechsel gefälscht wurde, ist der im Wechsel namentlich aufscheinenden Person nicht zuzurechnen. Sie kann daher die Fälschung einwenden.

Weitere Bsp: Verfälschung, Geschäftsunfähigkeit, mangelnde Vertretungsmacht des in Vertretung Unterzeichnenden, (physischer) Zwang

- **redlichkeitsunbeständige Einwendungen:** In diesen Fällen kann eine Zurechnung des Rechtsscheins nach der Rechtsscheintheorie erfolgen. Einem gutgläubigen Erwerber können diese Einwendungen nicht entgegengehalten werden.

Cornelius verwahrt einen Wechsel, auf den er bereits ein Blankoindossament gesetzt hat, bei sich zu Hause. Bei einem Einbruch wird der Wechsel von Furius gefunden und mitgenommen. Furius verkauft den Wechsel an den gutgläubigen Alexan-

> der, der in der Folge Cornelius im Rückgriff in Anspruch nimmt. Cornelius kann sich nicht auf das Fehlen eines Begebungsvertrages berufen.
>
> Weitere Bsp: Sittenwidrigkeit/Nichtigkeit des Begebungsvertrages, erfolgreiche Anfechtung des Begebungsvertrages zB wegen Irrtums/List/Drohung.

Hinsichtlich der näheren Bestimmung des Maßes der „Gutgläubigkeit" werden in der Lehre und Rsp einzelne Fragen nicht einheitlich beurteilt. Das WechselG kennt nämlich in unterschiedlichen Zusammenhängen **unterschiedliche Grade der „Gutgläubigkeit".** Daher ist zu fragen, welcher Maßstab in nicht ausdrücklich geregelten Zusammenhängen zur Anwendung gelangt. Folgende Maßstäbe finden sich im WechselG:

- Der Schutz des Art 17 greift nur dann nicht, wenn bewusst zum Nachteil des Schuldners gehandelt wird. Er wird iZm persönlichen Einwendungen aufgestellt.
- Art 10 sowie Art 16 Abs 2 stellen zur Grenzziehung auf grobe Fahrlässigkeit ab. Hierbei geht es um die Fälle der abredewidrigen Ausfüllung eines Blankowechsels sowie des Gutglaubenserwerbs eines abhanden gekommenen Wechsels.

Nach überwiegender Lehre ist der Maßstab der Art 10, 16 Abs 2 analog anwendbar, wodurch Wertungswidersprüche vermieden werden können.

> Cornelius kann Alexander nicht entgegenhalten, dass ihm der Wechsel gestohlen wurde (unmittelbare Anwendung von Art 16 Abs 2).
>
> Cornelia wurde von ihrem Verwandten Brutus mittels Drohung gezwungen, einen Wechsel zu akzeptieren. Brutus veräußert den Wechsel an seine Bekannte Alexandra, die von derartigen Machenschaften des Brutus bereits gehört hat. Cornelia kann sich gegenüber Alexandra auf die Drohung berufen (analoge Anwendung des Gutgläubigkeitsmaßstabs des Art 16 Abs 2).

Üben

- Welche Einwendungen schneidet das WechselG explizit ab?
- Kann dem Inhaber eines Wechsels eingewendet werden, dass die Indossamentenkette nicht geschlossen ist? Um welche Art der Einwendung handelt es sich hierbei?
- In welchen Fällen können „persönliche Einwendungen" auch gegenüber einem späteren Erwerber des Wechsels geltend gemacht werden?
- A hat einen Wechsel unterschrieben, ist jedoch geschäftsunfähig. Um welche Art der Einwendung handelt es sich hierbei? Wird sie erfolgreich sein?

Wissen

Einwendungsausschluss (Wechselrecht) — Der Einwendungsausschluss (im Wechselrecht) bewirkt die Unbeachtlichkeit bestimmter Einwendungen des Wechselschuldners hinsichtlich des Bestehens oder der Bezah-

lung der Wechselverbindlichkeit gegen den gutgläubigen Wechselgläubiger, der den Wechsel durch wechselmäßige Übertragung erhalten hat. Zu einem Einwendungsausschluss kommt es erst, wenn der Wechsel weitergegeben wurde, dh gegenüber dem unmittelbaren Nehmer kann der Schuldner (zB Akzeptant, Aussteller, Indossant) alle Einwendungen geltend machen. Der Einwendungsausschluss betrifft die persönlichen Einwendungen (zB Gewährleistung, Stundung) und von den nichturkundlichen Gültigkeitseinwendungen die sog „redlichkeitsunbeständigen" (auch: „ausschlussfähigen"), bei denen dem Schuldner der durch sein Verhalten ausgelöste Rechtsschein zuzurechnen ist (zB Verlust des Wechsels, Irrtum). Nicht erfasst sind urkundliche Einwendungen sowie die sog redlichkeitsbeständigen Einwendungen (zB Geschäftsunfähigkeit, Fälschung). Vgl Art 10, 16 Abs 2 und Art 17.

Wechselstrenge (materielle)

Der Grundsatz der materiellen Wechselstrenge betrifft insb den Umstand, dass sich die Wechselverpflichtung grundsätzlich nach der Urkunde richtet und sonstige (nichturkundliche) Umstände idR unbeachtlich sind. So sind zB persönliche Einwendungen gemäß Art 17 gegenüber Dritten idR ausgeschlossen (Einwendungsausschluss). Die Wechselstrenge fördert die Umlauffähigkeit des Wechsels.

Kapitel 5: Scheckrecht

Lernen

Bedeutung

Das Scheckrecht (geregelt im ScheckG) hat im allgemeinen Zahlungsverkehr an Relevanz verloren, da einerseits die früher verbreitete Einlösungsgarantie der Kreditinstitute („eurocheque-Garantie") weggefallen ist und andererseits andere Formen der (bargeldlosen) Zahlung rasant an Bedeutung gewonnen haben.

Ähnlichkeiten mit dem Wechsel

Der Scheck weist einige Ähnlichkeiten mit dem Wechsel auf:

- Der Scheck enthält eine **Anweisung** des Ausstellers an den Bezogenen, dem Begünstigten eine bestimmte **Geldsumme** zu zahlen.

- Er ist daher auch ein **schuldrechtliches Wertpapier.**

- Weiters ist der Scheck – wie der Wechsel – ein **geborenes Orderpapier,** das mittels Rektaklausel zu einem Rektapapier gemacht werden kann.
- Auch beim Scheck sind bestimmte **Formvorschriften** einzuhalten (s Art 1 ScheckG: Bezeichnung als Scheck im Text der Urkunde; unbedingte Anweisung, eine bestimmte Geldsumme zu zahlen; Name des Bezogenen; Zahlungsort; Tag und Ort der Ausstellung; Unterschrift des Ausstellers), welche für die Wirksamkeit des Schecks erforderlich sind (s Art 2 mit Hinweisen, welche fehlenden Angaben gesetzlich ersetzt werden).
- Auch beim Scheck ist eine **Rückgriffshaftung** möglich (s Art 40 ff ScheckG).

Unterschiede zum Wechsel

Es bestehen jedoch insb folgende **wichtige Unterschiede:**

- Bezogener des Schecks muss ein **Kreditinstitut** sein, bei welchem der Aussteller ein Guthaben hat (Art 3 ScheckG). Zu beachten ist jedoch, dass auch auf andere Rechtsträger gezogene Schecks gültig sind.
- Ein Scheck kann – anders als ein Wechsel – nicht angenommen (akzeptiert) werden (Art 4 ScheckG – sog **Akzeptverbot;** s jedoch zur Möglichkeit der Oesterreichischen Nationalbank, den Scheck mit einem Bestätigungsvermerk zu versehen, Art 4a). Es gibt somit keinen „Hauptschuldner", bloß einen Bezogenen (Angewiesenen). Möglich bleibt eine Einlösungszusage des Kreditinstituts außerhalb des Scheckrechts.
- Beim Scheck ist auch eine **Ausgestaltung als Inhaberpapier möglich** (Art 5 ScheckG; „Inhaberscheck").

> Der Unternehmer Ulrich stellt einen Scheck ohne Angabe des Begünstigten aus; der Scheck ist daher ein Inhaberpapier (Art 5 Abs 3 ScheckG).

- Der Scheck muss **innerhalb kurzer Zeit zur Zahlung vorgelegt** werden (s näher Art 29 ScheckG: zB für im Land der Ausstellung zahlbare Schecks Frist von acht Tagen ab Ausstellungsdatum; bei Versäumung der Frist Verlust der Rückgriffsansprüche [vgl jedoch auch Art 58] sowie Möglichkeit der „Sperrung" des Schecks [Art 32]) und ist zwingend **bei Vorlage** („bei Sicht") **zahlbar** (Art 28 Abs 1). Daher eignet sich der Scheck zur Zahlung, im Wesentlichen aber nicht zur Kreditierung.

> Ulrich möchte die kurze Vorlegungsfrist vermeiden und datiert den Scheck daher vor.

- Ein **Protest** ist für den Rückgriff **nicht zwingend** erforderlich; es reicht eine Vorlegungsbescheinigung (Art 40 ScheckG).

Üben

- Worin lassen sich Gemeinsamkeiten zwischen Wechsel und Scheck finden, welche Unterschiede bestehen?
- Was bedeutet das „Akzeptverbot" beim Scheck?

Wissen

Scheck

Ein Scheck ist ein formgebundenes schuldrechtliches Wertpapier, das eine unbedingte Anweisung an einen Dritten (Bezogener) enthält, eine bestimmte Geldsumme zu bezahlen. Der Bezogene muss gem Art 3 ScheckG ein Kreditinstitut sein, bei dem der Aussteller ein Guthaben hat (die Gültigkeit des Schecks wird durch eine Verletzung dieser Vorschrift jedoch nicht berührt). Der Aussteller haftet für die Zahlung des Schecks (Art 12). Der Scheck ist ein geborenes Orderpapier, er kann jedoch auch als Rekta- oder Inhaberpapier ausgestaltet werden (Art 5). Formvorschriften finden sich insb in Art 1 f. Ein Akzept ist beim Scheck gem Art 4 unzulässig (das Kreditinstitut wird nicht Hauptschuldner; eine „Einlösungszusage" außerhalb des Scheckrechts bleibt möglich).

4.3 Kapitalmarktpapiere (Effekten)

Kapitel 1: Einführung

Lernen

Zweck der Kapitalmarktpapiere und Marktakteure

Wertpapiere, die am Kapitalmarkt Verwendung finden, kommen üblicherweise in großer Stückzahl und ohne individuelle Besonderheiten zum Einsatz. Es geht darum, Kapital in großem Ausmaß von einer größeren Anzahl von Anlegern zu sammeln. Anleger werden meist nicht einzeln gewonnen, sondern im Rahmen größerer Emissionen; zudem sollen Anleger idR auch ohne größere Schwierigkeiten desinvestieren können. Die im Rahmen einer Emission herausgegebenen Wertpapiere sind daher iaR **gleichartig** (oft auch mit einheitlichem Nennwert) und somit **austauschbar** („vertretbar").

> Die Aequalitas AG hat ein Grundkapital von € 500 Mio. Dieses wird durch Ausgabe von 50 Mio Aktien zu einem Nennwert von € 10,– aufgebracht; der Ausgabebetrag wird einheitlich mit € 11,– pro Aktie angesetzt (Ausgabe über-pari). Die Aktien vermitteln somit grundsätzlich die gleichen Rechte; sie sind gleichartig ausgestaltet. Es kann sich daher auch ein Handel mit einer Vielzahl repräsentativer Transaktionen bilden.

Aufgrund ihrer Gleichartigkeit können Kapitalmarktpapiere daher grundsätzlich auch an **Wertpapierbörsen** (s § 1 Abs 1 BörseG) gehandelt werden; notwendig ist dies jedoch nicht. Eine Börsenotierung kann auch nachträglich wieder wegfallen („Delisting"). Verbreitet ist auch ein Handel durch **Kreditinstitute,** wobei diese idZ insb als Kommissionäre tätig werden (Effektenkommission). Dienstleistungen iZm dem Wertpapierhandel erbringen auch Wertpapierfirmen und Wertpapierdienstleistungsunternehmen iSd §§ 3, 4 WAG.

4.3 Kapitalmarktpapiere (Effekten)

Ertrag — Die Anleger wünschen sich für die Zurverfügungstellung des Kapitals einen **Ertrag.** Das diesbezügliche Recht auf Ausschüttung eines Ertrages wird – zusätzlich zu anderen Ansprüchen (insb auf Rückzahlung des Kapitals) – in den Wertpapieren verbrieft.

> Die Attila GmbH emittiert eine Schuldverschreibung. Anleger können Schuldverschreibungen à € 1.000,– zeichnen und erhalten einen Zinssatz von 3 % pro Jahr.

Optionen — Der Kapitalmarkt hat sich jedoch über die (primären) Wertpapiere zur Kapitalanlage hinausentwickelt: Ebenso verbreitet sind **„derivative Finanzinstrumente",** die auf Wertpapiere Bezug nehmen und dem Verwender Gestaltungsspielräume eröffnen oder auch der Risikobegrenzung dienen.

> Horst Hubble erwirbt eine Option, die ihm das Recht einräumt, am 31.10. 100.000 Aktien der Aequalitas AG zu einem Kurs von € 9,50 pro Aktie zu kaufen. Auch diese Option hat einen Wert und kann ebenfalls gehandelt werden.

Fonds — Manche Anleger interessieren sich (zB aus Risikoscheu) nicht für einzelne Wertpapiere, sondern präferieren eine Beteiligung an einem Sondervermögen, das wiederum aus Wertpapieren besteht und von Spezialisten verwaltet wird. Eine solche Anlage ermöglichen **Investmentfonds** (s S 333).

Übertragung

Kapitalmarktpapiere können in unterschiedlicher Weise übertragen werden. Verfügt eine Person körperlich über das Wertpapier, ist eine schlichte Übertragung auf Basis eines Titelgeschäfts möglich.

> Alexandra hat eine Schuldverschreibung der Attila GmbH erworben und verwahrt das Wertpapier in ihrem Safe. In der Folge möchte Katherina die Schuldverschreibung kaufen. Alexandra stimmt zu und übergibt ihr die Urkunde.

In der Praxis erfolgt der Handel jedoch weitgehend ohne körperliche Übergabe („stückelos"). IdR werden Wertpapiere nämlich **durch Kreditinstitute verwahrt** (zur Verwahrung s das DepotG; dazu auch S 244; das Depotgeschäft ist ein Bankgeschäft gem § 1 Z 5 BWG), wobei Wertpapiere derselben Art in Form der **Sammelverwahrung** gem § 4 DepotG verwahrt werden (es entsteht Miteigentum der Hinterleger gem § 5 DepotG). Nur bei ausdrücklicher und schriftlicher Anordnung des Hinterlegers kann eine Sonderverwahrung erfolgen („Streifbandverwahrung" gem § 2 DepotG; ggf Summenverwahrung gem § 7 DepotG); weiters kennt das DepotG in § 8 eine unregelmäßige Verwahrung (depositum irregulare).

Effektengiroverkehr — Werden Wertpapiere bei einem Kreditinstitut verwahrt und verfügen die Inhaber „bloß" über Wertpapierkonten, auf denen der Wertpapierbestand abgebildet ist, dann kann die (Eigentums-)Übertragung durch **Buchungsvorgänge auf Konten** vorgenommen werden. Damit werden die beteiligten Kreditinstitute bzw Verwahrstellen angewiesen, die Wertpapiere nunmehr für den Erwerber zu verwahren (**Effektengiroverkehr** [nach hM] mittels Besitzanweisung). Der Effektengiroverkehr ist im **DepotG** geregelt. Dieses ermöglicht die Einrichtung einer **Wertpapiersammelbank** (s § 1 Abs 3, § 28 Abs 2 DepotG); mit Verordnung ist die Oesterreichische Kontrollbank (OeKB) als Wertpapiersammelbank bestimmt. Ihre Aufgabe ist idZ die Sammelverwahrung von Wertpapieren.

Durch den Effektengiroverkehr wird zudem ermöglicht, dass Wertpapiere gar nicht mehr einzeln ausgestellt werden müssen. Es genügt etwa, wenn bei einer Wertpapiersammelbank eine Sammelurkunde hinterlegt wird, welche zB alle Wertpapiere einer Emission verbrieft. Damit erspart sich der Emittent zugleich die kostspielige Herstellung einer großen Zahl von Wertpapieren.

> Die Aequalitas AG stellt eine Sammelurkunde aus, mit welcher sie die 50 Mio Aktien verbrieft. Sie hinterlegt diese Sammelurkunde bei der Oesterreichischen Kontrollbank. Hans erwirbt 1.000 Aktien, die ihm auf seinem Wertpapierkonto, das er bei einem Kreditinstitut hat, zugewiesen werden. Das Kreditinstitut selbst hat wiederum unmittelbar oder mittelbar ein Wertpapierdepotkonto bei der OeKB.

Beispiele für Kapitalmarktpapiere

Zu den Effekten gehören ua die in § 1 Abs 1 DepotG genannten Wertpapiere, wobei insb folgende Arten zu erwähnen sind:
- Aktien
- Schuldverschreibungen
- Genussscheine
- Investmentzertifikate

In den Folgekapiteln werden Schuldverschreibungen, Genussscheine und Investmentzertifikate/Anteilsscheine beschrieben. **Zur Aktie s Bd II S 306 ff.**

Erscheinungsbild von Kapitalmarktpapieren

Traditionell bestehen Effekten (idR) aus mehreren Teilen, die insb dann Relevanz besitzen, wenn eine Einzelverbriefung erfolgt:
- Mantel (= Haupturkunde) mit den wesentlichen Angaben zum verbrieften Recht
- Kuponbogen mit den einzelnen Kupons zum Bezug wiederkehrender Erträgnisse (zB Dividenden)
- Erneuerungsschein zum Bezug eines neuen Kuponbogens

Üben

- Was versteht man unter „Effekten"?
- Wo werden Effekten insb gehandelt?
- Welche Verwahrungsarten sind nach dem DepotG zulässig?

4.3 Kapitalmarktpapiere (Effekten)

Wissen

Ausgabebetrag
Als „Ausgabebetrag" wird der Geldbetrag bezeichnet, für welchen die Ausgabe eines Wertpapiers erfolgt. Je nachdem, ob der Ausgabebetrag über oder unter dem Nennwert liegt, spricht man von „über pari" oder „unter pari". Besteht kein Unterschied, erfolgt die Emission „pari". Aktien dürfen nicht „unter pari" ausgegeben werden.

Börse
Als Börse bezeichnet man den gesetzlich geregelten Handelsplatz (Markt) für den Handel mit bestimmten börsenfähigen Wertpapieren, ausländischen Zahlungsmitteln, Münzen, Edelmetallen, Optionen und Finanzterminkontrakten (Wertpapierbörse, vgl § 1 Abs 2 BörseG) oder für den Handel mit zum börsemäßigen Handel geeigneten Waren, die nicht ausdrücklich den Wertpapierbörsen oder den landwirtschaftlichen Produktenbörsen zugewiesen sind (allgemeine Warenbörse, vgl § 1 Abs 4 BörseG). Man unterscheidet „Präsenzbörsen" (Handel findet im Börsesaal durch Zuruf statt) und „Computerbörsen" (elektronisches Handelssystem). Das BörseG unterscheidet nach der Strenge der Zulassungsvoraussetzungen Marktsegmente: amtlicher Handel (s §§ 64, 66 f), geregelter Freiverkehr (§§ 67 f), multilaterales Handelssystem (§ 2 Abs 2a). In Österreich besteht die Wiener Börse (vgl §§ 49 ff BörseG), die Wertpapier- und allgemeine Warenbörse sowie Computerbörse ist. Als „Börse" wird häufig auch das Börseunternehmen bezeichnet.

Börseunternehmen
Das „Börseunternehmen" ist ein Rechtsträger in Form einer AG oder SE, der aufgrund einer Konzession eine Börse leitet und verwaltet. Konzessionsbehörde ist die FMA. Einige Aufgaben des Börseunternehmens sind nach dem BörseG hoheitlicher Natur, dh das Börseunternehmen wird als „beliehenes Unternehmen" tätig (vgl § 2 Abs 1 BörseG). Börseunternehmen der Wiener Börse ist die Wiener Börse AG (WBAG).

Delisting
Als „Delisting" kann man die Beendigung der Börsenotierung eines Wertpapiers bezeichnen. Ein Delisting kann freiwillig aufgrund eines Antrages des Emittenten oder zwangsweise von Seiten des Börseunternehmens erfolgen; es kann auch Folge von Strukturmaßnahmen (zB Umwandlung, Verschmelzung) sein (tw als „kaltes Delisting" bezeichnet).

Depotbank
Bei einer Depotbank handelt es sich um ein Kreditinstitut, das Wertpapiere für andere verwahrt und verwaltet (Depotgeschäft). Der Depotbank kommen auch im Rahmen des InvFG 2011 und des ImmoInvFG eine Reihe von Aufgaben zu.

Depotgeschäft
Unter dem „Depotgeschäft" versteht man die Verwahrung von Wertpapieren nach dem DepotG; das Depotgeschäft ist ein Bankgeschäft gem § 1 Z 5 BWG. Es gibt folgende Verwahrungsarten: Sonderverwahrung (Streifbandverwahrung) = abgesonderte Verwahrung der Wertpapiere jedes Hinterlegers (§ 2 DepotG); Summenverwahrung = Form der Sonderverwahrung mit Tauschermächtigung des Kreditinstituts (§ 7); Sammelverwahrung (als Regelfall) = gemeinsame Verwahrung gleichartiger Wertpapiere mehrerer Hinterleger (Miteigentum; §§ 4 ff); unregelmäßige Verwahrung = Verwahrung, bei welcher das Eigentum übergeht und die Hinterleger einen schuldrechtlichen Ausfolgungsanspruch haben (§ 8).

Effekten
Effekten (Kapitalmarktpapiere) sind vertretbare (dh bei gleicher Ausstattung in größerer Zahl vorhandene und somit austauschbare) Wertpapiere, die am Kapitalmarkt gehandelt werden. Sie dienen der Kapitalanlage; nicht erfasst sind daher Wertpapiere des Zahlungsverkehrs wie zB Wechsel und Scheck. Die Aufzählung des § 1 Abs 1 DepotG kann idZ grundsätzlich herangezogen werden. Weiters werden auch Bundesschuldbuchforderungen des § 24 DepotG zu den Effekten gezählt. Der Handel mit Effekten erfolgt in der Praxis häufig über Kreditinstitute oder Börsen.

Kapitel 1: Einführung

Effektengeschäft — Unter dem „Effektengeschäft" versteht man die gewerbsmäßige Vornahme von Erwerbs- und Veräußerungsgeschäften über Wertpapiere (iSd § 1 Abs 1 Z 7 lit e BWG) auf fremde Rechnung. Dies geschieht idR im Wege eines Kommissionsgeschäfts (Effektenkommission); weiters kann die Bank ein Eigengeschäft (Propergeschäft) schließen (Kaufvertrag mit kommissionsrechtlichen Aspekten; vgl § 22 DepotG).

Effektengiroverkehr — Der Effektengiroverkehr dient der Übertragung von Miteigentumsanteilen an dem bei der Wertpapiersammelbank deponierten Effektensammelbestand durch Besitzanweisungen (ggf aufgrund von Verfügungsermächtigungen), welche das Depot einer beteiligten Bank (Depotinhaberin) betreffen (vgl auch § 1 Abs 3 DepotG). Ermöglicht wird damit das Halten und Übertragen von Effekten durch Buchungsvorgänge (Gutschrift bei Erwerb, Belastung bei Verkauf) ohne körperliche Übergabe. Die Anleger verfügen über ein Wertpapierdepotkonto bei einer Geschäftsbank, die mittelbar oder unmittelbar ein Wertpapierdepotkonto bei der Wertpapiersammelbank hält. Hinterlegt werden kann auch eine Sammelurkunde. Das (Mit-)Eigentum der Bankkunden an den eingelieferten Effekten bleibt erhalten. Der Effektengiroverkehr ist im DepotG geregelt.

Effektenkommission — Die Effektenkommission besteht in der Ausführung von An- und Verkaufsaufträgen bezüglich Wertpapieren durch ein Kreditinstitut als Kommissionär. Relevant sind die §§ 383 ff UGB, die hinsichtlich der Einkaufskommission von den §§ 13 ff DepotG überlagert werden. Bei Bestehen eines Börse- oder Marktpreises erfolgt die Ausführung der Effektenkommission häufig durch Selbsteintritt.

Einzelverbriefung — Einzelverbriefung ist die Verbriefung des auf ein Wertpapier entfallenden Rechts in einer eigenständigen Wertpapierurkunde (Gegensatz: Sammelverbriefung in einer Sammelurkunde).

Emission (Wertpapieremission) — Unter einer „Emission" versteht man ua die Ausgabe (dh das erstmalige Inverkehrbringen) von Effekten insb gegenüber einem breiteren öffentlichen Erwerberkreis (vgl § 1 Abs 1 Z 9–11 BWG). Eine Emission erfolgt idR durch Einschaltung einer oder mehrerer Emissionsbanken; bei dieser „Fremdemission" (Loroemissionsgeschäft; § 1 Abs 1 Z 11 BWG) kann der Emittent vom Emissionsrisiko befreit sein, wenn die Banken auf eigene Rechnung handeln (Übernahmekonsortium), sie können jedoch zB auch nur als Kommissionäre auftreten und das Risiko beim Emittenten belassen (Begebungskonsortium). Bei der Selbst- bzw Eigenemission platziert der Emittent die Wertpapiere auf eigenes Risiko. Möglichkeiten der Unterbringung der Wertpapiere sind die Subskription (insb bei Aktienerstausgabe), das Bezugsangebot (an Altaktionäre), freihändiger Verkauf (über ein Vertriebssystem) und Verkauf über eine Börse. Das KMG sieht für „öffentliche Angebote" iSd § 1 Abs 1 Z 1 von Effekten bzw Veranlagungen die Erstellung, Prüfung und Veröffentlichung eines Prospekts vor, das die Anleger über die Kapitalanlage umfassend informieren soll (Prospektpflicht; zur Prospekthaftung vgl § 11).

Emittent — Unter einem „Emittenten" versteht man eine Person, die Anlegern auf dem Kapitalmarkt Effekten bzw sonstige Finanzinstrumente anbietet; im KMG wird damit eine Person bezeichnet, deren Wertpapiere oder Veranlagungen Gegenstand eines öffentlichen Angebots sind (§ 1 Abs 1 Z 2 KMG).

Erneuerungsschein — Der Erneuerungsschein (Talon) ist ein Bestandteil von Effektenurkunden, nämlich ein Abschnitt am Ende des Kuponbogens, der zum Bezug eines neuen Kuponbogens berechtigt.

Finanzmarktaufsicht — Die Finanzmarktaufsicht ist die staatliche Aufsicht über den Finanzmarkt (Banken-, Versicherungs-, Wertpapier- und Pensionskassenaufsicht), die von der Finanzmarktaufsichtsbehörde (FMA) durchgeführt wird (vgl § 1 FMABG). Die FMA ist eine Anstalt des öffentlichen Rechts mit eigener Rechtspersönlichkeit und Sitz in Wien. Die Wertpapier-

4.3 Kapitalmarktpapiere (Effekten)

aufsicht ist im WAG und im BörseG geregelt; das WAG sieht für bestimmte Rechtsträger Meldepflichten, Wohlverhaltensregeln und eine Konzessionspflicht vor.

Kuponbogen

Ein Kuponbogen ist ein Bestandteil von Effekten, nämlich ein in den Mantel eingelegtes bzw an diesen trennbar angeheftetes Blatt, das aus abtrennbaren Einzelteilen (Kupons) besteht, die zum Bezug der Erträgnisse (etwa Zinsen [Zinskupon], Dividenden [Dividendenschein]) des Wertpapiers berechtigen.

Mantel (Wertpapierrecht)

Als „Mantel" (Haupturkunde, -papier, Stammpapier) bezeichnet man im Wertpapierrecht die grundlegende Urkunde bei Effekten, welcher die wesentlichen Angaben zum Wertpapier zu entnehmen sind, nämlich: Art des Wertpapiers, Nennbetrag bzw Anteil an der Emission, Name und Unterschrift des Emittenten, ggf Angaben zur Verzinsung, Kennnummer etc. Neben dem Mantel finden sich idR auch ein Kuponbogen und ein Erneuerungsschein.

Nennwert

Der Nennwert (Nennbetrag, Nominalwert) ist eine Wertangabe bei Wertpapieren (zB Nennbetragsaktien) und Forderungen (bei letzteren im Entstehungszeitpunkt). Der Nennwert entspricht nicht notwendigerweise dem gezahlten Preis (Ausgabebetrag).

Option

Eine Option ist ein vertraglich begründetes Gestaltungsrecht, ein Recht durch einseitige Erklärung zu erwerben bzw ein Rechtsverhältnis zu begründen. Optionen kommen zB beim Handel mit Wertpapieren (zB Aktienoption) vor (Option als Wertpapierderivat). Die Einräumung einer Option ist Gegenstand des Optionsgeschäfts (der Verkäufer der Option wird auch „Stillhalter" genannt). Man unterscheidet dabei Kaufoption („Call": der Optionsberechtigte hat das Recht, ein bestimmtes Basisgut zu im Vorhinein festgelegten Konditionen [Basispreis, Termin] zu erwerben; Stillhalter in Stücken) und Verkaufsoption („Put"; Stillhalter in Geld). Optionen können an der Börse gehandelt werden (s § 95 BörseG).

Sammelurkunde

Unter einer „Sammelurkunde" (Globalurkunde) versteht man eine Wertpapierurkunde, die viele gleichartige Einzelrechte unter Wahrung ihrer rechtlichen Selbstständigkeit verbrieft und anstelle vieler Einzelurkunden in Sammelverwahrung gehalten wird. So verkörpert zB eine Globalaktie mehrere oder alle Aktien einer AG; die Aktionäre haben Miteigentum an der Urkunde. Verwahrt werden Sammelurkunden idR von der Oesterreichischen Kontrollbank (OeKB) als Wertpapiersammelbank. Regelungen zur Sammelverbriefung finden sich etwa in § 9 Abs 3, § 10 Abs 2 AktG, § 6 Abs 2 DepotG, § 6 Abs 5 ImmoInvFG, § 169 InvFG 2011.

Kapitel 2: Schuldverschreibungen

Lernen

Charakteristika

Schuldverschreibungen (synonym: Obligationen, Anleihen) stehen im Zusammenhang mit Darlehen. Sie verbriefen die **Rückzahlung eines Geldbetrages** und idR Ansprüche auf periodisch auszuschüttende **Erträge** (Zinsen). Es handelt sich somit um schuldrechtliche Wertpapiere (S 287), wobei die Verbriefung kausal oder abstrakt erfolgen kann (S 287). Über die einzelnen Schuldverschreibungen kann eine Sammelurkunde ausgestellt werden; bei Schuldverschreibungen des Bundes genügt eine Eintragung im Bundesschuldbuch (vgl § 24 DepotG).

Die einzelnen Elemente der Schuldverschreibung sind in der Urkunde anzugeben. Insb ist zu regeln:

- Nennwert
- Verzinsung: Möglich sind fixe oder variable Zinsen.

> Eine Verzinsung kann sich auch daraus ergeben, dass die Schuldverschreibung unter dem Nennwert veräußert, aber zum Nennwert zurückgezahlt wird (sog Nullkuponanleihe).

- Laufzeit (häufig zwischen 5 und 30 Jahren)

Schuldverschreibungen können als **Inhaberpapiere** (S 281) ausgestellt werden, was am Kapitalmarkt die Regel ist. Gem § 363 UGB (unternehmerischer Verpflichtungsschein; s S 339) ist auch eine Ausstellung als Order- oder Rektapapier zulässig.

Arten und Bezeichnungen

In der Praxis kommen unterschiedliche Spielarten der Schuldverschreibung vor, weshalb sich zahlreiche Spezialbezeichnungen herausgebildet haben (s auch § 1 Abs 1 DepotG). Im Folgenden einige Bsp:

- **Gewinnschuldverschreibung:** Neben der Rückzahlung wird eine Gewinnbeteiligung verbrieft (ggf auch zusätzlich zu einer Verzinsung).

4.3 Kapitalmarktpapiere (Effekten)

Die Marod AG begibt Schuldverschreibungen um insgesamt € 10 Mio. Die Zeichner sollen am Gewinn der AG beteiligt werden, sofern ein solcher anfällt. Die Stellung der Zeichner ähnelt jener von Aktionären – zumindest im Hinblick auf die Vermögensrechte. Daher erfordert die Ausgabe der Schuldverschreibungen der Zustimmung der Hauptversammlung der AG (s § 174 AktG).

- **Wandelschuldverschreibung:** Dabei hat der Inhaber die Möglichkeit, anstelle einer Rückzahlung eine bestimmte Zahl von Aktien zu erhalten (Wahlrecht). Für die Emission von Wandelschuldverschreibungen ist die Zustimmung der Hauptversammlung der AG erforderlich (s § 174 AktG).

Die Verso AG emittiert Wandelschuldverschreibungen. Auch der Nichtaktionär Norbert erwirbt zehn Schuldverschreibungen mit einem Nennwert von jeweils € 1.000,–. Nach deren Inhalt hat Norbert die Möglichkeit, statt Rückzahlung von (je) € 1.000,– zum Ende der Laufzeit zehn Aktien der Verso AG zu beziehen und somit Aktionär zu werden. Er kann von diesem Recht im Hinblick auf alle oder auch bloß für einzelne Schuldverschreibungen Gebrauch machen. Norbert hat auch zu bedenken, wie hoch der Wert der Aktien im Zeitpunkt des möglichen Umtausches ist.

- **Optionsanleihe:** Bei dieser wird zusätzlich eine Option verbrieft: Der Inhaber hat das Recht, innerhalb eines bestimmten Zeitraumes eine bestimmte Menge an näher definierten Wertpapieren zu einem angegebenen Preis (Kurs) zu erwerben. Die Option findet sich in einer eigenen Urkunde (Optionsschein, Warrant), die getrennt gehandelt werden kann.

Die Supremacy Holding AG emittiert Optionsanleihen, um mit dem Kapital neue Unternehmen zu kaufen. Da sie ihren Bestand an Aktien der Humilis AG reduzieren möchte, verbindet sie mit der Schuldverschreibung die Option, dass jeder Inhaber zwischen dem 10. und dem 25. 5. 2014 100 Aktien der Humilis AG zu einem Gesamtpreis von € 9.500,– erwerben kann. Eleonore hat eine Schuldverschreibung gezeichnet; von ihrer Option macht sie jedoch nicht Gebrauch, da wider Erwarten der Kurs der Aktie im Mai 2014 auf € 85,– fällt und sich Eleonore anderweitig günstiger eindecken kann.

- **Kommunalobligation:** Diese festverzinslichen Schuldverschreibungen werden von hierzu berechtigten Kreditinstituten ausgegeben. Die vereinnahmten Gelder werden für Kommunaldarlehen (dh insb an Körperschaften des öffentlichen Rechts) verwendet (s § 41 HypBG, § 7 PfandbriefG).

- **Pfandbrief:** Wie die Kommunalobligation wird auch der Pfandbrief (ebenso eine festverzinsliche Schuldverschreibung) von einem hierzu berechtigten Kreditinstitut ausgegeben. Die Schuldverschreibung ist durch Pfandrechte an Liegenschaften besichert, da das Kreditinstitut die Gelder für hypothekengesicherte Darlehen weitergibt; aus den Hypotheken können die Pfandbriefgläubiger vorrangig befriedigt werden (s § 35 HypBG, § 6 PfandbriefG).

Kapitel 2: Schuldverschreibungen

 **Üben**

- Was verbriefen Schuldverschreibungen? In welcher Form können sie ausgestellt werden?
- Was ist der Unterschied zwischen einer Gewinnschuldverschreibung und einer Optionsanleihe?
- Was ist ein „Pfandbrief"?

 **Wissen**

Gewinnschuldverschreibung

Für Gewinnschuldverschreibungen (Gewinnobligationen) findet sich eine gesetzliche Definition in § 174 Abs 1 AktG: „Schuldverschreibungen, bei denen die Rechte der Gläubiger mit Gewinnanteilen von Aktionären in Verbindung gebracht werden"; dh es handelt sich um Schuldverschreibungen mit der Besonderheit, dass eine Gewinnbeteiligung verbrieft wird, die ganz oder zum Teil von der Höhe der Dividende abhängt. Die Gewinnbeteiligung kann mit einer Verzinsung verbunden sein; die niedrigere Verzinsung wird durch die Chance, am Gewinn beteiligt zu sein, aufgewogen.

Industrieobligation

Eine Industrieobligation (Industrieanleihe) ist eine Schuldverschreibung einer ein Unternehmen betreibenden juristischen Person (s § 371 ABGB).

Inhaberschuldverschreibung

Eine Inhaberschuldverschreibung ist eine Schuldverschreibung, die als Inhaberpapier ausgestaltet ist.

Kommunalobligationen

Kommunalobligationen (Kommunalschuldverschreibungen, Kommunalbriefe, öffentliche Pfandbriefe) sind von einem aufgrund des HypBG bzw PfandbriefG hierzu berechtigten Kreditinstitut ausgegebene, festverzinsliche Schuldverschreibungen, deren Verkaufserlöse zur Vergabe von Kommunaldarlehen (insb Darlehen an inländische Körperschaften des öffentlichen Rechts/EWR-Mitgliedsstaaten/Schweiz bzw an andere Personen gegen Haftungsübernahme solcher Körperschaften; vgl § 41 HypBG, § 7 PfandbriefG) verwendet werden.

Nullkuponanleihe

Nullkuponanleihen (Zero-Bonds) sind Schuldverschreibungen ohne laufende Verzinsung, bei denen sich die Verzinsung aus dem Unterschiedsbetrag zwischen Kaufpreis und Rückzahlungsbetrag ergibt (auch durch getrennten Handel von Zinskupon und Mantel möglich; sog Anleihe-Stripping).

Optionsanleihe

Die Optionsanleihe ist eine Schuldverschreibung, die zusätzlich (dh neben der Rückzahlung und einem Zinsertrag) das Recht (die Option) verbrieft, innerhalb eines bestimmten Zeitraumes zu einem angegebenen Preis (Bezugskurs) eine bestimmte Anzahl von Aktien zu erwerben (Bezugsrecht). Die Aktien können Aktien der die Optionsanleihe emittierenden Gesellschaft oder die einer anderen AG sein. Je nach Ausgestaltung kann § 174 AktG anwendbar sein (s auch Abs 4 zum Bezugsrecht der Aktionäre). Optionsanleihen sind idR als Inhaberpapiere ausgestaltet. Die Option ist idR in einem eigenen Optionsschein (Warrant) verbrieft und von der Anleihe getrennt handelbar.

Pfandbrief

Ein Pfandbrief (Hypothekenpfandbrief, Hypothekarbrief) ist eine von einem aufgrund des HypBG bzw PfandbriefG hierzu berechtigten Kreditinstitut ausgegebene, festver-

4.3 Kapitalmarktpapiere (Effekten)

zinsliche Schuldverschreibung, zu deren Besicherung Pfandrechte an Liegenschaften (Hypotheken) bestimmt sind. Das Kreditinstitut erhält durch die Emission Finanzmittel, die es als hypothekengesicherte Darlehen an Dritte weitergibt. Die Hypotheken dienen als Deckungsstock (vgl § 6 HypBG, § 2 Abs 1 PfandbriefG) für die Pfandbriefgläubiger, aus dem sie sich vorrangig befriedigen können (§ 35 HypBG, § 6 PfandbriefG).

Schuldverschreibung

Die Schuldverschreibung (Obligation, Anleihe, bond) ist ein Wertpapier, das den Anspruch auf Rückzahlung eines bestimmten, als Darlehen gewährten Geldbetrages nach bestimmter, idR längerer Laufzeit (5–30 Jahre) sowie eine Verzinsung verbrieft. Schuldverschreibungen sind idR als Inhaberpapiere (Inhaberschuldverschreibungen) ausgestaltet; sie können auch auf Namen lauten und sind bei Ausstellung an Order gem § 363 Abs 1 UGB indossabel. Schuldverschreibungen können mit festem („Rentenwerte") oder variablem Zinssatz (floating-rate-notes) ausgestattet sein. Nach dem Emittenten unterscheidet man zB Anleihen der öffentlichen Hand, Industrieobligationen, Bankobligationen. Schuldverschreibungen ohne Endfälligkeit und Tilgungsverpflichtung bezeichnet man als „ewige Anleihen".

Teilschuldverschreibung

„Teilschuldverschreibung" ist eine Bezeichnung für eine Schuldverschreibung, die den Umstand hervorhebt, dass das einzelne Wertpapier nur einen Teil der Gesamtemission darstellt (zB der Anspruch auf Rückzahlung eines Darlehens in Höhe von € 1 Mio wird in 1.000 Teilschuldverschreibungen zu je € 1.000,–verbrieft [„Stückelung"]).

Wandelschuldverschreibung ieS

Die Wandelschuldverschreibung ieS (Wandelanleihe, Umtauschanleihe, convertible bond) ist eine von einer AG ausgegebene Schuldverschreibung, bei welcher der Gläubiger ein Umtauschrecht hat; dh der Berechtigte kann zu einem bestimmten Zeitpunkt statt Rückzahlung den Umtausch in Aktien (zu einem bereits bei Begebung der Wandelschuldverschreibung festgesetzten Kurs [Umtauschverhältnis]) verlangen (Gestaltungsrecht; das Umtauschrecht ist somit ein Bezugsrecht gegen Einlage einer Wandelschuldverschreibung). Zur Bedienung von Wandelschuldverschreibungen eignen sich etwa eine bedingte Kapitalerhöhung (vgl § 159 Abs 1, Abs 2 Z 1, Abs 7 AktG; s Bd II S 371 f) oder ggf auch eigene Aktien (s Bd II S 319 ff). Das Bezugsrecht der Aktionäre (Bd II S 370) bezieht sich auch auf Wandelschuldverschreibungen (§ 174 Abs 4 AktG).

Wandelschuldverschreibung iwS

Wandelschuldverschreibungen iwS sind von einer AG ausgegebene Schuldverschreibungen, bei welchen den Gläubigern ein Umtausch- oder Bezugsrecht auf Aktien eingeräumt wird (§ 174 Abs 1 AktG); die Wandelschuldverschreibung iwS umfasst neben der Wandelschuldverschreibung ieS auch die Optionsanleihe.

Kapitel 3: Anteilsscheine und Genussscheine

 **Lernen**

OGAW gem InvFG 2011

Das mit 200 Paragraphen sehr umfangreiche InvFG 2011 regelt – auf Basis der OGAW-Richtlinie 2009/65/EG – die Kapitalanlage in bestimmten Sondervermögen. Primärer Regelungsgegenstand sind die sog **„Organismen zur gemeinsamen Veranlagung in Wertpapieren"** (kurz: OGAW; vgl § 2 InvFG 2011):

OGAW
- Diese dienen ausschließlich der Veranlagung der beim „Publikum" beschafften Gelder für gemeinsame Rechnung nach dem Grundsatz der Risikostreuung in die in § 67 InvFG 2011 genannten liquiden Finanzanlagen.
- Die Anteile am OGAW werden auf Verlangen der Anteilsinhaber (unmittelbar oder mittelbar) zu Lasten des Vermögens des OGAW zurückgenommen und ausgezahlt.
- Der OGAW erfordert eine Bewilligung gem § 50 InvFG 2011 (oder eine solche im Herkunftsmitgliedstaat gem der OGAW-RL).

Investmentfonds
Der Begriff des **„Investmentfonds"** ist nach der Terminologie des InvFG 2011 weiter: Er umfasst OGAW und die „alternativen Investmentfonds gem § 3 Abs 2 Z 31 lit a und c InvFG 2011 (dh auch Spezialfonds, „andere Sondervermögen" iSd § 166 InvFG 2011, Pensionsinvestmentfonds sowie zum Vertrieb in Österreich zugelassene ausländische Investmentfonds). Zu Immobilien-Investmentfonds s unten S 334 f.

Sondervermögen
In Österreich kann ein OGAW nur in Form eines **Sondervermögens** ohne eigene Rechtspersönlichkeit errichtet werden, das in gleiche, in Wertpapieren verkörperte Anteile zerfällt und im **Miteigentum** der Anteilsinhaber steht (§ 2 Abs 2, § 46 InvFG 2011). Die Wertpapiere werden als **„Anteilsscheine"** bezeichnet (§ 46; zu geschützten Synonymen s § 130). Sie **verbriefen Miteigentumsanteile** (dh Sachenrechte) an den Vermögenswerten des OGAW sowie die Rechte der Anteilsinhaber gegenüber der Verwaltungsgesellschaft und der Depotbank. Anteilsscheine eines OGAW können auf den Inhaber lauten oder auf Namen; in letzterem Fall handelt es sich um Orderpapiere (s § 46 Abs 1 InvFG 2011 mit Verweis auf § 62 AktG).

Verwaltungsgesellschaft
Ein OGAW ist von einer **„Verwaltungsgesellschaft"** (auch: Kapitalanlagegesellschaft) zu verwalten, welche der Konzession gem § 1 Abs 1 Z 13 BWG bedarf (s § 5 InvFG 2011). Die Verwaltungsgesellschaft muss die Rechtsform einer AG (auch SE) oder GmbH besitzen (§ 6 Abs 2 sieht weitere Anforderungen vor). Zur Verfügung über die Vermögenswerte des OGAW ist die Verwaltungsgesellschaft berechtigt; sie handelt dabei im eigenen Namen, aber auf Rechnung der Anteilsinhaber (§ 52). Die Verwaltungsgesell-

4.3 Kapitalmarktpapiere (Effekten)

schaft hat sog „Fondsbestimmungen" aufzustellen, welche die Rechte der Anteilsinhaber zur Verwaltungsgesellschaft sowie zur Depotbank regeln und der Bewilligung der FMA bedürfen (s dazu § 53). Das InvFG 2011 kennt eine Reihe von Regelungen zur internen Organisation der Verwaltungsgesellschaft, um Fehler/Missstände in der Aufgabenerfüllung zu verhindern (s zB die §§ 10 ff).

> Bernardo und Laurenz sind Vorstandsmitglieder der Blumis AG, die den Primato-Fonds verwaltet. Damit den Anlegern kein Schaden entsteht, haben Bernardo und Laurenz ua eine effiziente Berichterstattung sicher zu stellen, transparente Verfahren für Anlegerbeschwerden zur Verfügung zu stellen, für die Sicherheit und Vertraulichkeit von Daten sowie für eine Umsetzung der allgemeinen Anlagepolitik zu sorgen, ein Compliance-System, eine interne Revision und ein ständiges Risikomanagement einzurichten etc. Sie haben im besten Interesse des OGAW besondere Sorgfalt walten zu lassen (vgl ua die §§ 30, 32, 52 InvFG 2011).

Aufsicht durch die FMA

Die Tätigkeit der Verwaltungsgesellschaft unterliegt der Aufsicht durch die **FMA** (vgl etwa § 28 InvFG 2011).

Depotbank

Das **Vermögen des OGAW ist von einer Depotbank zu verwahren,** für welche § 41 InvFG 2011 Anforderungen aufstellt: Zugelassen sind nur ein Kreditinstitut, das zum Betrieb des Depotgeschäfts berechtigt ist (§ 1 Abs 1 Z 5 BWG), und eine inländische Zweigstelle eines EWR-Kreditinstituts gem § 9 Abs 4 BWG. Notwendig ist eine Bewilligung der FMA. Die Depotbank haftet für schuldhafte Pflichtverletzungen gegenüber der Verwaltungsgesellschaft und den Anteilsinhabern (§ 43 InvFG 2011).

Trennungsgrundsatz

Die Aufgaben der Verwaltungsgesellschaft und jene der Depotbank (oder Verwahrstelle) dürfen nicht von derselben Gesellschaft wahrgenommen werden. Die Depotbank soll ihre Tätigkeit nämlich unabhängig und ausschließlich im Interesse der Anteilsinhaber ausüben (s § 44 InvFG 2011).

Alternative Investmentfonds (AIF) gem InvFG 2011

Das InvFG 2011 kennt noch andere – vom EU-Recht nicht harmonisierte – Investmentfonds (neben dem OGAW), für welche es Sonderbestimmungen enthält, nämlich:

- **Spezialfonds** (§ 163): Diese sind wie die OGAW aus liquiden Finanzanlagen iSd § 67 Abs 1 bestehende Sondervermögen, doch wird vorausgesetzt, dass die Anteilsscheine von nicht mehr als zehn Anteilsinhabern gehalten werden (die der Verwaltungsgesellschaft bekannt sein müssen). Bei Erwerb durch eine natürliche Person beträgt die Mindestinvestitionssumme € 250.000,– (näher Abs 2). Für Spezialfonds entfallen einige Regelungen des InvFG 2011, zumal sich jene an professionelle Investoren richten.
- **„anderes Sondervermögen"** (§ 166): IdZ kann neben den Veranlagungsgegenständen des § 67 Abs 1 noch anderes Vermögen erworben werden, zB Anteile an OGAW.
- **Pensionsinvestmentfonds** (s näher § 168).

Immobilien-Investmentfonds

Immobilienfonds sind im ImmoInvFG speziell geregelt. Diese Sondervermögen bestehen insb aus bebauten, in Bebauung befindlichen und uU auch unbebauten Liegenschaften (ggf Baurechten, Superädifikaten, Miteigentum, Wohnungseigentum; im Detail § 21 ImmoInvFG). Das **Sondervermögen** zerfällt in gleiche in Wertpapieren verkörperte Anteile. Es steht – anders als etwa bei den Fonds nach dem InvFG 2011 – im **Eigentum der**

Kapitalanlagegesellschaft, die es zugleich verwaltet. Die Anteilsscheine verbriefen bloß schuldrechtliche Ansprüche hinsichtlich der Vermögenswerte des Immobilienfonds und die Rechte gegenüber der Kapitalanlagegesellschaft und der Depotbank (§ 6). Wie bei Fonds nach dem InvFG 2011 können die Anteilsscheine als **Inhaber- oder Orderpapiere** ausgestellt werden.

Genussscheine

Genussrechte

Genussscheine verbriefen **Genussrechte.** Das sind Vermögensrechte, die aufgrund eines Schuldverhältnisses, das jedoch kein Gesellschaftsverhältnis ist, einem Kapitalgeber gegenüber einem Unternehmer zustehen. IdR umfassen Genussrechte einen Gewinnanspruch, mitunter auch einen Anteil am Liquidationserlös und weitere Gläubigerrechte. Ein Stimmrecht (in Gesellschaftsorganen) ist jedoch nicht gegeben. Tw besteht – je nach Ausgestaltung – eine Nähe zur stillen Gesellschaft.

Es existieren nur punktuell Regelungen zu Genussrechten (s insb § 174 Abs 3 AktG). Genussrechte können jedoch auch von anderen Rechtsträgern (nicht bloß von Aktiengesellschaften) eingeräumt werden.

> René erwirbt Genussrechte der Vivolino OG, die Speiseeis herstellt. Neben einer Gewinnbeteiligung hat René das Recht, im Lokal der Gesellschaft „unentgeltlich" Eis zu konsumieren und an Gesellschafterversammlungen teilzunehmen.

Arten von Genussscheinen

Folgende Unterscheidung ist nach dem Gesetz geboten:

- **Genussschein gem § 174 Abs 3 AktG:** Dieser verbrieft Vermögensrechte, die typischerweise Aktionären zustehen, zB Anspruch auf Dividende, ggf Anteil am Liquidationserlös. Auch Informationsrechte können eingeräumt werden (zB Recht zur Teilnahme an der Hauptversammlung).

- **Genussschein nach dem BeteilFG:** Dabei handelt es sich um ein Inhaberpapier, das einen Anspruch auf einen aliquoten Teil an den Jahresüberschüssen eines Beteiligungsfonds verbrieft. Der **Beteiligungsfonds** ist ein **Sondervermögen,** das im Eigentum der Beteiligungsfondsgesellschaft steht (§ 1 BeteilFG). Die Beteiligungsfondsgesellschaft investiert die vereinnahmten Gelder in Beteiligungen an Unternehmen (KMUs).

Die gesetzliche Unterscheidung ist **nicht abschließend.** Es können auch andere Wertpapiere über Genussrechte ausgestellt werden. Als Grundlage kann die Regelung des unternehmerischen Verpflichtungsscheins herangezogen werden (§ 363 Abs 1 UGB).

> René erhält Genussscheine der Vivolino OG.

Partizipationskapital

Sondergesetzlich geregelte Genussrechte, die in Inhaberpapieren verbrieft werden (können), finden sich in § 23 Abs 4 BWG und § 73c VAG (sog **Partizipationskapital**).

4.3 Kapitalmarktpapiere (Effekten)

- Was regelt das InvFG 2011?
- Was versteht man unter einem „OGAW"?
- Was verbrieft ein Anteilsschein iSd InvFG 2011?
- Wer verwaltet einen OGAW?
- Welche Funktion hat die Depotbank iZm einem OGAW?
- Darf die Verwaltungsgesellschaft zugleich die Funktion einer Depotbank im Hinblick auf den verwalteten OGAW haben?
- Was verbrieft ein Immobilien-Investmentfonds?
- Was versteht man unter Genussrechten? Welche Wertpapiere können darüber ausgestellt werden?
- Was verbrieft ein Genussschein iSd BeteilFG?

Anteilsschein
Die Bezeichnung „Anteilsschein" ist gebräuchlich iZm dem InvFG (Investmentzertifikat, Investmentanteilsschein; weitere Bezeichnungen in § 130 InvFG 2011), dh für ein Wertpapier, das einen, mehrere oder Bruchteile eines Miteigentumsanteils an den Vermögenswerten eines OGAW und die Rechte des Anteilsinhabers gegenüber der Verwaltungsgesellschaft und der Depotbank verbrieft; der Anteilsschein kann Inhaber- oder Orderpapier sein. Weiters kommt der Begriff im ImmoInvFG (Immobilieninvestmentanteilsschein) vor, dh für ein Wertpapier, das die Rechte des Anteilsinhabers gegenüber der Kapitalanlagegesellschaft für Immobilien sowie der Depotbank, maW eine schuldrechtliche Teilhabe an den Vermögenswerten des im Treuhandeigentum der Kapitalanlagegesellschaft für Immobilien stehenden Immobilienfonds verbrieft (§ 6 Abs 1 ImmoInvFG); auch dieser Anteilsschein kann Inhaber- oder Orderpapier sein.

Beteiligungsfonds
Der Beteiligungsfonds wird in § 1 BeteilFG gesetzlich definiert: „ein in einem eigenen Rechnungskreis zusammengefasstes Vermögen im Eigentum einer Beteiligungsfondsgesellschaft …, das durch die Ausgabe von Genussscheinen … finanziert wird und dem Erwerb von Beteiligungen an Unternehmen … dient", wobei die Beteiligungen in Form einer stillen Beteiligung, einer Kommanditbeteiligung oder eines Anteils an einer Kapitalgesellschaft begründet werden können (§ 14 BeteilFG).

Beteiligungsfondsgesellschaft
Eine Beteiligungsfondsgesellschaft ist der (Rechts-)Träger eines Unternehmens, der nach dem BeteilFG berechtigt ist, das Beteiligungsfondsgeschäft (gewerbliche Errichtung und Verwaltung von Beteiligungsfonds) zu betreiben; maW: eine konzessionierte Aktiengesellschaft als Trägerin und Verwalterin eines Beteiligungsfonds (§ 3 BeteilFG). Das Grundkapital muss mindestens € 10 Mio betragen.

Fondsbestimmungen
Die Fondsbestimmungen sind ein von der Geschäftsleitung der Verwaltungs- bzw Kapitalanlagegesellschaft für den jeweiligen Investmentfonds bzw Immobilienfonds im Rahmen der gesetzlichen Vorschriften zu schaffendes Regelwerk, welches ua die Rechtsverhältnisse der Anteilsinhaber zur Verwaltungsgesellschaft sowie zur Depotbank regelt (s § 53 InvFG 2011, § 34 ImmoInvFG).

Kapitel 3: Anteilsscheine und Genussscheine

Genussrechte
Genussrechte werden in § 174 Abs 3 AktG und § 240 Z 7 UGB erwähnt, aber nicht definiert. Genussrechte können aufgrund dieser bewusst gewährten Gestaltungsfreiheit in verschiedenen Erscheinungsformen vorkommen; eine einheitliche Begriffsbildung existiert nicht. Als Genussrechte können Vermögensrechte bezeichnet werden, die aufgrund eines Schuld-, nicht jedoch aufgrund eines Gesellschaftsverhältnisses einem kapitalgebenden Dritten gegenüber einem Unternehmer zustehen, die idR einen Gewinnanspruch, tw einen Anteil am Liquidationserlös, tw auch weitere Gläubigerrechte, jedoch kein Stimmrecht (in Gesellschaftsorganen) umfassen. Bei Genussrechten iSd § 174 Abs 3 AktG handelt es sich um Vermögensrechte, die typischerweise Aktionären zustehen (zB Anspruch auf Dividende). Genussrechte können nach hM auch von anderen Rechtsträgern begeben werden (rechtsformunabhängiges Finanzierungsinstrument). Dogmatisch abgeleitet werden Genussrechte aus dem Darlehen bzw dem unternehmerischen Verpflichtungsschein.

Genussschein
Der Genussschein ist ein Wertpapier, das Genussrechte verbrieft (Bsp: Verbriefung von Genussrechten gem § 174 Abs 3 AktG). Dogmatisch wird auf 363 UGB (unternehmerischer Verpflichtungsschein) zurückgegriffen. Beim Genussschein nach dem BeteilFG, der von Genussrechten gem § 174 Abs 3 AktG zu unterscheiden ist, handelt es sich um ein Inhaberpapier, das einen Anspruch auf einen aliquoten Teil an den Jahresüberschüssen eines Beteiligungsfonds verbrieft.

Immobilien-Investmentfonds
Ein Immobilien-Investmentfonds (Kapitalanlagefonds für Immobilien) ist gem § 1 Abs 1 ImmoInvFG ein überwiegend aus Vermögenswerten iSd § 21 ImmoInvFG bestehendes Sondervermögen, das in gleiche, in Wertpapieren verkörperte Anteile zerfällt und nach den Bestimmungen des ImmoInvFG gebildet wird. Das Fondsvermögen steht im Eigentum der Kapitalanlagegesellschaft für Immobilien, die es treuhändig für die Anteilsinhaber hält und verwaltet (§ 1 Abs 2 leg cit); bestimmte Aufgaben werden von der Depotbank wahrgenommen.

OGAW
Ein „Organismus zur gemeinsamen Veranlagung in Wertpapieren" (OGAW) iSd InvFG 2011 ist ein nach der Bestimmung des § 2 leg cit gebildeter Investmentfonds. Es handelt sich um ein Sondervermögen, das aus in § 67 leg cit genannten liquiden Finanzanlagen gebildet wird.

Partizipationsschein
Partizipationsscheine sind von Kreditinstituten oder Versicherungsunternehmen ausgegebene Inhaberwertpapiere, die einen Anspruch auf einen Gewinnanteil sowie den Anteil am eingezahlten Partizipationskapital und am Liquidationserlös verbriefen (Genussrecht). Partizipationskapital ist gem § 23 Abs 4 BWG (§ 73c VAG) eingezahltes Kapital, das „auf Unternehmensdauer unter Verzicht auf die ordentliche und außerordentliche Kündigung zur Verfügung gestellt wird", nur unter analoger Anwendung der aktienrechtlichen Vorschriften über die Kapitalherabsetzung herabgesetzt werden darf, dessen Erträge gewinnabhängig sind, das bis zur vollen Höhe am Verlust teilnimmt und bloß eine gegenüber echten Gläubigern nachrangige Stellung gewährt; der Inhaber darf an der Hauptversammlung teilnehmen (§ 23 Abs 5 BWG, § 73c Abs 8 VAG).

4.4 Weitere Wertpapiere

Kapitel 1: Unternehmerische Wertpapiere

 **Lernen**

Überblick

§ 363 UGB enthält Regelungen zu einzelnen Wertpapieren und gestattet, die bezeichneten Wertpapiere **als Orderpapiere auszustellen,** sodass sie mittels Indossaments übertragen werden können. Die gesetzliche Erlaubnis, derartige Orderpapiere zu kreieren, ist erforderlich, da Orderpapiere nicht beliebig geschaffen werden können (Typenzwang). Ohne diesbezügliche Anordnung des Ausstellers (Orderklausel), die das Wertpapier zu einem Orderpapier macht **(„gekorenes Orderpapier"),** liegen in den Fällen des § 363 UGB grundsätzlich **Rektapapiere** vor. Folgende Wertpapiere nennt § 363 UGB:
- unternehmerische Anweisung
- unternehmerischer Verpflichtungsschein
- Konnossement
- Ladeschein (geringe praktische Bedeutung; Ersatz zB durch Frachtbriefdoppel [S 234])
- Lagerschein
- Transportversicherungspolizze (in der Praxis ohne Bedeutung)

Indossament

Im Falle der Ausstellung als Orderpapier erfolgt die Übertragung durch Indossament; dessen Wirkungen werden in § 364 UGB geregelt. § 365 Abs 1 UGB ordnet die Anwendung einzelner Bestimmungen des WechselG an (Art 13, 14, 16, 40). Daher ist etwa auch bei den Wertpapieren iSd § 363 UGB ein Gutglaubenserwerb gem Art 16 Abs 2 WechselG möglich. Ein Verweis auf Art 15 WechselG findet sich nicht, weshalb das Indossament nicht zu einer Haftung des Indossanten führt.

Kapitel 1: Unternehmerische Wertpapiere

> Ulrich stellt eine unternehmerische Anweisung mit Orderklausel aus und gibt den Unternehmer Bernhard als Bezogenen an. Viktor ist der Begünstigte. Er indossiert das Wertpapier an Walter, dieser indossiert an Xaver. Bernhard verweigert die Zahlung. Xaver kann nicht Viktor in Anspruch nehmen; er muss sich an Walter (seinen „Vormann") wenden (sog kausaler Reihenregress).

Einwendungsausschluss

Der Einwendungsausschluss ist in § 364 Abs 2 UGB eigens geregelt. Diese Bestimmung wird iSd Grundsätze der Rechtsscheinhaftung interpretiert, weshalb im Ergebnis Übereinstimmung mit der Einwendungslehre im Wechselrecht erzielt wird (s S 316 ff). Art 17 WechselG wird im Hinblick auf die persönlichen Einwendungen analog angewendet.

Unternehmerische Anweisung

Vorauszusetzen ist für eine unternehmerische Anweisung, dass darin ein Unternehmer (iSd §§ 1–3 UGB) zur Leistung von Geld, Wertpapieren oder anderen vertretbaren Sachen angewiesen wird und dass die Leistung nicht von einer Gegenleistung abhängig gemacht wird. Beim Aussteller und beim Begünstigten muss es sich nicht um Unternehmer handeln. Praktisch bedeutsam ist die unternehmerische Anweisung iZm Waren und Wertpapieren. Ein formungültiger Wechsel kann ggf in eine unternehmerische Anweisung umgedeutet werden.

> A weist den Nichtunternehmer B schriftlich an, € 1.000,– an C zu zahlen. Eine unternehmerische Anweisung liegt nicht vor; § 363 UGB ist nicht anzuwenden. Daher kann es sich bei der Anweisung nur um eine solche im Sinne der §§ 1400–1403 ABGB handeln. Ein Orderpapier kann daher nicht ausgestellt werden.

Unternehmerischer Verpflichtungsschein

Beim unternehmerischen Verpflichtungsschein verpflichtet sich ein Unternehmer (iSd 1–3 UGB) zur Leistung von Geld, Wertpapieren oder anderen vertretbaren Sachen, ohne dass die Leistung von einer Gegenleistung abhängig ist.

> Die Attila GmbH begibt eine Schuldverschreibung (s S 329); dabei handelt es sich zugleich um einen unternehmerischen Verpflichtungsschein.

Wertpapiere des Transportrechts

§ 363 Abs 2 UGB enthält die Anordnung, dass auch Konnossemente (s S 237), Ladescheine (s S 237), Lagerscheine (s S 245) und Transportversicherungspolizzen als Orderpapiere ausgestellt werden können.

Wertpapiere, die den Herausgabeanspruch eingelagerter oder transportierter Güter verbriefen, eignen sich tw zur **Übertragung des Eigentums an den betreffenden Gütern** (s zum Orderlagerschein § 424 UGB, für den Ladeschein § 450 UGB und für das Konnossement § 650 UGB; darin kann eine Übergabe durch Zeichen iSd § 427 ABGB gesehen werden [tw str]). Daher ist in der Lehre auch die Bezeichnung **„Traditionspapiere"** für diese Wertpapiere gebräuchlich.

4.4 Weitere Wertpapiere

- Was gestattet § 363 UGB?
- Was charakterisiert die „unternehmerische Anweisung" iSd § 363 UGB?
- In welchem Zusammenhang findet die Bezeichnung „Traditionspapier" Verwendung?

Traditionspapier

Ein „Traditionspapier" (Warenpapier) ist ein Wertpapier, das den Anspruch auf Herausgabe einer Sache verbrieft und durch dessen Übergabe über die betreffende Sache verfügt werden kann. Traditionspapiere sind der Ladeschein, das Konnossement und der Orderlagerschein.

unternehmerische Anweisung

Die unternehmerische Anweisung ist eine schriftliche Anweisung, die auf einen Unternehmer über die Leistung von Geld, Wertpapieren oder anderen vertretbaren Sachen ausgestellt ist, ohne dass darin die Leistung von einer Gegenleistung abhängig gemacht wird. Sie kann als Rekta- oder Orderpapier ausgestellt werden. Praktische Bedeutung haben die Waren- und die Effektenanweisung (Lieferschein, Effektenscheck).

unternehmerischer Verpflichtungsschein

Der unternehmerische Verpflichtungsschein ist eine von einem Unternehmer ausgestellte Urkunde, in welcher sich jener zur Leistung von Geld, Wertpapieren oder anderen vertretbaren Sachen verpflichtet, ohne dass die Leistung von einer Gegenleistung abhängig gemacht wird (§ 363 Abs 1 UGB). Der unternehmerische Verpflichtungsschein ist ein Rektapapier; er kann jedoch durch Orderklausel als Orderpapier ausgestellt werden (gekorenes Orderpapier). Hauptanwendungsfall ist die Orderschuldverschreibung.

Kapitel 2: Sparbuch

Lernen

Einführung

Sparbücher stehen iZm dem Spareinlagengeschäft der Kreditinstitute. Sie dienen nicht dem Zahlungsverkehr, sondern der **Kapitalanlage** (§ 31 Abs 1 BWG). **Spareinlagen** (Geld) dürfen gem BWG nur gegen Ausgabe besonderer Urkunden („Sparurkunden") entgegengenommen werden. Nur von berechtigten **Kreditinstituten** ausgegebene Sparurkunden dürfen als „Sparbücher" bezeichnet werden (§ 31 Abs 2 BWG). Regelungen finden sich in den §§ 31 f, 40 BWG, Sonderregelungen zum Postsparbuch in § 15 PSK-G.

Sparbuch nach BWG

Das Sparbuch des BWG ist ein Wertpapier, da das Kreditinstitut nur gegen Vorlage des Sparbuchs eine Auszahlung vornehmen darf (§ 32 Abs 2 BWG; Einzahlungen sind ohne Vorlage möglich). Das BWG kennt folgende Varianten des Sparbuchs:

- **Namenssparbuch:** Ein Sparbuch kann auf den Namen des gem § 40 BWG identifizierten Kunden lauten; andere Personennamen dürfen nicht verwendet werden (§ 31 Abs 1 BWG). Die Bank darf nur an den gem § 40 identifizierten Kunden auszahlen (§ 32 Abs 4 Z 2 BWG); die Innehabung des Sparbuchs allein legitimiert den Inhaber nicht. Es handelt sich um ein **Rektapapier.** Die im Sparbuch verbriefte Forderung kann daher nur zediert werden, wobei das Papier mit zu übereignen ist.

- **Bezeichnungssparbuch mit Losungswort:** Ein Sparbuch nach BWG kann auch auf eine Bezeichnung lauten, die kein Name ist (§ 31 Abs 1 BWG). Beträgt der Guthabenstand bei einem solchen Sparbuch weniger als € 15.000,– („Kleinbetragssparurkunden"), so muss der Vorbehalt gemacht werden, dass Verfügungen über die Spareinlage nur gegen Angabe eines Losungswortes vorgenommen werden dürfen (§ 31 Abs 3 BWG). Gegen Nennung des Losungswortes und Vorlage des Sparbuches kann das Kreditinstitut schuldbefreiend an einen gem § 40 Abs 1 identifizierten Vorleger leisten; es liegt daher jedenfalls ein **qualifiziertes Legitimationspapier** vor. Tw wird auch eine Verpflichtung zur Leistung angenommen und daher eine Einordnung als **Inhaberpapier** bejaht (so die Rsp; str).

Christina besitzt ein Sparbuch mit Losungswort, das sie nach dem Namen ihres Hundes „Flocki" ausgewählt hat. Als Christina im Mai 2012 zur Bank geht, beträgt das Guthaben € 14.000,–; sie hebt € 500,– gegen Vorlage des Sparbuchs und Nennung

4.4 Weitere Wertpapiere

des Losungswortes ab. In der Folge zahlt Christina wieder öfters Geldbeträge von ein paar hundert Euro auf ihr Sparbuch ein. Als sie im Juli 2013 etwas abheben möchte, beträgt das Guthaben € 15.100,–. Eine Auszahlung bloß gegen Vorlage und Nennung des Losungswortes kommt nicht mehr in Betracht (zu einer Ausnahme s § 32 Abs 4 Z 3 BWG).

- **Sonstiges Bezeichnungssparbuch (ohne Losungswort):** Beträgt der Guthabenstand eines Bezeichnungssparbuchs € 15.000,– oder mehr, darf eine Auszahlung nur an den gem § 40 Abs 1 identifizierten Kunden vorgenommen werden (§ 32 Abs 4 Z 2 BWG). Das Kreditinstitut darf nur an den materiell Berechtigten leisten. Die Bank kann das Sparbuch aufgrund der Bezeichnung dem identifizierten Kunden zuordnen. Es handelt sich um ein **Rektapapier.**

Christinas Sparbuch lautet auf die Bezeichnung „Methusalem". Der Bank ist jedoch bekannt, dass dieses Sparbuch ihrer Kundin Christina zuzuordnen ist.

Identitätsfeststellung

Kreditinstitute sind – zur Verhinderung von Geldwäsche – ua verpflichtet, vor Begründung einer dauernden Geschäftsbeziehung (zB Spareinlagengeschäft) die Identität des Kunden mittels amtlichen Lichtbildausweises festzustellen (§ 40 Abs 1 Z 1 BWG). Auch bei Ein- und Auszahlungen ist die Identität festzustellen, wenn der ein- bzw ausgezahlte Betrag mindestens € 15.000,– beträgt (Z 4). Die Schwelle von € 15.000,– ergibt sich bereits aus der Geldwäsche-Richtlinie der EU.

Sparbuch nach PSK-G

Postsparbücher werden gem § 15 Abs 1 PSK-G gegen Übernahme von Spareinlagen ausgegeben; sie haben auf den Namen des Sparers zu lauten, der seine Identität nachzuweisen hat (Abs 2). Die Ausstellung eines Postsparbuchs kann auch von einer anderen Person („Erleger") beantragt werden; diese ist verfügungsberechtigt, solange nicht der Sparer unter Vorlage des Postsparbuchs und Nachweis seiner Berechtigung und Identität das Verfügungsrecht in Anspruch nimmt (Abs 3). Das Postsparbuch ist ein **Rektapapier;** die bloße Innehabung legitimiert den Inhaber nicht.

Hildegard lässt zugunsten ihres Neffen Friedolin ein Postsparbuch errichten, auf das sie € 10.000,– einzahlt. Hildegard ist „Erlegerin", Friedolin „Sparer". Als Friedolin sein Studium abschließt, übergibt ihm Hildegard das Postsparbuch, damit er nun selbständig darüber verfügen könne.

Üben

- Welche Rechtsträger können „Sparbücher" ausgeben?
- Worin unterscheidet sich das Namenssparbuch vom Bezeichnungssparbuch?
- Welchen Unterschied macht die Verwendung eines Losungswortes bei Bezeichnungssparbüchern? Kann bei jedem Bezeichnungssparbuch ein Losungswort Verwendung finden?
- Wie können Bezeichnungssparbücher mit Losungswort wertpapierrechtlich eingeordnet werden?

- Was versteht man unter einem „Postsparbuch"? Genügt die Innehabung der Urkunde, um legitimiert zu sein?

 **Wissen**

Postsparbuch | Postsparbücher werden gem § 15 PSK-G ausgestellt. Sie lauten auf den Namen des Sparers. Es handelt sich um Rektapapiere.

Sparbuch iSd BWG | Sparbücher sind Wertpapiere, die von Kreditinstituten gegen die Hereinnahme von Spareinlagen ausgestellt werden (s §§ 31, 32 BWG). Sparbücher können auf den Namen des Kunden (Namenssparbuch) oder auf eine Bezeichnung (Bezeichnungssparbuch) lauten. Bei Bezeichnungssparbüchern mit Einlagen unter € 15.000,– ist vorgesehen, dass Auszahlungen auch die Nennung eines Losungswortes durch den Vorleger voraussetzen; dabei handelt es sich um qualifizierte Legitimationspapiere, tw werden sie als Inhaberpapiere eingeordnet (Rsp; str). Andere Sparbücher sind Rektapapiere.

Sachregister

abgeleitete Firma → Firma
Abnahmeverfahren 160
Absatzmittlergeschäfte 195 ff
Abschlussvertreter → Handelsvertreter
Abschlussvorbehalt → Makler
Abschreibung für Abnutzung (AfA) 265, 270 ff
abstrakte Wertpapiere → Wertpapiere, abstrakte
Abwicklungsgeschäfte 113, 136, 138, 196
actio pro socio 10
Aktie 287, 325
Aktivierungs- und Passivierungswahlrechte 269
aktueller Firmenbuchauszug → Firmenbuchauszug
Akzept 294, 308 ff, 314
–, durchgestrichenes 309
–, Teilakzept 310, 315
–, Verweigerung 309 f
Akzeptant 299, 308 f, 314
Akzeptantenwechsel 299
Akzeptkredit 298 f, 314
Akzeptprovision 298
Akzeptverbot 314, 321
aliud-Lieferung → Mängelrüge
Alleinvermittlungsauftrag → Makler
Alleinwechsel 302
allgemeine Firmenbucheintragungen 46 f
Allgemeine Geschäftsbedingungen 141 ff, 148, 152
–, Auslegung 143 ff
–, Geltung durch Unternehmensbrauch 148
–, Geltungskontrolle 141, 143, 152
–, Inhaltskontrolle 141, 143, 152
–, Kollision 142 f, 152
–, Transparenzgebot 143
–, Verbandsklage 145, 153, 161 f
–, Vereinbarung 141 f, 152
amtlicher Handel 326
Amtslöschung 62, 64 f, 69, 95
Angebot, öffentliches 282, 327
Angstklausel 310, 315, 317
Anlagevermögen 255, 262, 267, 269, 270, 275
Anleihe → Schuldverschreibung
Anleihe, ewige 332
Anleihe-Stripping 331
Annahmeverzug 5, 179 ff, 190
–, Hinterlegungsrecht 179 f
–, Selbsthilfeverkauf 187, 189 ff
Anschaffungswertprinzip 270
Anscheinsvollmacht 126 f
Anteilsschein 282, 333 ff
Antragsprinzip (im Firmenbuchverfahren) 62 f
Anweisung 293, 320

–, unternehmerische 339
Arbeitsgemeinschaft 19, 44
Archivium 41
Arthandlungsvollmacht → Handlungsvollmacht
asset deal 98 ff
Aufbewahrungspflicht
–, von Buchhaltungsunterlagen 257
–, beim Distanzkauf 187
Aufgebotsfrist 283
Aufgebotsverfahren 283
Aufsichtsrat 47, 51, 63, 115, 156, 266
Aufwandersatz
–, Frächter 235
–, Kommissionär 197, 202
–, Makler 218, 224
–, Spediteur 240
Ausführungsanzeige 199
Ausführungsprovision 202
Ausfüllungsermächtigung 300
Ausgabebetrag 326
Auslandsgesellschaften 28, 38, 45, 50 ff
Ausschreibungen 139, 152
Außerstreitverfahren (Firmenbuch) 61 ff
Aussonderungsrecht 187, 191
Ausstattung 75
Aussteller (eines Wertpapiers) 295, 300
Ausstellung (des Wertpapiers) 291 f, 308, 310
Ausstellungsort 295 f, 301
Aval → Wechselbürgschaft

Bank → Kreditinstitut
Bankakzept 299 f, 314
Bankgarantie 193 f
Banknoten 283
Basiszinssatz 159 f, 162
battle of forms → Allgemeine Geschäftsbedingungen, Kollision
Bauvertrag 192 ff
Bedenkzeit 309
Befriedigungsrecht 198, 203
Begebungsvertrag 285, 291 f
Begünstigter 295
Bestätigungsschreiben, unternehmerisches 10, 145 f, 142
Beteiligungsfonds 335 f
Beteiligungsfondsgesellschaft 335 f
Betreiben eines Unternehmens 15 f, 19
Betreibungskosten 160
Beweislast 57, 60, 122, 135, 200, 236, 244
Beweisurkunde 282
Bewertungsgrundsätze 273 ff
Bezeichnungsparbuch 341 ff
Bezogener 294, 300
Bezugsrecht 331 f
Bilanz 261 ff

Sachregister

–, Aktiva 261
–, Anhang 264 f
–, Aufstellung 265
–, Eigenkapital 263
–, Fehler 267
–, Feststellung 265 f
–, Fristen 266
–, Gliederungsvorschriften 262, 269
–, Grundsätze 268 ff, 272 ff
–, Lagebericht 261, 265
–, Passiva 264
–, Stichtag 265
–, Verbindlichkeiten 274
–, Vermögensgegenstände 259 ff
Bildzeichen 74
Blankett 297, 300
Blankettfälschung 300
Blankettnehmer 300
Blankoakzept 300
Blankowechsel 297 f
–, abredewidriges Ausfüllen 297, 300
–, Vervollständigung 297
Börse 323, 326
Börsen- oder Marktpreis 181
Börsesensal 222
Börseunternehmen 326
Bösgläubigkeit 297
Brutto-für-Netto-Diskont 300
Bucheinsicht 251 f
Bücher des UGB 7, 9, 12
Buchführung 253 ff
–, Grundsätze 258 f
–, Konten 254
–, Methoden 258 ff
–, Saldo 254
–, Systeme 255 ff
–, Zweigniederlassung 44 f
Bundesrechenzentrum 38

Call-Option 328
Cambio 301
Courtage 220
Cyber-DOC 41

Darlehen 124, 140, 146, 221, 263, 300, 329 ff, 337
Datowechsel 295, 301
dauerhafte Erwerbsquelle 19
Deckungsgeschäft 181, 189
Deckungsverhältnis 293
Deckungswechsel → Kautionswechsel
deklarative Firmenbucheintragungen → Firmenbucheintragungen
Delisting 323, 326
Delkrederehaftung 200, 202
Depositum irregulare → unregelmäßige Verwahrung
Depotbank 324 ff, 334 f
Depotgeschäft 324, 326
Depotwechsel → Kautionswechsel
Diskontgeschäft 300

Distanzfracht 237
Distanzkauf 187, 189
Distanzwechsel 295, 300
Dividende 289, 325
Domizilwechsel 295, 300, 309, 315
Doppelmakler → Makler
Doppik 256 f
Duldungsvollmacht 115

Edikt 283
Effekten → Kapitalmarktpapiere
Effektengeschäft 327
Effektengiroverkehr 324 f, 327
Effektenkommission 323, 327
Effektenscheck 340
Ehreneintritt 313
Eigengeschäft 327
Eigenkapital 263
Eigenwechsel 302
Einfachagent 221
Einkaufskommission 195 f
Einlösungsrecht 313
Einlösungsrückgriff 316
Einlösungsverhältnis 293
Einlösungszusage 320, 322
Einnahmen-Ausgaben-Rechnung 255 ff
Einstellung des Unternehmens 21
Eintrittskarte 283, 285
Einwendungen 287, 316 ff
–, nichturkundliche 317 ff
–, persönliche 317 f
–, urkundliche 317 f
Einwendungsausschluss 284, 317 ff, 339
Einwendungslehre 316 ff
Einzelhandlungsvollmacht → Handlungsvollmacht
Einzelrechtsnachfolge 98 ff, 107
einzutragende Rechtsträger 43 f
Eisenbahnfrachtgeschäft 236
Emission 323, 327
entgangener Gewinn → Gewinn, entgangener
Entgeltlichkeit 5 f, 17, 20 f, 175, 139 f
Erbenhaftung 112 f
Erklärungssitten 147
Erneuerungsschein 283, 325, 327
Erstrückgriff 312
Ertrag 324
Erwerbschancen 156
Etablissementbezeichnung 73 f, 87
European Business Register 39
EVHGB 4, 10
Exekution 176

Fahrkarte 283, 285
Fahrlässigkeit 297
Falschlieferung → Mängelrüge, aliud-Lieferung
Fälschung 291, 297, 300, 317
falsus procurator → Scheinvertreter
Filialhandlungsvollmacht → Handlungsvollmacht

Filialprokura → Prokura
Finanzmarktaufsicht   326 f, 334
Finanzwechsel   298, 300 f
Firma   72 ff
–, abgeleitete   77 f, 86, 90
–, Begriff   72 f
–, einfache   77
–, Kennzeichnungsfunktion   78, 80 ff
–, Liquidationszusatz   70, 80
–, Personenfirma   75 f, 92
–, Phantasiefirma   76, 89, 92
–, Prioritätsprinzip   89
–, Rechtsformzusatz   79 f
–, Sachfirma   76, 92, 95
–, Unterscheidungskraft   82 f
–, zusammengesetzte   77
Firmenausschließlichkeit (Firmenunterscheidbarkeit)   88 f, 92
Firmenbuch   36 ff
Firmenbuchauszug
–, aktueller   54 f
–, historischer   55
–, Teilauszug   55
Firmenbucheinsicht   53 f
Firmenbucheintragungen
–, allgemeine   45 ff
–, besondere   47 f
–, deklarative   43, 56
–, eintragungsfähige Tatsachen   48 f
–, eintragungspflichtige Tatsachen   48 f
–, konstitutive   42 f
–, zusätzliche   48
Firmenbuchnummer   45 f, 49, 70
Firmenbuchrichter   51 f, 53
Firmeneinheit   75, 87
Firmengrundsätze   84 ff
Firmenkontinuität (Firmenbeständigkeit)   86 f
Firmenöffentlichkeit   88
Firmenschlagwort   75, 78
Firmenschutz
–, internationaler   96
–, öffentlichrechtlicher   94 f
–, privatrechtlicher   95 f
–, wettbewerbsrechtlicher   95 f
Firmenwahrheit   76, 79, 84 ff, 86, 90
Fixkostenspedition   141
floating-rate-notes   332
Fonds   324
Fondsbestimmungen   333 f, 336
Formalvollmacht   114, 120 f
Formunternehmer   4, 13 f, 22, 27 ff, 44, 133
Forstwirte → Land- und Forstwirte
Frachtbrief   234 f
Frachtbriefdoppel   234, 237
Frachtführer   233
Frachtgeschäft   233 ff
Franchisegeschäft   226 f
freie Berufe   12, 22 f, 26, 76, 79 f, 101, 133
Freihandverkauf   189, 191, 327
Freiverkehr, geregelter   326

Fremdemission   327
Fruchtnießung   102, 106 f

Garantiefunktion   280, 284, 286, 315
Garantieindossament → Indossament
Garderobenschein   282
Gattungsvollmacht   124
Gefälligkeitsakzept   298, 301
Gelegenheitsfrachtführer   233
Gelegenheitsgeschäfte   19
Gelegenheitskommissionär   196
Gelegenheitsspediteur   239
Genehmigungsfähigkeit → Mängelrüge
Generalhandlungsvollmacht → Handlungsvollmacht
Genussrecht   335, 337
Genussschein   282, 325, 335, 337
Gepflogenheiten   147
Gesamtrechtsnachfolge   98, 101, 112
Gesamtsache (Unternehmen als)   98
Gesamtschuld → Solidarschuld
Geschäftsbezeichnung → Etablissementbezeichnung
Geschäftsbücher   111, 253, 257 f
Geschäftsfähigkeit   291, 317
–, keine Erforderlichkeit   14
–, Verlust   119, 124
Geschäftspraktiken   161
Gesellschaft bürgerlichen Rechts   4
Gesellschafter   5, 8, 10, 13 f, 16, 19
Gewährleistung   3, 33, 141, 182, 185 ff, 200, 312, 317 ff
Gewerbe   7, 12, 22
gewerblicher Rechtsschutz   8
Gewinn, entgangener   6, 156
Gewinn- und Verlustrechnung   250 f, 255, 257 f, 261, 264, 267, 269
Gewinnschuldverschreibung   329 ff
Gewohnheitsrecht → Unternehmensgewohnheitsrecht
Gilderollen   38
Gliederungsvorschriften   262
Globalurkunde → Sammelurkunde
GoB → Grundsätze ordnungsgemäßer Buchführung
Going-Concern-Prinzip   272
grob nachteilige Vertragsbestimmungen   161
Grundgeschäft   287 ff, 318
Grundlagengeschäfte   117
Grundsätze des unternehmerischen Geschäftsverkehrs   5 f
Grundsätze ordnungsgemäßer Buchführung   272 f
Grundstücke → Liegenschaften
Gutglaubenserwerb   284, 319, 338
Gutglaubensschutzfunktion   280, 284, 286
Gutgläubiger   30, 33 ff, 56 ff, 119, 122, 126, 133, 175, 177, 280, 284, 291 f, 297, 300, 304 f, 307, 318 ff, 338
GuV → Gewinn- und Verlustrechnung

Sachregister

Haftung
–, Akzeptant 296, 308 f
–, Aussteller 296, 308, 310
–, Erbe 112 f
–, Frachtführer 6, 236
–, Gehilfen 155, 236, 238
–, gesamtschuldnerische 6, 137, 150, 162, 169, 229, 316
–, Gesellschaftsorgane 6
–, Indossant 296, 308, 310, 338 f
–, Kommissionär 5 f, 199
–, pro viribus 111
–, Spediteur 240
–, Unternehmenserwerber 108 ff
–, Unternehmensveräußerer 108 ff
–, Unternehmer 5 f, 156
–, Wechselbürge 308, 310 f
–, wechselrechtliche 308 ff
Handelsgericht 50 f
Handelsmakler 180, 197, 218 f, 223
–, Doppeltätigkeit 214, 223
Handelsrecht 4
Handelsregister 38
Handelssystem, multilaterales 326
Handelsvertreter 204 ff
–, Ausgleichsanspruch 208 f, 211
–, Auslagenersatz 208, 211
–, Bemühungspflicht 211
–, freier 206
–, Gebietsschutz 229
–, Mitteilungspflicht 206
–, Provision 207 ff
–, Sorgfalt 156
–, Zurückbehaltungsrecht 209
Handelswechsel → Warenwechsel
Händlerregress 186 f, 190
Handlungsvollmacht 7, 121 ff, 204
–, Arthandlungsvollmacht 123, 124
–, Begriff 121
–, Einzelhandlungsvollmacht 123, 124
–, Erlöschen 124 f
–, Erteilung 122
–, Filialhandlungsvollmacht 124
–, Generalhandlungsvollmacht 123 f, 126
–, Kündigung 124
–, Umfang 122 ff
–, Widerruf 124
HaRÄG 4, 8, 23, 59, 79, 147, 167, 183, 184
Hauptbuch 40 ff
Hausspediteur 242
Hilfsgeschäfte → unternehmensbezogene Geschäfte
Hilfspersonen 8, 205, 232
Hinterlegungsrecht 179 f, 190
historische Namen, als Firma 76 f, 81 f
historischer Firmenbuchauszug → Firmenbuchauszug
höchstpersönliche Rechtsverhältnisse 101
Höchstwertprinzip 270
Hypothekarbrief 331
Hypothekenpfandbrief 331

Identitätsaliud 189
Identitätsfeststellung (durch Kreditinstitut) 342
Immaterialgüterrecht 5, 8, 73, 78, 99
Immobiliarklausel 118, 120 f
Immobilien-Investmentfonds 334 f, 337
Immobilienmakler 219 f
Incoterms 150 f
Indossament 284 f, 303 ff, 338 f
–, Bedingung 304
–, Blankoindossament 303 f, 306
–, Garantieindossament 304
–, Inkassoindossament 305, 307
–, Nachindossament 304
–, Pfandindossament 305 ff
–, Prokuraindossament 305, 307
–, Rektaindossament 305, 307
–, Rückindossament 305, 307
–, Treuhandindossament 305, 307
–, Vollindossament 303, 306 f
–, Vollmachtsindossament 305, 307
–, Wirkungen 304
Indossamentenkette 284, 306 f
Indossant 284 f
Indossatar 285
Indossieren 285
Industrieobligation 331
Inhaberaktie 281 f, 285
Inhaberpapier 281, 285, 321, 329, 341
–, hinkendes 281
Inhaberscheck 281, 321
Inhaberschuldverschreibung 281, 285, 329, 331
Inkassovollmacht 204 f
Innominatverträge 132
Insolvenz 21, 45 f, 56, 64, 102, 117, 119, 187, 189, 191 f, 194, 253, 263, 311 f
Internationale Handelskammer 149
Internes Kontrollsystem (IKS) 249
Inventar 159 f
Inventur 159 f
Investitionsersatz 228 ff
Investmentfonds 287, 324, 333
–, alternativer 334
–, ausländischer 333
Investmentzertifikat 282, 287, 325
Irreführungsverbot → Firmenwahrheit
Irrtum 182, 185, 190, 319

Jahresabschluss → auch Bilanz 261 ff
juristische Person des öffentlichen Rechts 12 f, 26, 132 f, 194

Kapitalanlagegesellschaft 333 ff
Kapitalgesellschaft 12, 26, 132 f, 133, 194
Kapitalmarktpapiere 288, 323 ff
Kaufmann 4, 10, 12, 22, 26, 38
Kausalgeschäft → Grundgeschäft
Kautionswechsel 299, 301
Kellerwechsel 301

Sachregister

Kommanditgesellschaft 70, 79 f
Kommissionär
–, Aufwandersatz 197 ff
–, Begriff 195 ff
–, Eintrittsrecht 200
–, Interessenwahrungspflicht 198
–, Mitwirkungspflicht 200
–, Pfandrecht 198, 202
–, Provision 200
–, Sorgfalt 156
–, Zurückbehaltungsrecht 198
–, Zurückweisungsrecht 200
Kommissionspfandrecht 197 f, 202 f
Kommissionsagent 203
Kommissionsgeschäft 195 ff, 327
Kommunalobligation 330 f
Konnexität 173
Konnossement 197 f, 237, 282, 290, 339
konstitutive Firmenbucheintragungen → Firmenbucheintragungen
Konten 254 f
Kontokorrent 5, 163 ff
–, Beendigung 170
–, Begriff 163 f
–, echtes 163, 171
–, eigentliches 164
–, Funktionen 164
–, kausaler Saldo 168, 171
–, Kontokorrentabrede 163 f, 166
–, Kontokorrentfähigkeit 165, 172
–, Kontokorrentzugehörigkeit 165, 172
–, Kündigung 170
–, Pfändung des Saldos 160 f
–, Rechnungsperiode 165, 172
–, Saldoanerkenntnis 167 f, 172
–, Sicherheiten 168 f
–, Umfang 165
–, uneigentliches 164, 172
–, Verjährung 166 f
–, Wirkungen 165 ff
–, zivilrechtliche Tilgungsordnung 167
Kostenvoranschlag 140
Kraftloserklärung 283 ff
Krämermakler 218, 221, 223
Kreationstheorie 291 f
Kreditinstitut 295, 298, 300, 302, 321, 323, 331, 334, 337, 341
Kreditleihe 299
Kreditwechsel → Finanzwechsel
KSchG 13 f, 16, 21, 122 f, 135 f, 140, 144 f, 153, 194, 216 ff, 316
Kuponbogen 327 f

Ladenvollmacht 5, 126 ff
Ladeschein 197, 235, 237, 282, 287, 290, 339
Laesio enormis 140 f, 152 f, 185, 190
Lagebericht 64, 261, 265, 267
Lager, öffentliches 179, 190
Lagergeschäft 132, 243 f
Lagerhalter 205, 243 ff

Lagerschein 233, 245, 281 f, 287, 289 f, 339
–, Orderlagerschein 283
Land- und Forstwirtschaft 23 ff, 44, 48, 74, 101, 133, 251, 253
Landesgerichte 40, 50
Landfrachtgeschäft 234, 238
laufende offene Rechnung 163 f, 172
Laufzeit 329
Legat 113
Legitimationsfunktion 279
–, zugunsten des Gläubigers 279, 286
–, zugunsten des Schuldners 279, 282, 285 f
Legitimationspapier
–, einfaches 282
–, qualifiziertes 281, 285, 341
Leihe 102, 106 f, 146
Leutehaftung 236, 238
Liberationsfunktion → Legitimationsfunktion zugunsten des Schuldners
Lieferschein 146, 246, 340
Liegenschaften 48, 99 f, 103, 117 f, 121, 192, 214 f, 268, 270, 330, 332, 334
Logo 75
Loroemissionsgeschäft 327
Luftfrachtgeschäft 238

Makler 205, 212 ff, 239
–, Abschlussvorbehalt 223
–, Alleinvermittlungsauftrag 214, 217, 223
–, Doppelmakler 214, 223
–, freie Makler 218, 221, 223
–, Handelsmakler 7, 180, 197, 202, 218 f
–, Immobilienmakler 215 f, 219 f, 221, 223
–, Krämermakler 221, 223
–, Kündigung 223
–, Maklertreue 223
–, Maklervertrag 212, 217
–, Neutralitätsgebot 218
–, Provision 5, 213, 215 ff, 223 f
–, Schlussnote 218 f, 221, 223 f
–, Selbsteintritt 224
–, Tagebuch 219, 221
–, Versicherungsmakler 218, 220 f, 223 f
–, Zivilmakler 202, 218, 223 f
Mängelrüge 124, 141, 155, 182 ff
–, aliud-Lieferung 182, 189 ff
–, Durchlieferung 183
–, Form 185
–, Frist 184
–, Genehmigungs(un)fähigkeit 182, 189 f
–, Gewährleistung 185
–, Inhalt der Rüge 184 f
–, Irrtum 185
–, laesio enormis 141, 185
–, minus-Lieferung 182, 190
–, plus-Lieferung 182, 191
–, Quantitätsabweichungen 182, 190 f
–, Sachverständiger 183
–, Schadenersatz 185

Sachregister

–, Sorgfalt 183
–, Stichproben 183
–, Streckengeschäft 183
–, Untersuchung 183 f
–, verborgene Mängel 184, 191
–, Verursachen oder Verschweigen des Mangels 185
–, Verzicht 185
–, Wirkung der Unterlassung 185
Mantel 325, 328
Marke 5, 8, 75, 225 f, 269
Markt 17 f
Marktorientierung 17 f
minus-Lieferung → Mängelrüge
Mitgliedschaftspapier 287, 289

Nachhaftungsbegrenzung 100, 109 f
Nachindossament → Indossament
Nachsichtwechsel 295, 301, 309, 315
Namenspapier → Rektapapier
Namenssparbuch 341
Nebengeschäfte → unternehmensbezogene Geschäfte
Nebengewerbe 23 ff
negative Publizität 57 f, 60
Nennwert 288, 323, 328 f
nichtakzeptable Tratte 315
Nichterfüllungsschaden 181, 189
Niederstwertprinzip 270, 273 f
Nominalwert → Nennwert
Normunternehmer 27
Notar 311
Notverkauf 187, 189 f
Notzurückbehaltungsrecht → Zurückbehaltungsrecht
Nullkuponanleihe 329, 331
numerus clausus 282

Obligation (Wertpapierrecht) → Schuldverschreibung
Oesterreichische Kontrollbank 324, 328
offene Gesellschaft 27, 30, 36, 42, 44, 73
öffentliche Interessen 5, 79, 96
OGAW 333, 337
ÖNormen 145
opinio iuris → Rechtsüberzeugung
Opting-In 22 f, 26
Option 324, 328
Optionsanleihe 330 f
Optionsschein 331
Orderklausel 281, 285
–, negative → Rektaklausel
Orderlagerschein 283
Orderpapier 281, 285, 329
–, geborene 281, 296, 321 f
–, gekorene 281, 338
Organe 5 f, 14, 16, 37, 40, 43, 45, 48, 51, 56, 58, 67, 115 f, 118 ff, 156, 251, 265, 335
Organisation 4, 17 f, 20 f, 26
Organisationsverschulden 183

Organismen zur gemeinsamen Veranlagung in Wertpapieren 333, 337
Österreichischer Rundfunk 27

Pacht 15 f, 21, 23 ff, 86, 98, 102, 106 f, 117, 158
Partizipationskapital 335, 337
Passivtausch 254, 256
Pauschalbetrag 160
Pensionsinvestmentfonds 334
Personalkreditvermittler 218, 221
Personenfirma 75 f, 78, 88, 91 f
Personengesellschaften, eingetragene 8, 22, 26, 47 f, 66, 72, 76, 88 f, 91 f
Pfandbrief 285, 330 ff
Pfandindossament → Indossament
Pfandrecht, gesetzliches 197 f, 202 f, 235 f, 240, 244
Pflichtangaben 70 f
Phantasiefirma → Firma
Planrechnung 257
Platzwechsel 295, 301
plus-Lieferung → Mängelrüge
positive Publizität 48, 58 ff
Postsparbuch 342 f
Poststraße 38, 42
Präjudizierung → Wechsel, präjudizierter
Primawechsel 302
Prioritätsprinzip 89 f
Privatstiftung 8, 27, 36, 42 f, 51, 74, 78
Prokura 5, 7, 12, 43, 45 f, 53, 58 f, 67, 87, 114 ff, 122
–, Begriff 114
–, Erlöschen 119 f
–, Erteilung 115 f
–, Filialprokura 45, 87, 118 f, 120 f, 124
–, Firmenbucheintragung 45, 48, 65 f, 114, 116
–, Gesamtprokura 59, 116
–, Immobiliarklausel 118, 120 f
–, Umfang 116 ff
Propergeschäft 324
Prospekthaftung 39, 327
Prospektpflicht 39 f, 327
Protest 302, 311 f, 315, 321
–, mangels Annahme 311
–, mangels Sicherheit 311
–, mangels Zahlung 311
Protesterlass 312, 315
Provision 5, 196 f, 200, 202, 207 ff, 212, 214 ff, 219 ff, 240 f, 251 f, 254, 298, 300
Prozesskostensicherheit 316
Pseudonym 74
Publizitätspflichten 40
Publizitätsprinzip, negatives → negative Publizität
Publizitätsprinzip, positives → positive Publizität
Publizitätsrichtlinie 37 f
Put-Option 328

Sachregister

Qualifikationsaliud   191
Quantitätsabweichungen → Mängelrüge

Ratenwechsel   301
Rechnungslegung   7, 22 f, 26, 31, 37, 43 f, 247 ff
Rechnungslegungspflicht   26, 43, 48, 66, 250 ff
Rechnungsperiode   163 ff, 166 ff
Rechnungswesen   4, 249 f, 253
Rechtsfähigkeit   13 f, 16, 19, 28, 43, 73, 115
Rechtsformzusatz   72, 74 f, 77, 79 f
Rechtspfleger (im Firmenbuchverfahren)   37, 50 ff, 64, 69, 79, 90
Rechtsscheinhaftung   32 ff, 59, 339
Rechtsscheintheorie   290 ff, 317 f
Rechtsüberzeugung   9 f, 147 f, 153
Redlichkeitstheorie   291 f
Regress → Rückgriff
Reihenregress   180, 312, 339
Rektaindossament → Indossament
Rektaklausel   296, 301
Rektapapier   281, 285, 321 f, 329, 338, 341 f
Rektawechsel   299
Rekurs (im Firmenbuchverfahren)   67 f
Remboursregress   313, 316
Remittent → Wechselnehmer
Restkaufpreishypothek   117 f
Retentionsrecht → Zurückbehaltungsrecht
Richtigkeitsgewähr, des Firmenbuches   36 f
Rosinentheorie   33
Rückgriff   311 ff, 315 f
Rückgriffshaftung   311 ff, 321
Rückindossament → Indossament
Rücklagen   262 f, 266 f
Rückstellungen   260, 262 f, 266, 268, 270, 272, 274 f
Rücktrittsrecht   122, 193 f, 220, 223
Rügeobliegenheit → Mängelrüge

Sachfirma   76, 78, 92, 95
Saldo   163 ff, 167 ff, 171, 254 f
–, kausaler   168, 171 f
Saldoanerkenntnis → Kontokorrent
Saldopfändung   169 f
Sammelladung   241 f
Sammelladungsspedition   242
Sammellagerung   243 f, 246, 324, 326, 328
Sammelurkunde   325, 328
Sammelverwahrung → Sammellagerung
Schaden, positiver   157
Schadenersatz   95, 103, 118, 144, 154 ff, 165 f, 173 f, 176, 182, 184 f, 187, 190, 199 f, 206, 211, 214, 236, 238, 240, 251, 263, 274, 313
–, entgangener Gewinn   156
–, Nichterfüllung   181, 189
–, Vertrauensschaden   133
Schadensbegriff, gegliederter   156 f
Schadensberechnung
–, abstrakte   181
–, konkrete   181, 189
Scheck   287, 290, 293, 314, 320 ff
Scheinunternehmer   30, 32 ff, 133 f
Scheinvertreter   133, 213, 296
Schenkung   98, 102, 113, 117, 146
Schlussnote   218 f, 221, 223 f
Schuldbeitritt   110 f
Schuldverschreibung   282, 287, 290, 325, 329 ff
Seehandel   7, 12, 232
Sekundawechsel   302
selbständige Tätigkeit   17, 19, 204 f, 212, 221, 227 f
Selbsteintritt   200, 202 f, 224, 234, 327
Selbsteintrittsspedition   234, 240
Selbsthilfe, erweiterte   5 f
Selbsthilfeverkauf   5, 179 f, 187, 189 ff
share deal   98 f, 101
Sicherheiten   40, 104 ff, 166, 167 ff, 175, 177 f, 192 ff, 209
Sicherstellung bei Bauverträgen   192 ff
Sichtwechsel   294 f, 301, 311
Sofortabschreibung   274 f
Solawechsel   302
Solidarschuld   6, 150, 153, 169, 235, 312, 316
Sondervermögen   98, 324, 333 ff, 337
Sonderverwahrung   324, 326
Sorgfalt
–, Aufsichtsrat   156
–, Frachtführer   156, 236, 238
–, Geschäftsführer   156
–, Handelsvertreter   156, 206, 212
–, Kommissionär   156, 198 f, 202
–, Lagerhalter   244
–, Makler   214, 218, 223
–, Mängelrüge   183 f, 190
–, ordentlicher Unternehmer   5, 31, 148, 154 ff
–, Spediteur   156, 240
–, Vorstand   156
Sorgfaltsmaßstab, objektiver   154 ff
Sparbuch   281, 287, 290, 341 ff
Spareinlagen   341
Sparkasse   8, 27 f, 43, 48, 51
Sparurkunde   341
Spediteur   156, 175, 205, 232, 234, 239 ff
–, Begriff   239 f
–, Pflichten   240
–, Provision   5, 240 f
–, Rechte   240
–, Versicherung statt Haftung   240, 242
Speditionsgeschäft   7, 132, 232, 239 ff
Speditionsgut   240, 242
–, gesetzliches Pfandrecht   240
Sperrfunktion   279, 281 f, 290
Spezialfonds   334
Spezialvollmacht   124
Sprungregress   312, 316

Sachregister

stille Gesellschaft 7 f, 43
stille Reserven 90, 263, 269 f, 273 ff
Stillhalter 328
Strafrecht 17 f, 118
Straßenfrachtgeschäft 234, 236, 238
Streifbandverwahrung 324, 326
Streitgenossenschaft 313
Stücklagergeschäft 243, 246
Stundung 320
subjektives System 132
Subvertreter (des Handelsvertreters) 205
Summenverwahrung 324, 326

Tagebuch 219, 221
Tagwechsel 295, 301
Talon → Erneuerungsschein
Tauschermächtigung 326
Täuschungseignung 84
Täuschungsverbot 85
Tauschvertrag 102, 154, 178 f, 191
Teilakzept 310, 315
Teilauszug → Firmenbuchauszug
Teilfrachtführer 238
Teilschuldverschreibung 332
Tertiawechsel 302
Tradeterms 149
Traditionspapiere 339 f
Transparenzgebot 141, 144, 153
Transportfunktion 280 f, 285 f, 307
Transportgeschäfte 232 f
Transportversicherungspolizze 339
Trassant 300
Trassat 300
trassiert-eigener Wechsel 301
Tratte → Wechsel, gezogener
Trennungsgrundsatz 334
Treuhänder 16, 102, 337
Treuhandeigentum 336
Treuhandindossament 305, 307
trockener Wechsel 302
Typenzwang (Orderpapiere) 338
Typenzwang, sachenrechtlicher 99

Überprüfungsverfahren 160
ultra alterum tantum 160, 162
Umgründungen 8, 46 f, 50, 52, 119, 125
Umlaufvermögen 22, 255, 261 f, 267, 270, 273 f
Umtauschanleihe → Wandelschuldverschreibung
Umtauschrecht 332
Umtauschverhältnis 332
Unentgeltlichkeit 5, 21, 135, 139 f, 146
UN-Kaufrecht 188, 191
unregelmäßige Verwahrung 244, 324, 326
Unterkommissionär 203
Unterlassungsklage 162
Unternehmen 17 ff, 97 ff
–, Übergang → Unternehmensübergang
–, Vererbung 112 f
unternehmensbezogene Geschäfte 129 ff

–, Abschluss 139 ff
–, Abwicklungsgeschäfte 136, 138
–, Auslegung 146 ff
–, Begriff 132 ff
–, beiderseitig 136, 138
–, einseitig 136, 138
–, gemischtes Geschäft 135
–, Hilfsgeschäft 134 f, 138
–, mehrseitige Geschäfte 136 f
–, Nebengeschäft 134 f, 138
–, Vorbereitungsgeschäfte 135, 138
–, Zweifelsregelung 135
Unternehmensbrauch 10, 142, 145, 147 ff, 153
–, Begriff 147 f
–, Verhältnis zum dispositiven Recht 149
Unternehmensgewohnheitsrecht 9 ff, 148, 153, 268
Unternehmensteile 102
Unternehmensträger 15, 45, 97 f, 98, 100 f, 117
Unternehmensübergang 97 ff
–, Bekanntmachung 109
–, Einbringung 102
–, Erwerberhaftung 108 ff
–, Fortführung 102
–, Fruchtnießung 102, 106 f
–, Haftungsausschluss 109
–, Leihe 102, 106
–, Nachhaftungsbegrenzung 109 f
–, Pacht 102, 106
–, Parteiwechsel 103, 107
–, Schuldbeitritt 110
–, Sicherheiten 104, 105, 107
–, Übergang von Rechtsverhältnissen 101 ff
–, Unternehmensteile 102
–, Veräußererhaftung 109 f
–, Vertragsübernahme 104 f, 107
–, Vertrauensschutz 105 ff
Unternehmer
–, Begriff 11 ff
–, Formunternehmer → Formunternehmer
–, Unternehmer kraft Eintragung 29 ff
Unternehmereigenschaft
–, Beginn 21
–, Ende 21
Unternehmerfiktion 29
Unternehmertatbestände 11 ff
Unterprokura 115
Unterscheidungskraft, der Firma 75, 79 f, 82 f, 88 f
Unterschrift auf Wechselvorderseite 309 f
Unterspedition 236
Untreue 118
Urkunde (Wertpapier) 280
Urkundensammlung 37, 39 ff, 53 f, 56 f, 266
Usancen 148, 153

Valutaverhältnis 293
Verbandsklage 161 f

Sachregister

Verbesserungsverfahren 61
Verbot der Leerübertragung (der Firma) 67, 86
Verbraucher → KSchG
Verbriefung 280
verdeckte Kapitalgesellschaft 22, 26, 72, 92, 93, 251
Verein, ideeller 8, 18 ff, 25, 24, 44
vereinfachte Anmeldung (Firmenbuch) 63, 68
Vererbung, Unternehmen 112 ff
Verfallzeit 294 f, 301
Verfälschung 297
Verfolgungsrecht 187, 189, 191
Verfügungsgeschäft 98 f
Verjährung 317
–, Kontokorrent 159, 166
Verkaufsbefriedigung 176
Verkaufskommission 195, 199, 201
Verkehrsanschauungen 18, 22, 148, 155
Verkehrsschutz 5, 6, 29 ff, 46, 88, 134, 144, 318
Verkehrssitte
–, allgemeine 148 f
–, echte 147, 149
Verkürzung über die Hälfte → Laesio enormis
Vermögensgegenstand 90, 259 f, 269 ff
Vermögensverwaltung 18
Verpflichtungsgeschäft 98 ff, 271
Verpflichtungsschein, unternehmerischer 282, 329, 339
Verschulden
–, grobes 156, 185
–, leichtes 6
Versicherungsagent 221 f
Versicherungsmakler 218, 220 ff
Versicherungsrecht 8
Versicherungsvereine 27 f, 43
Versteigerung, öffentliche 174 f, 180 f, 189, 191
Vertragshändler 16, 202, 225 f, 227 f
Vertragstheorie 291 f
Vertrauensschutz 100 ff, 56 f, 59, 105 ff
Vertriebsbindung, vertikale 228 f
Verwaltungsgesellschaft 333 f, 336
Verzugszinsen 158 ff, 163
Viehzucht 24
volle Genugtuung 156
Vollindossament → Indossament
Vollmacht, unternehmensrechtliche 121 ff
Vollmachtsindossament → Indossament
Vollstreckungsbefriedigung 176
Vorbereitungsgeschäft 20 f, 28, 132, 135 f, 138
Vorgesellschaft 28, 132 f, 136
Vorlagepflicht (im Firmenbuchverfahren) 52
Vorlegungsgebot 309
Vorlegungsverbot 309, 317
Vorstand 156, 266

Währung, ausländische 302, 326
Wandelschuldverschreibung 330, 332
Wandprotest 312, 316
Waren 17, 46, 75, 85, 92, 96, 128, 132, 178, 180, 182 ff, 195, 219, 229, 231, 326
Warenkauf 131 f, 154, 178 ff
Warenkauf, Anwendungsbereich 178 f
Warenkauf, UN-Kaufrecht 188 f
Warenlager 126 f, 183
Warenwechsel 298, 301
Warrant → Optionsschein
Wechsel 283, 287, 290, 293 ff
–, Charakteristika 294, 302
–, eigener 294 f
–, fälschungsgefährdeter 298
–, gezogener 294
–, nichtakzeptabler 315
–, nichtiger 295, 317
–, notleidender 311
–, präjudizierter 311
–, trassiert-eigener 301
–, trockener 302
–, Verpfändung 307
Wechsel-Scheck-Verfahren 299
Wechselabschrift 302
Wechselausfertigung 295, 302
Wechselbestandteile 294 f, 302, 317
Wechselbürgschaft 308, 310 f, 315
Wechseldiskont 300
Wechselfeiertag 301
Wechselkopie 302
Wechsellombard 307
Wechselmandatsverfahren 299, 314 f
Wechselnehmer 302
Wechselprotest → Protest
Wechselprozess 313 ff
Wechselreiterei 302
Wechselstrenge
–, formelle 295, 302
–, materielle 317 f, 320
Wechselsumme 294, 302
Wechselverbindlichkeiten 123
Wechselzahlungsauftrag 314
Weisungsrecht (im Firmenbuchverfahren) 52
Weiterrückgriff 313
Werkvertrag 179, 192
Wertpapierbegriff
–, enger 280, 286
–, weiter 280, 286
Wertpapierbörse 323, 326
Wertpapierdepot 324, 327
Wertpapierdienstleistungsunternehmen 323
Wertpapiere 174, 277 ff
–, abstrakte 287, 289, 296, 316
–, deklarative 288 f
–, des öffentlichen Glaubens 296
–, Güterumlauf 289
–, Kapitalmarkt → Kapitalmarktpapiere
–, kausale 287, 289

–, konstitutive 288 f, 296
–, Kreditverkehr 288
–, sachenrechtliche 287, 290
–, schuldrechtliche 287, 290, 296, 320
–, unternehmerische 282, 338 ff
–, Zahlungsverkehr 288
Wertpapieremission → Emission
Wertpapierfirmen 323
Wertpapierfunktionen 279 f, 286
Wertpapierkategorien 280 f, 286 ff
Wertpapierrecht 4, 8, 12, 77, 277 ff
–, Begriff 286
Wertpapierrechtstheorien 290 ff
Wertpapiersammelbank 324 f, 328
Wettbewerbsrecht 5, 8, 83, 89
Widerspruch gegen Vertragsübernahme 104 ff
Wiederaufnahme 316
Wiedereinsetzung 316
Windprotest 312, 316
wirtschaftliche Tätigkeit 17 ff

Zahlstellenwechsel 295, 302, 309, 315
Zahlungsfrist 161
Zahlungsklausel 294, 301
Zahlungsort 295, 301
Zahlungssperre 283, 285
Zahlungstermin 161
Zahlungsverzug 158 ff
Zero-Bond 331

Zession 285, 304, 306
Zinsen 140, 158 ff, 162, 167
Zinseszinsen 159, 164, 168
Zivilmakler 218, 224
zivilrechtliche Tilgungsordnung 167
Zollspediteur 242
Zurückbehaltungsrecht 173 ff
–, an eigenen Sachen 175
–, Befriedigungsrecht 173, 175, 177
–, dinglich berechtigte Dritte 175
–, Erlöschen 177
–, Konnexität 177
–, Notzurückbehaltungsrecht 177f
–, Sicherheitsleistung 173 f
–, Überdeckung 175
–, Verwendungsbestimmung 175
–, Voraussetzungen 173 f
–, Wirkungen 176
–, zivilrechtliches 173
zusammengesetzte Firma 77
Zwang 291
Zwangsstrafe 36, 48, 64, 66 f, 69, 94, 251, 266
Zwangsvollstreckung → Exekution
Zweigniederlassung 38, 44, 124, 265
–, ausländischer Rechtsträger 45
–, Firma 45
–, Prokura → Filialprokura
Zweigniederlassungsrichtlinie 38